江西省志

1991—2010

江西省地方志编纂委员会　编

江西人民出版社
Jiangxi People's Publishing House
全国百佳出版社

江西省地方志编纂委员会

（2012 年 1 月）

主　任　吴新雄

副主任　朱　虹　　蔡玉峰　　刘　斌

委　员　陈东有　　谢碧联　　虞国庆　　王　海　　徐　毅

　　　　胡　宪　　孙晓山　　毛惠忠　　李玉英　　王建农

　　　　涂勤华　　张贻奏　　黄　鹤　　汪玉奇　　胡名义

　　　　陈俊卿　　曾庆红　　刘昌林　　魏旋君　　钟志生

　　　　董企生　　王　萍　　张　勇　　吴小瑜　　周　慧

（2013 年 3 月）

主　任　鹿心社

副主任　朱　虹　　蔡玉峰　　梅　宏

委　员　陈东有　　谢碧联　　虞国庆　　王　海　　徐　毅

　　　　胡　宪　　孙晓山　　甘良淼　　王建农　　汪晓勇

　　　　张贻奏　　黄　鹤　　汪玉奇　　张　锋　　陈俊卿

　　　　刘昌林　　刘　捷　　钟志生　　蒋　斌　　潘东军

　　　　胡世忠　　张和平　　吴小瑜　　周　慧

（2013 年 12 月）

主　任　鹿心社

副主任　朱　虹　　　梅　宏　　　蔡玉峰

委　员　方晓春　　　张国轩　　　张　锋　　　欧阳苏勤　　吴晓军

　　　　虞国庆　　　洪三国　　　章凯旋　　　徐　毅　　　刘三秋

　　　　刘定明　　　朱　希　　　孙晓山　　　甘良淼　　　李　利

　　　　陈永华　　　王建农　　　邝小平　　　刘　平　　　汪晓勇

　　　　梁　勇　　　吴小瑜　　　周　慧　　　张贻奏　　　魏　平

　　　　钟志生　　　熊茂平　　　蒋　斌　　　潘东军　　　胡世忠

　　　　张和平

（2014 年 6 月）

主　任　鹿心社

副主任　朱　虹　　　梅　宏　　　宋雷鸣

委　员　方晓春　　　张国轩　　　张　锋　　　欧阳苏勤　　吴晓军

　　　　虞国庆　　　洪三国　　　章凯旋　　　徐　毅　　　刘三秋

　　　　刘定明　　　朱　希　　　孙晓山　　　胡汉平　　　李　利

　　　　陈永华　　　王建农　　　邝小平　　　刘　平　　　汪晓勇

　　　　梁　勇　　　周　慧　　　张贻奏　　　魏　平　　　钟志生

　　　　熊茂平　　　蒋　斌　　　潘东军　　　胡世忠　　　张和平

（2016 年 9 月）

主　任　刘　奇

副主任　毛伟明　　张　勇　　梅　宏　　刘晓艺

委　员　方晓春　　张国轩　　张　锋　　欧阳苏勤　吴晓军
　　　　胡世忠　　虞国庆　　洪三国　　章凯旋　　徐　毅
　　　　刘三秋　　刘定明　　朱　希　　孙晓山　　胡汉平
　　　　李　利　　陈永华　　王建农　　邝小平　　刘　平
　　　　汪晓勇　　梁　勇　　周　慧　　杨志华　　张贻奏
　　　　魏　平　　钟志生　　熊茂平　　蒋　斌　　潘东军
　　　　张和平

（2017 年 9 月）

主　任　刘　奇

副主任　毛伟明　　李　利　　张　勇　　梅　宏　　刘晓艺

委　员　郭　兵　　李　智　　王　俊　　郭建晖　　李庆红
　　　　钱　昀　　叶仁荪　　洪三国　　王国强　　刘金接
　　　　刘三秋　　邓兴明　　王爱和　　罗小云　　胡汉平
　　　　池　红　　丁晓群　　张和平　　万庆胜　　吴治云
　　　　杨六华　　方维华　　梁　勇　　周　慧　　杨志华
　　　　胡立文　　周恩海　　林彬杨　　梅　亦　　李江河
　　　　董晓健　　于秀明　　曾文明　　张小平　　王少玄
　　　　张鸿星

（2018 年 9 月）

主　任　易炼红

副主任　毛伟明　　孙菊生　　张小平　　梅　宏

委　员　夏克勤　　张国轩　　王　俊　　吴永明　　张和平

　　　　杨贵平　　叶仁荪　　谢光华　　张　强　　刘金接

　　　　朱　斌　　刘三秋　　张圣泽　　卢天锡　　王爱和

　　　　罗小云　　胡汉平　　池　红　　丁晓群　　胡立文

　　　　万庆胜　　吴治云　　方维华　　梁　勇　　周　慧

　　　　杨志华　　刘建洋　　谢一平　　梅　亦　　李江河

　　　　犹　瑾　　于秀明　　曾文明　　王水平　　谢来发

　　　　王少玄　　张鸿星

（2019 年 8 月）

主　任　易炼红

副主任　毛伟明　　孙菊生　　张小平　　樊雅强　　甘根华

委　员　杨志华　　周　慧　　王　俊　　吴永明　　夏克勤

　　　　张国轩　　张和平　　叶仁荪　　万广明　　杨贵平

　　　　刘金接　　王国强　　朱　斌　　刘三秋　　张圣泽

　　　　陈小平　　卢天锡　　王爱和　　罗小云　　胡汉平

　　　　刘翠兰　　池　红　　丁晓群　　龙卿吉　　辜华荣

　　　　赵　慧　　王福平　　万庆胜　　方维华　　梁　勇

　　　　胡立文　　刘建洋　　谢一平　　刘　锋　　李江河

　　　　犹　瑾　　于秀明　　曾文明　　王水平　　谢来发

　　　　王少玄　　张鸿星

（2020 年 5 月）

主　任　易炼红

副主任　孙菊生　　樊雅强　　甘根华

委　员　杨志华　张棉标　周　慧　王　俊　吴永明
　　　　夏克勤　张国轩　张和平　郭杰忠　万广明
　　　　杨贵平　刘金接　王国强　朱　斌　刘三秋
　　　　张圣泽　徐延彬　卢天锡　王爱和　罗小云
　　　　胡汉平　谢一平　池　红　王水平　龙卿吉
　　　　辜华荣　赵　慧　王福平　万庆胜　方维华
　　　　田延光　胡立文　黄喜忠　谢来发　刘　锋
　　　　李江河　犹　瑾　于秀明　曾文明　许南吉
　　　　陈　云　王少玄　张鸿星

主　修　吴新雄（2012 年 1 月—2013 年 3 月）

　　　　鹿心社（2013 年 3 月—2016 年 9 月）

　　　　刘　奇（2016 年 9 月—2018 年 9 月）

　　　　易炼红（2018 年 9 月—　　）

副主修　朱　虹（2012 年 1 月—2016 年 9 月）

　　　　李　利（2017 年 9 月—2018 年 9 月）

　　　　孙菊生（2018 年 9 月—　　）

总　纂　刘　斌（2012 年 1 月—2012 年 7 月）

　　　　梅　宏（2012 年 7 月—2019 年 3 月）

　　　　甘根华（2019 年 7 月—　　）

副总纂　吴小瑜（2012 年 1 月—2014 年 7 月）

　　　　周　慧（2012 年 1 月—　　）

　　　　杨志华（2014 年 7 月—　　）

　　　　张棉标（2020 年 1 月—　　）

凡　例

一、本志以马克思列宁主义、毛泽东思想、邓小平理论、"三个代表"重要思想、科学发展观、习近平新时代中国特色社会主义思想为指导，坚持党的路线、方针、政策，坚持辩证唯物主义和历史唯物主义，全面系统记述江西省自然、政治、经济、文化、社会等各方面的情况。

二、本志总名《江西省志》，系首轮《江西省志》续志，由独立出版的各分志构成。各分志名称为《江西省志·××志（1991—2010）》。分志为通志的不标注断限年份。

三、本志断限。上限原则上为 1991 年，与首轮《江西省志》下限相衔接，纵贯详记。首轮未修志书的分志上限不限，从事物发端写起；为全面、完整、系统地记述改革开放历史进程，部分分志上限上溯至 1978 年。下限为 2010 年底。为了反映机构撤并、领导班子换届、重大工程竣工等内容的完整性，部分分志下限适当下延。各分志断限，参见各分志《编纂说明》。

四、本志基本依照行业、部门设置分志，为反映江西地方特色，将《鄱阳湖志》《景德镇陶瓷文化志》《江河志》《名山志》《山江湖工程志》《茶志》《客家志》从相关行业、部门中分离出来，成为独立设置的 7 部分志。

五、各分志篇目根据科学分类和社会分工相结合的原则拟定，采用章节体，运用述、记、志、传、图、表、录等 7 种体裁，以志为主。

六、各分志根据需要设"人物"部分，收录本行业、本部门具有重要影响和作出重大贡献的人物。人物籍贯一律标注省县（市、区）名，城区名前标注设区市名。

七、本志除设《市县概况》分志外，各分志根据需要设"设区市概况"，记述设区市范围内本行业、本部门相关内容。

八、本志一律使用规范的语体文，以第三人称记述，述而不论，寓褒贬于记述之中。

九、本志纪年，一般采用公元纪年。1912 年 1 月 1 日以前的，采用历史纪年括注公元纪年；1912 年 1 月 1 日至 1949 年 9 月 30 日根据需要括注民国纪年。

十、行文中人物的职务、职称、军衔等冠于人名之前。

十一、本志语言文字、标点符号、计量单位、数字等表述执行国家标准和相关规定。

十二、志书编纂运用的数据以政府统计部门公布的法定数据为主，专业部门数据、调查数据为辅。

十三、本志采用统计部门、档案部门及相关单位提供的资料一般不注明出处。专用名词、特定事物、外文缩写等，随文括注。

十四、本《凡例》为《江西省志》全志通用体例，各分志的特殊问题，在各分志《编纂说明》中加以说明。

江西省志

青年志

1991—2010

江西省地方志编纂委员会　编

江西人民出版社
Jiangxi People's Publishing House
全国百佳出版社

《江西省志·青年志(1991—2010)》编纂委员会

（2012年5月—2016年3月）

主　　　任　曾　萍

副　主　任　孙　鑫　　廖良生

委　　　员　蔡清平　　王　颖　　刘小玲　　王成兵　　张小川
　　　　　　李　菲　　刘雅琴　　李超群　　许桂芳　　熊源发
　　　　　　王秀珠　　毛鸿山　　张雪黎　　龚九根　　杨　源

编纂委员会下设编纂办,组成人员如下:

主　　　任　孙　鑫

常务副主任　蔡清平

副　主　任　杨龙兴　　郭常亮

成　　　员　章学彭　　卞新华　　罗　铮　　葛李保　　贺浪潮
　　　　　　罗凯亮

（2016年4月—2016年9月）

主　　　任　曾　萍

副　主　任　孙　鑫　　廖良生　　伍复康

委　　　员　胡志坚　　易　军　　贾彧超　　汪剑莹　　刘雅琴
　　　　　　章学彭　　范伟成　　罗　铮　　杨龙兴　　甘小平
　　　　　　曾小兵　　毛鸿山　　张雪黎　　龚九根

编志办主任　孙　鑫

常务副主任　张雪黎　胡志坚

副　主　任　郭常亮　李冻生

主　　　编　曾　萍

常务副主编　敖秋生

工作人员　邓美娇　王　倩　刘宇　李晓巍

（2016年10月—2018年11月）

主　　　任　马　健

副　主　任　孙　鑫　　廖良生　　伍复康

委　　　员　胡志坚　　易　军　　贾彧超　　汪剑莹　　刘雅琴

　　　　　　　章学彭　　范伟成　　罗　铮　　杨龙兴　　甘小平

　　　　　　　曾小兵　　毛鸿山　　张雪黎　　龚九根

编志办主任　孙　鑫

常务副主任　张雪黎　　胡志坚

副　主　任　郭常亮　　李冻生

主　　　编　马　健

常务副主编　敖秋生

工作人员　邓美娇　　王　倩　　刘　宇　　李晓巍

（2018年12月—2020年7月）

主　　　任　马　健

副　主　任　伍复康　　杨　志　　易　军　　罗　华

委　　　员　朱桂敬　　罗　铮　　范伟成　　刘雅琴　　胡志坚

		姚　钰	汪剑莹	甘小平	夏日辉	毛鸿山
		张雪黎	龚九根	杨志萍	郭常亮	郑炎明
		杨　源	刘安卿	乐亚山	刘　英	

编志办主任　杨　志

常务副主任　张雪黎　朱桂敬

副　主　任　郭常亮　陶玲斌

主　　　编　马　健

常务副主编　敖秋生

副　主　编　陈建军　郭常亮

（2020年8月—　）

主　　　任　邱　凌

副　主　任　伍复康　易　军　胡振燕　罗　华　张雪黎

委　　　员　吴成昆　邹冰辉　卞新华　葛李保　李冻生

　　　　　　　　姚　钰　夏日辉　甘小平　龚九根　毛鸿山

　　　　　　　　杨志萍　郭常亮　郑炎明　杨　源　刘安卿

　　　　　　　　乐亚山　刘　英

编志办主任　胡振燕

常务副主任　张雪黎

副　主　任　郭常亮　吴成昆

主　　　编　邱　凌

常务副主编　敖秋生

副　主　编　陈建军　郭常亮

统　　　稿　喻德琪　熊文炫

《江西省志·青年志（1991—2010）》编纂指导

胡瑞云　　毛珏珺　　符思念

《江西省志·青年志（1991—2010）》审稿人员

初　审	马　健	张雪黎	陈建军	陈燕琼	詹　凯
	甘根华	张棉标	胡瑞云	毛珏珺	符思念
复　审	胡振燕	张雪黎	甘根华	张棉标	胡瑞云
	毛珏珺	符思念			
验　收	孙菊生	樊雅强	甘根华	易　军	张雪黎
	梅　宏	喻子显	陈燕琼	詹　凯	

2003年9月，团中央书记处第一书记周强（前排中）到江西考察南方希望中学

2007年1月11日，团中央第一书记胡春华（右二）在南昌理工学院学生宿舍与学生亲切交谈

1995年11月,省委副书记舒惠国(前排右四)在江西南昌接见第五届"江西十大杰出青年"

1997年11月18日,省委副书记、常务副省长黄智权在省军区八一礼堂接见首届"江西杰出青年卫士"

2002年7月,省委副书记、省纪委书记傅克诚(前排左一)在团省委书记潘东军(前排右二)陪同下,与省青年"十佳百优"代表交谈

2004年12月12日,副省长胡振鹏(左三)在省展览中心参加青少年预防艾滋病志愿者"面对面"宣传教育活动并向青年志愿者授旗

2004年12月24日,省委副书记王君(第一排左三),省委常委、省委组织部部长董君舒(第一排左四)在南昌会见回国创业的海外学人

2009年5月4日,省委副书记王宪魁(前排左四)、省人大常委会副主任姚亚平(前排左五)、省政协副主席郑小燕(前排右三)等省领导接见"江西青年五四奖章标兵"和"江西青年五四奖章"获得者代表并合影

2010年6月4日，副省长孙刚（右三）为第7届"挑战杯"大学生创业计划竞赛获奖代表颁奖

2002年6月5日，"塑造江西人新形象"全省青年电视演讲比赛

2005年4月28日，团省委与北京大学团委联合举办"青春五月井冈红——青年学子寻革命足迹·传五四精神"主题教育

2005年4月29日，团省委、省教育厅、省学联在江西财经大学举办"红色青春——高举团旗跟党走"全省大学生五四晚会

2005年4月30日，团省委在南昌举行"红五月　青春颂——做一名光荣的青年团员"万名团员集体宣誓日活动

2005年9月11日,省委宣传部、省委教育工委、省教育厅、团省委、省文化厅在南昌大学体育馆举办"纪念中国人民抗日战争暨世界反法西斯战争胜利60周年"大学生歌咏比赛

2005年,江西省少工委三届五次全委会暨未成年人思想道德建设经验交流会在南昌召开

2006年3月23日,江西省少年儿童社会主义荣辱观体验教育活动启动仪式在南昌市继红小学举行

2007年10月27日,团省委在南昌举办"高举团旗跟党走——江西省团员青年学习贯彻党的十七大精神报告会"

2008年2月，江西青年马克思主义者培养工程启动暨学习十七大精神专题培训班开班仪式在江西师范大学举行

2009年，江西省大学生"寻访红色足迹"活动

2009年，上饶师范学院举行"庆祝新中国成立60周年'祖国万岁'大学生合唱比赛"

2010年，井冈山大学举办红色文化艺术节活动

2010年，江西农业大学举办"历史的旋律·青年的歌"一二·九爱国主义歌曲大合唱比赛

2002年4月26日,中国共产主义青年团中央局旧址揭幕仪式在瑞金下霄村举行

2002年,江西省青年企业家协会会员大会在南昌举行

2004年，江西青年文明号考察团赴云南考察

2006年3月25日，江西省青年法律工作者协会成立大会在南昌召开

　　2007年7月26日，团中央书记处书记贺军科（左六）到江西青年职业学院（江西省团校）考察共青团工作并与学院领导合影

　　2007年12月1日，江西青年企业家座谈会在南昌召开，图为省委副书记王宪魁（第一排左五）与参加座谈会的代表合影

2008年2月27日,贯彻实施《江西省青年志愿服务条例》新闻发布会在南昌举行

2008年8月1日,省委组织部、团省委在江西省社会主义学院共同举办全省团市委书记、团县委书记专题培训班

2009年4月8日，团省委在南昌举办江西第二批派驻县级团委干部培训班

2009年12月3日，团省委在南昌举办全省乡镇街道基层团建培训班

2010年8月26日，"1%工程"基金理事会成立大会在南昌举行

2010年11月12日，第四期井冈之星——江西省大学生骨干培养学校开学典礼在江西财经大学举行

1998年4月25—27日，共青团江西省第十二次代表大会在南昌召开

2003年4月27日，中国共产主义青年团江西省第十三次代表大会在南昌召开

2006年4月23—26日，江西省青年联合会第八届委员会第一次全体会议 江西省学生联合会第七次代表大会在江西省艺术剧院召开

2006年6月1—2日，中国少年先锋队江西省第四次代表大会在南昌召开

2010年1月19日，共青团江西省委十四届三次全体会议在南昌召开

2004年9月,团省委、省青联首期万名青年免费技能培训班开班典礼在南昌举行

2004年10月13日,中组部、团中央第四批赴赣"博士服务团"总结暨第五批欢迎会在南昌举行

2005年4月23日,"江西籍省外青年人才搜寻行动"启动仪式暨新闻发布会在南昌举行

2005年4月26日,2005江西青年建功成才月活动暨江西青工职业技能大赛启动仪式在南昌举行

2010年6月10日,江西科技师范学院、东湖区人民政府大学生创业孵化基地揭幕仪式在江西科技师范学院红角洲校区大学生创业示范街举行,江西科技师范学院300余名青年学子参加启动仪式

2005年3月5日，团省委与省关工委、省委老干部局、省民政厅联合开展的"牵手夕阳　辉映青春"百万青年志愿者行动启动仪式在九江举行

2005年6月30日，江西省2005年大中专学生志愿者暑期文化科技卫生"三下乡"社会实践活动出征仪式在江西财经大学启动

2005 年 7 月 15 日，江西财经大学首批村长助理聘任仪式在江西财经大学举行

2005 年，青少年签名承诺参加"保护母亲河行动"

2005年，江西省青年志愿者协会走访慰问江西省赴广西西部计划志愿者

2010年7月10日，走进鄱阳湖大型公益行动——"徒步鄱阳湖·希望工程金圣生态爱心之旅"起步仪式在南昌举行

2004年4月6日，江西省少年儿童平安行动启动仪式在南昌市育新学校举行

2004年4月27日，瑞昌市代表就该市实施"免疫工程"在全国预防青少年违法犯罪工作会议上发言

1996年11月,省委副书记钟起煌(第一排左五)、省人大常委会副主任黄名鑫(第一排左六)、省政协副主席黄立圻(第一排左四)等在南昌接见第六届"江西十大杰出青年"并合影

2004年12月3日,江西省青年文明号活动十周年表彰大会在南昌召开

2001年5月31日,江西省领导在江西饭店与第五届"全省十佳少先队员"、第三届"全省十佳少先队辅导员"、首届"全省十佳少先队志愿辅导员"合影

2006年8月31日,第三届"江西十大杰出青年农民"颁奖典礼在南昌举行

1992年4月,南昌航空学院化工系组织开展"九十年代话雷锋"演讲辩论会

2005年12月24日,江西省首届社区青年文化节在鹰潭市杏南社区文化广场举行

2007年1月6日,江西省第九届乡村青年文化节启动仪式在鹰潭市月湖区童家镇举行

2009年7月2日,"百万青少年游江西"活动在抚州市资溪县启动

2010年，江西应用科技学院体育舞蹈表演

2010年，全国中学生沙滩排球锦标赛暨2010年全国青少年沙滩排球夏令营在江西省西山学校举行

2004年11月2—5日，以"交流、合作、共赢"为主题的长三角(3+2)青年论坛在南昌举行

2005年6月18日，团省委、省青联与苏、浙、沪三地青年组织在上海共同举办2005长三角园区青年论坛

2008年10月21日，香港青年企业家商务考察团赴共青城开展专项调查

2010年8月12日，第五届"两岸青年联欢节江西行活动"开幕式在南昌举行，省政协副主席王林森（左四）等出席

2009年10月16日,团中央在北京京西宾馆召开的中国青年企业家协会大会为共青城唯一授牌"全国青年创业基地"(右一为团中央第一书记陆昊,左一为江西省委副书记王宪魁)

2009年12月20日,共青城重大项目开工仪式

2010年2月3日,支持共青城发展领导小组第五次全体会议在南昌召开

2010年5月7日,团中央书记处第一书记陆昊(左三)会见日本经济产业省赴共青城考察团

2010年12月28日,共青城市成立大会举行(2009年9月10日,经国务院批准设立共青城市)

序

"青春因磨砺而出彩，人生因奋斗而升华"。青年是国家的未来、民族的希望，也是党和国家事业发展的生力军。青年一代有理想、有本领、有担当，国家就有前途，民族就有希望。青年工作，抓住的是当下，传承的是根脉，面向的是未来，攸关党和国家前途命运。习近平总书记多次指出，"无论过去、现在还是未来，中国青年始终是实现中华民族伟大复兴的先锋力量"，强调"中国共产党立志于中华民族千秋伟业，必须始终代表广大青年、赢得广大青年、依靠广大青年，用极大力量做好青年工作，确保党的事业薪火相传，确保中华民族永续发展"，明确提出"关心和支持青年是全社会的共同责任"。

盛世修志，志载盛世。这既是中华民族的优良传统，也是历史赋予的重要使命。处在中华民族伟大复兴的新时代，我们有责任为后人留下一部系统而详实的地方青年志书，从而为现在乃至将来的青年研究提供借鉴，为各界人士了解江西青年提供史料。《江西省志·青年志(1991—2010)》综述史实、博览群收，以翔实的史料，完备的体例，客观、准确地介绍1991—2010年间江西省青年人口发展状况、青年社会教育状况、青少年合法权益维护状况和青年研究状况，梳理共青团江西省委及各设区市团委20年间的组织沿革和主要工作，记录20年间各类青少年组织的发展状况，记录20年中江西青年在经济建设、和谐社会建设、文化体育、对外交流等活动中的精神风貌和重大历史事件，以及涌现出的模范人物。

在世纪之交的20年里，江西青年把自己的命运与国家和民族的命运更加紧密的联系在一起。90年代初，国家决定加快改革开放和现代化建设步伐，江西青年勤学善思，吃苦耐劳，勇担当、思进取、善作为，在各行各业扎扎实实地干好本职工作，担当奉献，积极进取，奋发有为，开展青年文明号、服务万村、保护母亲河等形式多样的特色品牌活动，为推进江西高质量跨越式发展贡献青春力量。跨入新世纪广大江西青年坚定理想信念，树立远大理想，弘扬文化自信，将个人的理想追求融入党和国家事业之中，顺应历史潮流，积极参与到支持共青城建设、青年创新创效、青年就业创业等活动中，建功立业，为江西在中部地区的崛起贡献自己的青春。

志书编纂，我们集各方之力，历数载寒暑，数易其稿，始成本志。其工程浩繁，工作艰辛，诚属不易；全体编纂人员治学严谨，各部门配合密切，社会贤达相助踊跃，令人钦佩。在此，一并表示敬意与感谢。

鉴古知今，继往开来。我们希望江西青年不忘初心，牢记使命，继续勇往直前，投身到决胜全面建成小康社会、夺取新时代中国特色社会主义伟大胜利的新征程，为早日实现中华民族伟大复兴作出应有贡献，用责任担当和真诚回报，筑起一道坚实的青春长城。

共青团江西省委副书记（主持工作）：郑凌

2021 年 12 月 16 日

编纂说明

一、《江西省志·青年志(1991—2010)》(以下称本志)坚持实事求是原则,全面、准确地记述1991—2010年江西青年工作的发展历史,力求反映时代特征和地方特色,做到思想性、科学性、资料性的统一。

二、本志的记述主体"青年",一般指14～35周岁的社会群体;个别年龄界限或受资料限制有所缩限,或根据情况适当放宽;部分章节涉及少先队、少年儿童相关情况。

三、本志断限为1991—2010年,部分有重大影响的重大事件内容适当上溯或下延。

四、第一章第二节有关青年人口"职业构成"的内容中,由于相关调查并未把青年人数单独剥离出来,江西各地区社会就业人员数等一些就业人数数据,除青年外还包含其他人群。同时,受资料所限,只对2004、2005、2006年3年的经济社会行业从业人员情况进行记述。

五、本志遵循"生不立传"原则,入编人物为青年烈士、"中国青年五四奖章""江西青年五四奖章""江西青年五四奖章标兵"获得者,以卒年为序排列。人物简介中历任团省委书记、副书记以任职先后为序,副书记中,已在历任团省委书记里记述了的则不重复记述;青年先进模范典型主要收录获国家表彰的志愿者服务先进个人典型、西部计划志愿者,以获表彰先后为序;江西籍世界冠军以获世界冠军时间先后为序。人物名录收录获国家表彰的先进个人和先进集体,皆按获奖项目排列,同一奖项按时间先后为序。

六、本志涉及的单位名称一般使用简称,如共青团江西省委简称团省委,与兄弟省团委并列记述时,简称江西团省委,兄弟省团委简称某某团省委;各设区市团委简称某某团市委,江西省青年联合会简称省青联等;若几个单位并列使用全称则例外。

七、本志采用现代语体文,行文规范按《江西省志(1991—2010)编纂行文规范》执行。

八、入志资料主要来源于档案、地方志、报刊、历史文献和有关著述等。

目　录

概　述 …………………………………………………………………………………… 1

大事记 …………………………………………………………………………………… 7

第一章　青年人口 …………………………………………………………………… 30

　　第一节　总量与分布 …………………………………………………………… 30

　　第二节　人口构成 ……………………………………………………………… 40

　　第三节　婚姻与生育 …………………………………………………………… 60

第二章　青年社会教育 ……………………………………………………………… 78

　　第一节　政治理论教育 ………………………………………………………… 78

　　第二节　思想道德教育 ………………………………………………………… 87

　　第三节　青年成才教育 ………………………………………………………… 92

　　第四节　社会实践教育活动 ………………………………………………… 100

第三章　经济建设 ………………………………………………………………… 107

　　第一节　青年就业创业 ……………………………………………………… 107

　　第二节　青年创新创效活动 ………………………………………………… 118

　　第三节　支持共青城建设 …………………………………………………… 127

第四章　社会建设 ………………………………………………………………… 140

　　第一节　"青年文明号"创建 ……………………………………………… 140

　　第二节　青年志愿者行动 …………………………………………………… 145

　　第三节　抢险救灾 …………………………………………………………… 160

　　第四节　环境保护 …………………………………………………………… 167

　　第五节　希望工程 …………………………………………………………… 172

第五章　青少年合法权益 ………………………………………………………… 180

　　第一节　法制宣传教育 ……………………………………………………… 180

　　第二节　特殊青少年群体帮扶 ……………………………………………… 186

　　第三节　青少年维权 ………………………………………………………… 193

第六章　青少年文化体育 ………………………………………………………… 200

　　第一节　文化娱乐 …………………………………………………………… 200

　　第二节　体　育 ……………………………………………………………… 227

第七章 青年对外交往 ··· 237

　第一节 国际交往 ·· 237

　第二节 港、澳、台交往 ·· 242

第八章 青年研究 ··· 246

　第一节 学术活动与成果 ·· 246

　第二节 青年工作调研报告 ·· 255

第九章 共青团组织 ··· 291

　第一节 共青团江西省代表大会 ·· 291

　第二节 共青团江西省委 ·· 292

　第三节 设区市团组织 ··· 296

　第四节 省直机关团工委 ·· 301

　第五节 省属高校团组织 ·· 308

第十章 共青团建设 ··· 313

　第一节 团员队伍建设 ··· 313

　第二节 团干部队伍建设 ·· 320

　第三节 基层团组织建设 ·· 327

第十一章 青少年组织 ··· 344

　第一节 青年联合会 ··· 345

　第二节 青年志愿者协会 ·· 359

　第三节 学生联合会 ··· 367

　第四节 少年先锋队 ··· 371

　第五节 企业家协会 ··· 386

　第六节 其他青年社会组织 ·· 391

第十二章 设区市团委概况 ··· 399

　第一节 南昌团市委 ··· 399

　第二节 九江团市委 ··· 404

　第三节 景德镇团市委 ··· 409

　第四节 萍乡团市委 ··· 414

　第五节 新余团市委 ··· 419

　第六节 鹰潭团市委 ··· 423

　第七节 赣州团市委 ··· 429

　第八节 宜春团市委 ··· 435

　第九节 上饶团市委 ··· 439

　第十节 吉安团市委 ··· 443

　　第十一节　抚州团市委 ……………………………………………………… 449

人　物 …………………………………………………………………………… 455

　　人物传 …………………………………………………………………………… 455

　　人物简介 ………………………………………………………………………… 463

　　荣誉名录 ………………………………………………………………………… 472

附　录 …………………………………………………………………………… 599

编纂始末 ………………………………………………………………………… 626

概　述

1991—2010 年,以 70 后、80 后为代表的江西这一代青年,在党和政府的阳光雨露下成长,在江西经济社会发展的各条战线上发挥着生力军和突击队作用,贡献着青春智慧和力量。

一

江西青年群体在 1991—2010 年间人数逐渐减少,从 1991 年的 1512 万余人,降低到 2010 年的 1407 万余人;占全省人口的比重逐步降低,从 1991 年的 39.13%,降低到 2010 年的 31.58%。分析原因,一是随着社会主义市场经济的发展,江西逐步成为中国农村劳动力外出就业的大省,大量青年流出;二是江西从 20 世纪 80 年代初开始从严抓计划生育,从 90 年代中期开始对青年人口形成影响。

从年龄分布情况看,江西青年群体呈现出年龄段不断后移的趋势。15 岁至 19 岁年龄段青年占总人口比例,从 1991 年的 11.86% 逐步下降到 2010 年的 7.69%,下降幅度在各年龄段中最大,而 30 岁至 34 岁年龄段青年,从 1991 年的 6.43%,逐步上升到 2010 年的 8.06%,与江西青年占全省人口比重逐步降低的趋势相背离。分析原因,主要是因为 20 年间中国及江西省整体趋于老龄化以及出生率长期处于低水平。

从性别构成情况看,江西青年性别比在 20 年间保持相对稳定,男女性别比稳定在 105～106 之间,男性青年比女性青年多。

从地域分布情况看,江西青年群体在 1991—2010 年间呈现出逐步从农村向城市转移的趋势。20 年间,随着江西城镇化的推进,城镇青年逐年递增,到 2010 年已经增长到 662.8 万余人,占全省青年比重从 1991 年的约 20% 上升到 47.09%。

从职业分布情况看,江西青年群体呈现出从一产向二产、三产,从国有企业向非公企业转移的趋势。

二

1991—2010 年,是江西经济社会飞速发展的 20 年,江西青年也发生了翻天覆地的变化。

思想道德状况日趋正面。随着改革开放不断深化,江西青年思想道德状况在 20 年间呈现出新特点,主要表现在:不甘于因循守旧,勇于争先创新,重视接触新事物、学习新知识。同时,也出现自我意识明显增强,受拜金主义、实用主义等思潮影响加深等新动向。但总体来看,江西青年的思想道德状况在 20 年间日趋正面,对党和国家的向心力不断增强。20 年间,评选出一批又一批学雷锋标兵、全省十佳青年道德楷模等先进青年典型,涌现出与歹徒同归于尽的列车员熊云清,身残志坚的听障人士青年唐英,奥运冠军吴静钰、金紫薇等大量优秀青年典型事迹,代表江西青年的风采。

生存和健康状况明显提升。随着经济条件的不断改善,全省青年生存和健康状况得到明显提升。全省学生达到国家体育锻炼标准的数量逐年增多,1991 年为 142.4 万人,1996 年增长到 330 万人。党和政府及各级共青团组织通过积极支持广大青年就业创业,举办各类就业创业培训班,建立青年就业创业见习基地、大学生创业实践基地,举办大学生就业招聘会,对创业青年发放青年创业信用卡等,推动青年更加充分就业,青年失业率长期处于低水平。

受教育程度显著提高。随着全省整体教育水平的提升,江西青年受教育程度得到极大提高。20 世纪 90 年代以后,通过开展"两基"(基本普及九年义务教育和基本扫除青壮年文盲)工作,江西文盲人口已大大减少,文盲率也显著下降。

婚姻与生育状况呈现新特点。有配偶青年逐步上升,从 53.58% 上升至 71.77%。离婚青年逐步增多,离婚率从 1995 年的 0.59% 上升至 2010 年的 1.08%。江西青年受传统农业社会影响较为深刻,青年的婚姻关系相对比较巩固,离婚率的上升趋势较全国平均水平更为缓慢。1991—2010 年间,江西青年以生育 1 孩为主,但比例从 1990 年的 43.26% 上升到 2000 年的 68.74%,到 2010 年回落到 53.19%,生育 2 孩的比例由 1990 年 33.28% 下降到 2000 年的 26.66%,2010 年回升至 37.93%,这主要是受计划生育政策变动的影响。

文化生活极大丰富。1991—2010 年的 20 年,是江西青年文化生活得到极大丰富的 20 年。《涉世之初》《初中生之友》《高中生之友》《聪明泉》等面向青少年的杂志纷纷于 20 世纪 90 年代创刊,其中江西青少年报刊社主办的《涉世之初》在 90 年代火遍全国,获得众多好评。江西人民广播电台《小伙伴》、南昌人民广播电台《缘分百分百》、九江人民广播电台《校园大联盟》等青少年广播栏目也陆续开播。随着 90 年代电视的逐步普及,江西电视台《花季年华》、赣州电视台《七彩欢乐园》等青少年电视栏目纷纷开播,《兵哥兵妹》《红领章》等面向青少年的电视剧纷纷面世,江西青年文化娱乐渠道更加多元。进入新世纪,江西青年网、鹰潭青年、瓷都青年网等面向青少年的网站开始逐步建立。"乡村青年文化节""大学生社团文化节""社区青年文化节"等活动定期举办,精彩纷呈。

合法权益得到更好维护。随着社会主义法治的不断完善,江西青年群体的合法权益不断得到更好维护。全省青少年犯罪率呈逐年下降趋势,到 2010 年,全省无青少年团伙犯罪重大案件,25 岁以下青少年罪犯数占全部罪犯总数的 25.17%,较前 3 年平均数下降 3.82 个百分点。《江西省未成年人保护条例》于 2010 年 7 月 30 日正式颁布,为全省青少年(未成年人)权益维护工作提供了坚强的法治保障。针对外出务工青年、服刑人员未成年子女、留守青少年等特殊青年群体,各级党委政府和社会各界开展丰富多彩、有针对性的关爱帮扶行动,对他们的权益保障工作予以了特别关注。

对外交流合作日益频繁。20 年间,随着中国向世界开放的脚步不断加快,江西青年的对外交流合作也日趋频繁。在对外交往方面,全省青年的脚步遍布五大洲数十个国家,同时也迎来五大洲十余个国家青少年代表团的访问。2000—2008 年,日本小渊基金会累计为江西捐资 2000 余万元,用于建设青年友好林、保护母亲河等青年项目的开展。在对港澳台交往方面,先后建立澳赣台青年交流协会、赣港台青年交流促进会,组织开展形式多样的经贸考察、文化交流等活动,在四地青少年之间架起友谊桥梁。

三

20 年间,江西共青团始终在党的坚强领导下,坚持江西青年运动的正确方向,与青年同心、与青年同行,为全省青年的成长发展做出了积极贡献。

广泛开展青年政治引领。1991—2010 年间,江西共青团紧跟党的号召,组织动员全省广大青年深入学习贯彻邓小平理论、"三个代表"重要思想、科学发展观等党的指导思想,深入推进中国特色社会主义宣传教育,团结带领青年听党话、跟党走。1992 年,团省委印发《关于认真学习宣传贯彻党的十四大精神的通知》,专门部署全省各级团组织学习邓小平南方视察重要讲话和党的十四大精神。随后,举办"改革开放与现代经济知识"竞赛,近万名团干部参加竞赛活动。各地组织青年进行大学习、大讨论、大宣传,进一步解放全省青年思想,激发投身改革与建设的热情。2000 年,团省委在全省范围内组织开展"三个代表"重要思想学习教育活动。2000—2006 年,全省团组织通过座谈会、演讲会、报告会、知识竞赛、培训班、学习班、研讨班等形式,在团员青年中开展富有成效的学习贯彻活动。2004 年,团省委发出《关于在全省团员青年中开展"树立科学发展观,建设美好新江西——青年在行动"主题教育活动的通知》,要求全省各级团组织积极行动起来,动员和激励广大团员青年积极投身实现江西在中部地区崛起、全面建设小康社会的伟大事业,促进全省经济社会全面、协调、可持续发展。以此次主题教育活动为统揽,团省委先后举办青年志愿者赣江环保行、江西青年旅游形象大使评选、青年县市长科学发展观论坛等活动。2004—2010 年,团省委先后在全省各地全面组织开展 3 批学习实践科学发展观活动,号召全省团员青年争做推动科学发展的生力军。

深入开展青年思想道德教育。江西共青团一直把爱国主义教育作为开展青少年思想道德教育的重要载体,努力激发广大青少年的爱国热情。特别是,抓住 1997 年香港回归、1999 年澳门回归、中华人民共和国成立 50 周年和 60 周年等时间节点,开展读书、演讲、征文、集体宣誓、歌唱比赛等各类活动。2006 年起,团省委在全省深入开展"知荣明耻、成才报国"社会主义荣辱观教育,引导各地团员青年积极学习"八荣八耻",树牢社会主义荣辱观。团省委还特别注重利用江西革命老区的红色资源优势,依托革命遗址、烈士纪念园等建设青少年爱国主义和革命传统教育基地,开展"红色之旅"、网上祭英烈、"可爱的中国——方志敏精神"等主题教育活动,教育引导全省青年传承红色基因,争做时代新人。团省委特别注重选树可亲、可敬、可学的青少年榜样,示范带领广大青少年从学习榜样中汲取精神力量。

助力江西经济社会发展。在服务经济社会发展中,支持共青城建设是江西共青团最浓墨重彩的一笔。1993 年,中共中央政治局常委、中央书记处书记胡锦涛在视察共青城时指出:"要把我们共青城建设成为在国内外享有盛誉的现代化的社会主义开发区。"2008 年 7 月,团中央与江西省委决定联合支持共青城发展;随后,成立由省委副书记王宪魁任组长、团中央书记处书记贺军科任副组长的支持共青城领导小组。自此，江西共青团在省委、团中央的领导下，认真履行支持共青城发展领导小组办公室职责，拓宽共青城发展宣传平台、全程参与共青城发展规划制定、大力吸引各方面力量到共青城考察投资，推动各项支持政策落地落实，为支持共青城发展起到积极作用，支持共青城发展成为共青团服务地方经济社会发展的生动样板。1994 年起，以"敬业、协作、创优、奉献"精神为核心的青年文明号创建活动在全省铁路、公安、公交、邮电、税务、民航、旅游、工商、电力等各行各业轰轰烈烈地展开。随着"青年文明号服务卡助万家""青年文明号巡礼""青年文明号社会监督日""百城万店无假货"活动的纷纷开展以及"青年文明号生产线""青年文明号山""青年文明号公园""青年文明号社区""青年文明号公路"等载体的不断创建，"青年文明号"活动覆盖面不断扩大，影响力逐步提高。截至 2004 年，全省共创建全国青年文明号 104 个，省级青年文明号 1082 个，市县级青年文明号 1 万余个，成为示范带动青年岗位成才、建功立业的有效途径，成为加强青年职业道德和精神文明建设，营造社会良好风气的有效载体。

帮助青年成长成才。团省委开展"大学生百项科技文化服务工程""百团千里万人京九行"、大中学生暑期文化科技卫生"三下乡""博士服务团"等大量青少年社会实践活动，让青少年在参与社会实践中增强理论结合实践能力，争做起而行之、知行合一的行动者。团省委还联合有关部门开展"挑战杯"全国大学生课外学术科技作品竞赛江西赛区竞赛、"青年岗位能手"竞赛、全省青工技术大赛、"双减双增"建功赛、"振兴杯"青年职业技能大赛等赛事，动员和引导广大青年工人参与岗位培训、技术比武、"五小"和"QC"科技攻关等系列活动，形成人人争当岗位能手、个个立志岗位成才的时代新风尚，培养企业新一代合格劳动者。在广阔农村，团省委开展培养"青年致富带头人"行动、"青年星火带头人""省杰出青年乡镇企业家"评选、农村青年科技特派员创业行动。

竭诚服务青年就业创业。服务青年就业创业一直是江西共青团重点发力的方面。在建设创新创业方面，团省委及各级共青团广泛建设"青年科技创业园""青年创业就业培训基地""青年就业创业见习基地""大学生创业实践基地"等基地，成为青年就业创业的良好平台。在青年创业贷款方面，在 2000 年以后，江西共青团越来越重视为青年提供投融资支持，于 2009 年成立江西青年创业就业基金会，2009—2010 年间，发放青年创业信用卡 2.52 万张，实际发放贷款 13.3 亿余元。在表彰创业明星方面，团省委开展表彰江西十大杰出（优秀）进城和返乡青年创业明星、江西十佳百优创业青年等活动，广泛选树宣传青年创业典型，形成青年崇尚创业、勇于创业的良好氛围。在就业创业培训方面，团省委开展下岗青工再就业培训等活动。

广泛动员青年开展志愿服务。20 世纪 90 年代初，由共青团领导的青年志愿者行动在全国轰轰烈烈地开展起来。在江西，由全省 10 万大中学生参与的"1994 新春热心活动"拉开全省青年志愿者行动的序幕。江西各级团组织以"爱心献社会，温暖洒人间"为主题，以车站公益活动、社区服务、抢险救灾、扶贫济困、助孤助残、扫盲治愚、法规宣传、社会治安为重点，先后动员和招募 20 余万名青年志愿者，广泛开展形式多样的志愿服务活动。据统计，截至 2008 年 2 月，全省累计参加志愿服务活动的青年达到 3000 多万人次，全省"一助一"长期结对服务对象达 8 万对，全省共有各级青年志愿者协会 1300 余个，组建科技、教育、医疗、消防、气象等专业志愿者服务队 1.86 万余支，注册志愿者达 12 万余人，未经注册但经常参加各种服务活动的志愿者达 130 余万人。1998 年抗洪救灾、

2003 年抗击非典、2008 年抗震救灾、2008 年抗击冰灾等急难险重现场,都留下江西青年志愿者奉献的身影。从 2003 年开始,团省委联合有关部门开展大学生志愿服务西部计划,2003—2010 年的 8 年间,全省共有 35 所高校 2169 名大学毕业生在祖国的辽阔大西北留下自己的奋斗足迹。1999 年起,团省委大力推进"保护母亲河"行动,组织全省团员青年开展"清理白色污染"行动、"参与生态恢复,共建绿色家园"主题活动、青少年植树造林活动、赣粤港青年"保护母亲河"系列活动、"保护母亲河行动"国际友好合作、鄱阳湖湿地保护等等。

维护青少年合法权益。1995 年,团省委开展未成年人保护法知识竞赛,全省 30 多万中小学生参加。1997 年,举行"庆六一——为少年儿童办实事"法律宣传咨询服务系列活动。2005 年 9 月,团省委、省综治委预防青少年违法犯罪工作领导小组开通江西 12355 青少年维权和咨询服务热线。开展"青少年网络教育爱心大使"活动,搭建未成年人网络教育平台,深化"青少年网络文明行动"。中共中央政治局常委李长春对江西共青团组织的这一做法给予充分肯定。2006 年,团省委、省预防办在全省开展"红铃铛法制快车江西行"活动,通过"红铃铛进校园"活动、"小包公断案"模拟法庭中队会、"法律伴我成长"等方式,培养青少年法制意识。1999 年起,团省委联合省综治办、省法院、省检察院、省公安厅、省司法厅、省人社厅等 16 个厅局开展"青少年维权岗"创建活动。这些"青少年维权岗"各司其职,密切合作,着力解决影响青少年健康成长的重点和难点问题,动员社会力量共同维护青少年合法权益,起到很好的示范带动作用。团省委还在全省依托律师事务所等阵地建设青少年维权服务站,为青少年提供法律咨询、心理咨询、非诉讼调解、出庭辩护等服务。2008 年,团省委在全省招聘 60 名热心社会工作的青少年利益代言人,通过人大建议、政协提案等形式为青少年权益鼓与呼。

竭力服务青少年民生保障。希望工程是江西共青团服务青少年成长发展的"金字招牌",20 年间共募集海内外捐款 4.2 亿元,帮助孤儿、农民工子女、留守儿童等困境青少年 17 万余人,兴建希望小学 1220 所,开展应急救灾、"1%工程"、圆梦助学、生命希望工程、"太阳计划"等许许多多形式多样的公益项目,取得极大的社会反响。20 年来,省青基会在希望工程运作中,多次获奖;1999 年省青基会获全国希望工程攻坚奖;2009 年底,在全省 5000 多个社团评比中位列"全国优秀社团"榜首;2001 年,获教育部、人事部、财政部授予"全国两基工作先进单位"称号;2008 年被民政部门评为"5A"级基金会;2010 年获"全国先进社会组织"荣誉称号。

预防青少年违法犯罪。从 2002 年开始,团省委开始履行省综治委预防青少年违法犯罪领导小组办公室职责,在省综治委领导下牵头组织实施全省预防青少年违法犯罪工作,开展青少年法治宣传教育、"青果援"关爱服刑人员未成年子女行动、有不良行为青少年专门教育、留守儿童关爱工程等,这些活动取得很好的成效。2003 年,省综治委预防青少年违法犯罪工作领导小组开始对设区市预防青少年违法犯罪工作进行年度考评,并纳入全省综治考评体系,全省各级预防青少年违法犯罪工作实现与综治其他工作同部署、同检查、同考核、同奖惩。2004 年,团省委联合有关部门向全社会发出向"网络妈妈"刘焕荣学习的号召,并公开招募首批 100 名"青少年网络教育爱心大使",推动他们感化、教育、帮助沉迷于网络的青少年解开心理障碍,远离不良思想情绪和偏激行为。2005 年,团省委以推进"为了明天——预防青少年违法犯罪工程"为契机,进一步在全省总结并推广瑞昌市"免疫工程"经验,通过实行伦理、法理、情理"三理交融",不断增强青少年信念"抗体"、道德"抗体"、法制"抗体"和自护"抗体",通过坚持组织、基地、制度"三管齐下",构建家庭、学校、社会三位一体的教育体系。中央政法委副秘书长陈冀平和团中央常务书记杨岳多次在全团权益工作会上对"免疫工程"预防工作新体系给予充分肯定。

充分发挥青年社会组织作用。随着经济社会的转型发展,青年社会组织在 20 年间迎来重要的发展机遇期,如雨后春笋般成长起来。团省委特别注重联系服务各类青年社会组织,为他们提供孵化、培训、注册、评估、工作展示等服务,充分发挥他们在协助社会管理、服务青年成长发展、促进社会和谐进步等方面的重要作用

深入开展青年理论研究。团省委、省团校以及省大中型企业青年研究会等群众学术团体开展征文、青年论坛等卓有成效的学术活动,形成《共青团学》《江西省青少年组织志》《江西青年状况蓝皮书》《中央苏区青年运动志》《井冈山根据地的共青团》等著作,江西的青年理论研究工作在全国有影响、有地位,走在前列。

共青团建设得到长足发展。20 年间,全省团员数量从 1990 年的 162.03 万人增长到 2009 年的 250.75 万人;专职团干部从 1990 年的 7156 人增长到 2010 年的 11756 人;团组织覆盖面也得到极大拓展。省青联、学联、少先队组织也得到不断加强。为更加紧密地团结社会各界青年,20 世纪 90 年代起,团省委陆续成立省青年企业家协会、青年商会、青年法律工作者协会、青年科技工作者协会、中专学校共青团工作协会、青少年宫协会等下属协会组织,在不同领域发挥联系青年、服务青年的桥梁纽带作用。

纵观 20 年间江西团员青年的成长历程,留下一众多姿多彩的人生轨迹。江西团员青年是一个朝气蓬勃、勇于奉献、敢于创新、充满社会正能量的群体,在各行各业中,发挥着先锋模范作用。面对新时代新征程,在党和政府的关怀下,江西青年必将拥有更为美好的未来。

大事记

1991 年

1 月 11—13 日　共青团江西省十届五次全会在南昌召开。全会通过《关于开展向熊云清同志学习活动的决定》。2 月 22 日,团省委在全省团员青年中开展向熊云清学习活动。

1 月 29—30 日　团省委、省乡镇企业局在南昌联合召开江西省优秀青年乡镇企业厂长(经理)表彰暨江西省青年乡镇企业家首届年会。

3 月 5 日　团省委表彰学雷锋先进集体和先进个人。赣州地区宁都县田头乡白沙小学学雷锋小组等 45 个单位集体获"全省学雷锋先进集体"称号,吉安地区吉水师范 89 级二班学生毛会珍等 31 人获"全省学雷锋先进个人"称号。

3 月 13—21 日　团中央书记处书记洛桑到江西考察。

4 月 17—19 日　江西省青年联合会六届一次会议、江西省学生联合会第五次代表大会在南昌召开。李春燕当选省青联主席;武向阳当选省学联第一任执行主席。

5 月 4 日　全省优秀青年教师表彰暨优秀大学生欧阳泉平命名大会在江西师范大学召开。

6 月 3 日　团省委授予张婧平"卫国安民青年英雄"荣誉称号。

7 月 29 日　由省教委、省科协、团省委等联合举办的"爱我中华　爱我江西"为主题的全省中学生小论文比赛揭晓,评选出一、二、三等奖共 74 篇。

8 月 28—30 日　团省委常委扩大会议在宜丰县召开。会议通过参观宜丰县团组织创办的 4 个团的活动经费营地,总结、交流全省团组织近两年创建经费营地的实践经验。

11 月 26—28 日　团省委、省教委、省少工委在玉山县联合召开全省少先队工作会议暨全省"学习赖宁"活动现场经验交流会。

12 月 16 日　由团省委、省青联、江西日报社、省广播电台、省电视台和江西青年报社联合举办的首届"江西十大杰出青年"评选活动揭晓。张京生、陈莉、徐玲、熊大和、彭加和、徐效刚、李杰卫、钟田力、张果喜、龚循明获"江西十大杰出青年"称号。

1992 年

1 月 9—11 日　共青团江西省十届六次全会在南昌召开。会议讨论通过《关于召开共青团江西省第十一次团代会的决议》，并为首届"江西十大杰出青年"颁奖。

1月23日　第四届全省青工技术大赛冶金系统竞赛在新余钢铁总厂结束;24日,青工系统竞赛在南昌结束。5月14日,第四届全省青工技术大赛总结表彰暨第五届全省青工技术大赛动员大会在南昌召开。

2月26日　省少儿基金会、省妇联、团省委、省残联等8个单位联合授予朱花梅等10位同学"身残志坚儿童少年"称号,并颁发第3届"身残志坚儿童少年"奖学金。

5月4—7日　共青团江西省第十一次代表大会在南昌召开,黄建盛当选团省委书记。

5月9日　省青少年集邮工作委员会在南昌成立,舒国华当选委员会主任。

8月25日　全国青少年井冈山活动营地落成典礼仪式在井冈山市茨坪举行。

10月13—14日　省委组织部、团省委在万载县联合召开全省"推优"工作座谈会。

11月3日　第2届"江西十大杰出青年"评选活动揭晓。王建华、胡饬海、冯华平、魏九龙、李聚通、谢小平、杨少森、姚亚平、傅志高、万纯洪获"江西十大杰出青年"称号。

11月中旬　全省大中型企业青年工作研讨会暨青研会第七次年会在江西光学仪器厂召开。

11月30日　省青少年服务中心在南昌成立。

1993 年

1月1日　团省委主办的《江西团讯》更名为《江西共青团》。

1月11—13日　共青团江西省代表会议在南昌召开。会议选举产生出席共青团第十三次全国代表大会的代表,表彰1992年度全省共青团先进集体和"江西十大杰出青年"。

4月15日　中共中央政治局常委、中央书记处书记胡锦涛视察共青城。

6月15日　首届全省少年儿童书画大赛在南昌揭晓,龚伟等15名少年儿童分获书法、国画、剪贴、儿童画4个项目的一等奖。

8月4日　日本岐阜县安八町少年教育交流团一行16人到江西访问。

10月19—21日　中国少年先锋队江西省第二次代表大会在南昌召开。会议产生新一届少工委,王文才任省少工委名誉主任。

10月21日　团省委、省教委、省少工委印发《关于表彰首届全省"十佳少先队员"的决定》。陶莉、陈东、陈婷、张琳、卜海亮、曹锦燕、游弋、泮雄文、谢嵩、彭丽萍获首届全省"十佳少先队员"称号。

是日　团省委、省教委、省少工委印发《关于表彰全省优秀少先队员、优秀少先队辅导员、优秀少先队工作干部、少先队先进集体的决定》。周佩莹等150名少先队员被授予"全省优秀少先队员"称号,刘广生等106名辅导员被授予"全省优秀少先队辅导员"称号,于路平等43人被授予"全省优秀少先队工作干部"称号,南昌市站前路小学少先队大队等50个少先队集体被授予"全省少先队先进集体"称号。

10月22日　省青联六届二次常委会在南昌召开,黄建盛当选省青联主席。

11月11日　第三届"江西十大杰出青年"评选揭晓。林祥群、唐三湘、王金华、葛亮明、熊桂花、黄小平、李灵华、彭艳萍、余华正、徐秋萍获"江西十大杰出青年"称号。

1994 年

1 月 17 日　江西青年报社更名为江西青少年报刊社。

1 月 20 日　团省委首批"青年文明号"机车授牌仪式在南昌机务段举行,由此揭开全省百万青工创建青年文明号竞赛活动的帷幕。省委副书记卢秀珍参加授牌仪式。

1 月 28 日　省劳动厅、省总工会、团省委、省教委等 10 家单位在南昌联合举办首届全省青年奥林匹克技能竞赛总结表彰大会。

2 月 25 日　省委宣传部、省教委、省军区政治部、省总工会、团省委联合印发通知,在全省开展"向徐洪刚同志学习活动"。

是日　团省委、省教委联合印发《关于在民办学校建立共青团组织的通知》,通知要求凡在江西境内经县以上教育行政部门批准的各级各类民办学校必须建立共青团组织,成立民办学校团的工作委员会,各民办学校团委和支部的干部应严格按照团章规定配备。

3 月 15 日　团省委、省经济委员会、省劳动厅联合印发《关于在全省企业中深入开展百万青工争当"青年岗位能手"竞赛活动的通知》,要求有关部门站在改革开放的制高点上,引导激发广大青年学校爱岗的积极性和创造性,在广大青工中形成人人争当岗位能手,个个立志成才的氛围。

4 月 29 日　由省委宣传部、省教委、团省委共同举办的表彰"全省十大杰出青年教师"新闻发布会在江西师范大学举行。江凤荣、刘更生、应明生、苏斌、姚新、梁明仁、唐晓红、康宇、曾存马、黄玉明获"全省十大杰出青年教师"称号。

4 月　省第八届人大常委会第八次会议通过《江西省实施〈中华人民共和国未成年人保护法〉办法》。

5 月 4 日　团省委、省林业厅、省水利厅、省交通厅联合表彰 1993 年度全省青少年造林绿化活动优秀组织单位、先进集体、先进个人。宁都团县委等 123 个单位被评为优秀组织单位,于都县于阳乡团委等 90 个集体被评为先进集体,聂卫民等 95 人被评为先进个人。

是日　团省委命名南昌钢铁厂青年安全监督岗等 25 个青年岗位、青年集体为第 2 批"江西省青年文明号"。

7 月 25—26 日　省青年企业家协会会员大会在南昌召开,会议表彰首届"江西十大杰出青年企业家"和 33 位优秀青年企业家,省领导吴官正、卢秀珍、吴永乐、朱英培等出席大会并颁奖。

10 月 12 日　团省委、省教委、省少工委对评选出来的全省首届"十佳少先队辅导员"予以表彰。

10 月中旬　第四届"江西十大杰出青年"评选揭晓。朱旺生、肖伏芝、林建华、欧阳海华、罗斌、姜红、倪先平、黄建平、郭泽浔、廖进球获"江西十大杰出青年"称号。

1995 年

1月13日　团省委印发《关于表彰一九九四年度共青团工作先进单位的决定》,授予共青团宜春地委等13个地厅级单位团委"一九九四年度共青团工作先进单位"称号,团南昌市委等19个单位分获共青团工作单项奖。

3月5日　团省委、省学联印发《关于在全省青年学生中开展向唐英、成洁同学学习活动的决定》。在江西师范大学礼堂举行当代青年楷模——唐英、成洁事迹报告会。

3月19日　中共中央总书记、国家主席、中央军委主席江泽民视察共青城。

3月　省青年志愿者协会在南昌成立。

4月1日　团省委授予兴国县青年志愿者为老红军服务总队等27个单位和组织"全省青年志愿者活动先进集体"称号;授予于果"江西省杰出青年志愿者"称号;授予苏子林等94人"江西省优秀青年志愿者"称号。

4月中旬　团干部参加计算机等级考试拉开序幕,80名学员参加省团校首批考前培训。

4月28日　团省委、省青联联合印发《关于印发〈1995"江西十大杰出青年"评选活动意见〉的通知》,规范"江西十大杰出青年"评选宗旨、参选资格、评选机构、评选办法、评选步骤和实施要求。

5月9日　团省委、省委农村基层组织建设办公室联合印发《关于在农村基层团组织建设中切实抓好"服务千村脱贫致富奔小康行动"的意见》。

5月上旬　省委宣传部、省教委、省教育工会、团省委联合命名表彰"十佳青年教师"。刘三秋、秦荣生、赵恒伯、安云、谢弘、万家春、廖春兰、王嬿、蒋丽菊、杨青获"十佳青年教师"称号。

6月9—12日　以朝鲜社会主义劳动青年同盟中央委员会副委员长昌辉为团长的朝鲜社劳青代表团一行6人对江西省进行为期4天的友好访问。

7月5日　团省委、省少工委联合印发《关于命名少先队"创五星雏鹰行动"教育基地的决定》,井冈山活动营地、上饶集中营革命烈士陵园等10个单位被命名为"创五星雏鹰行动"教育基地。

7月27日　团省委、省学联印发通知,决定实行《江西省学联主席团部分成员轮流驻会制度》。制度规定驻会成员2人,为期1年;驻会成员须是在校注册本科生、研究生中优秀学生干部,由各院校团委选拔推荐,团省委、省学联考察确定。

8月12—17日　团中央书记处书记巴音朝鲁到丰城市、奉新县等地考察。

8月20日　团省委、省青联联合印发《关于授予陈小平"江西省舍己救人青年英雄"荣誉称号的决定》。

10月10日　省未成年人保护委员会成立。

11月中旬　第五届"江西十大杰出青年"评选揭晓。万剑平、邓小洪、朱新华、刘新才、吴志文、余茂仁、林列、席殊、唐英、曾志明获"江西十大杰出青年"称号。

12月12—14日　全国少先队工作暨少先队工作学会年会在南昌召开。

1996 年

1 月 10 日　第三届省青年社会科学工作协会暨学术讨论会在省委党校召开。

1 月 28 日　团省委、省人民银行联合命名万年县人民银行等人行系统 97 个单位为省级"青年文明号单位"。

1 月　团省委、省教委表彰吉安团地委等 14 个共青团工作先进单位。

3 月 19 日　团省委、省青年企业家协会联合印发《关于表彰第二届"全省杰出优秀青年企业家"的决定》，授予邓兴明等 10 人"全省杰出青年企业家"称号，授予万剑平等 62 人"全省优秀青年企业家"称号。

5 月 3 日　团省委在省军区八一礼堂召开省市青年纪念五四运动 75 周年暨先进团委、优秀团员，"康佳"杯"五四"新闻奖表彰大会。

5 月 31 日　省委通报表彰团省委等 8 个单位为 1995 年度目标管理先进单位。至此，团省委已连续 3 年获此荣誉。

6 月 26—30 日　团中央书记处书记袁纯清及团中央赴赣工作考察组一行 7 人到江西考察"服务万村行动"开展情况。

8 月　团省委开始在服务行业中推行"青年文明号"服务卡优质服务活动。

9 月 28 日　团省委、省经贸委、省劳动厅联合印发通知，决定在全省青年中广泛开展"导师带徒弟"活动。

10 月 9 日至 11 月 10 日　团省委、省学联联合开展"大中学生志愿者社区援助月"活动。

10 月 14—16 日　以色列全国青少年交流会公共理事会青年企业家代表团一行 8 人到江西参观访问。

10 月 18—20 日　尼日利亚青体部代表团一行 7 人到江西参观访问。

11 月 12 日开始　省委组织部、省总工会、省工商局、团省委、省个体协会、省农行、省青基会联合在全省开展"希望工程爱心储蓄活动"。

11 月 18 日　第六届"江西十大杰出青年"评选揭晓。于果、方霞云、邓兴明、汤建人、胡新华、胡永辉、黄日升、黄美红、曾广辉、夏侯利获"江西十大杰出青年"称号。

1997 年

1 月 1 日　团省委、省林业厅、省水利厅、省交通厅、南昌铁路局联合印发《关于在全省青少年中实施"翠竹工程"的意见》。2 月 28 日，团省委、省林业厅、省交通厅、省水利厅、南昌铁路局联合召开电话会议，动员和部署"翠竹工程"（"翠竹工程"是 1996 年 12 月 9 日，由团省委、省林业厅、省交通厅、省水利厅、南昌铁路局 5 个单位共同发起的，在京九线、浙赣线江西段实施为期 5 年的一个青年系统工程，主要内容为以种竹为主的绿化带建设和以建立青年种植、养殖、加工基地为主的经济带建设）；是日　江西青年"翠竹工程"领导小组成立，省委副书记舒惠国、副省长孙用和任名誉组长。3月12日，团省委在兴国县果子岭举行"老区青少年迎香港回归纪念林营建活动"，正式揭开江西"翠竹工程"序幕。12月28日，团省委、省林业厅、省水利厅、省交通厅、南昌铁路局表彰1997年度全省青少年"翠竹工程"先进集体和先进个人。

1月18日　"学习邱娥国争当好青年、好少年"活动开始在全省青少年中广泛开展。

5月3日　团省委在南昌八一广场举行纪念五四运动78周年暨建团75周年集会。

5月4日　团省委、省公安厅、省劳动厅等5个单位联合印发《关于表彰首届"江西十大杰出务工青年"的决定》，授予刘原生等10人首届"江西十大杰出务工青年"称号。

5月7—10日　以日本总务厅青少年对策本部次长中川良一为团长的访华团先遣人员一行3人到江西参观访问。

5月30日至6月1日　第五届"挑战杯"全国大学生课外学术科技作品竞赛江西赛区预选赛在南昌航空工业学院举行。

6月7日　团省委、省委宣传部、省教委、省学联联合开展大中学生志愿者暑假文化科技卫生"三下乡"活动。11月省委宣传部、省教委、团省委、省学联决定表彰1997年暑假大中学生文化、科技、卫生"三下乡"社会实践中优秀志愿者服务队、先进个人和优秀组织工作单位。

6月14日　江西师范大学附属中学高二学生梁峻无辜被南昌市建筑机械厂司机毒打。省未成年人保护委员会、团省委就"梁峻事件"在全省城市组织开展关于"如何做一个合格市民"的大讨论。

6月27日至7月1日　韩国青少年与指导者代表团一行20人到江西访问。

9月17—21日　日本青年代表一行19人到江西参观访问。

11月18日　团省委、省综合治理办等16个单位在省军区八一礼堂举行首届"江西杰出（优秀）青年卫士"表彰大会，授予王跃、曾广辉等10人首届"江西杰出青年卫士"称号，授予魏建平、查有根、陈建军、胡景辉等100人首届"江西优秀青年卫士"称号。

1998 年

1月5日　第七届"江西十大杰出青年"评选揭晓。马跃进、王跃、刘志刚、江建明、李晓明、周伟、黄路生、彭玉华、曾志强、戴欣华获"江西十大杰出青年"称号。

1月8日　团省委对在农村基层组织建设中做出突出成绩的团支部和单位分别授予"百佳奔小康示范团支部"和"全省农村基层团组织建设先进单位"称号。

3月25日　团省委印发《关于成立未成年人保护委员会的通知》，通知要求各团地、市委要尽快健全未成年人保护工作机构，建立健全工作机制，夯实工作基层组织。

4月25—27日　共青团江西省第十二次代表大会在南昌召开，潘东军当选团省委书记。

4月27日　团省委、省青联联合授予王福平等13人"江西青年五四奖章"。

5月26日　全省第三届"五四"新闻奖揭晓，共评出获奖作品52件，其中一等奖5件、二等奖8

件、三等奖 17 件、优秀奖 22 件。

6 月 15 日　省委宣传部、省教育委员会、团省委、省学联联合印发《关于开展"98 江西省大中学生志愿者暑期文化科技卫生'三下乡'活动的通知》，明确"三下乡"活动的主题、时间、规模、主要内容、具体要求等事项。

6 月 18 日　省文明办、团省委、省教委决定从 1998 年开始共同组织实施青年志愿者支教扶贫接力计划，并联合印发《关于实施青年志愿者支教扶贫接力计划的意见》。

7 月 24—27 日　以津巴布韦非洲民族联盟(爱阵)政治局委员、津巴布韦非洲民族联盟青年团副书记、津巴布韦教育文化部副部长莫哈迪为团长的津巴布韦民盟青年团代表团一行 4 人到江西访问。

8 月 5 日　团省委、省青联、省学联、省青基会联合印发《关于开展抗洪赈灾募捐活动的通知》，要求各级团组织和青联、学联组织及各地青基会广泛开展"捐赠 10 斤米(折款 15 元)爱心献灾民"活动。

8 月 6 日　省民政厅、团省委就全省青年社会团体有关问题做出决定：凡新成立的冠以"江西青年""全省青年"字样的全省性青年社团，团省委是其主管部门；凡全省性青年社团成立，应先向团省委提出书面申请报告，经同意后，方可报省民政厅。

8 月 11 日　团省委召开全省青年抗洪赈灾百万募捐行动电话会议，团省委书记潘东军在会上讲话，团省委副书记钟志生宣读募捐行动方案。

8 月 14 日　团省委授予周晓渊"抗洪抢险青年标兵"称号。

9 月 1 日　团省委、省直属工委、省委农村基层组织建设办公室印发《关于在部分省直机关团委与乡镇团委开展结对互助活动的通知》，要求省直机关团委在 3 年内帮助结对乡镇完成松瘫团支部的转化工作，在当地乡镇党委的领导和统一规划下，帮助建立 1～2 个科技推广项目示范基地和省直团员青年社会实践基地，帮助构建农村团的服务体系、培训体系、标准化建设体系、政策保障体系。

9 月 7 日　团省委授予省军区独立营二连团支部、九江团县委抗洪抢险青年突击队、省武警总队第三支队团委"抗洪抢险青年先锋突击队标兵"称号。授予杨东、韩巍、刘述琴、甘大虎"抗洪抢险青年标兵"称号；追授刘巍、文景生、陈长生"抗洪抢险青年勇士"称号。

9 月 19 日　团省委、省经贸委、省劳动厅授予李传芳等 10 人为"1997 年度全省杰出青年岗位能手"，授予甘涛等 37 人为"1997 年度全省青年岗位能手"，授予万斌等 80 人"1997 年度全省优秀师徒"称号；授予鹰潭团市委等 5 个单位"1997 年度师带徒活动优秀组织奖"。

10 月 26 日　全省青年"弘扬抗洪精神、恢复生产、重建家园"座谈会在南昌举行。会上，团省委书记潘东军作《弘扬伟大抗洪精神，继续发挥生力军和突击队作用》讲话。

是日　团省委授予九江市永修县永北仙州青年突击队等 7 个集体为"抗洪抢险青年先锋突击队"称号；授予邓亚炯等 5 人"抗洪抢险青年标兵"称号；追授刘小宁等 2 人"抗洪抢险青年勇士"称号；授予南昌团市委机关青年突击队等 34 个集体"抗洪抢险先进集体"称号；授予万卫国等 64 人"抗洪抢险先进个人"称号。

11 月 25 日　团省委印发《关于开展江西省首届"乡村青年文化节"活动的通知》，明确开展"乡村青年文化节"活动开展的指导思想、活动时间、主要内容和工作要求。

12 月 7 日　省委宣传部、省教委、省学联对在当年大中学生志愿者暑期文化科技卫生"三下乡"活动中成绩突出的南昌大学、江西师范大学等 51 支优秀志愿者服务队和张维奇等 148 名先进个人进行表彰，并向组织活动成绩显著的南昌大学等 20 个单位颁发优秀组织活动奖。

12 月 11 日　第八届"江西十大杰出青年"评选揭晓。王天禄、毕志忠、刘三秋（女）、孙小强、林小湖、柳和生、钟崇武、施华山、黄代放、谌祖桂获"江西十大杰出青年"称号。1999 年 1 月 26 日，共青团江西省第十二届二次全委会对 1998 年"江西十大杰出青年"进行表彰。

12 月 22 日　团省委印发《关于表彰 1997—1998 年度中专（技校）"优秀共青团干部"的决定》，授予南昌气象学校张雪黎等 39 人"江西省中专（技校）优秀共青团干部"称号。

1999 年

2 月 8 日　团省委印发《关于开展创建"五四红旗团委"活动的通知》。决定由全省农村基层团组织建设领导小组负责全省"五四红旗团委"创建活动的领导工作，并根据实际，分企事业、农村、学校、社区 4 条战线成立 4 个创建工作组。

2 月 25 日　团省委建立团省委系统"保护母亲河行动"实施领导机构和工作机构。4 月 13 日，团省委全面开展"保护母亲河行动——绿色希望工程"宣传活动。

4 月 26 日　团省委、省青联授予柳和生、王征、黄日升、周和平、罗方承、李艳茶 6 人第二届"江西青年五四奖章"。

5 月 3 日　省委宣传部、省教委、团省委在南昌联合召开纪念五四运动 80 周年座谈会。

5 月 29 日　全省未成年人工作先进集体和先进个人表彰大会在南昌举行，省政府秘书长王飚代表省政府、省青少年权益保护委员会作题为《全社会都来关心保护未成年人健康成长》讲话。

5 月 30 日　全省"十佳少先队辅导员"表彰暨"手拉手"互助成果汇报会在省委滨江宾馆综合楼举行。会上，公布《关于授予汪晓瑾等十位同志"全省十佳少先队辅导员"称号的决定》。

8 月 18—21 日　韩国青年会议所一行 8 人赴赣考察。

9 月 27 日　团省委、省邮政局联合举办首届"江西邮政杯"学生书信有奖竞赛活动。

10 月 13 日　团省委、省少工委在南昌举行少先队 50 周年庆祝活动，授予黄健等 10 人第四届"全省十佳少先队员"称号。

10 月 28 日　团省委印发《关于确定省级团建创新试点单位的通知》，吉安遂川县、江西铜业公司、南昌青云谱区三店街办等 14 个单位被确定为团建创新试点单位。

11 月 7 日　团省委印发通知，追授徐晓强"江西杰出青年卫士"称号。

2000 年

1月5日　由团省委、省青联和省内8家新闻单位联合主办的第九届"江西十大杰出青年"评选活动在南昌揭晓。包静、杨名权、陈年代、邱京望、周艳军、徐晓泉、黄正端、曹林、彭小英、蔡烨清获"江西十大杰出青年"称号。

1月25日　团省委印发《关于进一步推进"保护母亲河行动",全力配合江西省"跨世纪绿色工程"的实施意见》,决定进一步推进"保护母亲河行动",全力配合全省"跨世纪绿色工程"的实施。

3月25—26日　中国少年先锋队江西省第三次代表大会在南昌召开。

3月26日　团省委、省教委、省少工委授予黄健等465名少先队员"江西省创五星雏鹰行动'五星少先队员'"称号。

5月30日　团省委、省建设厅印发《关于积极参与创建"青年文明号山"活动的通知》,全面推进建设系统"青年文明号山"的创建工作,要求庐山、井冈山建设系统窗口行业的团组织和广大青年积极参与创建活动。

7月3日　团省委、省旅游局等30多个单位共同参与,拉开庐山整体创建"青年文明号"序幕。

7月24日　团省委、省青联配合团中央、全国青联,联合省计委、省经贸委、省教委、省科委、省乡镇企业局组织开展"博士与企业家江西行"活动。

8月11—12日　团省委常委(扩大)会议在南昌召开,专题学习座谈江泽民关于"三个代表"重要思想,省委副书记步正发出席会议并作讲话。

9月8日　团省委发布《关于2000年全省共青团专题调研情况的通报》。

10月22日　全省基层"党建带团建"工作会议在南昌召开。会议由省委常委、省委组织部部长傅克诚主持,省委副书记步正发、团省委书记潘东军到会并讲话。

10月28—29日　江西省青年联合会第七届委员会第一次全体会议和江西省学生联合会第六次代表大会在南昌召开。会议决定聘请潘东军为第七届省青联名誉主席。

11月　"江西十大杰出青年"于果被评为"中国十大杰出青年",12月20日,受到中共中央政治局常委、国家副主席胡锦涛接见。

12月27日至2001年1月1日　团省委组织江西青年代表团赴港、澳参加"港澳及内地青年庆祝澳门回归一周年和迎接新世纪交流活动"。

2001 年

4月28日　团省委评选表彰首届"江西十大杰出青年农民"。

5月31日　团省委、省少工委、省教育厅授予付丹雅等10位同学第五届"全省十佳少先队员"、王震宇等10人第三届"全省十佳少先队辅导员"、王建群等10人首届"全省十佳少先队志愿辅导员"称号。是日,省领导在江西饭店接见第五届"全省十佳少先队员"、第三届"全省十佳少先队辅导员"、首届"全省十佳少先队志愿辅导员"并合影。

6月27日 省委书记孟建柱、省委副书记步正发接见赣沪两地青年经贸交流、青少年工作合作交流活动与会人员。

7月17日 团省委印发《关于实施"进城务工青年发展计划"的通知》。4万名大中专学生青年志愿者,组成1500支服务队,奔赴省内外150多个县市开展"播科学圣火,做文明使者"为主题的志愿服务活动。

7月 井冈山、庐山创建"青年文明号山"活动全面启动。

8月30日 团省委、省青基会在全省各大专院校校园内开展"中国报业高校勤工助学希望书报亭"建设活动。

10月8日 团省委举行江西希望工程10周年庆典晚会。

11月20日 团省委决定开展省第四届"乡村青年文化节"活动,活动于11月底至2002年初举行。

11月24—26日 团省委、省青年联合会、省青年企业协会邀请37名上海企业家到赣开展经贸合作交流活动。

12月17日 团省委、省青基会授予上海阳光新景(集团)有限公司等10家企业"十大爱心企业奖"、省委组织部等10家机构"十大爱心机构奖"、《江西日报》等10家媒体"十大爱心媒体奖"、杨玷珊等10人为"十大爱心人士奖"。

2002 年

1月6日 省委组织部、团省委联合印发《关于进一步加强全省基层"党建带团建"工作的意见》,提出要把"推优入党"工作重点放在对团员教育、培养上,提高团员素质,保证推优质量。

1月20—21日 团省委召开共青团江西省委十二届全体(扩大)会议。会议审议通过《共青团江西省委关于加强和改进团的作风建设的决定》等,表彰首届全省"十大杰出青年农民"、"十大杰出进城和返乡青年创业明星"、2001年度共青团工作目标管理先进单位、2001年度"全省团建先进县(市、区)"。

4月26日 中国共产主义青年团中央局旧址揭幕仪式在瑞金下霄村举行。

6月5—7日 团省委、省广播电视局、省青联、省学联联合开展"塑造江西人新形象"全省青年电视演讲比赛。

7月10日 团省委向江西籍在外务工青年发出《争做"塑造江西人新形象"的文明使者倡议信》,动员广大在外务工青年投身"塑造江西人新形象"主题教育活动。

7月24—25日 团省委、省农业厅在新余市联合召开全省青农工作会议。团省委书记潘东军在会上作《与时俱进、开拓进取,努力把我省农村共青团和青年工作提高到一个新水平》讲话。

7月25—27日 深圳市青年联合会应团省委、省青联邀请,组织青年企业家到赣开展经贸交流活动。

8 月 20 日　团省委为全省青年志愿者首批赴西部研究生支教团举行送行仪式。

9 月 29—30 日　团省委、省青企协与省委宣传部、省经贸委、省科技厅、省财政厅、省科协联合会举行全省企业青年创新创效活动推进会暨成果展,各设区市和省直属单位共 18 个单位参加成果展。

10 月 18 日　中组部、团中央第 3 批赴赣"博士服务团"抵赣,省委、省政府召开欢迎会。

10 月 26 日　赣鄂两省青年联欢会在上饶市婺源县举行。

11 月 22—24 日　日本友人到九江市星子县参加"保护母亲河日中交流绿化活动",团中央国际联络部副部长汤本渊、团省委副书记钟志生陪同。

12 月 28 日　省第五届"乡村青年文化节"启动仪式在乐平市举行,团中央青农部部长白平胜、团省委书记潘东军参加启动仪式。

2003 年

3 月 5 日　团省委召开全省纪念学习雷锋活动 40 周年表彰大会,省委副书记王君到会讲话,团省委副书记钟志生主持会议。

4 月 28—30 日　共青团江西省第十三次代表大会召开。钟志生作题为《以"三个代表"重要思想为指针,团结带领广大团员青年为实现江西在中部地区崛起而努力奋斗》工作报告。大会选举钟志生为团省委书记。

6 月 7 日　"推广好习惯——百万青年志愿者(红领巾)与你同行"活动启动仪式举行,团省委书记钟志生参加启动仪式。

6 月 12 日　团省委、省教育厅、省财政厅、省人事厅联合印发《关于印发〈江西大学生志愿服务西部计划 2003 年实施方案〉的通知》,实施方案从成立机构、明确工作内容、主题口号和工作步骤等方面对全省大学生志愿服务西部计划进行规范。6 月 22 日,2003 年全省大中专学生志愿者暑期"三下乡"社会实践活动出征仪式在南昌举行。

6 月 23 日　团省委、省青联与上海、浙江、江苏 3 省(市)青年组织首次在杭州共同举办"合作与发展——长三角杰出青年论坛"。这次论坛以"合作与发展"为主题、以杰出青年为主体、以电视论坛和座谈会等形式,为与会青年搭建一个交流平台。是日,浙江省委书记习近平接见参加"长三角杰出青年论坛"的部分江西代表并合影留念。

6 月 29—30 日　省第八届"挑战杯"大学生课外科技学术作品大赛在南昌举行,省人大常委会副主任孙用和、省政协副主席金异、省委副秘书长虞国庆、团省委书记钟志生以及省教育厅、省信息产业厅、省科技厅等主办单位的领导出席开幕式和闭幕式。

8 月 16 日　团省委、省青联与苏、浙、沪青年组织联手,在上海国际会展中心举办"世博会与长三角园区发展青年论坛",来自 4 省市近 200 名青年企业家参加论坛。

9 月　团中央书记处第一书记周强到江西考察南方希望中学。

10 月 14 日　昌北机场整体创建"青年文明号机场"启动仪式在昌北机场举行。

10 月 15 日　江西祥符收费站举行"全国青年文明号"揭牌仪式。

11 月 5 日　中国青年企业家协会八届二次理事会暨中国青年企业家共青论坛在九江市共青城召开,来自全国近 200 余名青年企业家和 80 余名团干部参加活动。

2004 年

1 月 6 日　省第六届"乡村青年文化节"启动仪式在于都县举行。

1 月 12 日　"博士服务团"与在赣全国青联委员迎新座谈会在滨江宾馆召开。

1 月 13 日　中共中央政治局常委、中央政法委书记罗干接见第四届全国"优秀青年卫士",江西省推报的"优秀青年卫士"黄淑彬参加接见。

4 月 1 日　江西青年文明号 10 周年纪念活动启动仪式在南昌举行。12 月 3 日全省青年文明号活动 10 周年表彰大会在滨江宾馆召开,省人大常委会副主任孙用和、省政协副主席金异等省领导为获奖单位和个人颁奖,并点击开通"江西青年文明号网站"。

4 月 2—4 日　团省委书记钟志生率团赴南京参加长三角青年创业论坛。此次论坛的主题是"以人为本、创业立身"。

4 月 6 日　新加坡人民行动党青年团一行 18 人到团省委机关拜访交流。

是日　"中国少年儿童平安行动"江西启动仪式在南昌育新学校举行。

4 月 26 日至 5 月 15 日　团省委联合有关部门在江西今视网、江西电视台、《江南都市报》、江西广播电台、《江西商报》等媒体发布行动倡议书,向全社会公开招募首批 100 名"青少年网络教育爱心大使"。

5 月 31 日　团省委举行"青少年网络教育爱心大使"启动仪式。

4 月 27 日　瑞昌市代表就该市实施"免疫工程"在全国预防青少年违法犯罪工作会议上发言。

5 月 29 日　"清华科技园杯"全省首届青年创业计划大赛暨"挑战杯"江西大学生创业计划竞赛决赛举行。

6 月 9 日　中组部、团中央第 4 批"赴赣博士服务团"座谈会在南昌召开。

7 月 17 日　江西大学生志愿服务西部计划出征欢送仪式在南昌举行。

7 月 24 日　由团省委、省移动公司联合举办的"江西农村青年中心神州行工程"启动仪式在南昌县塘南青年中心举行。

7 月 30—31 日　省青联七届二次常委(扩大)会议在南昌市瑞都宾馆召开。省青联主席钟志生在大会做题为《与时俱进　努力开创江西青联工作新局面》讲话。会议成立省青联驻京、沪、粤 3 个联络处和港澳台侨界别委员会,由此形成全省青年工作开放的组织架构和运行机制。

9 月 6 日　全省第一个"中小学弘扬和培育民族精神活动月"启动仪式在南昌举行。

9 月中旬　团省委与省委组织部联合,首次在香港举办全省团干部公共管理培训班,30 名来自全省各地的团干部在香港参加研修班的学习和培训。

9 月 30 日　全省第 3 批爱国主义教育基地挂牌仪式在新建县小平小道举行。

9月　团省委、省青联首期万名青年免费技能培训班开班典礼在南昌举行。

是月　团省委在全省共青团系统开展"我们的文明——红色之旅"大型主题教育活动,活动为期1年,至2005年10月底结束。活动通过参观、学习、体验、交流等多种形式,组织青少年接受革命传统教育,增强青少年民族自豪感与凝聚力。

10月13日　省委组织部、团省委在南昌召开中组部、团中央第4批赴赣博士服务团总结暨第5批欢迎会。

10月16日　团省委、省青联、江西人民广播电台、江西电视台、江西日报等14个主办单位联合召开第13届"江西十大杰出青年"定评会,方勇军等十人获"江西十大杰出青年"称号。

11月2—5日　以"交流、合作、共赢"为主题的长三角(3+2,即上海、江苏、浙江和安徽、江西)青年论坛在南昌市举行。2日,省委书记孟建柱、省委副书记王君、团中央书记处书记王晓接见与会代表。

12月3日　全省青年文明号活动10周年表彰大会在南昌召开。

12月4日　全省"红铃铛"法制快车出征仪式在南昌红谷滩举行。

12月22日　全国第四期大中学校团组织心理咨询培训班开班仪式在南昌大学举行,来自全国30多个省的近百名团干部参加培训,南昌大学副校长程样国致辞,团省委副书记肖洪波等到会并讲话。

12月24日　省委副书记王君、省委常委董君舒在南昌会见回国创业的海外学人。

2005 年

2月1日　省第七届"乡村青年文化节"在上饶市广丰县举行启动仪式。

3月5日　团省委与省关工委、省委老干部局、省民政厅联合开展"牵手夕阳,辉映青春"百万青年志愿者行动,启动仪式在九江举行。

3月　团省委与福建团省委在福州举行"赣闽青少年红色之旅"协作签约仪式,签订《关于联合开展闽赣青少年红色旅游的意向书》。

4月23日　"江西籍省外青年人才搜寻行动"启动仪式在南昌举行。

4月26日　江西青年建功成才月活动暨江西青工职业技能大赛启动仪式在南昌举行。

4月28日　团省委与北京大学团委联合举办"青春五月井冈红——青年学子寻革命足迹　传五四精神"主题教育活动。

4月29日　团省委、省教育厅、省学联在江西财经大学举办"红色青春——高举团旗跟党走"全省大学生五四晚会。

4月30日　团省委在南昌举行"红五月、青春颂——做一名光荣的青年团员"万名团员集体宣誓日活动。

5月25日　省侨联青年委员会在南昌举行成立大会。

5月　全省举行"红五月、青春颂——做一名光荣的青年团员"万名团员集体宣誓日活动。

6月18日 团省委、省青联与苏、浙、沪、皖四地青年组织在上海共同举办长三角园区青年论坛。

6月30日 全省2005年大中专学生志愿者暑期文化科技卫生"三下乡"社会实践活动出征仪式在江西财经大学启动。

7月8日 全国万名大学生赴赣州建设新农村志愿服务社会实践出征仪式在赣州举行。

7月13日 赣浙闽皖(4+2)城市青年论坛开幕式在上饶举行。

7月15日 江西财经大学举行大学生首批"村长"助理聘任仪式。

7月16日 京沪赣大学生"和谐创业"演讲比赛在江西电视台演播大厅举行。

7月30日—8月2日 团省委、省青联与香港福建同乡会联合开展"香港青少年红色之旅江西行"活动。7月31日,活动启动仪式在井冈山举行。

8月4—8日 澳门青年代表团到赣开展为期5天的"红色之旅——澳门青年江西行"活动。

9月2日 江西12355青少年维权和心理咨询服务热线开通。

9月11日 为纪念中国人民抗日战争暨世界反法西斯战争胜利60周年,由省委宣传部、省委教育工委、省教育厅、团省委、省文化厅主办,南昌大学承办,全省大学生歌咏大赛在南昌大学体育馆内举行。

10月16日 中组部、团中央第5批赴赣"博士服务团"总结暨第6批欢迎会在南昌举行。

10月29日 深圳市委、市政府向江西省40所希望小学捐赠1000台电脑交接仪式在南昌举行。

11月8日 武警江西省边防总队举行国家级"青年文明号"授牌仪式。

11月18—23日 第九届"挑战杯"大学生课外学术科技竞赛总决赛在上海复旦大学举行,江西省获省级优秀组织奖。

11月26日 全省大学生首届社团文化艺术节在江西中医学院闭幕。

12月10日 由团省委、上海团市委、共青城开放开发区管委会共同举办的"共青精神与青年创新——纪念共青城创业50周年青年企业家论坛"在共青城举行。

12月22日 第4期全国大中学校团组织心理咨询培训班开班仪式在南昌大学举行。

12月24日 首届全省"社区青年文化节"在鹰潭市杏南社区文化广场举行。

12月28日 省人大环境与资源保护工作座谈会暨"环保赣江行"10周年总结表彰会在南昌举行,团省委副书记王少玄参加。

2006 年

1月15—17日 团省委十三届四次全委(扩大)会议在南昌召开。省委副书记王君接见受到表彰的全省"十佳创业青年"和2006年度共青团工作先进单位代表并发表讲话;团省委书记钟志生代表团省委党组向省委领导和各位委员作工作汇报。

1月20日 全省青春建功新农村计划暨第八届"乡村青年文化节"启动仪式在宜春上高县

举行。

1月20日 省第八届"乡村青年文化节"在宜春市上高县举行。

2月28日 省第三届"十大女杰"评选活动新闻发布会举行。

3月13日 崇仁县交通稽征所举行"全国青年文明号"揭牌仪式。

3月20日 中日青年共青城生态绿化示范林三期工程启动仪式在共青城举行。

3月23日 全省少年儿童社会主义荣辱观体验教育活动启动仪式在南昌市继红小学举行。

3月24—25日 省青年法律工作者协会成立大会在南昌召开。

4月23—26日 省青年联合会第八届委员会第一次全体会议、省学生联合会第七次代表大会在南昌召开。25日,省委书记孟建柱接见全体与会代表。

5月21日 "生命希望工程——江西青少年健康基金"启动暨"谭晶青少年健康基金"捐赠仪式在南昌举行。

5月25日 2006年全国钢铁行业青年工作年会暨"企业共青团组织提高青年自主创新能力"经验交流会在新余举行。

6月1—2日 中国少年先锋队江西省第四次代表大会在南昌召开。省委副书记王君到会致祝词,省委副秘书长潘东军宣读省委书记孟建柱《"六一"寄语——致全省少年儿童的一封信》,团省委副书记、省少工委主任梅亦作省第三届少工委工作报告。大会选举产生第四届省少先队工作委员会。

6月19日 由团中央、全国青联主办,沪、苏、浙、赣、皖5省市共青团、青联承办的"融入长三角、携手港澳台2006长三角青年论坛"暨首届"长三角自主创新青年领军人物"颁奖典礼在杭州举行。

7月11日 团省委开展"首届江西省十佳青年道德楷模"评选活动。12月28日,团省委授予熊文清、李胜利、曹建华等10人"首届江西省十佳青年道德楷模"称号,授予严金辉、吴启明、徐成等16人"首届江西省优秀道德青年"称号。

8月31日 第三届"江西十大杰出青年农民"颁奖典礼在南昌举行。陶成标、凌征兰、吴成水、许建英、潘雪林、熊健、梁仁俊、欧阳伟萍、朱博、马飞被授予"江西十大杰出青年农民"称号。

9月5—8日 以日本青年团协议会会长冈下进一为团长的日青协代表团一行16人到赣访问。代表团赴南昌、共青城、庐山等地参观考察,并就新农村建设等方面与江西青年进行广泛交流。

9月15日 团省委副书记、省青联主席郭美荐带领江西青年代表团出席澳门青年联合会成立大会暨第一届理监事就职典礼。

9月25日 省青联组团参加港粤青年交流促进会第二届会董会就职典礼。

10月13日 "12355热线江西行"活动启动。

10月25日 中组部、团中央第6批赴赣"博士服务团"总结暨第7批"博士服务团"欢迎会在南昌召开。

11月21日 中共中央总书记、国家主席、中央军委主席胡锦涛和印度总统卡拉姆在新德里会见中印青年代表,江西团省委书记、省青联主席钟志生参加。

12月8日　全省首家青少年维权服务站在萍乡市百货大楼前举行揭牌仪式。

2007 年

1月6日　省第九届"乡村青年文化节"暨鹰潭市首届农村青年艺术节启动仪式在鹰潭市月湖区童家镇举行。

1月10—11日　团中央书记处第一书记胡春华、学校部部长周长奎等一行在赣调研民办高校团学工作并走访慰问贫困大学生。

1月14日　第十四届"江西十大杰出青年"评选揭晓，邓椿敏、裴鸿卫、谢小英、王瑞兰、何春富、余立锋、曹伴好、邹勇、夏唐、廖昶获"江西十大杰出青年"称号。4月8日第十四届"江西十大杰出青年"颁奖典礼在南昌召开。

1月31日　团省委十三届五次全体（扩大）会议在南昌玉泉岛大酒店召开。省委副书记王宪魁出席会议并讲话，团省委书记钟志生作题为《育人为本，服务为先，突出重点，务求实效，团结带领团员青年在江西崛起的新跨越中作贡献》工作报告。

2月1日　中国少年先锋队江西省第四次会员代表大会在南昌召开。省关工委主任周慈平等出席会议并讲话。

3月11日　省绿化委、团省委、省林业厅在南昌高新开发区举行"青春促和谐，绿色百千万"行动启动仪式。团省委书记钟志生，省政协人口资源环境委员会专职副主任龚林儿，省绿委办主任、省林业厅副厅长肖河出席并为青少年植绿护绿志愿者服务队授旗。

4月26日　省委副书记王君接见新当选的省学联主席纪旭、学生代表张翔。

5月4日　全省青年学生清明节网上祭奠英烈活动在"红土魂——江西英烈网"正式启动。

5月11日　纪念中国共青团建团85周年暨江西青年"五四"表彰大会在南昌召开。省委常委、省纪委书记董君舒出席大会，为获奖代表颁奖并讲话。

5月14—15日　全省党员代表会议在南昌召开。团省委书记钟志生参加会议并当选中国共产党第十七次全国代表大会代表。

5月24—26日　以泰国战略六一三公司总裁、泰华农民银行行长顾问常念周为团长的国际青年企业领袖代表团一行6人到赣访问。

5月30日　第10届"挑战杯"中国大学生课外科技学术作品竞赛江西赛区决赛暨颁奖典礼在南昌航空大学举行。

6月23日　澳赣台青年交流协会在澳门成立。

7月2—12日　韩国青年代表团赴江西分团首次到赣访问。

7月5日　全省"十大IT青年"评选定评会举行。方志军、冯卫、朱其新等10人当选为第五届江西省"十大IT青年"。

7月30日　赣港台青年交流促进会在香港成立。

8月5日　"红色之旅——澳门青年江西行"活动在井冈山启动。

9月7日　全省首个大学生创业孵化中心在江西财经大学成立。

9月12日　江西、广东两省省委组织部、团省委等部门在赣州联合举办全国首批"博士服务团"团队选派试点工作总结座谈会。

9月19日　由全国妇联、江西省政府、中央电视台主办,团省委等5个单位共同承办的"春暖2007爱心总动员——关爱留守儿童"大型公益晚会在南昌录制完成。

9月28日　省青年商会第一次会员大会在南昌召开。团中央书记处书记尔肯江·吐拉洪会前看望全体与会代表并合影留念,省人大常委会副主任孙用和出席会议并讲话。大会选举王少玄为省青商会会长,选举李菲为省青商会常务副会长兼秘书长。

10月16—21日　省人大常委会委员、法制委副主任委员林海,省人大常委会法工委副主任夏宏根,团省委副书记王少玄一行赴吉安、赣州开展《江西省青年志愿者条例(草案)》立法调研。

10月27日　团省委在南昌举办全省团员青年学习贯彻十七大精神报告会。

10月29日　全省"保护母亲河行动"表彰大会暨首届"江西青年绿色讲坛"在石城县举行。

11月14日　省委组织部、团省委联合印发《关于加强和改进全省"党建带团建"工作的意见》,进一步深化党建带团建工作。

12月1日　省青企协举办全省青年企业家学习贯彻党的十七大精神座谈会,省委副书记王宪魁出席会议并讲话。

12月7日　首届全省"十佳中学生"颁奖仪式和座谈会在南昌举行。王哲骏、庄语、汪朱马、肖倩、李巍、胡月琪、黄文涛、禄曼、程小康、管弦等10名同学当选"江西省首届十佳中学生"。

12月15—17日　江西团员青年十七大精神宣讲团赴上海、广东、浙江,为江西籍外出务工青年宣讲十七大精神。

12月21日　2007年中组部、团中央赴赣"博士服务团"总结暨欢迎会在南昌召开。

12月22日　江西青年马克思主义者培养工程启动仪式暨学习十七大精神专题培训班在江西师范大学举行并开班。

2008 年

1月17日　省第十届"乡村青年文化节"启动仪式在抚州南丰县市山镇举行。

1月17—19日　团中央十六大报告起草组赴江西调研。

2月6日　中共中央政治局常委、国务院总理温家宝在江西看望留校过春节的大学生,并与江西财经大学大学生共度除夕。

2月27日　省人大内司委、法制委、法工委和团省委召开《江西青年志愿服务条例》新闻发布会。

4月29日　省教育厅、省体育局、团省委联合印发《关于开展"我与奥运同行"江西省百县万校百万学生阳光体育助奥运活动的通知》,活动以"我与奥运同行"为主题,倡导"我运动,我健康,我快乐"的理念。

5月30日　由省教育厅、省体育局、团省委、南昌市政府共同主办的"我与奥运同行"全省百县万校百万学生阳光体育助威奥运活动签名仪式在南昌市红谷滩世纪广场举行。

5月8—11日　共青团江西省第十四次代表大会在南昌召开。王少玄作题为《高举中国特色社会主义伟大旗帜　团结带领广大团员青年为实现江西崛起新跨越发挥生力军作用》报告。会议选举产生新一届团省委常委13人,王少玄当选团省委书记。

5月14日　团省委专题召开党组会和书记扩大会,研究部署江西共青团支援四川抗震救灾工作,明确分工和具体责任人,要求各级团委组织城市机关学校企事业单位团员青年以交纳特殊团费的形式为灾区群众捐款捐物。

5月22日　"江西青年志愿者帐篷希望学校"在四川蓥华镇开课,这是四川地震灾区开课的首所"志愿者希望学校"。

5月19日至6月5日　团省委、省青年志愿者协会组织招募抗震救灾志愿者,派遣两批共计63名志愿者赴四川重灾区德阳什邡市蓥华镇开展抗震救灾工作。

5月16日　团省委书记王少玄一行,在江西青年职业学院进行专题调研。

5月19日　江西赴四川灾区志愿者服务队出征仪式在南昌举行,30名青年志愿者奔赴四川地震灾区。

6月8日　团中央书记处第一书记陆昊,书记处书记张晓兰、卢雍政等接见出席共青团十六大的江西代表团代表。

6月20日　江西共青团学校战线学习贯彻团十六大精神专题会在惠苑宾馆召开。团省委书记王少玄传达大会精神并讲话,团省委副书记郭美荐传达大会盛况,会议由团省委副书记梅亦主持。

6月30日　省委宣传部、省文明办、省教育厅、团省委、省学联主办的2008年全省大中专学生暑期文化科技卫生"三下乡"社会实践活动在南昌举行出征暨大学生党员宣誓仪式。

7月3—6日　团中央书记处第一书记陆昊到赣开展共青团工作调研。

7月14—17日　以尼中青年友好协会主席普拉卡什·保德尔为团长的尼泊尔青年政党领袖代表团一行10人对江西省进行正式友好访问。

7月31日　团省委、省青年志愿者协会在南昌市滨江宾馆举行"北京2008奥运会、残奥会江西志愿者欢送座谈会"。

8月24日　江西省奥运青年志愿者服务队完成赛会各项志愿服务任务返回南昌。

8月1日　省委组织部和团省委共同举办全省团市(县)委书记专题培训班在全省社会主义学院开班。此次培训班以基层需要为导向设置团干部培训课程,并以团的十六大精神为核心内容。

8月2—3日　省青年商会一届三次常务理事会召开。会议选举王少玄为省青年商会名誉会长,选举李建军为省青年商会会长。

8月21日　团省委印发《关于印发〈团省委支持共青城发展领导小组第二次全体会议纪要〉的通知》。该会议纪要为支持共青城发展就设立"中央团校共青城分校"的下步工作等9个方面事项进行研究和明确。

8月27日　省委常委会专题研究支持共青城发展有关工作,并决定成立"支持共青城发展领导小组",领导小组办公室设在团省委。

9月6日 "继续解放思想 推动科学发展"江西团干部赴沪浙粤学习考察团正式启程。这是继1993年之后,团省委组织的第2次大规模的外出学习考察活动。

9月16日 团中央书记处书记、支持共青城发展领导小组副组长贺军科一行在共青城考察调研。

9月17日 支持共青城发展领导小组第一次会议在共青城召开。省委副书记、支持共青城发展领导小组组长王宪魁主持会议并讲话。团中央书记处书记贺军科等出席会议并讲话。团省委书记王少玄及领导小组23个成员单位领导参加会议。

9月20日 团省委、省青年志愿者协会在南昌火车站举行"欢迎北京2008残奥会江西志愿者凯旋"仪式。

10月8日 国家级青年文明号授牌仪式在省公安厅交警总队一支队二大队举行。

10月16日 共青城青年创业基地重大项目签约开工仪式举行。

11月8日 全省消防志愿者行动启动暨全省千支消防志愿者服务队成立仪式在南昌举行。

11月11—13日 应江苏省江西商会邀请,团省委书记、支持共青城发展领导小组办公室第一副主任王少玄带队,九江市委副书记、领导小组成员张学军,九江市长助理、共青城党委书记、领导小组办公室常务副主任李晓刚及有关人员赴江苏开展共青城专项招商考察。

11月14日 团省委在全省招聘60名热心社会工作的青少年利益代言人,建立"青少年利益代言人制度",畅通青少年诉求表达渠道。

11月27日 省委副书记、支持共青城发展领导小组组长王宪魁就贯彻落实支持共青城发展领导小组第一次会议精神的情况在共青城进行调研。

是日 团省委、省体育局、民进江西省委在江西财经大学举行"梦想与未来"奥运冠军事迹报告会。奥运冠军金紫薇、吴静钰等作事迹报告。

2009 年

1月4日 省第十一届"乡村青年文化节"启动仪式在新余市渝水区欧里镇昌坊村文化广场举行。

1月13—14日 共青团江西省委十四届二次全体会议在南昌召开。省委副书记王宪魁出席会议并作讲话,副省长孙刚出席会议。

2月15日 省青联八届三次常委(扩大)会议在南昌召开。副省长孙刚出席会议并为第15届"江西十大杰出青年"颁奖。

2月26日 全省"环鄱阳湖生态希望小学捐建行动"启动仪式暨南昌县洪银生态希望小学奠基仪式在南昌县南新乡山上小学举行。省人大常委会副主任姚亚平、团省委书记王少玄以及省林业厅、省政府新闻办公室、南昌市等单位负责人出席仪式,并为全省第一所生态希望小学——南昌县洪银生态希望小学奠基填土。

3月6日　省政协副主席汤建人和团省委书记王少玄联合接受新浪网、大江网、北京电视台的联合专题采访,网上直播45分钟。

4月8日　团省委在南昌举办第2批派驻县级团委干部培训班。

4月14—16日　团省委领导带领团省委城青部、国家开发银行江西省分行、省农信社有关部门负责人,赴福建省考察共青团促进青年就业创业工作,并参加闽赣共青团服务青年就业创业工作交流座谈。

4月18日　支持共青城发展领导小组副组长就中芬合作建设共青数字生态城等事宜深入共青城调研。

5月4日　省委副书记王宪魁、省人大常委会副主任姚亚平、省政协副主席郑小燕等省领导接见"江西青年五四奖章标兵"和"江西青年五四奖章"获得者代表。

是日　全省青年纪念五四运动90周年文艺晚会在江西财经大学举行。

5月7日　全省青少年利益代言人发布会在南昌召开。省人大常委会副主任姚亚平出席并讲话,团省委书记王少玄对全省青少年利益代言人工作提出要求。

5月20日　全省第一届青少年利益代言人联席会主席团第一次会议在南昌召开。

5月9日　按照《关于建立共青团"青年就业创业见习基地"的通知》要求,团省委命名江西联通网络有限公司等89家单位为首批省级共青团"青年就业创业见习基地"。

5月11日　团省委在南昌举行首批省级共青团"青年就业创业见习基地"授牌仪式。

5月12日　由团省委、民进江西省委、省青少年发展基金会联合组织的向四川省小金县地震灾区捐赠仪式在南昌举行。省委常委、副省长陈达恒,省人大常委会副主任蒋如铭,省政协副主席汤建人出席捐赠仪式。团省委向小金县灾区捐赠120万元,用于小金县受灾学校购买教学设施。

6月8日　省青年志愿者协会第六届理事大会暨全省青年志愿者工作会议在南昌召开。全国五一劳动奖章获得者、公安部"一级劳模"、中国当代"雷锋"、南昌市公安局西湖分局原副政委邱娥国被选为省青年志愿者协会第6届理事会会长。

7月2日　"百万青年游江西"启动仪式在抚州资溪县举行,省政协副主席汤建人出席。

8月15日　纪念方志敏诞辰110周年暨"中国工农红军北上抗日先遣队纪念碑"揭碑和全国爱国主义教育示范基地授牌仪式在玉山县举行,团省委副书记郭美荐出席仪式及纪念方志敏诞辰110周年文艺晚会。

9月10日　经国务院批准设立共青城市。10月,团中央在中国青年企业家协会大会上为共青城唯一授牌"全国青年创业基地"。

9月20日　省青年联合会与台湾"中华两岸企业发展协进会"友好协作社团缔结仪式在南昌举行。

9月25日　中共中央政治局常委、国务院副总理李克强视察共青城。

10月9日　团省委、萍乡市委、萍乡市政府、省少工委、江西电视台联合主办的"红领巾的祝福"——江西省纪念中国少年先锋队建队60周年文艺晚会在萍乡市举行。

10月16日　共青城产业规划发布暨招商说明会在北京京西宾馆举行。团中央书记处第一书记陆昊到会讲话,省委副书记、支持共青城发展领导小组组长王宪魁出席发布会,团中央书记处书记、支持共青城发展领导小组副组长贺军科主持发布会。

10月30日　江西中国青年志愿者海外服务计划马拉维援外志愿者欢送活动在省政府会议室举行,副省长孙刚为志愿者服务队授旗。

11月5—6日　团中央书记处第一书记陆昊率中国青年企业家协会代表、部分外国商会驻华代表、跨国企业代表和部分省市团委负责人180余人到共青城考察投资。

11月23日　团省委支持共青城项目建设工作组成立,并召开支持共青城项目建设工作会议。

12月3日　团省委在南昌举办全省乡镇街道基层团建培训班。

12月4日　全省"博士服务团"工作10周年纪念座谈会暨第10批"博士服务团"欢迎会在南昌举行。

12月20日　"团旗飘扬共青城"青年突击队誓师大会在共青城站召开。是日,共青城举行重大项目开工仪式。团中央书记处书记贺军科、省委副书记王宪魁等出席誓师大会和开工仪式。

12月20—24日　团省委、省青联开展"放眼神州——澳门青联江西行"活动。

2010 年

1月8日　全省高校挂职干部培训班在南昌开班,对100名高校挂职团干部进行下基层前的集中授课。

是日　以菲律宾全国青年委员会委员阿努克·克里斯托弗·劳伦斯为团长的菲律宾青年代表团抵赣访问。

1月19—20日　共青团江西省委十四届三次全体会议在南昌召开。省委副书记王宪魁出席会议并作讲话,副省长孙刚为与会代表作经济形势报告。王少玄作题为《全力打造具有中部地区特征的江西共青团工作新格局,团结带领团员青年在鄱阳湖生态经济区建设中发挥生力军作用》工作报告。

1月21日　由团省委主办,九江团市委承办的省第十二届"乡村青年文化节"在九江市庐山区开幕。

是日　2010年全省"共青团与人大代表、政协委员面对面"活动在南昌举行。

2月3日　支持共青城发展小组第五次全体会议在南昌召开。

3月21—27日　以日本外务大臣政务官西村智奈美为总团长的日本青少年友好使者代表团来华访问,其间到江西南昌等地进行交流考察。

3月22—23日　由日本每日新闻社常务负责人常田照雄为团长的"中日企业家高峰论坛·日本企业家共青城投资考察团"一行20余人,到共青城进行投资考察。

3月22—31日　按照"中英400——青年交流计划"项目的要求,应英国文化协会的邀请,团省委副书记梅亦参加中国青年代表团访问英国。

4月1日　省人大内司委、团省委、省司法厅、省人社厅、省教育厅、省民政局、省关心下一代工作委员会等七部门联合印发《关于开展"青果援"关爱服刑在教人员未成年子女行动的通知》，从2010年4月起联合开展"青果援"关爱服刑在教人员未成年子女行动。

4月2—5日　团省委携手香港"地球之友"，以"同饮一江水，共护母亲河"为主题，在江西寻乌县的亚髻钵山，组织开展赣粤港青年"保护母亲河"系列活动。

5月7日　团中央书记处第一书记陆昊会见日本经济产业省赴共青城考察团。

5月10日　省科协调研组由省政协副主席李华栋带领，就支持共青城发展开展调研考察。

6月4日　副省长孙刚为第七届"挑战杯"大学生创业计划竞赛获奖代表颁奖。

6月11—27日　应国际美慈组织邀请，团省委副书记曾萍参加由全国青联组织在美国俄勒冈州波特兰市举行的青年领导人社会建设培训项目。

6月18日　省委副书记、支持共青城发展领导小组组长王宪魁在共青城调研，并召开部分企业家座谈会。

6月27日　2010年大学生暑期文化科技卫生"三下乡"社会实践活动在南昌工程学院举行出征仪式。

7月1日　团省委书记王少玄等出席《江西省未成年人保护条例（草案）》调研座谈会。

7月10日　"徒步鄱阳湖、功到自然成——希望工程金圣生态爱心之旅"起步仪式在南昌举行。

7月19—20日　团中央书记处书记周长奎赴井冈山参加全国青少年井冈山革命传统教育基地开工典礼，省长吴新雄出席开工典礼并下达开工令，省委副书记王宪魁出席。

8月12日　第五届"两岸青年联欢节江西行活动"开幕式在南昌举行，省政协副主席王林森等出席。

8月26日　"1%工程"基金理事会成立大会在南昌举行。

8月27日　江西驻上海团工委在上海举行授牌仪式，团省委书记王少玄、上海团市委书记潘敏出席并授牌。

9月11日　第10批省"博士服务团"赴共青城开展考察活动。

9月13日　2010年全省未成年人保护宣传周启动仪式在南昌师范附属实验小学举行，省人大常委会副主任朱秉发、副省长孙刚、省关工委主任周慈平、团省委书记王少玄出席。

10月19日　江西省"中国青年志愿者海外服务计划马拉维项目"志愿者顺利归来。10月25日，江西省中国青年志愿者海外服务计划马拉维项目领导小组召开总结座谈会，副省长孙刚出席座谈会并讲话。

10月28日　全国重点青少年群体教育帮助和预防犯罪试点工作推进会在南昌召开。

10月29日　江西共青团权益工作座谈会召开，团中央书记处书记汪鸿雁及团中央权益部负责人出席并讲话。

11月12日　第四期井冈之星——江西省大学生骨干培养学校开学典礼在江西财经大学举行。

11月13日　团省委授予兴国县苏区干部好作风陈列馆为首个全省共青团干部党性锻炼教育基地。

11月26日　全省大中专院校第九届职业技能竞赛颁奖典礼举行,省政协副主席汤建人出席并颁奖。

12月15日　全省百所"中少手拉手红领巾书屋"建设启动仪式举行。全省100所小学接受中国少年儿童出版总社专门为江西捐赠的100万元图书书籍。

12月23日　团省委、省青志协联合举办2010年"志愿江西"颁奖典礼,副省长熊盛文、省政协副主席汤建人、团省委书记王少玄等出席颁奖典礼并颁奖。

12月28日　共青城市正式挂牌仪式举行,省领导出席仪式并为共青城市揭牌。

第一章 青年人口

  青年,一般指14岁至35岁的社会群体。因青年人数统计来自国家统计局和江西省统计局人口普查的数据分析,而该数据所含青年人口年龄均分为4组:15岁至19岁、20岁至24岁、25岁至29岁、30岁至34岁。受于数据年龄组限制,文中大部分采用15岁至34岁来记述江西青年人口基本状况。

  1991—2010年间,江西青年人口数量和占省总人口比例均呈下降趋势;1991年有1512万余人,占省总人口39.13%,2010年有1407万余人,占省总人口31.58%。20年中,青年人口最初绝大部分分布在乡村,占全省青年人口比例达80%以上;但随着经济社会发展,城镇人口数量逐渐增多,至2010年,城镇、乡村青年人口分别占47.09%、52.91%。

  青年人口年龄构成方面,1991—2000年间,4个年龄组中,15岁至19岁年龄组人口数量最多,2001—2010年间则被30岁至34岁年龄组取代;青年人口年龄构成还有城乡差异,20年中农业人口总体呈下降趋势,城镇人口数量逐渐增多;全省青年人口中,男性数量多于女性,性别比稍偏高,且性别比市区大于乡村,11个设区市男女性别比差异较大,最高的达112.34,最低为100.41;青年文化程度不一,男性文化程度高于女性,城镇人口高于农村人口,文盲率20年中有明显降低,且全省青年群体平均受教育年限总体高于全国平均年限;青年就业率总体较高,从事第一产业人口数量最多,其次为第三产业。青年婚姻生育方面,未婚比例总体呈下降趋势,有配偶比例呈上升趋势,丧偶青年比例变化不大,离婚青年比例变化明显,呈上升态势,青年的婚姻还存在性别差异、文化程度差异、地区差异;青年婚姻次数以一次的居多,20年中,恋爱成本及初次结婚费用逐渐增高;执行计划生育政策,青年妇女生育一个孩子的居多,学历越高生育一孩比例越高,城市青年生育率低于农村;青年的优生优育观念逐渐增强。

第一节 总量与分布

人口总量

  1991—1995年青年人口变化 1991—1995年,全省总人口稳中有升,每年平均增长494758人。这一阶段,青年人口约占全省总人口的1/3,青年人口数量和青年人数占全省总人口比重经历了略降后略增,又快速下降的过程。1991年青年人口15122326人,占省总人口39.13%。1992年青年人数和占总人口的比重较1991年有轻微下降,青年人口15038015人,占省总人口38.43%,青年人数比1991年减少84311人,比重下降0.7%。1993和1994年又有所回升,1993年青年人口15364441人,占省总人口38.74%,青年人数比1992年增加326426人,比重增加0.31%。1994年青年人口15736533人,占省总人口39.19%,青年人数比1993年增加372092人,比重增加0.45%。1994年青年人口比1991年增加614207人,比重增加0.06%。1995年青年人口14162017人,占全省总人口34.86%,比1994年青年人口减少1574516人,比重减少4.33%。1995年按照国家统一部署,10月1日在全省进行1%人口抽样调查,数据显示青年人口143005人,同样占全省抽查人口总数的34.86%。

表1-1-1　1991—1995年全省青年人口占比数量统计

青年年龄段(岁)和总人口	1991年		1992年		1993年		1994年		1995年	
	人数(人)	比重(%)	人数(人)	比重(%)	人数(人)	比重(%)	人数(人)	比重(%)	人数(人)	比重(%)
15～19	4583460	11.86	4652667	11.89	4648199	11.72	4617763	11.50	3424722	8.43
20～24	4189267	10.84	4222227	10.79	4069158	10.26	4284481	10.67	3575036	8.80
25～29	3864637	10.00	3725264	9.52	3914482	9.87	3886952	9.68	3940664	9.70
30～34	2484962	6.43	2437857	6.23	2732602	6.89	2947337	7.34	3221595	7.93
合　计	15122326	39.13	15038015	38.43	15364441	38.74	15736533	39.19	14162017	34.86
总人口	38646374	100.00	39130927	100.00	39660405	100.00	40154459	100.00	40625406	100.00

说明:资料来源于《江西省人口与劳动就业统计资料》,青年人数为1991年、1992年、1993年、1994年、1995年全省总人口与1991—1995年人口年龄构成相乘计算结果,比重为青年人口占全省总人口的百分比。

1996—2000年青年人口变化　1996—2010年期间,前4年全省总人口持续稳中有升,每年平均增长314276人,2000年全省总人口比1999年减少1914144人,这一阶段,青年人口约占全省总人口的1/3,1996年和1997年青年人口数量和占全省总人口比重保持稳定增长,1996年青年人口15284641人,占省总人口37.23%。1997年青年人口15572051人,占省总人口37.52%,青年人数比1996年增加287410人,比重增长0.29%。1998年和1999年青年人口数量和占全省总人口比重下降,1998年青年人口14983567人,占省总人口35.75%,青年人数比1997年减少588484人,比重下降1.77%。1999年青年人口14297137人,占省总人口33.79%,青年人数比1998年减少686430人,比重下降1.96%。

2000年第五次全国人口普查,全省总人口为4039.75万人,同第四次人口普查1990年7月1日0时的3771.02万人相比,10年零4个月共增加268.73万人,增长7.12%,平均每年增加26.01万人,年平均增长率为0.68%。江西青年人口14706516人,占省总人口36.40%,与1990年第四次人口普查相比较,青年数量增加144248人,占省总人口的比重却下降2.21%。可见,全省总人口增长速度明显超过青年人口增长速度。

1991—2000 年期间,青年人口数量和其占全省总人口的比重都有所下降,其初青年人口数量为15122326 人,比重为 39.13%,其末青年人口数量为 14706516 人,比重为 36.40%,人口数量减少415810 人,比重减少 2.73 个百分点,数值变化的最高峰分别为 1994 年和 1997 年,最低峰分别为1995 年和 1999 年。"八五"期间,随着社会主义市场经济体制的确立及区域经济的发展,江西省地理优势四通八达以及京九铁路的修通等,受周边经济较发达省、市的影响,使江西成为中国农村劳动力外出就业的大省,全省人口流出大于流入。此外,江西自 20 世纪 80 年代初开始从严抓计划生育,实行"只生一个"的政策,1981—1986 年出生的人口到 2000 年成为青年群体(15 岁至 19 岁),对青年人口的数量和比重影响开始显现。

表 1－1－2　1996—2000 年全省青年人口数量统计

年龄别（岁）	1996 年		1997 年		1998 年		1999 年		2000 年	
	人 数（人）	比 重（%）	人 数（人）	比 重（%）	人 数（人）	比 重（%）	人 数（人）	比 重（%）	人 数（人）	比 重（%）
15～19	3374691	8.22	3311966	7.98	3047008	7.27	2843349	6.72	3259253	8.06
20～24	3891979	9.47	4092229	9.86	3872676	9.24	3406095	8.05	3525999	8.72
25～29	4257366	10.37	4258242	10.26	4027750	9.61	3956148	9.35	3985204	9.86
30～34	3760605	9.16	3909614	9.42	4036133	9.63	4091545	9.67	3936060	9.74
合　计	15284641	37.23	15572051	37.52	14983567	35.75	14297137	33.79	14706516	36.40
总人口	41054635	100.00	41503338	100.00	41912074	100.00	42311742	100.00	40397598	100.00

说明:资料来源于江西统计年鉴及 2000 年第五次全国人口普查数据,1996 年、1997 年、1998 年、1999 年青年人数为江西统计年鉴中全省人口与分年龄人口构成相乘计算结果,2000 年青年人数为第五次全国人口普查数据。

2001—2005 年青年人口变化全省总人口缓慢上升,平均每年增加 313691 人。据 2002 年人口变动情况抽样调查资料计算,2002 年底江西人口总量达 42224273 人,比 2001 年的 41857676 人增加 366597 人,与 2001 年的增量相比,增加人数减少 0.5 万人,增长速度下降 0.02 个百分点。与1990—2000 年 10 年间平均增长水平相比,增加人数减少 0.1 万人,增长速度下降 0.04 个百分点。2003 年省人口总量保持低速增长,人口增量继续小幅减少。从省总人口增长速度看,2003 年底省总人口比 1990 年增长 11.64%,平均每年增长 0.85%,2003 年比 2002 年增长 0.75%,说明江西人口总量增加稳中有减,增长速度继续在较低水平发展。这一阶段的青年人口变化与总人口同步,在2002 年略有回升,2003 年开始逐渐缓慢下降。2002 年青年人口 13828449 人,占省总人口的32.75%,比 2001 年青年人口 13762804 人增加 65645 人,占省总人口的比重由 2001 年 32.88%下降到 32.75%,下降 0.13%。2003 年青年人口 13566724 人,占省总人口的 31.89%,比 2002 年青年人口减少 261725 人,比重减少 0.86%。2005 年为 1%人口抽样调查数据,不便于对人口具体数量进行比较,从青年人口占省总人口的比重来看,2000 年到 2005 年从 36.40%降到 26.99%。

表 1-1-3　2001—2005 年部分年份江西青年人口数量统计

年龄别 （岁）	2001 年		2002 年		2003 年		2005 年	
	人　数 （人）	比　重 （％）	人　数 （人）	比　重 （％）	人　数 （人）	比　重 （％）	人　数 （人）	比　重 （％）
15～19	2938409	7.02	3158376	7.48	3420397	8.04	33218	7.53
20～24	2854694	6.82	2550346	6.04	2471705	5.81	20689	4.69
25～29	3976479	9.50	4192870	9.93	3760735	8.84	28550	6.47
30～34	3993222	9.54	3926857	9.30	3913887	9.20	36607	8.30
合　计	13762804	32.88	13828449	32.75	13566724	31.89	119064	26.99
总人口	41857676	100.00	42224273	100.00	42542255	100.00	441122	100.00

说明：资料来源于江西统计年鉴及 2005 年全国 1％人口抽样调查数据，2001 年、2002 年、2003 年青年人数为江西统计年鉴中全省人口与分年龄人口构成相乘计算结果，2005 年青年人数为全国 1％人口抽样调查数据。

2006—2010 年青年人口变化全省总人口持续保持低速增长，青年人口总量和占全省总人口的比重总体呈下降趋势。2010 年第六次全国人口普查，截至 2010 年 11 月 1 日零时，全省常住人口总数为 44567475 人，全省常住人口中，0 岁至 14 岁的人口为 9750432 人，占总人口的 21.88％；15 岁至 64 岁的人口为 31430800 人，占总人口的 70.52％；65 岁及以上人口为 3386243 人，占总人口的 7.60％。同 2000 年第五次人口普查相比，0 岁至 14 岁人口的比重下降 4.11 个百分点，15 岁至 64 岁人口的比重上升 2.62 个百分点，65 岁及以上人口的比重上升 1.49 个百分点。

表 1-1-4　2006—2010 年全省青年人口数量

年龄别 （岁）	2006 年		2007 年		2008 年		2009 年		2010 年	
	人　数 （人）	比　重 （％）	人　数 （人）	比　重 （％）	人　数 （人）	比　重 （％）	人　数 （人）	比　重 （％）	人　数 （人）	比　重 （％）
15～19	4599476	10.60	4534412	10.38	3484882	7.92	3049325	6.88	3425991	7.69
20～24	2898538	6.68	3097204	7.09	2574061	5.85	2987275	6.74	4025717	9.03
25～29	3384520	7.80	3145257	7.20	2393656	5.44	2561787	5.78	3032051	6.80
30～34	4608155	10.62	4717886	10.80	3652086	8.30	3607777	8.14	3592953	8.06
合　计	15490689	35.70	15494759	35.47	12104685	27.51	12206164	27.54	14076712	31.58
总人口	43391287	100.00	43684125	100.00	44001038	100.00	44321581	100.00	44567797	100.00

说明：资料来源于江西统计年鉴及 2010 年第六次全国人口普查数据，2006 年、2007 年青年人数为江西统计年鉴中全省人口与（15 岁及以上人口的婚姻构成中）分年龄人口构成相乘计算结果，2008 年、2009 年青年人数为江西统计年鉴中全省人口与分年龄人口构成相乘计算结果，2010 年青年人数为第六次全国人口普查数据。

2001—2010 年期间，青年人口数量和其占全省总人口的比重都有所下降，其初青年人口数量为

14706516 人,比重为 36.40%,其末青年人口数量为 14076712 人,比重为 31.58%。与上一阶段的 10 年相比,这个阶段的青年人口数量和比重下降更快,1991—2000 年期间人口数量减少 415810 人,比重减少 2.73 个百分点,而 2001—2010 年期间青年人口减少 629804 人,比重减少 4.82%。青年人口数量和比重的变迁主要源于计划生育严控下生育水平低现象更加凸显,2010 年,15 岁至 29 岁青年全部为计划生育政策全面实施后出生的群体;随着改革开放的深入,江西作为中部地区的农业大省由于经济发展与其他省份相比要落后,是人口流出的主要区域,1981 年及以后出生的青年人口是劳动适龄人口中的中坚力量,也是人口流动最活跃的群体。

1991—2010 年,全省青年人口总量和比重均在减少。2010 年青年人口为 14076712 人,占全省总人口的 31.58%,与 1991 年相比较,青年人口减少 1045614 人,比重下降 7.55%;与 2000 年第五次人口普查数据相比,青年人口减少 629804 人,比重减少 4.82%。同时,数据显示,青年人口在总人口中仍然占有重要比重,占到 30% 左右,但随着社会发展,比重在不断减少,从 1990 年的 38.61% 下降到 2010 年的 31.58%。与全国比较,青年人口与总人口发展呈相反趋势,总人口数量在逐年减速增加,青年人口数量和比重都在逐年下降。根据 2000 年、2010 年人口普查中,江西青年人口与全国青年人口比较,江西青年人口总量下降更快,其比重在 2000 年高于全国青年人口比重,在 2010 年低于全国青年人口比重,不考虑死亡等因素的影响,主要源于劳动力转换使得江西青年人口流动一直保持较大规模。

表 1-1-5 2000、2010 年人口普查青年人口江西与全国比较

年龄别 (岁)	2000 年				2010 年			
	江 西		全 国		江 西		全 国	
	人 数 (人)	比 重 (%)	人 数 (人)	比 重 (%)	人 数 (人)	比 重 (%)	人 数 (人)	比 重 (%)
15～19	3259253	8.07	103031165	8.29	3425991	7.69	99889114	7.49
20～24	3525999	8.73	94573174	7.61	4025717	9.03	127412518	9.56
25～29	3985204	9.86	117602265	9.46	3032051	6.80	101013852	7.58
30～34	3936060	9.74	127314298	10.25	3592953	8.06	97138203	7.29
合 计	14706516	36.40	442520902	35.61	14076712	31.58	425453687	31.92
总人口	40397598	100.00	1242612226	100.00	44567797	100.00	1332810869	100.00

说明:资料来源于 2000 年第五次全国及江西人口普查、2010 年第六次全国及江西人口普查数据,比重为青年人口占全省(国)总人口的百分比。

人口分布

根据 1955 年发布的《国务院关于划分城乡标准的规定》,市人口是指市管辖区域内全部人口(含市辖镇,但不含市辖县),镇人口是指县辖镇全部人口(不含市辖镇),县人口是指县辖乡人口。

中国在 1990 年进行第四次人口普查时采用了双重标准:第一个口径,延续第三次人口普查的城乡划分标准和城镇人口统计口径;另一个口径,对城乡划分标准从行政角度进行进一步细化,采用新的城镇人口统计口径,即设区的市所辖区人口、不设区的市所辖街道人口、不设区的市所辖镇和县所辖镇的居委会人口。

1999 年,国家统计局制定《关于统计上划分城乡的规定(试行)》,运用于 2000 年第五次人口普查中。2006 年,国家统计局又发布《关于统计上划分城乡的暂行规定》,规定城镇包括城区和镇区,常住人口在 3000 人以上独立的工矿区、开发区、科研单位、大专院校、农场、林场等特殊区域;除城镇地域外的地域均认为是乡村地域。人口普查统计数据所使用的是 2008 年国家统计局正式印发的《关于统计上划分城乡的规定》(国函〔2008〕60 号),城区是指在市辖区和不设区的市,区、市政府驻地的实际建设连接到的居民委员会和其他区域,镇区是指在城区以外的县人民政府驻地和其他镇政府驻地的实际建设连接到的居民委员会和其他区域,常住人口在 3000 人以上的独立的工矿区、开发区、科研单位、大专院校等特殊区域及农场、林场的场部驻地视为镇区;除城镇地域外的均认为是乡村地域。

1991—2000 年青年人口分布　　1995 年全国按 1% 人口比例进行抽样调查,江西省共抽取 410252 人进行统计,全省青年人口有 143005 人,占全省总人口的 34.86%。青年人口绝大部分分布在县,为 115709 人,占全省青年人口总数的 80.91%,为近五分之四的全省青年人口数量。其次为市,为 19419 人,占全省青年人口总数的 13.58%,镇青年人口仅占 5.51%,为 7877 人。青年人口的地区分布与各地区人口的分布整体相一致,全省总人口的地区分布,县占 82.16%,市占 12.95%,镇占 4.88%。市、镇、县青年人口在市、镇、县总人口的比重则比较均匀,分别为 37.53%、39.32%、34.33%。

表 1-1-6　1995 年全省青年人口分布

年龄别（岁）	市分年龄人口数			镇分年龄人口数			县分年龄人口数		
	青年人口（人）	占市总人口数的比重(%)	占全省青年的比重(%)	青年人口（人）	占镇总人口数的比重(%)	占全省青年的比重(%)	青年人口（人）	占县总人口数的比重(%)	占全省青年的比重(%)
15~19	4363	9.21	12.61	1598	7.98	4.62	28635	8.50	82.77
20~24	4710	8.86	13.05	2114	10.55	5.86	29263	8.68	81.09
25~29	5422	10.2	13.63	2336	11.66	5.87	32021	9.50	80.50
30~34	4924	9.26	15.13	1829	9.13	5.62	25790	7.65	79.25
合　计	19419	37.53	13.58	7877	39.32	5.51	115709	34.33	80.91

说明:资料来源于 1995 年全国 1% 人口抽样调查数据,全省抽样人口总数为 410252 人。

2000 年第五次全国人口普查,全省总人口共 40397598 人,全省青年人口有 14706516 人,占全省总人口的 36.40%,比重较 1995 年略上升。其中,县青年人口占全省青年人口比重由 1995 年的 80.91% 降为 69.87%,仍为全省青年主要分布区域。市与镇青年人口占全省青年人口的比重变化较大,青年人口均有所上升。其中,镇青年人口上升幅度较大,由1995年的5.51%上升到2000年的15.10%,上升10个百分点;市青年人口由13.58%上升为15.03%,且市区与镇青年人口两者的比例由2.3:1转为近1:1。青年人口的地区分布与全省总人口的地区分布有所变化,不太一致,各地区总人口顺序为县占72.31%,镇占14.03%,市占13.66%,与1995年相比,市和镇的人口比重分别提高0.71%、9.15%,县人口的比重下降9.85%。

2000年,全省市区总人口5517032人,市区青年人口占总人口40.05%。其中,青年人口超过10万人的有南昌市、宜春市、南昌市郊区(后改名为青山湖区)、南昌市东湖区、九江市、萍乡市、景德镇市、赣州市、南昌市西湖区、萍乡市安源区、新余市、新余市渝水区、抚州市、临川市、赣州市章贡区、九江市浔阳区、景德镇市珠山区;青年人口不足5万人的有贵溪市、樟树市、湘东区、乐平市、瑞金市、瑞昌市、昌江区、南康市、青原区、德兴市、湾里区、井冈山市。青年绝对人口数最多的是南昌市(693582人),青年人口最少的是井冈山市(6626人),青年人口比重基本上达到总人口的三分之一,南昌市郊区比重最高占51.27%,西湖区最低占34.63%。

2000年,全省镇青年人口超过10万人的有赣州市、上饶市、吉安市、九江市、宜春市、抚州市、南昌市;青年人口不足1万人的有袁州区、湘东区、瑞金市、青原区、信州区、昌江区、吉州区、湾里区、郊区、月湖。镇青年人口最多的是赣州市(424457人),镇青年人口最少的是月湖区(1860人)。青年人口比重基本上达到总人口的三分之一,乐平市青年人口比重最高占50.57%,信州区最低占31.69%。

2000年,全省县青年人口超过100万人的是赣州市、上饶市、宜春市、吉安市、九江市;青年人口在50万~100万的是抚州市和南昌市;不足1万人的只有湾里区。县青年人口最多的是赣州市(1978515人),县青年人口最少的是湾里区(7885人)。南丰县青年人口比重最高,占41.04%;南康区最低,占30.11%。

2000年第五次全国人口普查,居住在城镇的人口1145.48万人,占总人口的27.67%;居住在乡村的人口2994.32万人,占总人口72.33%。同1990年第四次全国人口普查相比,城镇人口占总人口的比重上升7.27个百分点。市、镇、县青年人口在市、镇、县总人口的比重,1995年分别为37.53%、39.32%、34.33%,2000年分别为40.05%、39.18%、35.17%。在青年人口数据总体有所上升的基础上,市青年人口数量的上升说明随着工业化进程的推进和经济的持续快速发展,江西市镇建设的范围和规模扩大,农村剩余劳动力向城镇转移流量增加。与2000年全国青年人口分布相比较,全国青年城镇化比例高于江西。

表1-1-7 2000年全省青年人口分布表

年龄别（岁）	市分年龄人口数			镇分年龄人口数			县分年龄人口数		
	青年人口（人）	占市总人口数的比重（%）	占全省青年的比重（%）	青年人口（人）	占镇总人口数的比重（%）	占全省青年的比重（%）	青年人口（人）	占县总人口数的比重（%）	占全省青年的比重（%）
15~19	539472	9.78	16.55	457989	8.08	14.05	2261792	7.74	69.40

续表

年龄别 （岁）	市分年龄人口数			镇分年龄人口数			县分年龄人口数		
	青年人口 （人）	占市总人 口数的比 重（%）	占全省青 年的比重 （%）	青年人口 （人）	占镇总人 口数的比 重（%）	占全省青 年的比重 （%）	青年人口 （人）	占县总人 口数的比 重（%）	占全省青 年的比重 （%）
20～24	541534	9.82	15.36	515753	9.10	14.63	2468712	8.45	70.01
25～29	566808	10.27	14.22	631945	11.15	15.86	2786451	9.54	69.92
30～34	561985	10.19	14.28	615043	10.85	15.63	2759032	9.44	70.10
合　计	2209799	40.05	15.03	2220730	39.18	15.10	10275987	35.17	69.87

说明：资料来源于2000年第五次全国人口普查数据。

2001—2010年青年人口分布　2005年全国1%人口抽样调查，江西共调查441122人，全省青年人口有119064人，占全省总人口的26.99%，由2000年的36.40%下降10个百分点。城镇青年人口有50432人，占全省青年总人口的42.3%，其中市、镇青年人口各占全省青年人口比例分别为15.64%和26.71%，市青年人数较2000年的15.03%略有上升，乡村青年人口为68632人，占全省青年总人口的57.64%。由于之前的人口统计口径为市、镇、县，因而无法纵向做镇、县以及乡村的人数变化，但根据数据大致可以看出，乡村青年人口仍为全省青年主要分布区域。

表1-1-8　2005年全省青年人口分布

年龄别 （岁）	城市分年龄人口数			镇分年龄人口数			乡村分年龄人口数		
	青年人口 （人）	占城市总 人口数的 比重（%）	占全省青 年的比重 （%）	青年人口 （人）	占镇总人 口数的比 重（%）	占全省青 年的比重 （%）	青年人口 （人）	占乡村总 人口数的 比重（%）	占全省青 年的比重 （%）
15～19	4368	7.00	13.15	7700	7.29	23.18	21150	7.74	63.67
20～24	3279	5.26	15.85	5175	4.90	25.01	12235	4.48	59.14
25～29	4925	7.90	17.25	8372	7.93	29.32	15253	5.58	53.43
30～34	6053	9.70	16.54	10560	10.00	28.85	19994	7.32	54.62
合　计	18625	29.86	15.64	31807	30.12	26.71	68632	25.12	57.64

说明：资料来源于2005年全国1%人口抽样调查数据，全省抽样人口总数为441122人。

据2005年全国1%人口抽样调查，全省城市青年人口绝对数最多的是南昌市（4938人），其次是宜春市（3543人）和九江市（2172人）；最少的是吉安市（550人），其次是萍乡市（557人）、上饶市（711人）和新余市（753人），都不足千人。青年人口占各市人口的比重相差不大，比重最高的两个城市是九江市、南昌市，为32%以上；比重最低的宜春市为26.1%，城市平均30%。

镇青年人口绝对数最多的是赣州市（6261人），其次是上饶市（5033人）、吉安市（4844人）；最少的是鹰潭市（404人），其次是景德镇市（520人）、新余市（949人），都不足千人。青年人口占各镇人口的比重比城市相差略大,比重最高的景德镇市、赣州市、上饶市,为32%以上;比重最低的鹰潭市为21.4%,镇平均30%。

乡村青年人口绝对数最多的两名是赣州市和上饶市,均过万人;最少的3名是萍乡市、鹰潭市和新余市,均不足2000人。比重最高的3个是上饶市、抚州市、赣州市,为27%以上;比重最低的是新余市,为19.1%;全省平均24.5%。

全省总人口的地区分布,城市占14.14%,镇占23.93%,乡村占61.93%,市、镇、乡村青年人口在市、镇、乡村总人口比重分别为29.86%、30.12%、25.12%,青年人口城乡分布与总人口的城乡分布不太相似,相比而言,青年由乡村向城镇流动倾向凸显。

表1-1-9　2005年全省城市、镇、乡村青年人口分布

地　区	城市分年龄人口数			镇分年龄的人口数			乡村分年龄人口数		
	总人口（人）	15岁至34岁人口（人）	占全省青年的比重（%）	总人口（人）	15岁至34岁人口（人）	占全省青年的比重（%）	总人口（人）	15岁至34岁人口（人）	占全省青年的比重（%）
全　省	62380	18625	15.64	105573	31807	26.71	273169	68632	57.64
南昌市	15506	4938	4.15	7175	2199	1.85	22303	5859	4.92
景德镇市	5578	1633	1.37	1502	520	0.44	8142	2116	1.78
萍乡市	1871	557	0.47	5578	1506	1.26	7959	1971	1.66
九江市	6436	2172	1.82	14442	3908	3.28	34409	7592	6.38
新余市	2730	753	0.63	3259	949	0.80	7782	1483	1.25
鹰潭市	4371	1321	1.11	1884	404	0.34	8094	1681	1.41
赣州市	4589	1391	1.17	19794	6261	5.26	52253	13895	11.67
吉安市	1883	550	0.46	15467	4844	4.07	39074	8521	7.16
宜春市	13539	3543	2.98	9471	2927	2.46	26858	7027	5.90
抚州市	3439	1056	0.89	11085	3256	2.73	27655	7455	6.26
上饶市	2438	711	0.60	15916	5033	4.23	38640	11032	9.27

说明:资料来源于2005年全国1%人口抽样调查数据,全省抽样人口总数为441122人。

2010年第六次全国人口普查,全省总人口共44567797人,全省青年人口有14076712人,占全省总人口的31.58%,较2000年人口普查时的全省青年人口比例下降5个百分点,比2005年1%人口抽样调查时上升5个百分点。城镇、乡村青年人口各占全省青年人口比例分别为47.09%、52.91%,城镇和乡村青年人数略有缩小,青年分布在乡村人口数量仍然居多,但较之2005年1%人口抽样调查时下降近5个百分点,城镇青年人口上升近5个百分点。城镇、乡村青年人口在城镇、乡村总人口比重分别为33.99%、47.09%,较之全省总人口的地区分布城镇占43.75%,乡村占56.25%,城镇青年人口密度大。与2010年全国数据比较,全国青年人口城镇化率仍然高于江西,

但较之2000年,江西青年人口城镇化速度有所提高。

表1-1-10 2010年全省青年人口分布

年龄别 (岁)	城镇年龄人口数			乡村年龄人口数		
	青年人口 (人)	占城镇总人口数 的比重(%)	占全省青年的 比重(%)	青年人口 (人)	占乡村总人口数 的比重(%)	占全省青年的 比重(%)
15~19	1687864	8.66	49.27	1738127	6.93	50.73
20~24	1861823	9.55	46.25	2163894	8.63	53.75
25~29	1367885	7.01	45.11	1664166	6.64	54.89
30~34	1710596	8.77	47.61	1882357	7.51	52.39
合 计	6628168	33.99	47.09	7448544	29.71	52.91

说明:资料来源于2010年第六次全国人口普查数据。

2010年,全省城镇总人口19499960人,城镇青年人口占总人口33.99%。其中,青年人口超过100万人的有南昌市、赣州市;青年人口为10万~100万人的有上饶市、九江市、宜春市、吉安市、抚州市、青山湖区、萍乡市、景德镇市、新余市、章贡区、新建县、渝水区、南昌县、东湖区、安源区、临川区、鹰潭市、西湖区、袁州区、广丰县、浔阳区、鄱阳县、丰城市、高安市;青年人口不足3万人的有芦溪县、宜丰县、石城县、黎川县、金溪县、广昌县、井冈山市、莲花县、全南县、峡江县、上犹县、宜黄县、崇义县、湾里区、靖安县、铜鼓县、资溪县。青年人口最多的是南昌市,1331734人;青年人口最少的是资溪县,14616人。新建县青年人口比重最高,为50.89%;德兴市最低,为25.12%。

2010年,全省乡村总人口25067837人,乡村青年人口占总人口23.73%。其中,青年人口超过100万人的有赣州市、上饶市、宜春市;青年人口为10万~100万人的有吉安市、九江市、抚州市、南昌市、丰城市、鄱阳县、景德镇市、余干县、萍乡市、都昌县、宁都县、鹰潭市、袁州区、乐平市、临川区、修水县、于都县、南昌县、兴国县、上饶县、进贤县、高安市、新建县、南康市、信丰县、遂川县、瑞金市、樟树市、广丰县、新余市、泰和县、赣县、贵溪市;青年人口不足3万人的有庐山区、靖安县、铜鼓县、吉州区、德安县、资溪县、井冈山市、定南县、横峰县、安义县、昌江区、湾里区、章贡区、月湖区、安源区、浔阳区。青年人口最多的是赣州市,1460580人;青年人口最少的是浔阳区,2074人。青年人口比重南昌县最高,为60.58%;安义县最低,为18.73%。

表1-1-11 2010年全省城镇和乡村青年人口分布

地 区	城镇部分年龄的人口数			乡村部分年龄的人口数		
	总人口 (人)	15岁至34岁 人口(人)	占全省青年 的比重(%)	总人口 (人)	15岁至34岁 人口(人)	占全省青年 的比重(%)
总 计	19499960	6628168	47.09	25067837	7448544	52.91
南昌市	3313235	1331734	9.46	1729331	512897	3.64

续表

地 区	城镇部分年龄的人口数			乡村部分年龄的人口数		
	总人口（人）	15岁至34岁人口（人）	占全省青年的比重（%）	总人口（人）	15岁至34岁人口（人）	占全省青年的比重（%）
景德镇市	893938	290969	2.07	693539	222493	1.58
萍乡市	1097352	346544	2.46	757163	205225	1.46
九江市	2011155	681453	4.84	2717623	859303	6.10
新余市	701198	234191	1.66	437676	106150	0.75
鹰潭市	533682	159993	1.14	591474	173259	1.23
赣州市	3141592	1050913	7.47	5226855	1460580	10.38
吉安市	1808990	593321	4.21	3001349	951192	6.76
宜春市	1928705	622630	4.42	3490886	1022602	7.26
抚州市	1456007	470965	3.35	2456300	756977	5.38
上饶市	2614106	845455	6.01	3965641	1177866	8.37

说明：资料来源于2010年第六次全国人口普查数据。

　　自1991年始，江西每年的净增人口逐年减少，人口增长速度逐年降低，但青年人口密度在逐渐增加。由于各地人口总的增长速度相对较低，因而人口在自然地理分布上，一直存在以中部地区人口稠密，东南部人口相对稀少的格局，江西人口密度最高的仍然是南昌市，人口密度稀疏的仍然是吉安市、抚州市。人口密度高于全省平均水平的有南昌市、萍乡市、新余市、鹰潭市、景德镇市、宜春市、上饶市，其他各设区市人口密度均低于全省平均水平。总体上，在城镇新增人口中，自然变动增加的人口比重明显下降，机械变动是城镇人口增加的主要因素，农村富余劳动力冲破二元经济结构的限制，转移到城镇务工经商，使城镇人口不断增加。

第二节　人口构成

　　1991—2010年，江西青年人口构成的变化情况反映世纪之交江西青年人口的自然变动，同时也折射出产生这些变动的社会、经济和文化背景。由于统计资料的限制，该节采用的部分统计数据对青年人口的上限有适当顺延。

年龄构成

　　人口年龄结构是指一定时间、一定地区各年龄组人口在全体人口中的比重，通常用百分数来表示。

　　1991—1999年青年年龄构成　1991年，全省人口仍处于生育高峰时期，人口数量继续增长，但幅度减小,速度降低。1995 年,江西青年人口数占总人口的 34.84%。全省人口与劳动就业统计资料较为详细地记载了这 5 年各年龄阶段所占总人口比例,尽管是以年龄组进行的统计,但仍然可以大体反映出青年人口的变化情况。

表 1 – 2 – 1　1991—1995 年全省青年人口年龄构成所占总人口比例

单位:%

年龄别(岁)	1991 年	1992 年	1993 年	1994 年	1995 年
15 ~ 19	11.86	11.89	11.72	11.50	8.43
20 ~ 24	10.84	10.79	10.26	10.67	8.80
25 ~ 29	10.00	9.52	9.87	9.68	9.70
30 ~ 34	6.43	6.23	6.89	7.34	7.93

说明:资料来源于江西省统计局《江西省人口与劳动就业统计资料 1991—1995 年》。

1991—1995 年,青年人口各年龄组所占比例呈下降趋势,但 30 岁至 34 岁呈上升趋势,跟总人口数的变化情况一致。除 1995 年外,15 岁至 19 岁所占比例一直是首位。低年龄组所占比例大幅锐减,各年龄组波动较大,但分布较为平衡。

15 岁至 19 岁组人口,1991 年为 4583460 人,1992 年增加到 4652667 人,1995 年降低到 3424722 人,其占总人口数量的比例,这一年龄组人口数量不断变化,存在减少和增加不等情况,但其比例总体呈下降趋势,1998 年所占比例由 1991 年的 11.86% 降为 7.27%,降低 4.59 个百分点。

20 岁至 24 岁组人口,1991 年为 4189267 人,1993 年降为 4069158 人,1995 年再次降为 3575036 人,4 年减少 614231 人,其中 1995 年减幅最大;1998 年比例有所提高,为 9.24%。其占总人口数量的比重,该年龄组的人口数量尽管 1998 年有所增长,但其占总人口数量的比重却不大。

25 岁至 29 岁组人口,1991 年为 3864637 人,占比 10%,1992 年降为 3725264 人,占比 9.52%,之后几年,变化不大有升有降,1998 年所占比例为 9.61%,因其占总人口数量的比重变化不大,呈现稳中稍降的趋势。

30 岁至 34 岁组人口,总体呈上升态势,除 1992 年外,比例不断增加,1992 年最低为 6.23%,1998 年则达到 9.63%,上升 3.4 个百分点。其中人口数中,1991 年为 2484962 人,1992 年最低为 2437857 人,但因为该年龄组人口比例较为接近,1991 年和 1992 年总人口数量并没有出现较大的增加或减少,所以人口数量相差不是很大。

2000—2010 年青年年龄构成　21 世纪最初 10 年,青年人口在总人口中的比重呈下降趋势。2000 年 3 月,《中共中央　国务院关于加强人口与计划生育工作稳定低生育水平的决定》明确指出:"控制人口数量,提高人口素质,是实现中国社会主义现代化建设宏伟目标和可持续发展的重大战略决策,"并且强调:到 2010 年末,人口总数要控制在 14 亿以内;出生人口素质明显提高;出生婴儿性别比趋向正常;鼓励晚婚晚育;提倡一对夫妻生育一个子女,依照法律法规合理安排生育第 2 个子女;少数民族也要实行计划生育。在经历 20 世纪 50 年代、60 年代至 70 年代初的生育高峰之后,在计划生育这项基本国策的不断推行下,全国人口数量得到有效控制,抑制青年人口高峰和生育高峰的到来。2001年,江西14岁至34岁青年为14658558人。

表1-2-2 2000年全省年龄人口情况

年龄别(岁)	人口数合计(人)	占总人口数的百分比(%)
14	783856	1.94
15~19	3259253	8.07
20~24	3525999	8.73
25~29	3985204	9.86
30~34	3936060	9.74
总 计	40397598	100.00

说明:根据江西省2000年第五次全国人口普查资料整理。

表1-2-3 2001年全省人口变动调查主要数据

年龄别(岁)	人口数(人)	占总人口数的百分比(%)
14	895754	2.14
15~19	2938409	7.02
20~24	2854694	6.82
25~29	3976479	9.50
30~34	3993222	9.54
总 计	41857676	100.00

说明:资料由《江西省人口变动情况抽样调查资料(2001—2002年)》整理而成。

人口学中把在同一时期共同经历某种人口事件的人口称为队列,其中出生队列是指在同一年或同一时期出生的人。根据2005年1%人口抽样调查所登记的分年龄青年人数,可以分别计算出14岁至35岁分年龄青年人口占总人口的百分比。青年人口不同队列规模差异较大。14岁人口占总人口的1.8%,16岁人口比重开始逐步减少,21岁达到最低1.13%,随后开始逐步回升,29岁升至1.41%,35岁达到2.07%。

表1-2-4 2010年全省年龄、人口比重情况

年龄别(岁)	人口数(人)	占总人口比重(%)
14	617737	1.39
15~19	3425991	7.69
20~24	4025717	9.03
25~29	3032051	6.80

续表

年龄别（岁）	人口数（人）	占总人口比重（%）
30～34	3592953	8.06
总　计	44567797	100.00

说明：资料根据江西省2010年人口普查资料整理。

21世纪最初两年各年龄组均波动较大，有增有降，且分布较不平衡。在占人口的百分比中，青年人口各年龄组由2000年25岁至29岁的9.86%占首位，变成2001年30岁至34岁的9.54%百分比占第一；2010年则是20岁至24岁年龄组占比第一，为9.03%；14岁组人口所占比例一直最小。

14岁组人口，2000年为783856人，2001年增加到895754人，2010年，该年龄组占总人口数量的比重有所下降，数量降至617737人。

15岁至19岁组人口，2000年为3259253人，2001年减至2938409人，2010年降至3425991人，其占总人口数量的比例，这一年龄组人口数量不断变化，存在减少和增加不等情况，但其比例总体上是下降的，2010年所占比例由2001年的8.07%降为7.69%，降低0.38个百分点，波动较小。

20岁至24岁组人口，2000年为3525999人，2001年减至2854694人，2010年提高为4025717人，10年增加499008人，在所有青年人口年龄组中增幅较大，2010年提高比例为9.03%。其占总人口数量的比重，该年龄组的人口数量尽管2001年有所降低，但其占总人口数量的比重却逐渐增大，2010年则达到第一，成为青年人口的主力。

25岁至29岁组人口，2000年为3985204人，占比9.86%；2001年降为3976479人，占比9.50%。之后几年，变化不大，有升有降，2010年所占比例为6.80%，因其占总人口数量的比重变化不大，反映稳中稍降的趋势。

30岁至34岁组人口，总体呈下降态势，比例不断下降，2000最高为9.74%，2001年为9.54%，2010年为8.06%，下降1.68个百分点。其中人口数中，2000年为3936060人，2001年为3993222人，2010年为3592953人。该年龄组人口比例一直较高。

1991—2010年，15岁至19岁年龄组从1994年后，呈显著下降趋势，由1991年的11.86%，下降至2010年的7.69%，下降4.17个百分点，同时相对比例也以1995年为分界线，1995年之前所占比重一直是首位，1995年之后，这种地位不复出现；20岁至24岁年龄组，在4个年龄组中，比例波动频繁，起伏不定，有增有减，2005年，降至最低，与1991年相比，下降6.15个百分点，总体呈下降趋势；25岁至29岁年龄组，除2010年外，起伏不大，人口数量占总人口数量的比例较高；30岁至34岁年龄组，在1998年和2002年出现较大增幅，与最低年份1992年相比，增加3.7个百分点。在1991—1999年中，15岁至19岁在可查资料中比例较高，人口数量占总人口数量比最高的次数最多，在2000—2010年，这种情况则被30岁至34岁年龄组取代。

表1－2－5　2010年全省各年龄组人口分布情况

单位：人

地　区	15岁至19岁	20岁至24岁	25岁至29岁	30岁至34岁	合　计
南昌市	477232	669840	318647	378912	5042566
景德镇市	118808	147125	115480	132049	1587477
萍乡市	125354	137221	129492	159702	1854515
九江市	365864	452443	343431	379018	4728778
新余市	77981	96984	72003	93373	1138874
鹰潭市	75029	90833	80533	86857	1125156
赣州市	659057	674460	528728	649248	8368447
吉安市	356601	403680	345431	438801	4810339
宜春市	413508	437134	364823	429767	5419591
抚州市	272818	362542	268472	324110	3912307
上饶市	483739	553455	465011	52116	6579747
总　计	3425991	4025717	3032051	3592953	44567797

说明：资料来源于江西省统计局，《江西省2010年人口普查资料》。

2010年，15岁至19岁年龄组，青年人口占全省人口比重前3名的为赣州市（659057人），上饶市（483739人），南昌市（477232人）。20岁至24岁年龄组，青年人口占全省人口比重前3名的为赣州市（674460人），南昌市（669840人），上饶市（553455人）。25岁至29岁年龄组，青年人口占全省人口比重前3名的为赣州市（528728人），上饶市（465011人），宜春市（364823人）。30岁至34岁年龄组，青年人口占全省人口比重前3名的为赣州市（649248人），吉安市（438801人），宜春市（429767人）。一些市，如景德镇市、萍乡市、新余市、鹰潭市等比重不高，因为其人口数量相对较少，以新余市、鹰潭市为例，新余市总人口为1138874人，鹰潭市总人口为1125156人，赣州市总人口8368447人，是其8倍，赣州市面积较之其他城市要大很多，人口数量相对较多。在占全省总人口的比重中，除赣州市极高外，大多数地级市大致相当。

全省除吉安市和萍乡市外，20岁至24岁年龄组在各市的青年人口比重中均占首位，都占总人口的近10%，吉安市和萍乡市虽然是30岁至34岁年龄组在青年人口比重中占首位，但20岁至24岁年龄组占第二位，所以反映出一种较一致的结构特征。除萍乡市和鹰潭市外，25岁至29岁年龄组在各市的青年人口比重中均排名末位，萍乡市和鹰潭市虽然是15岁至19岁年龄组在青年人口比重中占末位，但25岁至29岁年龄组也排名倒数第二。

城乡年龄构成差异　青年人口年龄构成的城乡差异一定程度上反映城乡之间社会经济等方面的差异，对未来人口的地区性变动有着直接的影响。中国区域经济社会发展差异较大和计划生育政策和执行的区域差别，使得人口变化在各市之间差异逐步加大。青年人口是劳动适龄人口中的中坚力量,也是人口流动最活跃的群体,各省青年人口年龄结构与经济发展前景有密切关系。

表1-2-6 1991—2004年全省人口分布城乡差异

单位:人

年 份	非农业人口	农业人口	城镇人口	乡村人口	总人口(人)
1991	7228163	31418211	8148201	30498173	38646374
1992	7407802	31723125	8537586	30593341	39130927
1993	7601785	32058620	8944215	30716190	39660405
1994	7889735	32264724	9350367	30804092	40154459
1995	8224854	32400552	9689159	30936247	40625406
1996	8423556	32631079	10092871	30961764	41054635
1997	8659324	32844014	10507815	30995523	41503338
1998	8877268	33034806	10918934	30993140	41912074
1999	9065485	33246257	11333623	30978119	42311742
2000	9410159	32075288	11487320	29998127	41485447
2001	9765396	32092280	12728919	29128757	41857676
2002	10159160	32065113	13596216	28628057	42224273
2003	10614293	31927962	14472875	28069380	42542255
2004	11192960	31642707	15240930	27594737	42835667

说明:根据第五次全国人口普查数据和江西统计年鉴整理而成。

表1-2-7 2010年全省青年人口分布城乡差异

年龄别	城 市		镇		乡 村	
	人 数(人)	比 重(%)	人 数(人)	比 重(%)	人 数(人)	比 重(%)
15岁至19岁	539472	16.55	457989	14.05	2261792	69.40
20岁至24岁	541534	15.36	515753	14.63	2468712	70.01
25岁至29岁	566808	14.22	631945	15.86	2786451	69.92
30岁至34岁	561985	14.28	615043	15.63	2759032	70.10

说明:资料来源于2010年第六次全国人口普查。

1991—2004年,非农业人口数量逐年递增,从1991年的7228163人,2004年增加到11192960人,增加3964797人,农业人口有增有降,但总体呈下降趋势。城镇人口数量逐年递增,从1991年的8148201人,2004年增加到15240930人,增加7092729人。

2010年全省青年人口分布中,15岁至19岁年龄组,城市青年人口占全省总人口的16.55%,人数为539472人,乡镇青年人口占全省总人口的14.05%,人数为457189人;其次是20岁至24岁年龄组,城市青年人口占全省总人口的15.36%,人数为541534人,乡镇青年人口占全省总人口的14.63%,人数为515753人;城市中年龄组15岁至19岁,所占的比重最高为16.55%,人数为539472人,25岁至29岁所占比重最低为14.22%,人数为566808人。乡镇中,14岁至19岁,所占比重最低为14.05%,人数为457989人,25岁至29岁所占比重最高,为15.86%,人数为631945人;乡村中15岁至19岁所占比重最低为69.40%,人数为2261792人,30岁至34岁所占比重最高为70.10%,人数为2759032人。各年龄组人口比重较为均衡。第六次人口普查资料显示,2010年全省常住人口中,城镇人口19499960人,城镇化率为43.75%,与第五次人口普查相比,城镇人口增加801.26万人,城镇化率上升16.07个百分点。城镇化率与全国平均水平的差距已从2000年的8.53个百分点缩小至5.62个百分点,城镇化水平明显提高。受经济发展水平影响,全省各地城镇化水平差距较大,城镇化率最高的市与最低的市相差30.17个百分点。全省11个设区市中,南昌、景德镇、新余、萍乡和鹰潭5个市城镇化率高于全省平均水平,其他6个市低于全省平均水平。

性别构成

青年人口性别构成是指在一定地域范围和一定时间内,青年人口男女两性的比例关系,通常用性别比来表示,即以女性人口数为100来计算男女的比例。

1991—1999年青年性别构成 1990年,全省总人口3771.02万人;其中,男性1949.18万人,女性1821.84万人,性别比是106.99,性别比差别不大。1995年,江西青年人口中25岁至29岁,所占比重最高,占总人口数的百分比是9.70,性别比为92.67;30岁至34岁年龄组,占总人口数的百分比最低为7.93,性别比为97.84;15岁至19岁年龄组,性别比最高,为113.02,此年龄组男女比例不协调,男性所占比重较高;20岁至24岁年龄组性别比为89.80,此年龄组女性所占比重较高。总之,1995年江西人口性别比例较不协调。

表1-2-8 1995年江西性别人口比

单位:%

年龄别(岁)	占总人口数的百分比	性别比(女=100)
15~19	8.43	113.02
20~24	8.80	89.80
25~29	9.70	92.67
30~34	7.93	97.84

说明:资料来源于1995年江西省1%人口抽样。

1999年,青年人口各性别组,男性均比女性多,且逐渐上升。25岁至29岁年龄组所占青年人口数量最多,为3985204人,男性比女性多63160人。其次30岁至34岁年龄组稍有下降,人口数量为3936060人,男性比女性多47928人。15岁至19岁性别组,男性比女性多225319人。1999年与1995年相比,男性青年人口逐渐上升,女性青年人口相对下降,由于青年人口在总人口中的比重大,因此青年人口性别比也是男性多于女性。

表 1 - 2 - 9　1999 年全省青年性别人口数量表

15 岁至 19 岁			20 岁至 24 岁			25 岁至 29 岁			30 岁至 34 岁		
小　计	男	女	小　计	男	女	小　计	男	女	小　计	男	女
3259253	1742286	1516967	3525999	1783400	1742599	3985204	2024182	1961022	3936060	1991994	1944066

说明:资料来源于第五次全国人口普查。

2000—2010 年青年性别构成　世界上绝大多数国家的总人口性别比在 90 ~ 105 之间,从两次人口普查和变动调查数据可以看出,江西总人口性别比偏高,自 2002 年开始逐渐下降。

单位:%

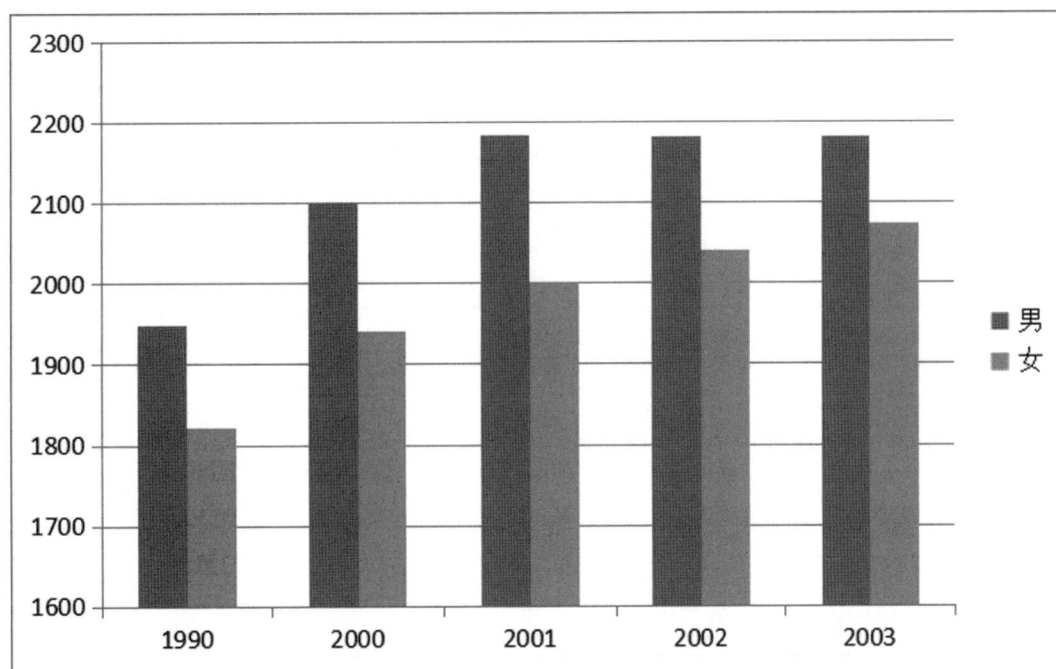

说明:根据第四次全国人口普查、第五次全国人口普查和 2001、2002、2003 年人口变动抽样调查数据等有关资料计算。

图 1 - 2 - 1　1990、2000—2003 年男女性别比较

2003 年的人口变动调查,没有包括解放军现役军人,同时流动人口有所漏登。抽样调查数据中,20 岁至 24 岁、25 岁至 29 岁、30 岁至 34 岁这 3 个年龄段的性别比较特殊,从 104.97 突然降到 100 以下,这违背有关规律。

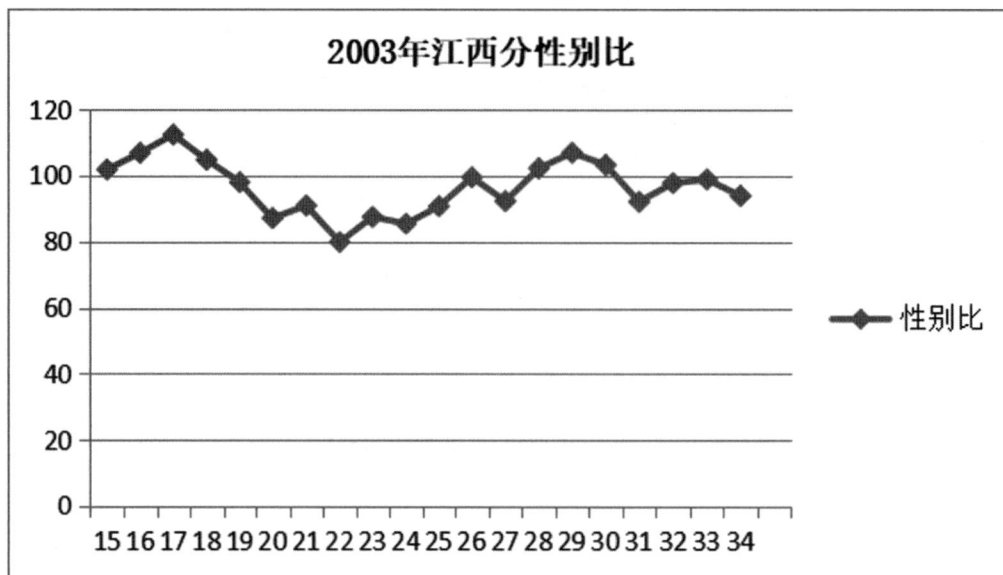

说明:资料来源于2003年人口变动抽样调查数据。

图 1-2-2 2003 年江西分性别比

表 1-2-10 2007 年末全省人口性别构成

单位:%

年龄别（岁）	性别占比			男女性别比（女=100）
	合　计	男	女	
15～19	7.56	3.84	3.72	103.23
20～24	5.56	2.81	2.75	102.18
25～29	5.64	2.90	2.74	105.97
30～34	8.46	4.35	4.11	105.83
总　计	100.00	51.25	48.75	105.15

说明:资料来源于2007年江西人口主要数据。

2007 年,全省青年人口性别比较之 2003 年有所缓和,男女比例趋于正常,但男性依然多于女性。其中以 15 岁至 19 岁、30 岁至 34 岁两个年龄段所占青年总人口的比重较大;15 岁至 19 岁所占7.56%,30 岁至 34 岁,所占比例为 8.46%,性别比均大于100,且差别不大。

表 1-2-11 2009 年全省性别人口构成

单位:%

年龄别（岁）	性别占比			男女性别比（女=100）
	合　计	男	女	
15～19	6.88	3.72	3.16	117.54
20～24	6.74	3.27	3.47	94.13

续表

年龄别（岁）	性别占比			男女性别比（女＝100）
	合　计	男	女	
25～29	5.78	2.69	3.09	87.16
30～34	8.14	3.92	4.22	92.87
总　计	100.00	51.25	48.75	105.15

说明：资料根据《江西统计年鉴2010》整理。

21世纪最初10年，15岁至19岁年龄组性别比，起伏不定，但总体上升，在2009年达到最高，为117.54，20岁至24岁年龄组性别比，呈倒U形，2007年达到基本平衡；25岁至29岁年龄组性别比，总体而言，性别比呈下降趋势，30岁至34岁年龄组性别比在2007年达到高峰。

表1-2-12 1991—2010年全省性别构成（年末数）

单位：%

以年末总人口为100					
年　份	男	女	年　份	男	女
1991	51.69	48.31	2001	52.18	47.82
1992	51.77	48.23	2002	51.66	48.34
1993	51.69	48.31	2003	51.26	48.74
1994	51.27	48.73	2004	51.51	48.49
1995	51.29	48.71	2005	50.88	49.12
1996	51.60	48.40	2006	51.15	48.85
1997	51.43	48.57	2007	51.25	48.75
1998	50.98	49.02	2008	51.33	48.67
1999	51.55	48.45	2009	51.26	48.74
2000	51.99	48.01	2010	51.61	48.39

说明：资料来源《江西统计年鉴2011》，中国统计出版社2011年8月。

1991年到2010年，男女性别构成，始终男性比例较高，女性青年低于男性青年数量。

表1-2-13 江西分地区性别比

单位：%

地区别	性别比	地区别	性别比
全　省	105.17	鹰潭市	111.33
南昌市	101.67	赣州市	107.08

续表

地区别	性别比	地区别	性别比
景德镇	103.16	吉安市	105.11
萍乡市	106.85	宜春市	106.17
九江市	103.60	抚州市	112.34
新余市	105.41	上饶市	100.41

说明:资料来源于2010年江西省统计年鉴。

在地区差异上,全省各地级市中,性别比前3名的分别为抚州市(112.34),鹰潭市(111.33),赣州市(107.08),其中比例较为均衡的是上饶市(100.41),其次是南昌市(101.67)。总体上,男女性别比全省均高于100,男性青年比女性青年多,在全省是主流。

城乡性别构成差异 城乡性别构成差异,以2007年为例,青年人口性别比,所受的影响主要来自于人口迁出、生育高峰期、出生人口进入青年期、经济活动的影响等方面,青年人口数量上市区多于乡村,性别比市区大于乡村,反映社会经济的发展,城市化过程的推进,人口向城市集中的趋势,同时也反映人口流动受到传统习惯的影响,女性的流动性弱于男性。

第六次全国人口普查中,全省常住人口中,男性为23084646人,占总人口的51.80%;女性为21482829人,占总人口的48.20%。人口性别比(以女性为100,男性对女性的比例)由2000年第五次全国人口普查的108.31下降为107.46。

不同区域由于社会经济状况不同,性别结构差异也较大。江西11个设区市之间总人口性别比差异较大,其中高于全省平均水平105.17的有6个设区市(萍乡市、新余市、鹰潭市、宜春市、赣州市、抚州市),性别比最高的达到112.34(抚州市),最低的为100.41(上饶市),两者之间相差近12个百分点。

全省人口性别构成中,2010年末,男性人口2303.17万人,女性人口2159.08万人,总人口性别比106.67(以女性为100),与2009年相比,人口性别比上升1.52。

表1-2-14 2007年江西城镇性别的人口

单位:人、%

年龄别(岁)	常住人口数			占常住人口数的百分比			性别比
	合计	男	女	合计	男	女	
30~34	4800	2252	2548	10.05	4.72	5.34	88.38
15~19	3383	1796	1587	7.09	3.76	3.32	113.17
20~24	2799	1350	1449	5.86	2.83	3.04	93.17
25~29	3259	1472	1787	6.83	3.08	3.74	82.37

说明:资料来源于2007年江西人口主要数据。

表 1－2－15 2007 年江西农村分性别人口

单位:人、%

年龄别(岁)	常住人口数			占常住人口数的百分比			性别比
	合 计	男	女	合 计	男	女	
15～19	7471	4020	3451	8.70	4.68	4.02	116.49
20～24	4618	2169	2449	5.38	2.53	2.85	88.57
25～29	4267	2000	2267	4.97	2.33	2.64	88.22
30～34	6502	3159	3343	7.58	3.68	3.89	94.50

说明:资料来源于江西省统计局 2007 年江西人口主要数据。

文化构成

青年人口文化构成主要包括青年人口的文化程度和青年专业技术人员的情况。具体是指各种文化程度青年人口的数量、所占比例以及性别、年龄和城乡分布差异,文盲半文盲青年人口的变化情况;青年技术人员的数量、比例、性别年龄构成,还有专业技术职务构成和相关机构性质。平均受教育年限是指某一人口群体人均接受学历教育(包括成人学历教育,不包括各种非学历培训)的年数。按现行学制为受教育年数计算人均受教育年限,即大专以上文化程度按 16 年计算,高中文化程度 12 年,初中文化程度 9 年,小学文化程度 6 年,文盲为 0 年。

表 1－2－16 1991—1999 年江西高等学校普通本专科学校和学生情况

指 标	1991 年	1992 年	1993 年	1994 年	1995 年	1996 年	1997 年	1998 年	1999 年
普通高等学校数(所)	30	28	30	31	31	31	31	31	34
普通高等学校招生数(万人)	1.73	2.02	2.63	2.53	2.63	2.73	2.77	2.87	4.36
普通高等学校在校学生数(万人)	5.64	5.97	7.10	7.86	8.28	8.46	8.91	9.41	11.09
普通高等学校毕(结)业生数(万人)	1.73	1.71	1.54	1.74	2.20	2.44	2.37	2.29	2.51

说明:资料来源于中华人民共和国国家统计局。

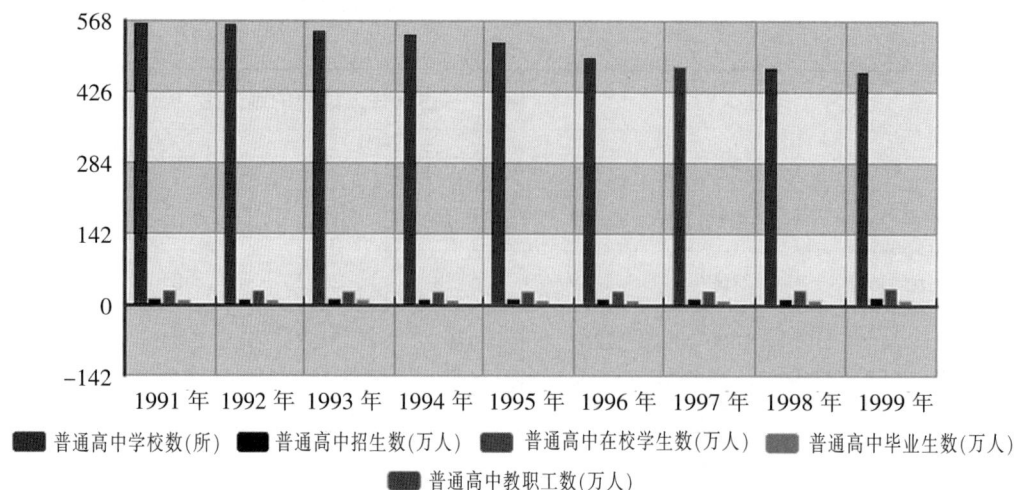

说明:1. 普通高中的教职工数中包含普通初中的教职工数;

　　　2. 资料来源于中华人民共和国国家统计局。

图 1 - 2 - 3　1991—1999 年江西普通高中和学生情况

文盲人口和文盲率是反映一个地区人口文化素质的重要指标。20 世纪 90 年代以后,通过开展"两基"(基本普及九年义务教育和基本扫除青壮年文盲)工作,江西文盲人口已大大减少,文盲率也显著下降。2001 年,江西平均每 10 万人口中具有的各种受教育人口状况:大学以上程度为 2879 人,高中程度为 10171 人,初中程度为 32623 人,小学程度为 37836 人。同 2000 年第五次人口普查相比,每 10 万人口中拥有小学、初中人数分别减少 1066 人、596 人;高中、大学分别增加 352 人、303 人。2002 年,江西平均每 10 万人口中具有的各种受教育程度的人口状况是:大学以上文化程度 2676 人,高中文化程度 10578 人,初中文化程度 32090 人,小学文化程度 38397 人。2003 年,江西 15 岁及以上青年文盲人口为 10559 人,比 2002 年减少 3069 人。文盲人口占 15 岁及以上人口比重由 2002 年的 10.01% 下降至 2003 年的 8.11%,下降 1.9 个百分点。文盲率(指文盲人口占总人口比重)从 7.46% 降至 6.25%,下降 1.21 个百分点,其中男性为 3.00%,女性为 9.68%。青年人口的文盲率显著下降,但女性的文盲率要比男性高。

在各种文化程度人口中,男性人口明显高于女性人口,城镇人口明显高于农村人口。江西人口文化素质提高是中华人民共和国成立以来少有的,尤其是具有大专及以上层次文化程度人口增长速度最快。受高等教育人数增加,标志着江西劳动力队伍素质提高,为江西知识经济和现代高技术产业的发展提供重要的人才保障。

2004 年,江西 14 岁至 35 岁青年为 1918.05 万人,其中 14 岁至 28 岁为 1115.69 万人,29 岁至 35 岁为 802.36 万人。大专院校学生 58.74 万人,中专学生 64.98 万人,职业高中学生 35.12 万人,普通高中学生 55.94 万人,初中学生 188.63 万人。

2005 年,江西 14 岁至 35 岁青年为 1918.89 万人,其中 14 岁至 28 岁为 1116.27 万人,29 岁至 35 岁为 802.62 万人。大专院校学生 58.75 万人,中专学生 64.99 万人,职业高中学生 55.96 万人,普通高中学生 55.96 万人,初中学生 188.65 万人。

2006 年,江西 14 岁至 35 岁青年为 1936.89 万人,其中 14 岁至 28 岁为 1125.27 万人,29 岁至 35 岁为 811.62 万人,大专院校学生 61.88 万人,中专学生 66.01 万人,职业高中学生 36.64 万人,普通高中学生 56.96 万人,初中学生 195.65 万人。

根据第五次人口普查公报,全省总人口中,接受大学(指大专以上)教育的 106.64 万人,占 2.58%;接受高中(含中专)教育的 406.47 万人,占 9.82%;接受初中教育的 1375.18 万人,占 33.22%;接受小学教育的 1610.45 万人,占 38.90%(以上各种受教育程度的人口包括各类学校的毕业生、肄业生和在校生),文盲人口(15 岁及 15 岁以上不识字或识字很少的人口)为 213.75 万人。

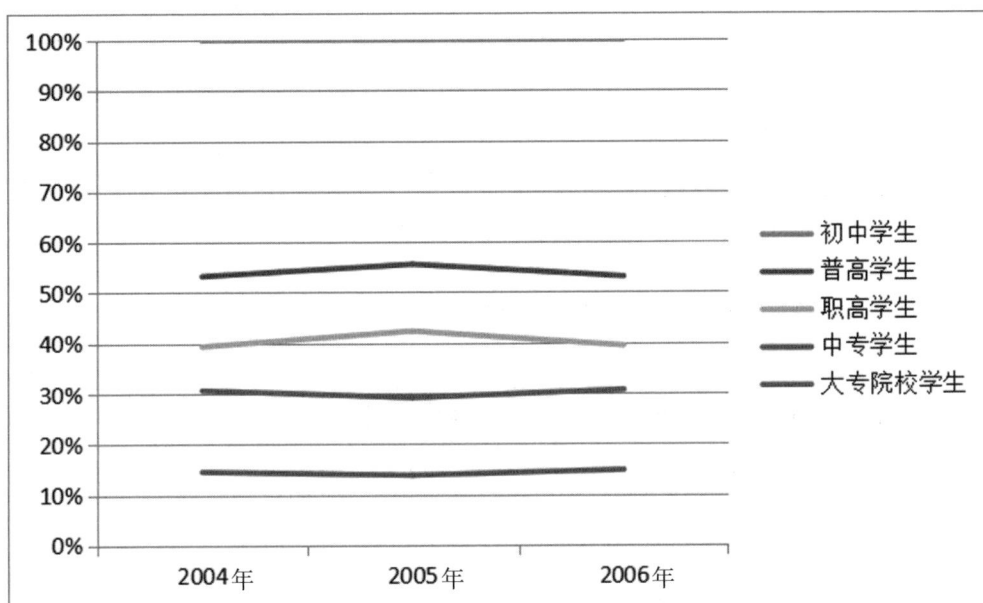

说明:根据《江西统计年鉴 2010》资料整理。

图 1-2-4　2004—2006 年江西初中及以上学生接受教育比例情况

表 1-2-17　全省文盲人口统计情况(截至 2010 年 11 月 1 日零时)

地　区	总人口	文盲人口	占总人口比重(%)
全　省	44567728	1399990	3.14
南昌市	5042567	130902	2.60
景德镇市	1587477	61785	3.89
萍乡市	1854512	28037	1.51
九江市	4728763	163949	3.47
新余市	1138873	34618	3.04
鹰潭市	1125155	39742	3.53
赣州市	8368428	312397	3.73
吉安市	4810339	123847	2.57

续表

地 区	总人口	文盲人口	占总人口比重(%)
宜春市	5419592	122537	2.26
抚州市	3912309	115217	2.94
上饶市	6579713	266986	4.06

说明:1. 文盲人口指15岁及以上不识字或识字很少的人口;

2. 资料来源于《江西统计年鉴2011》。

表1-2-18 2000年全省人口教育程度情况

教育程度	大 学(大专以上)	高 中(含中专)	初 中	小 学
人 数(万人)	106.64	406.47	1375.18	1610.45
比 重(%)	2.58	9.82	33.22	38.90

说明:以上各种受教育程度的人口包括各类学校的毕业生、肄业生和在校生。

表1-2-19 2009年底全省青年人口文化程度构成

单位:%

年龄别(岁)	不识字或识字很少	小 学	初 中	高 中	大专以上
15~19	0.03	0.22	3.15	4.69	0.77
20~24	0.04	0.38	3.14	1.58	0.82
25~30	0.03	0.51	3.38	1.27	0.49

说明:资料来源《江西统计年鉴2010》。

表1-2-20 全省15岁及15岁以上分年龄、性别文盲、半文盲人口数

单位:人

年龄别(岁)	15岁及15岁以上人口	文盲、半文盲人口		
		小 学	扫盲班	未上过学
15~19	34596	244	19	624
20~24	36087	291	52	1136
25~29	39779	486	115	1872
30~34	32543	434	114	1935

说明:资料来源于1995年全国1%人口抽样调查资料。

人口平均受教育年限是反映国民受教育水平的一个重要指标。《中国人口统计年鉴2004》说明,人均受教育年限是指某一人口群体人均接受学历教育(包括成人学历教育,不包括各种非学历培训)的年数。2005年抽样调查的数据显示,全省14岁至29岁青年群体平均受教育年限为9.75

年,比全国 14 岁以上人口的总体平均受教育年限 8 年高了近 2 年。14 岁至 35 岁年龄段的青年群体平均受教育年限为 9.53 年,比全国 14 岁以上人口的总体平均受教育年限高 1.53 年。初中受教育程度仍是该群体的主要构成部分,占到其总体的 55.53%。高中受教育程度为 18.96%。文盲和小学受教育水平所占的比重比 14 岁以上总人口低 21.5 个百分点,而高中及以上的学历所占的比重比 14 岁以上总人口要高 7.3 个百分点。由于义务教育的普及效果显著,辍学率较低。14 岁至 29 岁年龄组的辍学率仅为 2.11%,14 岁至 35 岁年龄组的为 2.28%,都低于总人口的辍学率 2.91%。青年正处于求知、学习的大好时期,又逢国家义务教育的全面普及和高等教育的不断发展,青年人口群体的总体受教育水平高于总人口。拥有大学专科及以上的学历的青年,在青年总数中所占的比重还是很小,不到 10%,青年群体的高等教育仍有很大的发展潜力。

2005 年,全省常住人口中,具有大学(指大专以上)受教育程度的 3051718 人;具有高中(含中专)受教育程度的 5493208 人;具有初中受教育程度的 16841703 人;具有小学受教育程度的 13373302 人(以上各种受教育程度的人包括各类学校的毕业生、肄业生和在校生)。同 2000 年第五次全国人口普查相比,每 10 万人中具有大学受教育程度的由 2576 人上升为 6847 人;具有高中受教育程度的由 9819 人上升为 12326 人;具有初中受教育程度的由 33219 人上升为 37789 人;具有小学受教育程度的由 38902 人下降为 30007 人。全省常住人口中,文盲人口(15 岁及以上不识字的人)为 1393727 人,同 2000 年第五次全国人口普查相比,文盲人口减少 743783 人,文盲率由 5.16% 下降为 3.13%,下降 2.03 个百分点。

人口受教育结构方面,2010 年全省每 10 万人口中,具有大学(指大专以上)受教育程度人口 6847 人,具有高中(含中专)受教育程度人口 1.23 万人;具有初中受教育人口 3.77 万人,具有小学受教育人口 3 万人。与 2000 年相比,每 10 万人口中,受大学、高中、初中教育程度的人口分别增加 4271 人、2597 人和 4570 人,受小学教育程度的人口减少 8895 人,人口受教育程度中心逐年上移。全省常住人口中,文盲人口(15 岁及以上不识字的人)为 139.37 万人,与第五次全国人口普查相比,文盲人口减少 74.38 万人,文盲率由 5.16% 降为 3.14%,下降 2.03 个百分比。文盲人口不断减少,文盲率降低。

职业构成

青年人口行业职业构成是青年人口就业方面的重要指标。

表 1-2-21　1992—1999 年全省私营企业青年就业人员

指　标	1992 年	1993 年	1994 年	1995 年	1996 年	1997 年	1998 年	1999 年
私营企业户数(万户)	0.20	0.33	0.80	1.50	2.10	2.50	2.20	2.54
私营企业就业人数(万人)	4.31	6.84	14.60	26.70	37.40	42.80	39.00	45.56
私营企业投资者就业人数(万人)	0.54	0.88	1.80	3.40	4.70	5.80	5.60	6.54
城镇私营企业就业人数(万人)	1.85	3.16	7.80	12.90	19.60	23.70	23.60	24.96

续表

指　标	1992 年	1993 年	1994 年	1995 年	1996 年	1997 年	1998 年	1999 年
城镇私营企业投资者就业人数(万人)	0.22	0.42	1.00	1.50	2.40	3.30	3.60	4.20
乡村私营企业就业人数(万人)	2.46	3.68	6.90	13.90	17.90	19.20	15.40	20.60
乡村私营企业投资者就业人数(万人)	0.33	0.43	0.90	1.90	2.30	2.50	2.00	2.33

说明:资料来源于中华人民共和国国家统计局。

根据 2003 年人口变动情况抽样调查:2003 年全省 16 岁及 16 岁以上劳动年龄人口 126897 人,占调查总人口的比重为 75.10%,与 2002 年相比,劳动年龄人口占总人口的比重上升 2.24 个百分点。在劳动年龄人口中,2003 年新进入劳动年龄的人口达 3300 人,比 2002 年多 205 人。16 岁以上劳动年龄人口中,16 岁至 29 岁劳动年龄人口中,女性比男性多 551 人,占 50.79%,男性占 49.21%。

2005 年青年人口就业状况,在 16 岁至 29 岁年龄组青年人口中,其总体和男性就业率都要低于 16 岁以上总人口就业率。其中,男性青年就业率要比 16 岁以上总人口就业率低 8 个百分点;而在 16 岁至 35 岁年龄组青年中,男性青年就业率则均高于 16 岁以上总人口就业率,比 16 岁以上总人口的总体就业率高出 4 个百分点。值得注意的是,两个年龄组青年人口中,女性青年就业率一直都高于 16 岁以上总人口中女性就业率,尤其是 16 岁至 35 岁年龄组中,女性青年就业率要高出 16 岁以上总人口中女性就业率 7 个百分点。可见,在青年人口,女性对于劳动市场的参与日益活跃。

随着年龄增长、阅历增加,男女性就业率都有着明显增长,两个年龄组青年人口就业率,高年龄段就业率较低年龄段有了较大提高,男性就业率增长幅度尤其大,增长 9 个百分点,已经高于 16 岁以上总人口中男性人口就业率。相比 16 岁以上总人口,青年人口中男女性就业率差异仅为 6 个百分点,仅为 16 岁以上总人口中男女性差异的一半。但是随着年龄增大,二者差异有逐渐扩大趋势,在 16 岁至 35 岁年龄组二者差异扩大到 8 个百分点。随着年龄增长,男性就业趋势要明显大于女性。

经济活动人口指有劳动能力,参加或要求参加社会经济活动的人口,包括就业人口和失业人口。

表 1 - 2 - 22　劳动力参与率年龄结构

年龄别(岁)	经济活动人口(人)	劳动力参与率(%)	就业人口(人)
16 ~ 19	4566	44.40	4296
20 ~ 24	8094	82.51	7783
25 ~ 29	13149	88.07	12730
30 ~ 34	13918	89.56	13547
总　计	91252	71.91	88704

2003 年全省调查的就业人口为 88704 人,占总人口的 52.50%,就业率(就业人口/经济活动人口)为 97.21%,就业率比 2002 年下降 0.23 个百分点。

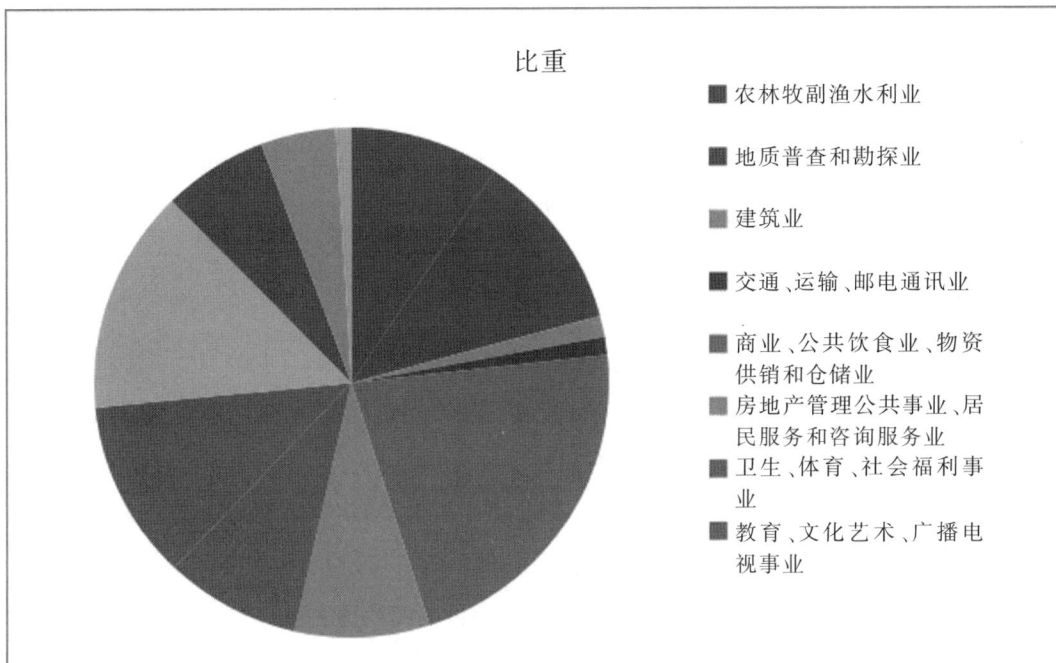

图 1-2-5 就业人口从事行业比重情况

2004 年,江西从事农林牧副渔业人数为 1169.85 万人,其中国营农林牧渔 122.07 万人、乡镇 424.64 万人、行政村 623.13 万人,采掘业 28.7 万人,制造业 44.49 万人,电力、煤气及水的生产和供应业 26.47 万人,建筑业 20.33 万人,地质勘探业、水利管理业 4.14 万人,交通运输、仓储及邮电通信业 16.99 万人,批发和零售贸易、餐饮业 30.78 万人,金融、保险业 10.42 万人,房地产业 15.20 万人,社会服务业 15.43 万人,教育文化艺术和广播影视业 408.04 万人,卫生、体育和社会福利事业 38.77 万人,科学研究和综合技术服务业 3.17 万人,国家机关、党政机关和社会团体 65.30 万人,其他 19.97 万人。

2005 年,从事农林牧副渔业人数为 1169.87 万人,其中国营农林牧渔 122.08 万人,乡镇 424.65 万人,行政村 623.14 万人。采掘业 28.8 万人,制造业 44.50 万人,电力、煤气及水的生产和供应业 26.56 万人,建筑业 20.34 万人,地质勘探业、水利管理业 4.24 万人,交通运输、仓储及邮电通讯业 16.99 万人,批发和零售贸易、餐饮业 30.78 万人,金融、保险业 10.52 万人,房地产业 15.29 万人,社会服务业 15.43 万人。教育文化艺术和广播影视业 408.14 万人。卫生、体育和社会福利事业 38.78 万人,科学研究和综合技术服务业 3.26 万人,国家机关、政党机关和社会团体 65.32 万人,其他 19.98 万人。

从事经济行业的 14 岁至 35 岁青年,国有经济中有 455.12 万人,其中国有企业 217.45 万人,国有事业单位 210.83 万人,国家机关、政党机关和社会团体 26.83 万人;集体经济中 121.47 万人,其中集体企业 96.89 万人,集体所有制事业单位 24.58 万人;私营经济中 112.15 万人,其中私营独资企业 82.92 万人,私营合资企业 26.26 万人,私营有限责任公司 2.96 万人;外商经济 4.18 万人,其中中外合资、合作经营企业1.22万人,外资企业2.96万人;港澳台经济1.68万人,其中与大陆合资、合作企业0.98万人,港澳台独资企业0.69万人;个体经济52.74万人,乡镇企业189.51万人。

2006年,从事农林牧副渔业人数为1173.88万人,其中国营农林牧渔124.08万人,乡镇424.65万人,行政村625.14万人;采掘业29.1万人;制造业44.80万人;电力、煤气及水的生产和供应业26.87万人;建筑业20.64万人;地质勘探业、水利管理业4.54万人;交通运输、仓储及邮电通讯业17.29万人;批发和零售贸易、餐饮业31.08万人;金融、保险业10.82万人;房地产业15.59万人;社会服务业15.73万人;教育文化艺术和广播影视业417.14万人,其中大专院校学生61.88万人,中专学生66.01万人,职业高中学生36.64万人,普通高中学生56.96万人,初中学生195.65万人;卫生、体育和社会福利事业38.78万人;科学研究和综合技术服务业3.26万人;国家机关、党政机关和社会团体65.32万人;其他19.98万人。

从事经济行业的14岁至35岁青年,国有经济中有305.49万人,其中国有企业142.17万人,国有事业单位145.03万人,国家机关、政党机关和社会团体18.29万人;集体经济中80.82万人,其中集体企业64.97万人,集体所有制事业单位15.85万人;私营经济中80.81万人,其中私营独资企业13.56万人,私营合资企业53.3万余人,私营有限责任公司13.93万人;外商经济3.47万人,其中中外合资、合作经营企业0.59万人,外资企业2.87万人;港澳台经济1.12万人,其中与大陆合资、合作企业0.59万人,港澳台独资企业0.53万人;个体经济25.36万人,乡镇企业127.03万人。

表1-2-23 2010年全省城镇青年失业人口年龄构成

单位:%

年龄别(岁)	构 成
16~19	8.81
20~24	11.56
25~29	16.44
30~34	14.70
总 计	51.51

说明:资料来源于第六次全国人口普查。

表1-2-24 2010年全省城镇青年失业人口文化程度构成

单位:%

文化程度	构 成
不识字或识字很少	0.39
小 学	6.93
初 中	48.15
高 中	38.12

续表

文化程度	构　成
大　专	5.41
大学本科	1.00
总　计	100.00

说明:资料来源于第六次全国人口普查。

在调查的 16 岁及以上人口中,未工作人口占 32.48%,其中市未工作人口占市 16 岁及以上人口的 47.62%,镇未工作人口占镇 16 岁及以上人口的 38.32%,县未工作人口占县 16 岁及以上人口的 24.02%。未工作人口中,料理家务的居首位,占 30.98%;其次是在校学生,占 20.43%;因失业而未工作的只占 6.18%;因休假、学习或临时停工而未工作的仅占 0.52%。

2001 年,全省乡镇街道 14 岁至 35 岁在辖区内从业的青年为 245.83 万人,就业人员 127.88 万人,其中机关和国有、集体企事业单位正式职工 79.11 万人,外来务工人员 14.84 万人,下岗人员 36.54 万人,待业人员 28.10 万人;流动人员中,流入数为 17.37 万人,流出数为 26.91 万人。2002 年,全省乡镇街道 14 岁至 35 岁在辖区内从业的青年为 246.87 万人,就业人员 116.53 万人,其中机关和国有、集体企事业单位正式职工 95.91 万人,外来务工人员 18.42 万人,下岗人员 26.89 万人,待业人员 18 万人;流动人员中,流入数为 17.89 万人,流出数 27.52 万人。2003 年,全省乡镇街道 14 岁至 35 岁在辖区内从业的青年为 2468670 人,就业人员 1165439 人,其中机关和国有、集体企事业单位正式职工 959138 人,外来务工人员 184157 人,下岗人员 268899 人,待业人员 180064 人;流动人员中,流入数为 178888 人,流出数 275168 人。2004 年,全省乡镇街道 14 岁至 35 岁在辖区内从业的青年为 312.08 万人,就业人员 161.25 万人,其中机关和国有、集体企事业单位正式职工 115.29 万人,外来务工人员 19.45 万人,下岗人员 34.95 万人,待业人员 25.94 万人;流动人员中,流入数 19.03 万人,流出数 31.01 万人。2005 年,全省乡镇街道 14 岁至 35 岁在辖区内从业的青年为 314.09 万人,就业人员 161.35 万人,其中机关和国有、集体企事业单位正式职工 125.29 万人,外来务工人员 19.54 万人,下岗人员 35.04 万人,待业人员 26.74 万人;流动人员中,流入数为 20.02 万人,流出数 32.01 万人。2006 年,乡镇街道 14 岁至 35 岁在辖区内从业的青年为 314.49 万人,就业人员 161.45 万人,其中机关和国有、集体企事业单位正式职工 125.34 万人,外来务工人员 36.11 万人,下岗人员 35.14 万人,待业人员 26.84 万人;流动人员中,流入数为 20.12 万人,流出数 32.11 万人。

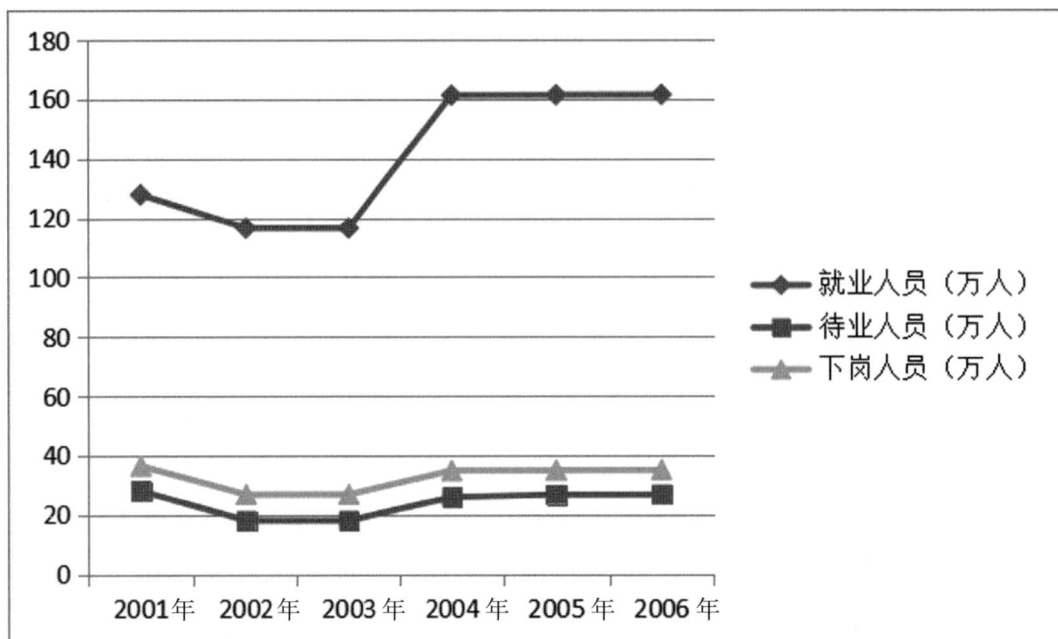

图1-2-6　2001—2006年江西省青年就业情况及趋势

第三节　婚姻与生育

婚　姻

婚姻构成　全省青年婚姻状况在1990—2010年间变化较大,青年婚姻构成存在未婚、有配偶、丧偶和离婚4种情况。

根据部分年份青年人口婚姻构成表的数据资料,1990、1995、2000、2005年的未婚比例呈现下降趋势,由1990年45.44%降至1995年20.69%,2000年再次降至17.75%,2005年降至16.63%;2010年相比2005年,未婚比例有所上升,达21.46%。有配偶的青年比例在1990年、1995年、2000年、2005年呈现出上升趋势,1995年相比1990年有配偶人数由53.58%升至72.07%,2000年升至75.46%,2005年再上升至76.50%;2010年相对于2005年有所下降,有配偶的青年比例只占71.77%。1990年丧偶青年比例较小,仅有0.18%,1995年丧偶青年比例为6.65%,2000年的比例降至6.09%,2005年又升至6.18%,2010年降至5.68%,相对来说丧偶青年比例变化不大。离婚青年的比例变化明显,1990年离婚比例为0.80%,1995年为0.59%,2000年升至0.70%,2005年继续保持0.70%,2010年升至1.08%。

表 1 - 3 - 1　1990—2010 年部分年份全省青年人口婚姻构成

| 年　份 | 未　婚 | | 有配偶 | | 丧　偶 | | 离　婚 | | 合　计 |
	人　数 （人）	比　例 （％）	人　数 （人）	比　例 （％）	人　数 （人）	比　例 （％）	人　数 （人）	比　例 （％）	人　数 （人）
1990	6653810	45.44	7845371	53.58	26225	0.18	116613	0.80	14642019
1995	59202	20.69	206181	72.07	19024	6.65	1692	0.59	286099
2000	447517	17.75	1902365	75.46	153402	6.09	17632	0.70	2520916
2005	54938	16.63	252767	76.50	20406	6.18	2299	0.70	330410
2010	709337	21.46	2372276	71.77	187860	5.68	35726	1.08	3305199

说明：1995、2000、2005、2010 年为 15 岁至 34 岁人口，1990 年数据根据《江西省 1990 年人口普查资料》，2000 年数据根据《江西省 2000 年人口普查资料》，2010 年数据根据《江西省 2010 年人口普查资料》，1995、2005 年根据江西省统计年鉴资料统计。

婚姻性别差异　男性青年、女性青年在未婚、有配偶、离婚、丧偶等 4 种婚姻状况中存在差异。根据全国第六次人口调查资料，从 2000 年以后男性青年人口中未婚比例基本呈递减的趋势；女性青年在 20 世纪 90 年代呈递减趋势，而进入 21 世纪以后这一趋势发生变化，未婚人口比例出现回升。从总体上说，男性中非婚比例高于女性，这种差距随着年龄增长而拉大；而女性中丧偶和离婚比例则基本高于男性；男女群体中未婚人数比例均随着年龄增长而递减。

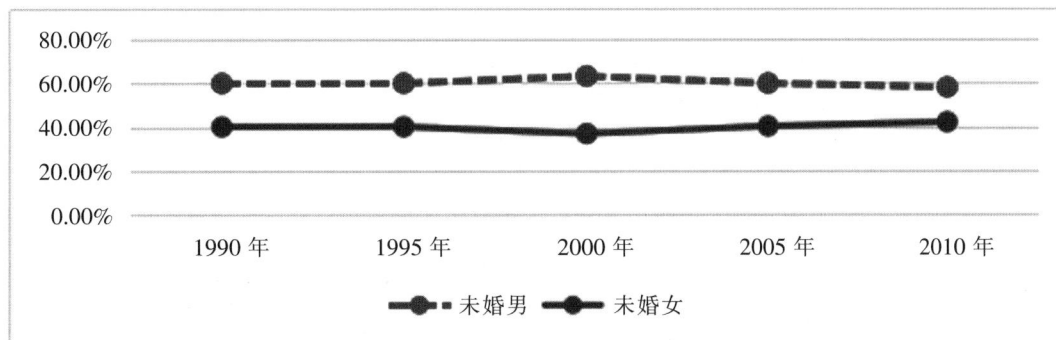

说明：1990 年数据根据《江西省 1990 年人口普查资料》，2000 年数据根据《江西省 2000 人口普查资料》，2010 年数据根据《江西省 2010 年人口普查资料》，1995、2005 年根据《江西省统计年鉴》资料统计。

图 1 - 3 - 1　1990—2010 年部分年份全省青年人口男女性别未婚比例

未婚男性比例基本在 50% 以上，而未婚女性比例在 50% 以下，男性中非婚比例要高于女性，从 2000 年以后，未婚男性比例有下降趋势，未婚女性比例有所上升。

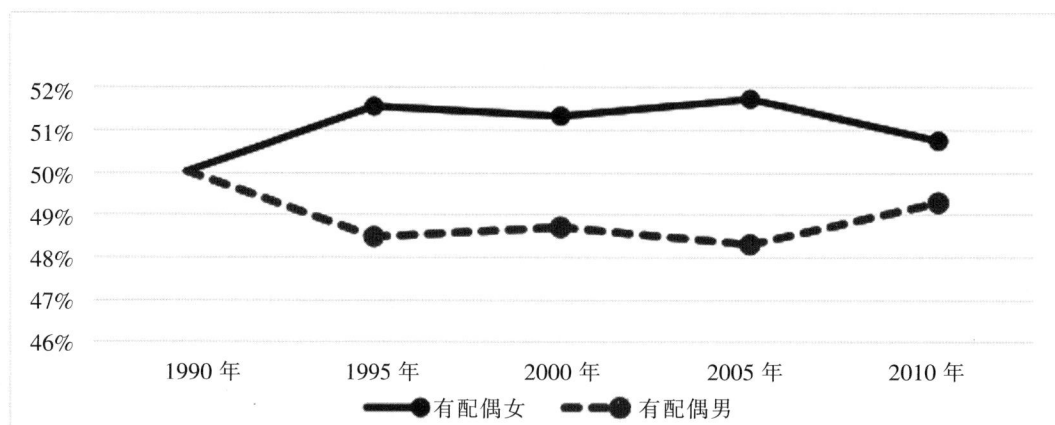

说明：1990 年数据根据《江西省 1990 年人口普查资料》，2000、2010 年数据根据第五、六次全国人口普查资料，1995、2005 年根据江西省统计年鉴资料统计。

图 1－3－2　1990—2010 年部分年份全省青年人口男女性别有配偶比例

1990 年有配偶的男女比例相同，1995 年以后出现差距。有配偶的女性比例要超过有配偶的男性比例，而这种差距逐渐减小，1995 年有配偶的男性比例是 48.46%，有配偶的女性比例是 51.54%，之间比例差在 3.08%，2010 年，有配偶的男性比例是 49.27%，有配偶的女性比例是 50.73%，之间比例差在 1.46%。有配偶的男性比例有所上升，有配偶的女性比例有所下降。

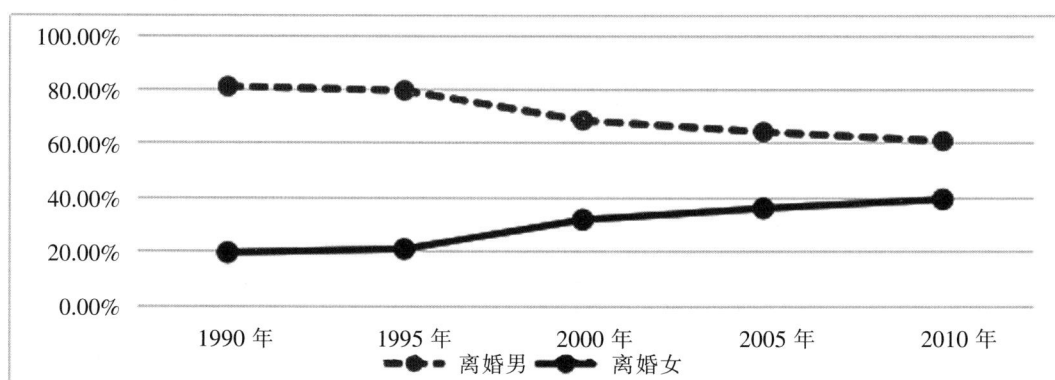

说明：1990 年数据根据《江西省 1990 年人口普查资料》，2000 年数据根据《江西省 2000 人口普查资料》、2010 年数据根据《江西省 2010 年人口普查资料》，1995、2005 年根据江西省统计年鉴资料统计。

图 1－3－3　1990—2010 年部分年份全省离婚青年人口男女所占比例

1995、2000、2005、2010 年的统计数据中，离婚男性所占比例均超过离婚女性所占比例。1990 年以后，离婚男性所占比例呈现出下降趋势。1990 年，离婚男性所占比例与离婚女性所占比例相差 61.44%；到 2010 年，离婚男性所占比例下降到 60.75%，而女性离婚所占比例上升至 39.25%。离婚男性所占比例与离婚女性所占比例之间逐渐缩小。

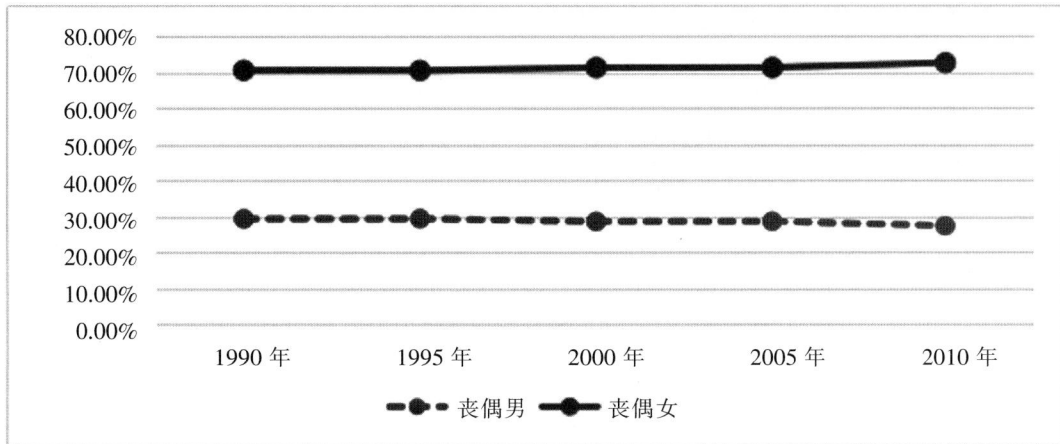

说明:1990 年数据根据《江西省 1990 年人口普查资料》,2000 年数据根据《江西省 2000 年人口普查资料》,2010 年数据根据《江西省 2010 年人口普查资料》,1995、2005 年根据江西省统计年鉴资料统计。

图 1 - 3 - 4　1990—2010 年部分年份全省青年人口男女性别丧偶比例

丧偶女性比例要远远超过丧偶男性比例。1990 年,丧偶男性比例 29.34%,女性比例是 70.66%;到 2010 年,丧偶男性比例 27.33%,女性比例是 72.67%。可见,丧偶男女比例没有太大的变化。

总体上,男性未婚比例高于女性,但差距随时代发展而有所缩小;有配偶的男女比例差距不大,女性略高于男性;男性离婚比例基本高于女性;女性丧偶比例高于男性。

表 1 - 3 - 2　1990、2000、2010 年全省青年人口男女未婚人数比例

年　份	未婚人数比例		
	性　别	人　数(人)	比　例(%)
1990	男	4077855	59.97
	女	2721648	40.03
	总　计	6799503	100.00
2000	男	282819	63.20
	女	164698	36.80
	总　计	447517	100.00
2010	男	411348	57.99
	女	297989	42.01
	总　计	709337	100.00

表1-3-3　1990、2000、2010年全省青年人口男女有配偶人数比例

年　份	有配偶人数比例		
	性　别	人　数(人)	比　例(%)
1990	男	8590721	50.00
	女	8589609	50.00
	总　计	17180330	100.00
2000	男	926215	48.69
	女	976150	51.31
	总　计	1902365	100.00
2010	男	1168753	49.27
	女	1203523	50.73
	总　计	2372276	100.00

表1-3-4　1990、2000、2010年全省青年人口男女离婚人数比例

年　份	离婚人数比例		
	性　别	人　数(人)	比　例(%)
1990	男	123532	80.72
	女	29504	19.28
	总　计	153036	100.00
2000	男	12039	68.28
	女	5593	31.72
	总　计	17632	100.00
2010	男	21704	60.75
	女	14022	39.25
	总　计	35726	100.00

表1-3-5　1990、2000、2010年全省青年人口男女丧偶人数比例

年　份	丧偶人数比例		
	性　别	人　数(人)	比　例(%)
1990	男	466614	29.34
	女	1123835	70.66
	总　计	1590449	100.00

续表

年 份	丧偶人数比例		
	性 别	人 数(人)	比 例(%)
2000	男	43876	28.60
	女	109526	71.40
	总 计	153402	100.00
2010	男	51342	27.33
	女	136518	72.67
	总 计	187860	100.00

说明:资料来源于《江西省1990年人口普查资料》、2000年数据根据《江西省2000年人口普查资料》、2010年数据根据《江西省2010年人口普查资料》。

婚姻文化程度差异 不同文化程度的青年婚姻看法各不相同,具有文盲半文盲、小学、初中、高中(包括中专)、大学专科(大专)、大学本科、研究生不同文化程度青年,在未婚、有配偶、离婚、丧偶等4种婚姻状况中存在差异。在大专以上文化青年中,由于普遍结合较晚,未婚比例较高;尤其27岁至29岁之前,这部分青年往往忙于求学和事业,考虑结婚的较少。根据统计资料,在各时期离婚状况中,初中文化程度青年占的比例最高。

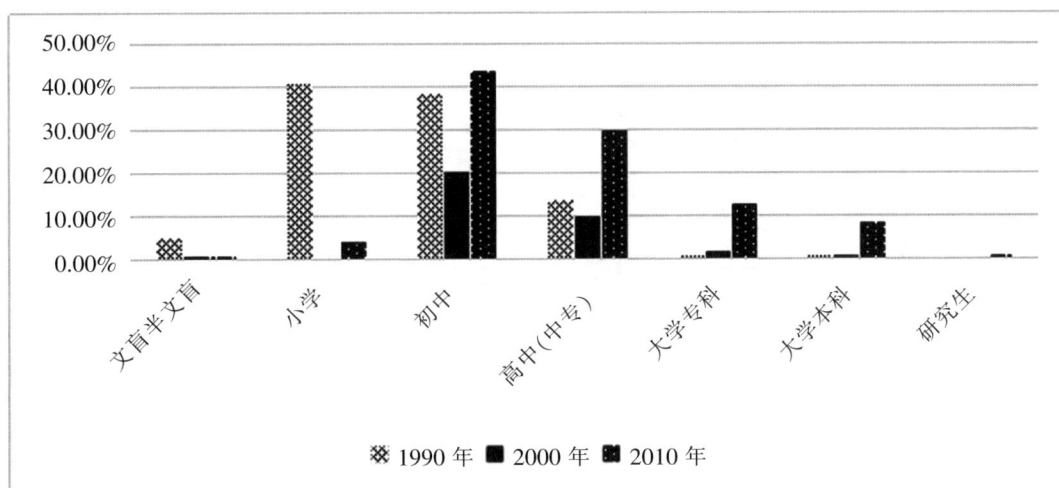

说明:资料来源于1990年第四次全国人口普查、2000年第五次全国人口普查、2010年第六次全国人口普查统计。

图1-3-5 1990、2000、2010年全省未婚青年文化构成

未婚青年文化构成中,1990年,小学、初中比例较高。2000年后,初中、高中比例较高,其次是大学专科、大学本科未婚青年比例,由于教育的发展,文盲半文盲、小学低学历构成逐渐减小。

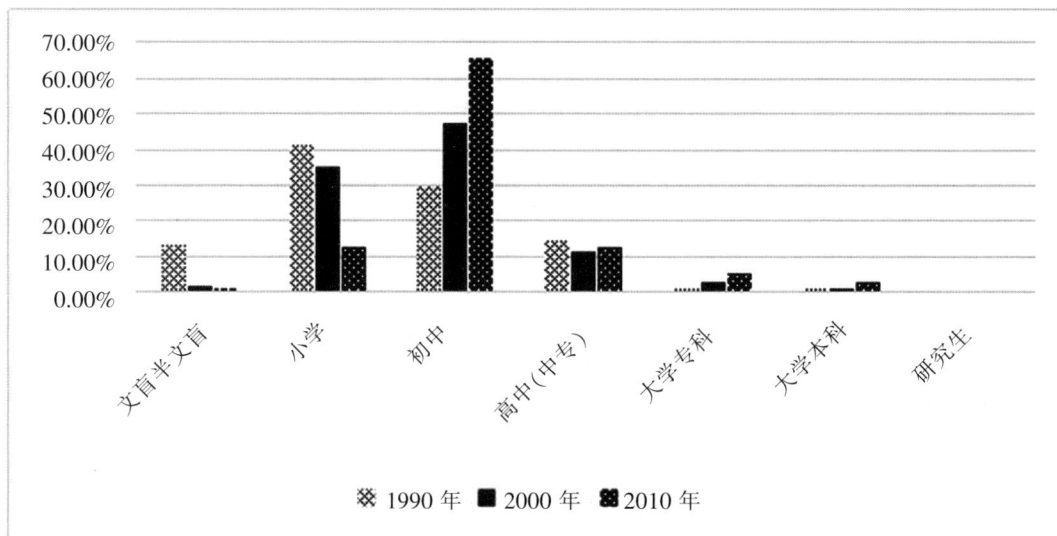

说明:资料来源于1990年全国第四次人口普查、2000年全国第五次人口普查、2010年全国第六次人口普查统计。

图1-3-6 1990、2000、2010年全省有配偶青年文化构成

在有配偶青年文化构成中,比例最高的是初中学历,其次是小学、高中。20世纪90年代,青年人口普遍学历不高,选择配偶也不太注重学历背景。随着时代发展,学历逐渐上移,2010年数据表明,大学专科、大学本科、研究生有配偶青年比例在逐步增加。

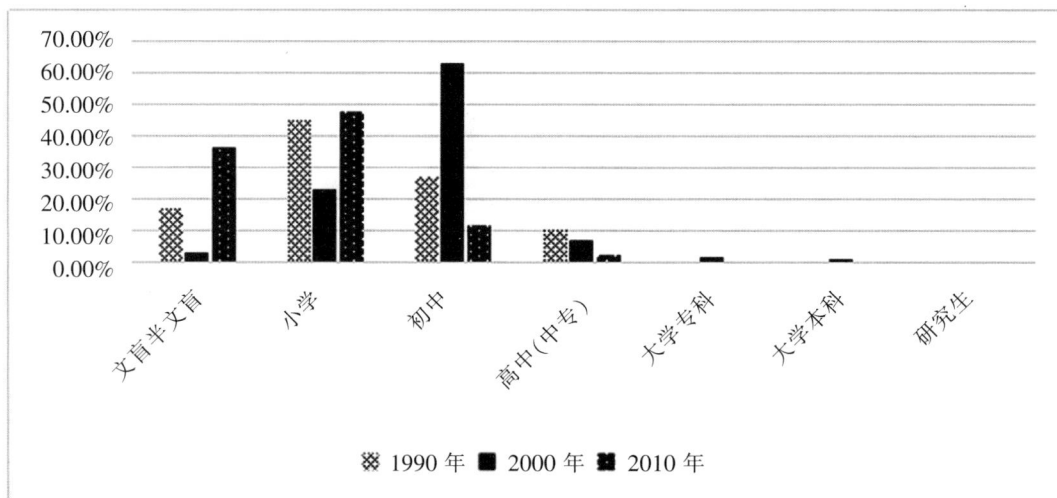

说明:资料来源于1990年第四次全国人口普查、2000年第五次全国人口普查、2010年第六次全国人口普查统计。

图1-3-7 1990、2000、2010年全省丧偶青年文化构成

在丧偶青年文化构成中,初中最多,其次是小学。丧偶青年主要是低学历者,学历较高青年丧偶比例较小。

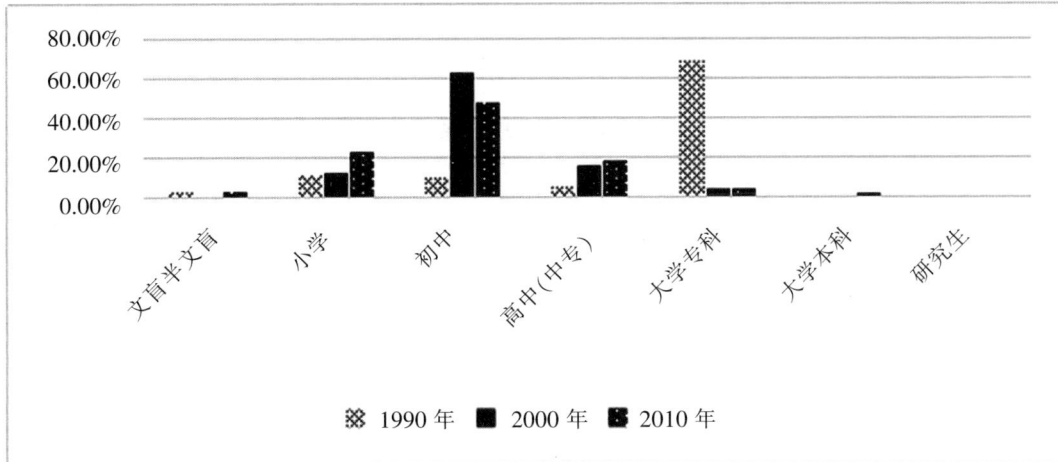

说明:资料来源于1990年第四次全国人口普查、2000年第五次全国人口普查、2010年第六次全国人口普查统计。

图1-3-8 1990、2000、2010年全省离婚青年文化构成

婚姻途径 江西省青年传统择偶方式,受"父母之命,媒妁之言"的影响,以包办型居多。随着时代的发展,青年一代的婚姻观逐渐有较大改变,经济发展和人员流动,客观上也为青年择偶扩大了空间。

在2009年全省青年状况调查中发现,青年择偶方式性别差异,男性"自己认识"的占39.9%,女性占43.9%,女性自主婚姻状况略比男性高4个百分点,全省女性青年基本享有与男性青年平等婚姻自主权。在城乡差异性分析中,农村青年"自己认识"的占21.6%,城镇占78.4%,城镇比农村高56.8个百分点,城镇男女青年与异性接触机会要比农村多。随着全省农村外出务工青年队伍不断壮大,男女双方与异性接触机会逐渐增多,农村青年自主选择婚姻权利也在不断增大。

表1-3-6 2009年全省青年婚姻途径自评情况(性别对比)

		青年的婚姻途径						
		父母包办	父母或亲戚介绍	朋友或他人介绍	自己认识	网络认识	其 他	合 计
性别	男(6262人)	5.0%	23.2%	28.9%	39.9%	1.3%	1.7%	100%
	女(4972人)	5.8%	20.2%	25.5%	43.9%	2.2%	2.4%	100%
	合(11234人)	5.4%	21.9%	27.5%	41.6%	1.7%	1.9%	100%

婚姻次数 全省青年对传统婚恋观不是被动地完全接受和继承,而是在对现实婚姻关系现状进行感性认识后,进行一种开放式的自我判断和自我选择。在面临婚姻抉择时,会受到自我经济地位、职业、受教育程度等各方面影响,他们会考虑自我发展、生活享乐、付出与收获之间的价值等。

2009年调查显示,全省青年婚姻次数为1次的人数最多,占74.8%;两次以上的占1.5%,在所有已婚青年中,回答"结婚次数1次的"占97.9%。作为经济欠发达地区,江西省受传统农业社影响较为深刻,使得青年婚姻关系比较牢固。在城乡再婚率对比中,农村青年占19.2%,城镇青年占80.8%,可见城镇再婚率高于农村。

表1-3-7 2009年全省青年婚姻次数自评情况

	青年婚姻次数				
	0 次	1 次	2 次	3 次	合 计
百分比	23.6%	74.8%	1.5%	0.1%	100%

表1-3-8 2009年全省青年婚姻次数二次对比(城乡对比)

婚姻次数	户 口		
	农 业(3762 人)	非农业(7472 人)	合 计(11234 人)
2 次以上	19.2%	80.8%	100%

婚姻态度 全省青年对婚姻持积极态度的占主流。2009 年调查显示,全省青年对婚姻态度,选择"婚姻是爱情的升华""婚姻只是一种责任""婚姻是必须完成的人生任务"等项共占88.5%。

表1-3-9 2009年全省青年婚姻态度

婚姻是爱情的坟墓	婚姻是爱情的升华	婚姻只是一种责任	婚姻是必须完成的人生任务	其 他	合 计
9.6%	31.9%	29.3%	27.3%	1.9%	100%

全省青年婚姻状况总体上比较和睦,婚姻关系比较好。调查显示,夫妻关系比较好或和睦比例达到93.2%。

表1-3-10 2009年全省青年婚姻状况自评情况

	青年现在的婚姻状况				
	和 睦	有矛盾,但夫妻关系还是比较好	矛盾很尖锐,但还不至于破裂	处于破裂的边缘	合 计
百分比	46.0%	47.2%	5.2%	1.6%	100%

婚姻成本 全省青年恋爱成本及初次结婚费用明显增高。2009 年调查显示,全省青年关于第一次结婚时费用支出为 1 万元以下的占30.8%,1 万元至 2 万元占28.3%,2 万元至 3 万元占14.4%,3 万元至 5 万元占17.5%,5 万元至 10 万元占7.3%,10 万元以上占1.7%。随着生活水平提高和生活方式改变,全省青年在恋爱消费方面的内容和形式都有很大改变。那种低成本恋爱已经成为人们的回忆,热恋中的青年已经跳出陈旧模式,取而代之的是高成本恋爱观。与此同时,组建家庭成本也日趋升高。赣州市所调查的 15 对青年,平均每对结婚费用为 3683 元,其中父母支援占费用的47.5%,亲友赠送占 19.7%,自己积蓄只占27.9%;在 15 对青年中有 4 人借钱办喜事。

结婚费用主要用于购置家具及家用电器,这方面支出约占总支出的54%;其次用于酒席开支,占19.5%;购置衣着、床上用品及其他日用品支出占16.3%。此外是蜜月旅行花销。青年结婚费用支出的增加,固然反映了人民生活水平提高,同时也存在讲排场、摆阔气不良风气。农村青年更是不堪重负。

表1-3-11 2009年全省青年第一次结婚费用及百分比调查情况

青年第一次结婚时的费用(元)	百分比	青年第一次结婚时的费用(元)	百分比
1001~3000	2.7%	35001~40000	9.5%
3001~5000	6.8%	40001~45000	0.4%
5001~8000	5.5%	45001~50000	7.2%
8001~10000	15.8%	50001~60000	2.2%
10001~15000	4.7%	60001~70000	1.1%
15001~20000	23.6%	70001~80000	1.2%
20001~25000	2.4%	80001~100000	2.8%
25001~30000	12.0%	100000以上	1.7%
30001~35000	0.4%	35001~40000	9.5%
合 计		100%	

相比较而言(据上海市婚庆行业协会"2006年全国新婚调查问卷"统计显示),上海平均每对新人结婚花费约18.7万元(这还不包括新房新车),《中国结婚产业发展调查报告2006—2007》指出,以上海为代表的华东地区已成为全国结婚成本最高地区。调查显示,超过3成(占31.3%)青年表示上海结婚成本"太高了,根本没法承受",超过半数(占52.5%)青年认为"偏高,压力较大",以上两个数据相加就超过了8成,而仅有2.3%的青年认为上海结婚成本"不算高,完全可以承受"。

生 育

青年生育状况受生育观念和生育政策影响。生育目的、生育数量、性别偏好、生育质量及生育间隔等问题,影响着青年的生育观念。生育观念务实化主要体现在人们越来越有意识地考虑生育子女的数量及性别,不再盲从于传统的"多子多福、养儿防老"生育观念,现代青年生育观念比较开放,生育率和生育孩次比较低。进入21世纪以后,"丁克"(能生但选择不生育)家庭生活方式被一些青年所接受,从而使青年生育状况发生一定变化。

生育状况 《江西省2010年人口普查资料》显示,15岁至19岁组生育率为7.18%;20岁至24岁组生育率为90.17%;25岁至29岁生育率为97.12%,生育率最高;30岁至34岁组生育率为46.74%。15岁至19岁组生育率,全省各地区对比中发现宜春市和抚州市生育率最高,新余市最低;20岁至24岁组中,宜春市生育率最高,南昌市生育率最低;25岁至29岁组中,萍乡市生育率最高,上饶市生育率最低;30岁至34岁组中,宜春市生育率最高,南昌市最低。《江西省2010年人口普查资料》显示,青年妇女生育在20岁至29岁之间。

表 1－3－12　2010 年全省各地区育龄妇女年龄组别生育率及总和生育率

单位:%

地　区	15 岁至 19 岁	20 岁至 24 岁	25 岁至 29 岁	30 岁至 34 岁
南昌市	6.69	62.89	85.79	36.91
景德镇市	11.32	97.78	87.23	48.18
萍乡市	7.29	103.60	130.11	62.32
九江市	6.26	84.86	93.98	49.93
新余市	2.52	84.86	85.78	40.26
鹰潭市	8.88	79.83	79.83	71.75
赣州市	4.23	99.67	99.67	99.67
吉安市	4.11	88.44	88.44	88.44
宜春市	11.61	119.67	113.91	113.91
抚州市	11.61	105.92	105.92	88.46
上饶市	7.72	75.30	75.30	81.27
总　计	7.18	90.17	97.12	46.74

生育性别差异　由于计划生育的执行,全省青年妇女的孩子人数以 1 个居多。江西青年生育男孩比例要高于生育女孩比例。由于生育男孩受传统观念影响颇深,而且在农村生育男孩养老功能有其存在的合理性,再加上改革开放以后,非法控制生育性别有蔓延趋势。全国出生性别比从 1984 年开始偏离正常水平,并出现不断上升趋势。1985 年出生性别比超过 110,1995 年超过 115,2005 年超过 120。1990 ~ 2010 年,全国出生性别比不断攀升,偏高趋势表现得越来越强烈,2005 年江西省的性别比超过 120,是全国出生人口性别比例失调现象严重地区。2000 年人口普查数据表明,生育女孩的妇女人数占 41.97%,生育男孩的妇女人数 58.03%,2010 年人口普查数据表明,生育女孩的妇女人数 43.24%,生育男孩的妇女人数 56.76%。

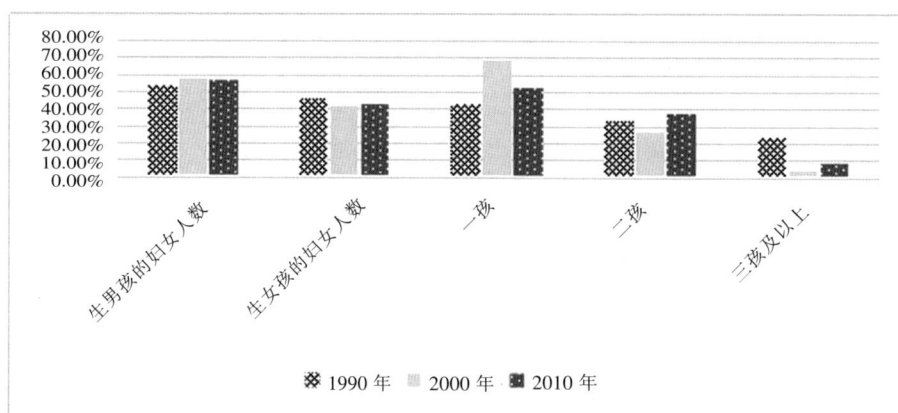

说明:资料来源于 1990 年第四次全国人口普查、2000 年第五次全国人口普查、2010 年第六次全国人口普查统计。

图 1－3－9　江西省青年生育性别、孩次情况

江西省青年生男孩妇女人数和生女孩妇女人数变化不大,生男孩妇女人数略多于生女孩妇女人数。江西省青年以生育一孩为主,其次是生育二孩,最后生育三孩及以上。通过1990年、2000年和2010年数据对比一孩生育比例由43.26%升至68.74%,随后降至53.19%;二孩生育比例由33.28%降至26.66%,而后又升至37.93%;3孩及以上生育比例明显下降,由23.46%降至4.59%,2010年又升至8.88%。

生育妇女文化差异　在青年生育中,还存在着文化程度差异;各层次妇女以一孩为主,随着文化程度降低,多子女比例增高。

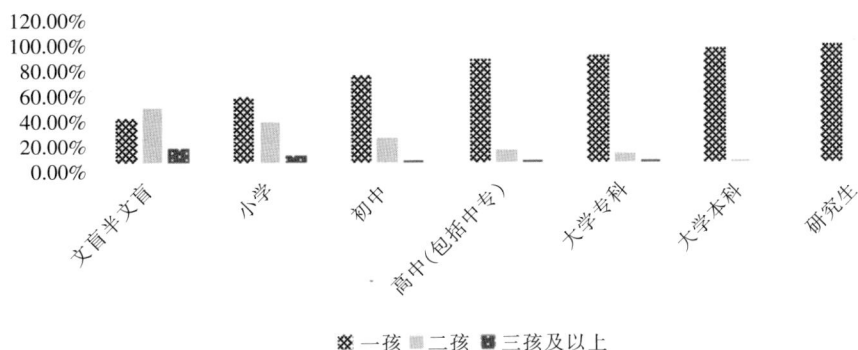

说明:资料来源于2000年第五次全国人口普查统计。

图1-3-10　2000年江西省生育孩次的妇女文化构成情况

根据2000年第五次全国人口普查,江西省青年以生育1孩为主,尤其是学历较高青年大多是生育1孩。生男孩妇女人数和生女孩妇女人数变化不大,生男孩妇女人数略微下降,生女孩妇女人数略微上升。全省青年以生育一孩为主,其次是生育二孩,最后生育三孩及以上。通过2000年和2010年数据对比,一孩生育比例下降,二孩生育比例上升,三孩及以上生育比例上升。

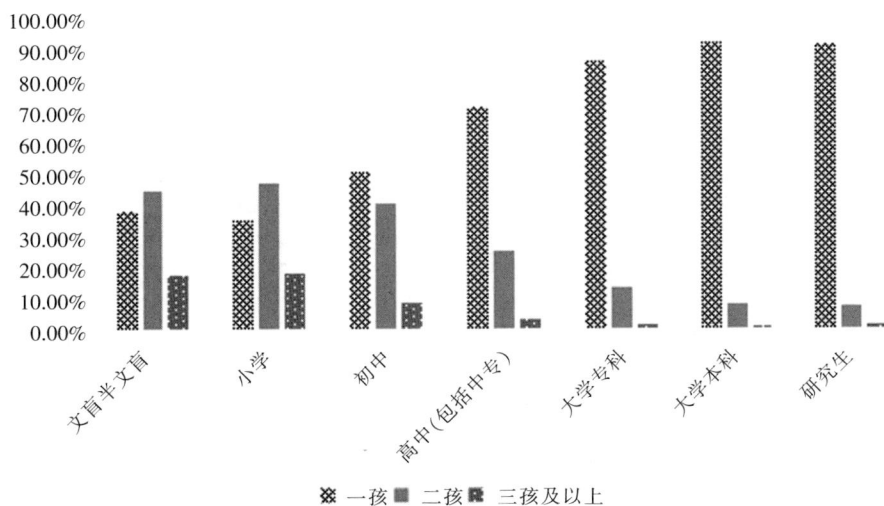

说明:资料来源于2010年第六次全国人口普查统计。

图1-3-11　2010年江西省生育孩次的妇女文化构成情况

根据2010年第六次全国人口普查统计,江西省青年生育孩次的妇女文化构成中,文盲半文盲、小学文化程度青年生育二孩最多,初中及初中以上文化程度青年则以生育一孩为主。学历越高,生育一孩比例越高。

表1-3-13 2000年全省按年龄、受教育程度、生育孩次分的育龄妇女人数

单位:人

受教育程度	年龄组	生男孩的妇女人数	生女孩的妇女人数
未上过学	15 岁至 19 岁	12	4
	20 岁至 24 岁	136	81
	25 岁至 29 岁	170	82
	30 岁至 34 岁	64	54
扫盲班	15 岁至 19 岁	—	2
	20 岁至 24 岁	64	46
	25 岁至 29 岁	88	58
	30 岁至 34 岁	60	40
小 学	15 岁至 19 岁	148	119
	20 岁至 24 岁	4311	3325
	25 岁至 29 岁	4016	2471
	30 岁至 34 岁	1393	802
初 中	15 岁至 19 岁	194	143
	20 岁至 24 岁	6187	5085
	25 岁至 29 岁	4544	3002
	30 岁至 34 岁	991	580
高 中	15 岁至 19 岁	9	3
	20 岁至 24 岁	443	367
	25 岁至 29 岁	649	570
	30 岁至 34 岁	172	115
中 专	15 岁至 19 岁	6	11
	20 岁至 24 岁	390	303
	25 岁至 29 岁	260	186
	30 岁至 34 岁	17	10
大学专科	15 岁至 19 岁	—	—
	20 岁至 24 岁	141	109
	25 岁至 29 岁	315	301
	30 岁至 34 岁	30	41

续表

受教育程度	年龄组	生男孩的妇女人数	生女孩的妇女人数
大学本科	15 岁至 19 岁	—	—
	20 岁至 24 岁	15	17
	25 岁至 29 岁	72	78
	30 岁至 34 岁	15	12
研究生	15 岁至 19 岁	—	—
	20 岁至 24 岁	—	—
	25 岁至 29 岁	2	5
	30 岁至 34 岁	1	—
总　计	15 岁至 19 岁	369	282
	20 岁至 24 岁	11687	9333
	25 岁至 29 岁	10116	6753
	30 岁至 34 岁	2743	1654

说明:资料来源于 2000 年第五次全国人口普查统计。

表 1 - 3 - 14　2010 年全省育龄男女孩的妇女人数

单位:人

受教育程度	年龄组	生男孩的妇女人数	生女孩的妇女人数
未上过学	15 岁至 19 岁	2	2
	20 岁至 24 岁	33	25
	25 岁至 29 岁	35	16
	30 岁至 34 岁	29	18
	35 岁至 39 岁	26	23
小　学	15 岁至 19 岁	67	69
	20 岁至 24 岁	1016	826
	25 岁至 29 岁	953	709
	30 岁至 34 岁	915	701
	35 岁至 39 岁	614	117
初　中	15 岁至 19 岁	476	390
	20 岁至 24 岁	6374	5160
	25 岁至 29 岁	5306	3634
	30 岁至 34 岁	2927	2087
	35 岁至 39 岁	1259	1016

续表

受教育程度	年龄组	生男孩的妇女人数	生女孩的妇女人数
高 中	15 岁至 19 岁	44	30
	20 岁至 24 岁	889	736
	25 岁至 29 岁	816	620
	30 岁至 34 岁	431	327
	35 岁至 39 岁	190	160
大学专科	15 岁至 19 岁	2	7
	20 岁至 24 岁	328	271
	25 岁至 29 岁	433	374
	30 岁至 34 岁	163	132
	35 岁至 39 岁	55	40
大学本科	15 岁至 19 岁	—	—
	20 岁至 24 岁	84	58
	25 岁至 29 岁	285	260
	30 岁至 34 岁	81	68
	35 岁至 39 岁	19	17
研究生	15 岁至 19 岁	—	—
	20 岁至 24 岁	1	—
	25 岁至 29 岁	24	27
	30 岁至 34 岁	17	11
	35 岁至 39 岁	—	2
总 计	15 岁至 19 岁	591	498
	20 岁至 24 岁	8725	7076
	25 岁至 18 岁	7852	5640
	30 岁至 34 岁	4563	3344
	34 岁至 39 岁	2163	1375

说明:资料来源于 2010 年全国第六次人口普查统计。

生育地区差异 江西青年的生育存在着地区差异。根据 2010 年第六次全国人口普查资料,平均每个妇女活产子女数最高的是上饶市 1.8 个,最低的是南昌市 1.37 个。

表 1 - 3 - 15 全省各地区 15 岁至 50 岁妇女平均活产子女数

单位:个

地 区	平均每个妇女活产子女数	地 区	平均每个妇女活产子女数
南昌市	1.37	赣州市	1.71
景德镇市	1.54	吉安市	1.71
萍乡市	1.57	宜春市	1.66
九江市	1.64	抚州市	1.72
新余市	1.4	上饶市	1.8
鹰潭市	1.59		
合 计	1.64		

说明:资料来源于 2010 年第六次全国人口普查资料统计。

城乡青年由于生活环境和家庭背景不同,因此在生育问题上表现出不同特点。总体上,城市青年生育率低于农村,而且在子女人数上也少于农村。

调查显示,全省青年在生育小孩数量上,城乡差别较大,生育 1 个小孩的,农村占比 46%,城镇占比 66.2%;生育两个小孩的,农村占比 23.4%,城镇占比 5.20%,总体看来,人们对生育数量追求开始由多变少,优生优育观念逐渐增强。

表 1 - 3 - 16 青年生育小孩的自评情况(城乡对比)

		您共生育了几个小孩							
		0 个	1 个	2 个	3 个	4 个	5 个	6 个	合 计
户口	农 业(1103 人)	26.7%	46.0%	23.4%	3.6%	0.2%	—	0.1%	100%
	非农业(2940 人)	28.3%	66.2%	5.2%	0.2%	0.1%	—	—	100%
	合 计(4043 人)	27.8%	60.2%	10.6%	1.2%	0.1%	—	0.1%	100%

说明:数据来自共青团江西省委 2010 年 8 月的《江西青年状况蓝皮书》。

根据计划生育数据发现,全省城镇青年生育率低于乡村青年的生育率,通过城乡对比,15 岁至 29 岁组和 30 岁至 34 岁组一孩生育率城镇高于农村,各年龄段二孩生育率乡村都高于城镇,各年龄段 3 孩及以上生育率乡村远远高于城镇。江西城镇青年以生育一孩为主,而乡村地区青年则生育多个子女。

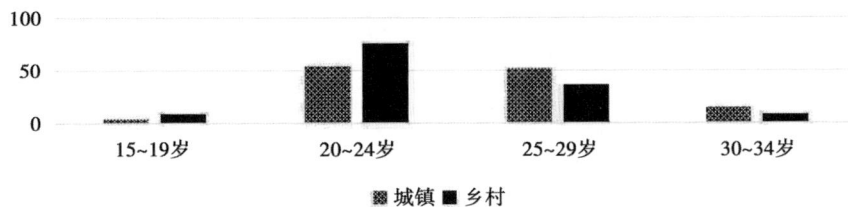

说明:资料来源于 2010 年第六次全国人口普查统计。

图 1 - 3 - 12 全省一孩生育率城乡对比

一孩生育率城乡对比中,15 岁至 19 岁、20 岁至 24 岁组别中,乡村青年生育比例要超过城镇青年生育比例;25 岁至 29 岁、30 岁至 34 岁组别中,城镇青年生育比例要超过乡村青年生育比例。

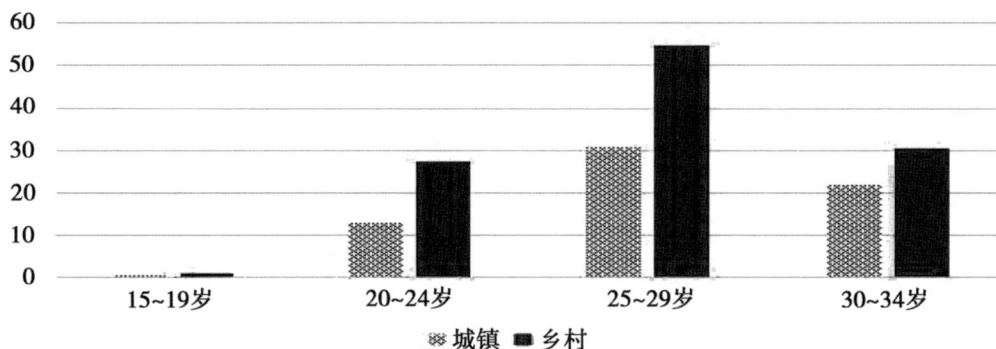

说明:资料来源于 2010 年第六次全国人口普查统计。

图 1 - 3 - 13　全省二孩生育率城乡对比

二孩生育率城乡对比中,15 岁至 34 岁各组别,乡村青年生育比例要超过城镇青年生育比例。

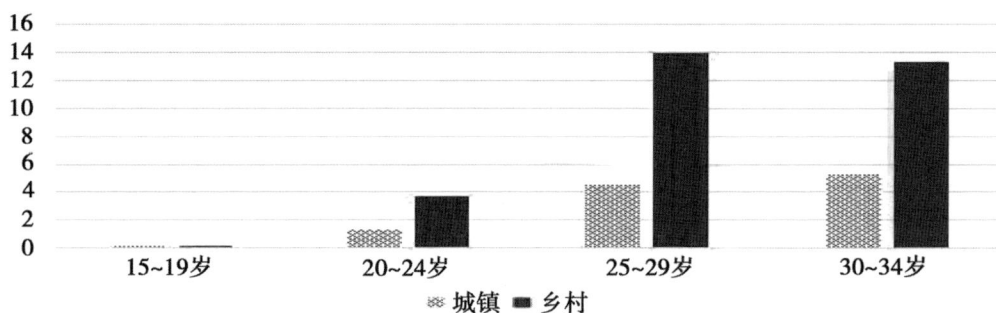

说明:资料来源于 2010 年第六次全国人口普查统计。

图 1 - 3 - 14　全省三孩生育率城乡对比

三孩生育率城乡对比中,15 岁至 34 岁各组别,乡村青年生育比例都远远超过城镇青年生育比例。

生育率城乡对比中,乡村青年生育率高于城镇青年生育率。20 岁至 24 岁组别的乡村青年生育率最高,25 岁至 29 岁组别的城镇青年生育率最高。城镇青年一孩生育率整体上高于农村青年生育率,乡村青年二孩和三孩及以上的生育率整体上高于城镇青年的生育率。

表 1 - 3 - 17　2010 年全省各年龄组育龄妇女生育状况（城镇）

年龄组	平均育龄妇女人数（人）	出生人数（人）	生育率（%）
15 岁至 19 岁	73139	328	0.44
20 岁至 24 岁	76898	5230	6.80
25 岁至 29 岁	63887	5561	8.70
30 岁至 34 岁	83833	3487	4.15

表 1-3-18 2010 年全省各年龄组育龄妇女生育状况(乡村)

年龄组	平均育龄妇女人数(人)	出生人数(人)	生育率(%)
15 岁至 19 岁	80994	779	0.96
20 岁至 24 岁	101876	10889	10.68
25 岁至 29 岁	78754	8292	10.52
30 岁至 34 岁	91427	4704	5.14

表 1-3-19 2010 年全省各年龄组育龄妇女生育孩次状况(城镇)

年龄组	一孩		二孩		三孩及以上	
	出生数	生育率	出生数	生育率	出生数	生育率
15 岁至 19 岁	295	4.03	31	0.42	2	0.03
20 岁至 24 岁	4132	53.73	995	12.94	103	1.34
25 岁至 29 岁	3301	51.67	1969	30.82	291	4.55
30 岁至 34 岁	1214	14.48	1833	21.86	440	5.25

表 1-3-20 2010 年全省各年龄组育龄妇女育孩次状况(乡村)

年龄组	一孩		二孩		三孩及以上	
	出生数	生育率	出生数	生育率	出生数	生育率
15 岁至 19 岁	692	8.54	84	1.04	3	0.04
20 岁至 24 岁	7739	75.96	2774	27.23	376	3.69
25 岁至 29 岁	2867	36.40	4322	54.88	1103	14.01
30 岁至 34 岁	712	7.79	2776	30.36	1216	13.30

说明:资料来源于 2010 年第六次全国人口普查统计。

第二章 青年社会教育

　　1991—2010 年,江西青年在各级共青团组织领导下,顺应时代要求,先后开展邓小平理论、"三个代表"重要思想、科学发展观等党的指导思想学习教育实践活动。同时,全省青年以模范人物为榜样,开展各种形式的学雷锋活动及学习先进典型个人、先进集体活动;全省各行业涌现一大批道德实践的青年典型,熊文清、金剑飞等20人先后被评为全省"十佳青年道德楷模",南昌市东湖区青年志愿者协会被评为全省"十佳青年道德集体"。江西共青团组织利用抗战胜利 50、60 周年,香港、澳门回归,中华人民共和国成立 50、60 周年,五四运动 90 周年,毛泽东 100 周年诞辰、红军长征胜利 70 周年等时间节点,在青少年中开展读书、征文、演讲、歌唱比赛等爱国主义教育活动。自 1993 年开始,全省大中学生利用暑假、寒假,开展"青年文化京九千里行"、文化科技卫生"三下乡"等社会实践活动。广大青年在服务社会的同时,使自身增长才干,不断成长并成才。

第一节 政治理论教育

邓小平理论学习

　　1992 年 10 月 22 日,团省委印发《关于认真学习宣传贯彻党的十四大精神的通知》(简称《通知》),要求全省各级团组织把学习邓小平视察南方重要讲话和党的十四大精神作为团的思想政治工作的主要任务。随后,举办"改革开放与现代经济知识"竞赛,近万名团干部参加竞赛活动。是年第四季度至 1993 年初,江西省团校按照《通知》要求,共举办 12 期培训班,培训团干部 1000 多人。各地组织团员青年进行大学习、大讨论、大宣传,进一步解放思想,激发投身改革与建设的热情。

　　1993 年初,团中央十二届五中全会做出《关于学习邓小平同志建设有中国特色社会主义理论的决定》(简称《决定》)。团省委根据《决定》精神,于 1993 年 4 月 3 日印发《关于学习邓小平同志建设有中国特色社会主义理论的安排》,要求认真阅读邓小平原著,学习邓小平 1992 年初视察南方的重要谈话和党的十一届三中全会以后邓小平有关重要论著,学习江泽民党的十四大报告中关于这一理论的论述。11 月 8 日,团省委印发《关于认真学习(邓小平文选)第三卷的通知》,要求充分认识学习《邓小平文选》第三卷的重大意义,全面深入领会《邓小平文选》第三卷的精神实质,并强调要抓好骨干学习,带动全团。在贯彻团中央《决定》过程中,团省委举办县级以上团委书记《邓小平文选》第三卷理论培训班;团地市委党组建立读书制度,党组成员撰写读书笔记,团省委根据情况进行检查。

1994 年,团省委为把学习邓小平建设有中国特色社会主义理论引向深入,在重点抓团干、骨干培训和青年知识普及的同时,着重抓好《邓小平同志原著选读(青年读本)》《走向新世纪之路——建设有中国特色社会主义理论青年读本》《社会主义市场经济知识青年读本》三本书的学习。配合《邓小平建设有中国特色社会主义理论学习纲要》的发行,有计划、有重点地对基层团干和骨干进行学习培训。1993 至 1997 年,全省共举办理论培训班、学习班、研讨班 230 多期。

自 1993 年起,全省各地在学习邓小平理论中,采取各种有效形式,不断将学习活动引向深入。1993 年,宜春团地委将《邓小平文选》发至全区 700 多名专职团干部人手一册。是年,团地委以学习《中共中央关于建立社会主义市场经济体制若干问题的决定》为重要内容,在全市青年中举办现代化经济建设知识竞赛活动,共 72000 多名青年参赛。

1994 年,南昌团市委全方位开展“两学一争”(即学理论、学基本技能,争当跨世纪青年人才)活动。各级团组织通过组织团员青年学习邓小平建设有中国特色社会主义理论,从而对社会主义本质和社会主义市场经济体制基本框架内容有进一步了解,增强广大团员青年投身经济建设的自觉意识。景德镇团市委把学习贯彻党的十四大精神和通读《邓小平文选》第三卷原著结合起来作为实施团的思想政治教育重要手段之一,帮助团员青年全面系统地领会党的十四大文件和邓小平建设有中国特色的社会主义理论的精神实质。鹰潭团市委把学习《邓小平文选》第三卷作为对团干部进行政治理论培训和对青年进行思想教育的重要内容,纳入团干部和团员政治理论培训工作中,开展团干部及团员青年学习《邓小平同志原著选读(青年读本)》及《社会主义市场经济和知识青年读本》,县级团委负责人学习《邓小平文选》三类辅导班、培训班共计 48 期。

1995 年,景德镇团市委印发《关于认真组织团员青年学习〈邓选〉1 至 3 卷的意见》,进一步抓好团员青年学习《邓小平文选》,并举办全市团员青年学习《邓小平文选》1 至 3 卷演讲比赛。1996 年,萍乡市各级团组织通过举办学习班、知识教育、座谈会等各种形式,组织广大团员、青年精研细读《邓小平文选》1、2、3 卷。鹰潭团市委以学习《邓小平文选》活动为载体,开展建设有中国特色社会主义市场经济知识教育活动,各县级团委举办团干学习班,大中专学校组织《邓小平文选》及社会主义市场经济知识竞赛。新余团市委也组织全市团员青年系统学习《邓小平文选》。

1997 年,吉安市各级团组织广泛开展学习党的十四届六中全会《决议》、十五大报告和邓小平理论的“三学”活动,大中专院校普遍成立“邓小平理论学习小组”。

1993—1997 年,全省各地市、高校及省直单位团组织在组织团员青年学习邓小平理论活动中,共成立邓小平理论学习研究小组 380 多个,发表学习邓小平理论研究讨论文 570 篇;90% 以上的团干部参加各种学习研讨活动。《中国青年报》对江西青年学习邓小平理论活动做了专题报道。至此,学习邓小平理论活动形成高潮。

1998 年 4 月,团省委为推进高校开展大学生学习邓小平理论活动,组织各地高校团组织发挥自身优势,引导邓小平理论学习活动深入开展。从 5 月份起,各高校团组织结合共青团特点和学生实际,倡导组织邓小平理论研讨班,开展多种形式邓小平理论学习活动,通过讲座、演讲、征文等形式,利用广播、录像、电视、板报、校报等手段开展邓小平理论学习主题班会、主题团日等活动,从社会主义初级阶段理论和国情教育入手,把邓小平理论学习同学习贯彻党的十五大精神相结合,同改革开放的实践本身相结合,使深入开展邓小平理论学习活动落到实处。团省委根据各地各校学习研讨活动的开展情况,通过新闻媒介进行重点宣传,形成舆论导向,推动邓小平理论学习活动广泛深入开展。

1999年9月19—23日,根据《中共中央关于在全党深入学习邓小平理论的通知》精神和党中央领导人关于加强团干部队伍建设的有关指示,按照团中央的要求,结合"讲学习、讲政治、讲正气"为主要内容的党性党风教育,团省委在省团校举办团省委十二届委员会委员学习邓小平理论读书班,团省委十二届委员、候补委员及不是委员、候补委员的有关单位团委(部门)主要负责人共计55人参加。读书班以邓小平理论和党的十五大精神为主要学习内容,同时请省内有关专家进行专题辅导,并结合团的工作进行交流和研讨。1999年,全省各地市团组织在学习邓小平理论活动中,采用举办各种类型读书会、经验交流会等形式多样的举措,注重取得成效。宜春团地委共举办理论学习班200多期,培训人员近8000人次。赣州团地委与地委宣传部、地区教委在南方冶院召开全区大中专院校学习邓小平理论经验交流会,南方冶院等6所院校介绍青年师生学习邓小平理论的经验。新余团市委开展"邓小平理论教育年"活动,与市委组织部举办全市共青团干部学习邓小平理论读书班,联合市委宣传部市教委举行新余市青年学习邓小平理论研讨会;一年中,团市委与各县级团委成立青年理论学习小组156个,举办各类读书班300多期。景德镇市各级团组织把用邓小平理论教育青年、武装青年的头脑,作为当年首要任务,组织在广大青年中开展学习邓小平理论活动。吉安市各级团组织运用黑板报、宣传栏、橱窗、广播、电视等多种宣传载体,通过学习班、培训班、座谈、专题讲座、演讲赛征文等多种形式,在全市再次掀起学习邓小平理论的热潮。萍乡市各级团组织通过主题活动、专题讲座、报告会、宣传栏等形式,组织广大团员学习邓小平理论和党的十五大精神,结合实际深入广泛开展爱国主义、集体主义、共产主义教育。

江西铜业公司团委在组织广大青年职工学习邓小平理论过程中,以理想信念教育为重点,抓好团干部和青年后备干部这个主体,以点带面,形成学习氛围。要求青年干部做到每周集中学习不少于一次,研读原著同当前工作实际相结合,每月撰写心得体会,运用科学理论统一思想,指导实践。青年干部以两级党校(公司党校和下属厂矿党校)为依托,争取脱产与业余相结合,课堂教学与讨论相结合,专题辅导与观看录像相结合等形式组织学习。1995至1999年,公司和下属厂矿先后举办思想工作研讨会48次,其中青年职工有300余篇论文进行了交流。

南昌陆军学院团委根据"千里上井冈、重走红军路"实地教学活动经验总结,在学习邓小平理论活动中,发扬江西特有红色资源的育人功能,把资源优势转化为邓小平理论教学的有效途径,在井冈山、瑞金等地建立完善24个教学基地,校园内形成一个以"小平楼"为中心,包括党史陈列室、邓小平理论专业教室等近万平方米的政治理论教学区。依托这些教学资源,围绕"解放思想,实事求是"这一理论精髓,开展一系列邓小平理论学习活动。组织学员参观"小平楼",观看大型文献纪录片《邓小平》;请当年曾用糖水救醒晕倒在车间的邓小平的原新建拖拉机修配厂女工程红杏,详细地介绍邓小平"文化大革命"期间在江西新建县的工作、生活情况。

2000年5月15—16日,中宣部、教育部、团中央在京联合召开全国青年学习邓小平理论经验交流会。江西铜业公司团委以"引导青年在国企改革中学习和实践邓小平理论"为题,介绍江西铜业公司组织青年职工学习邓小平理论的总体思路、优秀做法和先进经验。南昌陆军学院团委以"充分发挥革命老区政治教育资源优势,帮助学员更好地理解和把握邓小平理论精髓"为题,介绍南昌陆军学院以"小平楼"为中心,充分利用江西红色资源,努力把资源优势转化为邓小平理论教学的有效途径,帮助学员深刻理解和把握邓小平理论精髓的特色学习活动。

2002 年 3 月,位于南昌市新建县的"小平小道"被确定为爱国主义、革命传统和改革开放及邓小平理论教育基地。江西各地团组织先后组织团干部及广大青年参观"小平楼"和"小平小道",继续推动邓小平理论学习活动深入开展。

2004 年 8 月 21 日,以纪念邓小平 100 周年诞辰为主题,全省各级团组织开展一系列纪念活动,再一次掀起学习邓小平理论高潮。

"三个代表"重要思想学习

2000 年 2 月 25 日,中共中央总书记江泽民在广东省考察时,从全面总结党的历史经验和如何适应新形势新任务的要求出发,首次全面阐述了"三个代表"重要思想。"三个代表"重要思想具体内容为:中国共产党始终代表中国先进生产力的发展要求,代表中国先进文化的前进方向,代表中国最广大人民的根本利益。

2000 年 5 月 23 日开始,按照省委关于在全省开展学习"三个代表"重要思想主题教育活动的要求,团省委组织全省各地团组织深入开展"三个代表"重要思想学习教育活动。8 月 11、12 日,团省委在南昌召开为期 2 天的团省委常委(扩大)会议,省委副书记步正发出席会议并作重要讲话,在昌的团省委常委,各地市团委、省直属单位团委、省直属高校团委书记及团省委机关各部门、下属单位负责人近 50 人参加会议;会议分专题学习、座谈"三个代表"重要思想。在学习活动中,上饶市把深入学习邓小平理论与学习"三个代表"重要思想相结合,组织各级团组织学习江泽民提出的"三个代表"重要思想,上饶市各级团组织普遍举办理论学习班、研讨会,共收到有分量的学习体会和文章 30 余篇。萍乡团市委组织全市理论界、厂矿企业、学校、机关、部队等社会各界青年代表参加学习贯彻"三个代表"重要思想座谈会。吉安团地委结合江泽民"三个代表"重要思想,组织全地区各行业团组织的优秀团干和杰出青年代表 30 多人召开"开创新吉安,繁荣大井冈"座谈会。鹰潭团市委深入开展"三个代表"重要思想教育活动,团市委领导班子对照《"三讲"教育整改方案》深入查摆、深入整改,切实加强思想作风建设,被市委授予优秀班子称号。新余团市委举办全市各界优秀团员青年"学习'三个代表'重要思想,致富思源、富而思进"座谈会,引导全市广大青少年做"三个代表"重要思想的忠实信仰者、热情拥护者和坚定实践者。

2001 年 2 月,团省委印发《关于共青团组织在全省农村开展"三个代表"重要思想学习教育活动的工作意见》。全省各地团组织在各级党委的领导下,组织和带领农村团员特别是团的干部,紧密结合团的实际,深入开展"三个代表"重要思想学习教育活动,通过召开农村青年代表座谈会,举办培训班,组织外出参观等形式,使"三个代表"重要思想在团员青年中入耳、入脑、入心。

2002 年,全省各级团组织通过座谈会、演讲会、报告会、知识竞赛等形式,在团员青年中开展富有成效的"三个代表"学习贯彻活动;共举办理论培训班 260 期,90% 以上专职团干参加学习研讨活动,成立学习研究小组 390 多个,发表各种学习研讨论文 560 多篇。是年,赣州各级团组织把"三个代表"重要思想作为加强青少年思想政治教育的新的切入点和出发点,组织团员青年学习"三个代表"重要思想,重点抓好团干部、大中专学生和青年骨干的学习;同时,组织各级团组织和团员青年学习、宣传、贯彻江泽民在纪念中国共产主义青年团成立八十周年大会上的重要讲话、党的十六大精神和省第十一次党代会精神,召开全市团员青年代表和部分青联委员学习中共十六大报告座谈会,举办以"创造新业绩、迎接十六大"为主题的征文大赛,开展全市首届大中专院校健身操大赛,组织、参加"十六大精神"宣讲团报告会。

2003 年,团省委党组在深入学习"三个代表"重要思想活动中,把学习贯彻"三个代表"重要思想作为首要政治任务来抓。年初,团省委印发《关于组织广大团干部和团员青年认真学习〈"三个代表"重要思想学习纲要〉的通知》,要求各级团组织精心组织广大团干部和团员青年认真学习《"三个代表"重要思想学习纲要》,把这项工作作为首要政治任务,切实抓好。7 月,专门组织党组中心组学习,在学习中共中央总书记胡锦涛七一讲话的基础上,对全省共青团学习工作做出明确部署,并重点抓好"领导带头学、专家辅导学、突出重点学、创新载体学、结合实践学"5 个学习环节。8 月,在永修举办团省委机关及下属单位处级干部培训班;9 月,在共青城举办省委直属团委书记专题研讨班;10 月,在省委党校举办县级团委书记专题研讨班;11 月,组织团干部赴上海接受专题培训;12 月,在南昌举办大学生学习"三个代表"重要思想经验交流会。全年,全省各级团组织先后举办各个层次的专题培训班 100 多次,培训团干部近 6500 人,在团内兴起学习"三个代表"重要思想的新高潮。为抓好广大团员青年的学习,团省委重点抓了三项工作:抓网络教育,全省共建立青年网络 30 个,设立青年网页近 100 个,各个团属网络结合各自特点和实际,通过开辟青年网校、学习信箱、青年论坛等形式,开展一系列"三个代表"重要思想学习教育活动;加强大学生"三个代表"重要思想学习社团建设,全省高校成立 30 多个学习研究"三个代表"重要思想的学生社团,他们在高校团组织的支持和帮助下,成为青年进行理论教育的重要阵地;全省共组织 100 支大学生"三个代表"重要思想宣讲团,进社区、进农村、进企业开展宣讲活动,加深广大团员青年对"三个代表"重要思想的理解。

赣州团市委举办全市青少年"学习十六大,贯彻'三个代表'"征文比赛,共收到优秀文章 1 万多篇。景德镇团市委印发《关于掀起"三个代表"重要思想学习新高潮的通知》,通过抓活动、抓实践、抓骨干、抓社团、抓网络,推动广大团干和团员青年把"三个代表"重要思想作为一切工作的根本指针。萍乡团市委围绕理想信念教育,引导和教育广大青少年坚持不懈地学习邓小平理论和"三个代表"重要思想,使之入脑、入耳、入心。新余团市委印发《关于在全市团员青年中兴起学习贯彻"三个代表"重要思想新高潮的通知》,在五四前后,开展爱党、爱国、爱社会主义和革命传统教育,掀起"歌颂新余、爱我家乡"、爱党、爱国、爱社会主义的热潮。

2005 年,团省委印发《关于在全省广大团员中开展以学习实践"三个代表"重要思想为主要内容的增强共青团员意识主题教育活动的实施意见》。活动以学习实践"三个代表"重要思想为主线,突出抓好"团干部队伍建设"和"团组织有形化建设"两个重点,按照宣传动员、学习教育、总结提高 3 个阶段,分省、市、县及基层团委 4 个层面,全面深化增强团员意识主题教育活动,达到"党组织对团组织满意,团员对团干部满意,社会对团员青年满意"的要求,实现"增强意识、健全组织、活跃工作"的目标,进一步巩固党执政的青年群众基础。据统计,全省共有 3740 个基层团委,89570 个团(总)支部,180 多万名团员参加增强团员意识教育活动。

2006 年,团省委抓住《江泽民文选》出版发行契机,再次组织深入学习实践"三个代表"重要思想,帮助广大团员青年特别是团干部、大学生、青年骨干和少先队辅导员进一步领会"三个代表"重要思想。

科学发展观学习实践活动

2004 年 4 月,按照省委关于在全省开展"树立科学发展观,建设美好新江西"主题教育活动的要求,团省委印发《关于在全省团员青年中开展"树立科学发展观,建设美好新江西——青年在行动"主题教育活动的通知》,要求全省各级团组织动员和激励广大团员青年投身实现江西在中部地区崛起、全面建设小康社会的事业,促进全省经济社会全面、协调、可持续发展。围绕这一活动,先后举办青年志愿者赣江环保行,江西青年旅游形象大使评选,青年县、市长科学发展观论坛等共计 21 项活动。是年,团省委被省委评为全省主题教育活动先进单位。2004 年 5 至 12 月,各地团组织按照团省委部署,采取多种形式开展科学发展观学习活动。

2006 年,省委、团中央分别推出"科学发展、和谐创业"和"我与祖国共奋进"主题教育活动。团省委按照省委和团中央的统一部署,在全省团员青年中开展以"科学发展、和谐创业——我与江西共崛起"主题教育活动。活动按照启动并兴起热潮、深入推进、总结提高 3 个阶段,在各地团组织的精心设计和组织下开展。

是年,由省委学习试点工作领导小组具体指导的全省学习实践科学发展观活动试点工作,在团省委系统深入开展。活动完成规定动作和自选动作。团省委机关、江西青年职业学院、省希望工程服务中心、省青少年报刊社、省中国青年旅行社、全国青少年井冈山活动营地等团省委下属单位共计 156 名共产党员,参加各项活动,完成思想发动、学习培训(包括自学、集中学习、讨论交流、支部中心组学习、专家授课、青年先进典型报告会、上党课、作形势报告等)、专题调研、广泛征求意见、开展大讨论等各项内容;各单位用近半个月的时间,组织全体党员对"两个读本"(《科学发展观学习读本》《科学发展观读本》)进行系统地再学习、再领会。

是年,团省委组织广大团员青年认真学习《科学发展观学习读本》。新余团市委在全市组织开展"树立科学发展观与构建和谐社会"专题研讨会。上饶团市委组织开展"我谈科学发展观"全市青年征文比赛、举办"树立科学发展观与构建和谐社会"团干部专题研讨班,组织"绿色上饶、生态家园"等科学发展观实践活动和评选理论学习先进典型活动。景德镇团市委组织开展"科学发展,和谐创业——我与江西共崛起"主题教育活动。

2008 年,团省委继续深入开展学习实践科学发展观试点活动。全省地级共青团组织坚持领导带头学、支部专题学、党员主动学,举办多次科学发展观专题讲座,开展班子成员领题调研、机关党员读书评比等学习活动。同时,以团的十六大召开为契机,组织全体党员学习中共中央总书记胡锦涛的重要讲话精神,把学习科学发展观和学习党对共青团工作的新要求有机结合;采取团内团外相结合、省内省外相结合、机关基层相结合的方式,通过组织江西省第十四次团代会代表专题建言献策、江西籍在京青年代表联谊会、团省委机关"团务金点子"征集等活动,广泛征求基层团干部、团员青年和社会各界的意见和建议;针对梳理出来的机关文化建设、下属事业单位改制等11个方面的重要问题,采取"领导亲自挂帅、部门具体负责、任务到人到岗、机关全员参与、问题逐项解决"的方式,制定具体的改进措施,切实解决问题。团省委机关制订《机关工作制度汇编》,各设区市团委、省属高校团委推出一系列加强团的基层组织建设、干部队伍建设、作风建设的新举措,巩固和扩大学习实践活动的成果。

是年,宜春团市委通过昌黎论坛、周末大讲堂、典型教育和网络教育等方式,举办培训班76次,开展教育活动580多场次,并依托团校、城乡青年中心、青年理论社团等阵地,着力引导青年自觉践行科学发展观。赣州团市委精心组织"学习贯彻十七大精神,突出践行科学发展观"主题教育活动,深入推进科学发展观教育;2月,召开二届四次全委会暨全市团员青年突出践行科学发展观活动动员大会;3月,联合多家单位组织开展"突出践行科学发展观,缅怀革命先烈促成长"全市万名青少年网上祭先烈活动;3月下旬,组织"突出践行科学发展观青年宣讲团"赴南康宣讲;4月,在18个县(市、区)巡回组织开展 次"红色经典"全市青少年革命传统教育报告会;4月12日,在全市举办青年迎奥运长跑活动;4月23日,团市委与市广电局联合举办"中国联通杯"全市"突出践行科学发展观"主题演讲赛活动。吉安团市委先后组织开展"继续解放思想、推动科学发展"——新时期团干部标准大讨论活动和"继续解放思想、推动科学发展"吉安团干部赴湖南长沙考察交流活动。

2009年,团省委先后在全省各地组织开展3批学习实践科学发展观活动。全省各设区市团委紧密结合共青团工作实际,广泛开展一系列丰富多彩的学习实践活动,争做推动科学发展的生力军。南昌团市委召开深入学习实践科学发展观活动动员大会,组织开展学习实践科学发展青年谈、青年访、青年行系列活动。景德镇团市委召开深入学习实践科学发展观动员大会,从统一认识、突出重点、加强领导三个方面提出要求,启动深入学习实践科学发展观活动。抚州团市委的学习实践科学发展观活动与开展"千名团干抓基层"活动、促进青年就业创业、纪念五四运动90周年、招商引资、服务新农村建设、服务市中心城区建设相结合,开展相关活动。上饶团市委通过举办座谈会、专题研讨会、学习班等形式,在青少年中不断掀起学习党的十七大精神和团中央十六大及共青团江西省第十四次代表大会精神的热潮,推动青年用科学发展观武装头脑。九江团市委结合共青城建设开展学习实践科学发展观活动。

青年马克思主义者培养工程

2007年5月13日,团中央在北京启动青年马克思主义者培养工程(简称青马工程),旨在通过教育培训的方式,不断提高大学生骨干、团干部、青年知识分子等青年群体的思想政治素质、政策理论水平、创新能力、实践能力和协调能力,坚定跟党走中国特色社会主义道路的信念,成为中国特色社会主义事业合格建设者和可靠接班人。

2007年12月22日,江西青年马克思主义者培养工程启动暨学习十七大精神专题培训班开班仪式在江西师范大学举行。团省委副书记肖洪波在启动仪式上讲话并为江西省大学生骨干培养学校授旗,江西师范大学纪委书记何小平出席仪式并致辞。来自全省28所普通高校和民办高校学生会、研究生会、学生社团100余人成为江西省大学生骨干培养学校的首期学员。在为期两天集中培训期间,学员们学习十七大报告原文,听取十七大报告解读与辅导,加深对马克思主义中国化理论成果的深刻理解;针对学员成长需求,培训班还开设"人事大学与成功的大学生活""塑造阳光心态"等相关讲座;学习期间还开展锻炼团队协作精神的户外素质拓展训练活动。

2007年底,启动"青年马克思主义者培养工程",以大学生骨干为重点,全面实施"井冈之星——青年马克思主义培养工程"。团省委重点举办"青年科学家进校园"5场,"相约校园、成长对话——优秀大学生进校园"5场,各个高校共开展"相约校园,成长对话"活动158场,组织全省20多所高校的学生会主席深入各高校举办8期高校优秀学生干部论坛,参加的学生骨干近6000人。团省委与省内各高校联合制定"井冈之星"全省优秀学生干部培训计划。2007年12月至2010年12月,团省委在实施"江西省大学生骨干培养学校——青年马克思主义者培养工程"中,从理论学习、实践锻炼、调查研究、对外交流、理论研讨等方面入手,全面提高大学生骨干的综合素质;3年中,团省委共举办4期"井冈之星"江西大学生骨干培养学校集训班。2010年3月9日,第3期"井冈之星"江西省大学生骨干培养学校开学典礼在南昌举行,团省委书记王少玄出席并讲话,团省委副书记、第3期"井冈之星"江西省大学生骨干培养学校常务副校长梅亦主持典礼,全省80所高校的204名优秀大学生骨干通过听专题报告、社会观察、能力训练、交流研讨、重走红军路等方式,接受理论培训与实践锻炼,并在井冈山接受革命历史传统教育;3月13日,培训学员顺利结业。是年11月12—16日,第4期"井冈之星"江西省大学生骨干培养学校按照第3期的培训模式对来自77所高校的204名优秀学生进行集中培训。

2007年12月至2010年,全省各地团组织启动青年马克思主义者培养工程,先后开展理论学习、实践锻炼、对外交流、课题研究等活动。

2007年,南昌大学团委以青年马克思主义者培养工程为载体,用社会主义核心价值体系构筑青年学生的精神支柱,用中国特色社会主义理论武装青年学生的头脑。通过青年马克思主义者培养工程、大学生骨干培养学校、南昌大学团校、学院团校,建立青年学生骨干培训网络。是年,南昌大学团委推荐5名学生参加全国青年马克思主义者培养工程大学生骨干培养学校和江西省青年马克思主义者培养工程大学生骨干培训班,430人参加南昌大学青年马克思主义者培养工程大学生骨干培训学习班。

2007年12月,江西师范大学团委启动"青马工程",至2008年底,校团委举办大学生骨干培训班4期。2008年11—12月,江西师范大学青年马克思主义者培养工程第4期"青马之星"大学生骨干培训班如期开班,经各院系推送的100余名优秀大学生骨干在培训班进行为期两个月的集中学习和素质拓展培训。

2008 年,赣南师范学院团委实施青年马克思主义者培养工程,举办第 2、3 期"优秀学生干部素质拓展班(简称'优干班')",从理论学习、实践锻炼、志愿服务、对外交流、课题研究等 5 个方面,对大学生骨干进行为期 1 年的培养。暑期,学校组织第 1、2 期"优干班"学员赴井冈山、兴国、瑞金、于都等地学习考察,接受革命传统教育。至年底,学校形成独具特色的工作项目和载体,建立"青年马克思主义者培养工程种子库",把各类优秀学生骨干纳入培养范围,建档立册,跟踪培养。

2008 年,南昌理工学院团委在实施"青马工程"中,建立"青马工程"种子库,把各类优秀学生骨干纳入培养范围,建档立册,跟踪培养;与此同时,举办大学生骨干培养学校首期培训班。2009 年,南昌理工学院团委认真落实以青年马克思主义者培养工程实施纲要的要求,构建院、系、班级培养工作格局。

2008 年 3 月,华东交通大学团委率先在全省高校中启动"青马工程"学校,建立世纪英才学校,由华东交大分管校领导和学团主要领导担任校长、副校长;制定"青马工程"实施纲要、学校总体教学计划及各项规章制度等。2008 至 2010 年,学校每年在全校选拔 110 名优秀学生骨干进行为期 1 年的系统培训,并联合学院、班级作长期跟踪培养。在集中培训期间,学校按照理论学习、理论研讨、借鉴党政在干部培养工作方法的最新成果,通过专家学者、党政领导讲课,举办形势报告会,开办每周一期的"学员讲坛"和理论沙龙,开展职业素质拓展训练、志愿服务、社会调查等活动,完成学员集中阶段的系统培训。"青马工程"实施近 3 年,培养 330 名世纪英才学员(不含院级学员),涌现出以中国大学生年度人物、江西省五四青年奖章获得者徐钢,全国优秀学生干部靳含广等为代表的一大批杰出学员;先后选派 27 名学员参加全国、全省大学生骨干培养学校学习,超过 1/3 的学员评选为"全省大学生骨干培养学校优秀学员",占全省总数的 1/5。2010 年 3 月,团省委在华东交通大学成立全省大学生骨干培养基地,并成功举办第三期学员培训班;5 月,华东交通大学被团省委作为江西省高校实施"青马工程"的典型报送团中央。12 月 7 日,《江西日报》以"'青马工程'锻造世纪英才"为题,大篇幅报道学校实施"青马工程"的成果和经验做法。

自 2009 年起,井冈山大学团委开设"井冈之星"大学生骨干培养班,按照理论培训、素质拓展、社会实践、红色教育等若干模块内容的设计,安排教学内容,每年校院两级"青马工程"接受 1000 余名学生骨干进行集中培养。在"青马工程"实施过程中,校团委依托井冈山的优质红色教育资源,不断完善课程设置,创新案例教学、现场教学、体验教学、激情教学等教育教学方式方法,打造特色鲜明的大学生骨干培养"井冈模式"。

2009 年,南昌大学团委针对大学生骨干的成长规律和实际需求,从增强政治素质、提升思想境界、优化能力结构、锤炼作风品格等方面着手,对 120 名培训成员进行为期 1 年的培训。是年,学校从大学生骨干中选拔推荐于大鹏、仲晓凯两人赴京参加中国青年马克思主义者培养工程大学生骨干培养学校学习;共选拔 17 名同学参加第三期"井冈之星"——江西省大学生骨干培养学校。

2009 年,景德镇团市委以大学生骨干、团干部和青年知识分子为主要群体,以团中央《"青年马克思主义者培养工程"实施纲要》为指导,努力构建市、校分级培养格局,市校两级累计培养学生骨干 1500 余人。

2010 年,南昌理工学院团委为加强该校大学生骨干培养学校的建设,根据评优推优等原则,从大学生骨干培养学校中挑选学员,建立常态化的培养机制和长效机制,并于4月举办第2期学生骨干培养学校培训,逐步建立院、系两级大学生骨干向普通学生中辐射的联动机制,形成"优秀示范、骨干带动、全员提高"的效应。

第二节 思想道德教育

学习雷锋活动

1963年3月5日《中国青年报》发表毛泽东"向雷锋同志学习"的号召后,到20世纪90年代初,全省学雷锋活动开展近30年。

1991年2月,团省委发出通知,在全省团员青年中开展"学雷锋、学英模"活动。3月4日,共青团中央召开"岗位学雷锋、行业树新风"座谈会,江西代表在会上作经验介绍。3月5日,团省委表彰45个学雷锋先进集体和31名学雷锋先进个人。6月30日,南昌团市委开展南昌市"青年学雷锋、讲贡献,青春献给共产主义奉献日"活动。

1992年1月24日,团省委印发《关于举办"九十年代话雷锋"演讲活动的通知》。3月初至5月底,来自各级团组织的63名选手参加全省比赛,最终评选出一等奖3名,二等奖6人,三等奖18人,优秀奖36人,组织奖26个。2月29日,萍乡团市委组织团员青年开展学雷锋为民服务一条街活动。3月初,团省委在《江西团讯》开辟"我爱学雷锋笔谈会"专栏。3月5日,南昌市团组织团员青年走上街头,开展大型"为您服务"活动。3月1—6日,上饶团地委以"雷锋精神在闪烁,奉献社会在人间"为主题,开展学雷锋活动周。3月15日,新余市各级团组织围绕"学雷锋精神,做'四有'青年"主题,组织200余个学雷锋小组、50余个为民服务队、20余个定点服务队和160余个青年优质服务窗口,为人民群众排忧解难。

1992年2月1日,吉安地区汽运公司莲花分公司青年司机晏军生,为保护旅客生命安全英勇献身。2月24日,南昌市新建县司法局干部徐杰,在扑灭林场山火中被烧成重伤。4月4日,团省委发文授予晏军生"青年英雄"和徐杰"雷锋式的好青年"称号,号召全省团员青年向晏军生、徐杰学习。

1993年2月19日,团省委印发《关于开展纪念学雷锋题词30周年活动的通知》。纪念学雷锋题词30周年活动在全省掀起高潮。3月5日,团省委联合省委宣传部、省政府办公厅、省军区政治部、省文明委在省军区礼堂召开表彰大会,表彰20个学雷锋活动先进集体和50名先进个人。3月6日,团省委召开"省市青年纪念学雷锋题词30周年"座谈会,举办"雷锋之歌"文艺晚会。《江西团报》《江西共青团》等团报团刊配合活动开辟专栏报道。

1994年2月21日,团省委组织开展全省"青年志愿者学雷锋奉献日"活动。3月6日,宜春团地委组织青年服务队上街,维护交通秩序。4月28日,新余团市委和新余市四中在沙土敬老院举行市四中团委"青少年学雷锋做好事联系点"挂牌仪式,全市各级团组织在五四前夕设立600余个学雷锋联系点。

1995年3月4日，景德镇二中举行第14届学雷锋"火炬"交接仪式，初一（1）班学生接过雷锋精神"火炬"旗帜。"火炬"学雷锋小组走出课堂，开展学雷锋活动。去敬老院打扫卫生、帮老人洗衣服、给老人剪指甲、陪老人聊天。"火炬"学雷锋小组先后获得"全国新长征突击队""全国学雷锋小组先进集体""全国三好先进班集体"等称号。

1995年3月，宜春团地委组织6万余名青年志愿者参加学雷锋活动，服务10余万人次。丰城团市委组织3000余人，开设21个服务项目，和100余位老人结成"一助一"长期服务对子。3月5日，高安团市委组织3000余名中小学生和11个行业的600余名志愿者上街，为1万余名群众提供服务。上高县以"真情献社会，奉献暖人心"为主题，开设68项服务项目，服务2万余名群众。樟树市50余个单位的3500余名团员青年，提供缝纫、焊接等20余个服务项目，服务2万余人次。

1996年3月5日，宜春团地委组织开展"青年志愿者学雷锋奉献月"活动，24个地直机关单位近2000人上街，设立10个服务点。1997年3月4—5日，万载县青年志愿者打扫卫生180余万平方米，义务修理家电400余件，医疗义诊3000余人，为孤寡老人做好事800余件，提供咨询2万余人次；3月5日，南昌团市委开展"学习邱娥国，做新时代的雷锋——青年志愿者爱心献社会奉献日"活动。2000年3月5日，新余车务段团委开展"学雷锋，青年志愿者作奉献"活动，为160余人提供咨询，向市民赠送3000余份列车时刻表，清理2吨白色垃圾。

进入21世纪，全省学雷锋活动更多是以志愿服务形式开展。2003年2月9日，团省委和省委宣传部、省文明办、省军区政治部决定于2月下旬至3月上旬开展纪念学习雷锋40周年活动，主题为"弘扬雷锋精神，参与志愿服务，建设精神文明"。2月20日，在全国学雷锋表彰大会上，南昌市东湖区青年志愿者协会、南昌铁路客运公司1453/4次"雷锋号"列车获全国学习雷锋、志愿服务先进集体，上饶市信州区水南街道常青敬老院院长郑雪兰、南昌市公安交通管理局西湖大队三中队政治指导员赵凌获全国学习雷锋、志愿服务先进个人。

2006年3月5日，南昌铁路局团委开展清理白色垃圾、营销宣传、节支降耗等志愿服务活动；南昌大学团委组织青年志愿者开展以"志愿服务、共建和谐"为主题的科技、文化、卫生、法律四进社区系列活动；吉安团市委、市青年志愿者协会组织5000余名青年志愿者，开展医疗保健、家电维修、法律法规宣传等服务活动。

2009年3月，景德镇团市委开展以"志愿服务献真情，科学发展我先行"为主题的"学雷锋月"活动。3月4日，团市委组织青年志愿者在城镇乡村开展家电维修、道路清扫、法律咨询等服务活动。

爱国主义教育

1991年7月，团省委、省教委联合举办"爱我中华，爱我江西"为主题的全省中学生小论文比赛，评选一、二、三等奖74篇。同时，南昌团市委开展"党在我心中"系列教育活动，包括"党在我心中"百题知识竞赛和"学先烈、看行动、讲理想、比贡献"主题活动等。

1992 年,省委宣传部、省教委、团省委和省新闻出版局联合开展"我爱社会主义"读书活动。截至是年 6 月,全省 500 万青少年参加活动。8 月,团省委联合省委宣传部、省教委、省新闻出版局举行全省青少年"我爱社会主义"读书活动总结表彰会暨夏令营开营式,九江市读书活动办公室等100 个单位获优秀组织奖,涂强等 40 人获一等奖。

1993 年,团省委和省综治办、省总工会共同开展"爱我江西"读书活动。活动主题书为《爱我江西》,省委书记毛致用题写书名,团中央书记处书记袁纯清作序,全书发行近 50 万册,100 余万青少年参加活动。宜春地区订购《爱我江西》书籍 6 万余册,名列全省第一。宜春地区选派高安县、丰城矿务局、高安师范三支队伍参加"全省读书知识电视抢答赛",获得较好名次。

1994 年 10 月 1 日,宜春全区 50 余万名青少年参加全国青少年"祖国万岁"读书教育活动和庆祝中华人民共和国成立 45 周年读书活动。10 月 10 日,万载县举办爱国主义歌咏比赛,全县 200 余所中小学 8 万余名学生参加。10 月 31 日,宜春师范专科学校举办祖国藏品联展,观众上千人次。

1995 年 4 月 28 日,南昌团市委、市委宣传部和市教委共同举办"热爱祖国建设南昌"爱国主义教育系列活动。5 月 4 日,宜春团地委举行首次成人仪式,宜春 8 所大中专学校的 800 余名青年学生参加。5 月 22 日,南昌团市委在八一起义纪念碑下举行"十八岁成人仪式",千余名青年面对国旗宣誓。

1999 年 7 月,团省委组织"我爱北京天安门"夏令营活动,激发少年儿童的民族自豪感和爱国热情。2000 年 3 月 11 日至 12 日,团省委组织各市青少年在八一广场参加"盼祖国早日统一"亿万青少年签名活动。

2001 年 7 月,为纪念中国共产党建党 80 周年,团省委开展"党在我心中"主题活动。全省 30 余万名青少年参加党史知识竞赛和读书征文活动,10 万余名青少年参加书法大赛、大中专学生演讲比赛。开展"我在党旗下成长""重走长征路,再创辉煌"等系列活动。新余团市委于七一前夕开展"党在我心中"演讲电视大赛、"我在党旗下成长"文艺晚会、瞻仰革命旧址、看望革命老前辈等一系列纪念活动。

2004 年 3 月,抚州团市委印发《关于在全市少先队组织中开展"民族精神代代传"统一行动日活动的通知》。4 月 12 日,活动在全市中小学校开展,利用晨课前升国旗的时间,举行"民族精神代代传"主题大队会;利用下午班会时间以中队为单位举行"民族精神代代传"主题中队会。

2005 年 1 月,团省委和省委宣传部、省文明办、省教育厅、省新闻出版局共同主办"心系祖国、健康成长"爱国主义读书教育活动,全省中小学生及中专生参加活动。3—10 月,团省委开展"爱国·成才·奉献"主题教育系列活动,包括"红色青春——高举团旗跟党走"主题合唱节、"相约校园成长对话"活动、"重走垦荒路,创业与青春同行"活动、"从贫困中奋起,在自强中成长"活动。

2009 年 5 月 21 日,团省委印发《关于在青少年中开展群众性爱国主义教育活动的通知》。团省委分别以"我与祖国共奋进,我与江西共崛起""同一片蓝天,同一个梦想"为主题深入开展百场"相约校园,成长对话——名家讲坛"系列活动、"红领巾心向党　祖国发展我成长"教育活动、"百万青少年游江西"系列活动等。

2010 年五四期间,江西各级团组织广泛开展"青春赞歌·爱国画卷"青春行为艺术秀活动,全省19.6万余青少年参与活动。6月11日，中共中央宣传部公布第2批100个爱国主义教育示范基地，江西省继1997年首批公布的4个后，又有5个入列。全省建立爱国主义教育基地150余个，遍布全省11个设区市、62个市（县），初步形成国家、省、市、县（市、区）级教育基地网络。

社会主义荣辱观教育

2006年3月4日，中共中央总书记胡锦涛在参加全国政协十届四次会议民盟、民进界委员联组讨论时提出，要引导广大干部群众特别是青少年树立以"八荣八耻"为主要内容的社会主义荣辱观。"八荣八耻"具体内容为：以热爱祖国为荣，以危害祖国为耻；以服务人民为荣，以背离人民为耻；以崇尚科学为荣，以愚昧无知为耻；以辛勤劳动为荣，以好逸恶劳为耻；以团结互助为荣，以损人利己为耻；以诚实守信为荣，以见利忘义为耻；以遵纪守法为荣，以违法乱纪为耻；以艰苦奋斗为荣，以骄奢淫逸为耻。

2006年3月17日，省直机关团工委在全省机关团员中开展"我谈社会主义荣辱观"主题征文活动，各机关团员学习社会主义荣辱观，撰写学习心得体会文章。3月23日，省创建青年文明号活动组委会印发《关于在青年文明号集体中开展"学习实践社会主义荣辱观，争当青年文明先锋"活动的通知》，要求青年文明号集体倡导和践行社会主义荣辱观。

3月27日，抚州团市委在江西中医药高等专科学校召开全市团员青年"八荣八耻"座谈交流会。4月28日，团省委组织全省中学生开展"迈开青春门，走好成人路"主题教育活动，以"知荣明耻，成才报国"为主题，针对初中生开展14岁迈入青春门教育活动，针对高中生开展16岁公民素质教育活动和18岁成人仪式教育活动。五一、五四期间，团省委和江西移动公司联合开展"从心沟通——共话八荣八耻"全球通短信展示活动，编写"八荣八耻"公益短信120条向20万名团员青年发送。7月，团省委、省委宣传部、省文明办、省教育厅联合开展"知荣明耻　创新创业"全省青少年演讲比赛。10月，抚州市开展"树立社会主义荣辱观，争做新时代好少年""知荣辱树新风""身边小事看荣辱"为主题的道德实践活动。9—11月，景德镇团市委举办社会主义荣辱观巡回报告会，举行成人仪式及青少年摄影美术书法作品展。

2007年7月，新余团市委先后开展"树立科学发展观与构建和谐社会"专题研讨、全市青少年社会主义荣辱观有奖征文、"做当荣之事、拒为辱之行"——全市青少年学习实践社会主义荣辱观万人誓师大会暨签名活动。

未成年人思想道德建设

20世纪90年代，全省各级团组织开展未成年人思想道德建设，围绕《中华人民共和国未成年人保护法》（简称《未成年人保护法》）的宣传教育，开展大规模日常法律宣传咨询活动，至2001年累计有1000多万未成年人接受《未成年人保护法》教育，近360万户家庭直接或间接参与《未成年人保护法》宣传活动，91所中小学校被确定为省级重点普法学校。

2004年3月，成立以团省委书记钟志生任组长、由团省委各部门负责人组成的江西省未成年人思想道德建设工作领导小组。3月10日,团省委组织团队干部、教育界人士和专家学者召开座谈会,研究加强未成年人思想道德建设举措。

3月中旬,团省委主持开展"江西省未成年人思想道德建设状况"问卷调查,向全省11个市发出问卷1.24万份,收集数据并整理和分析,形成全省未成年人思想道德建设状况调研报告。报告提出未成年人思想道德建设存在的10个问题和解决问题的5点思考。调研报告获全国调研一等奖。

4月,团省委向全省未成年人发出养成十个基本道德好习惯倡议,引导少年儿童养成良好的行为习惯。5月,樟树市开展"爱国守法、明礼诚信、做合格人才"主题教育活动,推出面向青少年的"星期日公益电影",在城区电影院定期放映,并组建12支流动电影队深入乡村巡回放映。靖安县以诗词为载体,进行德育教育和素质教育,组织编印《诗歌习作本》等辅导教材。2—6月,团省委开展"网络教育爱心大使"活动,招募200余名爱心大使,与未成年人网上视频对话,引导未成年人文明上网。6月10日,宜春市关心下一代工作委员会联合团市委等部门,就全市部分中小学生的思想道德状况进行大规模问卷调查。调查内容细化为196项,发出4600份调查问卷。通过调查发现一些急需解决的问题,并采取营造有利于未成年人健康成长环境的举措及时解决问题。

2004年9月开始,上饶市信州区在全区开展"托起明天的太阳"未成年人教育系列活动;17日,在市中心广场举行"争当文明小公民"宣誓签名暨文明单位向未成年人赠书活动仪式,驻区40余家文明单位向城区80余所中小学赠送书籍;20—24日,全区4万余名中小学生参加学校组织的"小公民道德实践"活动;10月,全区多家单位联合举办优秀少儿电影进学校活动,巡回放映100余部适合未成年人观看的影片。宜春市宜丰县开展"四小"(争做家庭小帮手、文明小模范、环保小卫士、快乐小主人)活动及"青少年普法行"活动。丰城市在丰城人民广播电台、丰城电视台和《丰城通讯》开办10个未成年人喜爱的优秀栏目,制作20个有利于未成年人身心健康的公益广告。丰城团市委联合文化、教育单位和文艺团体,把反映未成年人思想道德建设题材的好作品改编成文艺节目20个,推出适合未成年人阅读和观看的思想道德建设的读物和光盘50本(片)。

2006年5月,抚州团市委邀请团中央《知心姐姐》杂志社心理健康教育全国巡回报告团,在抚州一中、临川一中、抚州市实验小学等校和南城县等地举办10场"关注孩子心灵的成长"主题报告会,6000余名学生和家长参加。5月下旬,抚州市各级团组织和少先队组织通过团队日活动、专题讲座、座谈会,学习《关于进一步加强和改进未成年人思想道德建设的若干意见》精神。

2008年11月2日,全国未成年人思想道德建设工作先进城市、先进单位和先进工作者表彰决定公布。江西省上饶市获"先进城市"称号;鹰潭市文明办、宜春市妇联、吉安市吉州区文明办、萍乡市关工委、南昌市教育局、于都县文明办6个单位获"先进单位"称号;分宜县第一小学校长黄梅生、景德镇市关工委主任王元芝、工商银行南昌市分行行长刘东庚等5人获"先进工作者"称号。

2009年5月21日,团省委印发《关于进一步净化社会文化环境促进未成年人健康成长的实施意见》,5月底成立团省委净化社会文化环境专项工作组。6月,中国关心下一代工作委员会主任、中国儿童少年基金会理事长顾秀莲到江西调研,肯定江西省未成年人思想道德教育工作。截至2009年6月,全省建立关心下一代工作委员会组织2.57万个,形成省、市、县、乡、村五级网络体系。

2010年6月12日,省文明委、团省委、省委宣传部联合召开全省未成年人思想道德建设工作会议,传达全国未成年人思想道德建设经验交流会精神。新余市第六中学以其独特的"六化"德育模式——"德育目标具体化""养成教育常规化""主题教育系列化""德育心育一体化""三位一体网络化""评价体系多元化",获全省"关心下一代工作先进集体""德育示范校"和新余市"未成年人思想道德建设先进单位"等称号。

江西省"十佳青年道德楷模""十佳青年道德集体"评选活动

2006年7月11日,团省委印发《关于开展首届江西省"十佳青年道德楷模"评选活动的通知》。团省委设立评审委员会,邀请各界代表人士和知名专家学者担任评审委员会成员。通过各设区市、省直各单位及相关单位推荐,组委会初评,《江南都市报》公示,最后召开定评会,确定首届江西省"十佳青年道德楷模"及"优秀道德青年"。12月28日,团省委授予熊文清、李胜利、曹建华、曹伴好、邱小健、李良清、黄传美、秦小龙、朱晓东、谢平峰等10人"首届江西省十佳青年道德楷模"称号;授予严金辉、吴启明、徐成等16人"首届江西省优秀道德青年"称号。《江西日报》、"中国江西新闻网"等媒体报道"十佳青年道德楷模"典型事迹。

2009年,团省委和《江西日报》社联合开展第二届江西省"十佳青年道德楷模"和首届"十佳青年道德集体"评选活动。经组织推荐、公众投票、专家评审、评委评定等程序,追授马瑜江西省"青年道德楷模"特别奖,授予金剑飞、张伯花、王强等10人"第二届江西省十佳青年道德楷模"称号,授予南昌市东湖区青年志愿者协会、井冈山市公安消防大队、新余市国税局办税服务大厅等10个集体"首届江西省十佳青年道德集体"称号。同时,授予丁一科等41名青年"助人为乐、见义勇为、诚实守信、敬业奉献、孝老爱亲好青年奖"。

第三节　青年成才教育

榜样示范教育

学习熊云清活动　熊云清是鹰潭车站客运二班服务员、二班团支部委员、检查危险品小组组长。1990年11月30日晚,在例行检查75次特快列车时,为保护旅客安全,熊云清紧紧抓住引爆手榴弹的罪犯,壮烈牺牲,时年25岁。

1990年12月7日,省委追认熊云清为中共正式党员。10日,鹰潭市委、鹰潭市政府、南昌铁路分局联合召开命名表彰大会,追授熊云清"雷锋式好青年"称号,并做出《关于开展向熊云清同志学习活动的决定》。14日,省委、省政府在南昌召开熊云清烈士命名表彰大会,授予熊云清"人民卫士"称号;铁道部、铁道部政治部追授熊云清"全国铁路模范客运员"称号。

1991年2月22日,团中央做出决定,授予熊云清"模范共青团员"称号。同日,团省委做出《关于在全省团员青年中开展向熊云清同志学习活动的决定》。11月10日,熊云清烈士生平事迹陈列馆开馆。1992 年 10 月 10 日,熊云清烈士纪念碑在鹰潭火车站落成。

"学习熊云清先进事迹"活动在全省广大团员青年中广泛开展。1992 年 1 月 26 日下午,团省委、宜春团地委在宜春行署礼堂举行熊云清烈士事迹报告会,1600 多名大中专学生、地直机关共青团员、武警战士参加。2010 年 12 月 14 日,鹰潭车站举行"纪念熊云清烈士命名 20 周年暨烈士生平事迹陈列馆修缮揭牌仪式"。熊云清烈士生平事迹陈列馆陈列熊云清 100 多幅图片及文字资料。

学习赖宁活动　赖宁生前是四川省雅安市石棉县的一名初中二年级学生。1988 年 3 月 13 日,为扑灭突发山火,保护山村和电视地面卫星接收站,赖宁主动加入扑火队伍,在烈火中奋战四五个小时后遇难,年仅 15 岁。是年 5 月,团中央、国家教委授予赖宁"英雄少年"称号。

1990 年 10 月 13 日,中共中央总书记江泽民向全国少先队员发出"向赖宁学习,做社会主义事业接班人"的号召。11 月,团省委印发《关于在全省团员青年中开展向赖宁学习活动的通知》,随即,全省上下掀起学习赖宁的热潮。

1990 年,共青团赣州地委以"学雷锋,学赖宁,做四有新人"为主线,在全地区掀起"双学"活动高潮。全地区成立"青少年学雷锋、学赖宁服务队"300 多个,6 万多名青少年参加。活动期间,印发《赖宁的故事》15 万多册。

吉安地区各级团组织开展一系列"学赖宁"活动。1991 年"六一儿童节"期间,团地委、地区教育局联合举办全区少先队员"学赖宁,迎六一,做井冈新一代"讲故事比赛,6 名少先队员获"故事大王"称号,6 名少先队员获"故事能手"称号。同年,团地委在黄山举行"吉安地区学赖宁研讨夏令营",全地区 30 名省级优秀辅导员及省级关心支持少先队工作的好书记(校长)参加夏令营。10 月,团地委发出通知,要求全地区少先队员向赖宁学习,以赖宁为榜样,树立远大理想,培养优良品质,成为"四有"(有理想、有道德、有文化、有纪律)新人。全地区少先队员及时响应,有 33 名少先队员获全国"赖宁式好少年"称号,500 名少先队员获省级"赖宁式好少年"称号。

1991 年 1 月,萍乡市少先队工作委员会开展学赖宁系列活动。至 1993 年,全市 100% 的少先队员熟知赖宁事迹,赖宁精神深入到每个队员的心中;95% 以上的学校经常开展学赖宁主题活动;70% 以上的少先队大、中、小队成为优秀集体。

1991 年 11 月 26 日,全省少先队工作会议暨学赖宁活动现场经验交流会在玉山县召开。全省各地、市、县团委学少部部长及大队辅导员参加会议。

是年,鹰潭团市委把劳动实践教育活动同"学雷锋、学赖宁、学刘东成,争做鹰潭好少年"主题教育活动结合起来,在活动中,注重赖宁精神实质,建立"学赖宁爱劳动""学赖宁比能手"小组共2000 个。

是年,在全国学赖宁活动中,瑞金县八一小学胡文等 43 名学生获"全国学赖宁奖章",南康团县委获"全国学赖宁活动先进集体"称号。

学习邱娥国活动　邱娥国是南昌市公安局西湖分局筷子巷派出所户籍民警。在工作中,邱娥国乐于奉献、清正廉洁、乐于助人、忘我工作。他真情为民、服务群众的事迹影响和感动无数人。1997 年 1 月,新华社播发系列通讯《群众的贴心人——邱娥国》,全面介绍邱娥国的事迹。1997 年,邱娥国被中组部、公安部授予"全国优秀共产党员""全国公安战线一级英模"称号。他创造的工作经验被誉为"邱娥国工作法"，在公安战线推广。

1997年1月，团省委做出《关于在全省青少年中广泛开展学习邱娥国，争当好青年、好少年活动的决定》，要求各地、市团委，省直属各单位、部门和本科高等院校团委广泛开展向邱娥国学习活动。各级团组织通过各种各样的形式开展向邱娥国学习活动。

省话剧团以邱娥国为原型排演话剧《小巷民警》，进京演出获得成功。南昌工学院邀请邱娥国主讲"不忘初心　永跟党走"主题团日讲座。江西蓝天学院上百名学生在学院广场参加"学习邱娥国为民服务"家电维修服务。南昌团市委举行"学邱娥国示范青年文明号命名和活动成果展览"。

学习刘焕荣活动　刘焕荣是江西省弋阳县人，14岁时被大火烧伤高度致残。从2003年开始，她每天晚上坚持用伤残的手夹着笔在键盘上打字，和青少年网友在QQ里谈人生、谈理想，帮助一个个在网络世界里迷失方向的年轻人走出困惑。刘焕荣被这些青少年网民亲切地称为"网络妈妈"。

"网络妈妈"刘焕荣通过网络关心帮助迷失青少年的事迹经全国各大媒体报道后，引起强烈反响。团省委联合上饶市委宣传部、上饶市新闻办为刘焕荣建立"网络妈妈"网站。2004年4月27日下午，上饶市委常委、宣传部部长熊良华和"网络妈妈"刘焕荣共同点击按钮，《网络妈妈》网站正式开通。

2004年4月26日至5月15日，团省委联合有关部门分别在江西今视网、江西电视台、《江南都市报》等媒体发布行动倡议书，向全社会公开招募首批100名"青少年网络教育爱心大使"。5月13日，团省委联合有关部门召开"学习青少年网络教育爱心大使刘焕荣先进事迹"座谈会，许多大学生、教师、学生家长纷纷在现场报名加入爱心大使队伍。31日，团省委召开"青少年网络教育爱心大使"启动仪式，50多名爱心大使代表宣誓就职。

9月15日，由今视网和上饶之窗网站共同举办的"网络妈妈"志愿者座谈会在南昌举行，来自江西以及广东、陕西等省的40余名志愿者欢聚一堂，交流各自的帮扶经验。19日，由省委宣传部、省委教育工委、省广播电视局等单位举办的"相约网络妈妈·绿色上网行动"赠送仪式暨见面会在南昌新华书店读者俱乐部举行。至是月末，全国有近800名"网络妈妈"在网上帮助青少年。

"当代青年楷模——唐英、成洁"先进事迹报告会　唐英是位聋哑残疾人，1994年毕业于南昌大学信息管理科学系。他以惊人毅力克服常人无法想象的困难，大学4年连获甲等奖学金，通过国家大学英语六级考试，多次获"三好学生""优秀团员"等称号，1993年加入中国共产党。

成洁生于四川省南江县农村，9岁时被高压电击中失去双臂，她以超常的毅力，用脚代手生活、学习，完成了中学学业，成绩优异，获得"全国十佳少先队员""全国自强模范""中国百名好少年"称号，多次受到党和国家领导人接见。1994年成洁被省高级职业学校（现江西科技学院）破格录取。

1995年3月5日，团省委、省学联在江西师范大学举行"当代青年楷模——唐英、成洁"事迹报告会。是日，团省委、省学联做出《关于在全省青年学生中开展向唐英、成洁同学学习活动的决定》，要求全省青年学生学习他们身残志坚、乐观向上的生活态度和自尊自强、不断进取的拼搏精神。学习唐英、成洁的活动在全省青年学生中开展起来。

"梦想与未来"——奥运冠军事迹报告会　吴静钰，1987年7月13日出生于景德镇市，毕业于天津理工大学,多次获得国内和国际跆拳道比赛冠军。

金紫薇,1985 年 10 月 17 日出生于辽宁省沈阳市,毕业于江西师范大学体育学院。参加 2008 年北京奥运会赛艇女子四人双桨决赛,与队友唐宾、奚爱华、张杨杨搭档击败夺冠热门英国队,问鼎金牌。

2008 年 11 月 27 日上午,在北京奥运火炬江西境内传递活动表彰大会上,省政府授予奥运冠军"江西省功勋运动员"称号,团省委授予奥运冠军金紫薇、吴静钰等三人"江西青年五四奖章标兵"称号。

11 月 27 日下午,团省委、省体育局、民进江西省委联合江西财经大学主办"梦想与未来"——奥运冠军事迹报告会。团省委副书记梅亦、省体育局副局长李小平、民进江西省委副主委李志跃、江西财经大学党委书记廖进球和校长王乔等领导出席,参加报告会的学生来自江西财经大学、华东交通大学、江西农业大学、江西科技师范学院、江西蓝天学院 5 所高校。《中国青年报》、江西电视台等众多媒体对报告会给予关注。奥运冠军金紫薇、吴静钰等作事迹报告,李小平为奥运英雄颁发"阳光运动形象大使"聘书,江西财经大学正式聘请三位奥运冠军为荣誉教师和名誉讲师。

红色文化教育实践活动

"继承革命先辈志,争做党的好儿女"主题教育活动　1991 年清明节前,团省委印发《关于开展"继承革命先辈志,争做党的好儿女"教育活动的通知》。各级团组织组织近 20 万青少年到安源、井冈山、韶山、新建县望城等地开展扫墓等活动。4 月 5 日,萍乡团市委组织 4000 名青少年到安源烈士陵园祭扫烈士墓。

1991 年 10 月,九江团市委在全市范围内举办"党在我心中,光辉的社会主义历程"演讲比赛、"我爱社会主义"读书活动及征文评选、"改革开放和现代经济"知识竞赛等活动。各县(市、区)开展请"三老"(老党员、老工人、老农民)讲"三史"(个人翻身史、家庭致富史、单位发展史),开展"社会主义好"征文比赛以及"社会主义在我村(厂)""社会主义我的家"演讲竞赛等系列主题教育活动。

万安团县委把开展革命传统教育作为学校工作的一项重要内容来考核。利用健在的革命前辈和离(退)休老干部等作"活"教材,组织"少年康克清事迹报告团""老干部讲传统报告团",在全县中小学巡回报告。1991 年共做报告 67 场,受教育 7 万多人次。有些学校组织学生走访老革命,收集整理革命故事、红色歌谣和名人传奇,编写《在这块红土地上》《可爱的万安》《不忘历史》等乡土教材。万安中学高二(4)班坚持每周一次到五丰镇光明敬老院,帮助老人洗衣、扫地、担水、劈柴。万安二中初二(3)班常年坚持为孤老烈属李荣生料理家务。据统计,全县共组织不同层次的优抚小组 1130 个,1991 年涌现出好人好事 3 万多人次,全县在校学生违纪人数比上年下降 43%,学生各科成绩合格率比上年上升 21%。

景德镇团市委坚持将红色教育从娃娃抓起。每年清明节组织全市青少年到烈士陵园扫墓,定期组织老党员进校园、进企业、进社区讲红色故事,着力建设红色文化教育平台和阵地。将红色文化与陶瓷文化相结合,建设全国中小学生陶艺培训基地、陶瓷馆、古窑民俗博物馆、官窑遗址等一大批青少年活动基地,向未成年人开展热爱祖国、热爱家乡教育。将陈毅领导的瑶里新四军改编遗址打造成红色旅游景区,作为青少年红色教育基地。广泛开设少年军校,大力开展革命传统教育和素质教育,通过邀请老红军、老战士讲授革命经历,教育和引导青少年树立爱党爱国爱人民的思想。推进"一村(社区)一书屋"工程,采用政府买单、文明帮建、社会捐赠等形式,建成乡村(社区)书屋527家,覆盖面达95%;配备各类图书2.5万册,报刊130余种,光碟8000余张,向青少年免费开放。在中小学校广泛开展书香校园、中华诗词进校园、校园艺术节等主题文化活动,通过办瓷展、创瓷歌、编瓷舞、拍瓷剧、组织瓷乐演出等方式,打造独具特色的少儿红色文化。涌现出景德镇第二中学火炬学雷锋传递41年、实验小学感恩教育、第六小学道德日记等一批红色教育精品成果。

"抗战胜利50周年"主题教育活动 1995年是抗日战争胜利50周年,宜春团地委开展爱国主义教育。8月,上高县掀起"勿忘历史、兴我中华"爱国主义教育高潮,团县委充分利用"上高会战"史实,在全县青少年中开展"上高会战"座谈会、故事会、演讲会、歌曲竞赛、知识竞赛、影视展播;组织瞻仰"上高会战阵亡将士陵园",参观上高会战陈列馆,组织阅读《上高人民革命史》《上高会战史料选编》;通过这些活动,把上高人民英勇抗日的爱国主义精神传播到全县青少年中。10月31日,宜春师范专科学校举办以展示祖国大好河山、灿烂文化、悠久文明为主要内容"可爱的祖国"藏品联展,共展示各种旅游门票、参观券、邮票等4000余张,参观人数达上千人次。

1995年11月,万载团县委在黄茅中学、万载中学开展爱国主义教育。开展"国旗下的讲话"活动;举办"国旗·国歌·国徽"知识讲座;围绕"知国耻·爱中华"主题,开展读书会、故事会、主题班会、团队活动、演讲比赛、知识竞赛等系列活动;开展观看优秀影视片、参观博物馆、唱革命歌曲等活动,在校园形成爱国主义教育的浓厚氛围。

高安团市委依托独特的地情教材,在全市青少年中开展爱国主义教育,从1991年12月至1995年12月,在全市城乡中学生和青年工人中作爱国主义专题报告51场,听讲人数达4.8万人次。

"我们的文明——红色之旅"大型主题教育活动 2004年9月,团省委印发《关于开展"我们的文明——红色之旅"大型主题教育活动的通知》,要求各级团委为迎接中华人民共和国成立55周年和红军长征出发70周年,充分利用全省丰富的红色资源优势,对全省青少年进行爱国主义教育。2004年9月至2005年10月,在全省共青团系统开展"我们的文明——红色之旅"大型主题教育活动。

2005年3月,团省委与福建团省委在福州举行"赣闽青少年红色之旅"协作签约仪式,签订《关于联合开展闽赣青少年红色旅游的意向书》,把红色之旅江西行活动推向全国。

7月30日至8月2日,团省委、省青联与香港福建同乡会联合开展"香港青少年红色之旅江西行"活动。700多名香港青少年分赴井冈山、南昌、庐山3地,参观革命遗址、缅怀革命先烈、听取"井冈山革命斗争史"讲座,与武警官兵举行庆"八一"联欢。

8月4—8日,澳门青年代表团100余人到赣开展为期5天的"红色之旅——澳门青年江西行"活动。活动由省青年联合会、澳门青年联合会共同主办。代表团在井冈山举行启动仪式,赴吉安市青原区举行捐建希望小学仪式,倾听"井冈山革命斗争"专题讲座,参观黄洋界、茨坪毛泽东旧居、井冈山革命博物馆、八一广场、南昌八一起义纪念馆及滕王阁等,游览世界著名文化名山——庐山。

2005 年适逢红军长征胜利 70 周年,也是国家《2004—2010 全国红色旅游发展规划纲要》启动实施第二年。在团中央具体指导下,团省委与全国各省(市)团委联办"我们的文明——红色之旅江西行"主题教育活动,在全国高校开展"全国大学生红色之旅·江西行暑期社会实践"活动。活动以"踏上红色之旅、重温革命激情"为主题,以"全国各高校大学生"为对象,以"江西南昌、井冈山、瑞金"为基地,以"八个一实践活动"为特色(吃一顿红军饭,走一段长征路,听一堂传统课,读一本红军书,唱一首红色歌,扫一次烈士墓,访一家贫困户,写一篇心得体会),推动大学生思想政治工作全面展开和红色旅游的进一步发展。

吉安团市委充分发挥吉安的丰富红色文化资源优势,开展"百万青年聚井冈""五个一"(一部好的戏剧作品、一部好的电视剧作品、一部好电影、一部好的文艺类图书、一部好的社会科学理论文章)革命传统教育活动。2005 年上半年,吉安团市委向全国各地团组织或青年组织发出邀请函 5000 余份,活动得到各地团组织或青年组织的积极回应,先后落实天津共青团号专列上井冈、上海闵行区青年公务员考察培训、上海峡江知青井冈行等项目。4 月 27 日,北京团市委组织首都大学生骨干赴井冈山进行社会调研,来自北京大学等高校 500 多名青年学子齐聚革命摇篮井冈山,举行"青春五月井冈红——青年学子学革命足迹,传五四精神"主题教育活动,该活动先后被中央电视台一套《新闻联播》《中国共青团》长时间大篇幅报道。

"抗战胜利 60 周年"纪念活动 2005 年是抗日战争胜利 60 周年,省教育工委、团省委印发《关于在青少年中大力开展"抗战胜利六十周年"纪念活动的通知》,组织全省青少年开展纪念活动。赣州团市委充分利用革命老根据地的政治优势,在应征入伍青年中开展以"接过红军爷爷的枪"为主题的革命传统教育,激发广大青年踊跃参军、报效祖国热情,到 11 月初,全市共有 6 万热血青年报名应征,其中大中专毕业生达 2 万人;10 月 30 日,在瑞金市沙洲坝革命传统教育基地,30 多名应征青年围坐在红井旁,听老红军杨珩琦讲革命故事,随后,应征青年参观毛泽东故居、中华苏维埃政府旧址、红军烈士纪念亭,接受老红军、志愿军老战士、老党员的革命传统教育;是日,兴国县上百名应征青年到长征老干部、老红军王邦忠家中,接受革命传统教育。全市呈现"昔日送郎当红军,今日送子赴军营"热烈气氛。

2005 年,鹰潭团市委重点开展"民族精神代代传"活动,组织 400 多名少先队员参观上饶集中营、方志敏烈士纪念馆。上饶团市委利用上饶集中营旧址、闽浙赣苏维埃政府旧址、方志敏纪念馆等爱国主义教育基地,开展形式多样的爱国主义和革命传统教育活动。在"十一"国庆节组织参观革命旧址、祭扫烈士陵园、举办大型 18 岁成人仪式等,对青少年进行爱国主义教育。

"红土魂——江西英烈"网上祭奠活动 2007 年 5 月 4 日,全省青年学生清明节网上祭奠英烈活动在"红土魂——江西英烈网"上正式启动,江西各高校 100 多名青年学生代表向革命烈士默哀致敬,表达对革命先烈敬仰之情,并重温入团誓词。"红土魂——江西英烈网"由华东交通大学创建,录入全省烈士英名 25 万个,是当时全国录入烈士人数最多、资料最全、规模最大的网站,成为全国青少年网上爱国主义教育和革命传统教育的有效平台之一。"五四青年节"当天,参加在线祭奠的青年学生突破 30 万人。这一活动由团省委、省学联共同组织,全省各大中专院校、各中学青年学生广泛参与。活动以"缅先烈、知荣辱"为主题,以"红土魂——江西英烈网"为平台,在青年学生中营造"弘扬民族精神、继承革命传统、学习社会主义荣辱观"氛围,使广大青年学生进一步了解革命先烈的光荣事迹和无私奉献精神,增强爱祖国、爱江西、爱社会主义的理想信念。

"可爱的中国——方志敏精神"主题教育活动 2007 年,在纪念闽浙赣革命根据地创建 80 周年之际,团省委、省教育厅、省社科联、省方志敏研究会在全省青少年中联合开展"可爱的中国——方志敏精神"主题教育活动。

5 月 25 日,全省青少年"可爱的中国——方志敏精神"主题教育活动启动仪式在南昌师范附属实验小学举行,方志敏烈士亲属以及南昌师范附属实验小学 400 余名师生参加启动仪式,省委书记孟建柱宣布活动启动并讲话。仪式结束后,举行方志敏精神首场宣讲报告会。活动期间,主办单位编印 20 万余册《清贫》《可爱的中国》为主要内容的教育读本,赠送给全省小学生阅读。组织学生学习集中体现方志敏精神的两篇代表作《清贫》和《可爱的中国》,在全省中小学生中开展"读一本书,进行一次知识竞赛、一次征文比赛、一次演讲比赛和一次巡回宣讲报告"活动。活动持续到 10 月底。

8 月 11 日上午,玉山团县委组织全县团干赴爱国主义教育基地"怀玉山清贫园",开展为期两天的基层团干培训,省方志敏研究会原会长孙希岳做题为《一生殉志不亦伟乎,伟大方志敏》的报告。

"我爱社会主义"读书活动 1992 年 1 月,团省委、江西新闻出版社、省教育厅印发《关于在全省青少年中开展"我爱社会主义"读书活动的通知》,成立"我爱社会主义"读书活动组织委员会,聘请白栋材、赵增益、傅雨田为组委会顾问,王太华为主任委员,张会村、黄定元、黄庆来、倪少成、万继抗、熊向东、刘国藏为副主任委员。江西新闻出版社制定《江西省青少年"我爱社会主义"读书活动开展办法》。读书活动以"我爱社会主义"为主题,以江西人民出版社出版的《我爱社会主义》《可爱的江西》《在这片红土地上》《我爱五星红旗》《社会主义在我心中》为主要书目,在各地市中小学生、企事业单位和农村团员青年中组织读书小组,在"五四青年节""六一国际儿童节""七一"党的生日开展演讲、主题班会、知识竞赛等多种形式的教育活动。

"毛泽东诞辰 100 周年"读书活动 1993 年 3 月,省委宣传部、省教育厅、团省委联合印发《关于在全省青少年中开展纪念毛泽东同志诞辰 100 周年读书活动的通知》。省委宣传部制订《关于在全省青少年中开展纪念毛泽东同志诞辰 100 周年读书活动的办法》,要求各级党委宣传部门、教育行政部门、共青团组织充分认识开展这一读书活动的意义,通过各种有效的形式,扎实开展读书活动,使广大青少年受到深刻的思想政治教育。

从 1993 年 9—12 月底,各地市开展丰富多彩的读书活动。宜春团地委会同有关部门开展《中国有个毛泽东》读书活动,共订购图书 35 万余册,举办全地区读书知识抢答赛,参加全省读书知识电视赛获三等奖。景德镇团市委举办"中国有个毛泽东"主题团队活动、毛泽东诗词朗诵和演唱会、读书演讲比赛、毛泽东故事会,组织参观革命旧址、参观经济建设和改革开放先进单位。

"中华魂"读书活动 从 1994 年开始,中国关工委在广大青少年中广泛开展"中华魂"读书活动,全省青少年围绕主题,以读本为载体,开展演讲、征文、读书竞赛等系列"中华魂"读书教育活动。

1994年,新余高等专科学校在"中华魂"读书活动中,提出"精读原文,抓住精髓,联系实际,多出成果"的学习目标,在校35岁以下的900余名青年师生人手一册主题教材,并配发辅导材料;每周各班利用团日活动时间开展一堂课的学习,每月学校安排一堂公开课;青年教师及学生学习后分别写出不少于3000字和5000字的学习笔记、心得体会,并以知识答辩方式进行考核。同时,举办演讲、征文、卡拉OK赛和观看革命传统影片,邀请老红军到学校作"话长征、讲传统"报告,开展多种形式学习活动。

新余市渝水区第二小学人手一册读本,在全体教师学生中开展"中华魂"读书活动。各少先中队成立以中队长为组长的读书小组,高年级各中队组织学生进行讨论;组织学生开展红军长征内容知识竞赛。

1996年11月,上饶团市委与上饶市机关工委、上饶市委宣传部联合开展"中华魂——寻红军足迹,树革命理想"青少年读书教育活动。27日,在上饶市青少年宫举行读书教育活动汇报演讲比赛,38名青少年代表参加角逐,长青乡林芊芊获得一等奖。

1999年,景德镇团市委以迎接中华人民共和国成立50周年为契机,开展"中华魂——伟大的祖国"青少年读书活动,6月8日,在景德镇市电厂举行全市"中华魂——伟大的祖国"读书教育演讲比赛,评选出一等奖4人,二等奖6人,三等奖10人。

2007年,在井冈山革命根据地创建80周年之际,吉安市各中小学学生踊跃参加"中华魂"读书活动,阅读井冈山革命斗争历史书籍与"中华魂"读本,并在"中华魂"主题教育活动条幅上签名,表达自己继承革命传统、建设和谐社会的决心。

"心系祖国,健康成长"读书活动　2005年1月,省委宣传部、团省委在全省青少年学生中开展"心系祖国,健康成长"爱国主义读书教育活动。活动参加对象是全省小学生、中学生、中专(含中师)生。小学生阅读由全国青少年爱国主义读书教育活动编委会主编、中国妇女出版社、新世界出版社出版的《心系祖国,健康成长》,初中生阅读由二十一世纪出版社出版的《做一个品德高尚的人》,高中生阅读由江西人民出版社出版的《爱我中华,健康成长》,中等职业学校(含中专、中师、职高、技校)阅读由浦东电子出版社出版的《江山如此多娇——青少年爱国主义教育读本》。读本均由省新华书店发行。

读书活动从2月开始,至12月结束,其间,团省委组织召开全省青少年学生爱国主义读书教育活动工作会议,要求各地、市团委指导学生认真阅读主题书,并结合当地实际,开展作文、演讲、讲故事、征文、专题报告会、主题班会等教育活动。7月,举办全省青少年学生"心系祖国,健康成长"演讲比赛、讲故事比赛和命题作文比赛,组织学生开展夏令营和读书教育研讨会。12月,经省委宣传部、省教育厅评定,宜春市等11个设区市、萍乡市湘东区等21个县(市、区)和九江市同文中学等52所学校获全省"心系祖国,健康成长"读书教育活动先进集体;新余市刘一琳等138名学生获全省"心系祖国,健康成长"读书教育活动优秀学生奖;抚州市方小红等71名教师获全省"心系祖国,健康成长"读书教育活动优秀辅导教师奖;南昌市赵宁义等22名工作人员被评为全省"心系祖国,健康成长"读书活动先进个人。

第四节　社会实践教育活动

大中专学生社会实践活动

1992年6月,省委宣传部、省教委、团省委联合成立以省委常委、宣传部部长钟起煌为组长的全省社会实践活动领导小组。江西师范大学的"昌九工业走廊团"被列为全国大学生"改革百点"社会实践建设营地之一。"昌九工业走廊团"在考察昌北、共青、九江后写出3篇论证报告,为建设昌九提供决策依据。当年暑假,全省参加社会实践的大学生占实际在校生的94%。

1993年暑期,江西充分发挥高校科技智力和人才优势,实施"大学生百项科技文化服务工程"。江西农业大学、江西师范大学等高校社会实践创经济效益均达几十万元。

1993年暑期,南昌铁路局团委、华东交通大学团委和江西财经大学团委,共同组织文化演出团走上京九线,开展为期一周的"青年文化京九千里行"社会实践活动。共组织8个演出小分队,观众数累计2.5万~3万人,受到铁路沿线广大职工、家属和百姓的好评,得到铁路局领导和当地政府的肯定。

1994年暑期,全省200余所大中专院校实施"百团千里万人京九行"统一行动,开展科技文化服务和希望工程志愿者行动。行动围绕"情系京九铁路,爱献希望工程"的主题,以"推广科技,服务社会"为原则,以京九线江西段为实践活动带,沿京九线两厢展开。涌现出8个省级先进单位、39个先进集体、64名先进个人,产生50篇优秀论文。南昌大学等9所高校受到全国的表彰。

1994—1995年,团省委、省学联连续两年寒假,组织大学生志愿者参加"新春热心"行动。以车站服务为主,在铁路、公路枢纽查验"三品"(易燃品、易爆品、危险品)维持秩序,在候车室、车站广场为旅客服务。

1995年6月18日,团省委、省教委、省学联联合印发《关于组织好"1995年江西省中学生志愿者义务扫盲及科技文化服务行动"的意见》,近10万名大中学生组成1000支扫盲志愿者服务队和400余支科技文化服务队,全面展开"科技传百乡,千队扫万盲"行动,涌现出一大批先进单位、优秀服务队和个人。南昌大学赴高安市八景镇志愿服务队等4个队受到全国表彰。

1996年,全省成立扫盲与科技文化服务活动领导小组,开展扫盲与科技文化服务活动,得到以团中央书记处书记孙金龙为组长的检查组高度评价;11月28日,省扫盲与科技文化服务社会实践领导小组获团中央、中共中央宣传部、国家教委授予的"社会实践活动组织工作奖";12月9日,团省委、省学联获"全国志愿者义务扫盲与科技文化服务行动组织工作奖"。

"三下乡"活动

1997年6月7日,省委宣传部、团省委、省教委、省学联联合印发《关于开展大中学生志愿者暑期文化科技卫生"三下乡"活动的通知》,7月5日在全省启动。全省10万大中专学生和20万中学生近 1000 支志愿服务小分队,奔赴京九沿线和各地(市)、县近 1000 个村庄,开展文化、科技、卫生服务。中央及省新闻媒体对"三下乡"活动作 200 多次滚动式报道。10 月,6 支"三下乡"服务队受到全国表彰。11 月 8 日,江西社会实践活动获得"全国社会实践活动组织工作奖",9 所高校获"全国社会实践先进单位"称号。

1999 年 7 月 10 日,全省大、中学生志愿者"三下乡"活动出征仪式在南昌大学举行,3 万名品学兼优或学有所长的大中学生陆续分赴农村特别是灾区,开展文化科技卫生"三下乡"活动。南昌大学 36 个活动小组,共 2000 余人奔赴全省 28 个县市。其中组织 13 个文艺下乡巡回演出队,把老百姓喜闻乐见的文艺节目送到乡村。

2000 年 5 月,团省委组建"全国百支博士服务团第 61 分团"。博士服务团由南昌大学、江西师范大学、江西医学院、江西农业大学、江西财经大学等校博士生组成,深入农村、厂矿开展"三下乡"服务。

2002 年 12 月 19 日,省委宣传部、省文明办、省科技厅、省农业厅、省文化厅、省卫生厅、省计生委、省广播电视局、省新闻出版局、团省委、省妇联、省科协组织开展 2003 年文化科技卫生"三下乡"活动。2002 年 12 月至 2003 年 2 月,开展集中送文化、科技、卫生下乡活动,为广大农民群众特别是贫困地区农民送温暖、献爱心。

2003 年 1 月 16 日,省委宣传部、省教育厅、团省委、省学联组织开展 2003 年度全省大中专学生寒假文化科技卫生"三下乡"社会实践活动。

2003 年 7 月 12—13 日,赣南医学院附属医院内科、外科、儿科专家及师生青年志愿者共 36 人组成的医疗服务团,深入到上犹县梅水乡开展以"落实科学发展观,传承'五四'报国志"为主题的"三下乡"社会实践活动。院团委组织 3 支实践服务队,同时深入上犹县、兴国县和章贡区湖边乡,开展捐款、医疗义诊、夏季常见病的预防、农村政策宣传及给敬老院老人针灸等活动。两天中,为上犹县梅水中学和园村小学捐献现金 2000 元,为民义诊 900 余人次,发放宣传单 600 多份,上门服务 30 多家。

2004 年暑期,赣南师范学院团委以"重走长征路、弘扬长征精神"为主题,采取集中与分散、实践与调研相结合的形式,组织 4 支重点团队、13 支服务分队分赴瑞金、兴国、于都、安远等地的贫困乡(镇)开展以支教扫盲、农技推广、文化宣传、环境保护、理论宣讲等为主要内容的"三下乡"社会实践活动,共有 10 人、4 支服务队受到团省委表彰,赣南师范学院被中宣部、教育部、团中央评为 2004 年全国暑期三下乡社会实践活动先进单位。

至 2004 年底,大学生"三下乡"社会实践活动共有 1.5 万大学生参加活动,举办各类讲座、培训近千场,捐款捐物 35 万余元,义诊 3 万多人次。活动引导大学生在社会实践中学知识、长才干、做贡献。

2005 年,省委宣传部、省教育厅、省文明办、团省委、省学联,开展全省大中专学生"服务建设和谐社会,提高思想政治素质"社会实践活动。7—8 月间,江西中医学院共组建 91 支社会实践服务团(队),分赴延安、井冈山、九江、上饶、吉安、临川、景德镇等市的革命老区和贫困地区开展社会实践服务活动,通过发放资料、举办讲座、现场咨询、板报宣传、散发宣传品等多种形式,向群众宣讲与生产、生活密切相关的法律和政策；"博士、硕士、学生党员医疗服务团"开展 8 个专题讲座，听课人员达 536 人次。

2005 年，江西师范大学团委把 1.6 万多名学生组建为 82 支实践队伍，深入省内外 70 多个乡镇，参加各种社会实践活动，参与率达 90%，均上交实践报告，学生上交实践论文达 3580 多篇。举办农村政策报告会、讲座 30 多场，发放宣传材料 1.5 万余份；开展建设和谐社会调研、座谈 40 余次，服务活动 200 多项次；开展未成年人思想道德建设调研、服务活动 20 余次；法律宣讲、咨询 1500 余人次；义务维修各类家电 800 多件；开展红色文化调研 10 多次；举办各类文艺慰问演出 20 多场；开办各类素质教育班近 60 个，2400 多名中小学生接受教育；举办农村中小学师资培训班 12 个，400 多名农村中小学教师接受培训。活动收到各地政府、群众邮寄的感谢信、锦旗 50 多封（面）。《人民日报》、新华社、中国教育电视台、中国共青团网、《江西日报》、江西电视台等媒体先后报道 100 多次。

2006 年，全省 100 所大中专院校近 12 万名学生志愿者投身到"三下乡"活动中，组建大学生服务社会主义新农村建设全国重点团队 16 支、省级重点团队 120 支，举办讲座 1110 余场，捐款 31.53 万元，捐物价值 24.31 万元，义诊 4 万人次。

2007 年 6 月 15 日，省委宣传部、省教育厅、团省委、省学联，组织开展 2007 年大中专学生志愿者暑期文化科技卫生"三下乡"社会实践活动。全省 180 支重点社会实践服务团队与各大中专院校组织的 400 余支各类团队一起分赴全省各地，参加为期两个月的社会实践活动。这次活动中，团省委获全国社会实践活动优秀组织奖；南昌大学、江西师范大学、江西农业大学、江西中医学院、江西财经大学、南昌航空大学、华东交通大学、南昌工程学院、江西理工大学、东华理工学院、赣南师范学院、九江团市委获全国社会实践先进单位称号；景德镇陶瓷学院赣陕徒步千里行之红色资源调查队、奥运宣传社会实践队、井冈山大学"井冈山的红色传说"采风实践团、江西科技师范学院音乐学院文艺演出服务队获全国社会实践优秀团队称号；井冈山大学团委书记易九桂、江西科技师范学院团委副书记赖以柱、宜春学院团委书记李忞、南昌大学团委副书记钟贞山、南昌航空大学学生工作处副处长周振浪获先进个人称号。

2008 年 6 月 28 日，省委宣传部、省文明办、省教育厅、团省委、省学联组织开展 2008 年大中专学生志愿者暑期文化科技卫生"三下乡"社会实践活动。全省共组织全国重点团队 16 支，省级重点团队 180 支，校级和院系级社会实践队 2682 支；参加实践服务队人员 26763 人，参与社会实践指导老师 1092 人，以其他方式自主参加实践活动人员 23.23 万人；建立社会实践基地 396 个，举办各类讲座、培训班 836 场，为地方培训 3.02 万人次；印发农技、环保、卫生知识等宣传材料 25.92 万份，制作宣传展板 1392 块，捐款捐物 101.32 万元，收到社会实践调查报告和心得体会 19.81 万份。

2008 年 7 月，团省委派出来自南昌大学、江西师范大学、江西农业大学和江西财经大学 4 所高校的 4 支大学生志愿者服务队赴四川省宝兴县地震灾区，开展为期 1 个月的卫生防疫、支教培训、心理调适等服务，对受援学校灾后重建进行软硬件的支持。

2008 年 7 月 5 日起，井冈山大学生命科学学院以"心系农村建设，共创绿色家园"为主题，组建生命科学学院大学生"绿色家园"环境保护和农村科技培训团奔赴该院社会实践活动基地井冈山，开展为期 6 天的暑期社会实践活动。生命科学学院志愿服务队一行 12 人到达服务点——井冈山大井村,开展农村科普知识宣传、重温革命史、走访老红军、农村信箱推广活动,并结合正在实施的"限塑令"开展井冈山城镇居民白色污染调查、环境保护调查、杜绝白色污染,倡导绿色消费宣传及对保护区的垃圾回收等一系列环保活动,在大井希望小学开设"新蕾"兴趣班进行支教。此外,结合即将开幕的北京奥运会,向游客及市民开展奥运环保知识的宣传及"携手井冈,喜迎奥运,从我做起"的奥运签名活动,受到游客及村民的积极参与和一致好评。在此次活动中,"绿色家园"环境保护和农村科技培训团共走访村民 40 余户,发放农业科普知识宣传手册 100 份,完成《井冈山城镇居民白色污染调查》《环境保护调查》问卷 300 份,并形成调查报告,同时还向村委会递交发展建议 20 多条。

2009 年 6 月 27 日,由省委宣传部、省文明办、省教育厅、团省委、省学联主办的全省大中专学生志愿者暑期文化科技卫生"三下乡"社会实践活动 2008 年度表彰暨 2009 年度出征仪式在江西师范大学举行,对 2008 年全省大中专学生志愿者暑期文化科技卫生"三下乡"社会实践活动先进单位、优秀服务团队和先进个人进行表彰,省人大领导为即将出征参加 2009 年"三下乡"社会实践活动的大学生志愿者授旗。此次"三下乡"社会实践活动以"科学发展,加速崛起——青年勇当先锋"为主题,全省组织 180 支重点社会实践服务团队,积极开展社会实践活动。

2009 年 6 月 27 日,由南昌航空大学材料学院、航机学院、电子学院等 12 个学院学生组成的暑期"三下乡"社会实践总队——南昌航空大学赴南丰县暑期"三下乡"大学生科技兴农服务团一行 74 人,在校团委书记黄柯等老师的带领下,前往学校对接扶贫村坪上村所在乡镇抚州市南丰县三溪乡开展暑期"三下乡"社会实践活动。在三溪乡中心小学,音乐学院学生自编自排一场以"科学发展 加速崛起——青年勇当先锋"为主题的文艺会演,有《流行歌曲串烧》、舞蹈《印度之夜》、民乐合奏《赛马》。活动当天上午,学生共维修电风扇、电视机、电磁炉、电话机、饮水机等电器多达 100 余件,接受法律咨询、心理咨询 60 余起,紧急救护培训 200 余人次,发放防暑类药品价值 600 余元,环保知识单、健康小常识等知识单 3000 份,并在当地建立大学生暑期社会实践基地和青少年爱心书屋,并捐赠电脑、富士相机、步步高 DVD、农林类及少儿科普类书籍等学习用品。

2009 年,江西中医学院青年马克思主义者培养工程优秀学员社会实践团一行 31 人,在九江市共青城开展"科学发展,加速崛起——青年勇当先锋"的暑期"三下乡"社会实践活动。学员们开展科学发展观理论宣讲活动,举办主题为"腾飞的中国—庆祝中华人民共和国成立六十周年"的大型图片展,开展义务法律咨询并发放普法宣传单,发放《农村百事通》和《致富快报》等资料,共计接受法律咨询 30 余人次,发放各类资料约 1000 份。7 月 4 日晚,为当地村民奉献文艺晚会。7 月 5 日,学员们瞻仰胡耀邦陵园,向胡耀邦墓敬献花圈,缅怀革命先辈。

2009 年,赣南医学院围绕"科学发展,加速崛起——青年勇当先锋"的社会实践主题,在赣州市所属的 10 余个县乡镇,开展为期近两个月大学生暑期"三下乡"社会实践活动。大学生志愿者结合"我与学校同发展"——深入学习实践科学发展观主题教育活动,分别组建大学生"科学发展、共建和谐"宣讲服务团、大学生"科技兴农"服务团、大学生"医疗卫生文化"服务团、大学生"绿色环保"服务团、大学生"科技创新"实践团、大学生"勤工俭学"服务团等中心团队。志愿者们深入社区、乡村、厂矿等地,发放科学发展观宣传单、疾病防治宣传单4000余份,义诊500余人次,形成调研论文30余篇。

2010年暑期,全省大中专学生志愿者开展以"争当建设鄱阳湖生态经济区的生力军"为主题的"三下乡"社会实践活动。共组建全国重点团队29支,省级重点团队191支,校级和院系级社会实践队965支;参加实践服务队人员11767人,参与社会实践指导老师989人,以其他方式自主参加实践活动人员22.57万余人;建立社会实践基地289个,举办各类讲座、培训班1654场,为地方培训5.2万余人次;印发农技、环保、卫生知识等宣传材料270447份,制作宣传板2084块,捐款捐物(价值)9.3万余元,收到社会实践调查报告和心得体会16.8万余篇,义务维修家电9000余件,累计投入经费200余万元。

2010年,江西师范大学"三下乡"文艺会演队赴鹰潭市余江县开展"我们和你在一起"抗洪救灾慰问演出。江西师范大学副校长张艳国、校团委书记曹泽华以及当地领导与近千名当地群众一同观看演出。演出节目有舞蹈《奔向未来》、歌曲《唱起这个好地方》《生死相依我苦恋着你》《鄱湖风情》、民乐小合奏《花好月圆》、朗诵《情系余江,我们众志成城》、舞蹈《寻找回来的世界》《那一片红》等。

是年,南昌工程学院"三下乡"社会实践队开展临川文化调研活动。听取抚州市文化局对临川文化的介绍,参观汤显祖纪念馆和王安石纪念馆。在临川区和东乡县,调研队重点围绕"绿色文化、古色文化、红色文化和水文化"进行调研,撰写《鄱阳湖生态经济区文化旅游开发调研分析报告》,为鄱阳湖生态经济区文化旅游开发和可持续发展提供服务。

中学生社会实践教育活动

1991年4月,团省委学校部制定实施《中学实践教育活动合格达标评估标准》,确立全省重点地市考察制度和合格单位逐级考核制度。

1995年,全省中学实践教育活动开始与国家农业部"绿色证书工程"相衔接,和教育、科研工作紧密结合,逐步纳入扫盲和教学计划。全省中学生踊跃参加志愿者义务扫盲及科技文化服务行动。

1996年10月19日,在大中学生志愿者社区援助月活动中,中学生深入协作区,采用创文明小区的做法,"三定一包"(定时间、定队伍、定对象和包服务)为社区居民提供文教、卫生、法律、科技等援助,创造出具有江西特色的实践活动新模式。

1997年,全省有20万中学生志愿报名参加"三下乡"活动,奔赴各地开展各种服务活动,受到群众热烈欢迎。"三下乡"活动逐渐纳入中学教学管理,实行量化考核。

1999年7月18日,景德镇团市委组织的"手拉手相聚香港夏令营"活动开营。活动历时1周,来自全市34名中小学生参加。

2000年9—11月,抚州团市委与抚州市公安消防支队联合开展全市少年儿童争获雏鹰奖章"消防章"系列活动。这次活动采用现场观摩会、知识竞赛等形式展开,对普及少年儿童消防知识起到实践教育效果,多名少年儿童获得"消防章"。抚州团市委被评为全国消防体验教育先进单位。

2002 年,赣县团县委牵头组织上海市育才中学与赣县中学学生"手拉手、心连心"的"1 + 1"结对活动。赣县中学 38 名"1 + 1"结对对象与上海市育才中学的学生一道参观晋朝储君庙、湖北江夏府戚氏宗祠、白鹭客家围屋、蒋经国旧居等名胜古迹,游览千里赣江第一岛——湖江小湖洲。上海青年学生对老区青少年入学情况、失学情况、老区农民的收入状况及生活水平进行社会调查,并与结对对象一道深入农村开展"割一次禾、插一次秧、砍一次柴、放一次牛"的"四个一"活动,亲身体验老区的农村生活。上海育才中学向该县最偏远的学校——赣县小坪中学捐赠两台电脑。

2003 年 3 月 2 日,抚州南城县南城二中"火炬"学雷锋小组的 20 名"小雷锋"来到建昌镇敬老院,为老人们洗头理发、洗衣服、扫地擦窗等,并给老人们献上歌舞节目,得到老人们的称赞。南城二中"火炬"学雷锋小组多次被省、市团委授予"学雷锋"先进集体。

2004 年 7 月 5 日至 8 月 30 日,抚州团市委组织开展"抚州——北京青少年手拉手夏令营""抚州——青岛青少年手拉手夏令营"活动。

2005 年 6 月 20 日,省测绘局、团省委、省教育厅印发《关于举办全省中学生国家版图意识主题教育夏令营活动的通知》(赣测字〔2005〕49 号)。以爱国主义教育为核心,举办地图知识讲座,强化国家版图意识教育,普及地图科学知识。

2005 年,抚州团市委组织全市各级共青团和少先队组织通过主题团队日活动、专题讲座、座谈会等形式,学习《中共中央 国务院关于加强和改进未成年人思想道德建设的若干意见》,在全市范围内开展中国少年儿童平安行动、"民族精神代代传""邮政杯——青少年心向党,写给身边的共产党员一封信"青少年书信大赛、"同在蓝天下、健康共成长——共建和谐抚州"手拉手系列活动。

2005 年,中国少年儿童新闻出版总社、中国平安保险(集团)股份有限公司、联合国儿童基金会组织开展中国少年儿童平安行动。围绕"预防道路交通意外伤害,快快乐乐出门,平平安安回家"的主题,结合"全国中小学生安全教育日"活动,以体验教育为基本途径,引导少先队员参与交通安全训练营、知识竞赛、绘画比赛、DV 大赛等活动。经过全国组委会办公室在各级少先队组织层层推荐和审核,新余团市委、南昌市少工委、景德镇市少工委获 2005 年"中国少年儿童平安行动"优秀组织奖;江西新钢第一小学、南昌师范附属实验中学、鹰潭市师范附小、余江县第一小学、萍乡市安源区、上饶市第六小学、宜丰县新昌第一小学获"2005 年平安校园(社区)"组织奖;刘畅、钟然然、梁鹤竞、钟依汝、阙瑞林、李思雨、王涵、陈莞儿、曾强、陈美琪、徐一帆、邱坤宇、马若欣、徐军亭、周宇童、陈慧、黄路凡、赵欣玢、曹玉廷等学生获"2005 年平安行动好队员"称号;新余市新钢第一小学易彬彬、南昌市育新学校黄丽君、萍乡市特巡警支队陈振宏、宜丰县新昌第一小学熊次娃,获"2005 年优秀平安使者"称号。

2006 年,宜春团市委开展"争当文明使者,争做创卫主人"主题实践活动;开展"小手拉大手、共创卫生城"主题实践活动等"六个一"系列活动,引领全市团员青年为创建国家卫生城市多做贡献。活动开展 8 个多月,在中心城区各主要路段开展捡拾垃圾、铲除口香糖、清洗市政设施、劝阻不文明行为等大型公益活动近 30 次,参与活动团员青年 3 万余人次。

2008 年,抚州团市委创建和实施"手拉手红领巾书屋"活动,各团县(区)委创建书屋 14 个,书架 86 个,书角 1400 余个,对少年儿童"多读书,读好书"起到引导作用。

2009—2010 年，宜春团市委开展"百万青少年游宜春"主题系列活动。活动采取市县联动的模式，结合"红色文化游、绿色生态游、明月山水游、城区新貌游"等主题，以"唱月亮·颂家乡"主题团（队）日活动、乡土文化知识竞赛、讲故事比赛、少儿手抄报比赛等活动形式，组织引导青少年在品味家乡魅力、寻找家乡变化、感受家乡发展中，增强青少年对家乡的朴素感情。

第三章　经济建设

　　1991—2010 年的 20 年间,江西青年积极投身到全省经济建设中。各级共青团组织支持广大青年就业创业,举办各类就业创业培训班,建立青年就业创业见习基地、大学生创业实践基地等;开展就业创业服务年活动,举办大学生就业招聘会等;对创业青年发放青年创业信用卡等,给予金融扶持。全省青年开展创新创效活动,自 1991 年始,团省委联合相关部门,在全省企业青工中先后开展青工技术大赛、"双增双减"(增产增收、减支出减能耗)建功赛等活动;自 1994 年 3 月"百万青工争当青年岗位能手"竞赛活动开展后,广大青工参与岗位培训、师徒结对学技、技术比武、"五小"(小革新、小发明、小改造、小设计、小建议)技术革新和 QC(质量控制)科技攻关等系列活动,团省委、省经贸委、省劳动厅每年评出"全省十大杰出青年岗位能手"10 人、全省青年岗位能手 70 至 140 余人不等。农村青年在政府和共青团组织帮助下,带头致富,涌现一批"青年星火带头人""省杰出乡镇企业家""十大杰出青年农民"及一大批"农村青年创业致富带头人"。在服务经济社会发展中,支持共青城建设是江西共青团突出大事:2008 年 8 月,团省委成立支持共青城发展领导小组,至 2010 年 8 月,领导小组共召开 6 次会议研究共青城的发展;团省委还通过媒体进行宣传推介,大力引进项目促进共青城发展。

第一节　青年就业创业

青年就业创业培训

　　1998 年,新余团市委举办第二期下岗待业青年免费培训班,参训人员 2000 余人;2004 年,新余团市委先后举办各类农村青年就业创业培训班 81 期,培训农村青年 4300 余人次,提供就业咨询和中介服务 3100 余人次,组织劳务输出近 500 人,帮助 2400 余名农村青年实现转移就业,扶持 170 余名农村青年走上创业之路;2005 年,新余团市委举办各类免费培训班 50 余期,培训 2900 余人次;2007 年,新余团市委依托渝水区马洪果业公司培训基地和分宜商城职业培训中心,开展农村青年技能培训,培训青年农民 100 余人;2009 年,新余团市委联合中山电子计算机学院赣西学院和分宜商城职业培训中心,免费培训农村青年和进城务工青年 1000 多人;2010 年,新余团市委与市中小企业局、新余创业大学合作开办青年创业沙龙 4 期,邀请优秀企业家为青年创业者授课,新余市各级团组织全年举办农村青年实用技术和转移就业培训活动 30 多期,培训青年 2000 人次。

1998年,鹰潭团市委开展鹰潭市再就业"双十佳"评选活动,开展下岗青工职业技术培训,举办全市下岗青工再就业培训班,6月底选出5名青年兴业领头人参加全省首期青年兴业领头人培训班;2009年9月3日,鹰潭团市委在鹰潭市职业技术学院召开全市青年就业创业工作推进会暨"送岗位进校园"活动,鹰潭团市委书记刘维新,鹰潭市职业技术学院党委书记吴胜生、副校长舒红群、副校长姚才来出席会议,各县(市、区)、龙虎山风景名胜区、鹰潭经济技术开发区团委书记,各青年就业创业见习基地代表,鹰潭市职业技术学院学生代表共60余人参加会议,会后,220多名青年到岗见习,鹰潭团市委与万年、余干等周边县市团委联手,开展"服务企业大招工行动",帮助鹰潭市新引进的台湾光宝集团、万宝至马达、美运鞋业3家企业招工227人;2010年,举办"青春创业大讲堂",邀请"赢在中国"获奖青年到鹰潭举行创业讲座,开展"订单培训助您就业——服务进城务工青年农民就业行动",鹰潭市委书记杨宪萍、市长钟志生视察"订单培训"报名登记点,对该项工作给予肯定。

1999年,吉安团地委开展职业技能培训,帮助下岗青工掌握1~2门就业技能,提高竞争上岗能力,全地区各级团组织共举办下岗青工再就业短训班近200期,有近3000名下岗青工参加培训;吉安团地委还选派16名优秀下岗青工,参加团省委举办的为期3个月的下岗青工免费培训班。2007年,吉安团市委开展"青年智库"工商管理研修班、SYB等青年创业培训项目。2009年,开展农村青年就业创业技能培训,使1844名农村青年掌握一技之长。井冈山大学校团委开办"大学生创业讲坛",聘请企业成功人士,为大学生们讲述创业历程。2010年,吉安市各级团组织联合劳动就业部门培训1739名农村青年,实现就业人数1842人。

2001年,上饶团市委建立上饶市青年就业服务中心,累计免费培训城乡青年3000人。2004年6月17日,上饶市下岗青年创业培训班开班,45名参训人员集中培训4天,培训内容紧贴青年创业需求,包括如何树立正确创业理念、如何进行市场分析、如何选准创业项目以及市场营销、经营管理等,培训课程包括SYB(自主创业)、市场营销学、相关经济法规、再就业优惠政策及成功人士的经验介绍。2006年,上饶团市委联合劳动社会保障部门和扶贫办,组织青年参加各种实用技能培训,全市共培训1000余名专业性强、实践能力强的学员,培训结束后,学员们创办小作坊、小种植、小养殖等家庭式企业;其中,玉山县白云镇青年农民尹金芬共种植200多亩西兰花;全市各级团组织共组织400多名学员参加各种创业技能培训班,帮助青年提高创业本领;8月,全市各级团组织选派184名优秀青年干部赴浙江等地区培训、学习和挂职锻炼。2009年,举办132场"青年就业创业大讲堂",邀请知名企业家、专家学者和创业成功人士,开展"关注就业、激励创业"青年创业典型巡回报告会,讲述创业历程,2万余名青年接受就业创业指导;上饶团市委与劳动、农业、科技、扶贫、旅游等部门合作,举办各类培训班30余期,培训青年2320人,其中培训返乡青年农民工1394人、农村留守青年926人。2010年上半年,上饶市各级团组织联合劳动部门、各类社会培训和劳务中介机构,开展大学生和农村返乡青年岗位技能培训,全市共开展各类培训班28期,培训青年近6000人次。

2002年4月9日,首届江西十大"千校百万"青年创业培训工作先进院校评审会第2次会议在南昌市召开,蓝天职业技术学院、江西赣西专修学院、江西航天学院、江西财经理工专修学院、江西渝州科技职业学院、江西服装专修学院、江西井冈山科技专修学院、南昌女子职业学院、江西丽人美容艺术学院、省计算培训学院 10 所院校被评为江西十大"千校百万"青年创业培训工作先进院校。

2003 年 6 月 27 日,团省委命名南昌市青年创业辅导中心暨下岗青工义务培训中心、省计算机培训学院、省前进职业培训学校等 24 个单位为"江西省下岗青工再就业培训基地",推进全省下岗青工再就业培训工作。

2004 年,南昌市国家创业指导中心提供培训,开设 SYB 培训班,帮助有创业意识的下岗青年自主创业;召开南昌市外出务工青年返乡创业座谈会,号召离乡在外的有为青年回家创业;举办"2004年海外留学人员回国创业周江西行南昌见面会",鼓励和吸引海外留学人员到南昌市创业。2005年,全年举办培训班 3 期,培训下岗职工 100 余人。2006 年,举办 5 期青年创业技能免费培训班,南昌市各级团组织共培训农村青年 9800 余人次,为青年农民提供 3700 多个就业岗位,达成用工协议 1500 余人,提供就业咨询服务 1 万余次,扶持 82 名青年创办自己的企业,通过这些企业带动 1586 名农村青年劳动力实现就业;南昌团市委联合市建委、太平洋保险公司南昌分公司、红苹果美容美发学校、南昌市女子职业学校等单位为进城务工青年举办水电、泥工、木工、市场营销、美容、美发、餐饮服务等内容的专业技能培训,培训班根据企业的岗位技能要求制订培训计划,采用"订单式"与"招聘单位进课堂"相结合的培训形式;南昌团市委以农村青年中心为阵地,联合南昌圣丰、旺丰公司、江西农大园林系等培训机构、科研院所和大中专院校,通过农民夜校、专场讲座、定期培训、专家上门等形式,组织广大在家务农青年参加园艺、种植、水产养殖、畜牧等实用农技知识培训。2007年,向青年提供就业"技能式"和"见习式"培训,先后为社区青年免费提供 SYB、市场营销、餐饮服务、美容、美发等专业培训,为进城务工青年开展"2007 创业风帆助你行——进城务工青年技能培训"活动,为进城务工青年提供免费培训近 2000 人次,优惠培训近 5000 人次,培训内容包括技术技能、法律保护、卫生保健、心理健康、文明礼仪等。2008 年,南昌团市委继续向青年提供就业"技能式"培训和"见习式"培训,先后为社区青年免费提供 SYB、市场营销、餐饮服务、美容、美发等专业培训;举办"青年创业与职业生涯规划"专题讲座,为在校大学生提供创业指导。2009 年,南昌团市委稳步实施农村就业创业培训项目,围绕市场需求,开展订单式培训,提高农村青年就业能力;根据农业现代化、产业化要求,开展科技培训、农业实用技术培训,提高农村青年农技水平;对于青年农民工返乡创业,开展创业培训,提高农村青年自主创业能力。南昌航空大学团委为帮助有志于大学生"村官"的应届毕业生,免费开办"大学生'村官'培训班",邀请专家授课,300 余名同学参加培训。

2004—2006 年,宜春团市委与市劳动和社会保障局、宜春学院、宜春职业技术学院、民办职业技术学校、市阳光工程办合作,为农村青年提供免费实用的技术培训,培训农民工 4.4 万人,安排就业 4.1 万人,就业率达 93.18%。2009 年,宜春团市委通过整合资源,依托赣西公共实训中心、宜春市创业指导中心、宜春市就业训练中心、宜春市青年就业创业实训基地和宜春市华侨理工学校、华东科技学校、清华职业技术学校等培训机构,通过举办培训班、现场示范、生产实践、信息交流和服务等方式,开展各类技能培训;全年累计培训农村劳动力转移青年 6.8 万人,城镇青年职业培训 4.8 万人,工业园区定向培训 3.6 万人,青年创业培训 6000 余人;宜春市举办"校园创业先锋讲坛""青年创业论坛"和"青年创业先锋"评选活动,倡导自主择业,自主创业新观念;靖安团县委举办返乡农民工白茶技术培训班,300余名返乡农民工参加培训。

2006年,萍乡团市委与市劳动局制定农村青年转移就业和技术培训方案,开展就业支持和各类技能培训。2007—2009年,萍乡团市委联合市人力资源和社会保障局共新建立"青年就业创业见习基地"13家,累计建立见习基地数量达到138家,提供见习岗位1410个,见习后录用1200多人,录用率达到90%;签订协议书39家。学校团委联系建立见习基地23家,需求总数1490人,已上岗1355人,见习结束后正式聘用970人。发放创业信用证(卡)498张,贷款总额2001.5万。2010年,全面推进青年就业创业。萍乡团市委联合市人力资源和社会保障局、市专业技能培训学校开展技能培训,培训青年3050余人次。

2009年,团省委结合全省"创业服务年"活动,联合劳动、农业等单位,依托各类职业技能培训学校、团属阵地等开展青年职业技能培训。截至2010年4月,全省落实培训经费316万元,培训农村青年24768人;订单式培训进城务工青年2400余人。

2009年,抚州市各级团组织开展专题培训班83次、印制发放各类宣传材料和农民工学习读本1万余册,培训农村青年3877人。2010年,抚州团市委联合劳动部门开展培训服务,抓好大中专毕业生、进城务工青年、返乡创业青年、农村留乡青年培训工作,全市12个培训基地共培训2130人,定向培训565人;会同市人力资源与社会保障局及相关工业园区,为企业招聘员工3600人,为抚州荣誉国际酒店等单位定向培训565人。

2009年,景德镇团市委建立青年创业政策咨询服务团,组建青年创业导师团、青年创业导师人才库;景德镇团市委联合就业、农业、科技、扶贫等部门,依托工业园区、技工院校开办农村青年就业创业技能培训班,采取订单培训、定向培训等形式,培训青年1354人,向企业输送技工近100人。2010年,景德镇团市委联合就业、农业、科技等相关单位开展技能培训1354人次,落实培训资金72.9万元;举办4场"创业就业论坛进高校"活动,培训创业青年2600多人,直接服务创业青年3500多人次,推介创业项目66个,帮助8所大中专院校2457名毕业生实现就业创业;景德镇陶瓷学院就业部门举办"江西省私人企业创业典型巡回演讲报告会",11月,学校团委和工商学院开展全校大四毕业生SYB培训,通过学生自主申请、分院推荐、学校团委审核,共培训156名学员。

2009年,赣州团市委开展"就业创业服务年"活动,与赣州市委农工部和劳动、教育、农业、财政等部门合作,发挥社会办学机构、高校团学组织、社团组织的作用,针对不同青年群体需求开展青年就业创业技能培训,各县(市、区)团委依托农民知识化、公民职业化培训工程,全年培训不少于300人;信丰团县委牵头,为农村青年提供技能培训,举办农业技术培训班3期,参训农村青年200人次,该县各基层团组织采用集中培训和上门辅导的方式,利用乡镇党校、农技站的力量,把培训班办到田间地头,组织培训700多人次;南康市为青年开设17门课程,进行8期培训,共培训1300余人次,帮助500余名青年就业,90余名青年实现创业。2010年,赣州团市委与有关单位联合开展"三进活动"(即进农村、进园区、进高校),邀请专家、学者针对青年需求举办特色培训班。信丰团县委利用职业技术学校、农村远程教育网点、产业基地等资源,组织青年就业创业培训,将信丰县白云职业技术学校、天华职业学校作为农村青年就业创业培训基地,举办农业技术培训班3期,培训农村青年200人次;信丰县各基层团组织采用集中培训和上门辅导的方式,利用乡镇党校、农技站的力量,把培训班办到田间地头,培训700多人次。南康团市委与乡镇农村专业合作社、青年创业示范基地联合,定期为青年队伍培训养殖、木匠、裁剪等技能,共有141名返乡农村青年参与就业创业培训;同时,依托南康市农民学院,加强农村"两后生"、返乡农民工为主的职业技术培训,开设17门课程,进行8期培训,共培训1300余人次。定南团县委以县职业中专、县委党校、各镇级党校为主要培训平台,针对城市失业青年、农村青年、青年农民工、大学生等不同群体,分类分期培训,其中培训青年农民工1万多人次。赣县团县委联合县就业局、县农业局等职能部门,举办培训班6期,培训300名青年。

2009年,九江团市委为1000名青年提供技能培训;瑞昌团市委组织返乡青年和高校毕业生,参加全省"返乡农民工创业报告团"专场报告会,聆听农民创业典型的先进事迹,吸取创业经验,激发创业热情;开展"订单式"科技培训和技能培训,全市落实培训资金138.84万元,培训返乡务工青年6000余人。2010年2月8日,九江团市委与劳动就业部门联合都昌县举办青年创业咨询会,现场600余名青年进行咨询;九江团市委筹资3万元,注册成立九江青年技能培训学校,对创业青年进行技能培训,全年举办种植、养殖、烹饪等培训班4期,培训创业青年近200人;九江团市委联合全市技能培训学校和企业,培训创业青年企业管理、经营、操作能力,培训青年1800余人。

青年就业创业竞赛

职场精英挑战赛　2008年5—9月,南昌市举办"浙大中凯,赢在南昌——2008年青年创业挑战赛"活动,冠、亚、季军分别获得不低于100万元、50万元、30万元的创业投资,前10强选手获得50~80平方米的免租金写字楼。经过海选、复赛、商战半决赛、决赛4个阶段的层层选拔,江孟兴、李宝清、刘春茅分别获得冠军、亚军、季军。

2009年4—8月,新余团市委联合新余市7个单位共同举办"谷韵米乳—2009中国新余青年创业挑战赛",市委、市政府分管领导担任大赛组委会顾问,大赛设置10万元奖金。6月18日,新余市委书记汪德和为108强选手做青年创业讲座,央视《赢在中国》2006年亚军周宇在大赛期间两次从山东来新余,为创业选手授课并担任大赛总决赛主评委。新余团市委举行大赛新闻发布会,印制两万份宣传海报,向全国100多所重点高校寄送宣传单,在市区主干道的350余个户外灯箱广告和85个公交站台展示视频宣传,新余电视台每周黄金时间段播放比赛情况,《江西日报》《经济参考报》《新华社通讯》、中国共青团网、大江网等省内外新闻媒体对大赛进行采访和报道。大赛引起省内外创业青年的关注,4个月时间大赛网站点击量达15万次,吸引来自全国各地近500名创业青年报名参赛,其中有来自广东、浙江、山东、福建、安徽等省外选手80多人。大赛历时5个月,分海选、初赛、复赛、半决赛、总决赛5个阶段。8月20日,"2009中国新余青年创业挑战赛"总决赛在新余高等专科学校老校区多功能报告厅举行,孙磊、陈朝霞、罗惠建3人分别获冠军、亚军、季军。

2010年9月,新余团市委联合市人力资源和社会保障局、市住房和城乡建设局、市中小企业局等单位共同举办新余市首届农民工技能大赛,比赛采用现场实操的方式进行,来自县、区60余名农民工参加服装制作、室内瓷砖铺贴、钢筋工、客房服务员、餐厅服务员 5 个项目的比赛,各项目第一名的 5 名选手获得"新余市技术能手"称号,23 名选手获得中级工职业资格证书。

2010 年,九江团市委开展创业项目大赛,建立优秀创业项目库,开展"恒盛杯"青年创业大赛,评出 20 个优秀创业项目,50 个创业金点子。萍乡团市委联合市人保局开展青工技能竞赛,包括数控车工、数控铣工、加工中心操作工、维修电工、工具钳工、烹饪等工种的竞赛,全市共 300 余名青工参加竞赛。

江西省大中专院校职业技能竞赛 2004 年 3—9 月,国家劳动和社会保障部中国就业培训技术指导中心、文化部文化艺术人才中心、国际商业美术设计师协会联合举办中国国际商业美术设计大赛。团省委、省学联、省青企协举办中国国际商业美术设计大赛(江西赛区)选拔赛暨江西省青年职业技能(商业美术设计)大赛,团省委书记钟志生担任大赛组织委员会主任委员,团省委副书记、省青企协会长郭美荐担任副主任委员。

2005 年,鹰潭市在"512"国际护士节开展青年护工护理大赛,在"全国青工技能月"活动期间,举办青工技能大赛、首届鹰潭市青年创业论坛和"地税杯"青年创业方案设计大赛,全年帮助 400 余名青年实现就业创业。2006 年,在"全国青工技能月"期间,鹰潭市开展全市卫生、供电、建设等 13 个行业的技能大赛,近千名青工参加,178 名青工获奖。

2008 年 12 月 9 日,"天翼杯"南昌青年 3G 创意风采大赛决赛在南昌电信综合大厅举办,比赛由南昌团市委、南昌市学联主办,南昌市青年(大学生)创业俱乐部、南昌市青年商会、中国电信股份有限公司南昌分公司共同协办。"天翼杯"南昌青年 3G 创意风采大赛从"创意"视觉入手,以"3G 移动互联网"为媒介,活动开通专属活动网站和热线电话,方便选手参与、咨询。大赛分成初赛、复赛、分区决赛、决赛 4 个阶段,每个阶段设置网络投票、现场拉票、创意评比、观众评选等活动,考察选手个人形象、自我表述能力、观察能力、创意能力、作品展示能力、执行能力。经过 1 个多月的激烈比赛,南昌大学的"快点"等 12 支团队,从最初报名的 1058 支团队中脱颖而出,进入决赛。经过角逐,江西科技师范学院团队夺得冠军,获得价值 1.5 万元的奖品,江西城市学院"如虎添翼"团队、华东交通大学"3G 三人行"团队分别获得亚军、季军,分别获得价值 1 万元、6000 元的奖品。现场评出最佳创意奖 1 名、最佳应用奖 1 名、最佳艺术奖 1 名、优秀奖 6 名,各获得价值 3000 元的奖品。

大学生就业招聘会

1994 年 8 月 2 日,宜春市袁州区第 3 次"大中专毕业生三供需见面会"在宜春中学礼堂举行,60 多家用人单位和 400 多名毕业生参加,当场开出毕业生报到证 7 个,签订合同 40 份,计算机、经贸、财会、法律、工业技术等人才供不应求。2009 年,宜春团市委联合市劳动部门先后举办宜春市 2009 年工业园区岗位对接与青年劳动力专场招聘会、2009 年公益性与青年见习岗位专场招聘会、大中专学生供需洽谈会等 10 场专场招聘会,为青年提供就业岗位 2.6 万个;6 月 11 日,举办"创业项目进校园"活动,推介创业项目 66 个、招聘岗位 1620 个,达成就业意向的毕业生 300 余人;6 月 15 日—8 月 30 日,宜春市举办青年网络招聘大会,为青年提供就业岗位 500 余个,1.3 万余人浏览招聘网页。2010 年,宜春市举办"五四"青年就业专场招聘会、大中专院校毕业生专场招聘会、青年劳动力招聘洽谈会等青年就业专场招聘会18 场,为青年提供就业岗位1.9 万余个。

2001 年,上饶市先后4 次举办城乡青年暨大中专毕业生就业现场招聘会,省内外1000 多家企业参加,提供1.4 万多个岗位,促成800 余名城乡青年实现就业。2003 年6 月28 日,上饶团市委联合上饶市青年企业家协会在上饶市中心广场举办上饶市城乡青年暨大中专毕业生就业现场招聘会,招聘单位包括省内外60 余家企业、提供1000 余个岗位,涵盖各行各业。2005 年5 月29 日,上饶团市委、上饶市劳动和社会保障局在市中心广场联合举办第3 届上饶市城乡青年和大中专毕业生就业现场招聘会,市委副书记刘卫华等察看招聘现场,看望工作人员,招聘会吸引1.48 万名城乡青年和大中专毕业生,来自省内外的145 家企业和上饶市内的10 所院校提供1.07 万个岗位,1327人当场签订用工合同。

2005 年6 月18 日,首届"人才南昌"大型招聘会在省体育馆举行,招聘会由南昌团市委主办,省金桥人才市场承办,南昌市青年企业家协会协办,南昌、上海、厦门、东莞等城市200 余家单位参会,提供就业岗位两万余个,4400 余人参加招聘会,应届毕业生2100 余人,达成用工意向协议2400余人。2009 年4 月18 日,南昌团市委在省体育馆举办"关心青年、关注就业"大型就业公益招聘会,1.2 万余名求职者进入招聘会场,3600 余名求职者与用人单位达成初步意向,280 余名大学生与用人单位达成见习意向。

2009 年,九江团市委举办大学生招聘会,九江青年企业家协会会员单位提供2600 多个就业岗位,其中,达成初步意向500 多人,现场签订协议132 人,团省委副书记曾萍到现场指导。4 月15日,九江团市委在九江职业技术学院举行"恒盛杯"九江青年创业项目大赛启动暨大学生招聘会,市劳动和社会保障局、九江青年企业家协会会员单位为招聘会提供2300 个就业岗位。

2010 年5 月18 日,省教育厅举办2010 届高校"双困"(经济上困难和心理困难的学生)毕业生就业帮扶专场招聘会,发布招聘岗位信息1500 多个,岗位涵盖机械设计、金融财会、计算机管理、电子商务、市场营销、平面设计、物流管理、文秘等专业。5 月19 日,江西省2010 年高校毕业生就业创业招聘大会在中国江西人才市场召开,招聘会由省人力资源和社会保障厅主办,招聘会设现场招聘展位200 个。全省在2010 年先后开展"春风行动暨就业援助月""民营企业招聘周""高校毕业生就业服务月"等一系列公共就业服务活动,组织各类招聘会598 场次,67.2 万人达成就业意向。

青年就业创业基地

1991—2010 年,全省在推进青年就业创业工作中,建立"青年科技创业园""青年创业就业培训基地""青年就业创业见习基地""大学生创业实践基地"等。

江西省青年科技创业园 2002 年4 月,江西华昌石油有限公司报经团省委批准,开始组建江西省青年科技创业园,实行企业发起、市场运作、政府支持的组建模式。团省委、省科委、省青联、省青企协、南昌市经济技术开发区为共同支持单位,江西华昌石油有限公司、江西瑞信发展总公司、江西金龙机械建筑工程有限公司为"青创园"投资主体企业,以有偿划拨土地、自筹资金、自定项目、自负盈亏为经营手段。

青年就业创业见习基地　2008年，团省委对不同青年群体就业创业开展服务工作。针对返乡务工青年需要，利用社会资源，建立南昌公交广告公司、九江市粮油总公司、江西加大饲料集团等57个青年就业创业见习基地。

2009年5月9日，团省委命名江西联通网络有限公司、江西美德实业有限公司、江西中环地产有限公司等89家单位为首批省级共青团"青年就业创业见习基地"。

2009年，团省委推出定向青年就业创业见习，建立青年就业创业实习基地1188家，提供见习岗位2.63万个，有1.96万人到岗见习，实现就业6250人。联合省内工业园订单式培训青年5.2万余人。

2009年，江西财经大学团委建立就业创业见习基地，与36家企事业单位签订有921个见习岗位的青年就业创业见习基地协议；加强大学生创业孵化中心建设，吸引1200名大学生参与。全年入孵企业实现销售收入602.07万元，利税142.66万元。

2009年，抚州市对燕京惠泉啤酒（抚州）有限公司，江西金弘实业有限公司等7个国家级"青年就业创业见习基地"正式挂牌。基地可提供440个见习岗位，为见习人员按月足额发放基本生活补助并提供人身意外伤害保险。2010年，抚州团市委推进共青团"青年就业创业见习基地"建设，成立"见习基地"工作领导小组，负责就业见习岗位对接、帮扶培训、宣传引导、权益维护等协调工作；全年创建48个"见习基地"，可提供113个见习岗位，可容纳1311人见习；2010年有25个基地处于见习阶段，实现728人上岗见习。

2010年，团省委实施"青年创业行动"，会同劳动、农业等单位落实培训经费307万元。培训农村青年12.5万次。新建青年就业创业见习基地1900多个，提供见习岗位3.2万个，到岗见习2.5万人。

2010年，九江团市委成立青年就业创业专项基金，首批募集资金50万元。争取企业支持，建立68个"青年就业创业见习基地"，693名青年参与岗位见习，通过见习实现就业316人。

全国青年创业基地　2009年10月16日，在中国青年企业家协会第十次会员代表大会上，团中央将第一个"全国青年创业基地"称号授予共青城。全国青年创业基地规划面积60平方千米，以"创新创业、集约高效、绿色生态"为建设标准。截至2009年12月20日，共青城投资4亿多元用于基础设施建设，引进项目近130个，合同资金500多亿元。集聚以超群科技、天翌光电、亚华电子为代表的电子信息产业，以汉能光伏、共晶光伏为代表的新能源新材料产业，以鸭鸭股份、泰然针织、锦兴纺织为代表的纺织服装产业等三大产业。到2009年12月，基地入驻60多家企业，投资强度达200万元/亩，基地主要引进高新技术产业项目。

2010年3月3日，九江市团委组织全市1600余名城镇青年参加"服务共青城企业现场招聘会"。会前九江团市委筹集9万余元补贴参加招聘会青年的交通费用，招聘会当天600余名青年与基地企业达成就业协议。

大学生创业实践基地　2010年5月23日上午，九江学院举行"大学生创业实践基地"揭牌仪式。九江市副市长吴锦萍、九江学院院长甘筱青、团省委学校部部长李菲出席揭牌仪式。九江学院大学生校外创业实践基地总建筑面积约 1.5 万平方米。

2010 年,九江团市委在九江学院成立大学生创业实践基地,在庐山区成立农村青年创业基地,在九江开发区成立青年科技创业基地。大学生创业基地吸引近万名大学生创业,农村青年创业基地吸引 20 余名青年开展花卉种植、10 余名青年进行水产养殖,青年科技创业基地吸纳 28 家企业、100 余名青年创业。全市共建立青年创业基地 18 个,共吸纳 500 余名青年创业。

2010 年 5 月 22 日,赣南师范学院大学生创业园投入使用,成为赣州市首个较大规模的大学生创业孵化基地。创业园首期规划占地面积 960 平方米,是年有 14 个学生创业团队入园创业。

青年创业贷款

机　构　江西省农村信用联社金融扶持工作领导小组。2006 年 3 月 28 日,根据省委、省政府《关于推动全民创业,加快富民兴赣的若干意见》精神,针对创业青年缺乏创业资金的实际困难,团省委与省农村信用社联合社(以下简称省农联社)联合决定,在全省范围内为青年创业提供金融扶持,为此,成立江西省农村信用联社金融扶持工作领导小组。团省委书记钟志生和省农联社党委书记、理事长肖四如任组长,团省委副书记郭美荐、团省委副书记王少玄等任副组长。领导小组办公室设在省农联社团委,省农联社团委书记傅康生兼任办公室主任。

南昌市青年创业(融资)服务指导中心。2006 年 8 月,南昌团市委、南昌市青商会与南昌市农村信用社联合社共同筹建的青年创业金融服务超市——"南昌市青年创业(融资)服务指导中心"正式挂牌运行。中心开业之初设立 6 万元的"青年创业扶持基金",用于青年创业贷款利息补贴。中心以为创业青年、中小企业提供金融服务为宗旨,以创业青年和中小企业的发展需求为导向,为广大创业青年、中小企业提供"自选"与"全方位"相结合的创业服务。中心拥有 80 多平方米的固定工作场所,成为集工商注册、税务登记、融资服务、法律咨询、创业指导、创业培训"六位一体"的综合性青年创业服务超市。

江西青年创业就业基金会。2009 年,团省委筹措资金近 500 万元,建立"江西青年创业就业基金会",为青年创业提供资金支持。2010 年,团省委借助江西青年创业就业基金会平台,与省农联社、江西农业银行加大合作力度,探索城乡青年创业贷款期限结构、利率定价、担保方式、风险补偿等模式,发放青年创业信用卡(证)2.52 万张,实际贷款 7.64 亿元。

贷　款　2005 年,吉安团市委推进农村青年中心建设,加强对农村青年创业帮扶。农村青年中心争取低息、贴息贷款等政策,吸引在外青年返乡创业,加大对返乡创业青年的扶持力度,一大批创业青年脱颖而出。遂川县泉江镇青年中心扶持的众诚纸业公司董事长张梅生,返乡投资 3500 余万元,引进项目 11 个,投资额达 1.2 亿元,安置农村剩余劳动力 1500 人,上缴税金 1300 万元,获"吉安市十佳青年返乡创业标兵""2005 年度全国农村青年创业致富标兵"称号。

2006 年 3 月 23 日,团省委与省开发银行开展开发性金融合作,推动青年创业。双方在省开发银行举行合作签字仪式,省开发银行行长蔡相林、纪委书记张国良和团省委副书记郭美荐出席签字仪式。根据合作协议,首期合作在干部交流培训、青年创业贷款、建立金融培训基地、组建金融青年志愿者队伍等领域进行。

2006年3月，团省委、省农联社印发《关于为青年创业提供金融扶持的指导意见》，各地市团委、农村信用联社根据意见精神，对所辖区域青年创业情况进行调查，并对18岁至40岁，具有创业经验、有贷款需求、符合贷款条件的农村青年进行摸底建档，结合当地实际，制定具体实施办法，由县级农村信用联社开展信贷业务。

2006年，团省委联合省农联社开展农村青年创业金融扶持工作，首批为农村青年创业提供授信（贷款）近5000万元，并在基准利率的基础上给予10%～30%的优惠。其中，为南昌市藠头协会会长黎国水等10名全省农村青年创业致富带头人授信960余万元，单笔最高授信额度260万元；为南昌市湾里区淦鑫生态农业产业示范园等9个全省农村青年创业致富示范基地授信近4000万元，单笔最高授信额度2500万元。

2007年2月，团省委、省农联社联合表彰19个"全省农村青年创业致富带头人"和"全省农村青年创业致富示范基地"，部分县农村信用联社对受到表彰的先进集体和先进个人予以授信（贷款）。全年团省委与省农联社采取拓展担保方式、优惠贷款利率，放宽抵押比例，创新信贷方式等方法，向22个项目提供6000余万元的贷款。是年，团省委与省农联社联合开展全省农村青年致富带头人和创业致富示范基地评选，为首批致富带头人和致富示范基地授信贷款4932万元。

2008年，团省委联合省农联社对农村创业青年提供信贷扶持，发放青年创业信用证（卡），解决农村青年创业遇到的资金问题。2008年7月，团省委青农部、省农联社信贷管理部、省青商会秘书处决定对第二批农村青年创业致富带头人和农村青年创业致富示范基地进行授信。2009年，团省委把服务青年就业创业作为服务青年的重点，发放青年创业信用卡（证）1.6万张，实际放贷5.6亿元。

截至2009年4月，鹰潭团市委不定期会同金融机构召开推进青年创业贷款工作协调会，帮助解决农村青年在创业过程中遇到的资金问题。在贵溪市雷溪乡、余江县黄庄乡、月湖区童家镇三地试点，推出"青年创业信用证"业务，每张信用证贷款额度为1万～6万元，贷款期限为3年以内，最长不超过5年。

2009年，南昌团市委摸清有创业愿望、创业基础和条件的农村青年状况，联合金融机构为有需求的创业青年提供信贷，共发放农村青年创业信用证（卡）500余张，发放贷款共计1700余万元。2009年，吉安团市委实施青年就业促进工程，会同金融机构为全市643名青年提供创业贷款，发放贷款2322万元。遂川县针对农村青年发展产业缺资金、银行贷款程序烦琐的现状，开展"农村青年创业互助会"试点工作，整合扶贫开发部门资金，设立"农村青年创业互助基金"，为50余名农村创业青年解决资金缺口。

2009年，抚州市启动农村青年创业小额贷款工作，出台《关于进一步做好全市农村青年创业贷款各项工作的通知》，逐级成立领导小组，推广农村青年创业贷款。抚州团市委与抚州市农村信用合作社联合社合作，解决农村青年创业初期资金短缺、融资困难等问题，带动农村青年创业致富。对团组织评选出的农村青年创业带头人、优秀团干部和优秀团员、返乡创业大学生和农村青年的优秀创业项目，给予优先贷款、利率优惠。

2009 年,靖安团县委和靖安县农村信用联社推出"务工返乡农村青年创业贷款"信贷品种。在农村青年创业信用贷款支持下,全县 1200 多名务工返乡青年和农村青年顺利创业就业。在授信贷款青年带动下,靖安县农村创业气氛逐步浓厚,形成椪柑生产基地、白茶生产基地、有机水稻基地等农业产业生产加工链条。2009 年,全县农村农民人均纯收入 4856 元,比上年人均增收 320 元。截至 2010 年 8 月,靖安县发放农村青年信用贷款证 340 个,发放农村青年创业贷款 3000 余万元。仁首镇青年赵鸣松,2008 年从华东科技学校毕业回乡创办七彩山鸡养殖场,因为缺少资金,一直没有引进种苗;2009 年,在团组织和县农联社的帮助下,获得 3 万元创业贷款,购买 600 羽七彩山鸡种苗,开始创业。2009 年,高湖镇青年农民甘辉诚返乡创业,准备在镇上开办家具超市,因缺口资金 5 万元无法筹措,正要放弃时,团组织和县农联社为他办理务工返乡青年创业贷款信用证,使他拿到利率优惠 20% 的 5 万元贷款,如愿开办家具超市。

2010 年上半年,南昌团市委与南昌银行、江西邮政储蓄银行等金融机构探讨建立青年创业融资绿色通道,为创业青年简化贷款程序、降低贷款利率、增加贷款额度等方面提供帮助。同时,在全市发放青年创业信用证(卡)293 张,发放贷款 1455.1 万元,带动就业人员 960 人。

2010 年 8 月 23 日,抚州团市委和抚州市农联社在临川区农村信用联社举办全市农村青年创业小额贷款发放仪式。仪式上发放农村青年创业小额贷款 398 万,共计 31 户。从 2009 至 2010 年 7 月,抚州市累计发放农村青年创业小额贷款 8689.59 万元,贷款青年 2390 户。

2010 年,吉安团市委推进青年创业小额贷款工作。截至 12 月上旬,会同金融机构为 1029 名农村创业青年发放青年创业贷款 4393.41 万元,带动就业人数 1329 人。

2010 年,九江团市委联合中国人民银行九江市中心支行,从历年贷款的青年中评选出信用示范户,给予奖励,优先享受贴息政策。是年,九江团市委开展青年信用户评定试点工作,在星子、永修等 4 个试点县分别成立信用评定小组,制定信用评定体系,对拟申请贷款青年的情况进行审查,评定信用等级,创业青年可根据信用等级到银行办理相应额度的贷款。是年,九江团市委、市农联社联合发文,对获得县级(含)以上团委授予荣誉称号的青年,有较好的创业项目,经县级团委推荐,可申请无需担保的信用贷款。九江市倡导有完全民事行为能力、遵纪守法、诚实守信的青年,有较好的创业项目,并有一定的经营规模的企业,自愿组成联保小组,小组成员可申请贷款,并共同承担贷款连带责任。九江团市委动员市青年企业家协会会员,出资 1000 万元,成立青年创业担保公司,为青年创业提供资金担保。截至 2010 年 6 月 30 日,九江市团组织共协助 1659 名创业青年办理贷款 6006 万元。

2010 年,萍乡团市委联合萍乡市农信社和相关企业,为创业青年提供创业小额贷款,共发放小额贷款 1626.3 万元。

第二节　青年创新创效活动

"争当青年岗位能手"活动

"争当青年岗位能手"活动是1994年初,由团中央、国家经贸委联合组织开创的一项青年创新创效活动。

1994年3月15日,团省委、省经委、省劳动厅联合发文,决定在全省企业中开展"百万青工争当青年岗位能手"竞赛活动。动员和引导广大青工参与岗位培训、技术比武、"五小"和QC科技攻关等系列活动,形成人人争当岗位能手、个个立志岗位成才的时代新风尚,以培养企业新一代合格劳动者。

吉安地区各级团组织开展"争当青年岗位能手"竞赛活动,涌现一批敬业爱岗、熟悉业务的优秀青年职工。1994年11月,王红光等100名青年获全地区"青年岗位能手"称号。

1994年,团省委会同省直有关单位命名表彰"全省十大杰出青年岗位能手"和100名"全省青年岗位能手",各地(市)命名表彰地级青年岗位能手1000人。

1995年,省煤炭厅、团省委在全省煤炭系统青工中开展"争当青年岗位能手"活动。表彰50名煤炭系统"青年岗位能手",10名煤炭系统"杰出青年岗位能手"。

1995年9月,萍乡市企事业单位分别制定《青年岗位成才条例》,以制度化标准规范青年岗位能手竞赛活动。在班组柜组中开展"对手赛""师徒结对学技""技术比武""推广先进操作法"等岗位训练。萍乡团市委和市劳动局等单位联合举办全市服务行业技术大赛,全市30多个单位的60多名青年参加比赛。鹰潭市开展"争创青年文明岗位、争当岗位青年能手"活动,各级团组织广泛设立"青年文明柜组""共青团线路""共青团号"等各种形式的青年岗位,开展文明经营、优质服务、争创效益等系列活动,培养一大批青年岗位标兵。

1996年,团省委、省经贸委、省劳动厅在全省企业中继续开展"百万青工争当青年岗位能手"竞赛活动。是年,授予刘唆根等10名青年"江西省杰出青年岗位能手"称号,授予杜伟敏等100名青年"江西省青年岗位能手"称号。5月,赣州团地委、赣州地区经委、赣州地区劳动局在全区企业青工中开展"争当青年岗位能手"活动,命名地县两级青年岗位能手1000人;7月,赣州团地委制定《赣州地区青年职工岗位成才奖励条例暂行规定》,激励青工爱岗敬业、熟练掌握业务技能;9月,赣州团地委授予卢燕、吴俊岭等10名青年"赣州地区青年岗位能手标兵"称号,授予龚玉霞、胡万青等40名青年"赣州地区青年岗位能手"称号。

1994—1997年,鹰潭市把岗位培训作为主课堂,使"导师带徒""拜师学技"形成热潮;把产品质量及成本作为衡量标准,使岗位培训过程成为不断提高产品质量、降低成本、节能挖潜的过程;把严格岗位规范、落实表彰奖励作为根本要求,使青年岗位能手活动逐渐成为企业行为、政府行为。3年中,全市共举办各类岗位培训860期,举办技术比武478次,全市"五小"技术革新、"双增双减"

活动共为企业创造效益 400 多万元。鹰潭团市委、市劳动局、市经贸委两次命名表彰"市十大技术尖兵"、30 名市级"青年岗位能手"。

1997 年,上饶市先后在金融、国税、汽车修理行业举办青工技术大比武。5 月 3 日,举办全市金融系统青年岗位技能比赛,有 7 个代表队 36 名青年选手参加,15 人获奖;11 月 20 日,上饶团市委、市劳动局、市交通局在汽车维修行业青工中开展技术大比武,通过层层预赛,选拔出 37 名青年选手,组成 11 个代表队参加角逐,经过近 8 小时应知应会的比赛,产生汽车修理工、汽车电工、钣金工等 3 个工种的前 3 名,市劳动局授予各工种的第一名获得者"全市青工最佳岗位能手"称号。是年,全市各级团组织开展岗位培训 486 期,开展技术比武 200 多场(次),1000 余对师徒签约结对。上饶团市委表彰 28 名市级青年岗位能手,邵亲柏等 9 名青工被授予"全省青年岗位能手标兵"称号。

1998 年,全省围绕搞活大中型企业,开展"青年岗位能手"活动。江西铜业股份有限公司贵溪冶炼厂结合质量管理制度开展"兴质量"活动,引导青年树立质量、成本、效益观念,以一流的质量取胜,阳极铜化验合格率 100%,使贵溪冶炼厂成为世界炼铜工厂 15 强。江西洪都集团组建计算机科技协会,组织青工进行工艺改进和技术革新。万安水电站开展"QC"活动,产生出省级 QC 成果奖。新余钢铁有限责任公司举办第六届青年岗位能手技能大赛,大赛涵盖 7 个工种:打字员、蒸汽机车司机、钳工、车工、行车工、电机修理、仪表工,有 240 名选手参加比赛;经过 7 天的角逐,徐峰等 14 名青年选手获"1998 年度公司青年岗位能手"称号,罗立青等 21 名青年选手获"1998 年度公司青年技术标兵"称号,鄢俊峰等 20 名青年选手获"1998 年度公司青年技术能手"称号,新冶公司等 5 个单位获"培养跨世纪青年岗位能手先进单位"称号,公司总经理办公室等 7 个单位获"重视青年岗位成才先进单位"称号,第二炼钢厂等 3 个单位获"公司第六届青年岗位能手技能大赛优秀组织单位"称号。

1999 年 9 月,瑞昌市企业青年立足岗位,参与"五小"科技创新活动,促进企业增效。各企业团组织以青年科技协会为形式,组织青年职工开展"开发一项新产品、创造一项新工艺、推广一项新技术、转化一项新成果"活动,全市企业应用青工合理化"五小"创新措施 107 项,增加效益 587 万元。

1999 年,新余市企业团组织在深化青工技术比武、青安岗、"五小"、QC 攻关等活动的基础上,全面开展以导师带徒为重点的青年岗位能手活动,共吸引 3 万名青工参与,全市师徒结对 2533 对,涌现出各级青年岗位能手 5000 余人。在全市"五四青工导师带徒"签约仪式暨青年岗位能手活动推进大会上,纳入市级管理范围的师徒 50 对,表彰市级青年岗位能手 29 人,有 6 人被评为全省青年岗位能手,3 对师徒被评为全省优秀师徒。

2000 年,团省委组织共青团系统开展青年岗位能手活动。1 月,洪都集团团委开展"首季开门红"青工劳动竞赛。江铜公司团委举办"迎接新世纪,创造新成绩"青工技能比赛。南昌团市委联合市委宣传部、市劳动局、市总工会、市经贸委等 6 家单位联合举办"迎接经济浪潮,尽显青春风采"首届青年职工技能大赛,比赛分车工、焊工、点钞、计算机文字录入等 6 项,评选出张瑾等 60 名青年岗位能手和郑思庚等 6 名杰出青年岗位能手。

洪都航空工业集团青工李刚于 1993 年至 2000 年 7 年间,累计完成产值工时 6 万多小时,实施小发明、小创造数十件,提合理化建议 100 多条,直接创造经济价值 4 万余元。李刚在民品开发过程中,参与单位成立的QC小组活动,在研制江铃汽车整体轮压铸的过程中,作为主要操作工人,他大胆实践,细心加工,使得产品一次试模成功,QC小组的课题被集团公司科协评为1999年度科技进步二等奖。

2002年,省委宣传部、团省委、省经贸委、省科技厅、省财政厅、省科协和省青企协联合制定《江西省企业青年职工创新创效活动奖励办法》,新余市3万余名青工参与岗位培训,师徒结对2500余人,涌现出各级青年岗位能手5000余人。青年创新创效活动在深化"五小"、QC攻关、青年创新技能比武等活动的基础上,产生一批创新成果。鹰潭以江西贵溪火力发电厂、江西贵化公司、省地质局二六五大队等单位为重点,开展多项技能比武活动,全市共命名表彰省、市级"青年岗位能手"60人。

2004年,团省委、省劳动和社会保障厅、省国有资产监督管理委员会开展2003年度全省"青年岗位能手""杰出青年岗位能手"及"优秀师徒"推荐表彰工作。朱晶等10名青年获2003年度"全省杰出青年岗位能手"称号,陈蓉等72名青年获2003年度"全省青年岗位能手"称号,黄科棣、帅永明等33对师徒获2003年度"省级优秀师徒"称号。2005年,团省委、省劳动和社会保障厅、省国资委命名甘小珍、刘志华、田志强、李长春、杨长为、徐月红、黄永琦、黄洪斌、董洪忠、黎清春10名青年为2004年度"全省杰出青年岗位能手",命名周海燕、梁建国、蔡平等81名青年为2004年度"全省青年岗位能手(含青工技能竞赛获奖者19人),命名刘志刚、李芳等34对师徒为2004年度"全省优秀师徒"。

2005年,抚州市以"一二·九"运动70周年和抗日战争胜利60周年等重大纪念日为契机,开展第3届"抚州市杰出青年岗位能手及优秀师徒"活动,表彰石仕忠等10名"抚州十大杰出青年"和马岖等10名"抚州优秀青年"。上饶市全年共命名63名市级青年岗位能手,5名省级青年岗位能手。

2006年,团省委、省劳动和社会保障厅开展2005年度全省"青年岗位能手""杰出青年岗位能手"及"优秀师徒"表彰活动,命名万国华、付勋、李文桥、刘志华、伍灵犀(女)、汪洲、何惠青、胡蔚星、曹细春、董波等10名青年为2005年度"全省杰出青年岗位能手",命名张莺、钱继军、徐文达等148名青年为2005年度"全省青年岗位能手"(含青工技能竞赛获奖者86人),命名陈芬牙、彭友为等33对师徒为2005年度"全省优秀师徒"。

是年,在"全国青工技能月"期间,鹰潭市以科技创新为主题,开展全市卫生、供电、建设等13个行业技术比武,共有近千名青工参加,178名青工脱颖而出,其中获省级"青年岗位能手"称号的4人,省级以下"青年岗位能手"35人。萍乡团市委与市劳动局、市总工会联合开展2006年职业技能竞赛,授予刘进等7人"萍乡市青年岗位能手"称号;承接团中央、中组部赴赣博士服务团到萍乡考察交流活动;申报2005年度"全省青年岗位能手"4人,优秀师徒2对,黎清春获2004年度"全省杰出青年岗位能手"称号,并申报为"全国青年高技能人才库"候选人。是年6月,横峰团县委开展"十大杰出青年"评选活动,评选过程历时5个多月,经过层层评选,侯庆峰、杨继红等10名青年获"横峰十大杰出青年"称号,谢艳珍、杨森林等6名青年获"横峰县优秀青年"称号。

2007年,团省委、省劳动和社会保障厅决定,授予古琴、左雪辉、宁德勇、何志高、张欢、张坤、张咏浪、钟振华、夏磊、郭舜等 10 名青年 2006 年度"全省杰出青年岗位能手"称号,授予赵菊萍、徐勇敏、殷小平等 101 名青年 2006 年度"全省青年岗位能手"称号(其中含竞赛获奖者 37 人),授予熊卫标、龚少逸等 34 对师徒"全省优秀导师带徒"称号。

2008 年,鹰潭团市委、市劳动和社会保障局联合开展 2007 年度鹰潭市青年岗位能手评选活动。鹰潭瑞新铜业有限公司王早满、鹰潭市三川水表有限公司李云芳、实际阳光余江照明有限公司梁勇等 30 名青年工人获 2007 年度鹰潭市"青年岗位能手"称号。吉安市引领各条战线上的青年立足岗位、创新创优,涌现出 112 名市级青年岗位能手、5 名省级青年岗位能手和 12 对省级优秀师徒。吉安供电公司"22 千伏线路班"被团中央、国家安全生产监督局命名为"青年安全生产示范岗",是全省电力系统唯一获此荣誉的青年集体。华能井冈山电厂开展岗位练兵和技能大赛,以技术攻关、设备改造、劳动竞赛、导师带徒、QC 活动等为主要竞赛内容,先后进行#2 机组等离子点火系统改造、汽轮机通流部分改造等多项技术革新项目,每年节约用油 1500 吨,实现废水零排放、烟尘达标排放和煤灰综合利用。

2010 年,抚州团市委以纪念青年文明号创建活动 15 周年为契机,为进一步推动全市青年文明号活动规范化、制度化,开展"号手"联动活动,命名市级青年文明号 48 个,表彰市级杰出青年岗位能手 10 人、优秀青年岗位能手 38 人和优秀师徒 8 对。周亚弘被评为全省杰出青年岗位能手。

立功竞赛活动

青工技术大赛 1991 年,全省共有 100 多万企业青工,约占职工总数的 60%。其中处于生产第一线的达 80%。为贯彻党中央关于"把经济建设转到依靠科技进步和提高劳动者素质的轨道上来"的战略决策,省政府做出举办全省"青工技术大赛"的部署。大赛包括冶金、纺织、化工、建材、地矿、轻工 6 大行业 14 个工种。吉安、南昌、上饶、新余等地市针对本地企业特点,开展多工种技术比武。萍乡市在 5 个行业中举办 23 个工种的比赛。全省共举办各级技术比武 2784 次,基层举办青工技术培训、技术练兵 3662 期(次),青工参与活动的覆盖面达 58%,对省级比赛中取得优秀成绩的选手授予"江西省技术尖兵"和"江西省技术能手"称号,对获得各工种比赛前 5 名者,破格聘任为技师,并给予一次性奖励。宜春、吉安、新余、抚州、南昌等地对在地市级大赛中获奖并获得"青工技术尖兵"称号的选手,给予晋升工资或一次性奖励。彭春风、黄剑平、杨绍清、周运萍、张秀明、艾早红、刘述贵、徐芬芳、谌小明、魏建平、张巧英、张四清、赵宗宁等 13 名 5 种赛的第一名选手获得"江西省五一劳动奖章"。

1992 年,在纪念中国共青团建团 70 周年和五四运动 73 周年之际,团省委、省劳动厅、省总工会、省经委、省冶金工业厅、省纺织工业局、省石油化学工业厅、省轻工业厅、省建筑材料工业局、省地质矿产局联合举办第四届青工技术大赛,包括冶金、纺织、化工、建材、地矿、轻工等 6 个行业 14 个工种的比赛。比赛项目为考核生产成绩,即考核产量、质量、消耗等 5 个指标。第四届全省青工技术大赛组织委员会主任由省长助理张云川担任。经过两个多月的比赛,邹衍群(全南县缫丝厂)、邱秀英(玉山县缫丝厂)、徐莉艳(修水县丝绸公司)、姜桂花(广丰县丝绸厂)、徐春香(修水县丝绸公司)、吴美仙(玉山县缫丝厂)获"全省缫丝全能操作能手"称号;尹春妹(永新县缫丝厂)、彭静(永新县第一缫丝厂)、李金芸(全南县缫丝厂)、黎群(上饶县缫丝厂)4个单项第一名获"全省缫丝单向操作能手"称号;冶金、纺织、化工、轻工、建材、地矿6个行业14个工种的第1~5名获得者彭春风等65人获"江西省技术尖兵"称号,第6~10名获得者廖方眉等60人获"江西省技术能手"称号;江西新余钢铁总厂等3家企业获"尊重人才和技术"先进单位。

2004年,围绕"岗位学习,岗位成才,岗位贡献"的主题,团省委联合15个部门开展青工技能大赛,共开展青工培训活动4000多次,创造"五小"成果460多次。

2005年,团省委、省劳动和社会保障厅深入实施"青工技能振兴计划",开展青年建功成才月活动。4月下旬至9月底,在全省10家"全国青工技能振兴计划"试点单位开展青年职业技能大赛。试点单位有:昌河飞机工业(集团)有限责任公司、江西南昌卷烟厂、江西新余钢铁有限责任公司、江西清华泰豪科技集团有限公司、江西洪都航空工业集团有限责任公司、九江石化总厂、江西铜业集团公司、萍乡矿业集团公司、江铃汽车集团公司、凤凰光学仪器集团公司。参赛工种以电焊工、工具钳工、维修电工、数控车工为主,竞赛分技术理论考试和现场实际操作两部分进行。技术理论考试占总分成绩30%,现场实际操作占总分70%。经过大赛,单项比赛前3名的选手获"全省青年岗位能手"称号。昌河飞机工业(集团)有限责任公司20岁的青工廖艳萍,在计算机操作员单项比赛中以88.1分的成绩夺冠。

"双增双减"建功赛 1993年,团省委、省经委、省财政厅联合印发《关于在全省青工中继续深入开展"双增双减"建功赛活动的通知》,要求在全省青年职工中开展以"节能降耗"为重点的"双增双减"(增产增收、减支出减能耗)建功赛活动。全省各地、市、县(市、区)团组织,组织青年突击队、QC小组,开展技术攻关、技术推广、技术练兵、"五小"竞赛和质量管理等系列活动;组织车间之间、工区之间、班组之间、机台之间、个人之间的对口赛、擂台赛、标兵赛、一条龙赛,千方百计增收节支、增产节约。景德镇在开展活动中,从节约一度电、一滴油、一枚螺丝钉等小事入手,厉行节约,增产增收。据统计,全省增收节支620万元。

1995—2000年,上饶市在开展"双增双减""五小竞赛"活动中,共举办岗位技术培训289期,培训青工18536人次;开展各类青工技术比武153场,参赛青工3000余人次。1995年3月23日至25日,团市委、市乡镇企业联合举行全市乡镇企业青工技术比武活动。各企业推出30名青工分别参加车工、缝纫、瓦工3项技术比赛;10月5日,团市委举行首次"计算机文字录入处理技能比赛",全市各行业近百名微机操作能手参加比赛,刘雯、黄爱萍、董红梅获得前3名。

"景德镇瑶里杯"江西青年旅游形象大使电视大赛 2004年,团省委、江西电视台和景德镇瑶里旅游发展有限公司联合举办"景德镇瑶里杯"江西青年旅游形象大使电视大赛。大赛的主题是"崛起的江西,飞扬的青春"。大赛分为预赛、复赛和总决赛3个阶段,时间跨度从4月到6月,全省分为36个赛区,共有来自省内外的4000余名选手参赛,比赛项目有才艺表演和旅游综合素质测试。经过为期两个多月的比赛,评选出1名冠军、1名亚军、1名季军,同时评选出1名最佳表现奖和18名最佳形象奖。

"勤奋杯"师范生基本技能竞赛 从1992年开始,江西师范大学结合师范院校特点,连年开展

"勤奋杯"师范生基本技能竞赛。参赛对象为师范专业三年级学生,比赛内容包括教师教育技能知识竞赛、普通话竞赛、应用文写作比赛、粉笔字比赛、多媒体课件设计竞赛。活动涉及知识面广,使学生增长知识和锻炼能力,在学校反响很大。第五届参赛学生近千人,涌现一批师范技能突出的学生。15 人获一等奖,10 人获二等奖,5 人获三等奖。教科院、计算机系、文学院组织工作出色,被评为先进集体。

"振兴杯"全国青年职业技能大赛　2004 年,团中央、劳动和社会保障部联合举办首届"振兴杯"全国青年职业技能大赛。大赛分为省级初赛和全国决赛两个阶段,获得省级初赛工种前 3 名的选手参加全国决赛,获得全国决赛各工种前 5 名的选手晋升为技师或高级技师,并授予"全国技术能手"称号。

2008 年 11 月 14 日,南昌铁路局九江桥工段李伯乐代表南昌铁路局参加第 2 届全国铁道行业职业技能大赛,以总成绩第 3 名,夺得大赛一等奖,被授予"全国技术能手"称号。

2010 年 9 月 27—29 日,省第六届"振兴杯"青年职业技能大赛在南昌举行。参赛工种有计算机网络管理员、机修钳工、机械设备安装工,参赛选手有罗颂华、夏恺、邱斌、黄贵、廖庆华、姜建国、吴平(备选)、张卫国、冯正武、黎雪明;经过 3 天的比赛选拔,选出黄贵、廖庆华、夏恺 3 名优秀选手代表江西,前往沈阳参加全国第六届"振兴杯"青年职业大赛。在全国决赛中,新余钢铁有限责任公司廖庆华获得第 6 名,省建材工业集团江西现代职业技术学院夏恺获得第 15 名,江西铜业股份有限公司黄贵获得第 18 名。

服务万村行动

1995 年初,团中央提出《关于在加强农村基层团组织建设中实施"共青团服务万村脱贫致富奔小康行动"的意见》。5 月 7 日,团省委联合省村建办、老建办、计委、科委、农业厅、林业厅、农行等部门,成立由团省委书记黄建盛任组长的江西省服务万村行动领导小组,内设组织有建设组、项目资金组、技术培训组和办公室,各地市县也相应成立领导小组。5 月 11 日,团省委在丰城召开全省"服务万村行动"动员会,自此,全省各级团组织全力实施"服务万村行动"。

1995 年 12 月,团省委确定首批 100 个村试点(其中团省委 40 个,各地市团委 60 个),示范带头村 1000 个(实际 1137 个)。在实施过程中,始终把重心放在具有明显区位优势和经济发展潜力的京九线上。新余团市委实施"共青团服务百村脱贫致富奔小康行动",深化"城乡联谊,互助共进"和"厂村挂钩,互帮带联"活动,为农村团组织提供信息、项目、科技、文化、资金等服务。赣州团地委制定《关于在农村基层组织建设中切实抓好"服务百村脱贫致富奔小康行动"的实施方案》,启动 368 个村,建立 20 个重点示范村,确定命名 10 个"农村青年科技示范培训基地",培训 6000 多名青年。

1996 年,团省委与省农行联合开展全省"万村致富储蓄"活动,农行系统每年以此项储蓄额的千分之八划拨低息贷款给启动村。至 1996 年底,赣州地区万村致富储蓄近 200 万元。至 1997 年 6 月底,全省各地共落实"服务万村行动"经济项目资金 1.5 亿元,实际到账 8000 多万元。

1996 至 1997 年，团省委举办 3800 余期县乡（镇）团委书记和项目经办人业务实用技术培训班，受训团员青年 20 余万人次。截至 1997 年 6 月，全省 2137 个启动村中，选择项目 3627 个，立项和实施 2085 项，落实项目资金 1.5 亿元，培训骨干 20 万人次，培养项目领办人 1000 多人。吉安团地委以服务万村为重点，制定《吉安地区 1997 年度实施"服务万村行动"推进计划》，在 1996 年确定 133 个联系村的基础上，1997 年增加 300 个联系村。指导、协助联系村建立健全支部班子，配齐配强团支部书记；组织青年志愿者开展科技文化下乡活动，提高农村青年科技文化素质；组织城乡结对，提供资金、技术、信息等方面的服务，援建一批希望书库和万村书库。

1998 年，全省各级团组织把开展农村青年实用技术培训作为"服务万村行动"的重要措施，创办大批青年科技培训基地。经过培训的农村青年掌握 1～2 门实用技术，成为当地致富能手。各地团组织通过举办青年文化夜校和大中学生扫盲培训，开展大规模、普及性科技文化培训和实践，使更多的农村青年增长致富本领。为做好农村高新技术示范推广工作，全省各级团组织采取多项措施：成立 1 万多个农村青年经济协会；建立"服务万村行动"信息网络；开展科技文化下乡活动；创建"青年科技图书站"和"希望书库（屋）"；举办话题讲座和培训班，开展科普咨询与宣传；组织城乡结对、定点挂钩，通过企业、院校、政府职能部门的技术和资金，扶持高新技术的示范推广；建立培训基地，团省委抓十大培训推广基地，各地县乡分别抓 2 至 3 个示范点等。

1999 年，吉安地区永丰县佐龙乡香山村团组织组织群众整修村道、清理渠道，向有关部门争取资金，在廖陂村兴建一座电灌站，维修两处闸门；采取以资代劳的形式筹资 20 余万元，加固香山段恩江河堤；在香山村动员 50 多户农户推广种植 50 多亩秋延辣椒，大多数种植户从中受益。

2002 年，上饶市推进"百村万户青年文明行动"，联合民政、建设、农业等职能部门，采取一个或多个部门、单位或个体志愿者参与的"X＋1"模式，创建"青年文明示范村"4 个。同时，加大优秀青年典型的培育、宣传和推荐力度，15 人先后评为全国行业优秀青年标兵，3 人先后评为"全省十大杰出青年"，50 余人先后评为全省行业优秀青年标兵。

2003 年，团省委围绕农村经济发展，全面深化农村青年增收成才行动，按照"实用、实际、实效"的原则，培训青年农民 17 万人次，推广领办科技项目 4000 多个。

2004 年 12 月，鹰潭团市委全面推进"十村百户青年文明行动"，为每个示范村筹集 5 万元，按照"硬化房前后，绿化公共场地，实施改水改厕，整治环境卫生"的标准进行建设。评选扶持 10 个青年种养示范基地，选培 50 名青年致富带头人，提高农村青年增收成才能力和农村社会文明程度。

2005 年，赣州团市委推出"百村万户青年志愿行动"，发动社会各界为新农村建设捐资捐物 30 余万元，规划设计新居 300 余套。7 月，开展"万名大学生志愿服务赣州新农村建设"活动，全国 63 所知名高校近万名大学生在赣州 100 多个村开展服务新农村建设活动。

2006 年，抚州团市委开展建设社会主义新农村系列活动。3 月 29 日，组织青年农业专家服务团 13 人深入临川区东馆镇，开展村容规划和良种选育、浸种、春播等农技咨询活动，发放宣传资料 2000 余份。开展农村青年创业致富基地评选活动，启动农村青年星火带头人培训工程。开展青年文明号"一助一"活动，组织 36 个省、市、县级青年文明号分别与当地县（市、区）农村结对，开展帮扶活动。

2007 年 1 月，上饶团市委在玉山县岩瑞镇举行服务新农村建设"千名青年专家进百村"春季行动启动仪式,近百名各行各业的青年专家参加。开展"新农村、新青年、新发展"乡村青年文化活动,组织30名青年文艺工作者参加文艺演出,为当地群众送去文化大餐;开展"建设新农村,科技入农家"活动,组织10名青年农业科技工作者向当地群众推广先进实用农业技术。

2007年4月,宜春团市委开展"青年文明示范村"创建活动。组织青年文明号集体与青年文明示范村结对26个,向示范村援助生产生活物资价值19.8万元,援建文化(体育)活动室6个,培育创业致富带头人45人,开展技术培训1200人次。

截至2007年12月,团省委为推进百村万户青年文明行动示范村建设筹集资金近600万元,创建示范村102个,受惠群众6500户。利用农村青年中心、青年农民夜校、业余团校、科技示范基地等阵地,开展多种形式的职业技能培训,共举办农村青年致富培训班32期。

2008年3月,新余团市委推进"青春建功新农村"行动,重点开展"一人认捐一棵树、共同保护母亲河"青年绿化工程、青年文明号服务新农村建设、"知识改变命运、书籍助力农村"图书捐赠和文化科技卫生"三下乡"等活动。创建青年文明示范村5个,帮扶资金100余万元,捐赠书籍上万册,培训青年农民2000余人次,植树10万余株。

2009年,鹰潭市开展"青春建功新农村行动——个十百千万行动"。举办第二届鹰潭市乡村青年文化艺术节,活跃农村群众文化生活;表彰第六届"鹰潭十大杰出青年农民",树立优秀典型;在余江区锦江镇青年农民科技培训中心举办两期青年农民科技培训班,80余名农村青年掌握香菇、葡萄栽培技术,找到致富之路;与市农行联合出台《关于为农村青年创业提供金融扶持的指导性意见》,发放青年创业贷款90多万元;开展"支持卫生清洁工程,捐献青联特别会费"活动,筹集资金3.4万元,捐建垃圾焚烧炉8个。

2010年,团省委开展百乡千村绿色家园建设行动,以村庄美化、绿化、整洁为内容,实施百乡千村绿色家园建设行动。通过农村青年小额贷款信用卡发放,利用农村青年实用技能培训、送金融知识下乡、农村青年科技特派员行动等平台,引导青年积极就业创业,引领农村新风尚,构建和谐新农村。抓住鄱阳湖生态经济区建设上升为国家战略开启之年的契机,围绕鄱阳湖滨湖区38个县市(区)开展百乡千村青春建功行动。立足滨湖区,联合当地林业部门,在100个乡1000个村开展绿色家园创建工作。通过引导企业资助、争取当地党政支持、发动当地青年参与等方式,在滨湖区建设63个青少年绿色家园,面积达1.2万余亩。

培养青年致富带头人行动

团省委通过抓培训、抓阵地、抓服务、树典型等项目,实施"培养青年致富带头人"行动,促进青年增收成才、推动农村经济发展。

1991年,团省委围绕各级星火计划的实施和农村新技术的推广应用,在农村青年中开展培养"青年星火带头人""省杰出青年乡镇企业家"。1991年12月,评选出魏云龙等10名"青年星火带头人"、应寿郎等40名"省杰出青年乡镇企业家"。为帮扶当地青年增产创收,吉安地区遂川县团组织开展城乡共建农业开发基地活动,各级团组织通过挂乡联村,采取共同投资、共同管理、共享利益的办法，联合创建"农业开发共青基地"，参加的团员青年达3.2万人，1991年达成意向性开发项目30多项。

1993年，宜春地区各级团组织以科技培训为抓手，以乡镇团校、青年之家农民夜校为阵地，举办专门培训班736期，培训青年农民7.9万人次。靖安县团组织围绕县委县政府的蚕桑、柑橘、药材三大开发项目，举办培训班48期，受训"获技"青年达8000人。吉安地区万安县成立"青年星火带头人"为龙头的各类科技服务组织36个。全国"青年星火带头人"张治庆，利用掌握的经济作物栽培技术，在乡村推广和示范"甘蔗高糖立体种植技术"，每亩甘蔗增产520千克，含糖量增加0.3%。

1995年7月，九江市德安县在青年致富人的带动下，全县108家股份合作企业中，青年股份合作体占72家，宝塔乡牌楼村有蛋鸡养殖场10家，养鸡3万多只，年获纯利50万元。新余团市委开展农村实用技术培训，至1995年年底，全市培训1万余人。萍乡市各乡镇团委举办柑种植、大棚蔬菜、网箱养鱼等实用技术培训392期，培训人员两万余人。东源镇女青年邓红萍科学养猪，半年收回成本并获纯利润3000余元，青年柳忠生带领7名团员青年栽种药材、西瓜等经济作物，除上缴村委2000元，人均纯收入2500余元。

1996年，宜春地区樟树市城镇青年主动到农村承包荒山、荒地、荒水，开办种、养、加工企业。全市有120多名城镇青年利用"三荒"兴办各类养殖场、果林场等农业企业30多家，产值规模近2000万元。吉安团地委帮助"青年星火带头人"、科技示范户等青年能人领办大棚蔬菜、林果、药材、特种珍禽、茶树菇、稻田养鱼等科技推广项目，促进先进适用技术推广，取得一定经济效益。部分团组织兴办科技项目和实体，增强团组织的自身实力；通过跑项目、找市场、拉资金，培养一批懂经营、会管理的农村青年致富带头人。

1997年"五四"期间，景德镇团市委表彰40名市级青年星火带头人，9个青年星火带头人活动先进集体，10名活动优秀组织者。浮梁县蛟潭镇青年农民王三林等3人开发荒山、竹林，养鱼5000条，养鸭200只，取得良好经济效益，带动该镇团员青年开发荒山荒地。

1998年，南昌团市委开展青少年送书下乡活动，与省新华书店将价值3万多元的书籍送往乡镇，创建示范青年科技图书站；实施领办科技推广项目，在新建县生米镇中堡村推广种植10亩笋用竹，在湾里区红星乡推广种植茶叶，在南昌县小蓝乡建立鸭蛋、鹌鹑等推广项目示范基地，培养农村青年致富能手；12月，团市委命名首批市级"农村青年星火带头人"。

上犹县农村部分青年婚礼简朴，把节约的钱投到山上开发"夫妻园"。截至1999年4月4日，全县开发"夫妻园"3450个，面积达1.4万亩，种植甜柚、脐橙、甜竹、茶叶等，年收入700多万元。紫阳乡370对新婚青年与乡政府签订开发两亩以上"夫妻园"协议，开发面积达2200多亩，年均收入近4000元。

2003年8月，上饶市举办"上饶—绍兴"青年企业家经贸交流会，两地40余名青年企业家开展多领域的交流。通过举办项目推介会，签订意向投资合同10多个，促成一批项目落户上饶。

2004年10月，团省委评选农村青年创业致富带头人30人，其中农村青年创业致富带头人标兵3人，科技兴农、农业产业化、青年经纪人和工商创业等创业致富带头人27人；服务农村青年增收成才奖7个，其中先进集体4个，先进个人3个。"江西十大杰出青年农民"南康市刘升贵，帮扶周边农户发展养殖业,带动 456 户农户养猪,人均增收 380 元。

2005 年,丰城市拖船镇蛟湄村农民杨春华投资 500 万元建成羽绒加工厂,专门为"鸭鸭""波司登"等知名企业定点加工羽绒,年收入上千万元。在杨春华的带动下,蛟湄村的羽绒加工厂发展到 26 家,固定资产 3400 多万元,年加工羽绒 4700 多吨,创产值 1.6 亿元。全村农民人均纯收入达 6350 元,三分之一农民购买电脑,90% 农户建新房,不少家庭购买小汽车。截至 2005 年底,丰城市 7100 多名在外打工的农民回乡投资办厂,资产规模 24 亿元,吸纳员工 5.4 万人。

2006 年,上饶团市委联合劳动部门和扶贫办,组织青年参加各种实用技能培训,培训 1000 余名学员。受过培训的农村青年利用本乡本土资源,创办小作坊、小种植、小养殖等家庭式企业。玉山县白云镇青年农民尹金芬在团市委的培养和帮助下,种植 200 多亩西兰花,带动周围村镇农民就业和致富,取得较好的经济效益和社会效益。

2007 年,宜春市奉新县在全县团员青年中推广种、养、加工三项实用技术活动,通过科技墙报、田间地头现场教学、发放科普资料等方法,培训团员青年 1.3 万余人,受训的团员青年成为科技骨干,自己发家致富的同时带动父老乡亲共同致富。罗市镇河南村青年通过种植花卉,组织技术和销售培训,苗木、花卉年收入 140 万元。

2008 年 12 月,南昌团市委为帮助受国际金融危机影响而返乡的务工青年,启动关爱返乡务工青年"五个一百"工程(组织 100 名团干结对帮扶返乡务工青年、为返乡务工青年提供 100 个就业岗位,组织 100 个青年文明号单位与返乡务工青年结对帮扶、资助帮扶 100 名贫困返乡务工青年子女,组织 100 名志愿者为返乡务工青年提供志愿服务)。春节前后,各级共青团组织为返乡务工青年送政策、送岗位、送技术、送资金、送服务,努力帮助返乡青年农民工解决就业难题,受到青年农民工的欢迎。

2010 年,团省委、省科技厅联合开展农村青年科技特派员创业行动。围绕农村科技人才培养,每个设区市建立 1~2 个农村青年科技培训基地,培训 100 名农村青年科技创业带头人,推广两项农业实用技术和科技项目,开展 5 场科技下乡活动。通过项目培训、示范引导、技术辅导等方式,为农村青年发展现代农业和农村二、三产业提供帮助。启动农村青年信用示范户评选、农村青年致富带头人评选、农村青年科技特派员行动,提高农村青年的就业创业能力。根据各地产业发展、人才需求等情况,开展项目培训、特色培训、金融知识培训等农村青年实用技术培训。截至 12 月上旬,参加金融知识培训的农村青年 12.57 万人。

第三节　支持共青城建设

胡耀邦为共青城三次题词

共青城最早由上海知青垦荒队创办。上海知青垦荒队由上海市民主青年联合会委员陈家楼率领的 98 名知识青年组成,1955 年赴江西德安县九仙岭下安家落户,由此创办共青城。共青城自

1955 至 1985 年 30 年中,经历"共青社""共青垦殖场"和"共青城"三次更名,而这三次更名的亲笔题词者均是胡耀邦。

胡耀邦第一次为共青城题词 20 世纪 50 年代初,全国百废待兴,城市失业情况非常严重。如何安排城市青年就业成为亟待解决的社会问题,而发动青年参加志愿垦荒活动,为解决城市青年就业问题提供了可行的途径。

1955 年 7 月,青年团中央要求"动员一部分城市中未升学的初中、高中毕业生以及其他失业青年参加垦荒工作"。上海青年响应团中央和市长陈毅的号召,开始组织青年志愿垦荒队。上海市民主青年联合会委员陈家楼等青年给市长陈毅写信,要求到边疆开荒,建设共青城。10 月初,上海青年志愿垦荒队在上海团校举行出征大会;10 月 18 日,由陈家楼和吴爱珍、石成林、吕锡龄、韩巧云等组成的上海第一支青年志愿垦荒队一行 98 人在上海市副市长宋日昌护送下,来到位于南昌、九江之间的德安县九仙岭下八里乡安家落户。

德安县九仙岭一带,自然条件恶劣。青年志愿垦荒队员克服重重困难,挖井开塘,垦荒种地,自食其力。

1955 年 11 月 29 日,在江西考察工作的团中央书记处第一书记胡耀邦,乘一辆铁道压路车到德安县,然后又徒步 10 余千米来到九仙岭下,专程看望开进驻地 40 天的 98 名青年垦荒队员。胡耀邦观看垦荒队的茅舍、图书馆、食堂、猪圈以及队员们新开垦的梯田、刚种下的小麦和油菜,同队员们座谈并一起吃饭,临别时为垦荒地题名"共青社"。

经过一年的艰苦奋斗,"共青社"开垦 1700 亩荒田,生产 90 万千克粮食和其他农副产品。垦荒队队长周文英出席江西省党代会,队员曹瑾出席江西省妇女社会主义建设积极分子大会,有的垦荒队员当上省人民代表。

胡耀邦第二次为共青城题词 共青城经济发展经历了 50 年代初创、60 年代徘徊、70 年代起步、80 年代发展几个阶段。1967 年 9 月,共青板鸭厂重新建厂;是年,加工 11 万只腊味板鸭,出口香港 9 万只,盈利 9 万元。20 世纪 70 年代初,又利用本地羽毛原料丰富的优势,开始进行羽毛加工,生产鸭绒背心、羽毛枕、羽绒被等羽绒产品,并相继建成机械厂、酒厂、电厂等企业,成为当时全国最大的羽绒工业基地。工业的发展促进了农业的发展,1978 年粮食总产达 202.5 万千克。工业产品的自销还促进商业供销业发展,形成农工商一体的生产经营格局。

1978 年秋,团的十大召开前夕,团中央书记处书记王照华、李海峰到江西考察,并受胡耀邦嘱托专程到共青社看望社员。1978 年,团中央授予共青社志愿垦荒队"新长征突击队"称号。1978 年 9 月 26 日,时任中组部部长的胡耀邦在北京听取共青城的创业情况汇报,并接受请求,当场题写"共青垦殖场"5 个大字,第二次为共青城题词。

胡耀邦第三次为共青城题词 1984 年 12 月 12 日,中共中央总书记胡耀邦到共青城考察。这时的共青垦殖场,年产值达到 6000 多万元,拥有全国最大的羽绒厂和江南最大的低度饮料酒厂,产品远销 30 多个国家和地区;场区人口 8000 多人,有繁华的商业区和完整配套的文化、教育、卫生设施,建筑面积达 20 多万平方米。胡耀邦视察工厂、果园、市容市貌,接见全场干部和老垦荒队员,听取建厂情况的汇报,还对以后的发展和举办 30 周年回忆联欢会活动等作重要指示。视察结束时,胡耀邦题写"共青城"三个大字,第三次为共青城题词。

江西省委、团中央联合支持共青城建设

组织领导 1993 年 4 月 15 日,中共中央政治局常委、中央书记处书记胡锦涛在视察共青城时指出,要把共青城建设成为在国内外享有盛誉的现代化社会主义开发区。2007 年 4 月 20 日,国务院总理温家宝到共青城视察,要求江西省建设好、管理好共青城。

2008 年 7 月 3—4 日,团中央书记处第一书记陆昊及团中央调研组到江西调研。陆昊一行考察了共青城,提出将共青城作为团中央的一个联系点,推动共青城的发展。

2008 年 8 月 7 日,陆昊在接见共青城项目汇报组成员时提出,为支持共青城建设成立一个协调机构,有利于统筹力量高位推动。8 月 27 日,省委召开常委会,专门研究支持共青城发展有关工作,并成立江西省委、团中央联合支持共青城发展领导小组。组长为省委副书记王宪魁;副组长为团中央书记处书记贺军科等;成员有:关海祥(团中央城市青年工作部部长)、鲁亚(团中央城市青年工作部副部长)、林青(团中央农村青年工作部副部长)、章勋宏(团中央统战部副部长)、王萍(九江市委副书记、市长)、王少玄(团省委书记)、黄小华(省委统战部常务副部长)、阎钢军(省台办主任)、胡世忠(省发改委副主任)、胡琳(省交通厅副厅长)、刘保朝(省综合行业管理办主任)、伍再谦(省外经贸厅厅长)、沈运煊(省对外经济技术合作办巡视员)、王忠武(省旅游局局长)、虞国庆(省委教育工委书记、教育厅厅长)、王海(省科技厅厅长)、李玉英(省文化厅厅长)、肖河(省林业厅副厅长)、孙晓山(省水利厅厅长)、邵先国(省环保局副局长)、陈俊卿(省建设厅厅长)、徐毅(省民政厅厅长)、郭杰忠(省社联副主席)、钟生贵(南昌铁路局总工程师)、熊家森(省电力公司副总经理)、张学军(九江市委副书记)、郭美荐(团省委副书记)、李晓刚(九江市政府市长助理、共青城开发区党委书记)等。

领导小组下设办公室,王萍兼办公室主任,王少玄兼办公室第一副主任,李晓刚兼办公室常务副主任,鲁亚、郭美荐兼办公室副主任。

支持措施 江西省委、团中央联合支持共青城建设领导小组成立后,2008 年 9 月至 2010 年 8 月,共召开 6 次领导小组全体成员会议。团中央书记处书记贺军科以及作为领导小组成员的 4 位团中央部门领导均参加了每次会议,并利用会后时间与团中央有关部门抓紧落实会议的有关重要事项。

为制定共青城产业规划出谋划策。2008 年 8 月 7 日,团中央书记处第一书记陆昊接见共青城项目规划组成员,对共青城的产业规划强调要着重解决好三个问题"你有什么、你需要什么、你能给别人什么",指出产业规划要结合江西近年来的大跨度发展、如何承接东部地区向中部地区的产业转移、怎样对接好鄱阳湖生态经济试验区发展三个问题来考虑。同时,陆昊还对规划组成员的配备问题提出自己的意见。9 月 17 日上午,省委副书记、支持共青城发展领导小组组长王宪魁,率领支持共青城发展领导小组成员在共青城召开第一次全体会议。团中央书记处书记贺军科参会并强调要梯次地推进共青城的产业规划和经济社会发展规划。12 月 25 日,支持共青城发展领导小组第二

次全体会议在南昌召开，团中央书记处书记贺军科出席会议，指出要从昌九工业带这个总体布局上考虑共青城的产业布局，充分地消化已经提供的产业规划，精确核算每亩地的产出，节约使用共青城开发区的国土资源。

宣传、推介共青城。自2008年8月初，团中央书记处第一书记陆昊一行到江西共青城考察后，团中央一直把宣传、推介共青城作为一项重要工作来抓。团中央由陆昊牵头，主动和韩国三星、现代等世界知名企业及国内沿海发达地区青年企业家密集接触，推介共青城。

2008年12月下旬，在北京召开的共青团十六届二中全会上通过的《共青团工作五年纲要》（2009—2013年），明确将支持共青城发展列为共青团五年工作纲要重点内容，团中央将从加强共青城的宣传、帮助共青城引进资金，帮助共青城引进项目，帮助共青城引进智力人才等六个方面支持共青城，将共青城打造成中国青年人创业精神的一面旗帜。

2009年10月16日，省委、省政府、团中央利用中国青年企业家协会（简称中青企协）第10次全国代表大会召开的契机，在北京举行共青城产业规划发布会暨招商说明会，团中央书记处第一书记陆昊与江西省委副书记王宪魁一同为共青城"全国青年创业基地"揭牌；会上陆昊发表讲话，向青年企业家推介共青城，并表示这次会议是团中央组织的第一次推介会，团中央会根据推介会以后中青企协会员企业所感兴趣和所关注的问题，再进一步安排分组沟通和交流。2009年，团中央网络影视中心开始筹拍电视剧《共青城》；是年11月，30集电视剧《共青城》正式向全国观众宣传共青人的创业精神。

组织有关方面到共青城考察投资。2009年5月8日，团中央国际交流合作中心主任汤本澜、江西开发银行行长蒋树瑛及有关部门负责人，到共青城考察调研。9月23—24日，团中央城市青年工作部副部长鲁亚率领中国青年企业家考察团一行11人，到共青城为中国青年企业家协会换届大会做前期的商务考察。考察团实地走访参观共青城青年创业基地、共青城规划馆、挪宝电器、南昌理工学院共青分院、鸭鸭集团、高尔夫球场等地，全面细致地考察共青城工业、商业、教育等各方面的情况，同时举行座谈会，参会企业家就共青城的城市规划、产业基础、产业目标定位及政府扶持措施等与共青城方面进行深入沟通，并就共青城挖掘自身潜力，利用好良好的生态、政治、区位优势，扩大对外交流，促进项目合作提出合理化建议。10月下旬，中国青年企业家协会秘书处将组织考察团前往共青城的消息发出后，报名参加考察活动的青年企业家非常踊跃。为确保实效，中青企协秘书处专门进行筛选，让"考察团"真正成为"投资团"。11月5—6日，由团中央书记处第一书记陆昊和团中央书记处书记、中青企协会长贺军科率领的中国青年企业家协会赴共青城投资考察团赴赣，对共青城进行商务考察。参加考察团的中青企协会员代表，39位外国驻华商会和跨国公司代表，18位中青企协的副会长以及江苏、浙江、福建、广东等省的共青团青年共180余人参加考察活动。考察团考察共青城青年创业基地基础设施及规划展示馆、南昌理工学院共青分校、中航文化及旅游项目后，举行共青城投资推介恳谈会。通过此次活动，在广大青年企业家中进一步形成投资江西、支持共青城发展的共识。活动中，考察团成员建言献策，对共青城发展提出许多意见和建议，进一步明确共青城的发展方向。活动最后有15位青年企业家明确表示将在共青城投资（具体合作金额和方式见表3-3-1），另有20位青年企业家表示会于近期组织考察团到共青城考察投资事宜。

表3-3-1 2009年投资考察团与共青团投资合作情况表

项目名称	建设规模和主要建设内容	预计投资额（万元）	投资方
翼高电力器材项目	拟建设喷射式熔断器、隔离开关、电力安全器具等各类电力器材的生产销售,计划用地200亩。	20000	河北翼高电力器材开发有限公司
泽智软件项目	建设从事研究、推广和发展CTI及网络新技术,致力于电信业信息化服务的专业科技公司,包括软件开发、系统集成、网络工程和信息服务与咨询、网络建设等,计划用地十余亩。	50000	山东泽智科技有限公司
绿线服务外包项目	拟建设电话语音服务平台,融合通信网和互联网,构建"天下phone商"首选的生意平台计划达到1000个工位。	80000	中国绿线有限公司
中材建设项目	—	200000	中国建材股份有限公司
威达城投项目	拟于共青城合作,共同投资开发城市,园区的基础设施。	30000	威达高科技控股有限公司(上海)

2010年3月9日,河南团省委书记何雄、河南省人大法制室副主任王新民带领河南省共青团、河南省青年企业家协会考察团赴共青城考察。经实地考察后,赣豫两省青年企业家协会秘书长共同签署《赣豫青年企业家协会友好合作协议》。4月6日,天津团市委、市青年企业家协会在天津组织召开共青城招商引资项目说明会,向天津市青年企业家宣传推介共青城,天津市青企协60余位青年企业家参加会议。5月19—22日,北京团市委书记王少峰,团市委副书记、市青联主席、市青企协会长于庆丰率北京市青联委员、市青企协会员一行36人赴江西九江市、共青城进行经贸考察。考察团就共青城的开发建设问题与团省委、九江市有关部门、共青城管委会进行交流座谈,企业家们就共青城的城市规划、产业基础、产业目标定位、投资项目等方面提出合理化建议,并进行意向性的项目洽谈。

出资在共青城设立全国青年创业基金。团中央决定支持共青城建设以后,多措并举,在2008年12月25日支持共青城发展领导小组第二次会议上,团中央明确表示将从中国青年创业就业基金中拨出1000万元专项基金,采取"政府支持一部分,地方配套一部分,社会募集一部分"的方式,帮助青年就业创业解决资金瓶颈问题,吸引广大青年到共青城创业发展。基金用于支持、资助、开发、推广促进共青城发展的青年创业就业的各类活动和示范性项目。采取风险补偿方式与金融部门合作,促使金融部门向在共青城创业的青年提供小额贷款;推动开展共青城青年创业就业的宣传研究、交流、培训;与政府及相关部门、企业、公益组织和个人开展促进共青城青年创业就业项目合作;组织开展"我的创业 我的城(共青城)"中国青年创业项目设计大赛;开展KAB创业教育共青城青年创业导师培训等一系列项目,通过强有力的政策扶持、金融扶持和创业孵化,吸引海内外有为青年到共青城创业,支持共青城发展。2010年,江西青年创业就业基金会成立。

在共青城建立一个以中国青年政治学院为基础,包括共青团系统的团干部培训基地,作为全国干部培训基地之一。2008年8月7日,陆昊在接见共青城项目汇报组成员时,表示中央团校在外办学将首选共青城建设中央团校分校。2008年,申报成立中央团校共青城分校的请示文件经团中央原则同意并批转到中国青年政治学院。2008年12月25日,贺军科在支持共青城发展领导小组第二次全体会议上,表示以中国青年政治学院为基础,在共青城建立一个中国青年包括共青团系统的团干部培训基地,并已进入实际操作阶段。2009年,中央团校共青城分校正式进入筹建阶段。

在人才智力上支持共青城的发展。团中央《关于大力支持共青城发展的通知》中要求把服务青年及高校毕业生的就业创业工作与支持共青城发展有机结合起来,重视基础研发人才的培养和引进,抓好高端人才和产业领军人才的输送和推介。加强共青城与高等院校、科研院所对接和联络,采取组织大中专学生文化科技卫生"三下乡"、派送博士服务团、加强校企合作、校区合作等方式积极引智引才,形成全团支持共青城发展的合力,为共青城的发展提供人才保障和智力支持。2008年8月至2009年,组织高校博士服务团为共青城干部群众授课5场;2009年,团中央志工部派遣21名"大学生志愿服务西部计划"大学生志愿者、10名研究生支教团志愿者以及博士生教导团赴共青城服务;2009年7月,在团中央有关部门的协调下,中央团校、北京服装学院等大学的专家、学者、师生纷纷到共青城开展学术和产业调研。

团省委支持共青城建设

2008年7月20日,团省委决定成立团省委支持共青城发展领导小组,以便贯彻落实好江西省委和团中央关于支持共青城加快发展的重要决定。团省委支持共青城发展领导小组组长为王少玄,常务副组长为郭美荐,副组长为梅亦、李建军、曾萍,成员有邹常军、张俊、王秀珠、王颖、李菲、许桂芳、李超群、刘小玲、熊源发。

共青城宣传 通过媒体进行宣传推介。自2008年起,团省委充分利用广播、电视、报纸、网络等各类新闻媒体,宣传共青城的发展历程、区位优势、产业规划、创业精神等要素,以吸引各界优秀青年关注、支持共青城建设。团省委除在江西青年网开设支持共青城发展专栏外,还经常撰文或请记者在全国青年媒体和省一些主要媒体宣传推介共青城。2008年7月4日,江西新闻网、中国江西网、江西网等江西主要网络媒体均对团中央书记处第一书记陆昊到共青城调研进行报道;9月1日,中国共青团网对8月28日举行的共青城发展规划编制说明会进行专门报道;9月20日,中国江西新闻网刊登《共青城专讯》,对团中央、江西省全力支持共青城跨越式崛起进行报道。2008年9月至2010年8月,支持共青城发展领导小组共召开6次会议,大江网、江西新闻网、中国江西网、江西网等江西主要网络媒体均对会议进行报道。2008年10月21日,大江网、江西日报、江西新闻网、中国江西网、江西网等媒体对"香港青年企业家共青行"进行报道。

2009年3月12日,《中国青年报》对在共青城设立青年创业试验区进行报道;9月23—24日,省共青团网对中国青年企业家协会考察团赴共青城商务考察进行报道;10月16日,中国江西网报道在北京举行的共青城产业规划发布会暨招商说明会;11月5—6日,省共青团网、《中国青年报》、中国共青团网、《团情专报》等青年主流媒体均对陆昊率青年企业家赴共青城投资考察进行报道;12月11日,《团情专报》上报道《团省委采取有力措施加大支持共青城项目建设力度》。

2010年3月5日,《中青在线——中国青年报》同时刊登《把共青城打造成为全国青年向往的创业基地——访共青城开发区党委书记李晓刚》《服务共青城发展是锻炼团干部经济工作能力重要平台——访团江西省委书记王少玄》《共青城将成为鄱阳湖生态经济区展示区——访江西省九江市委书记钟利贵》的专访;3月5日,《中青在线——中国青年报》以"找准定位 科学发展"为题对共青城发展进行报道;3月18日,《大江网——江西日报》以"用青春创造奇迹——共青城全国青年创业基地建设纪实"为题对共青城发展进行报道;3月,团省委配合团中央,在全国"两会"期间,在《中国青年报》刊登宣传共青城创业精神好人发展成就的专版;5月4日,新华网以"江西共青城:凝聚中国青年掀起二次创业"为题对共青城发展进行报道。5月,江西(香港)招商周在香港举行,团省委充分利用这一平台,在招商周开幕前,团省委领导专门赴港邀商,并争取到香港媒体的大力支持,《香港文汇报》《大公报》《香港商报》等于5月初均刊发文章,广泛宣传共青城;活动周结束后,香港凤凰卫视、《香港大公报》《文汇报》《香港商报》、江西卫视、《江西日报》等媒体均在黄金时段和显著位置报道共青城的招商活动;《香港大公报》在对共青城的绿色生态项目对接会进行重点报道的同时,5月26日以专版的形式刊发报道《共青城——现代化低碳国际城迅速崛起》,对共青城的投资环境和发展前景进行详细的阐述,提升共青城在香港的影响力。

走出江西,宣传推介共青城。2008年8月以后,团省委先后在多地举办"共青城发展推介会",向各省市的青联委员、青企协代表作宣传推介。2008年9月6日至11日,团省委举行4场"支持共青城发展推介会",由团省委书记王少玄带队,组团赴上海市、浙江省(杭州市)、广东省(广州市和深圳市)三地,三省(市)的团组织负责人和120余名知名青年企业家参加推介会。2008年,团省委还在福建省晋江市、江苏省南京市、北京市举办"共青城发展推介会"和招商考察活动,经过努力,团省委为共青城引进一批投资项目。是年,王少玄率队赴苏州工业园考察并推介共青城,用诚意打动苏州启维科技集团负责人,并前往共青城投资建厂。2009年,团省委先后组织人员赴河北、天津、广东和香港、台湾等地宣传推介共青城,并充分利用"泛长三角区域"青年合作论坛、中部地区共青团组织合作论坛、全国青联常委会等平台广泛宣传推介共青城,参加推介的青年企业家累计达1800余人。2009年5月底,在台湾宣传考察期间,王少玄带领江西省青年考察团4天时间,行程由北到南纵贯台湾岛,会见100多名台商,引进台湾传宝光电集团等项目在共青城落户。2010年3月15—16日,团省委王少玄一行赴深圳考察调研,就共青城项目招商工作与相关方面人士进行沟通交流,共青团深圳市委、深圳青年企业家联合会对此次考察活动给予高度关注和支持;3月16—17日,团省委副书记郭美荐一行赴苏州考察调研,向企业宣传推介共青城,并走访已落户共青城的苏州企业家;4月26—28日,团省委书记王少玄、副书记郭美荐一行赴香港,与中联办、香港青年联会、港区政协委员等广泛接触,深入宣传推介共青城,协调产业项目对接等相关工作;5月24日,团省委招商团启程赴香港,利用经停深圳时间,专程考察深圳市龙岗区文化创意产业,同龙岗区就文化产业发展组团赴共青城考察并投资"深圳文化产业园"项目达成意向；5月26日，由团省委、九江市主办的"共青城绿色生态产业项目对接会"在香港会展中心举行，团省委书记王少玄主持会议，赣港台青年交流促进会主席匡耀，香港青年联会副主席、金信安水务集团董事陆海等120余位嘉宾参加对接会；5月，江西（香港）招商引资活动周期间，举行重大项目签约仪式，共签约项目64个，签约资金63.7亿美元，其中共青城的奥特莱斯项目和普照光明节能灯两项目在开幕式上正式签约，签约资金达5.14亿美元，同时还有一批项目达成明确投资意向，此次活动提升了共青城在港澳台的影响力。

联合省青联、省学联、省青企协对共青城做宣传推介。2008年8月后，团省委充分发挥共青团的组织优势，联合省青联、省青企协、省青年商会，依托各地青年组织，加大宣传推介力度，引导海内外各界青年关注、支持共青城建设。2008年，团省委、省青联以"共青城发展与青年责任"为主题，组织20名"江西十大杰出青年"候选人赴共青城进行考察；是年，团省委、省学联联合组织全省18所高校的团干部赴共青城考察，推动高校共青团服务共青城经济建设，为共青城的发展建言献策。2009年，团省委、省青联、省青企协邀请辽宁、江苏、上海、广东等近10个省市青联、青企协等，带领100余名青年企业家赴共青城考察，促进共青城知名度和影响力的提升；是年7月5日，井冈山大学由医学院、护理学院和工学院组成的"赴共青城中国青年创业基地建设调研服务团队"赴共青城，为百姓送去各种免费药品，带去甲型H1N1流感等疾病防御和治疗知识，进行义务家电维修等；7月9日景德镇陶瓷学院学生会骨干一行12人到共青城，开展以"践行科学发展观，服务共青城建设——青年在行动"为主题的暑期社会实践活动，协助共青城团委编写《共青城青年》，并设计瓷板画《共青魂》；8月14日，南昌团市委书记陈吉炜率领南昌市部分青年企业家赴共青城进行投资洽谈。通过南昌团市委的牵线搭桥，南昌市青年商会副会长袁志英在共青城投资创办江西天美新型环保材料有限公司，到2009年7月底共完成固定资产投资8703.42万元；南昌市青年企业家协会原执行会长、荣誉会长胡彪斌在共青城投资开发金浪国际花园项目，一期工程已投资2000万元。2010年3月3日，团省委、省青联在"南昌千年时间当代艺术馆"举办以"艺术江西·关爱生态——走进共青城"为主题的艺术家风景写生展，让更多的人了解、走进、感受共青城。

参与制定共青城发展规划　2008年7月30—31日，团省委联合省发改委、科技厅、经贸委、社科院等部门，组织专家组赴共青城就产业发展方向进行前期初步调研，并形成初步的论证报告；9月17日，支持共青城发展领导小组第一次会议在共青城召开，团省委书记、领导小组办公室第一副主任王少玄在会上表示团省委将配合编制好共青城的各项规划。会后团省委努力配合做好共青城产业发展规划编制评审的相关工作，先后邀请4名国家级和8名省级专家参加评审会，并邀请省建设厅专家参加共青城城市总体规划和共青城产业发展规划的评审论证工作。2009年，共青城产业定位已经明确，编制完成《共青城产业发展规划》，同时抓紧编制《青年创业基地（台商创业园）20平方公里控制性详规》《共青城城市总体规划》和区域协调规划、《土地利用总体规划》；是年10月16日，在北京举行共青城产业规划发布会，团省委书记、支持共青城发展领导小组办公室第一副主任王少玄，团省委副书记、支持共青城发展领导小组办公室副主任郭美荐等参加相关活动，500多位全国优秀青年企业家参加发布会。

项目引进 2008年9月,团省委按照省委、团中央联合支持共青城发展领导小组第一次会议精神,加大对共青城招商推介力度,至11月,已签约的有香港御京国际有限公司投资2亿元的电子工业标准厂房项目,香港龙昌投资有限公司投资1亿元的智能玩具项目等;同时还帮助促成高频无极灯、生物农药、矿井水泵等项目意向性投资共青城。2009年初,团省委在推动共青城建设项目引进工作中,围绕低碳经济发展目标,给机关每个部门都下达2000万元的项目引进任务,签订责任状,出台问责制度,任务完成情况与部门负责人任职直接挂钩;11月23日,团省委从机关抽调4名干部,组建成立支持共青城项目建设工作组,由统战部部长李超群担任组长,城青部副部长贾或超任副组长,实行专职离岗抓项目;团省委还选派一批专职团干和大学生志愿者到共青城驻地工作;至12月底,促成江西国家开发银行对共青城提供资金支持,促成洪都农商行在共青城发起设立村镇银行,引进苏州启维科技集团太阳能晶硅、台湾传宝光电集团、珠海联康科技等项目在共青城落户。

2009年,团省委以项目为支撑,大力支持共青城社会公益事业发展。整合社会资金30万元在共青城建设生态希望小学;投资2200万元在共青城建设希望工程阳光成长中心;协助共青城推进生态建设,争取国家林业局、团中央等部门授予共青城"全国生态文明教育基地"。其中,由团省委、省青少年发展基金会动员社会爱心企业和人士共同捐资援建的社会公益项目——江西省希望工程阳光成长中心,2009年12月20日在共青城奠基,整个中心总占地面积50亩,总建筑面积12654平方米,包括贫困孤儿成长中心、农民子女职业技能培训中心、希望小学教师培训中心;整个工程计划募集投入善款2300万元,中国青少年发展基金会、南都基金会、北京百年农民子弟职业学校和上海德仁教育基金为该项目慷慨捐赠。

2010年2月22日,团省委书记王少玄,副书记郭美荐、梅亦、曾萍赴共青城调研并座谈,协调支持共青城发展的有关事项;3月22—23日,经团省委牵线搭桥,"中日企业家高峰论坛——日本企业家共青城投资考察团"一行20多人,到共青城进行投资考察。日本佐川急便株式会社、三菱重工业株式会社、仓敷纺织株式会社、永旺集团等大型企业的负责人,在共青城实地考察全国青年创业基地及其他企业,双方企业家就新能源生态示范区建设、服装品牌、高新技术、现代制造项目以及商贸物流等项目进行探讨和交流,并初步达成合作意向。

5月26日,由团省委、九江市主办的"共青城绿色生态产业项目对接会"在香港会展中心成功举行。利用江西(香港)招商周这个平台,为共青城引进项目。此次江西(香港)招商周期间,共青城与投资5亿元的奥特莱斯项目,投资2000万美元的普照光明"无丝电极恒温式节能灯"项目,投资1.2亿人民币的正健视频项目等11个项目签约,项目投资总额51.36亿元人民币。

表3-3-2 江西(香港)招商期间共青城签约项目

项目名称	投资内容	投资方	联系人	投资金额
奥特莱斯项目	建设国际品牌服装折扣店,环球影视城,游艇码头,直线竞速赛车场36洞高尔夫	GIC,北京首都创业集团有限公司,中国基建集团(香港)	吴东全	5亿美元

续表

项目名称	投资内容	投资方	联系人	投资金额
无丝电极恒温式节能灯项目	无丝电极恒温式节能灯研发生产	香港普照光明科技有限公司	李苑	2000万美元
正健视频项目	生产电视、手机等背光源电子产品	立恒(香港)有限公司	岑建立	1.2亿元
电子元器件项目	建设电子元件生产基地	富士达国际微电子有限公司(香港)	孙忠达	2000万美元
力奥核桃露项目	加工生产核桃露(绿色食品)	云南力奥投资有限公司	蔡旭东	5亿元
珠海超群电子项目	建设挠性电路板、LED产品生产基地	珠海超群电子科技有限公司	黄琦	5000万美元
振宇达电子项目	LD&LCM自动化设备的设计和制造	振宇达(香港)有限公司	范家强	1.2亿元
手机柔性电路板项目	生产柔性电路板、液晶显示器模组等产品	莱福特实业公司	曾华	1.2亿元
空调机壳,电子线路板项目	生产移动式空调机壳,电子线路板	台湾三扶电子有限公司	陈永诚	1亿元
永立服装项目	建设世界品牌服装加工出口。自主品牌服装研发生产基地	永立国际有限公司	赖克敏	5000万元

2010年,团省委确定机关年内完成4亿元招商任务,机关每个部门都要完成2000万元的任务,1—6月引进启维光伏,洪都村镇银行、节能电机、东方明珠高档会所等8个项目,投资金额近20亿元;有全国青年创业基地人才智力支持中心,深圳文化产业园,高银保理等5个项目,有待正式签约,有8个项目正在洽谈。

表3-3-3 2010年团省委为共青团招商引资情况

项目名称	投资额	项目进展情况
正式签约、开工、投产项目		
江西启维光伏科技股份有限公司项目	11亿元	第一期于2009年11月投产
洪都村镇银行	1亿元	正式营业
兆通物流项目	2000万元	正式运营
东方明珠高档会所项目	2500万元	8月正式营业

续表

项目名称	投资额	项目进展情况
江西省希望工程阳光成长中心项目	2300万元	开工
磊旺实业电子工业标准厂房项目	8000万元	开工
共青城东方高科实业有限公司钢结构项目	7000万元	签约
共青城绿缘实业有限公司节能电机项目	7000万元	签约
实质性洽谈项目		
台湾传宝光电项目	8000万元	签订框架投资协议
河北冀高电子器材生产项目	2亿元	签订投资协议
全国青年创业基地人才智力支持中心项目	1亿元	共青城联审会对此项目进行审议
深圳文化产业园项目	10亿元	共青城联审会对此项目进行审议
高银保理项目	1亿美元	共青城联审会议对此项目进行审议

协调服务 团省委在支持共青城发展的过程中,履行支持共青城发展领导小组办公室职责。除抓好领导小组办公室日常事务外,主要协助省领导协调、督促、落实好相关工作,做好领导小组全体会议和现场办公会的相关工作。2008年8月,团省委领导根据省委、团中央主要领导的意见,草拟成立支持共青城发展领导小组的相关材料;8月27日,省委决定成立省委、团中央联合支持共青城发展领导小组,并确定团省委书记王少玄任领导小组成员兼办公室第一副主任,团省委副书记郭美荐任领导小组成员兼办公室副主任;9月,团省委专门抽调机关优秀干部到共青城,专职从事领导小组办公室工作。2009年初,根据工作需要,领导小组办公室提出调整充实领导小组的建议,经省委同意后,及时协调有关方面下文予以明确。

2008年9月至2010年8月,省委、团中央联合支持共青城发展领导小组共召开6次全体会议,每次会议,团省委在共青城驻地领导小组办公室工作的人员都参与筹备领导小组全体会议,协调做好领导小组每次全体会议的会务工作,负责会议报告的报审,印发。同时,协调各成员单位工作,抓好领导小组全体会议纪要的督查工作,及时汇总报送各成员单位的工作总结,计划安排,加强与成员单位的沟通,建立联络员联系制度。2008年9月至2010年上半年,领导小组各成员单位在资金、政策上给予共青城以极大支持,为共青城协调解决资金1.86亿元。此外,团省委重视抓好领导小组日常工作。2010年,协调共青火车站、共安大道等项目的相关工作;推动省委组织部,省人事厅制定《支持共青城发展人才工作意见》,推动有关高校与共青城签订《校企合作协议》,为共青城发展提供人才智力支持;举办"订单培训助您就业——进城青年农民工技能培训月"暨共青团服务共青城企业招聘会,为共青城招工2000余人。

团省委主动请示汇报,争取团中央支持。2008年12月初,团省委书记王少玄专程赴京,就团中央在12月下旬召开的团中央十六届二中全会准备通过的《共青团工作五年纲要》中有关团中央支持共青城发展的内容进行协商。经协商,团中央同意将支持共青城发展作为《共青团五年工作纲要》的重点内容,并从加强共青城的宣传,帮助共青城引进资金、引进项目、引进智力人才等6个方面支持共青城发展。2009年7月14日,团中央书记处第一书记陆昊在团省委报送的有关共青城发展情况材料中批示,同意利用中青企协换届大会的契机在北京召开共青城产业规划发布暨招商说明会;10月16日,在中国青年企业家第10次会员代表大会召开之际,团中央当场举办共青城(北京)产业规划发布暨招商说明会,团中央书记处第一书记陆昊在会上亲自作推介;11月5日,陆昊率中国青年企业家协会代表,部分外国商会代表,跨国公司代表和部分省市团委负责人等80余人赴共青城考察投资。

在2008年9月至2009年12月,团省委就支持共青城发展工作,专门赴京向团中央书记处第一书记陆昊等人作3次汇报,提交书面汇报材料10余份。

2010年3月1日,团省委受中国中部投资贸易博览会(简称中博会)组委会的委托,特向团中央发出《关于邀请团中央作为第五届中博会支持单位并主办"共青城可持续发展论坛"的请示》。团中央听取团省委的专门请示汇报后,同意作为中博会的支持单位并将"共青城可持续发展论坛"更名为"共青城招商推介会"。9月26—28日,中博会在南昌举行,9月26日,副省长谢茹出席第5届中博会共青城招商推介会并讲话。

共青城建设

经济发展概况　2008年7月至2010年,共青城得到江西省委、团中央以及省直各有关单位、部门的大力支持和推动,经济建设取得巨大变化。

2008年,共青城的生产总值同比增长30%,财政收入同比增长40%,获全省财政收入翻番奖。2009年,共青城生产总值同比增长26%,人均突破4000美元;财政总收入2.02亿元,同比增长44.1%,列九江市第二位,两年翻一番;全社会固定资产投资37.5亿元,增长101.6%;工业固定资产投资26.6亿元,同比增长120%,增幅为全省第一;工业增加值增长1倍多,增速排名在全省园区中上升10位,主营业收入增速排名上升11位。招商引资签约资金翻了两番多,实际引进外资3720.75万美元,同比增长101.5%,均列九江市第1位;引进项目63个,合同资金108亿元;新开工项目52个,同比增长4.41倍;新投产项目13个,同比增长3.25倍。其中,2009年12月20日,有36个项目同时签约,合同资金达67.5亿元;实际引进内资22.13亿元,同比增长57.8%;实际引进外资3720.75万美元,同比增长101.5%,在九江市县域经济巡回检查和综合考核中,取得前3名的成绩,20年里首次进入第一方阵。城区面积扩大一倍多。

2010年,共青城实现生产总值29.6亿元,同比增长20.1%,人均突破6000美元。财政总收入完成3.5亿元,同比增长73.3%,增幅列九江市第一,全省第二。工业总产值83亿元,同比增长52.8%;规模以上工业增加值17.2亿元,同比增长27.8%,占GDP比重为58.1%;固定资产投资53.7亿元,同比增长43.2%;实际引进区外资金25.06亿元,同比增长37%;实际利用外资4626万美元,同比增长44.4%。

优势产业　从2008年联合支持共青城行动开展以后,共青城产业定位已经明确,《共青城产业发展规划》《青年创业基地(台商创业园)20 平方公里控制性详规》《共青城城市总体规划》《土地利用总体规划》等规划陆续编制完成。按照建设鄱阳湖生态经济示范区的战略要求,将共青城定位为中国青年创业基地(台商创业基地),围绕高新技术及现代制造、纺织服装及商贸、会展及旅游、教育及文化创意四大产业综合体,推进会展旅游、服务外包、文化创意、人才培训等现代服务业发展。共青城 60 平方千米青年创业基地顺利立项,台商创业园正式授牌。共青城作为首批国家级生态示范区,走低碳化发展之路,电子电器和新能源产业逐渐集聚成势;纺织服装产业已初具规模,成为中国羽绒服装名城、国家纺织服装产业集群基地;文化旅游产业兴起,鄱阳湖模型研究基地、国家网球训练中心、中航文化产业园、90 洞国际高尔夫球场、五星级酒店等项目开工建设或纳入共青城产业规划。

城乡环境　2008 年 7 月至 2010 年 12 月,共青城 10 平方千米征地拆迁全面完成,城区框架拉开至 36 平方千米。投入资金 3 个多亿,完善水、电、路、通信、管网、绿化亮化等基础设施。共青城在创业基地园区建设过程中充分尊重自然生态环境,能保留的山、水和植被都最大限度地予以保留,园区绿化率达到 40%;园区内还建有清洁能源管理中心,实行集中供暖供冷供气;按照省委省政府提出的 30 万至 50 万人口城市的目标,共青城实施"东西互动、北连南拓、中心提升"的城市发展战略,着力构建以主城区为核心,青年创业基地、中芬数字生态城为组团,共青—德安相向发展的城市新格局。2010 年,共青城城市建设投资 24.54 亿元,实施 59 个重点城建项目,火车站广场、共安大道、污水处理厂等 49 个项目竣工;实施"美化、净化、绿化、亮化"工程,新增绿化面积 96.34 万平方米,人均公共绿化面积增至 27.13 平方米。出台《加快推进农业产业结构调整大力发展现代都市农业实施意见》《城乡清洁工程一体化工作方案》《新农村建设试点工作方案》等规范性文件,全面启动首期 300 亩有机蔬菜示范基地建设,40 个新农村示范点建设、城乡清洁工程和农村信息化建设,推进统筹城乡一体化建设。

人民生活水平　2008 年 7 月至 2010 年,共青城致力于民生工程建设,提高了养老保险、城市低保、新型农村合作医疗大病统筹标准,基本实现城镇居民和新型农村合作医疗全覆盖。农垦企业退休职工养老金按城镇国有企业标准进行改办,平均增幅 42%。通过多方投资 2.2 亿元,建成民营红十字医院、体育馆、800 套廉租房和农民公寓,新建 1 所中学、6 所小学、社会福利中心、青少年阳光成长中心,改造图书馆、文化馆,群众生活环境有显著改善。2009 年,城镇职工人均收入和农民人均纯收入分别达到 17438 元和 5269 元,比 2007 年增加 33.3% 和 33.4%;2010 年,城镇在岗职工人均年收入达 2.10 万元,农民人均纯收入达 6018 元,分别比 2009 年增长 20.4% 和 14.2%,人民生活水平不断提高。

2010 年 12 月 28 日,经国务院批准,共青城市正式成立。共青城市属县级市,归江西省九江市管辖。

第四章　社会建设

1991—2010 年，在各级青年组织的带领下，江西青年在不同地区、不同领域、不同岗位有组织地开展各项有益活动，服务社会和不同群体。自 1994 年起，团省委组织引导全省青年开展"青年文明号"创建活动。围绕创建，开展"青年文明号服务卡"活动、"青年文明号山"创建活动等，展现团员青年的精神风貌，许多单位获得全国、全省"青年文明号"称号。

自 1995 年成立江西省青年志愿者协会后，全省逐渐搭建四级志愿服务组织架构。1997 年，省人大常委会通过《江西省青年志愿者服务条例》，为青年志愿者服务提供政策法规保障。至 2008 年，全省青年志愿服务队达 18600 余支，参加志愿服务活动的志愿者达 142 万人，开展"一助一""三支一扶"等志愿者社会服务活动等，同时参加国家举办的大型赛事、会议志愿服务活动，涌现江西师范大学"为民社"等先进集体和中国青年志愿服务金奖获得者易红华等先进个人。自 2003 年开始，全省各高校大学生响应国家号召，踊跃报名参加西部计划，至 2010 年全省共有 2169 人参加西部计划。

20 年间，江西各级共青团组织在关键时刻，动员广大团员青年投身一线，发挥青年先锋队作用，1998、2010 年在全省遭遇特大洪水面前，团员青年组成抗洪抢险突击队、青年突击队等，冲锋在前完成急难险重任务，涌现出许多优秀代表和英雄榜样。2003 年抗击非典、2008 年抗击冰雪灾害，团员青年主动请战，科学救治患者，为灾区人民捐献物资。2008 年支援四川特大地震灾区，团省委用 8 天时间组建 3 支服务队支援四川灾区，以缴纳"特殊团费"的方式为灾区捐款。1999—2010 年，团省委推出"保护母亲河"行动，开展"清理白色污染"、青少年植树造林、"鄱阳湖湿地保护""参与生态恢复　共建绿色家园"活动、"保护母亲河"行动国际友好合作等一系列活动，有些活动项目成为各地青年组织的常年活动。

第一节　"青年文明号"创建

自 1994 年起，全省开展创建"青年文明号"活动，首先是在铁路、医药等几个行业开展，后来发展到金融、公安、公交、铁道、交通、邮电、卫生、税务、民航、旅游、工商、内贸、电力、供销、粮食、城建等主要窗口行业，全省窗口行业成为职业文明建设中的重要载体。1995 年，南昌市公安局交警支队展览馆岗亭等 12 个单位获"全国青年文明号先进集体"称号；是年，全省青年文明号集体（单位）有 134 个，涉及共青团、公安、建设、地税、旅游、粮食、商业、邮电等系统。2003 年，全省青年文明号集体（单位）有 224 个。至 2010 年，全省青年文明号单位（集体）总计有 2164 个，其中共青团系统

631 个,公安系统 124 个,电力系统 121 个,交通系统 107 个,建设系统 91 个,此外还涉及医药管理、水利、卫生、国税、地税、供销合作、个体协会、旅游、电信、邮政、移动、森林公安、联通、保险、工商、质检、石化、广电、粮食、法院、发改委、商贸、物资、金融,检验检疫、石油等系统。

组织机构

1996 年 5 月 8 日,团省委、省公安厅等 21 个厅级单位组成全省创建"青年文明号"活动组织委员会。

组委会的主要职责有:研究决定全省创建"青年文明号"活动的重大问题,审查申报国家级"青年文明号",决定分配省级"青年文明号"名额,指导督察各系统、各地市开展创建活动,指导全省"青年文明号"监察委员会履行职能。

组委会办公室成员单位有:团省委、省计划委员会、省公安厅、省建设厅、省电力局、省化工厅、省交通厅、省邮电管理局、省医药管理局、省水利厅、省商业厅、省粮食局、省卫生厅、省人民银行、省国税局、省地税局、省工商行政管理局、省供销合作社、省旅游局、省物资集团公司、省个体私营经济协会,共计 21 个单位。

组委会下设办公室,办公室设在团省委青工部。办公室主任由团省委副书记担任,副主任由开展创建活动的行业主管厅(局、委)分管领导担任。

1996 年,成立由 21 个厅局委组成的省青年文明号活动监察委员会,监委会办公室设在团省委青工部。在全省聘请 92 名"青年文明号"监察员,对全省各级"青年文明号"进行全方位监督。

推行"青年文明号服务卡"

1996 年 8 月 19 日,全省推行"青年文明号服务卡"电话会召开。此后,团省委在窗口行业推行"青年文明号服务卡",向顾客提供具体的服务承诺和联系方式。

1996 年,赣州地区金融、卫生、邮电、商业等行业青年文明号集体推出"青年文明号服务卡",共发放服务卡 3 万张。

1997 年 8 月 31 日,团省委、南昌市委在南昌八一广场举行"青年文明号服务卡助万家"活动揭幕式,当日发放 8000 多张服务卡,并在桃苑小区、青山湖小区等地开展上门服务。

1997 年,赣州团地委推出"青年文明号服务卡助万家"行动,邮电、城建、卫生、公安、商业、金融等 10 多个行业近 80 多个青年文明号集体参加。

1998 年,全省 21 个城市开展"青年文明号服务卡助万家"活动,把优质服务送到千家万户。5月,南昌团市委在八一广场举行成果展,十几个行业的青年文明号集体汇集广场,向群众发放上万张"青年文明号服务卡"。市煤气公司针对群众生产生活的基本需要,面向社会、面向家庭设立便民服务点、服务站、服务箱,设立用户热线,实行上门服务,提供优质便捷服务,受到用户的高度评价。

1999 年,吉安市房地产管理局推出"青年文明号服务卡",对客户做到"你发火,我耐心,你粗暴,我礼貌,你冷淡,我热情,你无理,我周到"。一个到吉安买房的上海客户在吉安只有 3 天停留时间,但正常办证时间为5天,房地产管理局特事特办,利用便民绿色通道提前给客户处理业务。

2004年,省邮政局、省电信公司、省移动公司、省联通公司开展以"诚信江西,青年文明号先行"为主题的青年文明号诚信服务日活动。向群众发放青年文明号服务卡,发布信用承诺,听取群众对青年文明号集体服务意见。举行手机真假鉴别、质量鉴定等方面的义务咨询活动,提高消费者对手机的购买识别能力;举行"轻松消费、方便查费"手机话费咨询活动,帮助消费者查询了解资费。

创建"青年文明号山"

2000年初,省委、省政府印发《关于加快旅游业发展的决定》,要求把旅游业作为江西国民经济支柱产业来抓。团省委、省旅游局、省建设厅、省公安厅、省交通厅等30多个行业部门联合在庐山、井冈山的服务窗口行业开展争创"青年文明号"活动,全面推进"青年文明号山"的创建工作。

6月5日,团省委、省旅游局等30多个行业部门在井冈山市茨坪举行井冈山整体创建"青年文明号山"活动启动仪式。团中央书记处书记孙金龙、省委副书记步正发及创建单位千余名团员青年参加启动仪式。7月3日,团省委、省旅游局等30多个行业部门在九江市庐山举行庐山整体创建"青年文明号山"活动启动仪式。井冈山、庐山创建"青年文明号山"活动全面启动。

庐山先后推出"五一"旅游黄金周"树旅游文明形象,创青年文明号山"青年志愿者服务活动、"创青年文明号山,清洁庐山"千人登山活动、青年文明号义务咨询活动、"与百万游客同行——青年文明号使者在行动"主题活动、青年文明号服务庐山国际旅游节活动和青年文明号集体促假日经济活动;在建党节前夕开展"十万青年文明号向党献礼"活动;"十一"期间在仙人洞等风景区开展青年文明号使者导厕、咨询等活动;在圣诞节、元旦、春节期间开展青年志愿者铲雪活动。

庐山整体创建"青年文明号山"活动从窗口行业拓展到旅游流通领域,从商贸业拓展到风景点、学校、机关。截至2001年10月31日,从创建初期的11个行业拓展到24个行业,行业覆盖率达90%,2600余名青年参与创建活动,72家青年集体获青年文明号称号,占全山青年集体数的60%,其中获全国青年文明号3个,省级14个、市级25个,庐山管理局级30个,涌现出李明燕等一批优秀青年岗位能手。

2001年3月,井冈山开展"青年文明号优质服务日"、卫生清扫、义务咨询、结对共建、行业风貌展示会等活动。"五四"期间,组织创建单位团员青年与外地团员青年开展"信念与誓言——走向井冈山"宣誓仪式和"青年文明号社会监督日"等活动;"七一"期间,与湖南卫视在"青年文明号"创建单位——南山公园联合举办"情系井冈——玫瑰之约"大型电视活动;9月,在井冈山18个"青年文明号"集体中开展为期20天的"青年文明号巡礼"电视跟踪报道活动;国庆期间,组织近千名青年文明号创建集体员工走上街头、走进社区、深入景区景点,开展卫生清扫、上门服务义务保洁,发放旅游宣传单、义务导游、文明执法等活动;10月22日,开展井冈山整体创建"青年文明号"知识问答、知识竞赛活动,涉及全市30多个行业部门,1700多名青年参加活动。截至2001年10月31日,井冈山创建"青年文明号山"活动有230个创建集体近4000名青年职工参与,共创建国家级青年文明号2个、省级14个、地市级83个、市县级95个。

2001 年 10 月 31 日,团省委、省旅游局等 30 个行业部门在庐山召开全省创建青年文明号山现场推进会,总结一年多来"两山"创建活动的成果。

创建青年文明号 10 周年纪念活动

2004 年 4 月 1 日,江西青年文明号活动 10 周年纪念活动启动仪式在南昌火车站举行,团省委副书记、省创建青年文明号活动组委会副主任郭美荐,南昌铁路局党委副书记吴建中、副局长安路生,全国铁道团委宣传部部长吴望根等出席仪式并讲话。省创建青年文明号活动组委会成员、青年文明号集体近 400 人参加启动仪式。南昌铁路局 T168 次列车青年文明号集体宣读倡议书,不同行业(系统)的青年文明号集体进行青年文明号信用公约宣誓。

省创建青年文明号活动组委会和省青少年报刊社联合开展青年文明号活动 10 周年巡礼活动。在《涉世之初》杂志开辟"青年文明号巡礼"专版,刊登青年文明号活动 10 周年广告,宣传青年文明号集体先进事迹,展示青年文明号活动 10 周年创建成果。在《青年财富》杂志开辟"青年文明号巡礼"专栏,使社会各界特别是广大青年加深对青年文明号的了解,把青年文明号活动引向深入。

4 月 16 日,省创建青年文明号活动组委会开展以"诚信、爱岗、奉献"为主要内容的青年文明号信用建设示范月活动。将 5 月定为青年文明号信用建设示范月。示范月期间,组织不同行业(系统)的青年文明号集体举行青年文明号信用公约宣誓;通过发放服务卡、公布服务标准、兑现服务承诺等措施创造一流工作业绩;推出"青年文明号一卡通",组织青年文明号便民服务小分队、青年文明号识假辨假小分队、青年文明号促销创效小分队、青年文明号回访顾客小分队,建立服务广场和服务角等,为群众提供优质、便捷、高效服务。

5 月 1 日,南昌团市委在胜利路步行街和洪城大市场步行街举行创建"青年文明号一条街"商户诚信日活动。参加创建"青年文明号一条街"的商户举行"诚信江西青年文明号先行"活动。商店服务员戴上文明服务的绶带,墙上贴有"优质服务、不卖假货"的承诺,同时发放承诺服务卡给市民,让市民购物没有后顾之忧。

12 月 3 日,省青年文明号活动组委会在南昌举行江西青年文明号活动 10 周年表彰大会。大会授予井冈山消防大队等 14 个集体为全省青年文明号活动 10 周年杰出青年文明号;授予新余市公共汽车公司 1817 号车组等 14 个集体为全省青年文明号活动 10 周年优秀青年文明号;授予江西电视台新闻部等 10 个集体和陶武盛等 10 名青年为全省青年文明号活动 10 周年突出贡献奖;授予省电力公司团委等 81 个集体为全省青年文明号活动 10 周年优秀组织奖;授予李民园等 80 名青年为全省青年文明号活动 10 周年先进个人奖。

1994 年至 2004 年,全省青年文明号创建全国青年文明号 104 个,省级青年文明号 1082 个,市县级青年文明号 1 万余个,由最初涉及的 7 个行业增加到近 40 个行业,由最初的窗口行业发展到工矿企业、重点工程、党政机关和教育系统。

青年文明号集体服务农村系列活动

2006 年开始,全省开展青年文明号"真情进农村、服务进万家"主题实践活动,有针对性地解决农村群众的实际困难。

2006年,景德镇市青年文明号参与"百村万户青年文明行动示范村"建设活动,开展青年文明号"1+1+10"结对帮扶活动:结对的青年文明号单位募集不少于1000元的物资;青年文明号单位在结对村中选取1户,给予500元资金帮扶,并采取有效的帮扶措施;青年文明号单位在结对村中开展"十个一"活动,即演好一台戏、赠送一套图纸、捐助一批物资、发放一套资料、结成一批对子、打扫一次卫生、举办一次展览、搞好一次现场服务、开展一次科技培训、发布一批就业项目。团中央《中国青农工作》进行了专题报道。

是年,新余团市委组织开展青年文明号服务新农村建设活动。新余青年文明号集体利用信息、技术以及人财物等方面的资源优势,帮助结对村开展社会主义新农村建设。通过各种渠道筹集建设资金10万元,援建希望书屋1所,组织农村青年免费技能培训40多人次,开展"三下乡"和"讲文明、讲卫生、讲科学、树新风"活动。

2007年1月6日,省电信有限公司与南昌大学第一附属医院"青年文明号"集体联合举办"真情进农村、服务进万家"主题服务活动,在南昌、丰城两地开展远程医疗惠农义诊。20余名青年志愿者到丰城市曲江镇血防站,为农民开展义诊、赠药、健康咨询等服务。

2007年4月28日是全省"青年文明号促和谐,服务建设新农村"统一行动日。团省委组织省移动、农业、林业、电力、质监、卫生、交通、水利等行业青年文明号集体赴南丰县三溪乡,开展义诊、义务维修、义务咨询、农业(桔苗)种植知识培训等活动。青年文明号志愿艺术团为当地群众演出。省移动公司为南丰县107个行政村赠送电脑;为包坊村开设村级互联网站,赠送500余册图书、赠送健身器材;与三溪乡上葆新村张琳娣家、庙前村吴水清家进行号户结对,给予款物帮助;开通积分兑换南丰蜜橘业务,销售南丰蜜橘近70万千克,助推地方经济发展。省农业、林业、电力、质监、卫生、交通等行业在现场进行技术培训、知识咨询以及宣传资料发放。省卫生行业提供儿、妇、内、外科义务诊疗,免费体检服务。省公路艺术团为群众演出一台一个半小时的文艺节目,丰富当地群众精神生活。

青年文明号迎60周年国庆主题实践活动

2009年是中华人民共和国成立60周年、青年文明号活动开展15周年。团省委、省创建青年文明号活动组委会开展"青年文明号迎国庆主题实践活动"。活动内容包括开展优质服务活动、信用公示活动、和谐共建活动和风采展示活动。

省儿童医院的各级青年文明号集体开展"一切为了患者,为了患者的一切"青年文明号优质服务示范行动;组织青年文明号集体成员学习文明礼仪知识,提高岗位素质;开展"健康巴士"进社区义诊活动;到儿童福利院看望小朋友等。

江西移动宜春分公司开展"青年文明号助万家"活动。客服中心10086班组组建青年文明号小分队走进社区,为孤寡老人和残疾儿童送去温暖;走进全国中秋晚会现场做义工。

鹰潭团市委组织全市各级青年文明号集体,开展"庆国庆,青年文明号在行动"暨"百、千、万公益助学"活动,资助 100 名教师参加国家心理咨询师资格培训,向全市小学资助 1000 份少先队报刊和 1 万条红领巾。

第二节　青年志愿者行动

1994 年 1 月 10 日,团省委、省学联联合组织全省各大中学校的 10 万大中学生,在全省 80 个市、县的车站码头等公共场所开展"1994 新春热心活动",拉开了江西青年志愿者行动序幕。之后,江西各级团组织以"爱心献社会,温暖洒人间"为主题,以车站公益活动、社区服务、抢险救灾、扶贫济困、助孤助残、扫盲治愚、法规宣传、社会治安为重点,先后动员和招募 20 余万名青年志愿者,广泛开展形式多样的志愿服务活动。据统计,截至 2008 年 2 月,全省累计参加志愿服务活动的青年达到 3000 多万人次,全省"一助一"长期结对服务对象达 8 万对,全省共有各级青年志愿者协会1300 余个,组建科技、教育、医疗、消防、气象等专业志愿者服务队 1.86 万余支,注册志愿者达 12 万余人,未经注册但经常参加各种服务活动的志愿者达 130 余万人。2010 年,全省约有青年注册志愿者 34 余万人。

组织架构

1994 年 1 月,团省委以及各级共青团组织在开展全省"新春热心活动"之后,便开始着手建立全省各级青年志愿者组织。

省级组织有省青年志愿者协会(1995 年 3 月成立)、团省委青年志愿者行动指导中心(2001 年5 月成立)、团省委青年志愿者工作部(2006 年 1 月成立)。

地(市)级组织由全省 11 个地(市)青年志愿者协会组成。在 20 世纪 90 年代,有景德镇市青年志愿者协会(1994 年成立)、宜春市青年志愿者协会(1995 年成立)、萍乡市青年志愿者协会(1995年成立)、九江市青年志愿者协会(1996 年成立)、上饶市青年志愿者协会(1996 年成立)、吉安市青年志愿者协会(1996 年成立)、鹰潭市青年志愿者协会(1999 年成立);21 世纪成立的有南昌市青年志愿者协会(2002 年成立)、赣州市青年志愿者协会(2006 年成立)、抚州市青年志愿者协会(2008年成立)、新余市青年志愿者协会(2008 年成立)。

省属高校组织由 17 所高校青年志愿者协会组成。至 21 世纪初,由团省委直属的全省 17 所高校团委,先后成立校级青年志愿者协会或青年志愿者行动指导中心。为便于活动开展,南昌大学青年志愿者协会下设办公室、宣传部、督导部、素拓部、外联部、学校工作部、社区工作部、公益事业部等 8 个部门;江西财经大学青年志愿者协会在各校区设有分会,各校区分会设置办公室、宣传部、组织部、服务部、外联部 5 个部门;南昌工程学院青年志愿者协会下设办公室、内联部、外联部、财务部、监察部、策划部、宣传部、微爱服务队等 8 个部门。

县(市、区)级组织由全省 100 个县(市、区)青年志愿者协会组成。1995 年底,全省有 60% 的县(市、区)成立了青年志愿者协会;至 21 世纪初,全省县(市、区)团委基本建立青年志愿者协会或青年志愿者工作指导中心,至2002年底,全省建立青年志愿者服务队18600余支。至2008年2月,全省共有各级青年志愿者协会1300余个。

全省各级团组织自1994年开始着手建立各层级青年志愿者组织,至1999年全省已建立较完整的组织构架,如下图:

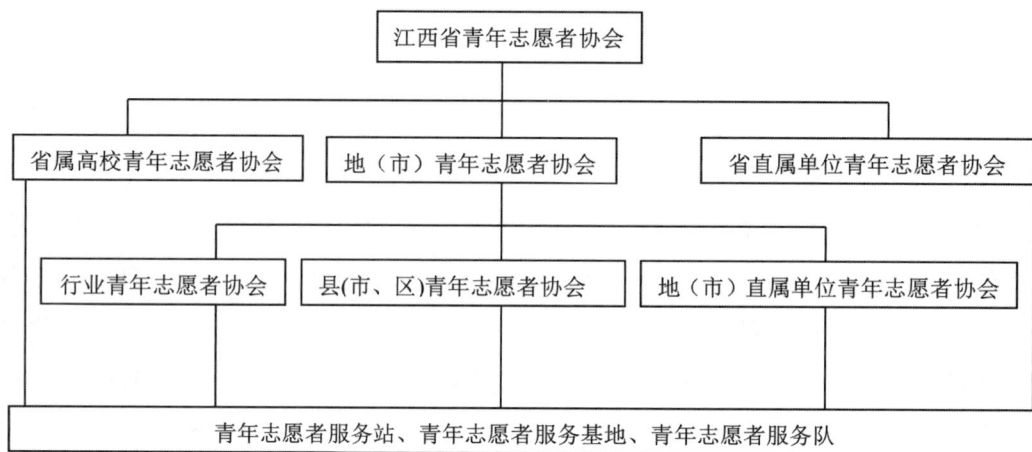

政策机制建设

政策法规保障机制 短期外出志愿服务有关政策规定。1994年至2010年的17年中,团省委联合有关厅局对每年组织的"三下乡"志愿服务活动、外出参加抗击"非典""抗洪抢险""抗震救灾"、2008年奥运会、残奥会志愿服务活动以及2010年参加上海世博会、广州第16届亚运会等活动的志愿者均作出交通出行、住宿以及生活补助等政策规定。

长期外出志愿服务的政策规定。2003年至2010年,江西共有35所高校2169人经过严格选拔,赴广西、海南、四川、新疆、西藏以及省内部分地区参加了为期1~2年的西部计划多项志愿活动。为推进"大学生志愿服务西部计划"的实施,自2003年起,团中央、教育部等四部委和团省委、省教育厅等四厅级单位以及江西所属高校,均相应提出若干政策支持。在推进西部计划过程中,团中央、教育部、财政部等四部委于2008年对参加西部计划的志愿者生活补助标准适当提高,另外还享受艰苦边远地区津贴;2010年团中央、教育部、财政部等对参加西部计划的基层青年工作专项行动,服务期满两年且考核合格的志愿者三年内报考研究生,初试总分加10分,同等条件优先录取。志愿服务期间,中央财政给予每人每月680元生活补助,交通补贴按志愿者家庭所在地和服务地之间的实际里程发放,每年发放两次,岗位津贴标准为每人每月200元,按照国家有关规定参加城镇职工医疗保险和工伤保险等规定。

2006年6月,江西启动"三支一扶"(支教、支农、支医和扶贫)计划,下半年招募736名高校应届毕业生到全省11个设区市、94个县(市、区)从事为期两年的支教、支农、支医和扶贫工作。为鼓励大学生下基层,江西出台一些优惠政策,在两年的志愿服务期间,大学生每人每月将获得800元的生活交通补贴,并统一办理人身意外伤害保险和住院治疗保险。服务期满后考试合格的大学生可自愿留在原服务单位就业,也可根据本人意愿到其他地方工作;在农场基层单位就业的,可直接转正定级,并且高定一至二档工资;如想报考乡镇机关公务员,可享受加3分的优惠,同等条件下优先录用;报考省内高校研究生者,在考试成绩上加10分,并在同等条件下优先录取。2009年7月,江西中国青年志愿者海外服务计划马拉维项目正式启动,省有关方面出台具体政策,参加马拉维项目的在职公职人员,在国家发放每月300美元补贴的基础上,其所在单位工资、福利不变;参加马拉维项目的高校应届毕业生和没有工作单位的其他人员,在国家发放每月300美元的基础上,由省财政比照省"三支一扶"大学生服务项目的应届毕业生12000元/年的补贴标准给予一次性补贴。

人大立法保障。2007年12月14日,省第十届人大常委会第三十二次会议通过《江西省青年志愿者服务条例》,并自2008年3月1日起实施。该条例是全省第一部关于青年工作的地方性法规,它不仅明确了青年志愿者服务的概念界定、法律责任、青年志愿者的权利义务及共青团组织和青年志愿者组织的职责,而且对政府相关部门、社会团体和新闻单位的职责进行规定,为志愿者的招募、注册、培训交流、表彰激励、权益保护、政策保障等机制建设提供强有力的依据。

明确职责。1995年3月,省青年志愿者协会成立,并制定《江西青年志愿者协会章程》,章程规定,协会的主要职责是负责全省青年志愿者行动的规划、组织、协调、指导及研究工作;实施重点项目和重大活动的组织和开展以及资金的筹措等。自1995年起,全省各地团组织在成立各层级青年志愿者协会时,其主要职责基本参照《江西青年志愿者协会章程》内容及本地区、本单位具体实际制定。协会指导委员会主要突出"指导"功能,会长和副会长负协会的"领导"功能,理事和常务理事负"决策"功能,秘书处负"执行"功能,构建职责清晰、运转有序的工作体系。2007年,《江西省青年志愿服务条例》对青年志愿者组织应当履行的职责有6条要求,即建立健全开展青年志愿服务的各项措施和制度;负责青年志愿者的招募、培训、管理和考核;制定青年志愿者服务计划并组织实施,发布青年志愿者信息;负责青年志愿者活动资金、物资的筹集、使用和管理;为青年志愿者提供必要的帮助,维护志愿者合法权益;组织开展青年志愿者服务的宣传、合作和交流活动。

重点工作项目。1993—2010年,全省共青团组织、青年志愿者协会抓的重点工作项目主要有:每年3月5日开展的为期1周的志愿者社会公益服务活动;每年暑期(7—8月)开展的全省大中专院校"三下乡"社会实践活动;每年经常开展的青年志愿者"一助一"长期结对服务活动;围绕国内一些省份地区以及省内出现的较大洪水灾害、地震灾害、"非典"疫情等开展的抢险救灾、灾后重建活动;2005年3月5日,团省委联合省委老干部局、省关工委、省民政厅在全省开展的"牵手夕阳辉映青春"百万青年志愿者行动;2008—2010年团省委联合省公安消防总队等13个单位共同实施的消防志愿者行动以及2008—2009年团省委、省青志协联合省移动公司开展的"神州赣鄱行爱心献社会——江西青年志愿者服务千百万工程"等。

2005年,团省委联合有关厅委开展的"牵手夕阳辉映青春"百万青年志愿者行动受到团中央和全国老龄委的关注,作为特色项目在全国志愿者论坛上展出。1993年至2010年,全省地(市)、省属高校、省直属单位的团组织和青年志愿者协会在开展志愿者活动中创出不少特色品牌和精品项目。2006年,江西农业大学"爱心社"在全省开展的"携手儿童少年携手抗击艾滋病"活动中表现突出,因此在这项活动的评选中评出的22名防艾"爱心大使",农大"爱心社"占13人。2006年4月,爱心社社长李强获联合国基金会驻华代表处联合国艾滋病中国专家组颁发的"携手儿童青少年携手抗击艾滋病"青少年"爱心大使"称号。2006年，南昌市东湖区"东青在线"网站建设项目获团中央第六届中国青年志愿者行动项目奖；2008年，南昌团市委组织开展的"红铃铛"行动，赣州团市委、市青年志愿者指导中心组织的青年志愿者服务新农村——留守孩托管中心建设项目等3个项目获第七届中国志愿服务项目奖；2010年，鹰潭团市委、鹰潭市公安消防支队联合开展的鹰潭市消防志愿者行动等3个志愿服务项目获第8届中国青年志愿者优秀项目奖。

宣传表彰 1993—2010年，全省各地（市、县）团组织，青年志愿者协会、省属高校、省直属团委均对在开展青年志愿者各类服务活动中表现突出的集体和个人进行表彰。全省志愿者活动开展18年，团省委、省青志协和各地（市）团委、省属高校团委、省直属单位团委充分利用省新闻媒体，各地市新闻媒体以及团省委网站，11个设区市网站，对青年志愿者服务活动中涌现出来的青年志愿者先进集体和个人的先进事迹进行不同程度的宣传报道，对各地开展大型青年志愿者活动进行新闻报道，增强青年志愿者行动对广大青少年的影响力、吸引力和凝聚力。

1997—2010年，团中央、中国青年志愿者协会共举行8届中国青年志愿者行动先进集体和先进个人表彰活动。在这8届表彰活动中，江西省共有41人获中国青年志愿者优秀个人奖，有23个集体获中国青年志愿者优秀集体奖。其中，在1997年首届表彰活动中，于果、邝全喜等2人获"全国杰出青年志愿者"称号，在2000年第三届表彰活动中，星子县下岗职工易红华获第三届"中国十大杰出青年志愿者"称号及中国青年志愿者服务金奖；在8届表彰活动中，省青年志愿者协会获第1、2、、8届中国青年志愿者行动组织奖；赣州、南昌、新余团市委等11个团委（或青年志愿者协会）获中国青年志愿者行动其中一届的组织奖；此外，江西师大校长眭依凡等7个单位的党政领导获中国青年志愿者行动贡献奖。

1995年1月12日，团省委、省公安厅、省保险公司联合印发《关于表彰江西青年志愿者道路交通法规宣传教育活动先进集体、个人的决定》，表彰在活动中涌现出来的18个先进单位、"双十佳"（十佳青年志愿者交通监督岗、十佳青年志愿者交通宣传岗）和105个先进个人。1995年4月1日，团省委印发《关于表彰全省青年志愿者活动先进集体、杰出青年志愿者、优秀青年志愿者的决定》，授予兴国县青年志愿者为老红军服务总队等27个单位和组织"全省青年志愿者活动先进集体"称号；授予于果"江西省杰出青年志愿者"称号；授予苏子林等94人"江西省优秀青年志愿者"称号。2001年11月9日，团省委、省青年志愿者协会联合印发《关于表彰第三届青年志愿者行动先进个人和集体的决定》，对在全省青年志愿服务工作中取得优异成绩、做出突出贡献的先进个人和集体进行表彰。2008年12月3日，团省委、省青年志愿者协会联合印发《关于表彰2008北京奥运会、残奥会江西"十佳青年志愿者""优秀青年志愿者"的决定》，授予刘可文等10位志愿者2008北京奥运会、残奥会"江西十佳青年志愿者"称号，授予方舟等90位志愿者2008北京奥运会、残奥会"江西优秀青年志愿者"称号。2009年4月30日，团省委、省青年志愿者协会联合印发《关于表彰"江西省青年志愿者服务贡献奖"的决定》，授予省公安消防总队等7个单位"江西省青年志愿服务贡献奖"。2010年7月15日，团省委、国家开发银行江西省分行联合印发《关于表彰2009年度江西省开发性金融志愿服务行动优秀青年志愿者的决定》，授予田善佳等11人"2009年度江西省开发性金融志愿服务行动优秀青年志愿者"称号；是年10月25日，团省委、省青年志愿者协会联合印发《关于授予江西省中国青年志愿者海外服务计划马拉维及肯尼亚项目援外志愿者服务队"江西省优秀青年志愿者服务集体"荣誉称号的决定》。

2010年12月20日,团省委、省青年志愿者协会对在2006年至2010年5年内全省各地在开展青年志愿者服务活动中创出的优秀品牌和精品项目予以表彰,授予江西财经大学"湿地使者"行动等42个项目"江西省青年志愿者优秀项目奖",授予周兴等90人"江西省青年志愿者优秀个人奖",授予安利江西分公司"江西省青年志愿者优秀组织奖"。

重要活动

志愿者社会服务活动 "新春热心活动"。1994年至1996年春节前夕,全省各级团组织连续3年组织全省大中专学校学生开展"新春热心活动"。1994年初春,江西10万大中学生在全省80个市、县的车站码头等公共场所开展"1994新春热心活动",拉开江西青年志愿者行动序幕。在活动中,全省各团地(市)委、团县(区)委,省属高校、省直属单位团委均组织广大团员青年以各种形式走向社会开展多项服务活动。1994年,九江市广大青年志愿者结合学雷锋活动,以"热心献社会、真情暖人间"为行动口号,广泛开展青年志愿者新春献爱心活动;是年1月27日,景德镇市各级团组织各界青年开展"瓷都青年志愿者94迎新春热心行动",组织上万名青年上街为民修自行车、家用电器、理发、写对联、医疗咨询等活动。1994年1月至2月中旬,鹰潭团市委组织近4000名青年志愿者佩戴志愿者标志,活跃在大街小巷、车站码头,开展查堵"三品",打扫卫生、义务修理等;1995年春,鹰潭市在开展"新春热心活动"中,有近5000人次青年志愿者在车站、码头、大街小巷,做好事3200余件。

道路法规宣传教育活动。1994年一季度,南昌团市委根据市政府确定为"城市管理年"以及团省委先行在南昌市进行道路法规宣传教育活动意见,与市交警支队联合在全市开展"城市管理年——维护交通秩序青年志愿者"活动。3月6日,活动仪式在雨中举行,志愿者首次上岗,100辆自行车、100名礼仪小姐、10辆宣传车,以人民广场为中心,开展宣传交通法规、维护交通秩序的活动。在活动期间,团市委除每逢星期天都安排青年志愿者协助交警维护秩序外,还在学校系统安排大中学生志愿者在路口、车站、码头扶老携幼,打扫卫生,维护秩序,倡导不闯红灯、靠右行、不乱扔垃圾、不随地吐痰等良好风气。

1994年7月27日,团省委联合省公安厅、省人保公司印发《关于开展青年志愿者道路法规宣传教育活动的通知》,并先期在南昌和部分地市进行试点工作,推出10月为"全省青年志愿者道路交通安全月",确定10月8日为"全省青年志愿者道路交通安全宣传日"。10月8日,鹰潭团市委组织1200余名青年志愿者,在4个交通路口设立30多个交通安全监督岗,30个法规宣传点,他们一边向市民散发宣传单3万余份,一边解答市民咨询及纠正违章行车、行走800人次。1994年9月,赣州团地委在赣州、瑞金、宁都、赣县、南康、龙南等县(市、区)召开千人动员大会,建立25支青年志愿者服务总队,600多支分队,7060个活动小组,近10万名青年志愿者参与交通法规宣传教育活动,散发传单16万份,出动宣传车90多辆次,鼓号队40多支,书写交通法规宣传标语13000多条,横幅 260 幅,刊书墙报 3980 多期,全地区共分发《青年志愿者道路交通法规宣传教育活动手册》8000 多册,基本做到城镇每个团总支有一册,机动车驾驶员人手一册;活动中,青年志愿者走上路口,重点对 105、206、319 国道路面改建、事故多发地段开展维护交通秩序,疏散运输车辆,清除路障等活动。青年志愿者在交警的指导下共清除路障 55 处,查处无牌无证车辆 846 辆,纠正违章 3600 人次。据统计,这次江西开展的青年志愿者道路法规宣传教育活动,全省各地共组建 2000 支队伍,招募 33 万青年志愿者上岗、上路宣传交通法规,维护交通秩序。

志愿者"一助一"服务活动。1994 年 4 月,团省委印发《关于组织实施中国青年志愿者"一助一"长期服务计划的通知》;是年,全省落实服务对象 5000 人。1995 年 1 月,团省委、省青年志愿者协会在开展"1995 年新春热心活动"的同时,重点抓省地(市)县级团委青年志愿者机构和青年志愿者服务站的试点工作,至年底,全省建立 100 个青年志愿者服务站,发放"一助一"服务卡,全省结对数达 2 万对,"一助一"活动建立起长期稳定的服务关系。1995 年,赣州地区实施赣州地区青年志愿者"一助一"服务计划,全地区共结对 3000 对,并建立"一助一"长期服务对象的档案;是年,新余市在实施"一助一"青年志愿者服务计划中,共建立 603 个联系点,实施定点、定时、定向服务;是年 3 月,宜春团地委在开展青年志愿者"一助一"活动中,和 100 多位老人结成"一对一"长期服务对子。1996 年,全省青年志愿者"一助一"服务活动结对数达 5 万对;是年,南昌团市委广泛实施"一助一"长期服务计划,进一步推行《青年志愿者手册》和"一助一"服务卡制度、小时服务确认及志愿者服务站"六个一"达标考核制度,至年底,全市"一助一"结对达 3500 户;是年,鹰潭团市委在机制建设方面,全面推行《青年志愿者手册》、"一助一"志愿服务卡制度和小时服务确认制度,共领发省青志协印发的《手册》、志愿服务卡 500 套,在册志愿者平均每人年服务时间达 100 小时以上。"一助一"长期服务对象由 1995 年的 218 户,发展到 1996 年的 309 户;是年 1—2 月,萍乡团市委在全市开展"服务进万家、真情献社会"青年志愿者活动,以"一助一"上门包户的方式为企业困难职工、下岗职工、社区孤寡病残人员、农村特困户、五保户等开展生产自救、家庭服务、助孤助残、医疗保健等十几项服务,深受服务对象的欢迎。1995 年至 2000 年,吉安地区连续 6 年共有 500 余支青年志愿者服务队长期坚持或走上街头,或到结对对象家中提供医疗保健、科技咨询、打扫卫生等活动。据统计,截至 1998 年 4 月,全省在"一助一"青年志愿者服务中,共结对 53700 多对,帮助贫困家庭 51200 余户;至 2003 年 4 月,全省在"一助一"志愿者服务活动中,共发展注册志愿者 10 万余人,开展"一助一"结对帮扶 75000 多对,帮助贫困家庭 6260 余户。2007 年 2 月,团省委联合省民政厅、省青志协共同实施"真情相伴·爱心助困"——江西青年志愿者关爱贫困家庭援助计划,招募志愿者通过"一助一""多助一"的形式,为贫困家庭提供生产、生活等方面的志愿服务,优化并完善志愿者招募方式。自 2007 年起,全省各地、各单位团委以"扶贫、帮困、解难、暖心"为目标,以"四助"即"助学、助耕、助医、助业"为重点,与江西青年志愿服务百千万工程进行对接,优化并完善志愿者招募方式,2007 年共招募志愿者 7 万人,结对贫困家庭 7000 余户(含 2100 户残疾人家庭)。2009 年 3 月 5 日,团省委联合省民政厅、省残联实施的"真情相伴,爱心助困"援助万户贫困家庭计划在南昌启动,完成 4 万名志愿者结对 4000 户贫困、残疾家庭的任务。

"青年志愿者爱心接力 111 计划"活动。1997 年 5 月 5 日,团省委印发《关于实施江西青年志愿者爱心接力 111 计划的通知》,全省各级团组织和青年志愿者组织广泛开展"青年志愿者爱心接力 111 计划"活动;省青年志愿者协会公开招募 10 余名有一定专业技能的青年志愿者,定向、定期、轮流到服务基地从事各项志愿服务工作,每期志愿服务时间半年至 1 年;各地选取 100 名需要帮助的英模家庭,公开招募 100 个青年志愿者(或志愿服务队),为英模家庭提供定向接力服务,在农村招募 1 万名青年志愿者(或若干支志愿服务队),为 1 万个特困户提供定向接力志愿服务。1997 年至 1998 年,"爱心接力 111 计划"在峡江、广丰、永新等县建立 10 个志愿服务基地,省青志协派遣 10 名青年志愿者从事教育、医务等志愿服务工作半年以上。全省各地共招募 1100 余名青年志愿者、3200 支服务队,为 106 个英模及其家庭、11200 个特困户提供助耕助收、家教助学、医疗保健等志愿接力服务。1998 年 2 月,在"爱心接力 111 计划"广泛实施的基础上,省青年志愿者协会又重点实施"江西青年志愿者支教扶贫接力计划——上犹项目",这一项目面向省内外,公开招募选拔 10 名青年志愿者,到贫困县上犹县的 3 个乡村中小学从事为期 1 年的支教志愿服务;10 名青年志愿者的优质服务和奉献精神,为上犹县教育事业发展注入新的活力,得到各级党政机构和人民群众的一致好评,中央政治局常委李岚清在江西视察时高度赞扬他们的志愿服务精神。

江西高考爱心车队。自 2002 年始,由省文明办、团省委、省广电局、省青年志愿者协会共同组织的"江西高考爱心车队"活动开始实施,全省各设区市和部分县的出租车、私家车、企业车、单位车驾驶员志愿者加入高考爱心车队,在高考期间,对家庭收入低、交通不便或有其它需要帮助的困难考生免费安排爱心车,全程一对一专车接送或在场外流动接送,同时省公交公司为困难高考考生发放免费乘的志愿服务卡。2002 年至 2010 年,"江西高考爱心车队"成为一座"传递真情、播撒爱心、倡导文明"的桥梁和构建社会主义和谐社会的践行者。

"牵手夕阳辉映青春"百万青年志愿者行动。2005 年 3 月 5 日,团省委联合省委老干部局、省关工委、省民政厅在全省开展"牵手夕阳辉映青春"百万青年志愿者行动,把老年人对青少年的教育引导与青少年对老年人的服务结合起来,全省共有 50 余万青年志愿者与老年人结对服务,在全省营造老少互助、老少互学、老少同乐的和谐氛围。活动受到团中央和全国老龄委的关注,作为特色项目在全国志愿者论坛上展出。

"三支一扶"活动。2006 年,江西开展"三支一扶大学生志愿者兼任乡镇团委副书记工作项目"活动,选派 736 名应届高校毕业生,到全省 11 个市、94 个县(市、区)从事为期两年的支教、支农、支医和扶贫工作。其中,143 名大学生志愿者走上乡镇团委副书记的工作岗位。

"防艾"志愿服务行动。2008 年起,团省委大力开展青年志愿者艾滋病防治志愿服务行动,多次组织志愿者骨干进行"防艾"知识培训,与大学生志愿服务西部计划等工作相结合,加强防艾知识宣传工作,开展艾滋病防治知识讲座等,推动江西"防艾"工作有效开展,共组织"防艾"讲座 60 余场,发放宣传册 1 万余册。

"神州赣鄱行,爱心献社会——江西青年志愿服务百千万工程"。2008 年 12 月 5 日,团省委、江西移动公司、省青年志愿者协会联合启动"神州赣鄱行,爱心献社会——江西青年志愿服务百千万工程",探索建立志愿者社会化招募新途径——在全国首创 12580 青年志愿者招募热线,并通过活动、媒体广告、手机短信等方式进行广泛宣传,动员青年通过拨打热线加入志愿者行列。2009

年,在全省范围内完成100个青年志愿者服务站和1000个"江西移动志愿服务爱心便利店"营业网点的建设。通过12580报名热线和各服务站报名点,在全省招募"江西青年志愿服务百千万工程注册志愿者"1万余人,根据社会公众需要,组织志愿者开展扶弱助残、环境保护、科技传播、法律援助、社区服务等志愿服务,并以此为基础,进一步建立健全注册志愿者档案管理系统。团省委联合省民政厅、省残联将志愿者与贫困、残疾家庭进行对接,开展"共情相伴,爱心助困——援助万户贫困家庭计划"帮扶。通过百千万工程使志愿服务实体化、有形化,创新志愿服务方式,丰富志愿行动内涵,有效服务青年就业、创业,提供青年服务社会、锻炼自我的机会。

志愿者大型赛(展)会服务活动 第五届全国农运会志愿服务。2004年,第5届全国农运会在宜春市举行,考虑到农运会的特殊性,宜春市经过反复研究,从宜春学院、宜春职业技术学院、省轻工技校等11所院校的9000多名报名者中进行筛选,经过考试、考核,最终确定1600多名志愿者,组建一支由大学生、机关干部、企业职工为主体的"志愿军",人数突破2000人,是截至2004年江西最大的一支志愿者队伍。这1600多名志愿者在农运会举行期间为参会人员提供接送站、会务、宾馆接待、新闻、竞赛和应急等11项服务。为尽可能地提供个性化服务,志愿者部抽调懂粤语的大学生志愿者,全程跟踪服务广东省代表团;从宜春学院专门选调4名回族大学生,派驻医疗保障部,作为"清真餐"的食品监督员。

奥运会、残奥会志愿者工作。2006年,组织开展"支援中国·人文奥运——2008北京奥运志愿者(江西地区)招募"活动;12月,省奥运志愿者选拔工作正式启动,经层层推荐选拔,最终从7000名来自海内外报名者中择选出80名奥运会志愿者和20名残奥会志愿者。2008年7月31日和8月30日,志愿者分2批奔赴北京,服务奥运会、残奥会,在国家运动中心击剑馆50余天的服务时间里,志愿者们以优质的服务出色完成各项工作任务,展示了江西青年良好的精神风貌和青春风采,受到北京奥组委、团中央的表彰。是年12月,在北京奥运会、残奥会的志愿服务中有突出表现的志愿者,分别被授予江西"十佳青年志愿者""优秀青年志愿者"称号。

第十三届江西省运动会志愿服务。2009年8月27日,正式启动第十三届省运会志愿者招募工作。截至2010年5月,已完成1200名志愿者招募任务(普通志愿者1000人,礼仪志愿者200人),志愿者培训工作也于2010年6月至7月全部进行完毕。开幕式前的5场比赛(游泳、摔跤、篮球、排球、举重),共派出5个志愿者服务支队、300名普通志愿者和100名礼仪志愿者参与服务。10月23日至10月30日,1200名志愿者服务于省运会开闭幕式和开幕式后的各项比赛,并配合各个相关部门做好赛事服务、赛事安保、赛事引导等10项省运会志愿服务工作,圆满完成省运会组委会交给的各项任务。

世界博览会(简称世博会)、中国国际中小企业博览博会(简称中博会)、亚洲运动会志愿者工作。2010年1月,在省政府、上海世博局和省世博办的指导下,全面启动省2010年上海世博会志愿者招募工作,从2000余名报名者中,择优选定35名志愿者赴上海,服务于主题馆、江西馆以及江西活动周,圆满完成上海世博会志愿服务工作。2010年5月,第五届中博会志愿者招募工作正式启动,招募1406名青年志愿者,为大会提供机场迎送、要客接待、礼仪引导、展馆服务、综合协调、外语翻译、酒店服务、新闻报道等志愿工作,累计服务时间5.16万小时;是年8月,组织招募10名江西省赴广州亚运会志愿者,为 2010 年 11 月 12 日至 27 日在广州举行的第 16 届亚运会提供赛会志愿服务。青年志愿者们在世博会、中博会和广州亚运会召开期间,以优质服务、饱满热情、良好风貌为社会各界展现江西人民的热情好客和江西青年的良好形象。

志愿者支援帮助活动　研究生西部支教团扶贫接力计划。研究生西部支教团扶贫接力计划是共青团中央、教育部为服务"科教兴国"和"西部大开发"战略共同实施的一项重要工作。研究生支教团作为青年志愿者扶贫接力计划的一个重要组成部分,按照自愿原则,每年在部分高校中公开招募一定数量的研究生作为青年志愿者到国家中西部贫困地区中小学校任教 1 年,并开展力所能及的扶贫工作。2001 年,江西师范大学被团中央、教育部、国务院西部开发办、中央精神文明办确立为实施研究生支教团扶贫接力计划江西的唯一派出单位。2002 年 4 月,江西师范大学响应团中央、教育部的号召,选派 5 名研究生志愿者参与"中国青年志愿者扶贫接力计划研究生支教团"项目,赴贵州望谟县进行为期 1 年的扶贫支教活动。2003 年,江西师范大学又从 200 名报名者中选拔 3 名品学兼优的同学赴贵州望谟县进行接力支教。至 2010 年,结合学校实际和受援地实际需求,江西师范大学研究生支教团同学承担望谟县 4 所中学、50 多个班级 3000 多名学生的教学任务,极大地缓解当地的师资紧缺状况。支教团先后为服务地的贫困中小学生募集衣物书籍、文具 3 万余件(册),募集"爱心接力"助学金 40 万余元,建立青年志愿者协会 4 个,校园广播站 4 个,校园网 4 个,为当地教师开展现代技术培训 230 人次,组织开展各类文体活动近百次。

青年志愿者海外服务计划。2009 年,江西省受团中央、商务部委托,首次承办中国青年志愿者海外服务计划志愿者派遣工作,共招募派遣 25 名青年志愿者,于是年 8 月和 10 月分赴非洲马拉维、肯尼亚开展为期 1 年的援外志愿服务,服务领域包括中文教学、计算机应用、针灸医师、乒乓球教学、农业技术等,并成为中部六省中第二个派遣援外青年志愿者的省份,实现全省援外青年志愿者工作零的突破。2010 年 10 月,25 名志愿者圆满完成志愿服务任务顺利安全回国。

开发性金融志愿服务行动。2007 年,由团省委、省开发银行组织的开发性金融志愿服务行动在省内开展。开发性金融志愿服务行动志愿者招募工作自 2007 年 4 月 30 日全面展开,采取公开招募、自愿报名、组织选拔、集中派遣的方式,在全省 300 多名应届毕业生报名者中招募 30 名品学兼优、具有奉献精神的志愿者,到开发性金融协议已经覆盖的 25 个县(市、区)从事为期 1 年的开发性金融志愿服务工作。7 月,开发性金融志愿服务行动正式启动。志愿者对所在县(市、区)经济发展情况进行调研、了解,收集开发银行贷款客户信息,帮助开发银行客户经理做好基层调研工作,为农村和农户提供金融支持和服务,在青年、农户和开发银行之间搭建合作平台,为广大农村提供智力支持和金融服务,搭建县乡发展融资平台,促进县域经济和开发银行共同发展。经过 1 年时间的摸索,逐步形成一套较为科学合理的开发性金融志愿服务行动模式。

2008 年 7 月,第 2 批 28 名开发性金融志愿者奔赴全省各地服务岗位。此后,团省委、省开发银行根据项目进展情况逐步扩大实施范围和规模。

大学生志愿服务西部计划

大学生志愿服务西部计划(简称"西部计划"),是团中央、教育部根据《国务院办公厅关于做好

2003年普通高等学校毕业生就业工作通知》和2003年全国高校毕业生就业工作电视电话会议精神的要求而实施,财政部、人事部给予相关政策、资金支持。这项计划从2003年开始,按照公开招募、自愿报名、组织选拔、集中派遣的方式,每年招募一定数量的普通高等学校应届毕业生,到西部贫困县的乡镇从事为期1~2年的教育、卫生、农技、扶贫以及青年中心建设和管理等方面的志愿服务工作。

组织机构 2003年6月,团省委、省教育厅、省财政厅、省人事厅为贯彻落实团中央、教育部、财政部、人事部《关于实施大学生志愿服务西部计划的通知》精神,成立由团省委和省教育厅联合组成的省级领导小组和项目办公室,各所属高校也相继成立校领导小组和项目办公室。

省大学生志愿服务西部计划领导小组于2003年6月成立。领导小组成员由省教育厅、团省委联合组成,组长为省教育厅厅长漆权和团省委书记钟志生,副组长为省教育厅副厅长李小南、团省委副书记肖洪波。领导小组的职能是负责全省"西部计划"宣传、指导、检查、考核等工作,并制定江西"西部计划"相关政策。下设项目管理办公室,为领导小组的办事机构。办公室主任由团省委副书记肖洪波兼任,办公地点设于团省委宣传部和省青年志愿者行动指导中心。办公室的职能是根据各校报名人数及学历、专业和就业情况,下达各校招募指标及对应的基本服务岗位,审核入选志愿者名单等。

2003—2010年,全省有35所高校接受"西部计划"的招募任务。全省各高校在承担招募工作的第一年起,相继成立由分管共青团工作的校领导为组长,团委、招生就业处、党委宣传部、学生工作研究处,财务处、后勤保障处负责人为成员的大学生志愿服务西部计划领导小组,主要职能是统筹志愿服务西部大学生的招募、选拔、培训、后勤保障等工作。领导小组下设项目管理办公室,一般由团委书记兼任办公室主任,具体组织和实施该项工作。

政策支持 四部委(团中央、教育部、财政部、人事部)出台政策给予支持。自2003—2010年,四部委相应提出若干的支持政策,推进"西部计划"的实施。

根据中青联发〔2003〕26号文件精神,参加"西部计划"志愿者除享受国家规定的高校毕业生就业优惠政策外,服务期间享受一定的生活补贴(含交通补贴和人身意外伤害、住院医疗保险);服务期间,本人要求户口和档案保留在学校的,按规定保留两年;服务期满考核合格的,报考研究生给予加分,报考党政机关公务员的,可适当加分;服务单位向志愿者提供住宿等必要的生活条件;服务期为1年,服务期满考核合格的,授予中国青年志愿服务铜奖奖章;服务期为两年、服务期满考核合格的,授予中国青年志愿服务银奖奖章,表现优秀的授予中国青年志愿服务金奖奖章,表现特别优秀的推荐参加中国青年五四奖章、中国十大杰出青年、中国十大杰出青年志愿者、国际青少年消除贫困奖等评选。

2004年,团中央、教育部、财政部、人事部《关于做好2004年大学生志愿服务西部计划通知》中,对2003年出台的政策支持做出新的补充:志愿者服务期满1年考核合格,报考研究生的,总分加10分;各高校出台的政策如在此基础上有更多优惠,则参照高校政策;同等条件下,优先录取,报考西部公务员,笔试总分加5分;服务期间,享受往返于入学前户籍所在地与服务地间每年4次火车硬座票半价优惠;对于大学期间办理助学贷款,服务期间还贷确有困难的,各高校协调银行等有关方面,为其延期还贷提供帮助等。

从2008年开始,团中央、教育部、财政部、人事部对参加"西部计划"志愿者生活待遇水平适当提高,生活补助标准从原来的600元,提高到680元,与新参加工作公务员工资(685元)基本持平,另外还享受艰苦边远地区津贴。2010年,四部委对参加西部计划基层青年工作专项行动,服务期满两年且考核合格的志愿者,3年内报考研究生,初试总分加10分,交通补贴按志愿者家庭所在地和服务地之间的实际里程发放,每年发放两次,岗位补贴标准为每人每月200元,按照国家有关规定参加城镇职工医疗保险和工伤保险。

省内给予政策支持。2003年6月,团省委、省教育厅、省财政厅、省人事厅等制定《江西省"大学生志愿服务加护"2003年实施方案》(简称《实施方案》)。《实施方案》结合江西实际,制定相关配套政策:志愿者服务期满考核合格的,授予"江西省优秀青年志愿者"称号,并作为"江西十大杰出志愿者"候选人以及与省教育厅联合授予的"大学生志愿服务西部年度人物奖"候选人;已签好用人单位,但又自愿去西部服务的志愿者,由省毕业生分配办公室与用人单位协商免除违约金等。

高校出台优惠政策。江西"西部计划"自2003年启动后,省内不少高校相继出台一些优惠政策,对批准的志愿者给予一次性奖励,南昌大学、江西师范大学、江西农业大学、东华理工大学均给予每人3000元奖励,赣南医学院1000元奖励,江西蓝天学院2000元奖励。

报名与招募　2003年6月12日,团省委、省教育厅、省财政厅、省人事厅根据团中央、教育部、财政部、人事部《关于实施大学生志愿服务西部计划的通知》精神,制定《江西"大学生志愿服务西部计划"2003年实施方案》(简称《实施方案》)。《实施方案》明确提出志愿者招募工作的广泛动员,报名审核,统计上报,确定招募指标,选拔上报,审定确认以及落实服务岗位方面工作内容。

2003年6月中下旬,在团省委、省教育厅、省财政厅、省人事厅联合指导下,省、高校两级项目办对团中央、教育部等四部委联合推出"西部计划"进行广泛宣传,以此提高大学生志愿服务西部计划报名的积极性。6月19日,团省委、省教育厅、省财政厅、省人事厅联合在江西师大召开"西部计划"新闻发布会。会上,团省委等4个厅级单位与前来参会的各高校应届毕业生就"西部计划"的相关问题展开面对面交流。

6月中下旬,全省首次承担"西部计划"任务的22所高校,发挥团委、学生会的作用,在各自校园,通过毕业生大会、现场咨询报名会、校园广播、校园网、公告栏等途径,开展宣传发动工作。6月16日下午,江西师范大学在青年文化广场举行"西部计划"现场大型咨询服务会,来自毕业班400多名同学参加活动,当天参加大学生志愿服务西部的毕业班学生约有100人。在华东交通大学,部分毕业生自愿选择去西部就业,仅去大西北的就有42人。在此次招募中,江西的志愿者报名人数为1160人。在全省参与"西部计划"20多所高校合格志愿者中,江西农业大学有57人,南昌大学40人,江西师范大学35人,江西财经大学14人。8月24日,由团省委、省教育厅、省财政厅、省人事厅联合组织的"西部计划",在江西师范大学青年文化广场举行出征仪式。副省长危朝安为志愿者们授旗,来自全省22所本专科院校的206名毕业生被确定为江西省首批赴西部服务志愿者,8月24日和25日分两批赴广西和新疆。其中153名志愿者派往广西9个服务县,53名志愿者派往新疆一级贫困乡镇。

2004年，"西部计划"尤其鼓励农业、林业、水利、医学、师范类专业，有较高学历的毕业生参与，对入学前户籍所在地在西部地区及服务意向为2年的应届毕业生优先选拔。是年，全省参加"西部计划"各高校大学毕业生报名人数有1100人。7月17日，共有来自南昌大学、江西医学院、江西农业大学等高校的209名大学生被选中，他们前往广西、海南两个省（自治区）的乡镇从事1～2年教育、卫生、农技、扶贫以及青年中心建设和管理等方面的志愿服务工作。2004年志愿服务的内容为7个专项：到西部地区支医，服务期1～2年；到西部地区从事农业科技服务，服务期1～2年；到西部地区支教，服务期1～2年；到西部地区从事青年中心建设和管理，服务期1～2年；开展"全国农村党员干部现代远程教育试点工作"志愿服务，服务期1年；开展"百县千乡宣传文化工程"志愿服务，服务期1年；开展西部基层检察院志愿服务，服务期两年。

2005年，"西部计划"报名人数有1281人。7月21日，全省264名"西部计划"大学生志愿者分别赴广西、海南参加1～2年教育、卫生、农技、扶贫以及青年中心建设和管理等方面志愿服务工作，其中赴海南55人，广西209人。省报名参与西部计划高校达31所，其中含3所民办院校，并有两名民办高校毕业生被录取。在录取的264名志愿者中，本科生226人，占总数的85.6%，超额完成团中央下达的任务；专科生38人，占总数的14.39%；党员27人，占总数的10.22%。

2006年"西部计划"自当年4月18日开始网上报名。2006年全省高校大学生报名人数达1870人。7月21日，2006年"西部计划"志愿者出征仪式在南昌火车站举行。副省长熊盛文出席出征仪式，向入学生志愿者服务团授队旗，并为大学生志愿者送行。南昌大学、江西师范大学、江西财经大学等省内29所高校的220名大学生志愿者分赴广西、海南开展支教、支医、支农等志愿服务。其中，本科生占85%，涉及教育、医疗、农林、水利、经济、法律等多个专业。

2006年，南昌大学组织各学院团委干部到海南看望即将服务期满的志愿者，送去问候和就业信息。据南昌大学统计数据显示，2003～2006年，学校赴广西支援建设的志愿者中，有40%的志愿者选择在服务期满后留在当地工作。2006年9月21日，团省委副书记王少玄率"西部计划"江西项目办一行5人赴海南开展为期5天的志愿服务工作调研，在海南省陵水县、保亭县、三亚市进行走访慰问，在各地分别召开有当地党政领导、志愿者代表、项目办成员共同参加的座谈会，与志愿者进行面对面交流。

2007年"西部计划"于4月25日全面启动。南昌大学、江西师范大学、江西农业大学等35所高校纳入西部计划招募行列。全省"西部计划"报名数呈上升趋势，2007年"西部计划"报名人数为4687人，比往年报名人数明显增长，位列河南、四川之后，排名全国第三。从2007年开始，"西部计划"志愿者签约期为1年，想延长服务期限者必须重新经过全国项目办审批。在"西部计划"选拔标准中，要求学生学分总绩点（或学业成绩）排名在本院系同年级学生总数前70%之内，并通过本校毕业体检和"西部计划"体检，获得毕业证书。7月21日，280名应届大学毕业生分赴广西、海南等地开展为期1年的志愿服务。

2008年，江西招募260名西部志愿者赴广西、海南（其中广西壮族自治区210人，海南省50人）参加1年支教、支医、支农、农村区域化、远程教育、西部基层检察院、西部基层人民法院、开发性金融等志愿服务工作。志愿者如果需要申请延长服务期，可于下一年度3月提出申请，原则上，1年期服务岗位不再接受延长服务申请。2008年,在全省"西部计划"原有实施规模和内容基础之上,新增"2008年大学生志愿服务西部计划抗震救灾专项行动",招募对象为2008年本科及本科以上学历应届高校毕业生或在读研究生(其中包括已被录取为研究生的应届高校毕业生)。已被录取为研究生应届高校毕业生和在读研究生报名参加"西部计划"抗震救灾专项行动,保留其入学资格和学籍,优秀学生干部和有志愿服务经历者以及灾区急需心理学、建筑学、医学、教育学类专业报名者优先考虑。全省共有700多名大学生报名参加,最后从中选取30名具有本科以上学历(其中硕士3人)优秀志愿者前往阿坝州小金县开展为期1年抗震救灾志愿服务,协助当地团组织、志愿者组织参与灾后重建工作。7月12日上午,团省委、省教育厅、省财政厅、省人事厅等单位领导及相关高校领导前往火车站欢送抗震救灾志愿服务者。

2009年,全省有3995名大学生报名参加"西部计划",其中,443人通过选拔成为"西部计划"志愿者。2009年新增"基层青年工作专项行动",参加该项目志愿者派遣到中西部省份县级团委(包括江西省)从事为期1~3年志愿服务工作,服务期间和期满后享受西部计划相关政策待遇。江西省同是"西部计划"招募省和服务省,派遣120名"基层青年工作专项行动"志愿者到各县级基层团组织、基层社会管理及公共服务等岗位开展公益志愿服务(其中99个县区各1人,共青城21人)。此外,293名志愿者被派往广西、海南、四川等地开展志愿服务,30名志愿者参加开发性金融专项行动。2009年的志愿者来源几乎涵盖全省主要高校,其中,志愿者大学本科以上学历的占总人数的85%,90%以上有过志愿服务经历。2009年"西部计划"志愿者服务期由1~2年调整为1~3年,按照国家有关规定,从2009年开始,对参加西部计划并在西部地区县以下农村基层单位履行3年服务期限的应届毕业生,实施相应的学费和助学贷款代偿。

2010年,全省共有1585名大学生报名参加西部计划,最终选出252名志愿者,其中151名被派遣至广西、海南、四川,101名参加省内"基层青年工作专项行动"的志愿者在全省各县级团委从事为期1年的志愿服务工作。赴省外服务的志愿者分别于7月25、26日乘坐火车前往四川、海南、广西报到,参加省内基层青年工作专项行动的志愿者在南昌进行为期4天的培训后由各团市委统一接收并前往服务县(市、区)。

2003—2010年,全省共有35所高校两万余名大学毕业生报名参加志愿服务西部计划。经过严格选拔,共有2169人赴广西、海南、四川、西藏及江西省部分地区开展各项志愿服务。

志愿服务先进集体典型

1991年至2010年,江西青年志愿者行动在扶贫济困、帮孤助残、社区服务、环境保护、大型活动、抢险救灾、治理脏乱等方面开展工作,发挥广大青年志愿者在"讲文明树新风"活动中开风气之先的作用,取得服务社会、弘扬新风、教育青年的成果,在全省各地涌现出一大批青年志愿服务的先进集体典型。

江西师范大学"为民社" 1993年底,江西师范大学在全国率先掀起大学生青年志愿者服务热潮。1994年3月,成立江西师范大学"为民社"青年志愿者服务队。1995年,成立江西师范大学"为民社"青年志愿者协会,直属于该校商学院团委。"为民社"青年志愿者协会坚持"志愿于心,服务于行"的理念,建立11个服务基地,全学院注册志愿者占95%,每年志愿服务次数50次以上;面向校外,主要是以老人、小孩等弱势群体为服务对象,开展"微爱留守"—探访养老院、"志愿服务进社区"—理想家园行、"微爱家教""阳光助残"等多种志愿服务活动;在校内举办假面舞会、时光慢递、"七彩课堂"等各种特色活动丰富同学们的课后生活;参与商学院服务建设,开展义洗公车、书香晨光—无餐教室、校园环境督察、"惟义楼环保课堂"等校园公共环境保护活动。"为民社"青年志愿者协会在省第8届青年志愿服务先进典型评选中,被授予"江西省青年志愿服务优秀组织奖",理想家园项目刊登在《江西日报》。

"红铃铛"行动 2005年底,南昌团市委就青少年违法犯罪的现状及对策在全市范围内开展一次社会调查,发现传统的法制教育往往过于守旧和僵化,缺乏互动性、趣味性、时代性,不符合青少年的心理特质和成长需求。2006年初,南昌团市委、市公安局经过1个多月的策划,在全市范围内推出和实施"红铃铛"行动。"红铃铛"品牌通过"铃铛"与"警钟"的概念转换和互融,将广大青少年对铃铛饰物的喜爱以"爱屋及乌"营销方式,将这种珍贵情感资源赋置于以"红铃铛"命名的"为了明天——预防青少年违法犯罪工程"。2008年,"红铃铛"志愿者发展到1.42万人,"红铃铛"宣讲团和"红铃铛"法治快车遍及全省99个县(区)700余个乡(镇),累计为14万名青少年送去1800余堂趣味法制课;四川汶川特大地震发生后,从全市选拔"红铃铛"志愿者13人奔赴灾区,开展为期1个月的"红铃铛彩虹小屋援川行动"。志愿者深入四川小金、北川、梓潼等灾区,开展上特色课、彩绘板房、走访慰问贫困家庭、评选"响当当好孩子"等活动,受到灾区青少年的热烈欢迎。新华社、《人民日报》、央视《东方时空》及美联社等国内外媒体对该活动进行报道,江西卫视新闻联播为"红铃铛彩虹小屋援川行动"制作1期专题,被全国70余家网站、报纸媒体转载。"红铃铛行动"被评为"第二届江西省未成年人思想道德建设工作十大创新案例",得到全国妇联主席顾秀莲的充分肯定。2008年2月,《法制日报》以"南昌市创新普法模式推进和谐平安建设"为题,对"红铃铛"品牌体系进行专题报道。"红铃铛行动"获第7届中国志愿服务项目奖。

省肺科医院青年志愿者服务站 省青年志愿者协会主抓的省肺科医院青年志愿者服务站,被团中央推选为全国推广的七大典型之一。该志愿者服务站在医院内有专门的场地,设有接待区和诊疗区,有3张病床,有专职医护人员7人,司机1人,配有咨询电话1部,流动巡回服务车1辆和一般的药品和医疗抢救设施。1994年10月,服务站向社会推出"老年保健卡",凡年满60岁的南昌地区居民,均可凭身份证办理此卡,服务站负责持卡老人的医疗、护理、咨询等服务,并根据服务对象的分布和需求特点,开辟5个医疗点。许多科室的医务人员利用业余时间加入到志愿服务行列,他们随专职人员每天到各服务站点或入户为持有"老保卡"的老人体检、咨询、义诊,不管刮风下雨,还是节假日,从不间断。除使用药品收取成本费用外,其他均为无偿服务。至2004年1月共办理"老年保健卡",建立老年保健档案130余份。省肺科医院青年志愿者服务站开展的志愿服务活动,推动医院的医德医风建设,受到群众欢迎。

九江市星子县消防大队119联动服务站 九江市星子县消防大队是庐山南麓的一支专业消防部队。1997年5月底,该大队成立"119联动服务站",开展许多有特色的青年志愿服务活动。截至

2004年底，该服务站志愿总时数达19600小时，人均服务时数达813小时。2004年初，星子县消防大队119联动服务站制订"119绿色服务计划"，该计划紧紧围绕防火、灭火中心工作，推出"青年志愿者绿色爱心卡活动""志愿者春风行动""爱心接力计划""周六志愿服务日""消防雏鹰行动""绿色行动营计划"等一系列活动。服务站获第五届"中国十大杰出青年志愿服务集体"称号。

南昌市东湖区"东青在线"网站　2001年底，东湖团区委组建志愿者网络制作组，开通"东青在线"网，成为全省首家由志愿者义务捐建并免费维护的公益网站。该网站建立的初衷，是为青年思想政治工作的创新提供一个开放、时尚的平台，探索一条青年工作公益化、社会化的新路子。活动立足于"教育兴国"，致力于团中央倡导的扶贫助学"送温暖"工程，广泛运用网络资源，吸引青年志愿者在公益实践中提高思想道德素质。经过5年多运作，"东青在线"拥有来自海内外的网络注册会员4000余人，志愿者累计超十万人次，筹集捐款70余万元，共资助贫困生3000多人次。"东青在线"的核心志愿者不过十余人，却依托网络凝聚一支数千人的志愿者队伍。这些志愿者都有自己的本职工作，加入和退出完全自愿，所有活动都利用业余时间。每次活动，志愿者都是通过"东青在线"网络报名；活动费用由志愿人员分摊，筹集的资助款全部用于公益活动，资助款的使用情况在网上公布。"东青在线"依靠独特的核心理念，打造网络、社区、会刊三大平台，形成七大"品牌活动"，既创造一个青年志愿者沟通交流的平台，也构筑一个扶贫助学的爱心舞台，吸引众多青年志愿者。"东青在线"网站建设项目获团中央第6届中国青年志愿者行动项目奖。

井冈山大学青年志愿者组织——"爱心社"　井冈山大学"爱心社"是由该校9名医学专业学生在1995年3月组成的"献爱心、送温暖"小组为雏形，经过15年的薪火传承，发展壮大成为拥有近5000余名社员，活动方式、方法和内容得到不断深入发展和创新的青年志愿者和学雷锋集体。"爱心社"社员们活跃在校园内和吉州区、青原区的大街小巷、学校的角落、离退休老师家中、吉安市福利院、特殊教育学校以及儿童村、社区孤寡老人居所等地方。21世纪初开始，"爱心社"又在公益活动、治理环境、抢险救灾、社区服务以及关爱农民工子女、扶助贫困学友等方面开展大量的学雷锋活动和志愿服务。截至2010年，"爱心社"共组织集体志愿者行动近1000余次，参加活动的社员达4万人次，其活动在全省及全国引起较大反响，得到社会各界的高度评价和广泛赞誉，成为井冈老区精神文明建设一大品牌。《中国教育报》《光明日报》《中国青年报》和中央电视台、中国教育电视台分别报道"爱心社"青年志愿者先进事迹，《江西日报》以及江西省、吉安市的多家新闻媒体也先后报道"爱心社"事迹。1997年，"爱心社"被评为全省优秀青年志愿者服务集体；2001年，被评为全省百个优秀青年志愿者服务集体；2003年3月，被省委宣传部、省文明办、省军区政治部、团省委联合授予"全省学习雷锋志愿服务先进集体"称号；2003年11月，由于在社区青年志愿者活动中成绩突出，学校被国家民政部评为全国社区青年志愿者先进单位；2004年2月，在江西日报社、江西慈善总会组织的全省民众投票评选活动中，"爱心社"获"江西十大爱心集体"称号；2005年7月，因在长期的助残扶弱方面工作突出，被团中央和全国残联共同授予"全国百万青年志愿者助残先进集体"称号。

第三节 抢险救灾

抗洪救灾

1998年抗洪救灾 1998年6月中旬开始，江西省发生持续集中强降雨，全省平均降雨量456毫米，其中，抚州地区达713毫米，上饶地区（含鹰潭、景德镇市）达730毫米，信江流域高达875毫米。长江干流、鄱阳湖水系和信江、抚河、昌江、乐安河等大江河相继发生特大洪水。全省遭受历史罕见的特大洪涝灾害，人民生命财产遭受严重威胁。7月26日，省防汛抗旱总指挥部（简称省防总）宣布全省进入防汛抗洪紧急状态。

6月16日，省防总召开紧急防汛电话会议。6月17日，团省委印发《关于紧急动员全省广大团员青年积极参与抗洪抢险工作的通知》。全省各级团组织紧急行动，招募青年志愿者，成立青年志愿者抗洪抢险突击队，奔赴抗洪抢险第一线。南昌市动员团员青年3万余人，组织青年志愿者突击队280余个，青年抢险队200余个，奔赴灾情严重地区。景德镇市组织60余支青年志愿者抗洪抢险突击队，驻点险情易发地段，巡逻、查险、排险，随着灾情的变化，不断增加抗洪抢险突击队的力量，累计达到1000余支队伍。九江团市委组织1800余支青年志愿者突击队，执行守堤坝、护桥梁、堵泡泉等最艰巨的任务。九江市湖口县紧邻长江，灾情严重，湖口团县委组织"青年志愿者防洪抢险突击队""青年抢险队"万余人投入抗洪抢险第一线。

自6月18日起，全省共动员50余万名团员青年，组织5500余支青年志愿者抗洪抢险突击队，投入到营救受困群众、解除险情、保障通信、清理道路、抢修电力、抢运物资等抢险工作中。共组织青年志愿者46万余人，执行巡堤护堤、灾民安置、后勤保障、垃圾清理、技术知识宣讲等任务。

全省2万余名学生青年志愿者深入灾区开展"三下乡"志愿服务活动。江西医学院和江西中医学院开展"送医送药下乡"和"义诊"志愿服务活动，帮助灾区群众防病、防疫，向灾区赠药价值1万余元，赠书2000余册，义务诊治灾区群众3600余人次。江西师范大学派出大学生业余文艺演出团、支教扫盲服务队、青年志愿者科技服务队、农村法律知识咨询等6支服务队，在九江星子县开展送戏下乡、法律咨询、扫盲辅导、家电维修等服务活动。

7月26日，省防总宣布全省进入紧急防汛期，团省委印发《关于动员全省团员青年积极迎战更大洪水的紧急通知》，要求各级团组织把抗洪抢险作为当前压倒一切的首要工作。

8月11日，团省委向全省团组织、青联、学联、青基会发出倡议，开展赈灾募捐活动。团省委、省青联、省学联、省青基会联合召开电话会议，布置《关于在全省青年中开展抗洪赈灾百万募捐行动的方案》，号召开展"捐献10斤米，爱心献灾民"活动。会后，在南昌主会场举行现场募捐仪式，全省青年抗洪赈灾百万募捐行动全面拉开序幕。截至1999年1月14日，通过全省抗洪救灾百万募捐行动，省青少年发展基金会和团省委组织部接收全省团组织捐款67.63万元，各地市团委直接援助灾区捐款128.26万元，两项总计195.89万元。

8 月 12 日，团中央印发《关于发动共青团员缴纳特别团费的通知》，要求各级团组织开展缴纳特别团费支援抗洪救灾活动，团省委立即将通知转发各地。省学联将团中央缴纳特别团费和全省抗洪救灾募捐行动融为一体，在全省青少年学生中开展"情系灾区同学，交纳一次特别团费"主题活动。新余团市委发动"缴纳特别团费 支援抗洪救灾"活动，截至 8 月 31 日，收到 3.6 万余元特别团费。景德镇团市委组织全市团员青年、青联委员、中小学开展"抗洪赈灾百万募捐""缴纳特别团费""手拉手情系灾区小伙伴"等捐款活动，共接收捐助 14 万余元。

在抵御这场历史上罕见的特大洪涝灾害过程中，涌现出一批以周晓渊为代表的杰出青年和以省军区独立营二连为代表的优秀团队。

周晓渊是浙江大学学生，中共预备党员，暑假回家时，跟随在武警九江市支队任职的父亲走上抗洪第一线，被誉为"抗洪父子兵"。江州大堤决口后，冒着生命危险，参与抢救被困群众 130 余人。省军区独立营二连，全连官兵 36 人，团员 27 人。自 6 月中旬至 8 月中旬，他们转战 5 个地市 9 个县区，出动人员 168 人次、车辆 43 台次、冲锋舟 2189 艘次，历时 59 天，行程 2300 多公里，抢救运送人员 1.47 万余人。

1999 年 1 月 26 日，团省委做出《关于表彰江西省抗洪赈灾百万募捐行动及缴纳特别团费活动优秀组织单位的决定》，对在行动中取得突出成绩的宜春团市委等 26 个单位进行通报表彰。

9 月 29 日，团中央作出《关于命名表彰"抗洪青年突击队员英模"和"抗洪英雄青年突击队"的决定》，浙江大学江西籍学生周晓渊、省进贤县二塘乡二塘村农民文景星、省余干县古竹乡东湾村农民陈长生、武警江西省总队九江市支队干部杨东、铁道部大桥局五处团委书记韩巍、省余干县邮电局黄埠支局局长刘巍获"抗洪青年突击队员英模"称号。九江团县委机关青年突击队、永修县永北仙洲青年突击队、省军区独立营二连团支部、武警江西总队二支队团委、安义县峤岭乡抗洪抢险生产自救青年突击队、南昌县蒋巷镇河边村青年突击队、解放军 32380 部队教导队一中队团支部、解放军南昌陆军学院练习营、湖口县流泗镇防洪突击队、鄱阳县古南乡抗洪抢险青年突击队获"抗洪英雄青年突击队"称号。

2010 年抗洪救灾 2010 年 5 月上旬，江西省大范围遭受特大暴雨，赣江、抚河、信江、修河四大河流出现超警戒洪水，全省多个县（市、区）受灾。6 月 21 日 18 时 30 分，江西第二大河抚河唱凯堤决口，下游 5 个乡镇 14.5 万人及京福高速、316 国道等交通枢纽的安全受到严重威胁。

团省委先后于 6 月 21、23 日印发《关于迅速组织青年志愿者投入到防汛抗洪工作中的紧急通知》《关于号召全省各级团组织和广大团员青年积极投身当前抗洪救灾工作的通知》，要求各级团组织立即组建青年志愿者抗洪抢险突击队，投入到抗洪抢险一线，发动团员青年开展志愿活动，帮助灾区群众进行灾后重建工作。

各地团组织发动团员青年和志愿者投身到抗洪救灾斗争中。九江团市委组织 6000 余名志愿者成立防汛巡查监测志愿服务队、防汛应急救援志愿服务队与防汛后勤服务志愿服务队，执行水情监测、物资储备与应急抢险等工作。抚州团市委赶赴险情发生地，组织机关工作人员与 100 余名志愿者，转移安置受困群众。鹰潭团市委组建青年突击队赶赴救灾现场，组织募捐活动，帮助灾区重建。吉安团市委组织团干部和团员青年巡堤排险、安置灾民，省市两级驻点干部和当地团员青年一起,投身抗洪一线;在重灾县万安县,团县委成立20支团员青年抗洪突击队,派往全县17个乡镇救灾一线,承担急、难、险、重任务,全天24小时对重点水库和地质灾害易发区进行防汛巡查,开展抗洪救灾工作。

6月25日,团省委所属协会举行抗洪救灾捐赠仪式。团省委、省青少年发展基金会捐赠价值20万元救灾物资,省青少年宫协会、南昌新东方学校、省青年企业家协会、省青年商会各捐款10万元,中国少年儿童新闻出版总社江西办事处捐赠价值5万元少儿图书,省青法协捐赠价值1万元救灾物品,省青志协会长单位安利(中国)日用品有限公司江西分公司捐赠价值2万元的食品,省青联副主席、北京大象投资(集团)有限公司董事长章凌波捐赠100万元物资。捐赠仪式上收到捐赠款物价值168万元,全部通过省青少年发展基金会统一送往受灾地区。

上饶团市委安排资金10万元,组织开展"支援灾区、重建家园——共青团在行动"活动,发放救灾物资,资助灾区贫困大学生和留守儿童。

抗洪期间,团省委募捐价值168万元的款物、下拨100万元特殊团费,援助灾区群众。各级团委组织1131支青年突击队、4.63万名青年志愿者奔赴抗洪第一线;在灾民安置点和抗洪一线成立445个临时团支部,组织团员青年开展抗洪救灾。

抗击非典

2003年4月,中国部分地区出现非典型肺炎(简称非典,又称SARS)疫情,群众生命面临严重威胁。4月30日,团省委印发《关于组织全省团员青年积极参与预防和控制非典型肺炎工作的通知》,号召全省广大青年踊跃参战。团省委成立非典预防工作领导小组,部署非典预防工作,要求各级团组织以"抗击非典——青年志愿者与你同行"为主题,开展"五个一"志愿服务活动:开设一条由志愿者参与的防治非典热线电话,开展为进城务工青年"写一封家书,道一声问候,办一件实事"活动,组建一支青年志愿者队伍,编印一份非典防治工作简报,开展一次赠送科普资料行动。

全省各行各业团员青年参与抗击非典行动。卫生系统是防治非典的第一线,5月9日省卫生厅直属机关团委印发《关于发挥共青团员先锋模范和生力军作用,积极投身于抗击"非典"斗争的通知》,19日印发《关于成立厅直卫生系统防治非典型肺炎青年志愿者服务队的通知》,要求厅直卫生系统团员青年积极投身抗击非典斗争。省疾病预防控制中心处于抗击非典斗争的前沿,中心根据工作职责分为疫情报告组、现场处理组、电话咨询组。在疫情报告组,共青团员通宵奋战,及时准确地收集各地疫情信息,为非典防治提供可靠依据。在现场处理组,共青团员全天坚守岗位,一旦发现疫情,第一时间赶往现场,进行流行病学调查等现场处理。在电话咨询组,共青团员全天坚守电话,耐心细致地向市民宣传非典防治知识,做好咨询服务工作。省妇幼保健院举行青年医务工作者"请战非典一线"签名活动,医院百余名团员青年在请战书上签字,时刻准备奔赴抗击非典第一线。江西医学院组织招募青年志愿者,从近千名的报名者中挑选400多人,组成全省首支青年志愿者抗击非典应急服务总队,开赴各地进行非典防治志愿活动。16日,团省委、江西医学院、南昌电信公司联合建立的"江西青年志愿者防治非典热线电话"正式开通,青年志愿者每天16时至21时坚守热线,接听群众来电,解答疑问。18日,南方希望中学、江西航天科技学院、省青少年发展基金会和《江南都市报》联合推出"抗击非典'百千万'爱心大行动",用"百人签名,千人献血,万人献爱心"的实际行动支持战斗在抗击非典一线的医护人员。20日,省民航安全监督管理局团委联合江西民航空港有限公司组织青年志愿者,在南昌昌北机场举办以"健康之旅,安全之旅,温馨之旅"为主题的健康出行宣传活动,向出港旅客免费赠送口罩、消毒湿纸巾、草珊瑚含片。

6月7日上午,省委宣传部、团省委、省委教育工委、江西日报社等单位在南昌市八一广场举行"推广好习惯,百万青年志愿者与你同行"活动启动仪式,宣传健康生活观念、推广文明卫生习惯。省青志协在仪式上发出"推广好习惯,青年志愿者与你同行"的倡议书,推出歌曲《天天好习惯》,在广大青年群体中传唱。

全省各地市团组织发动团员青年参与防治"非典"。南昌团市委召开防治非典工作紧急会议,制定《关于防治非典型肺炎工作方案》,印发《关于组织动员全市广大团员青年积极投身非典型肺炎防治工作的通知》;团市委联合市志愿者协会面向全市招募青年志愿者2000余名,开展以"三进入两关注一奔赴"为主要内容的防治非典活动,志愿者进入市防非典指挥部、社区和窗口单位,协助工作;5月11日,团市委组织医护小分队、宣传小分队、春耕小分队共30余名青年志愿者到新建县乐化镇,开展防治非典服务活动,为群众测量体温,讲解非典症状,发放防治非典手册、张贴预防非典宣传画,帮助外出务工人员家庭打扫卫生,喷洒消毒药水。

5月2日,吉安市出现省首例输入性非典型肺炎患者,吉安县人民医院就近接收患者,建立隔离观察区。4日,吉安市中心人民医院11名医护人员主动请战,与吉安县人民医院4名主动请缨当清洁工的护士,整体进入吉安县人民医院感染科隔离区,成为全省冲在抗击非典最前线的白衣战士。吉安市中心人民医院和吉安县人民医院先后3批次共41名医护人员进驻隔离区,团员青年是其中的骨干力量。他们直面高度传染性的SARS病魔30多天,成功救治全省第一例也是唯一一例非典患者,取得医护人员零感染、社会人员零扩散的成绩。

吉安团市委组织青年突击队,协助各级卫生、劳动等部门,进村入户,做好外出务工青年摸底排查工作。吉水县青年志愿者组成宣传小队上街进校,分发预防非典宣传资料。青原区组织志愿者服务队,对返乡人员进行义务体检,为体检对象造册建档,实施跟踪管理。

上饶团市委组织力量抗击非典。5月10日,团市委在上饶师范学院、上饶卫生学校开展无偿献血活动,1000多名团员青年和青年志愿者无偿献血20万毫升。11日,团市委组织市人民医院、市防疫站、市红十字会、市立医院等单位,在市中心广场开展抗击非典宣传咨询活动。全市各级团组织共组织宣传小分队420支,发放宣传单65万份,出版宣传墙报2136次。

8月10日,团省委办公室印发《共青团江西省委关于表彰防治非典型肺炎工作先进基层团组织、优秀团员团干部的决定》,决定授予吉安县人民医院团支部等53个基层团组织"全省防治非典型肺炎工作先进基层团组织"称号,授予宋小江等86名共青团员"全省防治非典型肺炎工作优秀共青团员"称号,授予刘清梅等68名团干部"全省防治非典型肺炎工作优秀团干部"称号。

支援四川特大地震灾区

2008 年 5 月 12 日,四川省汶川县等地发生特大地震灾害,灾区人民的生命财产遭受重大损失。江西省团员青年关注灾区情况,以多种形式支援灾区群众,渡过难关。

江西青年志愿者抗震救灾服务队 5 月 14 日,团省委成立支援四川地震灾区救灾活动领导小组。当晚省地震局团支部宣传委员许阿祥和 4 名地震专家连夜乘专机赶赴四川参加抗震救灾工作。

5 月 19 日,由 30 名青年志愿者组成的"江西青年志愿者抗震救灾服务队"奔赴灾区,服务队分为防疫队、医疗队、心理抚慰队等。20 日,服务队代表团省委向四川灾区捐赠 200 万元款物。21 日,服务队在什邡市蓥华镇展开工作。服务队志愿者分成 3 支小分队,防疫队负责对街道、灾民居住的帐篷进行卫生防疫;医疗队在主要街道和灾民集中的地方搭起临时帐篷对伤员和病人进行检查、治疗;心理抚慰队对前来咨询的灾民开展心理抚慰。此后两天内防疫队对全镇喷洒消毒药水,平均每个队员喷洒药水 575 千克,消杀面积近 2 平方千米;医疗队对受伤人员进行诊治,包扎、输血,累计救治 160 余人;心理抚慰队开设心理辅导课,为 70 余人进行心理辅导。

5 月 22 日,由志愿者服务队创办的"江西青年志愿者希望学校"在蓥华镇开学,近 30 名小学生到校上课,学生们的读书声和歌声回荡在灾区上空,给饱受创伤的灾区带来一片生机。这是在四川灾区开课的第一所"志愿者希望学校",中央电视台等多家新闻媒体对志愿者学校作采访和报道

5 月 27 日,青年志愿者服务队第二批队员抵达营地,服务队增设教师队,希望学校分班上课。

抗震救灾募捐活动 5 月 14 日,东华理工大学举行为四川地震灾区大型募捐活动,前来捐款的师生排成长队,当天下午捐款达 20 万余元。江西科技师范学院开展"众志成城,抗震救灾"自愿捐款活动,两天捐款 3 万余元。15 日,江西理工大学开展"团员青年为地震灾区交一次特殊团费"活动,全校 2 万余名学生参与此次活动,捐款达到 27 万余元。

5 月 17 日,团省委、省青基会在团省委机关举行"希望工程紧急劝募行动捐赠仪式",来自省内外的爱心人士纷纷慷慨解囊,共募集资金和物资价值 155.4 万元。

南昌团市委组织市青年文明号集体募捐,截至 5 月 19 日,共为灾区捐款 23 万余元。

5 月 18 日,萍乡团市委以"抗震救灾 萍城青年心同在"为主题,在全市开展为四川地震灾区紧急募捐活动。团市委、市青年志愿者协会、楚萍义工社、萍乡市红十字会、萍乡市医药行业协会共组织百余名青年志愿者,在市区各繁华地段、步行街设置 17 个流动募捐箱,动员市民为灾区捐款,当天募集资金 12 万元。

5 月 18 日,景德镇团市委发动全市青年志愿者参与"抗震救灾瓷都有爱"大型赈灾义演活动,志愿者为灾区募集捐款 12 万余元。团市委与市红十字会联合发动青年企业家为地震灾区捐款捐物,募集资金和物资价值 600 多万元。

赣州团市委发挥青年文明号、青年委员、青年企业家、十大杰出青年、青年致富带头人的示范作用,为灾区捐款捐物。5 月 18 日,团市委在市青少年活动中心举行抗震救灾捐赠活动,活动现场共

募集善款 11 万余元。截至 5 月 20 日,全市团员青年共捐款 418 万余元。

上饶团市委组织全市团员青年,为灾区捐款捐物;组织团员缴纳"特殊团费"。全市团员青年捐款捐物价值 700 余万元。

烛光祈福灾区仪式　5 月 14 日晚,江西中医药大学人文学院 07 英语团支部举行"深情祈福为灾区"活动,支部团员在操场围成同心圆,手捧红烛,歌唱爱心歌曲,为灾区人民祈福。16 日晚上,井冈山大学学子聚集教学楼前,齐唱《祈祷》《中国心》等歌曲,为灾区人民烛光祈福,在 22 时熄灯 3 分钟为灾区罹难者默哀。

17 日 19 时 30 分,萍乡市青年志愿者协会组织青年志愿者在秋收起义广场为灾区人民祈祷,在场市民纷纷加入祈祷队伍,共同为四川受灾同胞祈福。20 时,百余名青年在萍乡市绿荫广场点燃手中蜡烛,深切悼念地震遇难同胞。

19—21 日,是汶川地震全国哀悼日。5 月 19 日 14 时 28 分,全省各地青年为汶川大地震遇难者默哀。团省委机关干部为灾区遇难人员集体默哀;上饶师范学院学生列队在国旗台前默哀;江西医学院上饶分院在操场四周挂起"坚强汶川""加油中国"等标语,全校 4000 余名师生默哀;江西理工大学 1000 余名师生为地震遇难同胞默哀;省林业科学院子弟学校降下国旗,播放防空警报,全体师生集体默哀。当晚弋阳县志敏中学 72 名学生将全校师生亲手制作的数百只纸船、千纸鹤放入信江河中,祝愿灾区人民渡过难关,早日恢复家园。

小金助学金爱心捐赠活动　2009 年 4 月 27 日至 5 月 15 日,2008 年大学生志愿服务西部计划抗震救灾专项行动江西派遣的 30 名抗震救灾志愿者,在江西 15 所高校开展江西高校青年志愿者小金助学金爱心捐赠系列活动。

5 月 8 日至 5 月 13 日,志愿者团队围绕"西部计划抗震救灾志愿者服务历程"和"江西高校青年志愿者小金助学金爱心募捐活动"主题,在南昌大学、江西师范大学、江西财经大学、江西农业大学、南昌航空大学、江西科技师范学院开展 8 场宣讲会,参与宣讲会人数超过 3000 人,关注人数数以万计。宣讲会完毕后,在现场进行募捐。是月 8 日起,江西农业大学等南昌高校在校园操场、食堂等人流密集处,通过悬挂标语横幅和宣传海报,摆放宣传图片展板,摆台设点等方式进行现场募捐。井冈山大学等高校在校外街头、广场等地进行宣传和募捐。

5 月 12 日晚,南昌航空大学举行"'祈福汶川·奉献爱心'5·12 纪念"主题活动;大学生代表、抗震救灾志愿者代表,小金县志愿者代表共约 1500 人参加活动;青年志愿者代表和大学生们为小金县孩子募捐。江西师范大学等高校也通过举行不同形式的悼念活动进行现场募捐。

截至 5 月 15 日,南昌大学、江西师范大学、南昌航空大学、江西农业大学、华东交通大学、江西财经大学、江西科技师范学院、南昌工程学院、蓝天学院、赣南师范学院、江西理工大学、东华理工大学、井冈山大学、宜春学院、九江学院 15 所高校共计募捐 20 万元。

抗击 2008 年冰雪灾害

2008 年 1 月 12 日开始,江西省遭受历史上最严重的持续大范围低温冰冻灾害,受灾地区交通、电力、通信、供水、供气中断,人民群众生活受到严重影响,人民财产遭受严重损失。

1月28日,团省委发出紧急通知,动员广大团员青年积极抗击冰雪灾害。2月1日,团省委书记钟志生、副书记郭美荐到南昌铁路局,看望战斗在抗灾救灾一线的铁路青年职工。18日,团省委、省青年志愿者协会组织志愿者前往抚州市,送去便携式暖壶、大米、食用油等物资慰问抢修电力设施的南京军区援赣部队和灾区群众。

吉安电网受损严重,多条输电线路因覆冰发生掉串、断线、倒塔而停运,影响人民群众生活。吉安团市委迅速组织3000余名青年志愿者投入到保电运输等抗冰救灾工作。吉安供电公司团委组织抢修基层单位、所属县供电公司成立青年突击队30余支,赶赴线路中断区域,爬雪山、趟冰河,日夜奋战,提前12天完成恢复重建任务。吉安供电系统青年突击队事迹被中国政府网、新华网、江西文明网等新闻媒体报道。

宜春团市委成立抗冰救灾工作指挥部,对团组织参与抗冰救灾工作作出全面部署。联合供电、卫生、邮电、公安、通信、交通、金融、教育、能源等系统组建青年突击队256个,出动团员青年5.86万余人次,开展抢修供变电线路、铲除道路积雪、运送生活物资、排除险情、安置滞留旅客等抗灾救灾活动。万载县高村镇白陈村地处偏僻,连日雨雪冰冻天气造成道路封闭,村民的生活必需品严重短缺,2月6日,指挥部组织86名青年突击队员肩挑手提,步行5个多小时,将35床棉被、1000千克大米、100千克食用油、1000支蜡烛等物资送到受灾群众手中。团市委组织五四红旗、青年文明号、青年企业家,青年致富带头人等集体和个人,为灾区提供资金、物资援助,价值达35.8万元。团市委联合高校、科研院所、农业、文化、宣传等单位和部门,招募有专业技能的志愿者500人,组建10支"志愿抗灾110三下乡小分队",分赴受灾地区,向受灾群众提供生产自救、医疗义诊、灾后重建等服务。截至是月28日,共发放教科资料3.5万册,发放抗冰救灾传单10万份,救治伤病群众9000余人次,帮助2000余农户实施房屋重建规划,为307名种植专业户提供技术指导。

上饶市各级团组织发动团员青年进行抗冻救灾。团市委组织市级青年文明号和青年志愿者集体为留校大学生、社区困难户、社区一线干部发放慰问金和慰问品共计1.5万余元。广丰团县委、弋阳团县委组织供电系统青年,成立供电抢修青年突击队,抢修供电设施。信州团区委组织团员青年在国道上清扫积雪,疏散滞留旅客;组织团员青年捐款捐物,扶助困难家庭;组织志愿者进社区、学校、企业,宣传防冻救灾知识。玉山团县委组织百余名志愿者在车站清扫积雪、安抚旅客、递送物资、疏导交通、维护秩序。万年团县委组织青年志愿者为电力抢修人员洗衣、缝补,举办文艺晚会,募集慰问品,慰问抗冻救灾人员。

1月16日,萍乡团市委印发《关于动员组织全市团员青年参与抗冻救灾的通知》,要求各单位团组织以"爱我萍乡、爱我花木、爱我家园"为主题,以抗冻救灾青年突击队为主体,开展抗冻救灾。市交通局、公路局、移动公司、电信公司、联通公司、供电公司等单位团委组织2000余名青年志愿者参与交通、通信、水利、电力等灾毁基础设施的抢修。2月19日至22日,团市委组织市医疗、卫生、农业、林业、公安、交通、公路等单位的共青团员200多人组成"青年突击队",奔赴安源区、湘东区、芦溪县、上栗县、莲花县5个县区,发放农业林业科技资料2000份,发放灾后重建资料1000份,为群众义务体检300余人次。

第四节　环境保护

自 1999 年起,团省委大力推进"保护母亲河行动",组织全省团员青年开展"清理白色污染"行动、"参与生态恢复共建绿色家园"主题活动、青少年植树造林活动、赣粤港青年"保护母亲河"系列活动、"保护母亲河行动"国际友好合作、鄱阳湖湿地保护活动。

团省委系统"保护母亲河行动"协调指导委员会

1999 年 2 月 25 日,团省委成立团省委系统"保护母亲河行动"协调指导委员会。团省委书记潘东军任主任,曾庆红等任副主任。协调指导委员会的职责是:在团省委的统一领导下,具体负责"保护母亲河行动"团内的指导督促及各方面力量的整合协调。委员会内设 4 个工作机构:办公室、基金部、学校系统"保护母亲河行动"领导小组、省直系统"保护母亲河行动"领导小组。办公室主任蒋斌,基金部主任宋寅安,学校系统领导小组组长熊远定,省直系统领导小组组长吴小瑜。从 1999 年起,各地市团委先后成立"保护母亲河行动"领导小组。

"清理白色污染"行动

2001 年,景德镇团市委与市青联、市青企协联合开展"保护母亲河行动",组织近千名青年志愿者对昌江两岸护坡上的垃圾进行清理,恢复昌江原来的秀丽面貌。

2002 年 4 月 13 日,宜春团市委向全市青少年发出"保护母亲河秀江"的倡议,要求人们爱护公共设施,拒绝白色垃圾,不向秀江乱扔垃圾,争做文明市民;同时,禁止排放污水,劝阻不文明行为。全市青少年参加青年志愿者行动,为清洁秀江水提供志愿服务。

2006 年 3 月 27 日,鹰潭团市委组织千名志愿者在月湖区开展绿色环保行动,拾捡白色垃圾,劝阻"乱扔乱倒"不文明行为。2008 年 10 月 18 日,鹰潭团市委、市青年志愿者协会开展"清洁我家园,保护母亲河"志愿者活动。志愿者在信江两岸捡拾白色垃圾,打捞水面漂浮物,清理非有机垃圾 30 余袋。

2007 年 3 月 9 日,上饶团市委、上饶供电公司、上饶师范学院环保协会在上饶市中心广场举办"倡导绿色文明,共建秀美信江"主题宣传活动,80 余名师院青年志愿者在信江河畔清理生活垃圾。22 日,上饶团市委在三江公园举行"倡导绿色文明,共建秀美信江"活动启动仪式,组织青年志愿者开展"十万鱼苗增殖放流大行动""保护母亲河书法展""青年志愿者监护信江""打捞河面污染物"等活动。成立"保护母亲河"青年志愿者打捞队,定期在信江城区捡拾白色垃圾、打捞水面漂浮物。

2009 年 3 月 4 日,广昌团县委在县城盱江河畔绿化带举行"爱我母亲河,环保在莲乡"学雷锋志愿活动,由广昌青年志愿者组成的校外辅导员带领县实验小学 420 余名少先队员,在盱江河畔绿化带捡拾白色垃圾。

"参与生态恢复共建绿色家园"主题活动

1999年，景德镇团市委在全市团员青年中实施"保护母亲河"行动，在植树节、世界水日、世界环境日等重要节点，集中开展"保卫母亲河"行动的宣传教育和青少年绿色文明园活动。

2001年，赣州团市委联合市林业局、市水电局、市环保局、市水保局等单位，组织青年志愿者营建"世纪纪念林"，新造百亩高标准的风景树园，集中开展"保护母亲河"小流域治理工程和重点工程。3月12日，赣州市、县两级团委统一开展"保护母亲河小事做起来"生态宣传教育活动，组织20多万名志愿者上街宣传和入户宣传示范。9—10月，赣州团市委组织万名少先队员开展"我与小树共成长"活动，在文明大道开展"认领护绿"行动。

2003年6月，江西农业大学团委开展以"环境·文明·青春·责任"为主题的江西农业大学第四届环境警示教育系列活动。1日，校绿源协会发动4000余名学生以班级、支部或宿舍为单位集中开展承诺活动，填写"绿色·文明"承诺公约，注册成为"绿色·文明"承诺者。2—5日，各院系组织学生以班级为单位开展网上绿色承诺活动，登录"保护母亲河"网站进行网上注册，成为"保护母亲河绿色承诺者"。

2004年6月27日，团省委联合省教育厅、省环保局、省妇联在省中医学院举行"优化生态环境"志愿者启动仪式。由大学生组建的25支"优化生态环境"志愿者服务团赴全省各地开展实践活动，对鄱阳湖流域进行生态考察和环保宣传，并深入农村，通过讲座、板报等形式向农民群众宣传环境保护知识。

2005年3月9日，共上饶团市委联合市环保局、市绿化委和上饶师范学院共同开展"保护母亲河"青少年"同一信江"活动，通过举办江西九地市水样展、环保图片展、利用回收一次性筷子制作的筷子树展等，唤起社会各界对环境保护的重视。中央电视台《新闻联播》和《光明日报》对活动作了报道。横峰县岑港河站获"全国保护母亲河生态监护站"称号。

2006年，上饶团市委联合相关部门开展以"为同一条河，献同一份爱"为主题的"保护母亲河"行动，刊登青少年植树绿化、环保实践、生态宣传等题材新闻报道20篇；开展"青山绿水情——保护母亲河·生态绿色上饶"系列活动，规范保护生态监护站，有效地保护母亲河的生态环境。

2007年，上饶团市委开展以"保护母亲河——绿色和谐你我同行"为主题的"倡导绿色文明、共建秀美信江"活动。上饶市市长刘和平、市委副书记樊耀出席启动仪式，并为"保护母亲河"团队授旗。通过开展明信片答题、主题演讲、书画比赛等活动，广泛宣传"保护母亲河行动"。印制1万份《倡导绿色文明，共建秀美信江》倡议书在市中心广场分发给市民，印制3000份"保护母亲河"宣传标识，在饶城公园发放。

2008年，上饶团市委在"三九保护母亲河日""三二二世界水日""六五世界环境日"等环保纪念日，组织青少年和青年志愿者发放1万余份环保宣传单，引导青少年主动维护城乡美好环境，共同携手保护"母亲河"。德兴市团委成立红领巾生态监护队、青年志愿者保绿护绿队、巾帼环保服务队、企业节能减排先锋队；举办"保护地球、节能减排，我们共同的责任"大型千人签名活动和百余名志愿者沿街巡游宣传活动。横峰县团委与上饶市环保局在岑港河设立"保护母亲河"生态监护站，成立青年志愿者生态监护队与红领巾生态监护队两支监护队伍，定期开展水质监测等活动。

2009 年 7—9 月，团省委办公室、省林业厅办公室、省教育厅办公室联合举办"全省青少年生态文明月"活动，把《心灵的小河》电影送下乡、送进校，开展"看电影、谈体会、写作文"征文活动，在报刊、网络上开辟专栏，评选优秀文章，激发广大青少年热爱祖国、热爱大自然、热爱自己家园的热情。

2010 年"六五世界环境日"，九江学院、九江职业大学、九江职业技术学院、江西财经职业学院的 3000 余名青年绿色行动志愿者在九江市区和都昌、武宁、修水等县开展"绿色生活，有你有我"主题宣传活动。

青少年植树造林活动

1991 年，赣州团地委开始实施《赣南地区青年长江防护林工程建设方案》，截至 1995 年，全地区新建"五小园"8308 亩，绿化公路 371 条，总长 1945 千米，江河库渠绿化面积 11392 亩。1995 年 12 月，成立赣州地区营建"大京九赣南青年林"工程领导小组。1996 年植树节期间，赣州地区营建"大京九赣南青年林"工程领导小组组织千人种竹活动。1997 年 3 月，在兴国县组织千余人"迎香港回归青年纪念林"种植活动。1992—2000 年，赣州地区（市）参加植树造林的青少年达 1267 万余人次，植树造林 1.5 亿亩，绿化公路 5765 千米，建立青年绿化工程 2013 个，建立青年营林基地 308 个，成立青年护林队（组）3363 个。

1991—2007 年，靖安团县委开展"营造青年林、建设青少年绿色家园"活动，组织全县团员青年营造共青林 6000 余亩，其中连片共青林 2890 亩。

1997 年，吉安团地委实施"翠竹工程"，建成地级绿化示范带 1 处 2 千米；县级绿化示范带 6 处共 13 千米。开展"植树造林绿化京九"活动，京九沿线五县一市共植树 22.5 万棵。

1999 年 3 月，由赣州团地委和赣州林业局、赣州环保局、赣州广电局联合开展的"绿化长征路、保护母亲河"活动在于都县、瑞金市、兴国县正式启动。赣州地委副书记罗春涛、团省委副书记曾庆红出席设在于都县"长征第一渡"的活动启动仪式。此次活动共有 10 万名青少年参加，种植黄竹 1000 余棵，荷树 1 万余棵。

从 1999 年起，抚州团地（市）委相继开展"团员青年植树"、青年"认养青年林""一河两岸"（抚河及其两岸）绿化工程、改造荒漠化土地工程、"环保世纪行"等活动。按照"经济发展好，生态保护好，村庄和谐好，青年作用发挥好"标准，创建 20 个"共青团生态文明示范村"。共投入人力 3 万余人次，植树造林 300 余公顷。

1999 年，宜丰团县委开展以植绿护绿为主要内容的"保护母亲河行动"，以"青（少）年绿色基地林"为重点，创建青年示范林。全县共创建青年示范林 98 个，招募青少年植绿护绿队伍 200 余支。

1999—2000 年，新余团市委组织全市青少年开展"翠竹工程"和"保护母亲河行动"，植树 5.5 万棵，青年"翠竹工程"实施总里程达 160 余千米。2001 年，新余团市委组织 700 余名青少年开展绿化北环路活动，青年"翠竹工程"实施总里程达 200 余千米，植树 20 余万棵。2003 年，新余团市委组织团员和大中学生在袁河南岸种植"共青林"。截至2007年，全市建立青少年绿化工程200余个，植树1316万余棵，种植青年绿化林4559.4公顷，绿化公路总里程783千米。

2002年7月26日，团省委和省林业厅联合印发通知，共同开展"保护母亲河——青春在绿色生态工程中闪光"活动。是年，南昌团市委组织全市青少年义务植树6万余棵，建设青年文明林300余亩；赣州团市委联合市林业局、市水电局、市环保局、市水保局等单位，组织青年志愿者营建"世纪纪念林"，新造百亩高标准风景园林，集中开展"保护母亲河"小流域治理工程和重点工程。

2004年3月7日，上饶市各级团组织动员3万余名志愿者在各县（市、区）开展"保护母亲河"植绿护绿活动。14日，南昌团市委开展以"青春与绿色同行"为主题的植树活动，万名团员青年在靠近赣江的红谷滩新区卧龙岗栽下千余棵树苗。

2005年，上饶团市委联合市绿化委开展"'同一信江'植绿护绿'保护母亲河'"行动；上饶市委、市政府、市人大、市政协领导及1000余名机关青年干部、大中小学生和青年志愿者参与植树护绿活动，植树8000余棵，绿化面积达100余亩。3月，赣州团市委开展"创建青少年绿色家园"活动，全市两万余名青少年参加植树活动，造林面积约400公顷；是年，赣州团市委联合市人大常委会城建环资工委、市绿化委、市林业局、市环保局、市水利局等单位，在全市开展"青少年绿色家园"创建活动，组织大中专院校青年学生、部队青年干部战士与机关青年干部近1000人植树造林；赣州团市委推出"5元捐植一棵树，200元捐植一亩林"捐建纪念林活动，面向社会吸纳资金，截至2005年5月8日，共募集资金60万元，建设瑞金安利林、南康"全球通"18岁成人纪念林等青年认养林3000亩。2005年，全省"保护母亲河行动"投入资金230万元，植树980万棵，绿化面积650公顷，建立绿化示范点10个。

2007年，上饶团市委开展"保护母亲河——青春植绿护绿在行动"活动，组织机关青年干部、企业青年职工、学生约1500人，在河流湖泊沿岸、公共绿地、住宅小区、公路两旁，开展植绿、养绿、护绿活动，共植树1万余棵，80余亩。

2008年，新余团市委、市委直属机关工委、市绿化委办公室联合开展以"一人认捐一棵树　共同保护母亲河"为主题的公益捐赠活动；2月13日，5000余名干部和群众在孔目江沿线欧里镇至观巢镇约13千米地段开展植树造林活动，植树约10万棵。28日，鹰潭团市委组织60余名团员青年和志愿者在龙虎山风景区开展"建设青年林，保护母亲河"春季植树活动，种植500余棵桂花树，命名为"鹰潭青年林"。

2010年，九江市16个县（市、区）和部分市直单位开展有规模的植树活动34场，组织4万余名青年植树20万余棵。

赣、粤、港青年"保护母亲河"系列行动

自2008年起，团省委安排香港、广东等地青年300余人次，在东江源头村镇进行两天的生态体验活动，促进青少年了解东江的生态建设。

2009年7月12—15日，景德镇陶瓷学院环保协会携手香港"地球之友"，组建"东江之子"实践

团队,赴东江源区域安远及寻乌两县开展"呵护东江源,情系赣粤港"暑期社会实践调研,了解东江源区域水质变化及生态环境保护情况。

2010年4月2—5日,团省委携手香港地球之友,以"同饮一江水共护母亲河"为主题,在江西寻乌县亚髻钵山开展赣粤港青年"保护母亲河"系列活动,来自江西、广东、香港等地的300余名青年,齐聚东江源头,种植饮水思源林。

团省委与香港"地球之友"NGO(非政府组织)组织联合开展"同饮东江水共护母亲河"赣粤港青年"保护母亲河"系列行动,以植绿护绿、源头探源、环保座谈、生态体验、助学活动等形式促进环保交流。

"保护母亲河行动"国际友好合作

1999年,九江团市委动员全市青少年开展"保护母亲河行动",先后成功申报共青城、九江县、星子县、都昌县4个中日友好"小渊基金"环保项目,共完成造林面积1260公顷。截至2010年10月,九江团市委争取中日、中德等友好林项目5个,资金1100万元,种植面积达2.6万余亩;发动青年参与种植青年林197个,种植面积2万余亩。

2003—2008年,江西共争取日本"小渊基金"6200万日元(约397.2万人民币)援助,在共青城建设青年友谊林,在都昌县建设中日青年林133.33公顷。2004年,引进日本"小渊基金"4000万日元(约256.3万人民币)建设中日青年友谊林,引进安利公司资金20万元建设青年生态林;2006年,争取日本驻中国大使馆"利民工程无偿援助项目"70万元、"丰田环保奖项目资助奖"10万元;2007年5月,争取中日青年研修协会3000万日元(约192.2万人民币)资助,启动"保护母亲河行动——中日青年都昌县土塘生态绿化示范林工程"项目,第一期66.67公顷工程完成并通过验收。

2006年3月21日,300余名中日青年在共青城江益镇栽下数百株树苗,正式启动中日青年共青城生态防护林三期工程。

2008年3月2日,上饶团市委组织100余名团员青年和5名国际环保志愿者在三江度假村开展青春植绿护绿活动,共植树1000余棵。

截至2011年1月,团省委共争取中日、中德、香港等友好林项目20个,资金4000余万元;2008—2010年,发动青年种植青年林600个,种植面积达30余万亩。

鄱阳湖湿地保护

2002年,南昌团市委开展"青春与绿色同行""青少年绿色家园""五四青年路""爱我山江湖,共扮美好家园""青年文明林""构建和谐社会,共建绿色家园"和"青年环保志愿者鄱阳湖湿地保护"等活动,建设环鄱阳湖生态希望小学、共青团生态文明示范村、青春绿色家园生态基地。

2009年,上饶团市委开展"建设鄱阳湖生态经济区——志愿者行动"活动,以鄱阳湖生态文化为重要内容,组织青年志愿者深入环鄱阳湖区进行生态体验,为环鄱阳湖生态经济区建设营造氛围。

2010年3月，九江团市委组织42家新命名的青年文明号集体在庐山区鄱阳湖边种树8余亩。3月9、11、18日，分别组织1000余名团员青年在城西港区、都昌县太阳村和庐山植物园鄱阳湖分园启动"百万青年林，拌绿鄱阳湖"活动，动员团员青年参与"鄱阳湖生态经济区"建设，在沿江、沿湖、沿河、沿路开展植绿护绿活动，植树40万棵。6月5日，组织开展"保护母亲河"暨参与鄱阳湖生态经济区建设主题宣传实践活动，来自大中专院校300余名环保志愿者在市烟水亭、和中广场散发环保宣传单，派送环保购物袋，开展环保知识咨询等服务。

是年，宜春团市委实施"红绿蓝"三色战略部署，开展红色旅游及"红歌传唱鄱阳湖"活动，栽种苗木近30万棵。

第五节　希望工程

希望工程状况

负责全省希望工程管理与实施的单位是江西省青少年发展基金会（简称省青基会）和江西省希望工程服务中心。省青基会与省希望工程服务中心为两块牌子一批人员。1991—2010年，省青基会全面推进希望工程，开展推进青少年成长发展的公益工作。

江西希望工程的发展历程，共分为3个阶段，即1991—1996年的启动阶段，1997—1999年的攻坚冲刺阶段，2000—2010年的创新发展阶段。

1991—1996年，江西希望工程开始启动。省青少年发展基金会建立初期，在团省委的领导和推动下，于1993年在省直单位率先引进竞争机制，面向社会公开招聘工作人员，到1997年底，省青基会已由创立初的两部一室（基金部、宣传部、办公室）发展为由办公室、基金部、宣传部、事业部、财务部、监察办等部门分工协作的公益组织。

全省希望工程自推出伊始就一直得到省委、省政府的高度重视和关心，省六套班子领导均带头为希望工程捐款结对。省委书记吴官正不仅亲自捐款结对救助失学孩子，而且还多次关心过问希望工程，指出要想方设法使那些因家庭贫困而失学的少年儿童重返校园。此外，全省各级党政领导对希望工程亦给予高度重视，各设区市、县（市、区）均成立以分管党群工作的副书记为组长的希望工程实施领导小组，负责全面组织当地的希望工程实施工作。各地党政领导为希望工程提供服务，且身体力行，带头捐款结对，以实际行动带动广大干部群众关心支持并积极参与希望工程。

同时，全省希望工程也得到社会各界的鼎力相助，除教育部门与各地实施机构密切配合外，各级审计部门、物价部门、金融系统及宣传部门都给予支持和协助，为希望工程的顺利实施提供便利，创造条件。在全省开展的各项筹资活动中，参与者中有普通的工人，也有离退休老人，还有在校读书的孩子。

在1991—1996年这一阶段，省青基会重点开展筹资活动。1992—1993年，团省委、省青基会推出全省"希望工程百万爱心大行动",筹集资金 552 万元,救助失学儿童 21175 人,援建希望小学 6 所;1993 年,推出全省"希望工程百万爱心再行动",筹集资金 268 万元,救助失学儿童 8493 人,援建希望小学 7 所;1994 年,推出全省"希望工程 1 + 1 助学行动",筹集资金 1698 万元,救助失学儿童 20931 人,援建希望小学 26 所;1995 年上半年,推出全省"共产党员、共青团员、工会会员向希望工程捐款活动",筹集资金 1937 万元,救助失学儿童 13252 人,援建希望小学 64 所。

1995—1996 年,团省委、省青基会推出希望工程"爱心储蓄"活动,筹集资金 2622 万元,救助贫困学生 11412 人,援建希望小学 95 所;成功实现把希望工程基金"两级管理、五级实施"的"高层集中管理"经验向全国推广,创造出全国称之为希望工程管理的"江西模式"。

1997—1999 年,江西希望工程进入攻坚冲刺阶段。按照省青基会制定的长远发展计划,从 1997 年至 1999 年是江西希望工程冲刺攻坚年。为如期实现筹资目标,满足社会需求,省青基会抓住社会热点开展助学活动。1997 年,由于一些贫困老区的学生及部分下岗职工子女因经费困难而上不起大学或中途辍学,根据省委主要领导提出的全省要做到凡是考取大学的都应该让他们按时上学,绝不让一个大学生因经费困难而辍学的要求,省基金会推出捐建"江西省贫困大学生助学基金"活动,经过 3 个月的时间,先后有 40 多个单位向青基会捐款,捐款总额高达 1390 万元,用于资助全省的贫困大学生完成学业,受助的贫困大学生范围覆盖全国近 200 所大学,这也是全国第一个最大的"贫困大学生助学基金"。1998 年,向全省推出"1998 希望工程志愿者劝募行动",招募了包括省委书记舒惠国在内的社会各阶层近 6000 名志愿者,他们深入社区,贴近公众,以一种全新的社会化筹款方式,推动捐资助学。在 1998 年夏季洪灾中,联合团省委、省青联、省学联 4 个单位,把志愿者劝募行动变为"百万青年抗洪赈灾募捐行动",推出"希望工程抗洪赈灾行动"活动,为全省抗洪赈灾筹得 4100 多万元,在全省灾区兴建希望小学 145 所,救助大、中、小学生 20952 人。

1999 年初,省青基会根据团中央、中国青基会的统一部署和社会各界的意愿,决定从 1999 年开始实施希望工程战略重心的转移,这是希望工程自身发展过程中的重大调整,为使全省各级实施机构准确把握改变实施模式和调整捐助方式的内涵,省青基会于 6 月专门召开第 5 次全省希望工程工作会议,全面部署江西希望工程工作,为实施战略转移做铺垫。同时决定开始对全省各实施机构的结存基金进行清理整顿。整顿分四个步骤进行:7 月底全省地(市)、县希望工程财务收支情况结束检查审计工作;8 月底,地(市)、县结存资金处理完毕;9 月,地(市)、县分别接受省里的普查和抽查;10 月,接受全国检查、验收。按照部署,1999 年 9 月,青基会 6 名工作人员和 10 名希望工程监察巡视员分 4 组对全省 11 个地(市)进行普查,对余江等 40 余个县(市、区)进行抽查。检查结果表明,各地(市)财务账目清楚,管理规范,结存基金上交托管。

1999 年 11 月,以秘书长宋寅安为队长的省青基会社会调查队分成两组,一组以省民政厅、省统计局等省直单位为调查重点,一组以南昌县等县、区、街办为重点,对希望工程在全省实施 8 年来的情况作翔实的调查取证,并对当时存在的社会热点作系统分析,对江西希望工程进行总结和系统研究。通过调查、总结、研究,回溯 8 年中,省青基会追随江西社会变迁的发展轨迹,明晰公益事业,公益机构在全省社会资源配置和社会运行中的定位和作用,提出省青基会在转型后未来发展的方向和战略。

这一阶段,省青基会配合国务院扶贫攻坚和普九计划的实施,扩大救助规模,维护江西青少年受教育权,开展"希望工程希望之星助学行动""江西希望工程圆梦大学"活动、"江西生命希望工程"等活动。

自2000年开始,江西希望工程进入创新发展阶段。21世纪初,农民工子女、生态环保、贫困孤儿等问题,渐渐成为社会关注的热点。为关爱弱势群体,扩大资助面,团省委、省青基会广泛联系爱心企业,推出一系列创新项目,拓宽服务领域。

2001年1月,开展"走进新世纪——希望工程1+1助学再行动"活动,收到来自社会各界的捐款捐物达580余万元。

2002年,团省委、省青基会推出"上海希望工程爱心之旅——八一'天安'江西行"活动,共接受社会各界捐款366万元,仅上海就有30家企业到赣助学,并进行经商洽谈活动。

2003年,省青基会与《江南都市报》《江西商报》推出"希望工程——清华北大江西学子阳光行动"和"希望工程——名企名报助名生"活动,在1个月时间内接受捐款200万元。

为资助农村品学兼优的青少年儿童完成学业,帮助他们取得更多就学机会,2004年,省青基会争取到环球私人信托公司(简称TPTCA)设立资助贫困学生的"明德奖学金",是年上半年,在萍乡市实施集中资助。按照TPTCA的要求,如期完成学生申报以及首期助学金41.5万元的下发工作。该奖学金资助时间为5年,每年资助学生1000名贫困学生,其中小学生500人,初中学生210人,高中生210人,大学生80人,5年共计5000人次,助学金总额367.5万元。

越来越多外来农民工到南昌务工就业,农民工子女上学问题成为南昌市的一个社会关注的热点,2004年,省青基会通过深入调查研究,形成专题报告,推出江西"希望工程——农民工子女助学行动",并以翔实的材料和有效的管理措施,赢得众多企业的支持,是年8月即有企业捐款资助500名南昌市的农民工子女上学完成学业。

江西有三分之二是山区,经济基础薄弱,农村贫困地区办学条件艰苦,教育基础设施落后,图书资料严重匮乏,孩子们除教科书之外几乎无书可读,省青基会为给贫困孩子搭建成长阶梯,给孩子们送去精品图书,于2004年"六一"正式启动"江西希望书库"公益项目。

江西希望书库由专家学者精选而成,汇集了有益于少年儿童的精品读物,共500册,具有小型图书室性质。江西希望书库全套图书分为7类:陶冶真善美的心灵,选收名人传记,革命历史等纪实作品;登临瑰丽的文学殿堂,选收古今中外的文学名著;遨游神秘的科学之海,选收各类自然科学基础知识的书籍;学习实用的技术技能,选收技术科学、工程科学、生活卫生常识等内容的书籍;汲取中华文明的乳汁,选收反映中华五千年文明的各类书籍;放眼五彩缤纷的世界,选收介绍世界各国经济、政治、文化、宗教、风俗、历史、地理等方面的书籍;打开知识大门的钥匙,选收各类学习辅导读物、参考资料和辞书、工具书。

省青基会对捐资的行为予以褒扬。对于捐资购建希望书库的爱心企事业单位及人士,青基会以捐款者指定的名称命名希望书库,并在各册书所贴标签上、书库捐赠铜牌上署名×××(捐方指定名称)希望书库,同时获得希望工程捐赠专用收据和证书,让那些读希望书库图书的孩子,记住送给他们精神食粮的捐赠者的名字。

2005年,省青基会联系到深圳市政府向江西省希望小学捐赠1000台电脑,建立40个希望电脑室,改善了一批省内农村希望小学的办学条件,

根据部分服刑人员子女因家庭经济拮据而面临学习困难的境况。2006年,推出救助困难服刑人员子女的"太阳计划",把资助重点瞄准这些特殊的困难群体,通过引进外界公益组织在九江投资兴建一个"太阳村",专门就近接受服刑人员子女上学;通过争取社会各界的支持,向这一特殊困难群体捐款、捐物,解决服刑人员子女上学经济困难问题。

2008年1月,为创新工作模式,调整项目内容,省青基会安排4个调研组赴南昌、九江、宜春、新余等设区市的12个县(市、区)进行调研,了解希望工程项目的实施情况、农村小学的办学现状、中小学生学费情况、留守儿童现状以及农村基础医疗卫生状况,经过调研分析,确定了"义务教育不关门、非义务教育开大门"的工作思路,把工作重点转移到救助高中生、大学生和为中小学生捐工具书、图书资料上来。同时,根据希望小学硬件改善,软件落后的现状,开展捐建希望小学图书室、快乐体育园地等专项活动。协助政府解决农村基础医疗存在的困难,推进"生命希望工程"项目的实施,援建希望医院,救助贫困青少年病患者。

2010年5月,江西希望工程阳光成长中心正式动工。这是全省贫困孤儿学习、生活养教结合和贫困农民子弟职业技能培训的基地。

是年6月,成立江西第一个关爱留守儿童的基金——"希望工程中国吉安井冈山留守儿童基金",用于帮助留守儿童克服生活困难,顺利完成学业,完善留守儿童学习的公共设施建设,援建农村留守儿童活动阵地、农村留守儿童书屋、关爱留守儿童报刊亭;设立亲情热线、开展心理咨询、组织志愿教师支教,帮助改善教育条件等。

机制建设

宣传机制 江西实施希望工程一直注重发挥舆论宣传的先导作用。各级团组织、希望工程实施机构利用各种宣传媒介,采取多种宣传手段,对希望工程进行全方位多角度的宣传格局,产生了宣传希望工程的强大合力效应。利用自办的《江西希望工程简讯》和团报、团讯、团刊等内刊物进行宣传交流外。利用大众传媒开展宣传活动,通过电视点歌和刊登播发公益广告等形式广而告之。召开各种新闻发布会,邀请中央及省市各大新闻媒体对希望工程作专题报道。邀请党政领导发表电视讲话,宣传希望工程。开设、组办希望工程热线、专栏(版)及征文活动。举办各种捐赠与建校活动仪式,进行典型报道。通过组织大学生"希望之行"暑期社会实践活动和新闻记者"希望行"活动宣传希望工程。经常组织共青团员、少先队员"走出去",作好"三个一"宣传,即向社会发一份倡议书,向大中型企业发一封建校公开信,在捐款单位组织一个现场捐款动员会。

管理机制 省青基会秉着"管理是希望工程的生命"的理念,为抓好希望工程管理,建立"五

级"工作网络,健全"五表"档案制度,强化"五项"管理。"五级"即省、市、县、乡、校五级希望工程工作网络;"五表"即健全各级希望工程机构的五种表格档案;"五项"管理即救助复信管理、希望小学建设管理、基金规范管理、信息网络管理、社会监督管理。健全的制度和有效的措施保证了全省希望工程沿着规范的轨道向前发展。

监督机制 自1992年以后,全省希望工程每年主动邀请审计部门进行审计,同时在每年元月至3月统一组织开展一次全省"希望工程社会监督日"活动,向社会公布全省希望工程的实施情况,1996年1月15日团省委设立希望工程江西省监察委员会,接受全社会的广泛监督。

品牌项目

援建希望小学 该项目旨在改善全省农村贫困地区办学条件,改造危房,扩建校舍,解决农村小学校舍不够用以及寄宿制学校附属教学设施不完善的情况,服务农村基础教育事业发展,帮助贫困地区的孩子解决"无校可上"的问题。

1991年8月至1992年,团省委向全省推出"希望工程助学"活动,在国家级、省级贫困县兴建希望小学两所。

1992—1993年,开展全省"希望工程百万爱心大行动",在革命老区兴建希望小学13所。1994年,开展全省"希望1+1助学行动",筹集资金1698万元,兴建希望小学26所,修缮农村学校9所。

1995年,开展全省"共产党员、共青团员、工会会员向希望工程捐款"等活动,兴建希望小学64所,修缮农村学校50所。

1996年,开展全省"希望工程爱心储蓄"活动,揽储1亿元,兴建希望小学95所,修缮农村学校59所。

1997年,开展全省"希望工程志愿者劝募"行动,筹集资金4893万元,兴建希望小学105所,修缮农村学校40所。

1998年,开展全省"希望工程抗洪赈灾"行动,兴建希望小学15所,修缮农村学校42所。

2003年4月底,太平洋保险捐建江西革命老区的希望小学项目正式启动建设。2006年,太平洋保险捐建的17所希望小学已经全部竣工并正式交付使用。

2005年,中国石化集团捐赠5000万元在江西农村尤其是偏远山区兴建希望小学。捐赠分两批进行,第一批在2006年实施,捐建57所学校;第二批于2007年实施,捐建77所学校。至2010年9月,中国石化在江西已投入5000万元,捐建了134所希望学校,新建校舍面积18万平方米。

2008年,开展"希望工程紧急赈灾行动",联系北京、上海光大捐方,捐款574万元在省内灾区援建11希望小学,救助贫困学生2005人,并筹款614万元,援建四川小金县5所希望小学。

2009年,在南昌县南新乡山上村举行省生态希望小学捐建行动启动仪式暨南昌县洪银生态希望小学奠基仪式,筹集捐款600万元,在环鄱阳湖地区援建21所生态希望小学。

至2010年,江西青基会通过"希望工程百万爱心再行动""环鄱阳湖生态希望小学捐建行动"

等活动,在全省 11 个设区市的 80 多个县(市、区)新建希望小学 1220 所,修缮农村学校 250 余所,救助贫困大中小学生 17 万余人。

"希望工程·圆梦助学"项目 该项目动员社会力量、爱心企事业单位和爱心人士对考上大学的优秀贫困生进行帮扶资助。1998 年至 2010 年,以扶贫助困这个主题开展募捐,共资助 10 万多名贫困学子。

2001 年,推出以"携手走进新世纪,爱心助学献真情"为主题的"走进新世纪——希望工程 1 + 1 助学再行动",活动自 1 月份推出,接到来自社会各界的捐款捐物达 580 余万元。

2003 年,省青基会与《江南都市报》《江西商报》推出"希望工程——清华北大江西学子阳光行动"和"希望工程——名企名报助名生"活动,接受捐款近 200 万元。

2004 年,开展"希望工程——农民工子女助学行动",共筹款 150 万元,救助农民工子女 500 余人。

2005 年,开展"我要上大学——希望工程学子阳光行动",共筹款 120 万元,救助大学生 200 余人。深圳市政府向江西希望小学捐赠 1000 台电脑工作,推进全省希望小学校校通工程的实施。

2006 年,开展全省"希望工程圆梦大学"活动,共筹资 1696 万元,在全国名列第一,中央电视台对江西省"希望工程圆梦大学"活动进行专题报道.

2007 年,开展"江西希望工程圆梦行动",曹颖担任活动形象代言人,小提琴家盛中国和夫人钢琴家濑田裕子专程来昌举办"圆梦行动——盛中国公益音乐会",活动筹款 900 余万元。

捐建三辰影库项目 三辰影库是继希望工程之后,又一个有利于青少年素质教育的跨世纪的青少年教育工程和青年文明工程。继 1998 年省青基会在全省召开"三辰影库"的新闻发布会后,1999 年 6 月,省青基会联合省教委召开团、教两家"向希望小学捐赠三辰影库"活动工作会,并连续印发明传电报,联发文件等指导性文件,截至 1999 年,全省 11 个地(市)均参照省里的做法,与地区教委联合召开工作会,在所在地区发起向各中、小学捐赠三辰影库,有 140 多所中小学的三辰影库捐建到位。

江西青少年育孤项目 2008 年,团省委、省青少年发展基金会共同组织发起江西青少年育孤项目,旨在帮助和促进贫困孤儿养育和教育。在社会各界爱心人士的支持下,募集善款 500 余万元,在共青城市、上高县、分宜县、莲花县修建 4 所德仁苑,养育孤儿 268 人。2010 年 10 月,省青基会联合江西文明网、腾讯公益等知名网站,开展"'网爱心,献童心'希望工程育孤大行动"。

希望工程阳光成长中心省希望工程阳光成长中心于 2010 年开始建设,整个中心总占地面积 50 亩,总建筑面积 12654 平方米,包括贫困孤儿成长中心、农民子女职业技能培训中心、希望小学教师培训中心。

该中心主要是为 6 ~ 15 岁的贫困孤儿免费提供良好成长环境和良好的教育,全额资助贫困孤儿学习和生活,融入正常班级,享受优质教育。在志愿力量的参与下进行课外帮扶辅导,促使心理、兴趣、技能、学业全方位成长。至 2010 年,养育孤儿 268 人。

生命希望工程 2006 年,省青基会推出生命希望工程项目。该工程是江西希望工程从教育扶贫向卫生扶贫领域的拓展和延伸,通过动员社会力量,广泛筹集资金,救助身患大病、重病的青少年;同时,关注江西贫困地区卫生医疗机构房屋破旧,缺乏基本医疗设备等情况,帮助他们新建或改造医院,并统一命名为"希望医院"。

该项目自实施以后,在各爱心企业和人士的积极参与下,先后设立"谭晶青少年健康基金""蔡国庆青少年健康基金""洪都农村信用合作联社青少年健康基金"等,帮助500余名患病无钱医治的青少年,并援建两所希望医院。

2006年5月21日,"生命希望工程——江西青少年健康基金"在南昌正式启动。当天的启动仪式上,中国人民解放军总政歌舞团青年歌手、全国青联委员谭晶率先捐款20万元,救助江西20名身患重病且家庭贫困的青少年。当场有6名身患重病的贫困孩子成为首批受捐者。

2007年6月20日,"生命希望工程——江西青少年健康基金会"举行首捐暨"爱心医院"授牌仪式,南昌市第一医院等十余家单位慷慨解囊,共捐赠款物近200万元。主办方团省委、省卫生厅、省青基会等单位同时对省人民医院、省儿童医院、南昌大学一附院、南昌大学二附院、南昌市第一医院等5所医院授牌为"爱心医院"。

1993—2010年,江西希望工程帮助500余名患病无钱医治的青少年,援建两所希望医院。

"1%工程" "1%工程"是2008年由团省委、民进江西省委会、省青基会发起成立。该项目倡导爱心单位、爱心个人捐赠年收入或时间的1%,用于捐资助学、扶贫济困等活动。"1%工程"宣传爱心文化,倡导社会责任,鼓励无私奉献,是一个公众认同、参与公益事业的具体载体。"1%工程"对捐献内容没有具体要求,对捐献金额不做具体限制,体现不分贫富、人人可为的参与原则。

2009年2月18日,"1%工程"举行启动仪式。3月6日,省政协副主席汤建人和团省委书记王少玄接受新浪网、大江网、北京电视台联合专题采访。20日,省政协副主席汤建人和王少玄走访活动捐赠企业,募集善款120余万元,资助贫困学生以及农民工子女近600人。

至2010年底,"1%工程"资助大学贫困学子近1000人;捐款14.17万元用于援助四川小金县5所中学教学设施;为太阳村儿童救助中心50名孤儿解决医保费用;向云南干旱灾区捐赠30万元抗旱救灾款和10万瓶矿泉水;向南昌、抚州、萍乡困难及低保群众捐赠5000盒价值34万元的中秋月饼;捐赠2万元资助20名贫困残疾青少年,并向省残疾人综合服务中心捐赠价值5000元的"1%工程"爱心书库一套。开展"奉献1%传递光明、爱心100%播撒希望——'1%工程'关爱农民工子女向日葵光明计划"活动,为全省农民工及其子女以及贫困学生提供80万元眼病医治援助;联合李阳疯狂英语共同开展"1%工程——李阳疯狂英语爱心江西行",为省内贫困青少年提供100万元的英语图书及教育培训课程等。

希望工程应急救灾 省青基会在每次遭遇自然灾害中,启动希望工程应急救灾项目。

1998年,开展全省"希望工程抗洪赈灾"行动,共筹集资金4017万元,救助大、中、小学生20952人,兴建希望小学15所,修缮农村学校42所,捐建希望书库、三辰影库240个,筹集救助物资价值1000余万元。

2005年11月26日,九江县、瑞昌市发生5.7级地震,一些灾区中小学在地震中成为危房,部分中小学生无法上学。地震发生后,省青基会与《江南都市报》、搜狐网站联合推出"希望工程赈灾助学,捐助帐篷希望小学"活动,得到全国各地、社会各界的积极响应,11月29日当天就收到捐款7万余元,捐建帐篷17顶;12月2日,首批20顶帐篷送到瑞昌市洪下小学、九江县港口中心小学。仅两周的时间,活动筹款达15万余元。

2008年5月12日,四川汶川发生8.0级特大地震。地震发生后,省青基会推出"希望工程紧急救灾助孤行动""希望工程捐建抗震希望小学"活动,得到社会各界及省青联、省学联、省青商会、省青企协等组织以及全省各级团委、团员青年的响应和捐助,共募集抗震救灾款560多万元,捐赠物资119万元。

2010年,全省遭遇特大洪灾,省青基会发起"2010江西希望工程抗洪救灾紧急劝募行动",筹集款物168万元,并会同部分企业向抚州灾区捐赠100万元救灾物资,并捐赠7万元照明设备。

第五章　青少年合法权益

20 世纪 90 年代,全国人大常委会先后审议通过《中华人民共和国未成年人保护法》(简称《未成年人保护法》)、《中华人民共和国预防未成年人犯罪法》(简称《预防未成年人犯罪法》)。为保护未成年人,1994 年 4 月,省人大常委会通过《〈未成年人保护法〉实施办法》,团省委与省委宣传部在全省实施以"孩子、明天、责任"为主题的"保护明天行动"。2010 年 7 月,省人大常委会审议通过《江西省未成年人保护条例》。全省各级党委、政府、青年组织、社会团体等广泛宣传未成年人保护法和省未成年人保护条例,开展"红铃铛"法制快车进学校、进社区、进乡镇等活动。

为预防未成年人犯罪,团省委确定 50 所中小学校为全省预防青少年犯罪普法试点学校;各级共青团组织充分利用报刊、电视、广播等媒体宣传预防未成年人犯罪法,并创建青少年法律学校、青少年法制教育基地。1993 年,瑞昌团市委实施"免疫工程",把伦理、法理、情理融入教育中,"免疫工程"因而在全省得到推广。

全省重视对特殊青少年群体的帮扶,通过一对一、多对一"手拉手"结对帮扶,开展"青果援行动"。2007 年成立江西鑫河关爱慈善基金会,各地通过开展"春风行动",开办"留守孩之家",设立"儿童亲情热线",评选"留守儿童之星"等,推行"留守儿童关爱工程"。自 1999 年起,开展青少年维权岗创建活动,在全省推行江西务工青年维权服务活动,建立青少年维权服务中心,设立热线电话。20 年间,江西希望工程帮助青少年成长发展,经历启动、攻坚冲刺、创新发展等阶段,通过开展"1%工程"、圆梦助学、生命希望工程、"太阳计划"等公益项目,募集捐款 4.2 亿元,帮助困难青年 17 万余人,兴建希望小学 1220 所;希望工程成为江西共青团服务青少年成长发展的"金字招牌"。

第一节　法制宣传教育

《中华人民共和国未成年人保护法》宣传教育

改革开放以后,国家从立法到执法等方面不断加强对未成年人的保护。1991 年 9 月 4 日第七届全国人民代表大会第二十一次常务会议通过《未成年人保护法》。1994 年 4 月,在团省委的大力推动下,省八届人大常委会第八次会议通过《江西省实施〈中华人民共和国未成年人保护法〉办法》,使全省未成年人保护工作走上法制轨道。

1991 年,九江团市委启动未成人保护及青少年维权工作,通过发放宣传提纲、组织法律咨询、举行维权知识竞赛等形式,加强对未成年人保护法的宣传力度。新余团市委宣传《未成年人保护法》,举办市直属单位团委书记法律学习班,集中 1 个月时间上街宣传《未成年人保护法》,散发宣传单 1 万多份。

1994 年 6 月 21 日,团省委与省委宣传部等单位为全面贯彻《未成年人保护法》和《江西省实施〈中华人民共和国未成年人保护法〉办法》,在全省开展以"孩子、明天、责任"为主题的跨世纪青年文明工程"保护明天行动"活动,采取宣传《未成年人保护法》、报道典型案例、结对帮教失足少年、"记者百日行"等多种形式。

1995 年 5 月初,团省委、省委宣传部等 7 个单位联合实施"保护明天行动"六大活动。开展"保护明天宣传月"活动,宣传《未成年人保护法》;组织 30 多万中小学生参加《未成年人保护法》知识竞赛;开展"保护明天行动"普法专题宣传活动,做到报纸有《未成年人保护法》有奖竞答、有奖征文,电台有专题讲座,电视台有专题节目;开展"保护明天行动"好新闻好作品评选;设置省、地、县三级"保护明天行动"举报电话;组织促进青少年心理健康成长的调研和服务。

1996 年 6 月,团省委在南昌八一广场举行未成年学生告别两室三厅(桌球室、游戏室、歌舞厅、卡拉 OK 厅、录像厅)千人宣誓仪式及法律宣传咨询服务活动。截至年底,全省 300 多万未成年人接受《未成年人保护法》教育,近 260 万户家庭间接参与《未成年人保护法》的宣传活动。

1997 年 6 月,团省委在南昌市八一广场举办"庆六一,为少年儿童办实事"法律宣传咨询服务活动。通过现场咨询、受理侵权案件,引起社会关注。组织大中学生青年志愿者队伍开展普法宣传,成立法制宣讲团,组织人员深入街道和乡村,发传单、出专栏、做报告、放电影等,宣传《未成年人保护法》。中央电视台新闻联播及省市电视台对活动作了报道。

自 1991 年《未成年人保护法》颁布至 1997 年,江西共青团通过成立"大学生法制宣讲团"到中小学宣讲《未成年人保护法》,开展"手拉手""献爱心""记者百日行""抱一抱孩子"等活动,多角度地宣传《未成年人保护法》。通过各种新闻媒体刊发宣传《未成年人保护法》方面的稿件 200 多篇;与省、地(市)团委、电视台合作举办《未成年人保护法》电视大奖赛 6 台次,树立未成年人保护工作成绩突出的典型 60 人;大张旗鼓地宣传《未成年人保护法》和《江西省实施〈中华人民共和国未成年人保护法〉办法》,在社会上营造保护未成年人的良好氛围。

2006 年 12 月 29 日,第十届全国人民代表大会常务委员会第二十五次会议对《未成年人保护法》进行第一次修订通过,团省委开展新《未成年人保护法》的学习宣传活动。

《中华人民共和国预防未成年人犯罪法》宣传教育

1999 年 6 月 28 日,第九届全国人大常委会第十次会议审议通过《中华人民共和国预防未成年人犯罪法》(简称《预防未成年人犯罪法》)。1999 年 9 月 3 日,团省委印发《关于宣传、贯彻〈中华人民共和国预防未成年人犯罪法〉的通知》,要求从 1999 年 9 月至 12 月,充分利用报刊、电视、广播等媒体,大张旗鼓地宣传《预防未成年人犯罪法》,集中开展宣传日、宣传周、宣传月活动。

10 月,团省委、省教育厅、省司法厅联合发文,在中小学普遍推行法制课和法制讲座,开展"未成年人如何预防自身犯罪"和"未成年人怎样维护自身权益"。团省委在《江西少年报》上开辟专栏，以案说法，面向社会宣传普及；同时确定50所中、小学校为全省预防青少年犯罪普法试点学校，会同教育、司法等有关部门，将预防青少年犯罪教育作为法制教育的内容纳入学校教学计划，做到"教学有大纲、学习有教材、任课有老师、课时有保障"，使学校法制教育走上制度化、正规化轨道。举办《预防未成年人犯罪法》和《未成年人保护法》家长学校，对未成年人的家长进行《预防未成年人犯罪法》和《未成年人保护法》普法宣传，将法制教育计划告知未成年人的父母或者其他监护人，增强家长的预防意识和保护能力。

1999年下半年，上饶团地委通过新华书店把《预防未成年人犯罪法》教材送到城市和乡镇中学、中心小学的学生手上，做到人手一册，要求各中、小学校，利用政治思想品德课的时间或以召开班会的形式，组织中小学生学习《预防未成年人犯罪法》。全地区12个县市中小学，举行形式多样学法活动。铅山县开展大型的演讲比赛，上饶县开展知识竞赛，上饶市举办预防未成年人犯罪图片展，全地区大部分县、市开展向"两室三厅"（桌球室、电子游戏室、歌舞厅、卡拉OK厅、录像厅）告别的签字活动，大部分中小学校聘请法制副校长或法制辅导员。万年县中学把普法教育和依法治校活动列入重要议事日程，成立由校长任组长的普法领导小组，把《预防未成年人犯罪法》列入重点普法内容；以班主任和政治教师为法制宣传员，利用课堂、广播、黑板报等各种形式，对广大师生进行预防未成年人犯罪法宣传教育。

2000年6月1日至7月1日，团省委、省综治委、省司法厅、省公安厅、省教委、省法院、省检察院等单位，在南昌市举办《为了孩子——全省预防青少年违法犯罪展览》，全市5万多名大中小学生和各界成年人参观展览。6月24日，南昌市法宣办、司法局等有关部门在八一广场举办主题为"关爱明天，远离犯罪"的《预防未成年人犯罪法》《未成年人保护法》《娱乐场所管理条例》等"两法一条例"法制宣传活动，开展法律咨询。据统计，八一广场宣传活动共散发宣传品1万余份，展出宣传挂图、展板11块，当日参加宣传活动的群众达1.2万人次。江西电视台《法与你同行》和《法与少年》栏目、江西人民广播电台《人与法》栏目、上饶电视台《法律900秒》栏目等，通过案例说法，使《预防未成年人犯罪法》有关法律知识得到广为传播，扩大法制宣传教育面。

2000年8月30日，团省委、省关工委、省司法厅、省教育厅联合印发《关于成立江西省青少年法制教育志愿者宣讲团的通知》，从公、检、法、司、大专院校等社会有关部门招募志愿者，成立"江西省青少年法制教育志愿者宣讲团"，举办法制教育讲座和法律知识培训，开展法律咨询和法律服务，在全省青少年中广泛开展"学法、知法、用法"活动，举行告别"两室三厅"宣誓仪式，开展两次《未成年人保护法》知识竞赛、电视大赛。

截至2000年9月，全省有91所中小学校被确定为省级重点普法学校。组建一支由99个公检法司及学校等单位参加的志愿者法制教育团，在各单位巡回宣讲法律知识。全省先后组织近千支青年法律宣讲团（小组），招募法制教育志愿者和聘请校外法制教育辅导员1135人，举办法制课、法制讲座2270堂，开展法律知识竞赛220多次，印发"保护未成人法律法规"手册37万多册。南昌、萍乡、赣州等地的学校聘请法制副校长，法制副校长定期到学校开展法制讲座。有的基层法院经常组织中小学生到法庭上观看审案，产生很好的教育效果。

2002 年，赣州团市委开展预防青少年犯罪工作，创建青少年法律学校，进一步宣传普及《预防未成年人犯罪法》和《未成年人保护法》。1 月 27 日，在全市青少年中开展"遵守《全国青少年网络文明公约》，争做一名文明网民"签名活动，1000 余名青少年在签名长幅上郑重写下自己的名字。

2002 年，南城县二中团委副书记李建军被团中央、司法部、公安部联合授予百名全国青少年法律学校"优秀法制教育辅导员"。南城县实验中学、临川区育新学校被团中央、司法部、公安部联合授予百所全国示范"青少年法律学校"。

2003 年，南昌团市委充分利用基层法院、少年法庭、少管所、戒毒所、劳教所等社会资源，创建西湖区法院少年法庭和省强制戒毒所等两个"青少年法制教育基地"；开展青少年法律咨询、案例解说、模拟法庭、"忏悔之声"报告会等活动；开展"我与父母同学法""争做自护小公民"等活动，采取"一助一"结对帮教的形式做好未成年人的法制教育工作；举办"远离毒品，关爱未来"青少年拒绝毒品宣传教育讲座，增强青少年自我保护意识和能力。在市实验中学、市一中等 8 所学校挂牌成立全市首批"青少年法律学校"。2004 年，在已建立的 8 所"青少年法律学校"、4 个预防青少年违法犯罪社区工作试点、27 个南昌市"优秀青少年维权岗"基础上，又新增"西湖区法院少年法庭""江西省强制戒毒所""江西省女劳教所"3 个青少年法制教育基地。

2006 年，吉安团市委大力实施"为了明天——预防青少年违法犯罪工程"，在市人民广场展出预防青少年违法犯罪工作专题宣传展板，制定吉安市《关于贯彻落实中央领导同志指示精神，进一步深入推进预防未成年人违法犯罪重点工作的方案》，协调 17 个部门落实 51 条具体措施。同时联合市教育局、市司法局共同印发《关于进一步加强青少年学生法制教育的意见》，召开全市加强青少年学生法制教育现场流动会。

2007 年，团省委组织全省开展青少年法律宣传及援助活动，广泛开展《预防未成年人犯罪法》和新《未成年人保护法》的学习宣传活动。

2008 年，赣州团市委开展青少年预防违法犯罪主题宣传月活动，开展法制宣传活动 6 次，发放法律及预防、自护教育宣传材料 5000 余份。举办 5 次法制副校长专题讲座，举行 3 次模拟法庭的演练。

截至 2009 年，全省共创建"青少年法律学校"560 所，招募法制教育志愿者 2630 人，举办未成年学生法制教育课和讲座 4830 次，开展"预防未成年人犯罪法"知识竞赛 1950 多次。全省共建立青少年警示教育基地 100 个，通过组织少年犯做忏悔报告，听取失足青少年现身说法，全省共有 160 余万大中学生接受生动直观的法制教育。

"红铃铛"法制宣传品牌活动

2005 年，新余团市委创新青少年法制宣传形式，在全省团组织中率先开展"红铃铛"法制宣传活动。用"红铃铛"作为警钟的亲民大使，将冰冷遥远的"警钟长鸣"趣味性转化为时尚可爱的"铃响叮当"。开展红铃铛模拟法庭、"摇响红铃铛、争做文明人"百米长卷小手印活动、"红铃铛图片展"等活动，举办红铃铛法制快车普法宣传 5 场，以"红铃铛"命名的各种青少年教育活动，将法制深植孩子们心中。

2006年，"五五"普法伊始，南昌市提出"趣味普法、以法育人"的全新理念，在全市范围内推出"红铃铛"行动。2006年5月16日，南昌团市委、南昌市公安局在南昌市育新学校开展"为了明天——红铃铛进校园活动"启动仪式，现场安排未成年人违法案例讲座、预防未成年人犯罪图片展览和百米长卷百校行活动。"红铃铛"姐姐、"红铃铛"哥哥到全省各市、县、区进行巡回法制演讲、赠送红铃铛、让同学们按捺手印，使全省中小学生做到警钟长鸣、自觉守法。

12月4日下午，由团省委、省综治委预防青少年违法犯罪工作领导小组办公室主办、南昌市公安局和南昌团市委承办，"红铃铛"法制快车江西行出征仪式在南昌市红谷滩会展中心启动。省人大常委会副主任孙用和、团中央权益部副部长孙毅、团省委书记钟志生出席仪式。"红铃铛法制快车江西行"活动在全省范围内推广南昌"红铃铛行动"的经验做法，形成一个拥有红铃铛法制快车、红铃铛图片展、小包公断案模拟法庭、棒棒槌爱心拍卖会、太阳花热心之旅、红铃铛四帮一等系列品牌活动的立体成长型的品牌体系，成为全省青少年思想道德建设和预防青少年违法犯罪工作的重要品牌。

2007年，全省团组织以"红铃铛行动"为统揽，用青少年喜闻乐见的方式来传授法律知识。九江团市委、市教育局联合印发《关于进一步加强中小学生法制教育工作的意见》；团市委、市公安局共同举办"为了明天——'红铃铛'进校园"活动，共招募"红铃铛"法制志愿者60人。鹰潭团市委联合市司法局，在全市招募103名具有法律专业技能的律师、司法工作者作为"红铃铛"志愿者，开展青少年法律宣传、法律咨询及办理法律援助案件；通过"红铃铛"法制快车进校园、进社区、进农村，举办法律讲座、法制宣传20多场次，向青少年发放普法教材6000余册。

2007年，"红铃铛行动"获南昌市思想政治工作"十佳创新案例"和全省思想道德建设工作"十佳创新案例"。全国预防青少年违法犯罪工作杂志《为了明天》创刊号整栏目推介该活动。全国人大常委会副委员长、全国妇联主席顾秀莲在2007年第一次全国预防青少年违法犯罪工作领导小组会议上给予充分肯定。

2008年，全省共青团进一步深化"红铃铛行动"。鹰潭团市委联合司法、教育等部门，招募红铃铛法律志愿者300多人，在全市数十所小学开展"青少年法制宣传周"活动，以宣传新修订的《未成年人保护法》为重点，面向近1万名中小学生开展法律知识进校园活动。抚州团市委招募红铃铛法制志愿者81人。九江团市委招募"红铃铛"法制志愿者60人，深入学校、社区开展法制宣讲活动。

2008年，"红铃铛"志愿者发展到1.42万人，"红铃铛"宣讲团和"红铃铛"法制快车遍及全省99个县（区）700余个乡（镇），累计为14万名青少年送去1800余堂趣味法制课。"红铃铛行动"被评为"第二届江西省未成年人思想道德建设工作十大创新案例"。2月，《法制日报》以"南昌市创新普法模式推进和谐平安建设"为题，对"红铃铛"品牌体系进行专题报道。

2009年，江西团组织进一步提升"红铃铛"法制宣传品牌建设。南昌团市委开展第二届"红铃铛小包公断案"模拟法庭法制教育中队会大赛，编印2008年红铃铛志愿者支援四川行动的红铃铛行动专刊，抚州团市委招募红铃铛法制志愿者96人，开展法制宣传活动。鹰潭团市委招募红铃铛法律志愿者100多人，以《未成年人保护法》和《预防未成年人犯罪法》为重点，开展"青少年法制宣传周"和青少年禁毒宣传教育,发放《青少年自护手册》6000多册。

2009年12月3日到12月9日,团省委联合省综治办等单位共同主办"2009年青少年法制教育宣传周"系列活动,组织开展红铃铛法制教育宣传行动,宣传《未成年人保护法》《预防未成年人犯罪法》等法律法规,全省共设立宣传点近100个,散发宣传资料20万余份,为群众提供法律咨询服务6万余人次,制作宣传图版、漫画展1000余块,举办各类演讲、主题班会、征文比赛、法律知识竞赛等共800余场。

《江西省未成年人保护条例》宣传

2010年7月30日,省十一届人大常委会第十七次会议审议通过《江西省未成年人保护条例》(简称《条例》),并于2010年9月1日起开始实施。根据《条例》规定,从2010年起,每年9月第3周为全省未成年人保护宣传周。

2010年9月13日至19日,全省开展"为了明天保护未成年人"首个未成年人保护宣传周系列活动,举办未成年人保护宣传周启动仪式暨主题宣传活动,运用报刊、广播、电视、网络等媒体,开辟专栏重点宣传,组织法制副校长、法制辅导员走进中小学校开展未成年人保护的法制专题讲座,开展"三进"(进校园、进社区、进乡镇)系列宣传服务活动,开展中小学校小包公断案模拟法庭中队会活动,普及未成年人保护法律法规,为《条例》的实施营造良好的舆论氛围和社会环境。

2010年9月13日上午,主题为"为了明天保护未成年人"的全省首个未成年人保护宣传周活动启动仪式在南昌师范附属实验小学举行。省人大常委会副主任朱秉发、副省长孙刚、省关工委主任周慰平、团省委书记王少玄共同启动宣传周活动。省青少年权益保护委员会各成员单位、未成年人保护工作相关执法部门代表、未成年学生及家长代表、律师代表、青年志愿者代表、青少年权益使者代表共1500多人参加启动仪式。启动仪式上,省青少年权益保护委员会聘请一批全省青少年权益使者、法官、工商干部、律师、新闻工作者、青年志愿者、教师、未成年学生及家长作为《江西省未成年人保护条例》宣讲员。

9月13日,全省各地同时开展形式多样的未成年人保护宣传活动。南昌市中级人民法院组织全市60名少年审判法官参加宣传周活动启动仪式,并联合南昌高新技术产业开发区人民法院和江西外语外贸职业学院举办主题为"共建和谐、相伴成长"的未成年人保护宣传周系列活动。南昌市东湖区人民法院少年庭、南昌市光明学校、东湖区光明社区共同开展"送法进学校"宣传教育活动。九江各级团组织围绕"为了明天,保护未成年人"主题开展"七个一"系列活动,即:举办一次启动仪式,组织一次集中学习,开辟一批宣传专栏,举办一堂专题讲座,开好一堂主题班(队)会,开展一次"寻找身边的提醒"活动,在当地启动仪式上表彰一批"九江市保护未成年人法制教育示范学校"先进典型,并向社会公开发布《我有个心愿》《因为我还小》《我想有个温暖的家》等关爱未成年人的歌曲,在全市各界广泛传唱。景德镇团市委组织部分青少年权益使者、"优秀青少年维权岗"代表、青少年法律工作者、青年志愿者等走进景德镇第十七小学对新颁布实施的《江西省未成年人保护条例》进行宣讲,并为部分服刑在教人员未成年子女送去温暖和关爱。新余团市委联合市委政法委、市教育局在新余九中举行未成年人保护宣传周启动仪式暨青少年法制宣讲报告会。赣州团市委联合县（市、区）团委在全市范围内邀请市、县两级12355青少年法律专家服务团的成员、律师、青少年维权岗创建单位的法律专家、各中小学法制副校长等30余人组成未成年人保护法宣讲团在全市各县（市、区）开展进社区、进学校、进乡镇"三进"宣讲活动。宜春团市委在宜春市第二小学举行未成年人保护宣传周启动仪式并举办未成年人保护万人签名活动。上饶团市委与市委政法委联合公检法等部门在上饶市中心广场开展预防未成年人违法犯罪及《条例》宣传活动。吉安团市委组织30名青少年权益使者走进校园，开展送法进校园活动。抚州各级团组织开展集中学习，开辟宣传专栏，举办法制专题讲座等形式多样的未成年人保护宣传活动。

预防青少年违法犯罪"免疫工程"

1993年，瑞昌团市委和市综治委围绕瑞昌市委的"一把手"工程——"把预防青少年违法犯罪，培养跨世纪合格公民列为社会治安综合治理的重点工作"，提出在中小学校实施"免疫工程"，即：在法制教育内容上，实行"三理（伦理、法理、情理）注入"；在教育方法上，实现"三个（成人化模式、重知轻行、德育工作表象化）突破"；在教育形式上，采取三种方式（吸引式、约束式、激励式）。

1995年，瑞昌团市委将"免疫工程"对象延伸到学校毕业3年以内的社会青少年，并将"免疫工程"分解为"学校育苗、家庭护苗、社会扶苗"三大子工程。同时，在建立"病后免疫"与"社区矫正"结合机制方面作有益的探索。对初、高中毕（肄）业走上社会的青少年，实行三年跟踪管理教育。码头镇对全镇流入社会的青少年，实行镇、村（居）、组（小区）、学校、家庭"五级"管理，指导就业，帮助创业。

2004年4月27—28日，在全国预防青少年违法犯罪工作会议上，瑞昌市作为唯一的县级市典型作经验介绍，受到大会的好评，并受到出席会议的国家领导人和团中央领导的肯定。

2005年，团省委以推进"为了明天"工程为契机，进一步在全省总结并推广瑞昌"免疫工程"经验，通过实行伦理、法理、情理"三理交融"，不断增强青少年信念"抗体"、道德"抗体"、法制"抗体"和自护"抗体"，通过坚持组织、基地、制度"三管齐下"，积极构建家庭、学校、社会三位一体的教育体系，并开始探索建立学校、家庭、社会、网络教育四位一体的预防工作新体系。中央政法委副秘书长陈冀平和团中央常务书记杨岳在全团权益工作会上对"免疫工程"预防工作新体系给予充分肯定。

第二节　特殊青少年群体帮扶

1991—2010年，全省在特殊青少年群体帮扶工作中，开展贯彻实施《预防未成年人犯罪法》，开展"青果援行动"和预防青少年违法犯罪社区计划，推行"留守儿童关爱工程"。

《预防未成年人犯罪法》贯彻实施

1999年《预防未成年人犯罪法》颁布后，全省加强预防青少年违法犯罪工作的组织建设。2002

年6月,成立由省委常委、省委政法委书记舒晓琴任组长,由公检法司等14个部门组成的省社会治安综合治理委员会预防青少年违法犯罪工作领导小组,领导小组办公室设在团省委权益部。各市、县(市、区)都相继成立预防青少年违法犯罪工作领导小组及办公室。

2003年是江西的综治年。12月8日,省综治委预防青少年违法犯罪工作领导小组办公室印发《关于2003年全省预防青少年违法犯罪工作目标考评的实施意见》。制订2003年设区市预防青少年违法犯罪工作目标考评实施意见和考评细则。省综治委正式将预防青少年违法犯罪工作纳入全省综治考评体系,全省各级预防青少年违法犯罪工作实现与综治其他工作同部署、同检查、同考核、同奖惩。

2005年2月28日,省综治委预防青少年违法犯罪工作领导小组印发《关于印发〈"为了明天——预防青少年违法犯罪工程"实施方案〉的通知》,要求各设区市确定三个以上社区开展"青少年违法犯罪社区预防计划"试点。

2005年,上饶市预防青少年违法犯罪工作领导小组开展创建"优秀青少年维权岗""青年文明社区"活动。以青年文明社区创建活动为载体,推行"青少年违法犯罪社区预防计划"。是年,广丰县没有发生毒品犯罪案件,没有发生未成年人网吧犯罪案件和未成年人性侵犯罪案件。

2007年5月16日,省综治委预防青少年违法犯罪工作领导小组印发《关于印发〈2007年省综治委预防青少年违法犯罪工作领导小组工作要点〉的通知》,提出青少年违法犯罪社区预防工作要点,开展关爱服刑人员未成年子女活动。

2009年,新余市组织县(区)和全市预防青少年违法犯罪领导小组各成员单位,通过资金帮扶、心理疏导、家教辅导等各种形式对全市81名服刑人员未成年子女进行结对帮扶。

2010年3月,赣州市综治委制定并印发《2010年赣州市综治委预防青少年违法犯罪工作领导小组工作要点》,明确各成员单位的工作职责。市县两级预防青少年违法犯罪工作领导小组和办公室的设置率达到100%,配齐专、兼职的工作人员,市县两级财政均对领导小组办公室安排工作经费。2010年初,赣州市预防青少年违法犯罪领导小组制定青少年违法犯罪2010年预防工作考核办法,增加重点青少年群体教育、帮扶工作的考核内容,加强对社会闲散青少年教育帮扶工作的考核。各县(市、区)、乡镇将预防青少年违法犯罪工作纳入社会治安综合治理考评体系,并把服务社区"重点青少年群体"作为重点。

2010年,南昌市综治委制定《2010年南昌市预防青少年违法犯罪工作要点》,将预防青少年违法犯罪工作列入全市社会治安综合治理年度考核,将市、县(区)综治委预防办工作经费列入财政预算,并及时拨付到位。2010年市预防办工作经费追加到7万元,县级均不低于1万元。

全省青少年犯罪率呈逐年下降趋势。2007年至2009年,全省预防青少年违法犯罪工作均名列全国前3名。2010年,全省无青少年团伙犯罪重大案件,25岁以下青少年违法罪犯数占全部罪犯总数的25.17%,较前3年平均率减少3.82个百分点;未成年人罪犯占全部罪犯总数的8.11%,较前3年平均率减少2.07个百分点。2010年,江西省预防青少年违法犯罪工作在全国考核中排名第二。

"青果援行动"

省级七部门联合行动 2010年3月29日,团省委办公室印发《关于实施"青果援"关爱服刑在教人员未成年子女行动劳动预备制培训的通知》,把服刑在教人员未成年子女劳动预备制培训作为"青果援"关爱服刑在教人员未成年子女行动的一项重要内容。从4月起,团省委联合省人力资源和社会保障厅、省司法厅,对农村服刑在教人员未成年子女实施劳动预备制培训,培训对象为初、高中毕业的本省农村户籍服刑在教人员未成年子女,对他们进行劳动预备制培训,合格者下发初级国家职业资格证书,并推荐就业。

4月1日,省人大内务司法委、团省委、省司法厅、省人力资源和社会保障厅、省教育厅、省民政局、省关心下一代工作委员等七部门联合印发《关于开展"青果援"关爱服刑在教人员未成年子女行动的通知》,决定从2010年4月起,联合开展"青果援"关爱服刑在教人员未成年子女行动(简称"青果援"行动)。成立以各相关单位分管领导为成员的领导小组,组长由团省委书记王少玄担任。以"心手相牵,共筑未来"为主题,以同伴帮助和"手拉手"结对为主要形式,以生活帮助、学习辅导、情感交流为主要内容,帮助服刑在教人员未成年子女健康成长,促进服刑在教人员安心改造。

4月9日,七部门"青果援"关爱服刑在教人员未成年子女行动启动。省关心下一代工作委员会主任周慇平、团省委书记王少玄、省人大内务司法委副主任委员刘昌持、团省委副书记梅亦、省司法厅副厅长吴志坚、省监狱管理局政委罗冈、省监狱管理局副局长阎循店出席,并向服刑在教人员未成年子女代表赠送学习、生活用品。

截至2010年11月,在关爱服刑在教人员未成年子女的行动中,全省优秀青年集体结对帮扶2617名服刑在教人员未成年子女,帮扶款物价值230余万元,帮助31名辍学或隐性辍学的孩子重返校园。

设区市帮扶服刑在教人员未成年子女 2010年1月起,九江在全市5个类别6个基层单位开展为期1年的预防青少年违法犯罪分类引导试点工作,与服刑在教人员未成年子女"青春手拉手"结对395对;11月1日,九江团市委联合相关部门在九江职业大学开展"关爱特殊群体"慈善义演活动,郑璐、哈毓春、黄训国等红歌手到场义演,现场募集款物20.8万元。都昌团县委依托太阳村鄱阳湖儿童救助中心,开展育"青年林"、建体验基地、兴志愿服务、聚社会关爱等活动。11月18日至19日,团省委书记王少玄、省司法厅主要负责人、团省委副书记梅亦、省司法厅副厅长吴志坚、省监狱管理局政委罗冈一行到九江都昌县、湖口县督导"青果援"关爱服刑在教人员未成年子女行动工作;18日下午,王少玄一行在都昌县太阳村出席"青果援"青春手拉手联谊活动,代表团省委向太阳村捐建红领巾书屋1个,代表省司法厅向太阳村捐赠人民币5万元;王少玄等参加"青果援"青春护苗行动,和太阳村的孩子们共同为"青年林"树苗穿上"冬衣";19日,梅亦、吴志坚一行在湖口县流泗中心小学观摩"心手相牵共筑未来"手拉手成长体验活动,并在九江市参加由九江市县两级团委、司法局负责人、"青果援"行动结对团组织代表、服刑在教人员未成年子女家长代表参加的"青果援"行动座谈会。

2010 年,宜春团市委以樟树、高安为试点,推出"流动办公""点对点""逆向选择""手拉手""四点半爱心帮扶"等工作模式。截至 2010 年底,组织各级优秀青少年维权岗、青年文明号、"五四"红旗团委、预防青少年违法犯罪办公室成员单位 4 类"团字号"集体与全市 376 名服刑在教人员未成年子女结对,开展家访、赠送学习生活用品、帮助解决家长就业、进行课外辅导等各类帮扶活动 780 余次。《中国共青团》2010 年第 6 期对此做了专题报道。

新余市组织县(区)和全市预防青少年违法犯罪领导小组各成员单位、"五四红旗团委"、优秀青少年维权岗、青年文明号,通过资金帮扶、心理疏导、家教辅导、自护教育体验等多种形式对全市 120 名服刑人员未成年子女进行结对帮扶。

鹰潭市在"青果援"关爱服刑人员未成年子女行动中,开展"一对一"结对帮扶工作,全市共结对 52 户 72 名刑释解教人员未成年子女,结对率达到 92%;开展"青果援"关爱服刑在教人员未成年子女公益助学活动,每个优秀青少年维权岗捐资 500 元资助服刑在教人员未成年子女完成学业,共捐款 2 万余元。

2010 年 3 月至 6 月,赣州团市委开展以"你安心我快乐"为主题的帮扶活动。350 家青少年维权岗、青年文明号、"五四红旗团委"等集体与全市 563 名服刑在教人员未成年人子女进行结对"一对一""多对一"的结对帮扶。上饶市组织 200 余个基层团队组织、20 余名团队干部与全市 354 名服刑在教人员未成年子女结成对子。

2010 年,景德镇团市委与服刑在教人员未成年子女共结对 201 对。景德镇市因"青果援"关爱服刑在教人员未成年子女行动工作,被省综治委确定为全省重点青少年群体教育帮助和预防犯罪工作分类试点城市。

青少年违法犯罪社区预防计划

2004 年,团省委推进"青少年无犯罪社区"计划,启动"预防青少年犯罪千人调查"工程,抽取 20 所中小学校对在校学生的学习、生活现状和思想动态进行调查,深入省未成年犯管教所、戒毒所、劳教所剖析 100 个未成年人违法犯罪案例。

2005 年,由吉安团市委牵头共建,在青原区新生社区创建社区青少年法律学校和青少年维权中心,为失学儿童、贫困少年、失足未成年人、问题家庭小孩等提供服务。是年,青原区新生社区被团中央、民政部、司法部和国家工商管理总局命名为全国"青年文明社区"。

2007 年,全省共青团系统实施青少年违法犯罪社区预防计划,重点联系 30 个省级青少年违法犯罪社区预防计划试点社区,指导全省 330 个重点社区建立起闲散青少年和特殊青少年群体档案,开展对特殊青少年群体的服务工作。

2007 年,鹰潭市以月湖区江边街道办事处杏南社区、交通街道办事处胜西社区、交通街道办事处百佳城社区、贵溪雄石街道办事处花园社区、余江邓埠镇中州社区 5 个社区为试点,实施青少年违法犯罪社区预防计划,建立工作台账,对社区闲散青少年等重点群体进行调查摸底、登记造册,建立社区青少年书屋。吉安市在永丰县成立恩江镇开吉、天保两个试点社区,开展社区青少年"一助

一、多助一"结对帮困、帮教活动。在社区内建立青少年法律学校，聘请由退休干部为主体的管理人员，建立管理档案。南昌市全年投入资金20余万元，是年，全市共有青少年文化活动阵地5个，"青少年违法犯罪社区预防计划"试点社区5个。

2008年，安福团县委组建实施社区计划工作志愿者队伍和社会监督员队伍，建立《青少年花名册》《问题家庭青少年登记册》《重点管理对象帮带花名册》等档案，对残疾、下岗以及因父母服刑、劳教、吸毒等情况而无法获得正常家庭监护的特殊青少年，开展"一助一""多助一"等结对帮扶；对刑释解教、闲散及有不良行为青少年进行帮教。

2010年，全省在农村村落社区建设中，发挥老党员、老干部、老复退军人、老教师、老农民等"五老"的作用，为青少年的健康成长创造条件。都昌县曹家舍村落社区成立关心下一代小组，开展对青少年教育活动，志愿者协会会长、退休干部曹俊铎坚持每周六下午给村落的孩子讲课，并在孩子中开展评星活动。曹家舍村落社区设立助学基金，用于扶助困难家庭孩子上学，奖励品学兼优的学生，在全村形成重视教育的好风气。

全省在社区活动中，让青少年在共驻社区、共建社区、共享社区建设成果的实践中，经受磨炼，接受教育。引导青年志愿者加入预防青少年违法犯罪工作队伍，与帮教对象结对帮扶。指导各社区成立社区教育工作领导小组和妇女儿童委员会、青少年帮教小组、关心下一代工作委员会。据统计，全省成立社区服务志愿者组织1.3万多个，科普教育、文化宣传等各类志愿者人数达32万多人，为开展违法预防青少年违法犯罪工作提供有力支持。

重点青少年群体帮教

2010年，省综治委预防办、省综治办、省法院、省检察院、省公安厅、省司法厅、省民政厅、省教育厅联合在全省开展"重点青少年群体调查摸底行动"，形成《江西省重点青少年群体分析报告》。在此基础上，启动全省"重点青少年群体"教育帮助和犯罪预防工作分类试点。新余市、九江市、景德镇市、吉安市、南昌市分别对闲散青少年、有不良行为或严重不良行为青少年、服刑在教人员未成年子女、农村留守儿童、流浪乞讨青少年教育帮助和预防违法犯罪工作进行试点。

2010年，南昌市综治委对"不在学、无职业、有不良行为或严重不良行为者、流浪乞讨青少年、农村留守儿童、服刑在教人员未成年子女、在押青少年罪犯、刑释解教青少年"等重点青少年群体排查摸底。在原有的统计口径基础上，增加吸毒者、孤儿、智障者、病残者和单亲者等5类人群的排查摸底，建立5类人群的档案。

萍乡市安源区八一街由派出所干警、社区干部、老同志、家长组织"四帮一"帮教小组，对115名刑释解教青少年（刑释38人、解教77人）进行帮教；建立10家青年中心加盟店，优先为刑释解教青年提供岗位；建立刑释解教人员信息管理系统，由八一街劳动事务所牵头，为刑释解教人员提供就业信息，联系工作岗位，并逐个跟踪回访。八一街老站社区设立心灵驿站，与刑释解教人员进行心理沟通和实施情感教化。老站社区老主任陈淑兰把帮教工作做到大墙内外，10年中与帮教的在监人员书信往来900余封，到监狱探望帮教对象10余次，帮教八一街和外地刑释解教人员60余人，无一人重新犯罪。八一街被评为"全国刑释解教人员安置帮教工作"先进集体,陈淑兰被评为"全国帮教工作先进个人"。

留守儿童关爱工程

江西是一个农业大省,也是一个劳务输出大省,2006年全省国民经济和社会发展统计公报显示,年末全省总人口为4339.13万人,其中农村人口占61.32%,0岁至14岁的儿童为1009.28万,占全省总人口数的23.26%。根据中国社会学网2006年的统计,江西有20%的儿童是留守儿童,排名全国第二。截至2007年3月底,全省0岁至14岁农村留守儿童总数达223.4万人,约占农村儿童总数的36.1%,占全省儿童总数的五分之一,一些地区所占农村儿童总数甚至达到55%以上。

2007年9月26日,省政府联合中央电视台召开"春暖2007爱心总动员——关爱留守儿童"全国大型公益晚会,全国人大常委会副委员长顾秀莲以及江西省委副书记、省长吴新雄出席晚会,宣布成立"江西鑫河关爱慈善基金会",现场筹集捐款640万元。

2007年9月,鹰潭市启动以"五个一"为主要内容的"关爱留守儿童行动",即:在全市开展一次留守儿童调查摸底活动,为全市2300多名留守儿童建档立册;组织一次"城乡少年手拉手,健康快乐过中秋"活动,中秋节当天,邀请50名余江中童中心小学小朋友到鹰潭市逸夫小学,两校的小朋友手拉手结对,互赠礼物,一同过中秋;向留守儿童父母发出一封公开信,引导家长更加关心孩子的成长;举办一次"留守儿童书信大赛",鹰潭团市委联合鹰潭日报社,以书信的形式,围绕"两地书,亲子情""老师我想对你说"等主题,收集征文书信600余封;举行一次"留守不孤独,真情手拉手"结对帮扶活动,招募优秀大学生作为"代理家长",与留守儿童结对。

2008年,上饶市外出务工人员280多万人次。全市未成年人1410578人,农村留守孩子583849人,约占全市未成年人总数的41.4%,父母双方均外出的留守孩子413957人,其中由祖父母或外祖父母照顾的236872人,在亲戚家寄养的84259人,自己独立生活的7094人。全市通过建立留守孩子之家、托管中心等场所,开辟留守孩子活动阵地建设,开展关爱留守儿童活动。截至2008年4月,全市建立留守孩子之家909所,留守孩子托管中心136家。上饶团市委组织青少年志愿者与留守孩子开展帮扶活动,全市共有两万多名注册青年志愿者参与关爱留守儿童工作。

2008年,抚州市临川区农村外出务工人员18万余人,农村留守儿童约占农村儿童总数的40%,一些乡镇甚至达到55%以上。乐安县有14398名留守儿童,2008年开展以关注留守儿童为主题的"春风行动",全县有5000多名留守儿童在活动中得到帮助。东乡二中就读的留守少年约占全校学生总数的1/3,每学期开学,学校对各班的留守生进行摸底调查,建立留守生档案,实行动态管理,将留守生的教育和成长纳入日常工作当中,安排有丰富教育经验的班主任、任课教师与留守生"结对子",承担家长的责任,做学生生活的知情人、学习的引路人、成长的保护人,使留守少年得到亲情的温暖与呵护;学校利用节假日外出务工人员返乡的时机,邀请省内外教育专家来校开办家庭教育专题讲座,共同关注留守生健康成长。

2008年,永丰团县委设立"留守儿童亲情热线",争取到社会各界的支持,县民营企业扶贫助学基金会捐赠 6 万元，江西移动永丰分公司不仅提供电话机，而且帮助布置"亲情热线室"；江西移动永丰分公司保障每个双亲均在外务工的留守学生免费与家长通话 30 分钟，2007—2008 学年安排留守学生通话费 3 万元；全县 46 所中小学建立风格统一的"亲情热线室"。永丰团县委在人口较少的山区自然村，发动青年妇女当留守儿童的"代理家长"；2007 年，君埠乡举办"代理家长"培训班，有 62 名青年妇女成为"代理家长"；2008 年，全县"代理家长"近千名；君埠乡初中教师宋晶晶虽是位未婚女教师，对留守学生却有母亲般的情感，班上 20 多名留守学生称呼她为"妈妈老师"。在居住相对集中、人口较多的村落发展幼托中心；石马镇举办 22 所幼托中心，店下村留守儿童幼托中心将 36 名父母均外出务工的留守儿童安排在"中心"食宿，为不在"中心"住宿的留守儿童购置留守儿童接送车，为与外出家长的沟通设置亲情电话；永丰县推行石马镇的做法，留守儿童幼托中心遍布永丰县所有乡镇。2008 年，全县 79 个县直单位帮助乡镇共建留守儿童学校（幼儿园）76 所，结对帮扶留守儿童 246 人，资助贫困留守学生 316 人。

2008 年，赣州市建立一大批"十个一"模式的留守孩托管中心。针对农村留守孩开办"留守孩之家"，针对残疾儿童开办"特殊教育班"。组织 3 批次共 160 多名贫困青少年到赣州市青少年活动中心及科技馆参观。建立"赣州市留守孩志愿服务网"，打造宣传、服务和沟通"三个"平台。

2009 年，省妇联、省教育厅、省民政厅、团省委等单位在全省实施"留守孩关爱工程"，开展农村留守儿童普查，90% 以上的乡镇摸清了底数。全省各地共青团开展以"心手相牵、快乐成长"为主题的"关爱农民工子女志愿服务行动"。九江市建立"留守儿童"关爱基地，组织志愿者与"留守儿童"进行志愿帮扶；湖口县流泗镇有 300 多名"五老"与 560 名留守儿童结成帮扶对子，义务承担对他们的学习和日常生活的监管工作。上饶市为农村困难学生及留守儿童提供价值 5 万元的学习用品和 8 万元助学金。吉安市建立"希望工程中国吉安井冈山留守儿童基金"。抚州、九江等地开展争做留守儿童"代理家长"活动，开通"亲情热线"，开展十佳"留守儿童之星"评选，建立留守儿童家长学校、留守儿童亲情家园，搭建留守儿童维权服务网络。

2010 年 4 月 19 日，团省委印发《关于开展"共青团关爱农民工子女志愿服务行动"的通知》，动员青年志愿者为农民工子女提供切实有效的志愿服务。团省委、省青年志愿者协会在全省范围实施"共青团关爱农民工子女志愿服务行动"，服务对象包括随父母进入城市的农民工子女和留在农村的农民工子女，集中开展学业辅导、亲情陪伴、感受城市、自护教育、爱心捐赠等内容的志愿服务。

2010 年 5 月 31 日，九江团市委在都昌县大港镇太阳村开展关爱留守农民工子女志愿服务行动，青年志愿者与留守儿童结对，互换联系卡，赠送学习用品、副食品，捐助感受城市资金 1.53 万元。

6 月 22—23 日，九江团市委由书记、副书记带队组成三个调研组，深入都昌县、瑞昌市和九江县进行"留守儿童"专题调研；走访留守儿童家庭 200 余户，召开教师、学生座谈会 10 个，与 50 余名留守儿童、20 余名教师进行个别谈话，向 200 名留守儿童、160 户家庭、20 余名教师发放调查问卷。同时布置各县（市、区）团委在各自行政区域开展调查，最终形成《关于九江市留守儿童状况的调查报告》，并据此报告由九江团市委起草，九江市委、市政府印发《关于做好留守儿童工作的实施意见》。2010 年 8 月 12 日，《江西日报》B3 版大篇幅登载调研内容。

九江团市委把"关爱农村留守儿童志愿服务"作为 2010 年大中专学生志愿者暑期"三下乡"社会实践活动主题。2010 年 9 月,开展评选九江市十佳"留守儿童之星"活动,湖口县付垅乡中心小学欧阳娟被评为市"留守儿童之星"。湖口县流泗中心小学建立九江市首个农村小学留守儿童亲情家园,"家园"里设立亲情电话站、电影放映站、心灵驿站和小记者活动站,孩子们通过网络视频,与远在他乡的亲人面对面交流。

2010 年,抚州市共青团组织先后举办"手牵手,你我一家人""心手相牵——关爱留守儿童我们在行动"等活动。是年,抚州市建立留守儿童亲情视频中心 9 个,募集助学基金 35 万余元,与 1.32 万名留守儿童开展结对帮扶。

2010 年,吉安市推进全国农村留守儿童教育帮助和预防犯罪试点工作,被中央综治办、团中央、中央综治委预防青少年违法犯罪领导小组确定为农村留守儿童教育帮助和预防犯罪试点城市,成为全国 16 个重点青少年群体试点城市之一。2010 年 10 月,在全国重点青少年群体教育帮助和预防犯罪工作试点推进会上,吉安市作典型发言,介绍吉安在留守儿童教育帮助和预防犯罪方面的经验和做法。

第三节　青少年维权

维权机制

江西省青少年权益保护委员会　1995 年 10 月 10 日,成立江西省未成年人保护委员会,常务副省长黄智权任主任,22 个部委厅局为委员单位,委员会下设办公室,与团省委权益部合署办公。1999 年 4 月,更名为江西省青少年权益保护委员会,省委副书记、常务副省长黄智权任主任。到 1999 年,全省 110 个市县区有 82 个市县区成立由常务副市长、常务副县长担任主任,有关部门参加的青少年权益保护委员会,青少年权益保护委员会办公室统一设在团委。截至 2002 年 11 月 22 日,全省各市县均成立青少年(未成年人)权益保护委员会,成立青少年维权中心 280 多个。

建立青少年维权服务中心　20 世纪 90 年代开始,团省委依托优秀青少年维权岗,开展志愿者服务、法制教育、安置帮教、法律援助等工作,在优秀青少年维权岗创建单位建立青少年维权服务中心,形成青少年维权区域性服务网络。团省委组建一支来自公检法司系统及学校等单位 99 人组成的全省法制志愿者宣讲团,在各校巡回演讲法律知识。南昌、萍乡等地的学校普遍聘请法制副校长和法制辅导员,定期请法制副校长和法制辅导员到学校开展法制讲座。截至 2002 年 12 月,青少年维权服务中心接待来信来访 3930 多人次,提供法律咨询、法律援助 5910 多次,配合有关部门查处侵犯青少年权益案件 1751 起,招募法制教育志愿者和聘请校外法制教育辅导员 1360 多人,举办法制教育课和讲座 2556 场,开展未成年人保护法和预防未成年人犯罪法知识竞赛 850 多次。以"孩子带家庭、家庭牵动社会"的工作模式,开展日常法律宣传咨询活动,累计有 800 多万未成年人接受两法教育,近 360 万家庭直接或间接参与两法的宣传活动。

2010年，吉安市青少年维权服务中心完善运行机制，将中心工作人员纳入政府公益性岗位。建设青少年维权服务中心网络工作平台，通过网络实现对青少年的救助保护、职介婚介、法律咨询等服务，弥补12355青少年维权服务热线8小时外服务功能。聘请30名法律工作者、心理咨询师、教育工作者、新闻记者等专业志愿者为吉安市首批青少年权益使者，代表和维护青少年合法权益。

2010年11月初，景德镇市青少年维权中心成立，是景德镇团市委下属全额拨款正科级事业单位，定编两人。为维护青少年合法权益、促进青少年健康成长提供组织基础。

建立青少年维权和心理咨询服务热线电话 2005年1月10日，团省委预防青少年违法犯罪工作领导小组办公室转发《关于建立全国青少年维权和心理咨询服务热线电话的通知》，要求各地加强对热线电话建设的领导和组织，保证及时开通高效运行。青少年维权和心理咨询服务热线电话由同级团委、综治委预防青少年违法犯罪工作领导小组办公室负责筹建和管理，并明确专人管理热线电话，聘用专职人员或招募专业青年志愿者负责电话咨询和服务工作。

各市先后设立12355青少年服务台。2006年，九江团市委联合研熙律师事务所和九江市心理卫生中心，开通"12355青少年法律和心理咨询服务热线"。2007年，鹰潭团市委与鹰潭市华星律师事务所合作，开通12355青少年法律维权热线；是年，在鹰潭市电信公司的支持下，电信10000号服务中心成立12355青少年服务台，打造服务青少年的综合性平台。2010年，增聘20多名青少年服务专家，聘请"青少年权益使者"10人，在两会期间提交有关青少年问题的议案3个。截至2010年3月，上饶团市委建立并完善青少年诉求咨询服务机制、个案接转处理机制、舆情监测研究机制等，实现12355服务台的规范化管理。全市共建立相对稳定的12355专兼职工作队伍5支，开展法律知识宣讲、心理健康辅导、自救培训等活动。

建立青少年维权服务站 2006年12月8日，全省首家青少年维权服务站在萍乡市百货大楼前举行揭牌仪式。该服务站由萍乡团市委与萍乡市正福律师事务所联合组建。萍乡市正福律师事务所安排律师专门负责对青少年提供法律咨询、心理咨询、非诉讼调解、出庭辩护等服务。萍乡市委常委、政法委书记彭艳萍、团省委副书记梅亦、团省委权益部部长刘小玲出席揭牌仪式。此后，全省各地陆续建立青少年维权服务站。

2010年，景德镇市青少年维权中心成立，为景德镇团市委直属事业单位。景德镇市青少年维权中心对合法权益受到侵害的青少年提供法律援助；对流浪儿童、困难失学青少年、农村留守儿童等特殊群体提供维权救助。该中心将景德镇市12355建设成为集热线、网站、QQ、微博于一体的综合服务平台；至年底，为3000人次提供各类服务。同时，先后组建12355维权专家志愿团和12355志愿服务队，吸纳法律、心理、教育、企业等领域和政府职能部门的专家志愿者29人参与其中，提升12355协调处理青少年案件的能力。

建立青少年利益代言人制度 2008年11月14日，为畅通青少年诉求表达渠道，团省委在全省招聘60名热心社会工作的青少年利益代言人，建立"青少年利益代言人制度"。青少年利益代言人制度为江西首创，得到社会各界的广泛关注认同，新华网、人民网、中央人民政府网等全国网络媒体以及《中国青年报》《江西日报》等传媒报道100余次。

2009年5月7日，全省青少年利益代言人发布会暨全省共青团权益工作会议召开，全面探索青少年利益代言人制度建设。决定聘请邓文静等80人为江西省第一届青少年利益代言人。是日,省青少年利益代言人联席会制定暂行工作细则。联席会在组织上业务上接受团省委指导。青少年利益代言人实行聘任制,由团省委面向社会公开招聘。代言人联席会下设调查研究、法律心理援助、议案提案、政策咨询和新闻宣传等5个工作组,负责青少年利益代言人的具体工作。9月30日,团省委书记办公会确定"江西省青少年权益使者"作为"江西省青少年利益代言人"的标准称谓。

维权活动

创建优秀青少年维权岗　团省委自1999年初起,联合省社会治安综合治理委员会办公室、省高级人民法院、省人民检察院、省公安厅、省司法厅、省广电厅、省新闻出版局、省技术监督局、省劳动厅、省工商局等10个单位开展创建优秀青少年维权岗活动,分别成立各行业系统创建优秀青少年维权岗领导小组,由团省委和各厅局分管领导担任领导小组组长。团省委权益部和各厅局机关党委具体负责全省各行业系统优秀青少年维权岗创建评选工作。全省优秀青少年维权岗创建工作日常具体事宜由团省委权益部负责。

1999年1月6日,团省委、省社会治安综合治理委员会办公室印发《关于在全省开展创建优秀青少年维权岗活动意见的通知》。此后,全省各系统分别联合团省委印发《创建优秀青少年维权岗活动的通知》,开展创建优秀青少年维权岗活动。各地共青团组织牵头,在各级综治办等有关职能部门的支持下,开展优秀青少年维权岗创建活动。

1999年7月,江西电视台《社会传真》栏目被命名为全国广电系统优秀青少年维权岗;是年11月,南昌市公安局墩子塘派出所被命名为全国公安系统优秀青少年维权岗。

1999年12月17日,团省委、省公安厅在全省公安系统印发首次命名优秀青少年维权岗的决定,命名贵溪市公安局雄石派出所等10个单位为全省公安系统首批优秀青少年维权岗。

1999年至2001年,全省共命名200个省级优秀青少年维权岗,35个单位被命名为全国优秀青少年维权岗。

2000年初,在第二批全国优秀青少年维权岗命名表彰会上,于都县检察院被命名为全国优秀青少年维权岗。

2002年,全省公安系统开展创建"青少年文明岗"活动,涌现出九江市公安局交警支队直属大队第二中队、临川区公安局六水桥派出所、黎川县公安局日丰派出所等一批优秀青少年维权岗。

九江市公安局交警支队直属大队第二中队成立维护青少年合法权益工作小组,中队干警走访了解辖区每所学校的师生数量、作息时间、交通状况,制定醒目的告示牌,划定学生安全通道标线,设置隔离墩,为接送的家长设立机动车和非机动车停放场所;中队干警捐款2000元,制作一套有26幅图片的交通安全法规和案例剖析警示宣传画,在各学校组织巡回展览;发送中小学生交通安全须知,组织交通安全知识竞赛,开展形式多样的宣传活动;在各学校成立小黄帽分队,每月组织一个分队与执勤民警在路面疏导交通。

临川区公安局六水桥派出所于1999年成立青少年维权工作小组。2002年,结合辖区学校多的特点,将维护青少年合法权益工作列入民警责任范围进行考核。派出所与辖内学校加强联系,深入开展安全法制宣传教育,严厉打击危害青少年人身财产安全的违法犯罪活动。六水桥比较偏僻,很多地方没有路灯,学生下晚自习回家存在安全隐患。派出所每晚坚持对学校周边地区开展值班巡逻,对偏僻地方加大巡逻力度,有效地维护安全秩序,从根本上维护和保障青少年的合法权益。

黎川县公安局日丰派出所以维护青少年合法权益为己任,民警经常找心里有想法、家庭有问题、邻里反映大的青年谈心。22岁的齐某因盗窃被判刑3年,释放后就业困难,民警帮助齐某在农贸市场开了一家服装店,是年收入达到8000多元,齐某逢人便夸是日丰派出所民警挽救了他。

至2006年上半年,全省共创建国家级优秀青少年维权岗80个,省级优秀青少年维权岗320多个,市级优秀青少年维权岗660多个。优秀青少年维权岗共接待来访26750多人次,提供法律咨询、法律援助7650项次,解决实际问题280余件。

2008年1月14日,团省委联合省综治委办公室、省高级人民法院、省人民检察院、省教育厅、省公安厅、省民政厅、省司法厅、省劳动和社会保障厅、省工商行政管理局、省质量技术监督局、省广播电视局、省新闻出版局等单位授予新余市渝水区人民法院刑事审判庭等72个单位为2003—2006年省级优秀青少年维权岗称号。其中法院系统7个,检察系统10个,教育系统9个,公安系统13个,民政系统4个,司法行政系统8个,劳动保障系统4个,工商行政管理系统4个,质量监督系统4个,广播电视系统5个,新闻出版系统4个。

2009年11月16日,省优秀青少年维权岗创建活动组委会印发《关于开展省级以上"优秀青少年维权岗"督察工作的通知》,要求各成员单位、各设区市团委对各行业系统省级优秀青少年维权岗进行集中督查,督查1999年以后各行业系统国家级和省级优秀青少年维权岗。

赣州市开展形式多样的创建优秀青少年维权岗活动。截至2010年2月15日,全市18个县(市、区)的160多所中小学开展"法制进校园"活动,城区中小学配备2219名法制副校长。开展维权宣传月行动,发放宣传资料两万多份,展出宣传板30多块,现场咨询和参加活动的青少年和家长8000多人次。开展"珍爱生命、远离毒品""告别三厅"等主题教育活动,对学校及周边治安秩序进行重点整治,实施"青少年安全放心网吧"创建活动,建立家长示范学校25所,深化"文明社区""无毒社区""安全社区"创建。开展帮教失足青少年服务行动,解决对青少年刑释解教人员情况不明、信息不灵的问题,实现有人对接、有人管理,促进这一群体融入社会。赣州市教育系统、新闻出版系统创建单位按照"青少年新世纪读书计划"活动的总体要求,围绕中小学生日常行为规范、提高科学文化修养等主题,开展赠书实践活动。全市创建活动覆盖13个系统行业,建立全国优秀青少年维权岗9个,省级35个,市级130个。

"保护明天"宣传月活动 1994年6月21日,团省委与省委宣传部等单位在全省实施以"孩子、明天、责任"为主题的跨世纪青年文明工程"保护明天行动"。

1995年5月初,省委宣传部、团省委等7个单位深入实施"保护明天行动",开展"保护明天"宣传月活动,宣传《未成年人保护法》。开展系列"保护明天行动"普法专题宣传活动,做到报纸上有《未成年人保护法》有奖竞答、有奖征文,电台有专题讲座,电视台有专题节目;开展"保护明天行动"好新闻好作品评选,开通省、地、县三级"保护明天行动"举报电话,开展促进青少年心理健康成长的调研和服务。6月,30多万中小学生参加《未成年人保护法》知识竞赛。

实施《未成年人保护法》1995年2月18日,南昌县东新乡中心小学100余名教师、2000多名学生在学校操场举行告别"两室三厅"(桌球室、电子游戏室、录像厅、歌舞厅)签名活动。

1996年6月,团省委在全省举行未成年学生告别"两室三厅"(桌球室、电子游戏室、歌舞厅、卡拉OK厅、录像厅)宣誓仪式及法律宣传咨询服务活动。到1996年底,全省300多万未成年人接受《未成年人保护法》教育,近260万户家庭间接参与《未成年人保护法》的宣传活动。

1997年2月,团省委、省未成年人保护委员会与省人大内务司法委、省公安厅、省文化厅、省工商局联合印发《关于在全省联合开展"在未成人不宜进入场所统一悬挂禁入标牌"活动的通知》。从5月至10月,在全省营业性歌舞厅、夜总会、通宵电影院及供成人娱乐的录像放映厅、经营性酒吧、除节假日外的电子游戏室和桌球室、保龄球馆等文化娱乐场所,统一悬挂"未成年人不宜进入"标志铜牌。

1992年至1998年,九江市青少年维权工作逐步向纵深发展,九江团市委在加大宣传力度同时,依托各级青少年活动阵地举办青少年自护夏令营、讲座、咨询等活动,强化青少年自我保护意识。各级团组织会同有关部门加大对书摊、歌舞厅、录像厅、游戏厅的检查监督力度,维护青少年合法权益,并开展优秀青少年维权岗的创建活动。

1997年6月,团省委在南昌市八一广场举办"庆六一,为少年儿童办实事"法律宣传咨询服务活动,现场咨询、受理侵权案件;组织大、中学生青年志愿者队伍开展普法宣传,成立法制宣讲团;开展"献爱心"活动,组织人员深入街道和乡村,发传单、出专栏、做报告、放电影,宣传《未成年人保护法》,中央电视台新闻联播及省市电视台作了报道。

2002年,吉安市吉州区检察院专门设立未成年人犯罪案件的少年犯罪检察处,从诉前、诉中、诉后等环节维护未成年人合法权益。南昌市东湖区团委开设"东青在线",借助网络载体,及时了解青少年受侵害的突出问题以及社会生活中不安定苗头,做到排查及时,解决得当。

2004年,九江市、县两级政府成立预防青少年违法犯罪工作领导小组,按照"六有一落实"的要求强化领导小组办公室硬件设施设备,配齐、配强专职工作人员。九江团市委与九江市司法局法律援助中心合作,在全省率先成立援助未成年人工作站,

2005年,各地市把《未成年人保护法》和《预防未成年人犯罪法》纳入人大执法检查,落实专兼职人员和专项工作任务,解决"有人做事"和"有钱做事"的问题。2006年9月至11月,省人大常委会在全省范围内开展《预防未成年人犯罪法》执法检查,各设区市团委、预防办落实专兼职人员和专项工作任务。

2006年,九江团市委组织长虹小学、湖滨小学等学校100余名学生进社区开展"小包公断案"模拟法庭教育活动。

2010年7月30日,《江西省未成年人保护条例》由江西省第十一届人民代表大会常务委员会第十七次会议通过,是年9月1日正式实施。

"梁峻事件"市民精神文明建设大讨论　1997年6月14日,江西师大附中学生梁峻在回家途中与轿车司机发生口角,被打瞎右眼。团省委抓住这一典型事件,配合全国开展的"讲文明、树新

风"活动,与南昌市委宣传部联合开展"梁峻事件"市民精神文明建设大讨论,并以大讨论为切入点,开展维权活动。中央、省市新闻单位对此进行连续报道,引起全省各界的广泛关注,4个月内收到来稿来电1700封(次)。是年7月23日,新华社编发通稿,中央电视台到南昌进行为期7天的专题采访,8月23日中央电视台一套"东方时空"栏目和二、三套分别做出报道。南昌本地报纸、电视台开辟《"梁峻事件"市民大评说》专栏和系列节目。"梁峻事件"被团中央确定为共青团维护青少年合法权益"全团十大案例之一"。

"外出务工青年维权"活动 1998年初,省部分市县区启动"江西务工青年维权卡"维权服务活动,受到务工青年的欢迎。

1999年2月7日,团省委在宁冈县井冈山会师纪念碑前举行"江西务工青年维权卡"颁发仪式,在全省全面推行"江西务工青年维权卡"维权服务活动。维权卡正面有江西省、市、县三级团委权益部电话号码,背面有持卡人姓名、性别、年龄、身份证号和家庭住址,并贴有本人照片,盖有团省委印章。维权卡被外出务工青年亲切地称为共青团"护照"。至2001年,全省共颁发"江西务工青年维权卡"77万余张。

1998年12月,兴国县均村乡因工伤残的外出务工青年陈生忠拨通兴国团县委的电话,请求提供法律援助。兴国团县委干部会同代理律师肖文权立即赴广东省韶关市办理这起非诉讼工伤事故索赔案。在当地政府的支持下,为陈生忠追回合法赔款3万多元。1999年7月,浙江省宁波市鄞县潘大镇某针织厂16岁的江西乐安县打工女青年李某给团省委权益部打来电话,诉说24位在该厂打工的女青年6个月未领到工资。在江西、浙江两省团组织共同努力下,为24位女青年要回工资。团省委与《江南都市报》联合在南昌市为进城务工青年追讨工资,共为300多名青年讨回工资47万多元。

1999年,赣州团市委在农村团支部开展设立维权委员的试点工作,为维护务工青年合法权益提供组织保障。各级团组织共接待务工青年来电来信来访2700多次(件),帮助解决实际问题364件。

2001年1月16日,团省委权益部联合《中国青年报》江西记者站、《江南都市报》《江西青年报》、江西电视台、江西有线电视台和司法部门,组成联合维权组,开展大规模、有组织地为务工青年讨工钱维权行动。公布维权热线当天就有200多名进城务工青年到团省委投诉。17日,《中国青年报》一版以"江西——讨工钱维权热线开通"为题进行报道。18日,江西国风律师事务所、江西华兴律师事务所、江西豫章律师事务所、江西求正律师事务所为此次行动提供法律援助。随后阳明、中山、经纬、沃德4家律师事务所也参与维权行动。20日,中国青年报以"江西全面展开维权行动"为标题头版头条报道江西省为进城务工青年"讨工钱"维权行动。仅1个月时间,该行动共接到投诉电话2055个,接待来访712人次,帮助进城务工青年讨回工资21.33万元。同时,江西各地市"讨工钱"维权行动也在开展。团中央书记处第一书记周强肯定了此次活动并做出批示。

2002年,全省共发放务工青年维权卡81万多张,接待务工青年来信来电来访1360多次,帮助解决实际问题420多件。团省委与《江南都市报》联合在南昌市为进城务工青年追讨工资,共为500多名务工青年讨回工资72万余元。

2004 年,全省共发放青年维权卡 120 余万张,团组织配合有关部门查处侵犯务工青年权益案件达 650 多起。

2005 年,各级团组织接待务工青年维权卡来访 1660 多次,提供法律咨询、法律援助 1380 多次,配合有关部门查处侵犯务工青年权益案件 650 多起,帮助解决实际问题 430 多件。依托青少年维权中心和 12355 青少年维权和心理咨询热线,开展"为务工青年讨工钱"活动,共为 1300 多名青年讨回工资 180 余万元。

支持务工青年返乡创业　2000 年,各级团组织对外出务工青年回乡创业进行宣传引导,激发务工青年回乡创业的积极性。各地团市委、团县委成立务工青年协会,在土地、厂房、水电、税费、办证等方面为务工青年回乡创业争取地方优惠政策;与财政、银行、老建办等有关部门协商,为打工青年回乡创业提供资金;利用法律和政策,为打工青年创业保驾护航,维护权益。全省涌现出一批年产值超千万、利税逾百万的创业之星。截至 12 月,萍乡市务工青年回乡创办个体私营企业 3 万户,占全市个体私营企业的 80%。赣州地区有 13 万名务工青年返乡,创办各类企业 7 万多个。

2008 年至 2010 年,九江团市委将促进青年创业就业作为服务全市经济建设大局的重中之重。开展"恒顺杯"青年创业大赛,营造青年勇于创业浓厚氛围。创立九江市青年职业技术培训学校,开展订单式科技培训和技能培训,培训返乡务工青年 1.6 万余人。依托职业学校和工业园区建立青年就业创业见习基地 68 个,对接成功人数 693 人,实现就业 316 人。实施百企对百村工程,组织 100 名青联委员、青企协会会员与 100 个村组的返乡青年农民开展一对一的帮扶,帮助 1100 多人实现再就业。联合市农村信用社开展青年创业信用卡发放工作,担保贷款金额 16330.01 万元,扶持一批青年走上创业道路。

开展青少年自护教育和法制教育活动　2001 年 12 月,团省委向全省青少年免费发放 20 万份自护手册。2002 年 3 月 6 日,开展青少年自护教育宣传日活动:赠送一本《江西省青少年自护手册》,推广一种自护教育模式"小包公断案"。2002 年,抚州市南城县实验中学等 6 所中学,坚持依法治校,以德育人,德法并举,在加强青少年法制教育方面进行探索,被确定为全国示范"青年法律学校"。

第六章　青少年文化体育

　　1991—2010 年，全省青年文化体育活动日渐丰富。20 世纪 90 年代，继 80 年代复刊、创刊的《江西青年报》《江西青年报·少年专版》《涉世之初》等纷纷创刊，青少年报刊呈现品种多样、适宜多年龄段特点。20 年中，江西文艺界、出版界编纂出版大量青少年图书。广播电视方面，江西人民广播电台及地市广播电台均有开播青少年节目和青少年广播频率，并涌现江西人民广播电台的《小伙伴》等一批优秀青少年广播节目和《庄重这小子》等一批青少年广播剧；江西电视台及地市电视台先后开办青少年栏目及青少年电视频道，有《花样年华》等优秀青少年电视栏目，摄制了获全国"五个一工程"奖的《红领章》等优秀青少年电视剧；此外，《心灵的小河》等优秀青少年电影、省级青少年网站——江西青年网、各设区市青少年网站及网络平台纷纷诞生和创建。

　　其间，旅游是青少年文化生活中的一项重要内容，大中小学校组织的集体游是常见形式，"百万青年聚井冈""名山游""十万青少年畅游龙虎山"等活动使众多青少年身心得到愉悦与熏陶。青年卡拉 ok 大赛、青年集体舞大赛、少年儿童书法大赛、集邮活动、青年摄影活动、少儿才艺大赛等极大丰富了全省青少年文化生活。校园文化呈现绚丽多彩局面；高校社团文化节、省大学生社团文化节、省学生社团文化艺术节等涉及文学、艺术、科普等诸多领域。1999—2010 年，全省举办了 12 届乡村青年文化节，成为江西共青团组织服务新农村文化建设的重要载体。

　　全省青少年群众性体育活动以学校体育为主，经历贯彻落实《学校体育工作条例》、改革中提高学生体质健康水平、开展"阳光体育运动" 3 个阶段；自行车赛、龙舟赛、舞龙舞狮赛、体育舞蹈、健美操等活动吸引大量青少年参与。竞技体育方面，省大学生体育代表团先后参加 5 届全国大学生运动会，省中学生体育代表团先后参加 6 届全国中学生运动会，均取得较好成绩；在全国少年田径赛、全国业余乒乓球赛、全国中学生棋类比赛等活动中，江西青少年选手都有上佳表现。

第一节　文化娱乐

新闻出版

青少年报刊　《江西青年报》。该报是团省委机关报，综合性的报纸，前身是创刊于 1950 年 3 月的《学习建设》杂志，1956 年 4 月改为《江西青年报》，"文化大革命"期间停刊，1981 年复刊。《江西青年报》设置校园风景线、读书、文化广角、青年与社会、青春热线、经济与市场、共青园、新闻等版面。《江西青年报》复刊后,宣传了一大批改革开放的青年典型,开展一系列大型活动,参与每年一度的"江西十大杰出青年"评选活动;为配合全省农村基层团组织建设,推出一批有见地有深度的文章,受到一致好评。特别是在全国青年报刊"好新闻"评选、"江西新闻奖"评选中,获奖量大。其中,《从访亲到交友:静悄悄的变化》(作者:黄晔明、李目宏)、《珍禽王国的枪声》(作者:涂继愉)、《武宁一副县长辞"官"上山搞开发》(作者:李灿宇、涂继愉)、《中国果第一股》(作者:郭爱群、李目宏)、《英雄的肩膀有多宽?》(作者:龚琛虎、严青梅)、《南昌两大学生出任居委会主任》(作者:夏小华)等文章均分别获江西省好新闻作品一等奖;《谢师宴行情冷淡》(作者:应朝晖)获第六届中国"五四"新闻奖作品一等奖。1986年,《江西青年报》记者采写的通讯《谁是命运之神》获全国好新闻二等奖。《大山里的梦》一文刊发后,在九江湖口县引起强烈反响,并得到当地政府的高度重视,拨款10万元重建校舍。2001年,《江西青年报》停刊。

《江西青年报·少年专版》。原为《江西少年报》,1995年10月创刊。1997年1月,易名为《江西青年报·少年专版》。《江西青年报·少年专版》(原《江西少年报》)是团省委主管、省少工委和江西青少年报刊社联合主办的全省唯一的一份综合性少年报纸,是指导全省少先队工作,传达团中央、国家教委、全国少工委对学校工作、少年工作和少先队工作指导精神的重要刊物,同时对少年儿童进行理想教育和社会主义精神文明教育,反映少年儿童以及少儿教育工作者的呼声,维护少年儿童合法权益的重要新闻媒介和舆论阵地。该报集新闻性、趣味性于一体,在教育、引导、服务广大少年儿童方面发挥着重要作用,主要栏目有《流动采访车》《读者俱乐部》《聪明屋》等。

《江西共青团》。原为团省委研究室编辑出版的《江西团讯》,是团省委指导全省共青团工作的内部刊物,主要栏目有:工作研究、调查报告、青工参考、团干论坛、工作交流、一代风流、国外青年、经验与做法、研究与讨论、信息发布、上情下达、他山之石等。《江西团讯》自出版之日起,至1992年12月,共计出刊151期。1993年1月,改名为《江西共青团》,由团省委办公室编辑出版。

《涉世之初》。曾名《少男少女》《妙龄世界》,1991年9月创刊,为双月刊,全国公开发行;1999年改为月刊,进入全国名刊行列,期发行量突破20万份。《涉世之初》以具有中等和中等以上文化程度,即将和初次参加工作、步入社会的青年为主要读者对象,反映他们的困惑和测悟、渴望与奋发、坎坷与成功,探讨初涉入世者完善自我和做人、事业、社交、婚恋成功的艺术,主要栏目有《重磅点击》《社会全频道》《凡人初涉世》《真情花园》《成功谋略》《政策与你》《社交宝典》等。《涉世之初》具有清新、大气、富有现代感和文化品位的风格及具有励志、资讯、实用、怡情、睿智、审美、珍藏等七大特色。1994年在全国报刊工作会议上,《涉世之初》被誉为"真正有思想有品位的期刊";蝉联历届江西省优秀期刊(1993、1995年)、华东地区最佳期刊(1993年、1997年)、全国百种社科重点期刊(1997年、1999年)。2009年1月,停刊。

此外,《初中生之友》《高中生之友》《聪明泉》(少儿版)等刊物,深受广大青少年喜爱,成为他们的良师益友。

青少年图书 《江西青年文学创作丛书》。1992年,由省文艺界、出版界组织编辑出版。所入选的作者均为40岁以下的江西作家协会会员,其作品数量、质量都达到较高的层次。全套丛书200万字,共20~25本,体裁包括中短篇小说、诗歌、散文、报告文学、儿童文学、文学评论等6个方面。

《中国有个毛泽东》。2005年，经中共中央文献研究室和国家新闻出版署审批，由江西人民出版社出版发行。该书融可读性、思想性、科学性于一体，既生动形象，又有一定的理论高度，适合青少年读者阅读。

《爱国情》。1994年，由百花洲文艺出版社出版，经中央宣传部、国家教委、团中央和国家新闻出版署审定，推荐为第五届全国"让精神世界更美好"青少年读书活动必读书目。该书得到时任国务院副总理李岚清的审读和批示。

《中国文学史》。1994年，由21世纪出版社出版。这是一部面向少年阅读的文学史书籍，在编写上有内容精粹化、叙述生动化、语言浅俗化三大特点。该书对叙述的文学史实突出了故事性，使读者感到亲切，如苏秦的深夜苦学，曹植被迫七步成诗，陆机14岁就带领父亲的军队等故事，都易于引起少年的兴趣。同时，该书在娓娓动人的叙述中以正确的感情倾向引导少年读者，使历史评价寓于叙述中。该书语言通俗易懂，且图文并茂。

《老一辈革命家青少年时期作品赏析》。1995年，由江西教育出版社出版，中共中央文献研究室主编。该书以毛泽东、周恩来、朱德等19名老一辈无产阶级革命家青少年时期的佳作为题材，歌颂他们为拯救中华民族而力挽狂澜的宏大志向和光辉事迹。

《新兴的铜城——贵溪》和《不忘屈辱史，振兴我贵溪》。由贵溪县委宣传部组织编写。该书作为中小学国情教育的乡土教材，根据中小学生不同年龄的心理特点，在小学分低、中、高年级进行爱集体、爱祖国、爱人民的教育；对中学生则进行坚持四项基本原则、拥护改革开放的教育，培养他们树立鲜明的国家观念，并进行中共党史学习教育。

《当代青年楷模——中国十大杰出青年风采》。1995年，由江西教育出版社出版。该书图文并茂地介绍了历年来评出的十杰青年的事迹。

《热血》。1997年，由百花洲文艺出版社出版。该书是省青年作者郑水龙撰写的一部真实再现红十军军长周建屏一生的纪实文学作品，着重记述周建屏在抗日根据地带领军民与日本侵略军展开斗争，还生动地描绘了朱德、方志敏、邵式平等人的光辉形象。书中历史人物血肉丰满有生气。作者通过对周建屏一生的描绘，使读者清晰地看到中国人民走过的革命历史的脚印，是渗透着血和泪的脚印。《热血》是一部融思想性、艺术性、真实性、可读性于一体的文学作品。

《少年红色经典》（20册）。由21世纪出版社出版，2006年，被新闻出版总署列为"纪念中国共产党建党85周年重点图书"，2007年，入选"纪念中国人民解放军建军80周年重点图书"。

《中外道德楷模100人》。2007年由江西教育出版社出版。该书按照"八荣八耻"内容，选取100个生动、有典型意义的故事，所选故事题材涉及古今中外，做到"三个突出"，即：突出当代，突出江西特色，突出中国共产党人在践行社会主义荣辱观方面的感人事例。每个故事前精选两句与故事内容相呼应的格言、警句，每个故事后附精要点评。该书装帧设计精美，图文并茂，语言风格轻松明快，符合青少年的阅读习惯，深受青少年读者的欢迎，被列入全省青少年"知荣辱、树新风"主题读书教育活动的主要读本。

《井冈山根据地的共青团》。2009年，经吉安团市委组织党史和青运史专家学者进行1年多的资料收集与整理编写，由江西人民出版社出版。该书挖掘了一批珍贵的历史资料，填补了井冈山斗争时期共青团史研究的空白。

广播影视

青少年广播媒体 江西人民广播电台。1996年1月,增办少儿综合节目《小伙伴》与少儿文艺节目《小太阳》。

九江人民广播电台。1991年,主要青少年节目有《少儿节目》《青年之友》等。2010年,在《九江新闻广播》节目推出《中小学生安全日》特别节目。

景德镇人民广播电台。1991年,有骨干节目《学习园地》。

新余人民广播电台。2009年,自筹资金在新余市步步高商城设立直播室,推出户外相亲交友节目《我们谈心吧》。

鹰潭人民广播电台。1994年,有社教类节目《知识与生活》《青年之家》《学习与思考》。1995年,开设《全市十大优秀青年企业家》,宣传在平凡岗位上做出突出贡献的先进人物与英雄模范人物,2003年改版少儿节目《七彩世界》。

赣州人民广播电台。1997年,《小铃铛》节目改版,《小朋友乐园》节目开播。

吉安人民广播电台。1995年10月1日,自办节目《叮当小乐园》。

抚州人民广播电台。2005年8月29日,自办节目《缤纷校园》。

青少年广播频率 江西人民广播电台文艺·音乐频率。2005年,主要节目有《真情岁月》《城市零距离》《中国先锋榜》《耳朵王国》《音乐牧场》《青春快乐岛》,频率节目实现网上在线收听,并建立完善的网上论坛。与省内10余所高校广播站达成宣传合作协议,在高校拥有较大影响力。频率目标听众扩展至在校学生、白领阶层、流动人群及有车族。

江西人民广播电台科教·农村频率。频率以"关注农村,服务教育"为宗旨,为江西广大农民朋友提供专业的农业技术服务,与广大受教育人群共享教育成果。2007年,开办《青春对对碰》节目。

九江人民广播电台新闻综合频率。2004年,自办《校园大联盟》节目。2005年1月30日复播《红领巾播音室》;11月,《校园大联盟》节目推出《音乐我唱我的》专栏。2009年3月1日,新推出《教育导航》节目。

新余人民广播电台新闻综合频率。1997年,开办《青春航班》节目。

赣州人民广播电台音乐频率。2001年,开设《花仙子》节目。

优秀青少年广播节目 江西人民广播电台《小伙伴》。1996年1月1日开办,是一档16岁以下少年儿童听众的综合节目。节目注重从"德智体美劳"多方面引导少儿全面发展,力求树立"健康活泼快乐"的小伙伴形象;内容兼具教育、知识、趣味、欣赏性。设置子栏目《故事口袋》《七色音符》《小记者传真》等。每天17:40—18:00播出。

南昌人民广播电台《花样年华》。2008年1月开播,是一档以高校学生为目标人群的民生类节目。节目以"服务同学,打造精英"为宗旨,借助高校广播联盟这个平台,2008—2010年,开展2008年抗震救灾义演晚会、花样年华动感音乐汇K歌大赛、"我和春天有个约会"等活动,充分展现现代大学生年轻、热情、富有活力的青春风采,发掘一批优秀的"校园传播之星",主持人刘星。

南昌人民广播电台《缘分百分百》。2010年1月1日创办,是一档相亲交友类节目,前身为《相约鹊桥》。节目致力为单身男女搭建空中交友的平台,先后为数千名听友牵线搭桥;举办过多场大型现场相亲交友会,主持人肖莉。

九江人民广播电台《红领巾播音室》。1997年5月1日开播,每周日12:00—13:00播出。《红领巾播音室》是一个由学生主持,以少年儿童为听众的对象性节目。节目宗旨是为小朋友课余生活提供自我展示平台,为老师、家长与社会架起沟通的桥梁。主要子栏目有《拉拉小耳朵》《芝麻屋》等。

九江人民广播电台《校园大联盟》。2004年10月25日创办,以大学生为听众对象,旨在展示校园的文化魅力与大学生的精神风貌。每天12:00—13:00播出,主持人直播,开通听众与短信参与。设有《校园明星秀》《IQ智力风暴》《无主题聊聊吧》等子栏目。

优秀青少年广播剧 《庄重这小子》。由江西人民广播电台于1992年6月制作,7月在中央人民广播电台播出。编剧陈海萍,导演李婉珍。《庄重这小子》在第二届"乌金奖"全国广播剧评比中获二等奖。该剧以赣西某煤矿的青年工人庄重与矿长女儿的交往经历,表现青年一代崇高的思想品德与美好的内心世界,揭示在改革开放新形势下加强精神文明建设的重要性,抨击现实生活中损公肥私的不良现象。

《特殊的爱》。由江西人民广播电台录制。1995年7月1日,江西人民广播电台首播。获1995年江西广播电视奖文艺、广播剧一等奖。根据阿真的小说《爱之煎》改编。改编詹石方,编辑罗东晖。该剧讲述英俊的小伙子莫加在一次扑灭山火时毁坏了面容。一次在海滩边散步时,救起一个落水的盲童。莫加以父爱之心招呼盲童亮亮,让她尽情享受人间的快乐。不久,莫加得知北京的一家医院能医治好亮亮的眼睛,既高兴,又担心亮亮治好眼睛,看到自己的丑陋面容,会失去亮亮。经过一番激烈思想斗争,他为着亮亮的未来,决心要帮亮亮重见光明。于是他省吃俭用,积攒了一笔钱,托朋友将亮亮送去北京治眼,自己却毅然返回大森林。一年后,亮亮终于睁开眼睛看见多彩的世界,让她最急切的是要找到给自己重新点燃生命之光的莫叔叔。

《青山之恋》。由江西人民广播电台、鹰潭人民广播电视局联合制作,1998年4月17—19日播出。主创者张光烈、刘付生、温燕霞。《青山之恋》获1998年江西广播电视奖文艺、广播剧一等奖。该剧讲述某农业大学毕业生金竹与陶琳不顾亲友的劝阻,不恋都市,不进机关,而为圆一个绿色的梦回乡垦荒。他俩携手上山艰苦创业,经历情感纠葛、人际纠纷、自然灾害,终使荒山变青山,绿色梦成真。

《神羊峰》。由江西人民广播电台、萍乡市委宣传部、上饶地委宣传部联合制作。1999年4月首播。主创者王迪民、陈伦元、温燕霞等。获第七届全国精神文明建设"五个一工程"奖。这是单本童话广播剧。故事发生在美丽的神羊峰下,一群弱小、温顺的红羚羊,面对恶狼的威胁,团结起来,用鲜血与英勇抗争创造出胜利的辉煌,并向世界宣告:主宰羊群命运的就是自己!

《少年董真》。由江西人民广播电台制作,2001年播出。编剧刘康达,导演胡培奋,文学编辑温燕霞、彭红平。《少年董真》获第二届中国广播剧研究会专家奖儿童剧二等奖,2001年度中国广播剧儿童剧三等奖,2001年江西广播电视文艺、广播剧一等奖。该剧讲述土地革命战争时期,赣南苏区竹林寨一个苦孩子的故事。少年董真双亲被土豪疤胖迫害身亡,作为一个孤儿,他从小在疤胖家当小长工。当时土地革命战争如疾风暴雨般席卷赣南大地,贫苦农民一跃而起,向土豪劣绅勇敢宣战,讨回属于自己的土地和尊严。董真和其他穷苦孩子们一道在与土豪疤胖斗争过程中,逐渐成长,参加工农红军,昂首阔步走向血与火的战场。

《弟来》。由江西人民广播电台制作,2007年播出。作者、导演温艳霞,编辑曾学优、詹青,演播余立等。获2007年江西广播电视奖优秀广播剧一等奖。这是一部反映农民生育观的乡村故事。通过小姑娘弟来稚嫩的眼睛,折射出农村部分人生育观念的陈旧落后。人物性格鲜明,使人们在关注故事发展的同时,思考计划生育工作如何才能深入农村的每个角落。

《重返鄱阳湖》。由江西人民广播电台、新余市委宣传部、新余市广播电视局2008年联合录制完成,为3集广播剧。2008年底在江西人民广播电台6个频率播出。编剧辛越,导演温燕霞,演播赵岭、邓小鸥等。《重返鄱阳湖》获2008年江西广播文艺、广播剧一等奖。该剧以女作家在鄱阳湖的采访过程为主线,通过讲述女学生白鹭和爷爷白山、父亲白水三代人在鄱阳湖边围湖造田、抗洪抢险、保卫家园、建设家园的故事,从一个侧面反映1998年特大洪灾过后,省委、省政府根据党中央、国务院关于灾后重建、根治水患的指导方针,实施退田还湖、移民建镇的跨世纪工程。

《悬崖》。由江西人民广播电台录制,2009年播出。作者张光烈,编辑温燕霞、曾学优,播音余立、雪坤、吕翼翔。获2010年江西广播电视奖优秀广播剧一等奖。该剧讲述高考落第的叶子来到悬崖边自杀,遇到巡道工大黑和老鬼。叶子被他们的善良、乐观和奉献精神感动,放弃自杀的念头,重新鼓起生活的勇气。

电视台青少年栏目 江西电视台。江西电视台于1993年5月成立青少部。1991年4月,开办少儿节目《花样年华》。

南昌电视台。1991年,采制《青春的爱恋》专题片。2005年,《开学啦》与中央电视台实现联动新闻直播。

景德镇市广播电视台。2005年1月1日,新推出《少儿大舞台》栏目。2007年4月6日,电视栏目《少儿大舞台》改版为《瓷都教育》栏目。

萍乡电视台。2002年,新开办少儿栏目《七色光》。

鹰潭电视台。1999年,小品《闪闪的红星》在全国电视小品大赛中获中国曹禺戏剧奖小品小戏二等奖。2002年3月,新推出《七彩年华》栏目。2009年,少儿专题片《军训日记》获江西广播电视奖一等奖。

赣州电视台。2002年,开办《七彩欢乐园》。

吉安电视台。1995年,开办周播综合板块节目《快乐城堡》。

青少年电视频道 江西电视台少儿家庭频道。2005年11月28日,江西电视台少儿·家庭频道开播。2006年5—8月,该频道推出第一个大型活动"嘉宝莉"健康宝贝才艺秀电视大赛,该活动晚会获第4届全省优秀电视文艺作品奖、少儿电视节目奖、优秀影视剧奖一等奖。2007年6月,少儿家庭频道由主要播出少儿节目转变为以少儿节目为重点,体育、家庭服务类节目并存的频道格局。2008年1月,该频道加入中国体育联播平台——CSPN。联播平台每天8档滚动播出,全年共播出2000余场世界顶级赛事。2009年,推出《宝宝乐园》《大家一起来嗨歌》两个新栏目;当年举办全省少儿模特大赛,各地共有1万多名3岁至14岁的小选手参加比赛。2010年5月,创办亲子益智栏目《加油好儿女》;是年举办江西省少儿模特大赛,大赛总决赛收视率(南昌地区)超过同一时段其他电视节目,大赛海选网络投票超过200万票,个人得票数最高达32.69万。

九江电视台教育频道。九江电视台教育频道于2006年9月26日开播,全天播出时长17小时,其中新闻类节目2.5小时。主要栏目有《新鲜早上》《午间新闻》《天下新闻》等。自办的文娱节目有《今晚真可乐》《大话九江话》。2007年6月,启动"助学圆梦"行动,共募集133万元助学款项,帮助500名贫困学子圆大学梦。2008年5月,与四川汶川地震灾区联系并募集资金,资助20多名灾区中学生到九江晨光中学就读高中,并解决他们3年就读期间的生活费用;是月,与江西电视台青少部合作拍摄10集少年道德教育故事片《父母的爱》,总时长300分钟,演员全部来自九江小学生。2010年,《教育在线》改版,设《新教育》《家长学堂》《教育帮你问》《我有我才》《名师讲堂》《教育风云汇》等子栏目。

景德镇广播电视台公共频道——陶瓷文化频道(简称公共频道)。2005年,公共频道推出《少儿大舞台》栏目。2007年4月6日,公共频道《少儿大舞台》改版为《瓷都教育》,主要子栏目有《校园资讯》《直击中高考》《校长访谈录》等。

萍乡电视台科教频道。该频道以全市广大青少年及其家长,女性,文化知识人群为主要收视对象,是一个融科教文化信息、情感人生、法理故事于一体的人文频道。该频道开办《教育在线》《科教零距离》《七色光》等栏目,播出时间在16小时以上。2008年,频道改版节目,开办《旅游新天地》栏目;对传统少儿教育栏目《七色光》进行改版,栏目下设《非常小记》《快乐小课堂》《演艺小明星》等版块。2010年,该频道推出综合科普类栏目《大话百科》,栏目以表演的形式,通过主持人幽默风趣的情景剧表演传达生活时尚、文化教育、旅游体育、健康保健等方面的知识,并进行"新年欢乐大派送活动"。

上饶电视台公共频道。上饶电视台公共频道的前身是上饶有线电视台的自办节目,2000年1月1日两台合并,原上饶有线电视台自办的一套节目改制为上饶电视台辖下的一个频道。2001年,改版为文体频道。该频道新版节目以文艺、体育、娱乐节目为主,收视主体定位为年轻人,主要设有《美丽新世界》《音乐无边》《大比拼》等栏目。

吉安电视台综合频道。《家有宝贝》2006年1月7日开播。栏目以"健康、有趣、益智、教育、快乐儿童"为宗旨,通过与孩子的交流、沟通,让其表演才艺、做游戏等互动形式,给孩子一个展现个性和优秀面的平台,丰富孩子的课余生活。

抚州电视台公共频道。2005年11月,该台成立文体部,在该频道节目中开办青少年电视专题节目《新临川才子》,周六、周日播出。该年创作拍摄的节目《我爱舞蹈》获2006年江西广播电视奖青少年节目一等奖。电视栏目《新临川才子·戏乡人物》获中国广播协会第七届电视戏曲"兰花奖"电视栏目二等奖。

优秀青少年电视栏目 省级台优秀青少年电视栏目有《花季年华》《教育新闻》《招考就业》《6

点喜洋洋》。

《花季年华》。1991年4月,江西电视台开办,每周1期,每期30分钟,由文体部主办,是江西电视台第一个少儿栏目。

《教育新闻》。前身是《江西教育新闻》,曾名《教育方圆》《教育时空》,1994年12月28日,江西教育电视台开播。2005年6月,改版后更名为《教育新闻》。栏目宣传党和国家、省委省政府的有关教育方针政策,报道各级各类学校教育改革和发展的成绩、经验和典型人物,以教育的视角参与"两会"和国家、江西重大事件及老百姓关注的热点报道。栏目由《时政要闻》《今日关注》《社会看台》等板块构成。节目时长15分钟,首播18:45。历任主持人是郁芸(女)、饶兰(女)、彭勇文、南际等。

《招考就业》。2005年2月12日,江西教育电视台开播,为教育服务类栏目。栏目以招生、考试、就业、留学为视点,关注学业、就业、创业,聚焦成长、成才、成功。每年高招期间,栏目系统宣传高校招生政策、介绍学校和专业、指导填报志愿,提供考前复习和饮食保健知识,及时公布考试成绩和录取动态和名单,耐心疏导落榜考生。栏目时长17~45分,首播18:25。历任栏目主播是陈煜琪(女)、邬小舒(女)、封祯(女)、廖俊琳、刘擘、朱倩(女)。

《6点喜洋洋》。前身是以青少年为目标观众的音乐娱乐栏目《动感e空间》,于江西教育电视台开播。2010年1月1日,更名为《6点喜洋洋》,是面向少儿及其家长的亲子竞技游戏栏目。《6点喜洋洋》分动漫版和特别版,动漫版播出小朋友们喜欢的动画片,特别版则走进幼儿园、家庭、街道社区、广场、游乐场等地,让参与节目的4到12岁小嘉宾独立完成一定任务和游戏,继而转移到演播室,选取4组4个小嘉宾参加2~3个智力加娱乐的游戏项目,再让家长参与孩子的活动,开展互动游戏,进行多轮亲子游戏比赛。节目主持人为刘芳、胡薇、熊敏。栏目时长25分钟,每天18:00播出,栏目获2010年中国教育电视协会第15届教育电视栏目一等奖。

设区市电视台优秀青少年电视栏目有《七色光》《鹰潭教育视窗》。

《七色光》。2002年5月,萍乡电视台推出少儿栏目《七色光》。该栏目以少儿文艺为主,集少儿歌舞、相声、器乐、小品、朗诵等文艺形式于一体。周六周日18:30在一套节目播出,每期15分钟。2008年3月改版,栏目下设《非常小记者》《快乐小课堂》《演艺小明星》《咖喱新闻》等版块,展示小朋友的才艺。栏目获2008年全省电视节目评选一等奖、第九届CCTV全国少儿艺术电视大赛铜奖。

《鹰潭教育视窗》。2006年5月27日,鹰潭电视台电视专题栏目《鹰潭教育视窗》正式开播。栏目采用新闻杂志的形式,下设《教育广角》《七彩年华》《招考在线》等子栏目。2006—2010年,栏目在每年重大节日,都策划开展专题宣传活动。每年的寒暑假,栏目还会播出针对中小学生的安全教育专题,减少伤害事件的发生。同时,举办鹰潭市少儿才艺大赛等比赛,为广大少年儿童提供一个展示自我的舞台。

优秀青少年电视剧　《让我如何对你说》。2003年2月,由江西教育电视台与海南影业公司、南昌电视台联合摄制。《让我如何对你说》是以初中学生的性教育为题材的一部少儿电视剧。该剧讲述了班主任陈老师针对初一年级学生的生理变化,把性知识这个敏感题材搬进课堂适时进行性教育的故事,剖析和解答中学生性教育的热点焦点问题,给广大家长、社会和学校师生以启迪和教育。中央电视台《影视同期声》栏目组参加在南昌市洪都中学举行的开机仪式,对该剧进行报道。编剧李龙岗,导演刘志显、刘圣,主演刘德伟、吴海。

《红领章》。2004年,江西电视台电视剧制作中心投拍24集电视连续剧《红领章》。2006年4月23日至5月4日在央视八套黄金时间播出。该剧以20世纪80年代军营生活为背景,以几位具有代表性的男女军人在北疆、献身国防的工作生活为主线,集中展示一代军人"一身绿军装,两面红领章"的青春岁月和生命历程,再现解放军首次大规模的诸军兵种联合军事演习和国庆35周年大阅兵等历史画卷。2005年,《红领章》获第十七届军旅题材电视剧"金星奖"一等奖和最佳编剧奖、第二十五届"飞天奖"三等奖。2007年获第十届全国"五个一工程"奖优秀作品奖。编剧陈怀国、陶纯、李心安,导演李俊岩、刘居冠,主演高冰、黄维娜等。

《网债》。2005年5月,江西教育电视台千里马影视演员中心与海南影业公司联合摄制完成。该剧围绕网络这把"双刃剑",透视儿童、网络、社会三者的关系。讲述江南的一群孩子,由于受家庭、环境因素影响以及社会不法分子的蛊惑而沉迷网络游戏,最终引起家长、老师、社会有关人士关注和反思的故事。导演刘志显、刘圣,主演马妞、占婕婷。

《兵哥兵妹》。2000年,由省委宣传部、江西电视台、中央电视台影视部等联合拍摄的14集电视连续剧《兵哥兵妹》,在江西电视台二套放映,是江西省申报中宣部"五个一工程"奖的作品。该剧是迄今为止中国第一部以轻喜剧风格样式来反映预备役部队生活的长篇连续剧,展示预备役军人平时是民、战时是兵的多彩生活。影视界专家、文艺评论家纷纷发表观后感,称该剧题材好、可看性较强,在轻松愉快的氛围中提高全民的国防意识。

表6-1-1　1996—2010年江西省青少年电视剧统计情况

剧　名	类　别	创作单位	主创者	年　份	获　奖
萤火虫点灯笼	2集剧	江西电视台	编剧:邱恒聪、李涌浩 导演:徐正浩 主演:唐鑫瑞、徐琳、姜黎黎	1996	江西省"五个一工程"奖
都是好朋友	单本剧	南昌电视台	编导:蒋迅、刘志显 主演:屠琳	1998	—
找到一个好朋友	单本剧	江西电视台众星影视制作社	编剧:许小平 导演:张仁川 主演:殷涛、秦玮龙	1999	—
小溪弯弯流	单本剧	安义县委宣传部、江西电视台众星影视制作社	编剧:张芸 导演:蒋迅 主演:张跃刚、汪静	1999	—

续表

剧　名	类　别	创作单位	主创者	年　份	获　奖
兵哥兵妹	14集连续剧	江西电视台、江西省委宣传部、江西电影制片厂、中央电视台影视部、八一电影制片厂	编剧:张光烈 导演:宁海强、张仁川 主演:刘之冰、金莉莉、冯国庆	2000	全国"五个一工程"奖、"飞天奖"三等奖、江西省优秀影视文艺作品奖一等奖
宰相小甘罗	30集电视连续剧	江西红星影视制作中心	编剧:巫猛、陈嘉保、杜文和 总导演:魏大航 主演:吕良伟、洪欣、刘栋	2001	—
卧龙小诸葛	30集电视连续剧	江西红星影视制作中心 江西抚州土佳贸易有限公司	编剧:巫猛、陈喜保、李志川 导演:薛文华 主演:任泉、魏子、释小龙	2001	—
让我如何对你说	少儿短剧	江西教育电视台 海南影业公司 南昌电视台	编剧:李龙岗 导演:刘志显、刘圣 主演:刘德伟、吴海	2003	—
红领章	24集连续剧	江西电视台电视剧制作中心	编剧:陈怀国、陶纯、李心安 导演:李俊岩、刘居冠 主演:高冰、黄维娜	2004	全国"五个一工程"奖、"飞天奖"三等奖
网债	短剧	江西教育电视台 海南影业公司	导演:刘志显、刘圣 主演:马妞、占婕婷	2005	—
花季年华	20集连续剧	江西花季文化艺术有限公司	编剧:邱恒聪、许小平 导演:张仁川、徐正浩 主演:刘泽正、李维凯、聂青龙	2005	—
花季年华	57集连续剧	江西花季文化艺术有限公司 南昌市人民政府 江西省文联	编剧:龙达、许小平 导演:徐正浩、蒋迅 主演:王喜琪、干家河、喻晓敏	2007	—

续表

剧 名	类 别	创作单位	主创者	年 份	获 奖
孙老师和同学们	单本剧	江西电视台少儿频道 婺源县委宣传部、组织部	编剧:严光炎 导演:长弓 主演:胡文明、杨妍婧	2009	—
我们都是同学	单本剧	江西电视台少儿频道 宜春电视台	编剧:严光炎 导演:长弓 主演:郭子俊	2010	—
我有家了	2集剧	江西电视台少儿频道 新余市委宣传部	编剧:严光炎 导演:长弓 主演:余骁、马妞	2010	—

优秀青少年电视专题片 《于无声处听惊雷——高考扩招后的思考》。《于无声处听惊雷——高考扩招后的思考》是南昌电视台1999年制作的一部解读国家高考扩招政策的一部纪录片。该片以大量翔实资料,广泛采访调查,从不同层面和角度剖析高校扩招政策出台的历史背景和历史意义,探讨今后高校教育改革的方向,寻觅大国办教育的道路。全片分《大势所趋》《亮出黄牌》《经历阵痛》《上下求索》4集,于当年11月初在南昌电视台一、二套节目中播出。该片获1999年度江西广播电视奖一等奖;第七届江西新闻奖二等奖。主创人员有王国昌、张吉民、邹盛淼等。

优秀青少年电影 《心灵的小河》。由鹰潭市委宣传部、鹰潭市广电局、江西经典传媒有限公司联合拍摄。2007年4月开拍,12月18日在北京举行首映式。导演王焕武,主演金博、赵毅、帅南。该片讲述一个农村孩子保护野生大雁的故事。少年勇子在湖中芦苇中捡回两个雁蛋,后来孵出一只小雁。他的作文《我的小雁》在学校环保征文赛中获第一名,但老师不相信他家养了小雁,同学也说他作文是抄袭的,当他回家要拿小雁给大家看时,小雁却不见了,由此发生一系列故事。

《赣南之恋》。由赣州电视台、赣州市影视制作中心、北京法宣影视文化有限公司于2007年11月摄制,2008年3月8日公映。新世纪初的赣南生机勃勃,建设社会主义新农村的热潮冲刷着传统理念。硕士生康乐在考取公务员后,报名当"村官",选择相对落后的清水湾,这也是她的家乡。然而周围的人对她的选择不理解,幸好得到县委书记彭天放的支持。康乐当上"村官"后,发动乡亲,建立农民理事会,开展新农村建设。她决心制止当地乱开稀土矿破坏环境的行为,却遭到一些人的抵制,其中包括她男友的父亲。正当她和男友的感情出现危机时,"稀土大王"钟振辉出现,他和康乐商定出资2000万元改造矿区种植脐橙,当地由此走上一条新路。

《孤岛秘密战》。由中国电影集团公司、八一电影制片厂、无锡广播电视集团、南昌市电影电视创作研究所于2009年联合摄制。编剧华萱、吴家敏,导演江平、罗棋、胡方易,主演苏有朋、伊能静、居文沛、吴樾。1945年春夏之交,在一个孤岛上,3个少年与日本侵略者、汉奸展开周旋。他们凭借勇敢机智,屡屡化险为夷,最终破坏了日军秘密作战计划。

《虎王归来》。由中国电影集团公司、中影动画产业有限公司、北京卡酷动画卫视、电广传媒影视策划(北京)有限公司、江西电影制片厂有限责任公司、广东省电影公司等单位联合摄制。编剧、导演黄军,配音演员鞠萍、侯高俊杰。影片讲述懂得动物语言的 8 岁小男孩武小松独闯景阳冈寻找妹妹,却误闯入虎拜年大峡谷,遭遇虎王和百兽以及前来捣乱的景阳冈客栈老板娘,武小松使出浑身解数,最终救得妹妹全身而退的故事。这是一部集武侠、玄幻、搞笑于一身的动画电影,融入如"周老虎""越狱"等热门社会话题与流行元素等。

表 6－1－2　1994—2010 年江西省生产青少年电影片

片　名	创作单位	主创者	年　份
两个孩子和狗	江西电影制片厂	—	1994
青春与共	江西电影制片厂、南昌市委宣传部	—	2001
心灵的小河	鹰潭市委宣传部、鹰潭市广电局、江西经典传媒有限公司	王焕武、金博、赵毅、帅南	2007
孤岛秘密战	中国电影集团电公司、八一电影制片厂、无锡广播电视集团、南昌市电影电视创作研究所	华萱、吴家敏、江平、罗棋、胡方易、苏有朋、伊能静等	2009
虎王归来	中国电影集团公司、中影动画产业有限公司、北京卡酷动画卫视、电广传媒影视策划(北京)有限公司、江西电影制片厂有限责任公司、广东省电影公司	黄军、鞠萍、侯高俊杰	2010
城市候鸟	江西财经大学　北京保嘉利华影视文化有限公司	魏曦铭、常富昆、李昊彤、左喆、李劼	2010
红小鬼	赣州牛兔仔文化传媒有限公司　中国关心下一代工作委员会	—	2010

省级青少年网站　江西青年网。2002 年,由团省委创建。2007 年,第二次成功改版。至 2007 年,该网站向中国共青团网站报送并采用信息 1458 篇,团中央《中国青年动态》采用 3 篇,《全团要讯》采用 11 篇。

江西团建网。2005 年 12 月 9 日开通,由团省委创建。是日,团中央书记处书记王晓到江西团建网管理中心进行考察。江西团建网设有团情快讯、团务工作、组织建设、文件档案、基层信息等栏目,同时设置网上团校、青年之声两个特色栏目。网站试运行后,至是年底,点击率达 150 万人次,全省有 7 万多团员在网上进行了注册登记。

各设区市青少年网站及其他网络平台　2007 年,团省委工作网站《江西青年网》第二次成功改版后，11个设区市团委均建立工作网站。省属高校和省直单位团委建立网站18个，39个县（市、区）建立了团属网站、网页。

新余论坛网络团委。2006年12月，新余市返乡青年杨燕青（网名"深南大道"）办起了新余论坛网站。几年下来，这个开始仅有6名会员的网站影响力渐大。至网络团委成立前，该网站拥有注册网民1万余人，成为新余最大的网上社区。其衍生的文学会、篮球队、驴友会、摄影公社等民间组织多达几十个。2009年9月22日至10月8日，经网友的共同协商，新余论坛网络团委筹委会成立；10月21日，筹委会公布选举方案，5000多名网友报名参选，约占新余论坛注册网民的30%；12月2日，在1万余名网友的关注下，根据得票数产生12名委员；次日，12名委员在新余团市委会议室通过无记名投票选举出书记1人、副书记2人、委员9人。新余论坛网络团委这个特殊团组织，在营造健康的网络环境、引领网络青年主流言论、有序组织网下公益活动等方面发挥了积极作用。

鹰潭青年网站。2007年，网站建设得到加强，鹰潭青年网站成功改版，挂靠在鹰潭信息中心，增设时政要闻、网上团校、青春风采等系列栏目，并指定专人维护，努力打造网上共青团。2010年，在"数字鹰潭"建设工作委员会办公室的具体指导下，鹰潭团市委创建"数字团建"，对全市共青团相关信息梳理整合，将其划分为共青团基层数据、青年志愿者信息、青年文明号信息、青年联合会委员信息、希望工程项目、基层辅导员信息以及青年就业创业信息共7大职能模块。在此基础上，又进一步细分出与其相关的15个子模块。鹰潭团市委从基层团组织中选定专人组成"数字团建"数据采集员队伍，采集信息共计10万条。同时，对接"数字鹰潭"大平台，实现资源共享，从而更好地为鹰潭青年服务，为鹰潭服务。

赣州八九点网校。2004年，赣州团市委创办全市首家青少年远程教育网校——赣州八九点网校。该网校以北京志鸿教育研究中心丰富的教考资源和雄厚的师资力量为基础，设有试卷中心、高考中心、论文资料、教学案例等9个栏目，内容涵盖全国100多所知名学校初高中试卷库、练习库、备课资源、中高考教育信息库等，为该市青少年学习提供良好的在线远程教学资源服务。

赣州市青少年网络协会。2004年，以"赣州八九点"网站为交流平台，赣州团市委与赣州市委外宣办联合成立赣州青少年网络协会，聘请政府管理人员、网络服务机构人员、青少年工作者、计算机青年专业技术人员、网络青年志愿者、新闻工作者为会员，采取网络培训、网络刊物、网络信息、新闻发布会等形式，正确引导青少年网上舆论。广泛开展网络活动，举行青少年网络技术大赛、青少年手机短信大赛，评选优秀论坛志愿者、最佳栏目等，以活动激发青年热情，凝聚青年力量，促进青年共同发展。

赣州青年创业网。2006年4月29日，赣州市首个青年暨大学生创业网站——赣州青年创业网暨赣州大学生创业网在赣南师范学院科技学院正式开通。赣州青年创业网暨赣州大学生创业网是一个公益性大型综合门户网站，由赣州团市委、赣南师院科技学院联合主办。网站以"栏目共建、信息交互、活动联办"为基础，参加共建的高校有近10所，设有团市委专栏、青年及大学生就业指导、热点透视、创业指南、项目推荐、政策法规、互动空间、培训咨询、创业联盟、创业故事等10余个版块、50多个栏目。

瓷都青年网。2006年，景德镇团市委对瓷都青年网进行改版，将瓷都青年网打造成功能强、点击率高、更新及时的门户网站。涌现"瓷都青年文化博客网页"等一批瓷都团员青年的信息化交流平台。

井冈青年在线。2007 年,由吉安团市委创建,是吉安市青少年门户网站,其作用联动全市相关青少年网站,形成较为健全的青少年网站体系。通过设立爱心信箱、青年论坛以及各种互动活动,进一步提高青少年教育网站的点击率,扩大网络教育阵地的覆盖面。2008 年,全年登录量超过 5 万人次,总登录量在 2008 年 10 月中旬突破 10 万人次。

上饶青年网。2007 年,上饶团市委加强共青团的有形化建设,组织开展"我的 e 家"杯上饶青年网站页面设计大赛,择优选择获奖作品作为上饶团市委工作网站——上饶青年网建设蓝本。随着青年网的正式开通,告别上饶团市委作为设区市级团组织没有独立门户网站的历史,全市共青团工作信息化水平、网络化水平得到大幅提升。

才乡青年网。2007 年,抚州团市委开通才乡青年网。网站的开通,加强了与青少年的沟通与联系,提供服务团员青年、展示青年风采的平台。

重要专题网站 东青在线。2002 年,由南昌市东湖团区委创建,为志愿者网站。2002 年初,东青在线出现在团中央的中青网的"友情链接"中,这是中青网首次将县区级的志愿者网站列入"友情链接"。

团干部博客群。2009 年,团省委在全国首创"团干部博客群",100 余名专职团干部开设实名博客,引导团干部学网、知网、用网。

网上团支部。2010 年 5 月 3 日下午,由井冈山大学和同济大学筹划的网上团支部正式成立。井冈山大学和同济大学的 27 名共青团员在网上团支部通过网络视频,交流并分享喜迎世博的兴奋和志愿服务的快乐。网上团支部的成立,给两校团学工作带来新的局面。网上团支部依托各种网络平台,开辟班团工作手册、团员日志、电子相册、青年沙龙、爱心助学、资料共享、网络课程等多个模块,开展团支部的理论学习、民主管理、讨论交流等工作,赢得广大学生对团组织的归属感和认同感。

青少年流行文化

旅 游 春游。1991 年至 2010 年,每逢清明、谷雨时分,各地青少年都会以各种形式开展春游活动。有个人游、三五成群的结伴游、家庭游,更多的是大中小学校组织的集体游。每年春游的特点是就近游玩,如到附近的山岭景地爬山观景,到近郊的乡村田野游玩,到烈士陵园扫墓等。春游时间一般是一天来回。2001 年,方志敏烈士陵园经中央宣传部命名,并公布为国家级爱国主义教育示范基地。此后,地处附近的江西行政学院、江西青年职业学院、江西农业大学、江西财经大学团组织以及市内不少大中小学校每年都会组织学生到方志敏烈士陵园进行爱国主义革命传统教育。

名山游。2004 年,团省委充分依托江西深厚的红色文化优势,着力打造江西红色文化品牌,在团中央的具体指导下,与全国 16 个省级团组织联合推出"我们的文明·红色之旅——江西行"大型主题教育活动,全国共有 5000 余名青少年参加了这项活动。2005 年 7 月 30 日至 8 月 2 日,团省委、省青联与香港福建同乡会联合组织开展"香港青少年红色之旅江西行"活动,750 名香港青少年分赴井冈山、南昌、庐山三地参观革命遗址,缅怀革命先烈,游览秀美山川,听取"井冈山革命史"讲座等。2010 年,吉安团市委依托"百万青年聚井冈"——"五个一"革命传统教育活动这个平台,向东中部地区团组织发出活动邀请,共有 30 多个高校和地市团组织组团到井冈山接受革命传统教育。

2007 年,南昌团市委组织优秀学生代表探访井冈山、三清山、龙虎山、庐山 4 个国家级风景名胜区,分别开展井冈山红色历史文化之旅、三清山道家文化之旅、龙虎山道教名山之旅和庐山世界文化遗产之旅。"名山行"大型系列社会实践活动历时 1 年,让学生走出校园,走访赣鄱文化名山,实地探寻大山的文化及孕育其中的精神和灵魂;了解江西本土文化的形成过程及其内涵,传承赣文化的优良品质,增强爱家乡、爱祖国、爱社会主义的情感。

2007 年,九江团市委先后组织 5 批次约 1000 名大中专学生在游览庐山美景的同时,发放宣传册、清理景区垃圾、服务外地游客等。开展"红色之旅——井冈山夏令营"活动,学习红色文化、感受井冈山精神。九江市共组织 3.2 万名青少年游江西,感受江西名山、名水、名湖和红色资源的同时,激发他们热爱祖国、报效家乡的热情。

2007 年暑假期间,鹰潭团市委联合鹰潭市旅游局、龙虎山旅游区管委会开展"莘莘学子爱家乡,旅游宣传进校园"活动,依托 3 万多名鹰潭籍在外求学的大学生这一特殊群体,聘请 300 多名大学生担任旅游宣传志愿者,组织 1600 余名鹰潭籍大学生免费旅游龙虎山,在亲身感受家乡美景的基础上,走进全国各大院校宣传推介龙虎山,广邀同学师长来鹰潭做客;11 月,组织百名志愿者服务第十届龙虎山道教文化旅游节,展示鹰潭青年形象。2009 年,围绕"旅游发展年"主题,鹰潭团市委等单位启动"爱我家乡,十万青少年畅游龙虎山"旅游计划,协调联系三清山、龟峰、婺源等地旅游景点,开发青少年免费游路线,让青少年走出校园,亲身感受鹰潭、上饶两地的独特文化的魅力。活动时间从 3 月 1 日起持续一个半月,活动组委会将组织开展中小学生"畅游龙虎山,争当小导游"、全省大学生"走进龙虎山,感悟道文化——道文化之旅"、企业青年"相约龙虎山,共庆青年节""莘莘学子爱家乡,旅游宣传进校园"等系列主题实践活动。至 4 月中旬,共有来自鹰潭市内的 1 万余名青少年和来自鹰潭市外的 1000 多名青年走进龙虎山,全年组织青少年旅游 4 万多人次。联合龙虎山景区管委会、江西电视台举办 2009 年龙虎山"宋代风情"万人交友赏春会,吸引了包括 174 名韩国青年在内的近 2000 多名各界青年参加。

古书院游。2009 年,在南昌团市委的指导下,江西师大附中组织学生到位于江西铅山鹅湖山北麓的鹅湖书院、位于弋阳县城东的叠山书院、位于吉安市东白鹭洲上的白鹭洲书院、位于庐山五老峰南后屏山的白鹿洞书院,开展"传承赣文化——书院行"大型社会实践活动。活动的主要内容为寻访江西的古代书院,了解书院的历史和文化,传承书院及赣文化的优良品质,增强学生爱家乡、爱祖国、爱社会主义的情怀。

游园活动。1994 年 5 月 3 日,南昌团市委在八一公园组织规模较大的"五四"游园活动。游园活动由书市长廊、书法美术表演、英语角、划船比赛、歌舞表演、时装表演、卡拉 OK 演唱会、猜谜等 15 个项目组成,1 万多名团员青年参加此次游园活动。一些单位的青年志愿者也自发组织起来,维护游园秩序,提供医疗卫生保健咨询、服装裁剪等项义务服务。1999 年国庆 50 周年之际,赣州团市委组织市属单位 14 个团委 3000 余名团员青年举办国庆游园活动。活动中,青年们通过丰富多彩的活动,表达他们喜迎国庆的愉悦心情。

艺术活动 歌咏比赛。1991 年,"五四"青年节期间,萍乡团市委在萍乡剧院举行全市卡拉 OK 民族歌曲青年歌手赛,青年歌手王小红获全国卡拉 OK 大奖赛二等奖。

1993 年至 1996 年,赣州团地委连续举办四届全地区青年卡拉 OK 大赛。比赛分初赛、复赛、决赛 3 个阶段举行,来自全地区 200 多个单位的 233 名选手参加各项比赛的复赛。其中,1995 年"明珠杯"全地区第三届青年卡拉 OK 电视大赛为赣州地区参赛选手最多、第一次 MTV 制作的电视大赛。

1995 年 9 月 28 日下午,南昌地区 13 所高校万名大学生,在省体育馆举行"辉煌的中国"歌咏大会,万人高歌迎国庆。此次歌咏活动由省委宣传部、省教委、团省委、省学联联合组织。南昌职业技术师范学院、江西师范大学获一等奖。

2000 年 9 月,赣州团市委联合赣州电视台、赣州酒厂,以广场为龙头,采用卡拉 OK 这一群众喜闻乐见的形式,举办"广场之声"青年歌手擂台赛。此次活动共有来自各县(市、区)各类事业单位及周边地市选手近 500 名参加。据统计,亲临现场观看的领导、嘉宾、市民平均每场达 6000 人,通过电视收看参与活动的观众累计逾上万人次。

2005 年 9 月 11 日,团省委与省委宣传部、省委教育工委、省教育厅、省文化厅联合举办"纪念中国人民抗日战争胜利暨世界反法西斯战争胜利 60 周年"大学生歌咏比赛。

2006 年 10 月 6 日,团省委联合井冈山市委、市政府在井冈山共同举办"永远的激情——红色歌谣青年歌手邀请赛"。比赛使《雄伟的井冈山》《十送红军》《红星照我去战斗》《红红的土地、红红的江西》等红色歌谣重新走进青年的心灵。

2008 年 5 月 5 日,吉安团市委在市中心人民广场举办千名 18 岁成人宣誓仪式暨"唱红歌、迎奥运"千名青年大合唱活动。

2008 年 6 月 27 日,由鄱阳县委宣传部、鄱阳团县委联合举办的"桃花源纪杯"湖城青少年歌手大奖赛暨中艺领秀(每月一星)演唱会在饶洲饭店国际会议中心上演。湖城青少年歌手大奖赛自 6 月启动后,有近千名青少年报名参加,经过海选、50 进 20 强、20 进 12 强、12 进 6 强、总决赛,总冠军于 9 月产生。

2009 年 8 月,在文化部、教育部主办的第三届中国少年儿童合唱节上,由省文化厅和省教育厅联合选送的南师附小"小杜鹃"合唱团获"小百灵奖"一等奖(仅设 6 名)。

舞蹈。1996 年,新余团市委以纪念五四运动 77 周年为契机,举办首届"国税杯"青年集体舞大赛。

2000 年 8 月,赣州市青少年宫赴北京参加全国青少年宫"龙年相聚在北京"舞蹈大赛。在这次大赛中,市青少年宫精心编排的反映客家文化和苏区背景以及"祖国统一"为题材的舞蹈《苏区小红星》《海浪声声》两个节目分获金奖和银奖,赣州市青少年宫集体获舞蹈表演大奖。

2001 年 7 月,由省文化厅与省舞蹈家协会共同主办的省舞蹈大赛在南昌举行。这是全国舞蹈比赛(江西赛区)选拔赛。全省各社区市共有 40 个舞蹈节目参赛。经过评委选拔,省文艺学校的《醉拳》等 4 个节目参加全国舞蹈比赛。

2002 年 3 月,在第二届全国电视"希望之星"艺术大赛中,临川现代教育学校 15 名参赛选手全部载誉而归。其中 7 人获得舞蹈项目"十佳希望之星"(全国一等奖),7 人获得舞蹈项目"十优希望之星"(全国二等奖),1 人获得舞蹈项目"十星希望之星"(全国三等奖)。这是江西省选手参加全国性艺术大赛获奖等次最高、获奖人次最多的一次。

2003 年 10 月 10 日,在第二届百花洲金秋社区文化艺术节上,来自"江西街舞联盟"队的队员们,为市民奉献一道街舞表演。富有韵律的街舞让年轻人迸发出无穷的活力,成为此次艺术节一道靓丽风景。

2004 年,鹰潭团市委、鹰潭移动通信有限责任公司联合举办"动感地带杯"鹰潭市首届青少年街舞(含健美操)大赛活动。全市共有大中专学生、市直及驻鹰单位青年群体及热爱街舞运动的各界年轻人 600 余人参与此次活动,经过激烈的初、复、决赛,评出个人和集体的冠亚季军。

2007 年 5 月 26 日,由南昌市委宣传部和南昌市精神文明建设指导委员会办公室联合主办的2007"金色童年"少儿歌舞大赛举行决赛。此次大赛由各县(区)作为选送单位组队参加。每个节目演员不超过 30 人,参赛选手年龄段为 6～16 周岁。全市共有 13 支代表队参加少儿歌舞大赛。大赛评出由西湖区选送的《永远的井冈山》等 5 个节目获得一等奖,南昌县选送的《竹笋娃娃》等 8 个节目获得二等奖,红谷滩新区选送的《听妈妈讲那过去的故事》等 11 个节目获得三等奖。大赛还评出优秀组织奖 8 个、优秀创作奖 3 个、优秀表演奖 2 个、优秀编导奖 5 个。

美术书法。1993 年 6 月 5 日,全省首届少年儿童书画大赛在南昌揭晓,龚伟等 15 名少年儿童分获书法、国画、剪贴、儿童画 4 个项目的一等奖。

1996 年,团省委联合省科委、省教委、省妇联共同举办第一届全省少年儿童科学幻想绘画展览。

2000 年 5 月,赣州市青少年宫在章贡区文化馆举办赣州市城区中小学幼儿园"美术书法"作品展览活动。6 月,在中华全国世界出版社联合主办的"绿星杯"国际少年儿童书法大赛中,市少年宫组织的参赛作品获得大奖,袁悦元、胡圭等学生获金奖。9 月,由《中国教育报》、北京中大文化发展中心联合举办的首届"世纪星"全国少年儿童美术书法大奖赛中,市少年宫选送的王蕾、刘超两人获优秀奖。

2001 年 7 月,省博物馆举办《20 世纪江西书画名家与新秀作品展》《新世纪首届江西少儿书画艺术大展》《"三个代表"的颂歌——纪念中国共产党建党八十周年图片展》。省委书记孟建柱观看《20 世纪江西书画名家与新秀作品展》,省委副书记钟起煌出席开幕式。展览汇集江西书画名家、新秀作品近 2000 幅,展示江西现代书画艺术的最高水平。有近 10 万观众参观展览。

2009 年 8 月 28 日,由省委宣传部、省文化厅主办的"青山湖杯"第九届江西少儿艺术节在江西艺术剧院举行优秀剧节目展演暨颁奖晚会。这届少儿艺术节有 112 个少儿文艺节目参加比赛,同时还展出全省各地少儿创作的 60 多件美术书法摄影作品。

集邮活动。继抚州市青少年集邮协会成立后,1991 年,全地区各大中小学校均成立邮协和集邮兴趣小组。各地邮协以"集邮育人"为宗旨,因地制宜,开展富有爱国主义教育特色的青少年集邮展览、青少年集邮夏令营、邮票上的科学知识大奖赛、"我为亚运添光彩"演讲比赛、"没有共产党就没有新中国"集邮联欢、"心中的太阳永不落""邮票上的毛泽东"等集邮活动。通过集邮,临川一中、二中等学校近万名学生先后开展告别"两室三厅"(桌游室、游戏机室、录像厅、卡拉 ok 厅、营业性舞厅)宣誓签字仪式,净化校园环境。

1992 年 5 月 9 日,省青少年集邮工作委员会成立,舒国华当选委员会主任。省青少年集邮工作委员会,开展形式多样的青少年集邮活动,结合六一儿童节、"五四"青年节等,在青少年当中开展集邮教育,普及集邮知识,举办青少年邮展等活动,先后有江西赣江职业技术学院等 5 所院校被全国集邮联合会授予"全国青少年集邮活动示范基地"称号。

摄影。1991 年 9 月,上高县文化馆青年摄影干事傅宜强创作的《爆竹声中》,在"共青杯全国摄影大赛"中获一等奖。该作品通过农家喜建新房的欢乐画面,讴歌党的富民政策。

2005 年,抚州市委宣传部和抚州团市委共同举办 2004 首届抚州"时代城市广场杯"青春形象大使摄影大赛。大赛历时 6 个月,活动包含临川才女专题报道、名模时尚酒会、才乡女孩摄影图片展、星光灿烂国庆决赛颁奖晚会、十佳形象大使进社区巡回宣传等 5 个内容。

2009 年 11—12 月,江西师范大学摄影协会面向全校学生征集反映学生社团活动的摄影作品,为迎校庆 70 周年摄影展做准备。2010 年 3 月,江西师范大学校团委和摄影协会根据校园树木繁茂、环境安静怡然的特点,围绕"生态师大——爱校护鸟"的系列活动,开展"恋恋校园"鸟类主题摄影活动。

技能、才艺展示。1992 年 10 月,赣州团地委与赣州团市委联合举办"1992 年赣州首届青年艺术节",开展商标广告设计赛、青年服装设计(表演)大赛、奥斯卡金像奖提名影片展等活动。艺术节成立组织机构,收到作品 40 多件,其中有 3 件获优秀奖。

1999 年,吉安团地委与地区科协联合开展"挑战杯"全地区大中学生展望新世纪主题设计竞赛活动,3 件作品获省级优秀作品奖,并推送到全国参加展示。

2000 年,南昌团市委围绕倡导科技创新、锤炼岗位技能这一主题,举办"南昌市首届青年职业技能大赛",并在全市青年科技人员中开展"南昌市首届十大青年科技明星"的评选。是年 4 月 15 日,南昌市教委、市科协、市科委联合举办全市青少年科技创新大赛,310 件参赛作品共评出一等奖 8 个,二等奖 15 个,三等奖 24 个。全市推荐到全国第十届青少年创新大赛江西赛区的参赛作品中,获一等奖 2 个,二等奖 9 个。

2005 年,团省委与省劳动和社会保障厅联合在全省 10 个"全国青工技能振兴计划试点企业"举办全省青工职业技能大赛。此次大赛专门出台相关政策,即大赛单项前 3 名可以由初级技工直接晋升为高级技工,极大调动广大青工学技术、学本领的积极性。

2005 年 5 月 22 日和 23 日,抚州团市委在市马家山文化广场举办全市"雪津杯"少儿才艺大赛,并于 6 月 1 日举行颁奖及文艺汇报演出。

2006 年 11 月,团省委、省学联以"科技引领时代,创意点亮未来"为主题,组织开展首届"未来杯"全省中学生创意设计竞赛,在全国终审决赛中,江西获得 1 项一等奖,1 项二等奖和 4 项三等奖。

2007年,景德镇团市委组织青少年开展"我心中的祖国"陶艺大比拼活动与"为了孩子鼓掌"小发明、小制作比赛,300多名青少年参加此项活动。2008年5—7月,由景德镇市青年联合会、景德镇市瓷局、景德镇市电信分公司联合主办300人参加的首届"中瓷网"杯高校学生陶艺大赛,经历2个多月的紧张角逐,经过初选、初评、复评,决出大赛获奖作品特等奖1人,一等奖2人,二等奖3人,三等奖5人以及优秀奖20人。景德镇陶瓷学院肖祥红的作品《胸纳百川》获得特等奖;景德镇高等专科学校池琳珠的作品《雾潮》和景德镇陶瓷学院黄丽迪的作品《隋唐演义》获得一等奖。

2008年,吉安市首届少先队辅导员风采大赛、全市少先队鼓号演奏比赛、全市中小学生书画大赛分别在6、10、12月举行,近百名少先队辅导员,13支少先队鼓号队和近千名中小学生竞展才艺,受到广大观众鼓励和赞扬。

2010年9月,为提高农民就业创业技能,新余团市委联合市人力资源和社会保障局等单位共同举办新余市首届农民工技能大赛。来自县、区60余名农民工参加服装制作、室内瓷砖铺贴、钢筋工、客房服务员、餐厅服务员5个项目的比赛,主要采取现场实际操作考核方式进行。各项目第一名选手获得"新余市技术能手"称号,23名选手获得中级工职业资格证书。

出国演出。1995年9月26日,作为中日文化交流的使者,江西省少儿艺术团结束在日本冈山县国际艺术节的首次友好访问演出,返回南昌。在15天的访问中,艺术团共演出7场,其节目内容有反映中国古代女英雄花木兰英姿风貌的群舞《小小花木兰》,具有中华民族传统浓郁色彩的舞蹈《戏窗花》,还有表现江西民风民俗特色的傩舞《和合同庆》等。小歌手周婧的甜美歌声,何川演唱的日本歌曲备受日本观众的称赞。日本友人还对艺术团的扬琴、笛子等民族器乐的教学和演奏表现出极大的兴趣。

2000年7月16日,应日本高松市邀请,南昌市少年宫少儿团一行20人赴日进行为期6天的访问演出。艺术团在日本期间,演出《井冈山下种南瓜》《和平鸽》等17个极具民族特色,又有赣文化风味的歌舞、器乐、武术节目。

校园文化

青年学生在开展课余活动的实践中,逐渐形成出"校园文化"。

高校校园文化活动 1994年,南昌女子职业学校组建惠民茶艺表演队。11月3—6日参加西安"首届法门寺唐代茶文化国际研讨会",将江西茶艺推向国际茶文化活动。

1996年,新余高等专科学校建立各种社团、协会,开展元旦环城长跑赛、群众性歌咏比赛、各类知识竞赛等校园文化活动。

1999年7月,南昌女子职业学校学生与香港伯裘女校联合举办"跨世纪赣港文化之旅",为时1个月。南昌女子职业学校组建120人的大型管乐队,表演的管弦乐在南昌八一建军节庆典中表现出色,并应邀赴深圳及全省各地参加活动。

1999年8月,南昌女子职业学校茶艺队赴昆明世界园艺博览会参加"江西活动周"表演,获昆明世界园艺博览会机构组织委员会颁发茶艺表演"参与展示金奖"。

2000 年 4 月,新余高等专科学校开展《钢铁是怎么样炼成的》励志读书月活动。以班为单位组织学生阅读原著,开展讨论,交流心得体会。

2001 年 10 月 20 日,省首届大学生"校园之星"歌手大奖赛在江西师范大学开幕,12 月 23 日在江西师范大学落下帷幕。大奖赛分通俗歌曲组、艺术歌曲专业组、艺术歌曲业余组和原创歌曲组 4 个组。通俗歌曲组江西师范大学王钠和彭芳获一等奖,艺术歌曲专业组江西师范大学学生刘静获一等奖,艺术歌曲业余组九江财经高等专科学校的董云鹤获一等奖,原创歌曲组上饶师范学院的邱奇杰获一等奖。

从 2002 年 3 月 26 日至 6 月 1 日,全省 18 所高校的 14 万名研究生和本、专科生,运用散文、微型小说、杂文、思想评论、文艺评论、新闻通讯、微型报告文学、调查报告、科学小品等多种文体,参加全省首届大学生写作大赛。

2002 年 5 月 10 日至 6 月 6 日,蓝天学院开展"塑造蓝天人新形象"教育活动,进一步弘扬自管自强的"蓝天精神"。学院电台、电视台、报纸、旭日文苑社等参与活动,院、部、系、班级开展形式多样的教育活动。工美系视觉传达设计专业学生魏修平的平面广告作品《拯救地球》,在全省首届职业美术教育成果展中获三等奖。

2002 年 6 月 8 日,江西师范大学师生蓝天环保社团湿地使者行动队在 WWF(世界自然基金会)"2002 年湿地使者行动"网上竞标中成为全省高校唯一中标的学生队伍。

2002 年 6 月起,江西农业大学以育人为根本,营造高层次、高格调的人文环境,开展培养大学生综合素质为目标的五项教育工程活动和"一做三创"活动。做到天天有学术讲座,周周有学生社团活动,月月有高雅文艺演出。各类学生社团 41 个,参与人数超过 5000 人,占学生总数的 54%。推出"创世杯"网页设计大赛、"挑战杯"主持人大奖赛等一系列学术文化活动,在校园反响热烈。

2002 年 6 月 17—28 日,南昌女子职业学校惠民茶艺表演队参加由国家经贸委、中央宣传部、财政部、国家统计局及北京市人民政府在北京联合主办的"国有企业改革和发展暨技术创新成果展览会"的接待、讲解服务。8 月,陈文婷等学生获南宁"刘三姐杯"首届全国茶道茶艺表演大奖赛二等奖,学生王乐获全省首届校园青春风采电视选拔大奖赛季军和"最佳才艺奖"。10 月,南昌女子职业学校惠民茶艺表演队参加在石家庄赵县柏村禅室举行的"中韩禅茶交流研讨会",表演的禅茶受到好评;参加东湖区庆国庆文艺晚会,表演舞蹈《当兵的人》,获得东湖区人民政府授予的"精心组织,节目优秀"锦旗。

2002 年 10—12 月,团省委、省教育厅、省学生联合会、江西电视台联合举办全省"校园之星"第二届大学生歌手大奖赛。专业组张红英、周国强、郭艳燕、王可、刘芳获特等奖,张智媛、陈青、邵华、盛夏、郑彬获一等奖,彭徽琴、马蕊、郭继春、许金山、谢勤飞等 10 名学生获二等奖,郑谣、彭芳、邹璐、严伟伟、邬媛等 11 名学生获三等奖,艾仙鹏、南建雄、熊媛慧等 13 名学生获优秀奖,业余组白晓、董云鹤、张婷、邢坤、杨邦获特等奖,张弛、李锋、袁哲、周子期、蒲雅霖获一等奖,董凯洋、刘雅琼、杨蒙、朱燕、万鹏等 13 名学生获二等奖,章洁、王雅琦、鞠颂、刘沐、罗嗣晖等 13 名学生获三等奖;韩志强、田野、李静思等 30 名学生获优秀奖。江西师范大学、南昌大学、华东交通大学、南昌航空工业大学、景德镇陶瓷学院、东华理工学院、江西科技师范学院、南昌水利水电高等专科学校获优秀组织奖。

2003 年 10 月，江西科技学院学生会举办为期 1 个月的第十三届"校园新星歌手大赛"。100 多名选手参加比赛，15 名选手进入决赛，观众 1300 余人。文化与传媒学院田一鸣获冠军，外语外贸学院巩晓宇获亚军、音乐舞蹈学院胡颖获季军。

2004 年 4 月，赣南师范学院团委、学工部（处）举办大学生学术科技月活动。开展"红烛杯"学术科技论文赛、大学生周末学术报告、现代教学技能大赛、大学生创业设计大赛、电脑组装大赛等活动。

2005 年 9 月 11 日晚，为纪念中国人民抗日战争暨世界反法西斯战争胜利 60 周年，由省委宣传部、省委教育工委、省教育厅、团省委、省文化厅主办，南昌大学承办的全省大学生歌咏大赛在南昌大学体育馆举行。南昌大学、江西师范大学、华东交通大学等 13 所本科院校分别组成 150 人的合唱团，演唱《在太行山上》《保卫黄河》《长城谣》等节目。省人大常委会副主任万学文、副省长孙刚、省政协副主席刘运来与 13 所本科院校的 2000 余名师生观看比赛。

2005 年 11 月 7 日，团省委印发《关于江西省首届大学生社团文化节的表彰决定》，表彰在 2005 年 9—12 月全省首届大学生社团文化节活动中取得优秀成绩的单位和个人。南昌大学、江西农业大学、江西中医学院、江西财经大学、南昌航空工业学院等 12 所大学获"全省首届大学生社团文化节优秀组织奖"；南昌大学绿色环境保护组织、南昌大学法学社、南昌大学医学院爱心医学会、江西师范大学大学生艺术团、江西农业大学大学生红十字会等 30 个大学生社团获"全省大学生示范社团"称号；周建达、郭义月、邓涛、石文峰、叶洪河等 99 名学生获"全省大学生社团活动先进个人"称号。

2006 年 10 月 27—29 日，江西财经大学举办第十七届大学生艺术节。艺术节设置枫林园、麦庐园、青山园三个分会场，开展"八荣八耻"演讲赛、"八荣八耻"主题辩论赛、学习"八荣八耻"倡议书及主题漫画征集活动、校园十大导游选拔、会计之声、"my dream"（我的梦想）英语大赛、旅游节之"世界文化遗产开发与保护"学术论坛、学通社"才子杯"征文大赛等 9 项活动。

2007 年 4 月 15 日，景德镇陶瓷学院举办"社团之夜"文艺晚会，晚会分为"百花齐放""青春飞扬""收获希望"3 个篇章。包含小品、歌曲、舞蹈、诗歌朗诵、武术 COSPLAY 表演等表演形式，多方面展示学院社团文明形象和精神风貌。5 月，景德镇陶瓷学院第三届电子竞技大赛决赛在湘湖校区科艺楼举行，比赛内容为对战类游戏魔兽争霸，科技艺术学院代表队和热工系代表队参赛，科技艺术学院代表队夺得团体组冠军。是月，景德镇陶瓷学院举办第十八届"红五月"科技文化节巡视活动，开展接力赛、铁人三项、红歌比赛、党团知识竞赛等活动，丰富学生的课余生活。

2008 年 5 月 19 日下午，由团省委、省青联、省学联主办，景德镇团市委、景德镇陶瓷学院承办，在景德镇陶瓷学院湘湖校区科艺楼举行以"相约校园成长对话"为主题的青年科学家进校园报告会，近千人参加。602 所邓景辉、景德镇陶瓷学院材料学院罗凌虹结合自己的成长经历做了报告。

2009 年 3 月 14—22 日，南昌航空大学举行"维权普法靠大家，权益保障你我他"为主题的"315 维权普法周"活动。开展"法制宣传，维权普法"主题班会、真假币辨别讲座、第二学历讲座、"万人"横幅签字、红谷滩工商局消费者权益保护咨询、诚信经营——校园最受欢迎商铺评比活动、消费者权益保护主题手抄报 DIY 比赛等 6 项活动。科技学院代表队、国际教育学院代表队、材料科学与工程学院代表队,分别获一、二、三等奖。

2009 年 4 月 23 日至 9 月 30 日,省直机关工委、团省委、省新闻出版局以"4·23"世界读书日、"4·26"世界知识产权日为契机,在省直机关和全省大专院校开展"与祖国同行,促江西崛起"读书活动。活动分为读书、荐书、评书 3 种形式。省直机关工委和团省委分别牵头举办图书进机关和图书进校园活动。

2010 年 11 月 30 日,省教育厅通报 2010 年全省高校校园文化建设优秀成果评选结果。全省 51 所高校推荐 96 项成果参评,南昌大学的《前湖大舞台,想来你就来——积极拓展学生文艺活动的育人功能》、江西农业大学的《传播环境文化,弘扬生态文明——环境文化进校园及环保志愿者行动》、华东交通大学的《以心理剧大赛为载体,开创心理健康教育工作新局面》、南昌航空大学的《培育"当代革命军人核心价值观"主题活动》、南昌工程学院的《大学生素质拓展教育》、九江学院的《濂溪讲坛:传承庐山地域文化,厚实大学人文精神》6 所高校成果获一等奖;南昌大学的《"红诗会"引领校园红色文化》、江西师范大学的《建设思想政治教育新平台——大学生教育电视台》、江西师范大学的《"青蓝之星"大学生骨干培养创新实践》等 15 所高校成果获二等奖;江西农业大学的《以职业生涯教育为重点,构建具有农学特色的大学生职业素质体系》、江西财经大学的《目标导引,制度保证,活动渗透,构建"两层次、三平台"创业文化模式》等 35 所高校成果获三等奖。

中小学校园文化活动　20 世纪 90 年代,全省小学开始校园文化建设。1992—1995 年,九江市 2000 多所小学和 369 所中学开设音乐、美术等艺术教育课程。城镇小学和初中音乐、美术开课率达 100%,农村小学和初中开课率达 90% 以上。九江市在实施音乐、美术等艺术教育中,3 年间培训艺术教师 160 余人,音乐、美术专任教师达到 712 人,90% 以上的城镇中小学、70% 以上的农村中小学配备专职教师,为学校的艺术教育课的开设提供了保证。

1996 年,为纪念红军长征胜利 60 周年,新余市渝水区第二小学开展"中华魂"读书月活动。组织学生瞻仰烈士陵园,人手一册发放长征读本,通过广播、墙报宣传红军长征英雄事迹,培养学生艰苦奋斗的精神。

1999 年 12 月 30 日,吉安市永丰中学开展第三届艺术节。活动项目有独唱、舞蹈、相声、小品、喜剧、诗朗诵等。校长邓元杰指挥的 60 人管弦乐队演奏《闪闪的红星》《我们走在大路上》《梁祝》等曲目,将艺术节推向高潮。学生展现出色才艺,丰富了校园文化生活。

从 2001 年开始,高安市第三小学将每年的 3 月 18 日定为学校"3·18 读书节"开启日,开展"博览群书、增长知识、陶冶情操"第二课堂活动。学校读书氛围日渐浓厚。

2001 年 12 月 18 日,景德镇市第二中学初二(2)班举办"模拟法庭"教育活动。市委政法委、市中级人民法院给予高度评价,市电视台《新闻广角》栏目做了专题报道。

2009 年 5 月 21 日,吉安市永丰县开展"法在我心中——青少年远离网吧"万人签名活动。县城 6 所中小学全体师生万余人参加活动,县委副书记聂建国,县委常委、县公安局局长周建民,副县长甘月红出席活动。仪式结束后,与会人员在县城主街道进行游行宣传。

青年文化节活动

江西省乡村青年文化节　从 1999 年起,乡村青年文化节成为共青团组织服务新农村文化建设的一个重要载体,深受广大农民特别是农村青年的喜爱和欢迎。

省乡村青年文化节由团省委举办。省首届乡村青年文化节于 1999 年元旦、春节期间举行。文化节以农村青年为主体,以举办科技大集合、组织文体大集合、开展卫生大扫除 3 项活动为重点活动。宜丰团县委、万年团县委被团中央评为全国首届乡村青年文化节活动先进组织单位;农业技术知识竞赛(万年县马家乡团委报送)、文体大赛(泰和县沿溪乡团委报送)被团中央评为全国首届乡村青年文化节优秀活动项目。

省第二届乡村青年文化节于 1999 年底至 2000 年初举行。该届文化节以"推广科技,倡导树新风,传播文明"为主题,以乡村两级为活动重点,有青年科技大集、乡村青年大擂台、创建共青团文明一条街等项目。

省第三届乡村青年文化节于 2001 年元旦、春节期间举行。该届文化节以"跨进新世纪,歌颂新时代"为主题,围绕同声歌唱新时代、辞旧迎新大扫除、青年大力士擂台赛等重点项目开展活动。瑞金市叶坪乡、井冈山市下七乡、南昌县武阳镇、分宜县双林镇、南丰县市山乡、万安县百加镇、新余市渝水区水西镇被团中央评为全国第三届乡村青年文化节活动先进集体;辞旧迎新大扫除(瑞金团市委报送)、风筝艺术节(九江市庐山区新港乡团委报送)、农民业余孟戏团演出(广昌县甘竹镇团委报送)被团中央评为全国第三届乡村青年文化节优秀活动项目。

省第四届乡村青年文化节于 2001 年底至 2002 年初举行。2002 年永修团县委被团中央评为第四届"乡村青年文化节"活动先进集体;乡村青年果业开发知识擂台赛(贵溪团市委报送)被团中央评为全国第四届乡村青年文化节优秀活动项目;裴玲珠(贵溪团市委)、袁汝琴(永修团县委)被团中央授予"全国第四届乡村青年文化节先进个人"称号。

省第五届乡村青年文化节于 2002 年底至 2003 年元旦、春节期间举行。该届文化节以"贯彻十六大,创造新业绩"为主题。遂川县、乐平市被团中央评为 2002 年度全国乡村青年文化活动先进县(市、区),"赣沪两地情,喜迎十六大"专场文艺演出(乐平团市委报送)被团中央评为 2002 年度优秀乡村青年文化活动项目。

2004 年 1 月 6 日上午,省第六届乡村青年文化节启动仪式在红军长征出发地于都县长征广场举行。全省各级团组织组织文艺、科技、卫生小分队,深入乡村开展"三下乡"活动,与农村青年同娱同乐,在农村青年中倡导新风尚。于都县被团中央评为 2003 年度全国乡村青年文化活动先进县(市、区),谭晓红(于都县青年文艺策划人)被团中央授予 2003 年度"全国乡村青年文化名人"称号。

2005 年 2 月 1 日,以"繁荣乡村文化,服务青年发展"为主题的省第七届乡村青年文化节,在上饶市广丰县举行启动仪式,来自省直单位、高校的青年演员和当地文艺工作者表演诗朗诵、小品、舞蹈、戏曲等群众喜闻乐见的节目。团省委和广丰团县委召开青年创业与科技致富座谈会,由当地青年致富带头人介绍创业的成功经验,传授致富的科学门道。团省委在现场组织写春联、发放科学养殖小册子和提供农村实用技术现场咨询等活动。开展"农村青年读好书"活动,共捐赠图书两万册,价值 30 万元,建立 35 个农村青年书屋。九江市庐山区、新干县、万安县、南昌县、靖安县、广丰县被团中央评为 2004 年度全国乡村青年文化活动先进县(市、区);乡土文化社区行——黄梅戏巡回演出(九江市庐山团区委报送)被团中央评为 2004 年度全国优秀乡村青年文化活动项目;柯长征(九江市庐山区青年编导、歌手)、王璐(上饶县青年歌手)、严卫华(广丰团县委干部)、古志雄(遂川县大汾镇农民剧团负责人)被团中央授予 2004 年度"全国乡村青年文化名人"称号。

省第八届乡村青年文化节于 2005 年 12 月至 2006 年 2 月举行。团省委以"先进文化进农村,青年创业展风采"为主题,开展全省青春建功新农村计划暨第八届乡村青年文化节活动,学习宣传贯彻科学发展观和党的十六届五中全会精神,宣传党的农村政策,讴歌江西省"十五"期间农村经济社会发展取得的巨大成就。2006 年 1 月 20 日下午,活动启动仪式在上高县镜山广场举行。团中央青农部部长陶宏、团省委书记钟志生出席启动仪式并讲话。来自上高县城周边的 5000 多名群众参加启动仪式并观看文艺节目和农民摄影作品展。1 月 15—20 日为集中行动日,主要内容为展示青年风采,歌颂美好新江西;倡导青年文明,建设美好新农村;服务青年创业,突出就业增收;依托青年中心,促进城乡互动;培养乡土人才,活跃乡村文化。宜春市、遂川县、龙南县、渝水区、上栗县、吉安县被团中央评为 2005 年度全国乡村青年文化活动先进县(市、区);青年农民摄影(上高团县委报送)、民间舞蹈"鲤鱼灯"(吉安县文化馆报送)、"新农村、新青年、新风采"农村文化活动(会昌团县委报送)、农村篮球比赛(景德镇市高新区吕蒙乡团委报送)、《盾牌舞》(永新县文联、永新团县委报送)被团中央评为 2005 年度全国优秀乡村青年文化活动项目;黄雪梅(上高团县委)、王美娜(湖口县黄梅剧团)、林咏梅(南康市乐荣剧团)、胡九生(永丰县德艺轩工艺品公司)、何智辉(铜鼓县文化馆)、晏宗文(宜春团市委)被团中央授予 2005 年度"全国乡村青年文化名人"称号。

2007 年 1 月 6 日,省第九届"乡村青年文化节"暨首届鹰潭农村青年艺术节启动仪式在鹰潭市月湖区童家镇嘴上村举行,万余名农村青年参与活动。该届文化节以"倡树和谐新风,共建和谐家园"为主题,以"唱响时代主旋律、服务生产新发展、培育生活好风尚、真情助困送温暖"为主要内容。文化节期间,江西各级团组织集中开展医疗服务进农村、法律咨询进农村、蜂鸣希望助学进农村、用工信息进农村、环保服务进农村、科普知识进农村、为农服务进农村等"七进农村"服务活动。鹰潭市月湖区、玉山县、丰城市、万年县被团中央评为 2006 年度全国乡村青年文化活动先进县(市、区);胡中良、孙艳、胡涛、朱俐华被团中央授予 2006 年度"全国乡村青年文化名人"称号;乡村青年大擂台(丰城团市委报送)、赣南采茶戏曲——《拆墙》(全南县文化局报送)、赖村镇"卫东文宣队"(宁都县赖村镇团委报送)、青年农民文化艺术节(于都团县委报送)被团中央评为全国第九届乡村青年文化节优秀活动项目。

省第十届乡村青年文化节启动仪式于 1 月 17 日上午,在中国蜜橘之都——抚州南丰县市山镇举行,团省委向南丰县返乡务工优秀青年颁发聘书,聘请为党的十七大精神义务宣讲员;启动仪式结束后,举行文艺演出。该届文化节以"新农村、新青年、新风采"为主题,举行乡村文化、科技、文化、卫生"三下乡"、十七大宣讲促和谐、农民文化艺术节、"树新风易旧俗"及"青春唱和谐真情送温暖"等活动。

省第十一届乡村青年文化节启动仪式于2009年1月4日，在新余市渝水区欧里镇昌坊村举行，新余市委副书记吴治云致贺词。启动仪式结束后，举行以"新农村，新青年，新作为"为主题的文艺演出，昌坊村的青年农民表演《花轿迎亲》《推车灯》《舞龙灯》《锣鼓词》等民间乡俗节目。新余市农业局、市人民医院、市青年书法家协会等单位"三下乡"志愿者开展义诊、书写春联、农技知识宣讲等志愿服务活动；近15家企业开展针对返乡青年的现场招聘活动。

省第十二届乡村青年文化节开幕式于2010年1月24日，在庐山区虞家河乡集镇社区广场举行。团省委副书记郭美荐，九江市委副巡视员、庐山区委书记陈和民，九江市副市长吴锦萍等出席仪式，全省各乡镇青年代表500多人参加活动。开幕仪式上，表演舞龙灯、采茶戏等具有农村特色的节目，向创业青年发放青年创业信用卡，召开青年就业现场招聘会。该届文化节以"繁荣乡村青年文化，争当鄱阳湖生态经济区建设生力军"为主题。

地市乡村青年文化节 1999年，宜丰团县委在五四期间举办"纪念五四运动暨首届城乡青年文化节"晚会，开展乡村青年文化节，举行科技大赛、文体大赛、卫生大扫除等活动。樟树团市委举办乡村青年文化节，为农民群众提供文化艺术、医疗卫生、农技咨询等服务。

2001年以后，上饶市以农村青年中心为网点，广泛开展乡村青年文化节活动。铅山县依托新滩乡农村青年事务中心，开展迎新春文艺会演；鄱阳县依托鄱阳赣剧团，开展春节送赣剧下乡活动。

2006年4月29日晚，由景德镇团市委、市委村建办主办，联通景德镇分公司协办的联通新时空首届乡村青年文化节在鹅湖镇中心学校开幕。

2007年3月，景德镇团市委与市委村建办联合举办"青春建功新农村"瓷都第二届乡村青年文化节。开展文艺会演、知识竞赛、书画大赛、"三下乡"活动、"农村青年创业致富带头人"评选五大项目。4月24日晚，以"和谐瓷都 青春风采"为主题的鑫森森瓷都第二届乡村青年文化节文艺会演在乐平中学体艺馆内举行，300名农村青年参加会演，景德镇市人大常委会副主任梁莉莉、副市长黄康明观看演出。

2008年1月31日，弋阳团县委联合县委宣传部、县文化局等单位，在全县乡镇开展"乡村青年文化节"文艺会演活动。以"新农村、新青年、新风采"为主题，举行叠山镇元旦文艺联欢会、港口镇廉政文化专场演出、葛溪乡农村文艺会演、曹溪镇庆丰收传统大戏等4场文艺会演，包括群众串堂、地方弋阳腔、器乐演奏、舞蹈、唱歌、相声等文艺形式。

江西省大学生社团文化节 2005年，团省委、省教育厅、省学联联合举办全省首届大学生社团文化节，以后每两年举办一届。

2005年9月至11月，团省委、省教育厅、省学联在南昌航空工业学院举办全省首届大学生社团文化节。社团文化节以"活跃校园文化，促进健康发展"为主题，以开展大学生社团网页设计大赛为启动平台，全省共有31所高校的133件体现各校社团风采和特色的网页作品参加比赛。11月26日上午，全省首届大学生社团文化节闭幕式在江西中医药大学湾里校区举行。省教育工委副书记、省教育厅副厅长郑守华，团省委副书记肖洪波出席闭幕式并为获奖单位和个人颁奖，南昌大学等12家单位获全省首届大学生社团文化节优秀组织奖，江西师范大学大学生艺术团等30个大学生社团被评为"全省大学生示范社团",江西农业大学涂雯雯等30名老师被评为"全省优秀大学生社团指导老师",江西财经大学叶珍等99名学生被评为"全省大学生社团活动先进个人",赣南师范学院大学生艺术团等40件社团网页设计作品为获奖作品,南昌大学王淑军、陈明华、黄鹤撰写的社团发展论文《NOG管理模式在高效环保社团中运作的可行性分析》等30篇论文为获奖论文。

2007年4月至5月,团省委、省教育厅、省学联主办,江西先锋软件职业技术学院承办全省第2届大学生社团文化节。4月27日,文化节开幕式暨全省民办高校大学生街舞挑战赛决赛在江西先锋软件职业技术学院举行,团省委副书记肖洪波、省教育厅副巡视员万普海、省学联驻会主席牛松林出席,在昌学生代表700余人参加。文化节共评选出全省大学生社团文化节组织优秀奖20个,全省大学生示范社团30个,全省大学生社团示范活动奖项50个。

江西省学生社团文化艺术节　全省高职高专院校、中专学校首届"学生社团文化艺术节"。2010年4月至5月,团省委、省教育厅、省学联以"青春在鄱湖中闪光"为主题,举办全省高职高专院校、中专学校首届学生社团文化艺术节。艺术节由省专科院校中专学校共青团工作研究会承办,江西旅游商贸职业学院、景德镇高等专科学校、江西信息应用职业技术学校协办。4月中下旬,各学校分别举办社团文化艺术节,推选优秀选手和作品参加片区"唱鄱湖""颂鄱湖""绘鄱湖"复赛。共组织各类社团活动800余次,全省90多所高职高专院校、中专学校的近10万名同学参与活动。5月27日下午,首届社团文化艺术节闭幕式暨颁奖典礼在江西旅游商贸职业学院举行。颁发江西城市职业学院弈林棋社等60个社团优秀社团奖,江西先锋软件职业技术学院杨腾等60名同学优秀个人奖,景德镇高等专科学校张淑敏等60名学生先进个人奖,萍乡高等专科学校等20个单位优秀组织奖,江西旅游商贸职业学院最佳贡献奖以及片区"唱鄱湖""颂鄱湖""绘鄱湖"等级奖。

省本科院校首届"学生社团文化艺术节"。2010年10月至11月,团省委、省教育厅、省学联以"青春在鄱湖中闪光"为主题,举办全省本科院校首届学生社团文化艺术节。艺术节由华东交通大学、江西师范大学、景德镇陶瓷学院协办。10月中下旬,各学校分别举办社团文化艺术节,推选优秀选手和作品参加片区唱鄱湖、颂鄱湖、绘鄱湖复赛。11月中旬举行复赛、决赛。11月14日下午,文化艺术节闭幕式暨颁奖典礼在华东交通大学南校区大礼堂举行。南昌大学演艺联谊协会等38个社团获优秀社团奖,江西财经大学孟鑫等39名学生获优秀个人奖,江西师范大学邓婧等39人获先进个人奖,景德镇陶瓷学院等25个单位获优秀组织奖,华东交通大学获最佳贡献奖。

江西省高校社团文化节　南昌大学"社团文化节"。1998至1999年,南昌大学以学生社团为依托,突出学术、科技主旋律,举办两届大学生科技、文化、艺术节和一届社团文化艺术节,推出每年一届"学子杯"学术、科技创作比赛。2000年,南昌大学举办科技文化艺术节、社团文化节。2003年10月举办"金秋文化艺术节"。2005年,在全省首届社团文化节中,南昌大学获一等奖2项、二等奖2项、三等奖1项,3个社团被评为全省大学生示范社团,6名学生被评为全省大学生社团工作先进个人,3名老师被评为全省优秀大学生社团指导老师,并获优秀组织奖。2007年,南昌大学举办大学生文化艺术节、学术科技节、社团文化节。2009年,南昌大学举办大学生文化艺术节、社团文化艺术节。2010年,南昌大学团委与心理发展协会共同举办"5·25"心理健康文化节、心灵园游会等系列心理健康活动。2010年4月21日至5月26日,南昌大学举办社团文化艺术节,设秋水长歌篇、赣天彩绘篇、鄱湖齐颂篇和香樟灵韵篇4个篇章。

赣南师范学院"社团文化节"。2004年，赣南师范学院以"弘扬民族精神、肩负神圣使命"为主题，开展校园文化艺术节和大学生寝室文化艺术节。2005年，开展社团文化节，并推选作品参加省首届大学生社团文化节。2006年，赣南师范学院校团委以校园文化艺术节、寝室文化节、学术科技月、社团文化节等活动为载体，开展文艺、体育和学习竞赛等全校性校园文化活动，每学期举办一次学生社团文化节和社团活动周。2007年，以"红土魂·客家韵·赣师情"为主题，举办第八届校园歌手大赛、第五届金话筒主持人大赛、第三届现代教学技能大赛、第三届大学生环校园接力赛、第二届"明湖杯"大学生专题辩论赛、"我看客家精神"大学生研讨会、大学生艺术创作作品展、红色故事会等十多项活动。2008年，举办2008年大学生"校园文化节""校园歌手"大赛、校园同一首歌、社团文化节、女生文化节、寝室文化节、客家体育运动会等校园文化活动。是年，以"红土魂·客家韵·赣师情"为主题，举办2009年校园文化节。

上饶市"动感地带"校园文化节。2006年6月，上饶市"动感地带"校园文化节开幕，活动为期近5个月，先后组织开展"我谈社会主义荣辱观"主题演讲大赛、党团知识短信答题活动。10月22日晚，上饶团市委、上饶移动公司在上饶师范学院举行上饶市"动感地带"校园文化节闭幕式文艺晚会。上饶市副市长、上饶团市委书记、上饶师范学院副院长、上饶移动分公司总经理等出席活动。全市近40所大、中专院校和重点中学参与活动。2008年，上饶市以第二届"动感地带"校园文化节为载体，开展校园文艺大会演、青少年读书专题讲座、上饶青年网设计大赛、3人制篮球比赛、新团员宣誓等文化活动，引导广大青少年树立正确的审美情趣和文化追求，为青少年文化的和谐健康发展注入新动力。

江西农业大学"社团文化节"。2007年4—5月，江西农业大学团委、学工处、图书馆联合举办"人间四月天，书香满校园"——江西农业大学首届大学生读书节活动。

景德镇陶瓷学院"社团文化节"。2007年，景德镇陶瓷学院社团联合会举办第五届金秋社团文化节、学院第十八届"红五月"科技文化艺术节、第四届"为团旗争辉"铁人三项赛、首届校园红歌会大赛、首届"红五月"党团知识竞赛、第三届电子竞技大赛等社团文化活动。

江西服装职业技术学院第四届风采礼仪大赛暨女生节、"社团文化节"。2008年6月17日晚，由院团委学生会、社团联合会主办的第四届女生节暨社团文化节闭幕式在艺术剧院举行。演出《文武双全》、角色扮演动漫现场真人秀、歌曲大串联、串联演讲、民族舞蹈等文艺节目。

江西财经大学"社团文化节"。2009年4月19日，江西财经大学举办第八届寝室文化节，全校两万余名学生参加，率先在全省高校实施寝室文化节中加入寝室运动会元素，突出宿舍、体育、趣味三个特点，开展篮球、乒乓球、素质拓展和跳绳等项活动。2009年11月，校学生社团联合会以"青春、活动、创新、创业、特色、环保"六个分主题举办第三届社团文化艺术节。2010年3月至5月，学生社团联合会以"亮出青春风采，繁荣校园文化"为主题，承办赣南医学院第六届"社团文化艺术节"活动，体现"奉献·友爱·互助·进步"志愿精神。

南昌航空大学"社团文化节"。2009年11月6日至12月下旬，南昌航空大学团委以"梦想昌航，随心飞扬，社团文化，你我共创"为主题，举办第六届大学生社团文化节，11月6日开幕。社团文化节活动分为《漫步学海，品味知识乐趣》《探索奥秘，展现魅力科学》《尽放风采，畅享艺术盛宴》《投身实践，传递社会温暖》和《奔放活力，澎湃动感激情》五大版块，学校公益、理论、文艺、科技和体育五大类的 72 个大学生社团（含准社团）参加，开展"为青春提笔　为大学着色"写作大赛、广告艺术大赛、读书心得交流会、民乐知识竞赛、科普文化周、机器人设计大赛、救护培训等共计 63 项活动。

江西师范大学"社团文化节"。2009 年 11 月中旬至 12 月中旬，校学生社团联合会举办第十三届"瑶湖秋韵"社团艺术节。活动有"我与社团共奋进"社团规范建设月、"我与社团共成长"社团大课堂、"我的青春我的团"第 3 届社团形象大使选拔赛、"我的祖国我的歌"金秋诗会、"光影跃动 60 年"爱国影片展映周、"寻根　温梦　向往"校园原创情景剧大赛、"中华文明代代传"中华国粹展示月、"我的社团我的家"喜迎校庆 70 周年摄影展、"书香四溢伴我行"读书活动、"阳光体育欢乐行"体育健身活动、冬季长跑活动等。

南昌理工学院"社团文化节"。2010 年，南昌理工学院以"青春建功中国梦，社团文化展风采"为主题举办第 7 届社团文化节。

第二节　体　育

学校体育

1991—2010 年，江西学校体育工作的开展，经历 3 个阶段，即贯彻落实《学校体育工作条例》阶段、改革中提高学生体质健康水平阶段、开展"阳光体育运动"阶段。

第一阶段是 1991—1996 年，贯彻落实《学校体育工作条例》阶段。

1990 年 2 月，国务院批准颁布《学校体育工作条例》，明确规定体育课是学生毕业升学考试科目。

1991—1995 年，全省各级政府认真落实《学校体育工作条例》，从 1991 年起，逐年增加对学校体育场地及体育设施的经费投入，乡镇中学是农村的重点。至 1995 年，全省学校的体育场地设施有明显的改观。90 年代初，省教委对贯彻落实《学校体育工作条例》好的单位进行表彰。从 1990 年起，宜丰县石花尖乡党委政府用 3 年时间，先后投资 40 万元，在石花尖中学建起田径、体操、篮球、乒乓球、羽毛球等场地，其所属的 7 所小学也都有相应的活动场所。1992、1993 年，石花尖乡连续两年被评为全省体育先进乡，并获得全省"亿万农民健身活动"先进乡称号。

1991—1995 年，全省对各类学校体育课设置进行调整及充实。1991—1993 年上半年，全省中小学校体育课程设置为每周 2 节，从 1993 年 9 月 1 日新学年开始，在全省小学、中学实施每周开设 3 节体育课；在新增的体育课时中，安排一定比例的课时全面开展健康教育课（每学期 8 课时）和初中健康教育讲座（每学期 8 次）。1992 年 1 月，全省普通中等专业学校按照《全国普通中等专业学校（不含中师）体育课程教学指导纲要》的要求，每周安排 2 节体育课，每节体育课 45 分钟，教学内容按照《指导纲要》的要求,由学校自行设置。1991年,全省普通高校根据《学校体育工作条例》要求,将1—2年级开设体育课,3年级以上开设体育选修课,一律设置为公共必修课。

1991—1996年,随着全省体育教学场地和教学设施的不断完善以及体育课设置的调整和充实,各校学生参加体育锻炼的积极性得到进一步提高。

1991年,全省各级学校开始推广新的广播体操。省体委与省教委共同举办全省中学生运动会和全省中小学生韵律体操比赛。是年达国家体育锻炼标准的学生上升到142.4万人。

1992年10月7—12日,第八届全国十城市(区)中、小学体育教学观摩研讨会在南昌市举行。教学观摩研讨会就如何发挥学生特长,培养学生能力等方面进行有益的研讨,还安排12节现场观摩课。代表们分别到南昌县莲塘第二小学、新建县北郊小学、南昌市八一学校等学校进行现场观摩活动。

1994年,全省开展全民健身活动,学校课外活动进一步活跃。各级学校除实施《国家体育锻炼标准》外,还开展篮球、排球、足球、乒乓球等一系列体育活动。

1995年,"达标"活动以外的体育活动也受到重视,尤其是在1995年6月,国务院颁布《全民健身计划纲要》后,学校课外体育活动的内容更加广泛。宜春地区部分县市利用假期举办体育夏令营活动。全省小学还组织学生参加全国雏鹰起飞小学生体育活动,内容为踢毽、跳绳、游泳、跳高、50米跑。全省12名学生获得该活动"小能手"称号。同时,全省各级各类中小学积极开展冬季体育锻炼活动,南昌市邮政路小学、南昌市第十中学、上饶市第一小学、上饶市第三中学、赣州市第三中学获"全国群众冬季体育锻炼先进单位"称号。

1996年,全省学校达国家体育锻炼标准的人数为330万人。

第二阶段是1997—2006年,在改革中提高学生体质健康水平阶段。

1997年至2001年,江西重点开展大中小学体育教学改革工作,对教学大纲、教材进行重新编写和实验工作,进一步规范教学内容、教学要求、教学形式、教学方法等,使全省体育教学工作更加规范有序。

2000年,为促进学生耐力素质的提高,将体育考试跑类项目男生、女生100米跑调整为男生1000米跑、女生800米跑。2001年,对初中毕业升学体育考试工作进行改革。体育升学考试成绩由3部分组成,满分为30分,其中体育课成绩6分,平时参加体育锻炼情况考核成绩4分,身体素质测试成绩20分。2002年9月,根据教育部新颁布的九年义务教育全日制《中小学体育与健康教学大纲》的要求,将软式排球列入全省中小学体育教学内容。

2002年10月,全省高校贯彻执行教育部重新颁布的《全国普通高等学校体育课程教学指导纲要》。全省高校1—2年级本科学生开设不少于144学时,专科学生开设不少于108学时的体育必修课,每学时不少于45分钟;其他年级学生和研究生开设体育选修课,选修课成绩计入学生学分。教学内容不得少于15门的体育项目,各校自选。高等院校本科体育专业教学时数2994学时,专业必修课(1606学时),设体育保健学、运动生物化学、田径、球类、体操、武术与保健气功、游泳、滑冰、健美、舞蹈、体育游戏等。

2005年9月19日,省教育厅出台《关于切实保证中小学体育课时和落实中小学每天体育活动时间的通知》,要求各地切实采取措施,通过上好体育课,加强体育锻炼,实行大课间体育活动制度,全面提高广大中小学生体质健康水平。是年,全省中小学体育课在新课程标准颁发后设置为:小学1—2年级每周4课时,小学3—6年级每周3课时,教学内容以游戏、体操、乒乓球、篮球、跳远、田径等项目为主;初中每周3课时,高中(含中等职业学校)每周2课时,教学内容以田径、篮球、排球、足球、乒乓球、体操、武术等项目为主。

1999年,全国高校实施扩大招生,全省高校利用这一良机扩选校区建设时,对校区各种体育场馆、体育设施等进行规划和完善,从而使学校体育硬件设施得到加强。与此同时,全省重点中学的体育硬件设施也得到相应改善。2001年,全省已建21所青少年体育俱乐部,31个全健身路径,11个"小篮板"工程。2002年6月,全省创建第2批共19所青少年体育俱乐部。2010年,经国家体育总局批准,江西创建7所国家级青少年体育俱乐部、1所青少年户外活动基地。同时,推进学校体育场馆向社会开放,至2010年,江西省9所学校获"全国学校体育场馆向公众开放先进单位"称号。

2002年,江西省参加12项次全国少儿比赛,共获第一名21个、第二名39个、第三名43个。2002年6月4—6日,第21届世界大学生运动会江西火炬传递活动在井冈山、南昌举行。大运圣火由安徽省火炬手交给井冈山市市长,市长再交给老红军,然后依次传给大学生—中学生—小学生—江西火炬手,象征着"星星火炬,代代相传"的革命传统。6日,在南昌八一广场举行传递庆典活动,副省长胡振鹏和万名青少年学生参加活动。来自13所大专院校近1000名大学生为中华民族复兴作出贡献而庄严宣誓,随后14个方队的近千名大学生参加火炬传递长跑活动。

第三阶段是2007—2010年,开展阳光体育运动阶段。

2007年至2010年,省教育厅、省体育局、团省委联合在全省大中小学校广泛开展阳光体育运动。阳光体育活动极大地激发学生参加体育活动的兴趣,吸引更多的学生走出教室、走进阳光、走向操场,培养学生良好的体育活动习惯,形成"人人有体育项目,班班有体育活动,校校有体育特色"的局面。

2006年12月20日,教育部、国家体育总局、团中央联合印发《关于开展全国亿万学生阳光体育运动的通知》,明确提出开展阳光体育运动。

2007年4月24日,成立全省百万学生阳光体育运动领导小组,负责组织、协调、指导全省阳光体育运动的实施。5月22日,在南昌市红谷滩行政广场举办"全省百万青少年学生阳光体育运动"启动仪式,省委常委、宣传部部长刘上洋宣布"全省百万青少年学生阳光体育运动"全面启动,形成省、市、县(区)、学校联动,全省学生统一时间参加集体体育锻炼1小时活动的热烈氛围。10月22日,按照教育部、团中央、国家体育总局联合印发的《关于开展"阳光体育与奥运同行冬季长跑活动"的通知》,首次在萍乡芦溪中学启动"全省百万学生阳光体育冬季长跑活动"起跑仪式,并从2007年起在全省各级各类学校中广泛开展阳光体育冬季长跑活动。

2008年4月29日,省教育厅、省体育局、团省委联合印发《关于开展"我与奥运同行"江西省百县万校百万学生阳光体育助奥运活动的通知》,活动以"我与奥运同行"为主题,倡导"我运动,我健康,我快乐"的理念,通过各市、县(区)和学校开展迎奥运签名仪式,举行演讲、征文、知识竞赛、集体长跑、校园体育节等系列活动,普及奥运知识,传播奥运文化,宣传奥运精神。5月14—16日,

2008年北京奥运圣火在江西境内传递,全省教育系统选拔的10名火炬手、137名火炬护跑手和16万大中小学师生分别在瑞金、井冈山、南昌参加奥运火炬传递活动。5月,举行"迎奥运倒计时100天"健步行环城长跑等大型活动。5月30日,省教育厅、省体育局、团省委、南昌市政府联合在南昌市红谷滩新区世纪广场举办"我与奥运同行"全省百县万校百万学生阳光体育助奥运签名活动,副省长谢茹宣布签名活动启动,并首先在100米长1米宽的签名条幅上签名,同时举行体育活动展示和长跑活动。2008年8月15日,省教育厅转发《教育部关于推行实施〈第三套全国中小学生系列广播操〉的通知》,要求各地、各学校把推广实施第三套全国中小学生系列广播体操作为"阳光体育活动"的重要内容,加大宣传力度,做好推广、培训、教学和比赛工作;9月1日,在全省中小学普遍推广实施第三套全国中小学生系列广播体操。2008年10月25日在新余一中、2009年11月10日在上饶县中,连续举行"全省百万学生阳光体育冬季长跑活动"起跑仪式,全省掀起百万学生阳光体育冬季长跑的热潮。

2009年9月9日,在南昌大学成功举办第十一届全国运动会火炬江西境内传递活动。

2010年3月26日,省教育厅在新余市召开全省第3次百万学生阳光体育运动推进会,决定建立全省百万学生阳光体育冬季长跑活动长效机制,从2010年起,每年11月至下一年4月组织开展全省百万学生阳光体育冬季长跑活动。2010年在全省中小学开始实施系列武术健身操。各地因地制宜加大开发民族传统项目和地方特色项目的力度,舞龙舞狮、踩高跷、跳竹竿舞、健美操、体育舞蹈、攀岩等一些具有民族传统项目和地方特色体育项目进入中小学体育课堂。至2010年,全省中小学依托系统的体育课程体系和丰富多彩的体育课程内容,开展形式多样的课堂教学和课外活动。

青少年群众性体育活动

自行车赛 1995年10月28日,萍乡市政府举行"国际奥委会主席杯"全国百城市自行车赛,全省参加这一届活动的还有南昌、景德镇、赣州3个城市。来自萍乡教育学院的大学生糜俊和刘素分别夺得男女组冠军,事后他们都获得由国际奥委会主席萨马兰奇提供的一辆自行车。

2009年,抚州市举办首届"环梦湖"山地自行车邀请赛。修水县开展有江西、湖南两省参加的"单骑韶山千里行"活动。上犹县举办首届"中国·上犹"山地自行车邀请赛。

2010年12月1—5日,由省政府、省体育局主办的2010年首届环鄱阳湖国际自行车大赛,分别在南昌、九江、景德镇、上饶鄱阳县和鹰潭龙虎山等地举行,总里程共468.8千米,总奖金达10万美元。来自中国、澳大利亚、俄罗斯、巴西、比利时、美国及中国台北、中国香港等20多个国家和地区的126名选手参加比赛。该项赛事围绕鄱阳湖生态经济区建设,宣传"健康、低碳、环保"的运动理念,被列入江西省"十二五"规划建议,是一项计划长期打造的精品赛事。

龙舟赛 江西省自古就有划龙舟的习俗。省龙舟协会成立后,全省龙舟活动进入全面发展阶段。不仅省内搞活动,而且还承办全国和国际龙舟比赛。

1991年端午节期间,全省有11个地、市,27个县开展龙舟赛,参加活动的人员有7万余人,吸引观众几十万人。

1992 年 5 月 31 日,九江市首次承办第六届全国"屈原杯"龙舟赛暨中国"庐山杯"国际龙舟邀请赛,参赛队有 33 支,其中境外代表队 7 支。6 月 4 日,女子 600 米竞速中,江西"江铃队"、九江"鸭鸭队"队并列第二名。6 月 6 日,中国"庐山杯"国际龙舟邀请赛收桨,九江"鸭鸭队"获女子 1000 米冠军。8 月 22—25 日,由中国龙舟协会等单位主办的首届"九龙杯"国际龙舟邀请赛,在北京十三陵水库和九龙游乐园举行,代表江西省参加比赛的临川女子队,囊括女子直道竞速 600 米和 800 米两项冠军。

1993 年,九江市承办"炎黄杯"世界华侨、华人龙舟系列赛。至 2010 年,全省龙舟活动始终保持着年年有活动的状态。

舞龙舞狮赛　2006 年 10 月 27 日,由省体育局、省总工会主办,九江县政府、省龙狮运动协会承办的"博莱杯"全省首届龙狮锦标赛在九江县举行。来自南昌、九江、景德镇、鹰潭等全省各地的 17 支龙狮代表队共 250 余名运动员参加比赛。参赛队员中有高校学生、一线工人、武校学生和消防救援人员。比赛在 5 天的时间内,按男女舞龙、南狮、北狮 3 个项目的规定动作和自选动作(或传统套路),在全能及团体中展开角逐。经过比赛,江西师范大学科技学院等代表队夺得 4 个项目的 12 块金牌。

2007 年 5 月 14—18 日,第 7 届全国龙狮锦标赛暨第 2 届室内亚运会龙狮选拔赛在南京举行,九江学院舞龙队代表江西省参赛,并获铜奖。

2010 年 1 月 1—3 日,全国第 8 届龙狮锦标赛暨全国第 4 届体育大会龙狮选拔赛在广东省广州体院举行。江西省组队参加舞龙、南狮、北狮 3 个项目的比赛,分别获得第四、第五、第六名,并取得第四届全国体育大会龙狮比赛的决赛权。3 月 2—6 日,全国舞龙舞狮邀请赛在深圳市宝安区福水街道凤凰山森林公园举行,在全国 18 支南狮队伍中,江西省获得 5 项全能第四名。5 月 1—2 日,"黄飞鸿杯"第四届全国狮王争霸赛暨中华水上南狮擂台争霸赛在广东西樵山大湖公园举行,江西省参加的北狮项目获得银奖。7 月 23—25 日,第 9 届云顶世界狮王争霸战在马来西亚云顶举行,有来自国际 28 支南狮队伍参赛,江西队获得第六名的好成绩。10 月 10—14 日,首届国际龙狮邀请赛在云南通海体育场举行,有来自国际 14 支龙狮队伍参赛,江西省北狮项目获得第一名。12 月 25—27 日,全国首届南狮擂台赛在广西梧州市举行,有来自全国 16 对南狮参赛,经过两天 6 场擂台对决,江西省获得 120 千克级第一名。

体育舞蹈　2003 年 8 月 16—17 日,全省首届青少年舞蹈锦标赛在南昌市举行,比赛项目有两大系列:摩登舞系列(20 个组)、拉丁舞系列(14 个组)。南昌市红舞裙、铁道俱乐部、南昌市中小学生活动中心、省体育舞蹈协会、吉安市体育舞蹈协会、萍乡健与美、江西师范大学等 7 个代表队,共有 219 人参加比赛。

健美操　2005 年 12 月 10—11 日,全省第六届健美健身先生、健身小姐、健美操锦标赛暨全省首届健美操青少年锦标赛在南昌举行,来自各行业系统、大专院校及中小学校少儿活动中心共 50 支代表队的 400 余名运动员参加比赛。南昌铁路局代表队,获得健美系统组团体冠军;南昌大学俱乐部代表队获健美操俱乐部组冠军;南昌市中小学活动中心代表队获少儿组团体冠军。

2006年8月17—20日,全国青少年健美操锦标赛在江西师范大学举行。按群众体育赛分国际年龄二组(15岁至17岁)、国际年龄一组(12岁至14岁)、国家预备组(10岁至11岁)、少年儿童组(6岁至9岁)4个组。江西师范大学派出运动员参加5个项目的比赛。10月1—2日,全国万人健美操大众锻炼标准大赛在南昌市举行。经过两天的角逐,南昌市中小学生活动中心、江西理工大学、江西省健美操培训基地、南昌大学、江西财经大学、江西科技师范学院、江西教育学院、江西农业大学、蓝天学院、南昌市二十九中获得优秀组织奖。

2007年10月4—7日,全国万人健美操大众锻炼标准大赛"远界科技杯"江西分赛区在南昌举行。来自全省15个单位的325名运动员分别参加啦啦操、大众健美操、啦啦秀3个项目的比赛。经过激烈的角逐,南昌市中小学生活动中心、江西科技师范学院、江西理工大学、南昌大学、江西教育学院、九江湖滨小学、赣州白云小学、江西省体育馆少儿培训中心、南昌市昌北一中、江西农业大学、江西赣江职业技术学院、南昌市西湖少儿科技艺术活动中心、南昌市进贤县获得优秀组织奖。

2010年8月2—28日,全国万人健美操大赛(江西赛区)于8月2—28日在南昌县举行。来自全省各中小学校、大专院校俱乐部等22个单位共60支队伍380余人参加各组规定动作、自选、街舞、排舞、啦啦操等比赛。江西理工大学、江西科技师范学院、江西科技师范学院理工学院、蓝天学院、南昌市中小学生活动中心进贤分部、南昌师范高等专科学校、南昌大学科技学院、华东交通大学、江西教育学院、江西环境工程职业学院、南昌吉姆亚特俱乐部等单位获得优秀组织奖。12月8—13日,"浩沙杯"全国万人健美操大赛总决赛在山东省枣庄市举行,江西省获得13个一等奖,12个二等奖和自选动作最佳编排奖。

青少年体育竞技活动

全国大学生运动会 1992年9月29日至10月5日,江西省组成86人参加的大学生体育代表团,参加在湖北省武汉市举行的全国第四届大学生运动会田径、游泳、篮球、排球、足球、乒乓球6个项目比赛。共获得第三名1个、第五名1个、第六名1个、第八名1个。男子田径队甲组获体育道德风尚奖。

1996年8月28日至9月4日,江西省组成102人参加的大学生体育代表团,参加在陕西西安举行的全国第五届大学生运动会田径、篮球、武术、健美操等项目的比赛,获得2枚金牌、1枚铜牌,实现全省大学生参加全国大学生运动会金牌零的突破。奖牌榜列全国第16名。

2000年9月3—11日,江西省组成136人参加的大学生体育代表团,参加在四川成都举行的全国第6届大学生运动会田径、游泳、乒乓球、武术、健美操比赛,省大学生体育代表团和武术队分别获体育道德风尚奖。

2004年8月26日至9月6日,江西省组成157人大学生体育代表团,参加在上海市举行的全国第七届大学生运动会田径、游泳、篮球、排球、足球、乒乓球、健美操、武术等项目比赛,获得5金3铜的骄人成绩,金牌数列全国第12位,团体总分列全国第14位。在大运会上,江西师范大学学生欧阳鲲鹏勇夺男子乙组100米、200米仰泳2块金牌,并4次创2项(100米、200米仰泳)大运会纪录;华东交通大学学生孙英杰以绝对的优势夺得田径女子乙组 5000 米和 1 万米 2 枚金牌;华东交通大学学生秦强夺得男子乙组标枪金牌,张存标夺得铁饼铜牌;江西科技师范学院健美操队秦勇等 3 人夺得 3 人操铜牌,林志文等 6 人夺得 6 人操铜牌。此外,有 26 个单项进入前 8 名,武术队和欧阳鲲鹏等 17 人分别获体育道德风尚奖。

2007 年 7 月 16—26 日,江西省组成由 185 人参加的大学生体育代表团,参加在广州市举行的全国第 8 届大学生运动会田径、游泳、篮球、排球、足球、乒乓球、健美操等 8 个大项 89 个小项的比赛,是江西省参加历届全国大学生运动会人数最多、项目最多、规模最大的一次。共夺得 6 枚金牌、2 枚银牌、3 枚铜牌,金牌数列全国第 7 位,团体总分列全国第 13 位,另有 35 个项目分别进入前 8 名,省大学生体育代表团和田径队、游泳队分别获体育道德风尚奖。

表6-2-1 全国第八届大学生运动会江西省大学生体育代表团前三成绩一览(田径)

名 次	姓 名	项 目	组 别	学 校
1	王 希	铁 饼	女子甲组	华东交大
1	赵 玮	跳 高	女子乙组	华东交大
1	李桂宁、劳义、庞桂斌、龚伟	4×100 米	男子乙组	华东交大
2	庞桂斌	100 米	男子乙组	华东交大
2	龚汉峰	3000 米障碍	男子乙组	赣南师院

表6-2-2 全国第八届大学生运动会江西省大学生体育代表团前三成绩一览(游泳)

名 次	姓 名	项 目	组 别	学 校
1	欧阳鲲鹏	50 米仰泳	男子乙组	江西师大
1	欧阳鲲鹏	100 米仰泳	男子乙组	江西师大
1	欧阳鲲鹏	200 米仰泳	男子乙组	江西师大

表6-2-3 全国第八届大学生运动会江西省大学生体育代表团前三成绩一览(毽球)

名 次	姓 名	项 目	学 校
3	褚寒春、陶佳浩、朱振、彭棋、蔡召荣	男子团体	宜春学院
3	褚寒春、陶佳浩	男子双打	宜春学院

表6-2-4 全国第八届大学生运动会江西省大学生体育代表团前三成绩一览(健美操)

名 次	姓 名	项 目	学 校
3	倪振华、徐静	混合双人操	江西师大

全省大学生运动会全省第四届大学生运动会于 1991 年 11 月 14—16 日在南昌市举行。参加比赛的大专院校共 27 所,运动员 400 人。获得甲、乙组团体第一名的分别是华东交通大学、江西师范大学。获得体育道德风尚奖先进集体的是江西医学院、江西师范大学、江西中医学院、吉安师范专科学校、南昌航空学院、赣南师范学院、宜春师范专科学校。

全省第五届大学生运动会田径比赛于 1995 年 11 月 13 日至 16 日在江西医学院举行。来自全省 28 所大专院校的 38 个代表队参加 84 个项目的角逐。这次比赛是全省大学生运动会史上规模最大,人数最多的一次体育盛会。共打破 18 项大运会纪录,有 21 人共 34 次刷新大运会纪录,48 名运动员达到国家二级运动员健将标准。经过 4 天 8 场激烈争夺,江西师范大学、华东交通大学、南昌大学分别夺得甲组团体总分第一、第二、第三名。吉安师专、宜春师专,江西师范大学获乙组团队总分前 3 名,江西医学院,江西中医学院等 8 个队获得集体体育道德风尚奖,58 名运动员获得个人体育道德风尚奖。

国家级中学生竞赛活动 1993 年 8 月,江西省组成 76 人中学生体育代表团,参加在山东青岛举行的全国第五届中学生运动会田径、乒乓球、男子足球、女子篮球等项目比赛。

1995 年 8 月 26—31 日,江西省组成 120 人中学生体育代表团,参加在湖北武汉举行的全国第 6届中学生运动会田径、乒乓球、男子足球比赛。省中学生体育代表团和田径队分别获体育道德风尚奖。

1999 年 7 月 23—28 日,江西省组成 136 人中学生体育代表团,参加在广东省广州市举行的全国第七届中学生运动会田径、乒乓球、男子足球比赛。田径队在田径比赛中取得甲组团体总分第 16名,首次进入全国中等水平,并获体育道德风尚奖。

2000 年,九江市第三中学足球队代表全省参加在北京举行的 1999—2000 年"华晨杯"全国中学生足球赛,取得全国第六名的好成绩。

2002 年 8 月 18—23 日,江西省组建 116 人中学生体育代表团,参加在江苏省南京市举行的全国第 8 届中学生运动会田径、游泳、男子足球、乒乓球比赛,并创历史最好成绩。比赛总分排名第 15名,比上届前移 7 位,其中田径队获团体总分第七名,游泳队获女子团体总分第七名,乒乓球队获女子团体第四名,省中学生体育代表团获体育道德风尚奖。

2005 年 8 月 26—31 日,江西省组建 108 人中学生体育代表团,参加在郑州市举行的全国第 9届中学生运动会田径、游泳、男子篮球、男子足球、乒乓球、武术 6 个项目比赛,省中学生体育代表团和武术队分别获体育道德风尚奖。

2009 年 8 月 16—21 日,江西省组建 146 人中学生体育代表团,参加在湖南长沙市举行的全国第 10 届中学生运动会田径、男子足球、男子排球、乒乓球、武术、健美操等项目比赛,省中学生体育代表团获体育道德风尚奖。

青少年体育竞赛活动 1995 年 8 月 20—23 日,全国少年田径分龄赛(吉安赛区)在吉安市举行。此次竞赛共有 26 支代表队,470 多名 12 岁至 13 岁的小运动员参赛。吉安市代表队获男团总分,女团总分两项第一。景德镇市队、萍乡市队分别打破江西省少年乙组男子跳远纪录和乙组女子标枪纪录。1995 年,在福建漳州举行的全国少儿游泳赛上,江西省获得金牌 16 枚、银牌 24 枚、铜牌

25 枚,其中女子团队列各参赛的第三位,男子团体列第六位。

2002 年 7 月 25 日至 8 月 2 日,由国家体育总局乒乓球羽毛球运动管理中心主办,宜春体育中心承办的全国业余少年乒乓球比赛(南方赛区)在宜春市举行。经过 9 天的角逐,团体参加总决赛的 11 岁以下组男子为江苏、湖北武汉、江西。

2002 年,江西省参加 12 项次全国少儿比赛,共获第一名 21 个、第二名 39 个、第三名 43 个。

2003 年,江西省运动员参加全国青年少年比赛,共获金牌 16 枚、银牌 17 枚、铜牌 22 枚。

2004 年全省中小学生棋类比赛于 10 月 2—7 日在南昌举行。参加人员有各设区市及经审批的棋类培训中心(俱乐部、学校)等学生。比赛项目设有国际象棋、中国象棋、围棋。比赛奖项设男、女团体赛和男、女个人赛。2004 年 4 月,在韩国世界青年锦标赛上,吴静钰获得跆拳道 47KG 级第一名,朱丽获跆拳道 67KG 级第三名;10 月,在英国世界青年锦标赛上,何汉斌获羽毛球混合双打第一名。

2005 年 5 月 2—6 日,全省体育传统项目学校棋类比赛在南昌市中小学生活动中心举行。比赛由省体育局、省教育厅主办,省体育竞赛管理中心承办,省象棋协会、省围棋协会、南昌市中小学生活动中心协办。竞赛项目设国际象棋、中国象棋、围棋,男女团体赛、女子个人赛。8 月 19—23 日,2005 年全省暑期少年儿童围棋比赛在南昌市中小学生活动中心举行。来自吉安市少儿围棋培训中心等 18 个代表共 349 名学生参加比赛。获得 A 组(男女混合组)前 3 名的是南昌市九品棋院的戴程、新余市新钢一小的曾啸宇、鹰潭市文化宫的汤宇成;B 组(男女混合组)前 3 名的是江西省少儿围棋培训中心的刘昊林、鹰潭棋院的郑鸿奎、景德镇棋院的喻竞哲;C 组(男女混合组)前 3 名的是九江棋院的陆昊、省少儿围棋培训中心的赵昱辰、九江棋院的刘洵;D 组(男女混合组)前 3 名的是九江市荣华围棋学校的王治儒、九江棋院的张寅、九江市荣华围棋学校的朱钦岳;E 组(男子组)前 3 名的是省少儿围棋培训中心的徐子琦、九江市荣华围棋学校的卢晟宇、九江棋院的黄枭。F 组(男子组)前 3 名的是九江棋院的史啸晨、吉安少儿围棋培训中心的龙熙来,省少儿围棋培训中心的江天佑;E 组(女子组)前 3 名的是省少儿围棋培训中心的陈雨浓、九江棋院的梅嘉琪、省少儿围棋培训中心的熊天钰;F 组(女子组)前 3 名的是省少儿围棋培训中心的李泓一、南昌市九品棋院的陆郅轩、省少儿围棋培训中心的杨茜婷。

2005 年 11 月 28 日至 12 月 2 日,“洁沙杯”2005 年全国万人健美操大众锻炼标准大赛总决赛在福建省泉州市举行。江西派出 134 人的队伍参加比赛,在少儿组一级,省少儿体育培训中心获一等奖;南昌市中小学生活动中心一队获二等奖;少儿组二级,南昌市中小学生活动中心获二等奖;少儿组三级,南昌市中小学生活动中心获二等奖;小学生组四级,南昌市中小学生活动中心获二等奖;此外,南昌中小学生活动中心获希望之星(少儿组)特别奖项。

2007 年,江西省运动员参加全国少年比赛,共获得 4 个第一名、8 个第二名、8 个第三名、7 个第四名、6 个第五名、6 个第六名、6 个第七名、9 个第八名。

2008 年,江西省举办田径、游泳、体操、跳水、乒乓球羽毛球、射击、赛艇、皮划艇、举重、摔跤、柔道、拳击、跆拳道、武术套路、散打、网球共 17 个项目的年度全省少儿比赛,全省注册运动员 4514 人,参赛 3079 人,达优秀 712 人,达优率 23.12%,评选优秀赛区 14 个;组织传统校田径、举重乒乓球、羽毛球、篮球、棋类项年度赛事，共45名体育教师获优秀体育教师指导奖；组队参加游泳、摔跤、举重、田径跆拳道、网球、武术、赛艇、体操、乒乓球、羽毛球、跳水10个项目全国少儿比赛，获金牌13枚、银牌22枚、铜牌17枚，第4至8名58个。10月4—6日，2008年全国跆拳道少年锦标赛在宜春市举行。该锦标赛由国家体育总局拳击跆拳道运动管理中心、中国跆拳道协会主办，江西省体育局、宜春市体育局、宜春市体育中心承办，来自江苏、福建、安徽、湖北、河南、海南、海南三亚、广东、深圳、重庆、江西、南昌等共33个单位的66个代表队的441名男女运动员参加比赛。江西队获得男子团体第2名。江西南昌队获"体育道德风尚运动队"称号，江西运动员王鹏、邬雄风获"体育道德风运动员"称号。

2009年7月8—13日，全省航空航天模型锦标赛在新余举行。比赛设有中学组13个，小学组11个，竞赛项目10个，参赛运动员200多人。赣州市经济技术开发区大明德小学获"体育道德风尚奖运动队"称号，新余市渝水一中、赣州市青少年活动中心获最佳组织奖，新钢中学、赣州市大公路一校获"优秀基层组织学校"称号。8月22日，世界自由式轮滑锦标赛在上海举行，江西萍乡14岁女生陈晨作为比赛中年龄最小的一位，首次参加成年女子组比赛，最终将一套自编的动作发挥得天衣无缝、无懈可击，以完美表现征服评委和观众，并获得冠军。8月，全国少年儿童围棋赛举行。比赛共设少年男子、儿童男子、少年女子、儿童女子以及名校组5个级别，为期6天，共有来自全国各地的280余名围棋少年儿童参赛。江西省10岁的小棋手李钦诚参加儿童组比赛，以10胜1负的战绩夺得冠军，并获得代表中国队参加2010年世界青少年围棋锦标赛的资格。8月，华东交通大学学生白雪夺得柏林世界田径锦标赛马拉松比赛金牌。12月25—27日，全省青少年车辆模型锦标赛在贵溪举行，200多人参加比赛。新余渝水二小获体育道德风尚奖，贵溪市实验中学、贵溪市第五中学获优秀基层组织奖。

2010年7月13日至16日，第四届全国国际象棋学校团体锦标赛在南昌举行。来自北京人大附中、天津大学附属小学、南昌师范附属实验小学、南昌市金盘路小学，南昌县莲塘第二中学，南昌市松柏小学等14支代表共120人参加比赛。江西共派出6支代表队26人参赛。经过几天的激烈角逐，江西10岁组进入前6名为南昌师范附属实验小学队、南昌市松柏小学队、南昌市东湖小学队；江西12岁组进入前6名为南昌县莲塘第二小学队、南昌市金盘路小学队；江西16岁组进入前6名为南昌县莲塘第二中学一队、南昌县莲塘第二中学二队。

2010年，江西参加全国青年锦标赛，共计获得20枚金牌，16枚银牌，20枚铜牌，9个第四名，9个第五名、8个第六名、2个第七名、6个第八名。

1991年至2010年，全省高校学生运动员参加国际比赛共夺得金牌93枚，银牌15枚，铜牌17枚，参加全国比赛夺得金牌306枚，银牌99枚，铜牌100枚。

第七章　青年对外交往

随着改革开放的扩大与深入,江西青年与国外及港澳台的交往日益频繁。20 年间,江西省先后接待日本、韩国、朝鲜、泰国等亚洲国家青少年代表团及非洲、美洲、欧洲青年代表的来访;江西青年走出国门,以组团或随团方式,到日本、韩国、朝鲜、巴基斯坦、印度等亚洲国家和美国以及俄罗斯、德国、法国、英国等欧洲国家访问、考察、研修。江西青年组织与日本小渊基金会合作,实施"保护母亲河行动"——中日青年友好林营造工程;派遣青年志愿者赴非洲马拉维、肯尼亚开展志愿服务。于 2007 年成立的澳赣台青年交流协会、赣港台青年交流促进会,促进了四地青年在经贸、文化、教育等领域的交流合作;"香港青少年红色之旅江西行""红色之旅——澳门青年江西行",第四、五届两岸青年联欢会等活动的开展和举办,有利于四地青年感情的融合,尤其有利于港澳台青少年对江西的了解。

第一节　国际交往

接待来访

与亚洲国家的青少年友好交流　日本青少年代表团访问江西。1988 年,江西省与日本岐阜县结成友好省县,此后,两地青少年密切开展交流活动。1993 年 8 月 4 日,日本岐阜县安八町少年教育交流团一行 16 人到江西访问。1997 年 9 月 17—21 日,日本政府总务厅青少年代表团一行 19 人到江西参观访问。2008 年是中日青少年友好交流年暨江西省与日本岐阜县结好 20 周年,9 月 18—22 日,应省外事侨务办公室邀请,以杉本博文为团长的日本岐阜县青年代表团一行 9 人到赣访问,代表团由岐阜县政府、企业、在校学生代表等组成。

应全国青联邀请,日本青少年代表团访华期间多次到江西访问。2002 年 11 月 22—24 日,团中央国际联络部副部长汤本渊、团省委副书记钟志生陪同日本友人到九江市星子县参加"保护母亲河日中交流绿化活动"。2003 年 12 月 6—14 日,以日中友好议员联盟会长林义郎之子、日本参议院议员林芳正为团长,由日本各界青年组成的日本青年代表团来华访问,第二分团 33 人于 12 月 8—12 日访问江西。2006 年 9 月,日本青年团协议会代表团一行访问江西,此访是来华参加中日青年交流 50 周年系列纪念活动的一部分;代表团在赣期间赴南昌、共青城、庐山等地参观考察,并就新农村建设、社区青年中心建设以及青年志愿者活动、青年组织活动等方面与江西青年进行深入交流。

2010年3月21—27日,以日本外务大臣政务官西村智奈美为总团长的"日本青少年友好使者代表团"来华访问,其间在江西南昌等地进行交流考察;2010年3月22—23日,由日本每日新闻社常务取缔役(常务负责人)常田照雄为团长的"中日企业家高峰论坛·日本企业家共青城投资考察团"一行20余人,到共青城进行投资考察。

韩国青少年代表团访问江西。应全国青联的邀请,韩国青少年代表团访华期间多次访问江西。1997年6月27日至7月1日,以韩国文化体育部青少年交流课事务官朴长烈为团长的韩国青少年与指导者代表团一行20人访问江西。韩方根据两国文化交流协议派团来访,代表团主要由韩国各级各地青少年工作者及大、中学生组成,省政府负责人会见并宴请代表团。1999年8月18—21日,以韩国青年会议所中央会长廉东烈为团长的韩国青年会议所代表团一行8人到赣进行友好访问。2007年7月2—12日,韩国青年代表团赴江西分团74人到赣访问,先后到九江市、鹰潭市、景德镇市、南昌市参观访问;7月9日下午,副省长孙刚在南昌会见韩国青年代表团。

朝鲜青少年代表团访问江西。1995年6月9—12日,应团中央的邀请,以朝鲜社会主义劳动青年同盟中央委员会副委员长昌辉为团长的朝鲜社劳青代表团一行6人在访问北京、天津后,对江西进行为期4天的友好访问。

以色列青年企业家代表团访问江西。1996年10月14—16日以咨询公司总经理荣恩·亚兹夫为团长的以色列全国青少年交流会公共理事会青年企业家代表团一行8人,到江西参观访问。

泰国青少年代表团访问江西。应全国青联邀请,泰国青少年代表团访华期间多次访问江西。2000年4月1—5日,以泰国总理府青年局秘书长拉万·皮彻塔克(女)为团长的泰国总理府青年局青年工作者代表团一行6人到赣访问。2002年9月,由泰国总理府青年局、老挝人民革命青年团、柬埔寨教育青年体育部、越南胡志明共青团选送的36名青年干部来华参加为期1年的中国广西国际青年交流学院国际青年干部高级研修班,研修班成员于2003年3月8—10日到江西考察,团省委副书记、省青联主席钟志生陪同。

2007年5月24—26日,以泰国战略六一三公司总裁、泰华农民银行行长顾问常念周为团长的国际青年企业领袖代表团一行6人到赣访问。

斯里兰卡青少年代表团访问江西。1999年8月22—25日,以斯里兰卡国会议员埃迪利威拉·威拉瓦迪纳为团长的斯里兰卡青年体育部代表团一行7人到赣访问。2007年,斯里兰卡建筑和工程服务部部长塞纳拉特内到赣,向南昌市东湖区培智学校残疾儿童捐赠价值数千元的书籍和爱心小礼物。

新加坡青年代表团访问江西。2004年4月6日下午,以中央执委、青年团主席、政府环境发展部部长林瑞生为团长的新加坡人民行动党代表团一行18人,访问江西并与团省委负责人进行会谈。此次访华的新加坡代表团是应中联部部长王家瑞的邀请,在赣停留两天。

越南青年代表团访问江西。2004年7月21—24日,以越南胡志明共青团中央委员、广治团省委书记黄德胜为团长的越南青年干部培训班代表团一行50人访问江西。

菲律宾青年代表团访问江西。2006年6月20日,以菲律宾全国青年委员会委员普莉西·玛丽·阿班特为团长的菲律宾青年代表团一行12人来华访问,23—27日访问江西,参观南昌高新技术开发区、江西清华泰豪科技公司、青山湖区以及庐山等地。2010年1月8日,以菲律宾全国青年委员会委员阿努克·克里斯托弗·劳伦斯为团长的菲律宾青年代表团抵赣访问。

尼泊尔青年代表团访问江西。2008年7月14—17日,应全国青联邀请,以尼中青年友好协会主席普拉卡什·保德尔为团长的尼泊尔青年政党领袖代表团一行10人对江西进行友好访问,代表团成员来自尼泊尔共产党、尼泊尔大会党、尼泊尔国家商业银行等领域。代表团在中国期间,分别到访北京、江西和广东。

与非洲国家的青少年友好交流　1996年10月18—20日,尼日利亚青体部代表团一行7人到江西参观访问。1998年7月24—27日,以津巴布韦非洲民族联盟(爱阵)政治局委员、津巴布韦非洲民族联盟青年团副书记、津教育文化部副部长莫哈迪为团长的津民盟青年团代表团一行4人到江西访问。2009年7月20—28日,应中国政府邀请,以坦桑尼亚教育和职业培训部中学教育司司长莱昂纳德·姆萨罗切为团长的坦桑尼亚青年代表一行50人来华访问,代表团于2009年7月23—26日访问南昌。

与美洲国家的青少年友好交流　2002年3月12—18日,美国青年政治领袖理事会组派美国民主党和共和党两党人士组成的青年政治领袖代表团一行10人到赣访问。2004年6月28日至7月1日,美国乔治城大学代表团的3位成员美国乔治城大学国际关系学院学生张辛亮、美国乔治城大学中文系学生米道、哈佛大学远东学系访问副教授宋怡明到江西瑞金考察调研。

与欧洲国家的青少年友好交流　2003年2月24日至3月7日,应全国青联邀请,以德国联邦议员马利斯·福克摩尔博士为团长的德国斯图加特德中友协青年代表团一行10人访华,25—28日赴江西南昌、九江、景德镇三市进行交流访问。

出　访

江西青年代表出访亚洲国家　江西青年代表访问日本。1999年6月,岐阜青年协议会通过江西省外办向省青联发出正式邀请。2000年12月7—14日,团省委以省青联名义组派江西青年代表团一行14人访问日本,省青联副主席兼秘梅黎明为团长。在日期间,代表团访问名古屋、岐阜、东京等地,与岐阜等地的青年组织、青年进行接触和交流,就青年工作以及青年参与政治、经济、文化生活,开展青年志愿者活动以及国民教育等方面进行交流与探讨。

1991—2010年,随着中日青年交流的不断深入,团中央自1993年起每年固定组织100人规模的青年考察团(通称"百人团")访问日本,2009年中日两国政府签署《关于"中日青少年友好交流年"活动的备忘录》及备忘录附属合作计划,两国青少年交流规模扩大到每年1000人(两个分团各500人,通称"五百人团")。20年间,团省委派出青年代表28批次75人次访问日本。

江西青年代表访问韩国。1997—2010年,团省委派出青年代表共12批次共计29人次参与共青团中央、全国青联组织的中国青年代表团访问韩国。

江西青年代表访问朝鲜。2009年3月17—21日,江西青年代表团访问朝鲜,省广播电视局副局长梁勇、省文物局局长史文斌、省新闻出版局助理巡视员刘英成等参团出访。1993—2010年期间,江西共派出 10 批次 19 人次的青年代表参与团中央、全国青联、全国少工委组织的青年代表团出访朝鲜。

江西青年代表访问泰国。1994 年 6 月 22 日—7 月 2 日,应泰国总理府青年局邀请,中国青年代表团赴泰国交流,有省青联常委 1 人参加交流。2005 年 6 月 18 日,受泰国华人青商会邀请,在泰国华人青商会成立 5 周年之际,团委副书记、省青联副主席郭美荐参加在泰国举行华人青商会 5 周年庆典活动。

江西青年代表参团访问越南。2001 年 10 月 9—15 日,应越南胡志明共产主义青年团邀请,团中央派遣"中越青年友好会见"代表团一行 80 人前往越南访问,省青基会陈雅岚、团省委联络部干事周兵等随团出访。2007 年 10 月,团省委相关人员 2 人随中国青年代表团出访越南。

江西青年代表访问巴基斯坦。2005—2009 年,共有 3 批次 6 人次的江西青年代表访问巴基斯坦。2005 年 4 月,团省委相关人员 2 人随中国青年代表团赴巴基斯坦访问。2008 年 8 月 21—28 日,中国青年代表团一行 100 人前往巴基斯坦执行友好访问任务,团省委副书记李建军随团出访。2009 年 11 月 2—10 日,应巴基斯坦青年事务部邀请,全国青联派遣中国青年代表团一行 100 人访问巴基斯坦。省交通科研院、团省委、江西师范大学相关人员随团出访。

江西青年代表访问印度。2006 年 11 月,团省委书记、省青联名誉主席钟志生随中国青年代表团出访印度。2007 年 4 月,团省委副书记、省青联副主席王少玄出访印度。2008 年 11 月 10—20 日,应印度青年事务与体育部邀请,中国青年代表团一行 100 人前往印度执行友好访问任务,九江市浔阳团区委书记居莉、上饶市弋阳团县委书记徐世福、丰城团市委书记李微等 3 人随团出访。2010 年 11 月 15—25 日,应印度青年与体育部邀请,团中央派遣中国青年代表团一行 100 人访问印度。新余团市委书记潘丽云等 3 人随团出访。

江西青年代表访问菲律宾。2006 年 11 月,团省委相关人员 1 人随中国青年代表团出访菲律宾。

江西青年代表访问新加坡。2002 年 11 月,吉安市青联组织优秀企业家赴新加坡参观考察。

江西青年代表出访美洲国家　1994 年 8 月 3—19 日,应美国科罗拉多大学邀请,团中央组派中国青年企业家代表团访问美国,中国青年企业家协会会员、江西省京西工贸公司董事长兼总经理熊桂华随团出访,赴美出席中美经济研讨会并考察美国工商企业界。

1995 年,铅山县农业银行、省中联实业总公司相关人员 3 人随中国青年代表团(组)前往美国执行公务。

1997 年 3 月 29 日—4 月 18 日,陈凯慧等 4 人参加"国际金融赴美国培训团"赴美国培训。

2000 年 9 月 15—29 日,应美国沃森公司和加拿大全球桥咨询公司邀请,团中央以全国青联名义派遣中国青年企业家代表团赴美国和加拿大进行专题考察,南昌市商业银行、江西新光集团有限公司相关人员随团出访。

2001 年 8 月 18 日—2002 年 1 月 17 日,应美国佛罗里达州立大学邀请,团中央实施 2001 年度团干部赴美国研修交流项目,团省委副书记钟志生前往美国执行为期 6 个月的研修交流任务。

2010 年 6 月 12—27 日,应国际美慈组织邀请,团中央以全国青联名义派遣青年代表团 20 人参加赴美国俄勒冈州波特兰市参加青年领导人社会建设项目培训,团省委曾萍随团出访。

江西青年代表出访欧洲国家　2000 年 7 月 4—28 日,应俄罗斯青年联盟、捷克青年俱乐部联盟、匈牙利左翼青年联合会和奥地利社民党青年组织的邀请,团中央以全国青联名义派中国青年代表团一行 8 人访问俄罗斯、捷克、匈牙利、奥地利四国,江西省青联 1 人随团出访。

2000 年 11 月 15—30 日,团中央以全国青联名义派遣中国青年社区工作者一行 17 人赴英国、德国研修交流团赴英国、德国研修交流访问,团省委副书记曾庆红随团出访。

2001 年 3 月 9—17 日,应法国中新集团邀请,团中央以全国青联名义组织青年工作者代表团一行 33 人前往法国执行交流访问及培训任务,开展"高新科技青年工作者培训和社区青年工作"专题培训和友好交流,团省委相关人员 1 人随团出访。

2002 年 10 月 20—31 日,应德国德中人才交流与经贸合作促进会和法国欧亚发展中心邀请,团中央以全国青联名义派中国青年人力资源开发工作者代表团一行 30 人赴德国、法国进行友好访问,团省委组织部部长刘润保随团出访。

2002 年 12 月 5—17 日,中国青年国际人才交流中心、中国青年报刊工作者协会组织中国青年报刊经营管理工作者赴德国、法国访问,就欧洲主要报刊业发展情况和经营管理方面有关经验进行为期 15 天的专业交流和学习,团省委副书记蒋斌随团出访。

2005 年 10 月 15—25 日,团省委书记钟志生参加中国青年代表团前往英国、比利时执行友好访问任务。

2007 年 6 月,江西电视台、南昌有色冶金院、景德镇陶瓷学院相关人员 3 人随中国青年代表团出访法国。

2008 年 10 月 13—20 日,应德国联邦家庭、老人、妇女与青年部邀请,经团中央书记处批准,中国青年代表团一行 400 人前往德国执行友好访问任务,团省委书记、省青联名誉主席王少玄等 7 人随团出访。

2009 年 6 月 25 日至 7 月 4 日,应英国文化协会邀请,中国青年代表团一行 100 人前往英国执行友好访问任务,吉安团县委书记刘辉茂、资溪团县委书记李小芳随团出访。

2009 年 6 月 25 日至 7 月 8 日,团省委副书记郭美荐随团中央代表团,前往英国、德国执行友好访问任务。

2010 年 3 月 22—31 日,应英国文化协会邀请,团中央以全国青联名义派遣中国青年代表团一行 50 人访问英国。团省委梅亦、黄晓瓶、燕政旭、尹春亮参加出访。

2010 年 9 月,经团中央、国家外国专家局批准,团省委蔡清平参加"中国青年管理工作者赴英国行政管理与经济管理专业培训团",前往英国执行专业培训任务。

2010 年 10 月 13—22 日,应希腊教育部青年总秘书处、英国英中中心邀请,团中央以全国青联名义派遣中国青年代表团一行 6 人访问希腊、英国,团省委书记王少玄随团出访。

江西青年代表出访澳洲国家　1992 年 2 月 20 日,团省委书记黄建盛随中国青年代表团前往澳大利亚执行公务。

中外友好合作

中日友好合作项目 2000—2002 年,团省委、省青联争取到日本小渊基金会折合人民币768 万元的援助,用于实施国家"保护母亲河行动"——中日青年友好林的营造工程,实现与日本冈山、岐阜等友好市县的合作交流。2003—2006 年间,由县级团委申请,经团省委推报,在全国青联国际项目合作中心的大力支持下,小渊基金项目相继在九江县、星子县、共青城得到顺利实施,筹集资金共计 1.2 亿日元;2004 年,团省委争取安利中国有限公司支持,建设瑞金安利林 500 多亩。2004—2008 年,江西小渊基金项目不断创新,共筹集资金 1200 余万元,用于生态环保工程建设。2006 年,在全国青联国际项目合作中心的支持下,由团省委扶贫点于都县银坑镇和于都县青年联合会申请,经团省委、省青联共同申报,从日本驻中国大使馆争取 1000 万日元,折合 70 万元人民币,建设于都县银坑镇户户通自来水工程项目,工程历时 7 个月,于 2007 年 10 月通过验收。2007 年 1 月,小渊基金九江都昌项目正式启动,项目共分两期,共计投入人民币 160 万元。通过开展湿地保护行动,拓展保护母亲河的领域。

非洲青年志愿者援助项目 为落实国家主席胡锦涛在"中非合作论坛北京峰会"宣布"3 年向非洲派遣 300 名青年志愿者"的任务,按照团中央、中国青年志愿者协会要求,团省委、省青年志愿者协会在全省公开招募 20 名马拉维项目志愿者和 5 名肯尼亚项目志愿者,开展为期 1 年的志愿服务。2009 年 10 月 29 日至 11 月 3 日,团省委副书记曾萍一行 4 人赴马拉维对接援外青年志愿者任务。2009 年 10 月至 2010 年 10 月,这些志愿者根据各自专业特长,在受援地从事玉米水稻种植、花卉果树栽培、计算机应用、汉语教学、中医针灸、乒乓球教学等援助工作。2010 年 10 月 25 日,中国(江西)青年志愿者海外服务计划马拉维项目、肯尼亚项目总结座谈会在南昌召开,副省长孙刚出席座谈会并讲话。团省委书记王少玄、团中央青年志愿者工作部副部长皮钧、团省委副书记曾萍以及志愿者派出单位的负责人出席座谈会。孙刚对中国(江西)青年志愿者海外服务计划马拉维项目、肯尼亚项目青年志愿者圆满完成任务及出色表现给予赞许。

第二节 港、澳、台交往

经济文化合作

经贸考察 2008 年 10 月 21—22 日,应团省委、省青联、九江市邀请,以香港青年联会主席、福登实业有限公司董事总经理许华杰和香港清华同学会会长、摩根大通中国区总裁方方任荣誉团长,御京国际有限公司总裁匡耀任团长的香港青年企业家商务考察团一行,在江西共青城进行为期 2 天的商务考察。

应台湾"中华青年之友会"邀请,团省委书记王少玄为团长的江西省青年经贸考察团一行 8 人,于 2009 年 5 月 24—30 日,经香港前往台湾地区进行经贸考察交流。考察团本着"认真贯彻省委、省政府和团中央关于促进两岸青年交流合作的具体要求,大力宣传江西、推介共青城"总体宗旨,代表团在短短 7 天紧张工作中与台湾的青年界、企业界、教育界及其他各界人士进行广泛接触和深入的交流,取得丰富成果,在台湾引起较大反响。通过在台召开共青城推介会并开展相关招商活动,宣传江西、宣传共青城,架起共青城与台湾各界联系桥梁,为推动江西经济快速发展做出贡献。考察团在台湾期间重点与有意向投资的企业进行座谈,争取吸引其到江西投资设厂。

缔结友好协议　2009 年 9 月 20 日,省青联与台湾"中华两岸企业发展协进会"友好协作社团缔结仪式在南昌举行。省青联名誉主席、团省委书记王少玄,省青联主席、团省委副书记郭美荐及"中华两岸企业发展协进会"监事长蔡长宗出席仪式并讲话,省青联及"中华两岸企业发展协进会"部分委员参加仪式。此次签约,是台湾"中华两岸企业发展协进会"首次与大陆青年社团组织签约,两会友好社团的缔结为赣台青年才俊发挥优势提供帮助,友好社团将突出交流合作的主题,围绕促进发展的目标,更好地实现两地青年共赢,加深两地文化认同,推动两地区域合作。台湾"中华两岸企业发展协进会"成立于 2009 年 6 月,该会以搭建两岸企业发展平台为主要功能,创始会员有台湾各类知名企业会员 31 家,企业会员年产值约 800 亿元新台币。

澳门青联江西行　为促进赣澳两地青少年文化交流,团省委、省青联、澳门青年联合会联合开展"放眼神州——澳门青联江西行"活动。2009 年 12 月 20—24 日,澳门青年代表团一行 48 人到江西进行为期 5 天的访问。在赣期间,代表团先后赴赣州、南昌、共青城等地参观考察,并举行赣澳青少年手牵手文艺晚会。代表团团长、省青联副主席、澳门青年联合会副会长施利亚向赣州市青少年发展基金会捐赠 5 万元人民币。

访问考察

江西青年与香港青年互访考察 2005 年 7 月 30 日至 8 月 2 日,由团省委、省青联与香港福建同乡会联合举办的"香港青少年红色之旅江西行"活动在井冈山启动,香港青少年 700 余人参加此次活动。

2009 年 8 月 25—27 日,省赣剧院副院长陈俐赴香港参加"庆祝中华人民共和国成立 60 周年暨香港青年联会第十七届会庆及董会就职典礼"。

江西青年与澳门青年互访考察　2000 年 5 月 2—8 日,团中央组派青年代表团一行 17 人前往澳门、香港地区友好交流,省青联秘书长梅黎明随团交流。是年,为庆祝澳门回归祖国 1 周年,全国青联、香港国际青年文化交流中心、澳门中华总商会联合举办"港澳及内地青年庆祝澳门回归 1 周年和迎接新世纪交流活动"。2000 年 12 月 27 日至 2001 年 1 月 1 日,应香港国际青年文化交流中心邀请,团省委以省青联名义,组织由团省委副书记钟志生任团长的江西青年代表团一行 15 人赴港、澳参加此次大型交流活动。

2006 年 9 月 15 日,澳门青年联合会成立庆典在澳门著名渔人码头举行。以团省委副书记、省青联主席郭美荐为团长的江西青联代表团一行 6 人前往祝贺。

2007 年 8 月 4—8 日,省青联与澳门青年联合会、澳赣台青年交流协会共同举办"红色之旅——

澳门青年江西行"活动。澳门青年代表100多人在井冈山、南昌、庐山等地开展系列教育、交流活动,8月5日上午在井冈山举行活动启动仪式。

2009年12月,应澳门青年联合会邀请,省民族宗教事务局处长林剑卫赴澳门代表省青联出席"龙贺濠江庆祝特区成立10周年系列活动"。

江西青年与台湾青年互访考察 2000年,南昌市青联组织各界优秀青年并携少儿艺术团赴台交流。

2001年应台湾新党邀请,由胡春华等18人组成的祖国大陆优秀青年访问团,自2001年2月15—25日经香港前往台湾地区进行参访,团省委副书记钟志生随团交流。

研讨与交流

江西青年与港澳青年研讨交流 1998年7月,举办赣港青年志愿者劳动营活动。省青年志愿者协会组织由100余名各界青年志愿者组成的代表团到香港,与九龙明爱社区服务中心联合举办为市民服务和参观交流活动,与香港青年增进了友谊。

2002年12月7—12日,团中央组团赴香港、澳门地区执行友好交流任务,团省委副书记钟志生随团交流。

2003年1月16—25日,团中央组团前往香港、澳门地区执行友好访问任务,团省委派员随团交流。

2003年4月10—24日,全国青联在香港举办第3期青年管理人才高级研修班,课程为期15天。学习期间围绕"香港经济运行启示与中国入世后的机遇、挑战与对策"方向,安排听课、参观与考察等活动,重点在科技、经济、教育、工商管理等方面进行研修,省委组织部副处长雷音随团参加研修班学习。

江西青年与台湾青年研讨交流 2002年5月下旬,应台湾地区青商总会邀请,团中央组团经香港前往台湾地区执行为期9天的"十杰"交流,第十一届"中国十大杰出青年"、蓝天职业技术学院院长于果随团交流。

2003年2月13—22日,团中央组团经香港前往台湾地区执行友好交流任务,团省委书记潘东军、蓝天职业技术学院院长于果、江西上饶德兴市帅特龙房地产开发有限公司总裁等3人随团交流。

2004年9月17日,省青联接待台湾青商总会顾问、"中华青年企业家协会"主委骆明裕,组织省青联委员与之交流,团省委书记钟志生、副书记郭美荐出席。

应"中华全国青年之友会"邀请,团省委组织全省17名青年代表于2008年12月上旬赴台湾地区进行为期8天的友好交流访问。在台期间,双方在经贸、教育、学术、文化等领域进行广泛交流,并拜会相关友好人士。

两岸青年联欢节 "两岸青年联欢节"是团中央联合各地政府开展的最大规模对台青年交流活动,在全国乃至海外具有重要影响。联欢节在北京、上海、福建、海南等地成功举办3届,有座谈、文化、体育、旅游等活动。在全国青联的关怀下,2009 年首次将这项活动安排在赣举办。2009 年 8 月 4—10 日,团省委、省政府台湾事务办公室为促进赣台青年交流合作,服务江西大开放主战略,进一步深化赣台在经贸、文化、科教等方面的交流、促进台湾青少年对江西的了解,推动全省旅游事业迅速发展,联合举办第四届"两岸青年联欢节"活动。

2010 年 8 月 12—19 日,秉承"赣台心连心,两岸情相系"为主题的第五届"两岸青年联欢节"江西行活动在赣举行。8 月 12 日下午,由中华全国青年联合会、省政府共同主办,省政府台湾事务办公室、省青联、台湾地区"中华青年之友会"联合承办的第五届"两岸青年联欢节"江西行活动在南昌大学青山湖校区逸夫馆举行开幕式。省政协副主席王林森,省委统战部副部长张勇,团省委副书记、省青联主席郭美荐,省台办副主任黄朋青,南昌大学党委副书记徐求真等出席开幕式。开幕式结束后,来自台湾的 50 名青年学生与南昌大学青年学子举行一对一座谈,并开展丰富多彩的文娱活动。两岸青年联欢节是团中央联合各地政府开展、具有一定规模的对台青年交流活动,通过文化交流、参观旅游等活动,增进台湾青少年对祖国大陆的了解和认识,加深两岸青少年血脉亲情,增强两岸青少年传承中华文化责任感和振兴中华民族使命感。"两岸青年联欢节"努力打造赣台两地青少年交流平台,促进台湾青少年对赣鄱大地的了解。

第八章 青年研究

江西共青团组织历来重视对青年的研究。团省委积极开展省际学术活动,与周边省市青年组织共同举办长三角"3+1"青年论坛3次,长三角"3+2"青年论坛4次;同时,团省委及全省其他青年组织围绕青年理论研究,广泛开展各种调研活动,涉及青年思想教育、学习深造、劳动就业、交际消费、健康状况、共青团工作等诸多领域,并获得多种奖项,出版《江西青年状况蓝皮书》等许多重要著述。

第一节 学术活动与成果

主要学术活动

省际学术活动 2001年11月24—26日,江西"青年·工业·现代化"论坛暨赣沪青年企业家经贸交流活动在南昌举行。这次活动是团省委、省青联、省青企协联合邀请37名上海企业家来赣开展的一次经贸及学术交流活动。活动期间,省委书记孟建柱接见了赣沪两地代表,省委副书记步正发出席论坛并讲话。这次学术活动的主题为江西"青年·工业·现代化"。11月25日上午,参加论坛的上海、江西各6位青年企业家、3位学者、专家以及部分在校经济专业研究生,在江西电视台演播厅,围绕"青年·工业·现代化"主题,就企业发展、思维创新、管理创新、科技创新等畅谈各自见解。11月26日下午,上海、江西各6位青年企业家以及青年学生、工商、科技企业人士等,在南昌有线电视台演播厅就"青年·工业·现代化——抓住机遇,走工业经济发展新路"的主题,与专家进行对话交流。2001年,在赣沪两地青年经贸、青少年工作合作交流活动中,团省委和共青团上海市委签署《关于青年经贸、青少年工作领域的合作协议》。活动期间,签订经济项目合同15个、合同金额1.5亿元;募集希望工程资金、实物2045万元,建立赣沪间结对互助城市11个、企业10个、学校100所。

2003年11月5日,中国青年企业家协会八届二次理事会暨中国青年企业家共青论坛在九江市共青城召开,来自全国近200多名青年企业家和80余名团干部赴赣参加活动。会上,省委副书记、常务副省长吴新雄为会议致辞。会议在经贸合作方面,共为江西签约27个项目,合同金额70.54亿元;中国青年企业家共青论坛与会代表围绕"青年创业与全面建设小康社会"这一主题进行了座谈讨论。

2003 年 6 月至 2004 年 4 月,团省委、省青联与上海、浙江、江苏青年组织联手,分别在杭州、上海、南京举办 3 次长三角"3 + 1"青年论坛。2003 年 6 月 23 日,团省委、省青联与上海、浙江、江苏三省(市)青年组织首次在杭州共同举办"合作与发展——长三角杰出青年论坛"。这次论坛以"合作与发展"为主题、以杰出青年为主体、以电视论坛和座谈会等形式,为与会青年搭建一个良好的交流平台。会议期间,浙江省委书记习近平接见"长三角青年论坛"部分与会代表。2003 年 8 月 16 日,团省委、省青联与苏、浙、沪青年组织联手,在上海国际会展中心举办"世博会与长三角园区发展青年论坛",来自四省市近 200 名青年企业家参加论坛,国内外知名专家学者参加论坛会议,并做演讲。2004 年 4 月 2 日,团省委、省青联,与苏、浙、沪青年组织联手,在江苏南京举办长三角"3 + 1"第 3 次青年论坛。这次论坛的主题是"以人为本、创业立身"。

2004 年 11 月至 2006 年 6 月,团省委、省青联与上海、浙江、江苏、安徽青年组织联手,分别在南昌、上海、合肥、杭州举办 4 次长三角"3 + 2"青年论坛。2004 年 11 月 2—5 日,以"交流、合作、共赢"为主题的长三角"3 + 2"青年论坛在南昌举行,参加会议人员有来自上海、浙江、江苏、安徽、江西的 150 余名青年企业家代表和共青团干部。省委书记孟建柱、省委副书记王君会见出席论坛会议的五省(市)青年代表、省委副书记王君出席论坛开幕式并致辞,团中央书记处书记王晓在开幕式上讲话。在开幕式上,五省(市)团委负责人为论坛揭幕并共同签署长三角"3 + 2"青年交流框架协议。协议规定,五省(市)共青团组织、青联将在青少年思想道德建设、青年经贸交流与合作、青少年工作信息化建设、青少年组织的交流与青年人才培养等方面进行深入合作,为五省(市)青年创业、交流、合作与发展提供广阔平台。在论坛上,江西师范大学教授李德体题为"区域合作的本质是参与区域的分工"的主题演讲。与会的青年代表和青年企业家各自就新世纪青年的责任和使命,共青团组织在新形势下如何更好地服务大局、服务青年,实现相互间的合作、共赢等问题进行交流和探讨。2005 年 6 月,由沪、苏、浙、赣、皖五省市共青团、青联组织联手举办的以"总部经济与长三角互动发展"为主题的长三角园区青年论坛在上海举行。2005 年 11 月 7 日,由沪、苏、浙、赣、皖五省市共青团、青联组织共同举办的"发展与合作共赢长三角"3 + 2"青年论坛"在安徽合肥举行。2006 年 6 月 19 日,由团中央、全国青联主办,沪、苏、浙、赣、皖五省市共青团、青联承办的"融入长三角、携手港、澳、台 2006 长三角青年论坛"暨首届"长三角自主创新青年领军人物"颁奖典礼在杭州举行。团省委副书记郭美荐率 13 人组成的江西青年代表团参加论坛。在首届"长三角自主创新青年领军人物"颁奖典礼上,江西青年吴跃(中国直升机设计研究所所长兼党委书记)获首届"长三角自主创新青年领军人物"称号。

2005 年 7 月 13—15 日,上饶团市委、上饶市青联与浙江金华、衢州、绍兴、福建南平、安徽黄山三省五市的团市委、市青联联手,在上饶举办"赣浙闽皖"4 + 2"城市青年论坛"。上饶市委书记姚亚平,市委副书记、市长刘和平,市委副书记刘卫华等领导会见与会全体代表,团省委书记钟志生、副书记郭美荐出席论坛活动。这次论坛活动,特邀省社联副主席汪玉奇为论坛主持,江西师范大学副校长罗来武、南昌大学 MBA 中心主任、欧洲研究所所长、博士生导师黄新建,与来自六市的青年企业家们围绕"交流合作创业发展"这一主题进行交流探讨。

2005 年 12 月 10 日,由江西团省委、上海团市委、共青城开放开发区管委会共同举办的"共青精神与青年创新——纪念共青城创业 50 周年青年企业家论坛"在共青城举行。省委书记孟建柱,省委常委、省委秘书长陈达恒等会见参加论坛的青年企业家,团中央书记处书记王晓,副省长危朝安出席论坛并讲话。来自江西、上海、江苏、香港等地的青年企业家以及部分中国青年企业家协会会员等近 200 人参加此次主题活动。

论坛上,中国社会科学院研究员李海舰、江西师范大学副校长罗来武分别作题为《现代社会创业方式创新》《政府在提供创业环境中的作用》的演讲,亿阳集团有限公司董事长邓伟、上海大众公用事业(集团)股份有限公司董事长杨国平、泰豪科技股份有限公司总裁黄代放作主旨发言。此次论坛设立"共青城青年创业基金",以此来弘扬共青精神,激发广大青年的创业热情,首期资金 100 万元。团中央、中国青年企业家协会和上海青年企业家协会还向九江地震灾区捐款 45 万元。

省内学术活动 自 1990 年 6 月开始,团省委和省井冈山精神研究会联合在全省开展"继承和发扬井冈山精神"征文活动。征文活动的开展得到全省许多团组织的响应和团干部的参与,共收到征文 152 篇。经过评选,评出一、二、三等奖 13 篇、优秀奖 15 篇。陈建军撰写的《发扬井冈山的革命精神,把一切献给人民》和周金堂撰写的《试论老区青年教育中的井冈山精神"开发"》获一等奖。1991 年 3 月,团省委和省井冈山精神研究会向获奖作者和获奖单位颁发证书、奖品和锦旗。

1991 年 7 月,省第五届高等师范院校青年工作理论研讨会在赣南师院召开。参加会议的有来自全省 8 所高等师范院校的 25 名代表。会议期间,与会代表围绕高校共青团的组织建设,思想建设以及大学团校系列教材编写的主题内容进行广泛交流和深入探讨,并在高校团员违纪处分材料进档问题、高校成立共青团年级工作委员会及成立学生心理咨询中心等方面取得共识。会议评选出优秀论文 18 篇。

1993 年 7 月 1 日开始,团省委在全省县及县以上团组织开展论题为"新时期青年工作现状与发展战略"的调研活动。在这次调研活动中,全省县及县以上团组织按照团省委要求,对本地区、本系统在改革开放和社会主义市场经济条件下青年工作面临的新情况、新问题,进行深入细致地调研。是年 8 月,赣州团地委在企业中开展调研活动中,围绕团省委列出的新时期青年工作现状与发展调研提纲 10 个专题进行调研,共收到调研论文 30 多篇。在这次调研活动中,"新时期我国青年工作的现状与发展战略"赴赣调查组一行 7 人到江西开展调研活动,团省委书记黄建盛、副书记冯桃莲等与赴赣调研组的人员一道,先后深入南昌、共青垦殖场、赣州、吉安、抚州、景德镇等地乡村、企业、学校,进行为期 8 天的调研。

1996 年 5—9 月,团省委在全省开展为期 4 个月的青少年思想道德文化状况与对策的调研活动。这次调查的重点为 7 个青年群体,即:青年工人、青年农民、青年知识分子、大中学生、个体青年、青年民工,信教青年及少年儿童。调研分问卷调查与专题调研两种方式进行。专题调研设有:关于青年思想状况与对策,关于青少年人生观、价值观与对策,关于青少年社会道德与对策,关于青年职业道德与对策,关于青少年家庭伦理道德与对策,关于青年职业道德与对策,关于青少年家庭伦理道德与对策,关于青少年的文化状况与对策和关于影响青少年思想道德文化的社会环境与对策等 9 个专题。在调研活动中,全省各地市团委、高校团委按照团省委印发的调查问卷以及分配的调研专题开展调研活动。年底,团省委对调研活动中评选出的优秀调研文章进行表彰,南昌团市委高鹰群等撰写的《南昌市青少年思想道德文化状况综合分析报告》等13篇论文获一等奖。

1997年7月,团省委成立编纂委员会,正式启动《江西省青少年组织志》编纂工作。用两年多时间,把主要精力放在资料的收集以及1919年至1997年江西省青少年组织沿革和青年运动发展的研究上。编纂人员先后到省档案局和省图书馆、团中央档案室、团省委档案室、革命烈士纪念馆、团省委青运史资料室以及省方志办资料室等十几个单位共先后收集资料近2000万字。这些资料主要有:原团省委青运史研究室所存的数百万字的青运史资料;省委组织部、省委党史资料征集委、省档案局联合编纂的《中国共产党江西省组织史资料》;省档案馆有关江西青少年组织的档案资料;《江西青年报》1984至1997年报刊资料;各设区市团委、省直属单位和省属高校团委按志书要求提供的资料等。在青运史研究方面,通过资料的收集、整理及分析,对80年江西共青团、青联、学联、少先队组织在各个历史时期组织机构、主要活动及成效等方面有清晰地认识;同时,在原青运史研究室编纂的《江西青年工作大事记(1949—1966年)》的基础上,编纂《江西青年工作大事记(1918—1998年)》。这为《江西青少年组织志》的编纂创造了条件。

2000年3月,为贯彻省委、省政府有关大力发展县区域经济的指示精神,团省委、省社科院、省青联决定联合开展"江西青年与县域经济发展战略"调研活动。活动以"探讨江西县域经济发展战略、展示江西青年在跨世纪县域经济发展中的突出表现,为江西县域经济发展建言献策"为主题,于2000年4月上旬在南昌市召开江西省内专家学者研讨会,重点探讨全省发展区域经济的重要意义与发展现状,6月则在省内一些区域经济搞得好的县市开展调研座谈会等活动。

2003年4月,团省委在2002年取得全国调研2个二等奖,1个三等奖的基础上,向全省各设区市团委、省青联、高校团委印发《关于做好2003年度全团调研奖申报工作的通知》。该通知下达后,各设区市团委、高校团委均组织精干的研究力量,通过深入基层、深入青年调查研究,形成一批质量较高的调研文章,团省委从中选择10余篇到团中央参加全国调研奖成果评审。

2004年是共青团调研年。江西各级团组织全面动员、广泛开展调查研究,掌握大量有经验的调研信息,为有针对性开展共青团工作提供决策参考。6月下旬,团省委、省少工委联合组织开展"江西省未成年人思想道德建设状况"调查,在11个设区市发放问卷12400份,形成的调研报告成为全省开展未成年人思想道德建设的重要依据。7月,团省委联合省司法厅、江西师范大学及其他高校,组织大学生在全省开展青少年思想道德建设调查活动,大学生们深入省少管所调查少年犯简历及心理档案,深入企业、社区为闲散少年提供各种道德教育与服务,在调查过程中实现对大学生的自我教育。10月下旬,团省委、省学联组织开展大学生思想状况调查,以省内12所高校为抽样框,发放问卷2万份。同时,先后在南昌大学、华东交通大学、江西师范大学等院校召开团干部、学生干部和不同年级学生代表座谈会,较深入地加强和掌握大学生的思想政治状况。11月下旬,团省委在赴上海参加培训的全省百名县区团干部中开展"江西基层团组织能力建设"调研,发放问卷100份,分片区召开3个座谈会,比较客观地了解基层团组织建设状况。2004年底,团省委组织开展全省共青团调研奖评选,并做好全团调研奖的组织工作。团省委办公室获全团调研组织奖,推荐的调研文章有5篇得奖,其中2篇获全国一等奖。2004年团省委在南昌召开全面加强未成年人思想道德建设座谈会,与会的20余名共青团、少工委干部、教育界人士和研究青少年问题的专家学者,就全面加强未成年人思想道德建设问题进行研究及探讨。

2006年4月,团省委在全省共青团组织中开展团工作和青少年工作大调研以及调研奖评选活动。这次调研活动中,各级团组织高度重视,围绕新形势下根据青少年成长发展的新变化、新特点,共青团和青少年工作的新途径新办法等开展调查和研讨活动。至11月底,各地共推荐113篇具有较高水平的调研文章。2007年初,团省委决定授予《南昌市在校青少年博客使用情况调研报告》等10篇调研文章为一等奖,授予《论荣辱观教育背景下加强大学生诚信教育》等20篇调研文章为二等奖,授予《浅析高校学生社团及管理》等30篇调研文章为三等奖。

2006年11月,由团省委书记牵头,对全省10所民办高校进行专题调研。这次调研采用发放问卷、师生座谈、专家访谈、查找文献等方式进行,共发放问卷1431份。回收有效问卷1407份。调研结束后,钟志生撰写《江西民办高校团学工作调研报告》,并获得2007年团中央授予的全国调研一等奖。

2007年初,为全面掌握全省县乡村三级团组织基本情况,为下一步推进基层团建工作提供参考,团省委专题组织开展"全省县乡村团建工作大调研"。调研以全省99个县(市、区)作为普查对象,同时根据随机原则,按照每个县抽取一个乡、两个村的标准。全省确定300个乡村作为调研对象,通过发放调研问卷、下基层召开调研会、座谈会、文献调研等方式,形成调研报告。调研评估后,团省委书记王少玄根据全省专题调研情况,撰写《江西基层团建工作调研及对策分析》的调研论文。该论文被入选2006—2007年度全省共青团调研重点立项课题。

2007年12月19—30日,团省委第一考评调研组赴九江、景德镇、南昌3地进行2007年度共青团工作考评和调研。在进行调研时,调研组先后召开5次专题座谈会,参与5次座谈会的团干部共130余人,分别来自高校、中小学、国有上市企业、民营企业、新兴园区、街道(乡镇)、农村、团县委等。其中,有团委书记代表、转业团干部代表、市青联委员代表、"十杰"青年代表等。与会代表就共青团在留守儿童、新兴组织和园区、民办高校的作用和地位,党建带团建的建议和思考,基层团组织建议与困惑,共青团岗位得到的锻炼和体会等专题,进行广泛深入的交流和探讨。

2008年,南昌航空大学开办"昌航青年论坛"。论坛立足青年大学生群体,通过在全校团员青年中选拔招募的一批青年讲师进行讲课,并引导大学生围绕"昌航青年"关注话题展开广泛交流。论坛话题包括对热点问题的聚焦,对焦点问题的跟踪和对难点问题的解析,强化青年团员的思辨能力,增强团员的研究意识。论坛自2008年开办后,共聘用青年讲师18人,开设讲座21场,吸纳近万人参与论坛活动。

2009年9月18日,由团省委和国资委联合召开的首届"国有企业共青团和青年工作论坛"在南昌开幕。这次论坛主题为"实践、创新、激情、梦想",会期三天。

主要学术成果

重要著述 《共青团学》。1991年,由上海社会科学院出版社出版,是中国第一部研究共青团的理论著述,获江西省1988—1990年优秀社会科学成果奖。《共青团学》由丁耀民、李建一任主编,参加编写初稿的有李建一、周金堂、张国培、吴晓明、龚继明、叶平等。参与统稿的有李建一、周金堂等。全书共5篇14章,27.5万字。1988年12月,中国著名青年和青年工作理论研究专家、教授黄志坚为该书作序。

《青年教育学》。1994年,由华夏出版社出版,陈国柱、吴广川、袁承为编著。全书13章,23.8万字。

《青年工作好点子》。1997年,由江西高校出版社出版,曾春晖主编,参加编写的有冯卫星、郭常亮、徐卫星、陈行龙、舒伟健、贺浪潮、刘小兰、乐亚山、姜和忠、金彦、邹纯平、朱程红、刘安卿、李文丽、胡穗华、于波、徐卫华、吴好良等,冯卫星统稿。全书共10篇,30万字。

《江西省青少年组织志》。2004年12月,《江西省青少年组织志》一书由方志出版社出版。该书从1997年下半年开始正式启动志书编纂工作,2004年上半年定稿出版面世,历时近7年。该书由潘东军、钟志生、敖秋生任主编,敖秋生负责全书的统稿工作。该书是江西省第一部比较全面、系统记叙全省青少年组织沿革和青年运动发展的志书。全书80万字。

《江西青年状况蓝皮书》。2010年8月,《江西青年状况蓝皮书》一书由江西教育出版社出版。该书从2009年开始调查问卷起,至2010年8月定稿出版面世,历时1年3个月。该书由团省委书记王少玄任编委会主任,杨龙兴、谭菊华负责全书统稿工作。这本蓝皮书通过对前期抽样调查及一些专题调查得出的大量数据进行分析。从健康、教育、劳动就业、恋爱、婚姻、消费及闲暇、公民参与、人际交往、思想道德、省情认识等9个方面,对江西青年的基本状况进行系统分析,并提出相应的思考和建议。《江西青年状况蓝皮书》出版发行入选"2010年江西共青团十件大事"。

《中央苏区青年运动史》。2009年4月,《中央苏区青年运动史》一书由中央党史出版社出版,主编陈春明。该书以第二次国内革命战争时期特别是中央苏区共青团的历史和青年运动发展为主线,采取编年记事体和图文并茂形式编写。全文由正文、附录两部分组成。正文主要包括中央苏区共青团的基本载体、组织机构、发展历程、重要活动、工作成效、历史经验和优良传统以及苏区青年革命先辈、青年革命英烈的生平业绩;附录主要包括东亚青年运动重要历史文献资料,回忆资料和中央苏区青年运动大事记,全书约33.7万字。

《团旗与新中国同行——江西赣州共青团员十周年》。2009年4月,《团旗与新中国同行——江西赣州共青团员十周年》一书由中央党史出版社出版,主编陈春明。团省委书记王少玄为该书作序。该书以中华人民共和国成立后历任团地(市)委书记的回忆,立足青年工作为主线,采取编年记事的形式,全面整理、收集和撰写了从1949年5月至2009年3月的赣州共青团主要工作、重大事件、重大活动和获得的主要荣誉等。该书共发行4000册。

《团旗飘扬——抚州共青团简史》。2009年10月,《团旗飘扬——抚州共青团简史》一书由江西教育出版社出版,程新飞任主编,郑锦锋、张沥泉任副主编。全书分3篇12章,比较系统地反映了1919年5月至2009年5月抚州青年运动发展和抚州共青团组织沿革。抚州市委书记甘良淼,团省委书记王少玄分别为该书作序。此书28万字,共发行2000册。

《井冈山根据地的共青团》。2009年,《井冈山根据地的共青团》一书由江西人民出版社出版,刘智艺担任主编。该书比较详尽论述1927年10月至1930年2月,井冈山根据地的共青团组织的建立、发展和变化过程以及该时期共青团的重大活动等。中共吉安市委副书记蒋斌为该书作序。

论文奖

表 8－1－1　1997—2008 年团中央调研奖江西获奖情况

论文名称	获奖作者	所属单位	授奖单位及类别	授奖等级	授奖时间
江西培养青年科技拔尖人才的现状和对策研究	黄建盛、敖秋生、章维	团省委	团中央调研奖	二等奖	1997 年
21 世纪团校建设新走向	钟志生、曾春晖、敖秋生、郭常亮	团省委课题组	团中央调研奖	三等奖	2001 年
江西高校本科生价值取向调查报告	袁建生、曾妍、王丽君	江西师大团委	团中央调研奖	二等奖	2002 年
做好农村进城务工青年这篇大文章	钟志生	团省委	团中央调研奖	二等奖	
企业共青团工作现状与发展的思考	江西铜业集团公司团委	江西铜业集团公司团委	团中央调研奖	三等奖	2003 年
江西省未成年人思想道德状况调研报告	钟志生	团省委	团中央调研奖	一等奖	2004 年
南昌市在校青少年使用手机短信的现状及分析报告	江西师大团委信息中心	江西师范大学团委信息中心	团中央调研奖	一等奖	
挖掘红色资源、搭建育人平台、促进未成年人思想道德建设	团江西省委办公室	团省委办公室	团中央调研奖	二等奖	
市场经济条件下未成年人价值观的发展变化及对策	李忠明	江西兴国县平川中学	团中央调研奖	三等奖	2004 年
奉新县基层团组织建设探讨与思考	廖伟	奉新团县委	团中央调研奖	三等奖	
江西青年高校青年人才现状的调查及对策研究	郑炎明、乐亚山、陈行龙、刘小兰	团省委课题组	团中央调研奖	三等奖	
加强基层团组织能力建设之我见	罗聪明		全团调研奖	三等奖	2004 年

续表

论文名称	获奖作者	所属单位	授奖单位及类别	授奖等级	授奖时间
江西省大学生思想政治状况调研报告	钟志生	团省委	团中央调研奖	二等奖	2004 年
江西省民办高校团学工作调研报告	钟志生	团省委	团中央调研奖	一等奖	2006 年
南昌市在校青少年博客使用情况调查报告	罗希等	江西师大团委青年研究中心	团中央调研奖	二等奖	
江西省基层团建工作调研及对策分析	王少玄	团省委	团中央青运史研究论文奖	二等奖	2008 年

表 8－1－2　1990—2006 年团省委论文奖部分获奖情况

论文名称	获奖作者	所属单位	授奖单位及类别	授奖等级	授奖时间
发扬井冈山的革命精神,把一切献给人民	陈建军	新余市政府办公室	团省委、省井冈山精神研究会	一等奖	1990 年
试论老区青年教育中的井冈山精神"开发"	周金堂		团省委、全省大中型企业青年工作研讨会论文奖	一等奖	
南昌市青少年思想道德文化状况综合分析报告	高鹰群、梅梅、章美良	南昌团市委	团省委优秀调研论文奖	一等奖	1997 年
转换经营机制中企业青工职业道德状况调查报告	胡国友、薛毅、罗翔	南昌飞机制造公司团委	团省委优秀调研论文奖	一等奖	
高校学生思想状况专题调查报告		江西师大团委	团省委优秀调研论文奖	一等奖	
当代大学生思想道德文化状况调查综合分析报告	肖洪波、黄萍	江西财经大学团委	团省委优秀调研论文奖	一等奖	
关于青少年思想政治工作的成果经验和主要问题	蒋太群	赣州团地委	团省委优秀调研论文奖	一等奖	

续表

论文名称	获奖作者	所属单位	授奖单位及类别	授奖等级	授奖时间
对资产经营责任制条件下共青团工作的思考	张宏杰、袁宵	南昌铁路局团委	团省委、全省大中型企业青年工作研讨会论文奖	一等奖	1999年
当前企业青工职业道德教育基本途径初探	康军	江西纸业集团青工工作研究会	团省委、全省大中型企业青年工作研讨会论文奖	一等奖	
围绕"质量、管理、创新、增效"主题创建青年文明号生产线	胡瑜瑞	新余团市委青工部	团省委、全省大中型企业青年工作研讨会论文奖	一等奖	
准确定位,探索新路——试论新形势下的企业共青团工作	朱文广	江西省电力局	团省委、全省大中型企业青年工作研讨会论文奖	一等奖	
江西铜业公司青工思想调研报告	林金良、段本能、黄兵、郑秀宝、杨兴文、雄英	江西铜业公司	团省委、全省大中型企业青年工作研讨会论文奖	等奖	
南昌市在校青少年博客使用情况调查报告	罗希、林明星、陈文超	江西师大团委青年信息中心	2006年全省共青团调研奖	一等奖	2006年
城市青年中心建设探索与思考		江西科技师范学院通信与电子学院	2006年全省共青团调研奖	一等奖	
公务员报考现状调查与研究	黎钧、杨颖等	江西师大数信学院	2006年全省共青团调研奖	一等奖	
吉安市青少年网络现状调查报告	刘智艺	吉安团市委	2006年全省共青团调研奖	一等奖	
江西青少年环保志愿者参与鄱阳湖湿地保护调研报告	李菲、蔡海生	团省委青农部、江西农大	2006年全省共青团调研奖	一等奖	
以"1+1"模式建设农村青年中心	巫琼、李友俊	赣州团市委	2006年全省共青团调研奖	一等奖	
研究生共青团建设的探索与思考	王健	东华理工学院研究生部	2006年全省共青团调研奖	一等奖	

续表

论文名称	获奖作者	所属单位	授奖单位及类别	授奖等级	授奖时间
民工子女心理发展现状及对策研究	黄晓萍、龙军	赣南师范学院科技学院	2006 年全省共青团调研奖	一等奖	
关于我市青年技术工人的调查与思考	罗峰、朱岩	抚州团市委	2006 年全省共青团调研奖	一等奖	
南昌志愿服务现状调研分析	胡剑峰	南昌团市委	2006 年全省共青团调研奖	一等奖	

第二节　青年工作调研报告

2009 年 5—9 月期间,团省委面向全省青年开展大规模抽样调查,采取入户调查和组织化调查相结合形式,面向全省青年发放问卷 2 万份,回收 14751 份。此次调查对象的地域分布,覆盖全省100 个县(市、区);调研对象的组成很好兼顾男女比例、文化程度、户口类型、职业分布、婚姻状况、政治面貌等方面,具有很高的代表性和可信度。通过对前期抽样调查得出的大量数据进行分析,从健康、教育、劳动就业、恋爱婚姻、消费及闲暇、公民参与、人际交往、思想道德、省情认识等 9 个方面,对江西青年的基本状况进行系统、详细、严谨的分析,归纳当时江西青年的特点和规律,并提出思考和建议。2010 年 5 月,形成江西青年历史上第一本蓝皮书——《江西青年状况蓝皮书》。

青年状况调查

青年身体健康状况　男青年身体健康状况好于女青年。调查显示,男青年身体健康状况自评为非常好和好的占到 22.8% 和 50.7%,女青年身体健康状况自评为非常好和好的为 18.7% 和46.0%。这两项统计数据男青年均高出女青年约 4 个百分点。而男青年身体健康状况自评为一般和差的只占 23.6% 和 2.3%,女青年身体健康状况自评为一般和差的占 32.6% 和 2.4%,女青年在身体健康状况自评为一般高于男青年 9 个百分点。

在不同性别青年群体感冒情况方面,女青年感冒次数略高于男青年。男青年每年感冒 0 次的为 19.2%,女青年每年感冒 0 次的为 13.4%。男青年每年感冒 1~2 次的为 56.9%,女青年每年感冒 1~2 次的为 53.2%,男青年每年感冒 3~5 次的为 19.2%,女青年每年感冒 3~5 次的为26.3%。男青年每年感冒 6~8 次的为 2.8%,女青年每年感冒 6~8 次的为 5.0%;男青年每年感冒8 次以上的为 1.9%,女青年每年感冒 8 次以上的为 2.1%。

各年龄段青年群体身体健康状况总体良好,略有区别。根据不同年龄阶段青年群体身体自评情况的统计数据显示,青年身体状况达到好以上的占 69.4%。其中:14 岁至 20 岁、21 岁至 25 岁、

26 岁至 30 岁、31 岁至 35 岁等不同年龄段青年身体状况达到好以上的比例分别是 66.4%、75.9%、71%、69.8%。

高学历青年身体状况优于其他学历青年。学历对青年身体健康状况的影响较为鲜明,在身体健康状况自评为非常好、好、一般、差和很差这 5 个等级的被调查者中,各种学历青年群体所在的比例情况区别较为明显,其中回答"非常好"的小学、初中、高中、大专、本科、硕士及以上比例依次为 16.3%、21.3%、20.9%、23%、18.5%、35.7%,硕士及以上学历青年选择的比例远高于其他学历层次青年。

青年体重总体正常,但偏胖与偏瘦比例相当。2009 年体重自评情况总体正常,51.5% 的青年为正常,偏胖的青年为 20.8%,偏瘦的青年为 20.1%,被调查青年体重总体正常。

大部分青年饮食有规律,但不同职业青年群体不尽相同。青年中每天吃早餐的比例为 54.1%,经常吃的为 28.5%,有时吃的为 12.2%,偶尔吃的为 4.5%,从不吃的为 0.7%。在不同职业青年群体中,情况不尽相同,饮食无规律主要集中在进城务工人员,无固定职业者,个体从业人员,私营企业主等职业群体,这部分青年群体因为经常流动,工作无规律,导致饮食无规律。

青年近视比例较高,学历与近视呈正相关。全省青年中有近视的比例为 45%,接近一半。在不同学历的青年中,江西青年群体中的小学、初中、高中(中专、技校)、大专、本科、硕士及以上青年群体近视比例依次是 33.3%、38.8%、46.9%、44.5%、55.1%、58.6%。学历越高的青年近视比例越高。

吸烟青年比例较高,女青年吸烟也不少见。江西青年当中经常(每天 5 支以上)吸烟的比例仅为 20.3%,其中男青年当中经常吸烟的人数比例为 31.3%,女青年中经常吸烟的人数比例也占到 7.04%。

青年睡眠质量总体不高,城镇青年失眠现象更为突出。江西被调查的青年中,青年的睡眠质量不容乐观,38.2% 的青年有入睡困难或睡眠质量不高的现象,其中男青年有睡眠障碍的比例为 38.5%,女青年有睡眠障碍的比例为 38.1%;农村青年为 37.3%,城镇青年为 38.8%。在调查中,调查人员发现,部分青年觉得自己的睡眠质量不大好,"老觉得睡不够""老是做梦,醒来很累"等等。

近一半青年不能进行有规律身体锻炼。江西青年当中每周锻炼 1~2 次的人为 53.3%,有近一半的人不进行锻炼。不同性别青年群体中,每周锻炼 1~2 次的男青年比例为 57.8%,女青年为 48.1%。

近 4 成青年生病不就医,城镇青年更明显。江西青年当中,身体不舒服时只有 6 成会去就医,将近 4 成的人不会前往就医。在不同性别的青年群体中,遇到身体不舒服时男性就医的比例为 59.4%,女性稍高于男性,但也仅为 62%。在城乡青年群体中,遇到身体不舒服时有 59.2% 的城镇青年会选择就医,而农村青年身体不舒服时选择就医的比例稍高,为 62.6%。

江西青年教育状况 父母对青年的教育方式呈多样化。江西青年认为父母采取命令式教育方式的占 12.8%,采取打骂式教育方式的占 6.9%,采取沟通式教育方式的占 43.6%,而采取说教式教育方式的占 57.7%。

单位比较重视青年的学习。江西青年认为单位重视青年学习的为 62.4%，认为单位比较重视青年学习的为 25.0%，认为单位不重视青年学习的为 8.5%。

青年的学习意识、学习动力增强。一是有较强的学习欲望。选择希望自己最终获得硕士研究生以及以上学历的青年为 36.1%，其次为本科学历，比例为 34.4%。其中，不同年龄、不同职业、不同文化程度的青年选择希望自己最终所获取的学历会有所不同。二是重视科学和专业技术知识学习。青年充分认识到科学技术的重要地位，学习科技知识愿望较高。青年认为"科学技术在社会发展中占据重要地位"的比例最高，占总人数的 91.6%。其中不同学历层次的青年中，认为"科学技术在社会发展中占据重要地位"，小学占 79.7%，初中占 87.7%，高中占 92.4%，本科达 94.8%，硕士及以上 68.2%。同时，重视专业技术知识的学习，出现"考证热"现象。青年学习呈现务实化的趋势，48.3% 的青年选择此时最想学习专业技术知识，对于"考证热"现象江西青年比较认可，51.5% 的青年认为大多数证书是有价值的。

青年学习方式多样，注重提升综合素质。青年学习方式中，自学占较大比重。江西青年通过自学来提高自身综合素质的比例达到 45.1%，业余时间进修、深造以及向他人请教分别占 23.9% 和 19.1%，值得注意的是单位提供的学习机会比例最低，仅为 11.9%。

不同年龄和职业的青年在提升自身文化素质的方式上存在差异。年龄方面，被调查的青年中，21 岁至 25 岁选择"业余时间进修、深造"的比例最高，占 31.3%。14 岁至 20 岁年龄段的青年选择"向他人请教"的比例远高于其他群体，占 22.4%。

职业方面，被调查的青年中，公务员或者企事业管理人员人群选择自学作为提高自身综合素质的主要途径相对比例最高，达 48.8%。科教文卫人员选择业余时间进修、深造方式比例最高，占 34.3%。工人选择单位提供的学习机会的比例最高，占 19.4%。务农人员选择向他人请教人比例最高，占 33.1%。

青年学习方式中，网络在青年学习中发挥着积极作用。被调查的青年中，江西青年查询学习资料的方式依次是书籍、网络、传媒工具以及求助他人。其中，青年选择书籍作为查阅方式的为 79.3%，选择网络作为查阅方式的为 74.4%，选择求助他人作为查阅方式的为 56.3%，选择传媒工具作为查阅方式的为 36.7%。

在利用网络方面，被调查的青年每天上网时间大多数在两个小时以内，比例为 49.0%；且上网时以学习或工作、收发电子邮件、获取信息的比例最高，三者相加比例为 58.8%。

为了事业发展和实现人生价值成为青年学习的主要且直接的动力。江西青年认为自身学习动力来自于"为了事业成功、实现人生价值"，即属于事业驱动的占 59.2%，认为"为了过上富裕的日子"，即属于物质驱动的占 16.6%，认为"为了家人过得更好"，即家庭驱动的占 18.5%，认为"为了赚钱防老"即保障驱动的占 3.1%，其他占 2.6%。

学习和工作的不理想是青年最主要的压力来源。72.9% 的青年认为"学习或工作的不理想"是主要压力来源居首位；分别有 47.5% 的人认为"家庭经济困难"、26.8% 的人认为"与父母沟通困难"是主要的压力来源，分列第二、第三位。14 岁至 35 岁青年认为最重要的压力来源是学业或工作不理想，其次是家庭经济困难。同时调查者发现，14 岁至 20 岁年龄的青年认为与父母沟通困难是其主要的压力来源,占该群体的11.4%。

工作能力是决定青年职业生涯发展的主要因素。江西青年选择"单位里晋职、提干"主要靠能力的比例最高,占59.2%,选择基本靠能力的占24.5%,选择不主要靠能力的占10.3%,表示不清楚的占6%。

在岗就业青年人群劳动与就业状况 根据在岗就业青年人群劳动与就业现状分析,江西青年职业分布呈现多元化。公务员或企事业单位管理人员、科教文卫人员、其他人员分别占据职业分布的前3位(37.2%,14.0%,8.1%),进入政府部门或企事业单位、科教文卫单位工作的占51.2%,超过一半。

就业方式呈现多样化。市场化的就业渠道成为青年就业方式的主流。通过"招聘录用"获得就业岗位的占40.3%,高居榜首;其次为参加公务员考试,占17.1%。自主创业成为青年就业方式的新选择,选择自主创业的占10.2%。

就业收入呈现差异化。在岗就业青年平均月收入集中在1001~2000元这一段,占57.7%。此外,江西就业青年群体中的高收入人群比例偏低,平均月收入在3000元以上的仅为3.1%,在8000元以上的高端人群比率更低,只占总人数的0.7%。低收入人群为数不少,超过一成的在岗就业青年平均月收入在500元以下。

就业保障呈现分极化。调查显示,全省在岗就业青年保障呈现分极化趋势,岗位技能培训保障情况良好,但就业法律合同保障、就业社会保险保障两个方面却不尽如人意。74.4%的青年参加单位组织的岗位技能培训;其中,参加过2次、3次及以上的分别为26.7%、27,0%。就业合同是考量青年就业保障的一个重要指标,签订就业合同的仅占37.0%,没有签订的占22.6%,认为不需要签订的占33.29%。在社会保险包含的5项内容中,大病医疗保险、退休养老保险、工伤保险、失业保险、生育保险的享有比例分别为49.2%、39.6%、28.8%、11.1%、7.7%。此外,没享有任何社会保险的也占13.0%。

工作满意度呈现稳定性。江西在岗就业青年对工作"很满意"或"比较满意"的占65.9%,呈现一定的稳定性。在"很满意"和"比较满意"两个选项总和上,公务员或企事业管理人员、科技文卫人员、其他人员占据前3位,比率分别为27.1%、10%、5.1%。

就业期望呈现合理性。在对就业区域的期望方面,45.0%的青年选择"省外";31.5%的青年选择"省内";23.5%的青年选择"出生地"。在对就业薪酬的期望方面,以平均月收入为计数单位,全省在岗就业青年的期望薪酬以2001~3000元这一区间为最多,所占比率为25.4%;其次是3001~5000元这一区间,所占比率为24.7%。在对理想职业的期望方面,党政机关公务员成为江西青年最理想也是最愿意从事的职业,比例达34.1%。其次依次为金融单位,比例为13.3%;其他事业单位,比例为11.3%;国有企业,比例为10.4%。

职业发展要求呈现前瞻性,全省在岗就业青年工作变动较为频繁。在被调查的在岗就业青年中,变换过工作的人群比例为51%。在变换过工作的江西青年中,以换过两次的最多,占16.7%。对不同户籍进行对比分析发现,农业户口青年变换工作的比例为62.7%,同比超出非农业户口青年14.7个百分点,农业户口青年变换工作更为频繁,工作也更不稳定。关于江西在岗就业青年工作变换目的,首要目的为"找到一个更好的发展环境",占 35.4%,其次为"挣更多的钱",占 23.5%;第3 位为"获得稳定工作",占 14.9%。

自主创业呈现活跃性。正在创业、准备创业或有创业想法,一旦条件成熟考虑尝试的共占77.7%,表明江西大部分在岗就业青年对创业有所考虑。如果付诸实践,47.5% 的青年人群表示困难较多,如果条件成熟才考虑尝试,仅有 11.3% 的青年人群正在创业,30.2% 的青年人群非常想或正在准备创业。

失业、待业青年人群及在校大学生人群劳动与就业状况在失业、待业青年人群及在校大学生人群劳动与就业现状方面,超过 5 成青年从学校毕业后未找到理想工作。关于失业、待业原因,未找到理想工作、毕业后没有找到接收单位、准备考研位居前 3 位,所占比例分别为 30.5%、22.1%、15.9%。此外,在江西失业、待业及在校大学生等青年人群中,还有 10.2%、5.8% 的人群分别因为下岗、主动辞职处于失业、待业状态。

4 成多失业、待业青年依靠父母供养。全省失业、待业青年人群以及在校大学生群体中,44.15% 的人群主要依靠父母供养。根据中国老龄科研中心公布的调查数据,全国 65% 以上家庭存在"老养小"现象。有 30% 左右的成年人被老年人供养着。

薪酬水平成为择业时的首要考虑因素。对于全省失业、待业青年群体而言,择业首要考虑的因素为"薪酬",占 23.7%;其余依次为"住房",占 20.5%;"保险"占 17.2%;选择"户口"的为10.6%,排在最末位。

失业、待业青年的就业信心指数较高。江西失业、待业青年群体对就业前景呈现出较高的信心指数,选择"乐观"和"一般"两个选项的占 71.3%。

近 4 成失业、待业青年期望得到有关部门和组织的帮助。"在寻找工作的过程中,给予过帮助的机构部门"这一项问卷中,就业服务机构、基层党组织、政府劳动部门分别位居前 3 位,其中就业服务机构占 25.3% 的比重。在失业、待业青年就业群体中,有 36.4% 的人群在就业或再就业时没有得到任何机构和任何部门的帮助。

困扰大学生就业的问题多样化。困扰大学生就业的问题排在前 3 位的选项分别是"受当前经济形势的影响,就业岗位的需求量减少""不公平竞争现象突出""毕业生的择业观不够端正,期望值过高",所占比例分别为 14.3%、11.5%、10.3%。

江西青年消费状况　江西青年收入水平与经济发展总体平衡。青年月均收入 300 元以下的占3.4%,301~500 元的占 6.7%,501~1000 元的占 21.5%,1001~1500 元的占 34.2%,1501~2000元的占 23.4%,2001~3000 元的占 7.7%,3001~5000 元的占 1.6%,5001~8000 元的占 0.8%,8000~1 万元的占 0.1%,1 万元以上占 0.6%。其中,月均收入在 1000~2000 元这一层次的人数较多。

青年收支状况相对稳定。江西青年收支相对平衡的比例总和达到 68.4%,其中认为自身收支状况有结余的占 31.3%,认为自己的收支状况刚够用的占调查总数的 37.1%。同时,仍有 31.6%的青年认为自身的收入不够用,收支不平衡。认为收支状况有结余的女青年在青年群体中的比例为 33.3%,高于男青年在青年群体中的 29.5%。

消费主要采取量入为出的方式。江西青年大部分都以量入为出的原则来指导自己的消费行为,75.43%的青年对量入为出的消费方式持赞同的态度,10.49%的青年不赞同。在持同意意见方面,农村青年选择比重占农村青年总体的72.2%,城市青年选择比重占城市青年总体的83.2%。在不赞同方面,农村青年也以13.5%的比重略高城市青年的8.4%。

关于"遇到喜欢的东西时,即使再贵也会买下来"的调查,55.8%的青年持反对意见,20.6%的青年赞同,23.6%的青年表示说不准。这显示超过半数以上的青年在购买消费时能够多方面考虑自身消费承受能力,根据实际情况来权衡是否购买某商品。

在消费价值观方面,对超前消费态度谨慎。在对待分期付款等超前消费的态度上,39.7%的青年不赞成这种消费方式,而赞同超前消费的只有33.4%。

在地域方面,城市青年同意超前消费的占城市青年总体的36.2%,高于农村青年29.5%的比例。而农村青年选择不同意超前消费的占农村青年总体比例的42.3%,高于城市青年37.8%的比例。

在年龄方面,14岁至20岁的青年同意超前消费的比例最低,仅占25.8%,不同意超前消费的比例最高,占44.2%;而21岁至25岁、26岁至30岁、31岁至35岁等3个年龄段的青年,同意超前消费的比例略高于其不同意超前消费的比例。

注重消费品的实用价值。认为商品价格、商品质量、和售后服务等3方面非常重要的比例最高,分别占42.4%、62.7%、52.9%。而对于商品的时尚性和品牌,青年的重视程度仅为一般。

赞同勤俭节约的作风。赞同艰苦奋斗、勤俭节约青年比例远远高于其他选项,达到75.43%。在赞成艰苦奋斗、勤俭节约这一点上,农村青年的比例达80.0%,城市青年则为77.3%。

江西青年对"投资理财,以钱生钱"的看法,75.9%的青年持赞成态度,9.8%的青年不赞同。通过对不同区域和性别的青年对投资理财的看法进行分类研究和分析,城市青年比农村青年更加注重投资理财,同意投资理财的比例高达80.2%,而农村青年同意投资理财的比例仅为69.8%。

在消费维权方面,青年维权意识非常强烈,在消费权益受到侵害时,90%的青年会运用各种方式来维护自己的权益,其中直接找商家理论的达到61.9%,求助工商部门或消协组织等的25.5%,找媒体曝光的2.8%。

受教育程度对青年消费维权意识有影响。高中以下文化程度青年比大专及以上文化程度青年的消费维权意识更弱。其中选择忍气吞声,自认倒霉比例最高的是高中(中专、技校)和小学两个组别,分别达到10.1%和10.0%。

江西青年闲暇现状　在青年闲暇时间方面,若以《上海青少年发展"十一五"规划》中要求青少年每天享有不少于2小时的闲暇时间为参照,江西青年的闲暇时间超半数没有达到相关标准,其中基本没有闲暇时间的青年达到18.0%,每天只有1~2个小时闲暇时间的有35.0%。

在基本没有闲暇时间的选择中,有15.8%的城市青年选择没有闲暇时间,而这一选项的农村青年的比例达到21.3%。同时,每天有2~3个小时以及每天有4个小时以上闲暇时间的城市青年比例,也高于农村青年。

同时,学生由于学习压力,是青年中最为繁忙的群体,每天基本没有闲暇时间和只有1~2个小时的闲暇时间的比例,大大超过其他青年群体。而公务员或企事业管理人员则是闲暇时间最多的青年群体,每天有 4 个小时以上闲暇时间的比例是最多的。

青年闲暇时间的休闲方式。60.4% 的人为看电视、看电影,34.4% 的人为逛街,38.7% 的人为欣赏音乐,30.2% 的人为阅读书籍报刊,29.8% 的人为外出旅游,30.4% 的人为什么也不干或睡懒觉,22.3% 的人为去迪厅、录像厅,19.6% 的人为上网,17.2% 的人为打牌(或麻将),10.4% 的人为泡吧,9.8% 的人为去游乐场,1.0% 的人为健身运动。

城市青年和农村青年的休闲方式有一定区别。在看电影、电视,逛街,欣赏音乐,阅读书籍杂志等 4 项江西青年主要休闲方式中,看电影、电视的休闲方式,农村青年占 43.6% ,城市青年占 56.4% ;逛街的休闲方式,农村青年占 39.2% ,城市青年占 60.8% ;欣赏音乐的休闲方式,农村青年占 44.6% ,城市青年占 55.4% ;读书籍杂志的休闲方式,农村青年占 36.4% ,城市青年占 63.6% 。

江西青年公民参与状况及差异　公民参与存在不同状况。公民参与意识比较强,80% 以上的青年经常关注国内外大事,而不关注的仅占 15.5% ;关于"您每天收看新闻的时间"的调查,只有 8.9% 的青年不看新闻;在对"您加入社团组织的情况是"的回答中,27.4% 的青年回答"有",54.4% 的青年表示"没有,但很想加入一些对自己利益相关的社团组织"。同时,在"您参与过以下哪些活动"中,有 37.3% 的人曾参加通过网络支持奥运、反对藏独,有 24% 的人参加过改革开放 30 周年纪念活动,有 53.6% 的人参加过学校或单位组织的政治理论学习。

公民参与领域比较广。在从青年关注的信息内容方面,青年关注度最高的是时事政治,关注比例为 53.3% ,最低的科技卫生也有 24.9% 。在青年参与活动的情况方面,青年不仅参与政治活动的趋势比较明显,3 项(参与政治活动、科技卫生活动、募捐活动)调查指标平均参与率为 38% ,而且在公共社会参与方面的领域也不断扩展、形式也不断丰富,对其中 7 项公益活动青年参与的调查显示,最高的"募捐"参与比例达到 59.8% ,平均参与达到 26.8% 。

公民参与形式和内容比较理性。江西青年对"当您的权益受到侵害时,您通常会怎样做",选择"忍气吞声,不声张"的仅占 6.5% ,其余的都选择通过适当的途径、采取适当的措施,力图通过比较理性的方式,如"求助政府有关部门""诉诸法律""求助媒体"等途径来解决问题。江西青年对"在日常生活中,您对您的人权状况是否满意"这项调查中,有 86.5% 的青年对自身的人权状况非常满意或基本满意,只有一成左右的青年对自身的人权状况不满意。同样,在关于"认为我国现行户籍制度是否合理? 如不合理,其对您的哪些方面产生了影响"选择中,有 38.7% 的青年认为合理,61.3% 的青年认为不合理;在认为不合理的青年中,有 44.8% 的青年认为其影响到"工作",有 59.4% 的认为其影响到"教育",52.9% 的认为其影响到"住房",49.3% 的认为其影响到"医疗",14.3% 的青年选择了"其他"。

网络公民参与呈明显发展态势。江西青年群体通过传统媒体参与社会问题讨论的比例相对较低,只占总数的 41.3% ,但网络参与比例比较大,达到 51.9% 。不同职业的青年公民参与的方式也不尽相同,务农和进城务工青年通过媒体参与社会问题讨论的比例总体偏低,且各种参与方式也基本相当。江西公民参与存在差异。城乡差异方面,城镇青年公民参与率比农村青年普遍更高。

关于"您有没有参加过基层选举"的调查中,参加过基层选举的有 37.6% 为非农村户口,农业户口的只有 32.4%;在"您是否经常利用媒体参加一些社会问题的讨论"的调查中,经常利用媒体参与一些社会活动问题讨论的城镇青年占 68.9%,农村青年只有 31.1%;在"您对现阶段国内外大事的关注程度如何"的调查中,对国内外大事"比较关注""非常关注"的城镇青年比例明显高于农村青年;在"您每天收听新闻的时间大致为多少"的调查中,城镇青年每天收听新闻的时间选项比例全超过农村青年。

政治面貌差异方面,中共党员、共青团员公民参与率高于一般群众。中共党员在对"国内外大事的关注程度"上所占比例最高,"非常关注""比较关注"合计达到 92.0%,共青团员达 84.8%,而一般群众所占比例最小,合计达 77.7%。同时,中共党员和民主党派成员在参与行为上最为积极,分别有 31.4% 和 33.9%。

职业差异方面,青年注重与职业相关的公民参与。通过不同职业青年关注信息的比较,全部青年群体对社会民生的关注度普遍较高,这是由于社会民生关系到每个公民的日常生活;个体从业者、私营企业主、工人对金融财经的关注度较高一点,因为金融财经的涨幅跌落关系到他们的收入;无固定职业者对金融财经和文化娱乐关注度相对要高一点的,因为相当一部分的无固定职业者所从事的职业就是金融财经或文化娱乐行业,如炒股、炒基金、文艺活动等。同样,在"不同职业的青年每天收看或收听新闻的时间"的调查中,学生、公务员或企事业管理人员以及科教文卫人员每天收看或收听新闻的时间相对较长,公民参与较积极,这也较多是由于自身学习和工作所需。

年龄差异方面,不同年龄青年对现阶段国内外大事的关注程度也不同,年龄越大,公民参与的热情越高。随着年龄的增长,青年群体对现阶段国内外大事的关注程度逐渐升高,公民参与的热情越来越大。在 14 岁至 20 岁中,"非常关注"、"比较关注"合计为 82.5%,21 岁至 25 岁为 83.5%,26 岁至 30 岁为 85.1%,31 岁至 35 岁为 87.9%。

江西青年人际交往状况 青年的人际关系整体上保持和谐开放态势。江西青年与周围人员之间的关系,38.5% 的人"很融洽",47.4% 的人"比较好",12.9% 的人"一般",仅有 1.2% 的人"紧张"。

在年龄层次上,被调查的青年中,26 岁至 35 岁青年群体的人际关系自评明显好于其他年龄阶层的青年,26 岁至 30 岁青年认为自身人际状况很融洽或比较融洽的比例为 88.6%,31 岁至 35 岁青年此类选项比例合计为 84.7%。在自评人际关系紧张的青年群体中,26 岁至 30 岁青年群体选择此项的比例仅为 0.6%,在各个年龄层次中最低。

在婚姻状况上,被调查的青年中,已婚青年的人际关系状况自评整体要好于未婚青年,已婚青年自评人际关系"很融洽"和"比较好"的比例合计为 87.0%,而未婚青年这一比例为 85.3%。另外,离异青年自评人际关系"很融洽"的比例是最高的,达到 44.1%。而他们自评人际关系"一般"或"紧张"的比例也是最高的,占到 21.6%,呈现明显的两极分化的态势。

在地域上,被调查的青年中,城市青年人际关系状况自评要好于农村青年,城市青年自评人际关系状况"很融洽"或"比较好"的比例为 88.0%,而农村青年此类选项比例为 82.9%。

自评人际交往较好的职业群体有商业、服务业人员、个体从业人员、私营企业主、科教文卫人员和公务员,自评人际关系状况较差的青年群体有学生、工人、进城务工人员和务农青年。

青年家庭民主意识日益强烈,对家庭的认识呈多元化趋势。江西青年对家庭的态度以及家庭中和各种角色之间的关系发生了一些变化,青年对父母长辈的意见能充分尊重,但也拥有较多的家庭民主,对于"在您家中,重大事项谁说了算"这个问题,选择"父母做主"的被调查者占31.8,选择"其他长辈"的占10.2%,选择"长辈做主的多,自己做主的少"的占20.8%。选择"相互协商"的占25.4%。

不同群体对于"在您家中,重大事项谁说了算"这个问题上存在差异,首先是性别的差异,男女青年对于"配偶决定"和"自己决定"这两个选项和选择有着较大的差异,男青年选择"配偶做主"的比例为2.1%,女青年选择该项比例为4.5%。男青年选择"自己做主"的比例为11.4%,女青年选择该项比例为5.3%。

随着年龄的增长,青年的独立意识日益增强。14岁至20岁青年群体家中事务完全由长辈做主的比例为57.5%,21岁至25岁青年群体这一选项选择比例则为43.5%,26岁至30岁、31岁至35岁青年群体这一选项比例则分别为29.6%、24.6%。从14岁至35岁的几个年龄段,青年家庭事务决定权由家长做的比例依次降低。此外21岁至25岁年龄段和26岁至30岁青年该选项选择比例分别为43.5%和29.6%,差异最为明显,青年在21岁至30岁走向成熟,并逐渐独立。

未婚青年家中事务完全由长辈的选择比例为52.7%,已婚青年选择此项的比例为26.4%。农村青年家庭重大事务完全由父母决定的比例为48.5%,相互协商决定比例为19.6%;而城市青年家庭重大事务完全由父母决定的比例为37.5%,相互协商决定比例为29.5%。

江西青年对于家庭的理解呈现出多元化的趋势,但绝大多数青年对家庭能有一个正确的认识。认为家庭"是一种责任"的青年占38.1%,认为家庭"是感情的归宿、温馨的港湾"的青年占到53.8%;认为"家是个吃吃饭,睡睡觉的地方"以及"家是一种负担"的青年分别占4.9%和3.2%。

青年追求平等、理智、多元的人际关系。江西青年在人际交往的过程中,注重平等与尊重,对人际交往的认识更加理性、客观和多元。对于"您对于组织(工作单位、学校)做出的那些不利于你的规章、政策的态度"的调查,选择"坚决执行"的比例达34.8%,选择"消极执行"的占28.6%,选择"尽量回避"的占30.5%,有6.1%的被调查者选择"绝对抵触"。

青年交际范围进一步扩大,通过网络等新媒体的交往日趋频繁。青年作为网民的主体,他们的网络参与度非常高,大多数青年拥有自己的网友,而80后、90后青年群体拥有网友的比例则达到90%。

随着文化层次的提升,拥有网友并通过互联网与网友进行交流的青年比例也在提高,小学文化程度的青年群体拥有网友的比例为66.8%,初中文化程度青年群体拥有网友比例为64.5%,而大专、本科、硕士及以上学历青年群体拥有网友的比例则分别高达84.5%、87.6%、93%。

青年对社会的认知更加理性客观。江西青年对于"您社会交往的主要目的是什么",36.5%的青年选择"交流情感",18.2%的选择"获取信息",28.7%的选择"相互学习",6.2%的选择"展现个人价值",10.4%的选择"建立社会网络"。

不同年龄青年的交往目的不尽相同,14岁至20岁青年选择"相互学习"的比例是最高的,为36.9%;而26岁至30岁青年选择"交流情感"这一选项的比例明显高于其他年龄层次的青年,为

35.4%。此外,随着年龄的递增,将"获得信息"作为人际交往主要目的的青年比重也逐步提高。

青年国际交往意识趋于开放。随着中国对外开放不断扩大,与世界各国交流日益紧密,江西青年群体参与国际交流机会也不断增多,意愿不断增强。28.1%的青年表示"会主动寻求机会与国外人交流",有33.4%的青年表示如果有与国外人员交流的机会,则来者不拒。

江西青年思想道德状况 爱国主义精神仍然是当代青年的主体精神,且爱国情感的表达趋于理性。江西青年在看待革命先烈为国捐躯的牺牲精神时,59.8%的青年认为"钦佩,如果是我也会这么做",只有12.3%的青年认为"没什么比生命更宝贵,我不会这样做"。

对国家的大政方针表示拥护和认同。江西青年关于如何看待共产党员、共青团员这些身份时,有67%的人认为"是一种荣誉,应当积极发挥先锋模范作用"。

在关于"您认为在新时期改善人民生活水平、提高综合国力,必须坚持以下哪几点"的调查时,对"坚持中国共产党的领导""坚持社会主义道路""坚持以公有制为主体""坚持改革开放""坚持人民当家做主"的认同率分别是:59.0%、58.7%、38.6%、66.3%和59.8%。

关心社会热点问题,具有社会责任感。在江西青年最关心的3个社会问题中,排在前3位的依次是环境问题、择业就业问题、教育问题,分别占比42.9%、35.2%、34.0%。

调查显示,如果看到有人不讲社会公德,有21.2%的青年会"严肃指出",有54%的会"委婉指出",两者相加比例为75.2%;而选择"如果关系到自身利益就指出"和"就当没看见"的分别为19.5%和5.3%,两者相加仅为24.8%。

具有良好的诚信意识。江西青年对待诚信问题,66.1%的人表示"无论什么时候都要讲究诚信",17.6%的人表示"别人对自己诚信,自己才对别人诚信",两者相加比例为83.7%。

人生价值追求更加务实,包容不同的价值观。在关于"您认为人生最大的幸福是什么"的调查时,选择比例最高的3项分别是"身体健康""生活舒适""工作顺心",比例分别是72.2%、52%、40.7%。在回答"如果您中了彩票大奖,您最想做的第一件事是什么"这一问题中,选择比例最高的3项分别是"用于家庭必要开支""旅行""孝敬长辈",比例分别是20.7%、19.0%、16.3%。

能够勇于面对挫折,心理承受能力较强。江西青年在遭遇挫折时,有52.6%的人选择"迎难而上,没有什么困难战胜不了",有45.3%的人选择"顺其自然,船到桥头自然直"。

具有社会观察能力,看待问题理性客观。在关于"您认为社会上一些人先富起来的最主要的3项原因"的调查时,排在前3位的分别是"善于把握机遇""能吃苦、敢于拼搏"和"个人能力强",比例分别是59.1%、57.8%和49.9%。而认为原因是"狡猾、骗人""违法经营"和"运气好"的人分别只占7.1%、9.4%和12.7%。

江西青年思想道德存在的主要问题 青年信仰多元化缺失。在关于"您的信仰是什么"的调查时,选择信仰"马克思列宁主义"的青年在被调查的青年中的比例最高,排在第一位,但百分比只有36.0%。除此之外,表示自己信奉"佛教等东方宗教"的占8.9%,信奉"基督教等西方宗教"的占2.9%,"没有明确的政治信仰"的有20.8%,"自己也说不清"的有18.5%。选择"没有明确的政治信仰"和"自己也说不清"的青年加起来占到了被调查青年总数的39.3%,超过了信仰"马克思列宁主义"青年的比例。

　　一些青年自我意识较强,功利主义思想在一定范围内存在。在"如果您中了彩票大奖,您最想做的第一件事是什么"的调查中,选择"请客吃饭、唱歌或跳舞""旅行""学习进修""用于家庭必要开支""用于其他个人爱好""用于储蓄"和"其他"的比例分别为 9.8%、19.0%、8.2%、20.7%、4.9%、5.9% 和 3.7%,而选择"捐助公益事业"和"孝敬长辈"的比例分别仅为 11.5% 和 16.3%。

　　一些青年精神空虚,对自己的发展前途感到渺茫。在走访的 3 个调研县中,调查者发现存在这样一群青年人:他们无业无学,正以百无聊赖或不可一世的无奈或叛逆形象游荡于城市、乡镇的角落,游离于主流社会之外。这个群体最大的危险在于他们年轻却无所事事。他们文化知识匮乏,没有精神的寄托,没有为自己未来的发展前途做过思考,网吧、歌舞厅、酒吧等场所成为他们的聚集地。在他们看来"兄弟义气""帮派利益"比什么都重要,为本人或本帮派的利益,甚至可以践踏法律。

　　一些传统美德在部分青年身上已经弱化。整体上,当代青年具有较强的社会公德意识和责任感。许多青年为贫困地区、贫困学生捐过款,多数青年爱护公物、保护绿化、在公交车上主动让座。但在实践中,由于社会道德规范不够健全,对道德行为的要求和监督还不严格,导致一些青年还没有养成良好的社会公德习惯。在一些地方,青年随地吐痰、乱抛垃圾的现象时有发生。还有一些青年对自己的道德行为约束不够,不能够坚持正义。

　　江西青年对省情认识状况　　江西青年对江西地理状况相对比较了解,所调查的全部青年都根据自己情况,选择自身所了解的江西地理状况。特别是对江西地理区位以及江西所辖县市这两个选项中,认知度最高,分别达到 72.1% 和 51.6%

　　对江西在中部崛起的信心较高。对江西在中部地区崛起有信心的青年达到 76.6%,其中充满信心的达到 31.2%,比较有信心的达到 45.4%。

　　学历情况一定程度上影响青年对中部崛起的信心,硕士及以上青年对江西在中部地区的崛起更加具有信心,比例达到 35.7%。而小学文化的青年在充满信心选项中的比例,仅为 22.3%。在不太有信心和没信心的两选项中,小学文化的青年选项比例明显高于其他更高文化程度的青年。这说明一定程度上,青年文化程度越高,对社会发展的信心也更坚定。

　　对江西历史名人有一定了解。江西青年对江西名人,都有一定的了解。在多个历史名人中,江西青年对王安石的了解最多,选择比例达到 65.7%。同时,陶渊明、欧阳修也是江西青年比较了解的历史名人。

　　对江西品牌比较熟悉。江西青年对江西著名品牌比较熟悉,其中金圣、月兔、四特和江铃等四个品牌的熟悉比例超过一半,分别达到 57.1%、53.5%、50.8% 和 50.5%。

　　对江西的红色历史比较了解。调查显示,江西青年对江西革命地区描述的认同率很高,对于井冈山是中国革命的摇篮、瑞金是共和国的摇篮、南昌是人民军队的摇篮、安源是中国工人运动的摇篮的描述,大部分青年都表示认同。其中,关于井冈山是中国革命的摇篮描述认同率最高,达到 95.0%,这说明绝大部分江西青年对江西革命历史有一定了解。

　　对江西经济发展优势的认识比较清楚。对江西经济发展的优势,江西青年选择最多的是农业资源优势和低成本(生产要素、公共能源等)优势,选择比例分别达到 55.8% 和 53.1%。江西青年能够立足江西省情,清楚地认识到江西发展的优势。

对江西经济社会发展战略比较掌握。江西青年对江西经济社会发展的战略普遍都比较了解,特别是对实现江西崛起的新跨越以及建设鄱阳湖生态经济区的发展战略掌握程度较高,选择比例分别达到63.9%和63.8%,说明江西青年非常关注省委和省政府的重大决策。

江西青年对省情认识存在的主要问题　青年对省情的认识还不够全面、深入。在江西名人方面,青年都对江西历史名人有或多或少的了解,但在对历史名人的选择比例上,青年对江西历史名人的了解并不全面。青年最了解的历史名人王安石的选择比例,只有65.7%。对于汤显祖、詹天佑等在各个领域曾经创造令世界瞩目成就的名人的认识,青年的知晓率仅分别为39.5%和33.6%。在青年对江西地理状况这一基础知识的描述上方面,选项最高的比例是72.1%,最低的比例为43.1%。

青年对省情的认识不平衡。在青年对江西革命地区的描述中,虽然井冈山、瑞金、南昌、安源在中国历史上都具有里程碑的意义,产生巨大影响,但青年对他们的认识仍存在不平衡的情况。其中,同意井冈山是中国革命的摇篮的青年比例呈现出"一边倒"的局面,有94.9%的青年选择。不同意和不了解井冈山是中国革命摇篮的青年仅占1.96%和3.1%,位列各个选项最低。而在不同意的描述中,中华苏维埃共和国临时中央政府所在地——瑞金的选择比例是最高的,达到7.6%。另外,由毛泽东策动的安源路矿工人运动在中国工人运动史上具有非常重要的意义,是全国第一次罢工高潮中"绝无而仅有"的成功范例。但通过调查发现,同意安源是中国工人运动的摇篮的比例最低,仅为71.1%,低于同意井冈山是中国革命摇篮的选项23.8个百分点。同时,表示不了解安源工人运动的青年比例也是非常高,达到23.1%。

在对江西品牌的了解中,金圣品牌最为青年熟知,达到57.1%。而作为"中国最高认知率商标"的昌河,只有33.9%的青年选择知道这一品牌。作为"中国驰名商标"的鸭鸭,青年知晓率更低,只有28.6%,仅约为选择金圣品牌比例的一半。青年对省情认识的不平衡,直接影响青年对省情的认识水平。

青年对江西发展的信心有待提高。大部分青年对江西发展都抱有非常大的信心,但仍然有许多青年对江西发展表示怀疑,甚至不抱有信心;其中有14.3%的青年对江西的发展不太抱信心,3.4%的青年完全没有信心,5.7%的青年说不清。综合相加,有23.4%的青年没有坚定江西发展的信心;而这其中,农村青年比城市青年的比例要高,低学历青年比高学历青年的比例要高。

获奖调查选载

江西培养青年科技人才的问题（1995 年）　1995 年,调查组对江西培养青年拔尖科技人才的情况作了较深入的社会调查,调查结果如下:

1. 论资排辈等影响青年拔尖科技人才成长的陈腐观念仍然存在

据调查,在不少地(市)县级企业单位论资排辈依旧是影响青年拔尖科技人才发展才干的痼疾。某市自1990 年以来,每隔两年举行一次推荐和评比表彰拔尖专业技术人员的活动。可是,在各单位推荐上来的名单中,属于青年拔尖专业技术人员的第 1 次为零,第 2 次 1 人,第 3 次也仅占推荐总数的百分之十几。

2. 人才流失现象还比较严重

沿海一些地区经济的迅速发展以及在用人和分配等方面采取比较灵活的机制,对内地省份的各类人才产生较强的吸引力,江西省人才流失问题也比较严重。从人才流失的去向看,少数去了国外,多数去了广州、海南,也有一些进入上海或其他经济比较发达的省份。从人才流失范围看,遍及省直科研单位、大专院校和全省 11 个地市的许多单位。从人才流失的对象看,绝大多数为青年科技人才,其中 35 岁以下的青年优秀科技人才占了很大比重。

3. 科研条件、环境仍不够理想

40 余份问卷调查表结果,70% 的青年拔尖科技人员对本单位科研设备和科研条件持不满意态度;有些青年拔尖科技人员反映不能经常参加省级以上专业学会学术活动,尤其是国际学术活动及缺乏外出进修机会。还有一部分青年科技人员反映获取情报信息资料的途径仅限于图书和期刊,而图书和期刊也往往由于资金的短缺显得贫乏。以进口书刊为例,1993 年省外文书店向省内科研所、大专院校寄出 100 余份外国科学技术新书征订目录和港台新书目录(内容涉及生物、机械、运输、食品工业等),至年底回收的订单还不足十分之一,金额不足 50 万。

4. 生活待遇问题没有得到妥善解决

从 40 多份调查问卷中可知,拔尖青年科技人才的生活待遇问题,在有些单位执行得不够好。如有 75% 的青年拔尖科技人才反映家庭收入低,工改前家庭月平均收入还不足 600 元。在住房方面,反映家庭人均住房面积不足 10 平方米的仍占 18% 左右。

5. 人才的作用发挥不够充分

从调查情况看,有些企业,尤其是大企业青年科技人才过于集中,而一些中小企业又存在人才匮乏现象。调查表中反映的情况看,认为自身能力达到百分之百发挥的无一人,而认为得到 75% 和 50% 发挥的各占一半,可见并未做到人尽其才。

江西省未成年人思想道德建设状况调研报告(2006 年)　2006 年,团省委主持开展"江西省未成年人思想道德建设状况"问卷调查。此次抽样调查涉及全省 11 个设区市小学和中学(中专)共 12400 名未成年人,收回 12023 份有效问卷。其中,小学生、中学生各占比 50%;城镇学生占比 46%,农村学生占比 54%;学生中独生子女占比 85%。

全省中、小学生未成年人思想道德建设状况调查结果如下:

1. 对团队组织向往度高,参加团队活动随着年龄增长而减少

调查显示,有 74.75% 的未成年人表示自己向往加入团队组织;但随着年龄的增长参加团队活动的未成年人,由小学阶段的 67.4% 下降为中学阶段的 20.80%。

2. 生活满意度提高,学习压力增加

调查显示,82.8% 的未成年人对自己的生活状况满意。41.65% 的未成年人在学校感到不快乐,并且随着年龄的增长,未成年人的快乐感觉呈递减趋势,中学生只有 32.7% 感到快乐,50.6% 感到不快乐。83% 的未成年人感到有考试压力,学习和成绩是未成年人感到最烦恼的事。

3. 具有高尚追求，物质攀比现象依然严重

调查显示，72.8%的未成年人将高尚的人格、事业、对社会的贡献作为人生最大的追求，43.05%的未成年人将伟人和英雄作为自己的偶像。同时，仅有29.6%的未成年人不与同学进行物质攀比。

4. 认同社会基本道德规范

调查显示，19.9%的未成年人表示可以接受"不敬重父母或老人""学生抽烟""随地乱扔""考试作弊""不按秩序排队"等违反社会公德的行为；75.15%的未成年人认为很有必要"提倡学雷锋"；65.1%的未成年人认可守信重诺。

5. 独立自主意识增强，自我中心主义有所增强

调查显示，50%的未成年人是由自己做主决定事情；遇到烦恼时，49.55%的未成年人选择自己处理；82.4%的未成年人认为班干部应该通过选举和竞争上岗的方式产生。同时，只有19.65%的未成年人愿意听取家长、老师等有经验人的意见。

6. 能与同龄人较好沟通，与上辈人代沟较深

调查显示，62.65%的未成年人在同学中拥有知心朋友，85%的未成年人能与同学正常相处。许多未成年人在遇到烦恼时，28.8%的未成年人愿意向同学倾诉。同时，只有21.7%的未成年人愿意向家长和老师倾诉自己的烦恼。61.75%的未成年人希望与家长和老师的关系是朋友关系。

7. 交友标准多元化，实用主义倾向呈上升趋势

调查显示，未成年人在交友标准上呈现多元化趋势，性格相近和爱好相同依然是未成年人交友的主要标准。同时，32.25%的未成年人将对自己有帮助作为交友标准。43.3%的未成年人有网友交往经历。

8. 法律意识增强，暴力倾向依然存在

调查显示，未成年人法律意识有明显提高，对义务教育法、未成年人保护法、联合国儿童权利公约等有关未成年人成长的法律都有一定了解，63.95%的未成年人认为法律与现实生活关系密切相关。未成年人运用法律的能力还较差，遇到权益侵害时，有28%的未成年人运用法律途径来解决，以牙还牙和私了等暴力倾向选择率达到21.25%。同时，未成年人获得法律知识的主要渠道是学校的普法教育。

9. 课余时间多了，但是活动空间少了

调查显示，双休日参加补课和自学的未成年人比例降至54.5%，网吧仍是未成年人课外活动的首选。此外，未成年人选择利用周末去娱乐场所的占71.5%、晚上去的占25.8%、白天逃课去的占2.7%。图书馆、科技馆、健身房是未成年人的迫切需要，有97.9%的调查对象希望社区提供的这些场所能对未成年人免费开放，其中图书馆的比例最高。

10. 对网络有较为理性的认识，迷恋网络现象依然严重

调查显示，6成以上的未成年人认为上网对学习帮助不大，并且会有一定影响，59.8%的未成年人在上网时会保护自己的真实情况。未成年人上网目的也趋于理性，不到1/3的未成年人上网是单纯为了玩游戏，在网络游戏选择上也只有11.15%的未成年人会选择暴力游戏。同时，有2/3

的未成年人每周上网时间在 10 个小时以上,其中有 38.75% 的未成年人会通宵上网。家庭、校园和网吧是未成年人上网的 3 个主要目的地,且分布比例相当。

做好农村青年进城务工这篇大文章(2002 年)　2002 年,为准确了解全省进城务工青年的生存和发展状况,调查组组织进城务工青年现状专题调查。

2002 年全省进城务工青年现状调查结果如下:

1. 2002 年全省进城务工人员突破 400 万,其中青年占 80% 以上,主要流向以沿海发达地区为主。

2. 调查显示,为家乡建设发展,36.6% 的进城务工青年带来的是资金;24.1% 的青年带来技术;16.1% 的青年带来的是文明生活方式;12.9% 的青年带来的是好的管理方式;10.3% 的青年带来的是信息。

3. 进城务工青年学历及学习情况

表 8 - 2 - 3　进城务工青年学历及学习情况

学历情况	小学及小学以下	初　中	高中(技校、中专)	大专及以上
比　例	7.3%	59%	23.9%	9.8%
学习情况	业余自学	脱产学习	参加短训班	成人教育
比　例	60%	14.6%	19.1%	6.3%

4. 进城务工青年的求职渠道

进城务工青年务工渠道主要是亲帮亲、邻帮邻,通过有关职能部门推荐的较少。

表 8 - 2 - 4　进城务工青年的求职渠道

务工渠道	同乡朋友介绍	自我推荐	广告招聘	职能部门推荐
比　例	67.3%	22.8%	5%	4.9%

5. 进城务工青年找不到工作的主要原因

进城务工青年对工作的渴求十分迫切,但受自身因素影响,找一份合适的工作难度较大。

表 8 - 2 - 5　进城务工青年找不到工作的主要原因

主要原因	缺乏技术	缺乏文化	缺乏资金	缺乏关系
比　例	37.4%	28.8%	17.3%	16.5%

6. 进城务工青年的劳动情况

进城务工青年普遍存在劳动时间长、劳动强度大的现象,有的明显违反国家有关法律的规定。

表8-2-6　进城务工青年的劳动情况

每月休息情况	无休息日	休息1~3天	经常加班
比　例	38.5%	36.7%	50.2%
每天工作时间	8~10小时	10~12小时	12小时以上
比　例	33.3%	38.7%	18.5%

7. 进城务工青年的收入情况

表8-2-7　进城务工青年的收入情况

月平均收入	300元以下	300~600元	600~1000元	1000~1500元	1500元以上
比　例	3.6%	33.7%	40.9%	16.5%	5.3%

8. 进城务工青年签订劳动合同的情况

在被调查的进城务工青年中,有68.2%的人没有与单位签订劳动合同,74.4%的人没有参加社会保险。

表8-2-8　进城务工青年签订劳动合同的情况

未签订劳动合同的原因	老板不允许签合同	签合同不利于找工作	签合同很麻烦	不懂怎么签
比　例	37.8%	30.6%	19.4%	12.2%

9. 进城务工青年被侵权情况

表8-2-9　进城务工青年被侵权情况

权益最易受到侵犯的情况	比　例
用工单位拖欠工资或变相克扣工资甚至不发工资	25.8%
与城市职工不同酬金	21.9%
用人单位不能提供基本的劳动保护条件	17.5%
加班后很少或不给报酬	15.9%
因公受伤而单位不出钱医治	14.2%
用工单位不准务工青年参加培训学习	4.7%

10. 进城务工青年最需要的帮助

调查显示进城务工青年存在着很多方面的苦恼。

表8-2-10　进城务工青年最需要的帮助

苦恼的原因	为钱所困	工作不稳定	生活不好	没有一技之长	其　他
比　例	28.8%	22.3%	21.7%	16.2%	10.7%

11. 进城务工青年最需要的帮助

调查显示进城务工青年希望政府和社会对其提供帮忙。

表 8-2-11 进城务工青年最需要的帮助

最需要帮助的问题	维护合法权益	提高工资福利	改善工作、生活环境	提高社会地位	接受学习培训
比 例	38.1%	21.1%	16.8%	12.4%	11.6%

未成年人犯罪原因及对策的实证分析(2005 年) 为有效预防未成年人犯罪提供有效的决策参考,笔者实地面对面地以问卷形式,将正在未成年人管教所里进行学习改造的 100 名未成年人作为被调查对象进行调查研究,对他们的犯罪情况进行有针对性的调研。

未成年人犯罪的特点:

1. 犯罪性质集中

根据统计结果,该 100 名被调查对象所触犯的罪名集中度较高,总共只有 15 种,尤其以故意伤害、抢劫为甚。

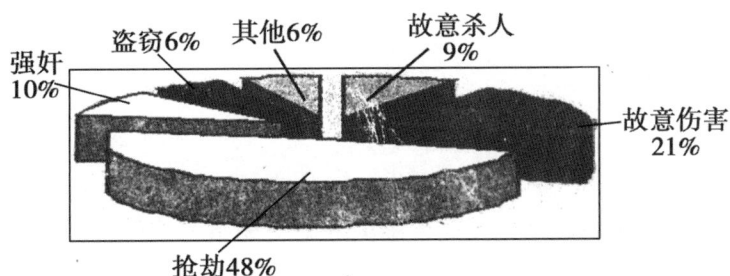

图 8-2-1 未成年人犯罪性质集中度

由图 8-2-1 可知,该调查样本中的未成年人犯罪主要集中在故意杀人、故意伤害、抢劫、强奸和盗窃 6 种犯罪上,共占 94%,尤为突出的是仅抢劫罪一项就占到未成年人犯罪的 48%。

2. 犯罪性质严重

根据统计结果,该 100 名未成年人被调查对象被判处的刑罚以重罪居多(5 年以上有期徒刑)。以下是该 100 名样本被判处的具体刑罚情况:

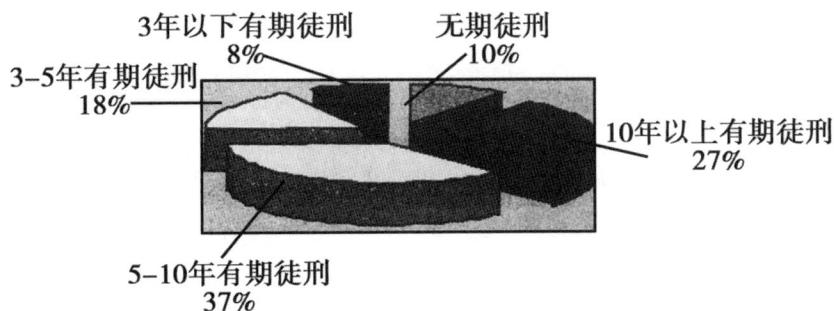

图 8-2-2 未成年人被判处的具体刑罚

由图8-2-2可知,该100名未成年人被调查对象被判处的刑罚主要集中在5年以上有期徒刑,其中10年以上有期徒刑占27%,无期徒刑占10%,而3~5年有期徒刑占18%,3年以下有期徒刑只有8%。同时,被判处10年以上有期徒刑和无期徒刑的占37%,他们实施的多为抢劫和故意伤害、故意杀人等犯罪行为。

3. 犯罪团伙化

调查显示,团伙作案的案件占总数的45%,未成年人犯罪的团伙化成为突出问题。

4. 犯罪偶发化

该100名被调查对象实施的犯罪行为属偶发性案件的占总数的64%。

未成年人犯罪的成因:

通过对该100名未成年人走向犯罪过程的了解和分析,认为当前未成年人犯罪的主要原因有:

1. 家庭教育不当

(1)教育方式失当

调查结果显示,共有56%的人表示家庭教育方式的不当对自己的犯罪行为有明显影响。总结起来,主要有3种不当的家庭教育模式对未成年人成长不利,甚至直接促使青少年走上犯罪道路。

一是暴力型,占此次被调查对象的27%。二是过分溺爱型,因此原因而犯罪的占4%。三是放任不管型,因此原因而犯罪的占19%。

(2)缺乏家庭关爱

此次调查中,因父母离异导致单亲的占13%,因父母一方去世导致单亲的占2%,父母双亡的占2%。但该样本中父母离异的比率远远高于中国的平均离婚率,因此,长期以来大家将更多的注意力放在单亲家庭的未成年人身上,认为他们面对的家庭教育问题更为棘手的想法并非没有道理。同时,该样本中的未成年人被调查对象86人均来自完整家庭,且他们当中表示父母感情不好仅占10%,而表示父母感情较好的占到50%以上。因此,在未成年人走向犯罪的原因中,学校、社会的原因胜于家庭原因。

2. 学校教育错位

一是,学校老师对成绩不好的学生偏见明显,教育方式简单。在此次调查中,在谈到在学校的经历时,有29%的被调查者表示在学校曾经被老师以罚跪、罚站、罚跑步、打耳光、脚踢等方式体罚过,或者被老师以侮辱性的言辞骂过;有20%的被调查者表示老师基本对他们的情况不闻不问,只希望他们不要影响其他同学。二是,学校教育过分偏重文化课,未成年人法律知识不足,法制观念淡薄。在被调查对象中有超过20%的被调查对象表示他们之所以犯罪是因为不懂法。

3. 社会不良环境的影响

此次调查的样本中有逃学经历的达到93%,逃学的年龄集中在9岁至15岁,其中大部分是经常逃学。从此次的调查情况来看,以下几个方面的不利社会环境对未成年人影响巨大,甚至成为他们犯罪的直接诱因:

一是社会不良风气的影响。二是不守法经营、藏污纳垢的网吧影响。此次调查的样本中,共有43名未成年人被调查对象在谈到犯罪过程时提到网吧。其中包括在网吧长期上网后没钱,产生盗窃、抢劫的念头;在网吧结识犯罪同伙;在网吧与人结怨;甚至罪案直接发生在网吧。同时,被调查对象中50%的人表示他们逃学之后是上网打游戏,泡网吧,上网成瘾成为这些未成年人的通病。三是不良大众传媒的影响。从此次调查的情况来看,不良大众传媒对未成年人犯罪的影响直接而恶劣。

在被问及逃学之后做什么这一问题时,12%的人表示观看黄色、黑社会、暴力题材的录像片是他们的主要消遣。其中10名犯强奸罪的未成年人中有8人表示犯罪主要是因为看了黄色录像,有5名未成年人提到因看了港片《古惑仔》,深受影响,是非观完全颠倒。

4. 未成年人自身抵御能力不足

调查结果显示,未成年人犯罪的动因主要有以下几种:曾经受到欺负或不公平待遇而报复占11%;讲哥们儿义气,替哥们儿出头占15%;觉得好玩,刺激占15%;为了玩乐而夺取钱财占46%;冲动愤怒无法克制占8%;无知、跟班占4%。

企业共青团工作现状与发展的思考(2002 年 12 月) 就如何保持共青团组织的生机和活力,摸索出一套适合企业共青团工作的模式和方法,调查组对江西铜业集团公司下辖的贵溪冶炼厂团员青年基本情况、组织状况等进行调查研究,具体研究结果如下:

全厂团员青年基本情况:

1. 团员青年人员状况

全厂以39岁左右中壮年职工为主体,其中35岁以下青年职工共有1307人,28岁以下职工329人(党员56人,团员253人,其余20人)占全厂职工总数9.5%,占青年总数25.2%。

1307名青年职工中,中专学历106人,大专学历159人,本科190人,中专以上学历占青年总数的34.8%。其中28岁以下职工中,中专有40人,大专有73人,本科76人,中专以上学历占57.4%。

团员青年分布不均衡,尤其是职工团员分布不均衡。其中职工团员主要集中在建筑安装公司、熔炼车间和电解车间,待业青年团员主要集中在华信公司、铜达公同和宾馆。全厂25个团组织中有14个单位团员数在10人以下,占56.4%。

2. 团员青年思想状况

企业团员青年思想状况特点如下:(1)关心、理解和支持改革,具有较强的忧患意识。如在调查"实行企业内部改革后,青工积极性如何"这一情况时,74.4%的青工认为有所提高。79.6%的青工最关心"企业发展与经济效益"以及"自身的生活质量和生活水平"。在单位有困难时,有6.7%的青工认为"那是领导考虑的事",有93.3%的青工则会积极想办法、提建议,或表示关注,在组织需要时服从组织安排。(2)能够自觉地把企业的发展同自身的切身利益联系在一起。有90%的青年人生目标是为社会做贡献和让自己和他人生活更美好;在问及如何进一步加大深化改革举措时,60%的人认为要强化管理,降低成本,45%的人认为要深化分配制度改革,重奖有功人员。

3. 团员青年工作、学习、生活状况

调查显示,75%的人对现有工作岗位的态度是满意和比较满意的,85%的人在本职工作岗位上能够努力克服各种困难,积极完成各种生产任务。在业余时间看专业书籍的有35%的人,65%的人看小说、看报、看电视和上网,有40%的人认为业余生活太单调。当问及你的工作性质和工作量相比,你对现有的收入满意和基本满意的占总人数的30%。

全厂共青团现状:

1. 共青团组织状况

贵溪冶炼厂团委隶属江铜集团公司团委,下设4个团总支,21个直属团支部。团组织紧密围绕中心工作,在青年中发挥建功育人功效,以"手号"活动、青年创新创效活动、技能竞赛、导师带徒、青年文明号、青年安全监督岗、青年志愿者服务等活动来促进企业两个文明建设,并自成体系。

2. 团干队伍状况

全厂共有72名团干,团委2人为专职团干,其余均为兼职团干,其中支部书记平均年龄25.4岁,党员6人,大专以上学历17人(本科10人)。

3. 共青团工作状况

企业共青团能够按照党建带团建的基本要求,实现四带好,四同步。按公司党建质量体系的要求,结合五四红旗团组织的创建,编制《共青团作业手册》,加强基层团组织的基础工作,共青团工作有较好的基础。

存在的问题:

1. 团员队伍萎缩。企业团员人数急剧减少,从1990年到1995年,团员减少13%,1995年到2000年5年间团员减少33%,2000到2002年两年时间减少已超过30%,只剩435人。

2. 共青团组织凝聚力有所下降。全厂团员相对集中在少数几个大单位,大部分团组织团员人数较少,团员相对分散,团的活动开展起来缺乏必要基础。

3. 外聘团员的管理难度大。团员青年中待业青年及聘用工比例加大,对于这部分青年群体,团员意识较差且流动性强,团组织没有很好的管理手段。

4. 团员青年人才流失现象较突出。1998—2002年新分配进厂大中专生共197人,5年中流出该厂大中专生共60人,占新进厂大中专生的30.5%。

5. 团干部培养、使用、转业情况不容乐观。近两届团支部书记(兼职)共有62人,其中提任4人,仅占6.5%,大部分支部书记离开团的岗位,没有得到进一步的培养和使用。

6. "推优"作用没有得到充分发挥。根据调查统计,全厂35岁以下青年党员257人,占全厂党员总数的25.5%,28岁以下党员56人,占35岁以下青年党员21.8%。

7. 新形势下,团员青年价值取向多样化。共青团组织在进行思想教育时,往往侧重于强调价值观念的树立和引导,缺乏具体分析和一定的物质保障,针对性不强,效果不明显。

江西省基层团建工作调研及对策分析(2006年) 2006年,调查组以问卷调查、下基层召开座谈会、文献调研等方式,对全省99个县(市、区)的300个乡村开展"江西省县乡村团建工作大调研"。

根据调研情况,得出县乡村三级团组织以下五个方面的特点:

1. 团干素质较高,但团务工作能力不强

作为团员青年领头人,县乡村三级团干部具有相对较高的素质。

一是从年龄来看,三级团干部年龄结构比较合理,县级团委书记(含省级市、设区市的区、以下统称团县委书记)30 岁以下的占 68.9%,乡镇团委书记 35 岁以下占 98%,村团支部书记 40 岁以下的占 61%。

二是从学历来看,三级团干部大多受过良好的教育,团县委书记本科以上学历占 89.2%,乡镇团委书记大专以上学历占 85%,村团支部书记中专高中以上学历占 64%。

三是从政治面貌来看,三级团干部党员比例高,团县委书记党员比例为 100%,乡镇团委书记党员比例为 83%,村团支部书记党员比例为 96%。

从调查的情况来看,三级团干部虽然有着较好的自身素质,但团务工作能力有待提高。

一是对团的业务工作熟悉度不够高。团县委书记很熟悉业务的占 52.7%,乡镇团委书记很熟悉业务的仅占 16%,村团支部书记很熟悉业务的仅占 17%。

二是参加团业务培训较少,最近两年内参加过团业务培训的团县委书记占 66.2%,乡镇团委书记占 47%,村团支部书记占 43%。

三是对举办团的业务培训态度一般,对上级团委举办团的业务培训,表示一定得参加的团县委书记中有 51.4%,乡镇团委书记中有 41%,团支部书记中有 55%。

2. 工作热情较高,但工作条件和环境有待优化

调查表明,三级团干部对做好团的工作表示很有热情的团县委书记中有 96%,乡镇团委书记中有 91%,村团支部书记中有 87%。认为在江西崛起新跨越,全面建设小康社会进程中,共青团能够发挥助手和后备军作用,团县委书记中有 86.5%,乡镇团委书记中有 81%,村团支部书记中有 78%。这充分表明,共青团干部对做好共青团工作具有很强的信心。

同时,团的工作条件和环境还不是很理想,在人财物等方面存在着诸多影响和制约团的工作开展的因素。

一是缺乏经费保障。从经费预算来看,除去人员工资,财政每年列支的团委工作经费,团县委 5000 元以下的占 29.8%,5000 元至 1 万元的占 35.1%;有 60% 的乡镇团委工作经费没有纳入乡镇财政预算。团县委每年举办的活动中有 15.1% 是为经费创收。调查也显示,对于困扰当前团的工作首要问题,在 6 个候选项中,选择经费不足比例最高,团县委为 60.8%,乡镇团委为 32%,村团支部为 37%。

二是人员力量不足。从团县委来看,人员编制在 5 个以下的占 89.2%,4 个以下的占 52.7%,人员缺乏的占 64.9%,另有 8.1% 虽然人员满编,但干部被借调到其他部门工作,团县委书记每年大约 30% 的时间被征调参加其他工作。从乡镇团委情况来看,团委书记兼职两个以上的占 69%,每年从事团的工作时间不足一半的占 91%,不足 1/3 的占 61%,从村团支部来看,团支部书记兼职两个以上的占 71%,每年从事共青团工作时间,不足一半的占 98%,不足 1/3 的占 64%

三是活动阵地缺乏。团县委单独有活动阵地的仅占 13.5%,与其他单位共用的占 18.9%,乡镇团委单独有办公场所或活动阵地的仅占 20%,村一级占 21%。

3. 团的活动能够正常开展,但活动的水平和层次较低

调查显示,团县委每年举办 5 次以上的活动比例高达 67.6%,举办 8 次以上的活动比例也达到

33.8%；乡镇团委每年能举办活动的占84%，举办活动超过4次的占21%；村团支部每年能举办活动的占76.2%，举办活动超过3次的占30.6%。三级团组织开展的活动的水平和层次较低的原因有以下几点：

一是"五四"现象十分突出。"五四"纪念活动所占比例，团县委为32.6%，乡镇团委为41%，村团支部为31%，同时，在团活动中，文体娱乐活动所占比例，团县委为21.9%，乡镇团委为27%，村团支部为23%。

二是团组织生活有所淡化。对于三会一课制度，78%的乡村团委不能坚持，55%的村团支部不能坚持，有85.1%的团县委书记表示，据他们掌握的情况，2/3以上的基层团员都不能坚持。

三是服务青年的活动缺乏实效。留在本地的青年，初中以下学历在县一级占79.7%，乡镇占86%，村占88%。留在本土的青年，最急需的技能培训、资金和项目的扶持还做得不够，仅有24.7%的团县委，38%的乡镇团委，32%的村团支部开展了技能培训和资金、项目扶持等服务活动。

4. 团员队伍建设基本正常，但"学生团"现象十分突出

一是发展团员工作基本正常。从团县委来看，每年发展团员数量在1000人以上占35.1%，1000到2000人的占40.5%，从乡镇团委来看，每年发展团员数量30到100人的占57%，从村团支部来看，每年发展团员数量一般在5人以下。

二是团员、青年比例正常。有58.1%的县，团员、青年比例在15%到20%之间，与全国大约20%的团员、青年比例基本相符。

三是团员与党员比例虽然偏低，但基本正常，有67.6%的县的团员数略少于党员数。

调查显示，三级团组织的团员队伍结构不尽合理，学生团现象十分突出。

一是学生团员所占比例较高，有56.8%的县学生团员比例在70%以上。

二是学生团成为新发展团员的主体，有85.1%的县新发展团员，中学生团员比例在80%以上。同时，有61%的乡镇除去学生团员，没有发展其他任何团员，学生团员占新发展团员的比例为100%。

三是学生团员成为基层团的活动主体，在非学生团员中，约63.8%的县有一半以上的团员外出务工，有69%的乡镇一半以上的团员外出务工。在52%的乡镇外出务工人员中，团员比例达到80%。在这种条件下，团组织开展活动只能以学生团员为主。

5. 团的组织建设有新突破，但党建带团建力度有所弱化

一是推优入党工作开展较好，80%的乡镇团委，85%的村团支部都能正常开展推优入党工作，一半以上的团县委书记表示，根据掌握的情况，基层团委能够开展推优入党工作的比例占80%以上。

二是积极推进基层团建创新。其中75.7%的团县委在新经济组织中全面推进建团，20.3%的团县委在产业协会中开展团建试点工作。

三是民办学校建团效率高。76.7%的县民办学校建团的在一半以上，其中59.4%的民办学校建团实现全覆盖。

但是，三级团组织的组织建设成果有限，团组织工作得不到应有的重视。

一是党章第五十二条的规定落实情况不理想。77%的团县委书记和70%的乡镇团委书记从未列入过县委常委会、乡镇党委会。

二是换届落实情况不平衡。52.7%的团县委不能按期换届,其中延期3年以上的有20个县,44%的乡镇团委不能按期换届,其中延期3年以上的占一半。

三是团干部的政治待遇落实不到位。49%的乡镇团委书记明确表示,如果不是兼任其他职务,光凭团委书记一职,根本无法享受乡镇中层干部待遇;有24%的乡镇团委书记表示不好说;有27%的乡镇团委书记表示享受到了中层干部的优待。

四是党政重视力度有待加强。在县一级,有54.1%的县级单位团委认为党政领导对团员的工作重视,其中很重视的占18.9%;49%的乡镇团委认为党政领导对团的工作重视,其中很重视的占16%;50%的村级团组织认为党政领导对团的工作重视,其中很重视的占24%。有14.9%的县级党政主要领导,20%的乡镇主要领导1年之内从来没有过问过团的工作或参加过团的活动。

公务员报考现状调查与研究(2006年12月)　2006年12月,调查组以问卷调查的方式,从江西师范大学、南昌大学、华东交通大学、江西财经大学、蓝天学院、江西教育学院等学校的本科毕业生中抽取285个调查对象,其中男生131人,占46%;女生154人,占54%;理科108人,占38%;文科114人,占40%;工科29人,占10%;商科34人,占12%。

高校本科毕业生公务员报考现状调查结果:

1. 高校本科毕业生报考公务员的意愿

有61%的人有报考公务员的意愿,24%的人没有这种意愿,15%的人还没考虑清楚。

2. 高校本科毕业生对于古人所说的"学而优则仕"的看法

50%以上的人赞成"学而优则仕"的观点。"官本位"的思想在中国五千年的文化历史上已根深蒂固,对高校本科毕业生的影响很深。

3. 高校本科毕业生选择报考公务员的动机

表8-2-12　如果你选择公务员作为职业,你的动机是(多选)

更多的责任与奉献,实现自我价值	45%
权力与地位较高	19%
福利待遇工资较好,旱涝保收	52%
其他职业就业风险大压力大	35%
职业光荣	22%
父母与亲友的意向	22%

4. 高校本科毕业生在报考公务员时考虑的因素

表8-2-13　在报考公务员时,你考虑到的是(多选)

就业地点在大城市	45.37%
单位名气大	18.06%
专业对口,能发挥个人特长	52.86%
行业有保障	41.85%
社会关系多	21.15%
晋升的机会多	40.09%

5. 吸引高校本科毕业生报考公务员的因素

68%的人看中的是工作稳定性,其次有49%的人看中福利待遇好这一点,接下来依次考虑的是环境舒适宽松、发展前景好、收入高、能发挥专长。

6. 高校本科毕业生对现今公务员招考的总体印象

有78%的人对现今公务员招考的总体印象比较好;46.26%的毕业生对公务员这一职位的前景表示比较乐观;抱着试一下的态度去考公务员的人占44.93%。

7. 高校本科毕业生面对"千军万马过独木桥"的考公务员热的态度

在高校本科毕业生的就业单位意向调查中,有56%的人选择国家机关,30%的人选择事业单位,7%的人选择科研设计单位,12%的人选择国有企业(或施工单位),18%的人选择民营或私人企业,有34%的人选择中外合资企业,30%的人选择学校,还有1%的人选择其他。

表8-2-14　在报考公务员时,你考虑到的是

既然选择了就挤下去,毕竟一旦考上后工作比较稳定	35.24%
抱着试一下的态度,没考上再做其他打算	44.93%
退居二线,因为报考的人数太多竞争太大	4.85%
无所谓,怎样都行	15.86%

南昌市大学生消费现状的调查(2006年10月)　2006年10月,调查组以问卷调查的方式,分别从南昌大学、江西师范大学、江西财经大学、华东交通大学,南昌工程学院等南昌市的15所高等院校选取调查对象,共抽取492人,其中男生252人,女生240人;大一130人,大二96人,大三166人,大四100人;城市人口193人,城镇人口151人,农村人口148人。

大学生消费现状的分析调查结果如下:

1. 大学生的月平均消费水平大约在350～450元之间波动,有大约37%的大学生月生活费在350元或200元以下。有些大学生的月消费大于600元。

大学生每月的生活费经常会出现超支的现象。高年级的学生每月消费要远远大于低年级的学

生。大三、大四的大部分女生每月的消费水平大约在 300 ~ 400 元,男生大约在 400 ~ 600 元。与此相比,大一、大二学生的生活消费每月大多保持在 200 ~ 300 元。

2. 大学生每月在食堂饭菜方面的花销并不高。调查的大学生中,有 119 人把 55% 以上的月生活费花在食堂里,有 373 人把大部分的钱花在商场购物等方面。

3. 电话、手机消费是大学生消费中的重要支出。在校大学生的电话费和手机费支出平均要占每月消费总数的 10% 以上,最高的消费每月占到了 40% 以上。

大学生每学期的通信消费(如手机,电话卡),50 ~ 100 元的有 32%,50 元以下的有 23%,100 ~ 200 元的有 21%,200 元以上的有 22%。

4. 在网络支出方面,46% 的大学生每月的网络支出费用在 20 元以下,32% 的大学生网络费用支出在 20 ~ 50 元之间,18% 的学生每月的网络支出费用在 50 元以上,有的大学生每月的网络支出费用为 200 元,占生活费的 60% 以上。

5. 高年级的在校大学生存在生日、聚会及情感方面的消费。调查中,大约有 50% 的大学生每学期因参加同学生日、聚会和情感等方面的支出在 50 ~ 100 元,大约有 28% 的大学生在这方面的消费支出在 100 ~ 400 元。

6. 大学生消费比较趋向于时尚、较高档次的品牌。在校大学生在购物时都很喜欢选择时尚、名牌的商品,有 334 人认为时尚和品牌消费是值得提倡的。

大学生消费最关注的是商品的价格、质量、实用性,它们所占比例分别是 35%、28%、31%。大部分学生对于商品的要求并不十分高,他们在购物时,不单只考虑到商品的知名度,还考虑商品自身的条件及其他外在因素。

7. 大学生的消费观念大都还只是集中在物质方面。调查中,78 人会把文化书籍等考虑到消费计划中,约占总数的 16%,414 人选择的是衣服、零食小吃之类的物品。

大学生对精神文化消费投入"一般"的占 57%,对物质消费的投入也占了一定的比例。

8. 有 4% 的大学生对《消费者权益保护法》有较深的认识。52% 的大学生对《消费者权益保护法》还不是很了解,40% 的学生只是听说过,并不了解其真正的作用。

当大学生购物发现买到假货或劣质物时,40% 的人选择要求商家换货;35% 的人选择退货或赔偿;8% 的人选择去状告;17% 的人认为无所谓,算自己倒霉。

9. 有 52% 的大学生消费水平相对以前都发生了变化,保持不变或发生了巨大的变化比例均为 4%。

10. 有 69% 的大学生认为合理的消费方式是既所需又所好的。大学生消费时,会在满足自己爱好的同时,也兼顾到自己生活与学习的需要。

11. 有 35% 的大学生消费观念主要受自己个性发展的影响;受同学朋友影响的有 24%;受家庭影响的有 22%;社会影响的有 19%。

12. 大学生在节假日中"非常想"购物的人数是较多的有 38%,"一般想"的有 28%。

江西省大学生欠费情况调研(2003—2008 年)　　调查组以问卷调查的方式,对在南昌高校就读的大学生进行了大学生欠学费和助学贷款中的不良贷款问题的调查。调查的欠费大学生共 144

人,其中男生 66 人,女生 78 人;非欠费大学生是某高校 2004 级、2005 级已按时缴纳学费的学生,共 32 人,其中男生 12 人,女生 20 人。

调查发现,大学生欠费问题在全省普遍存在。2006 年省内某高校学生欠费人数高达 6199 人,欠费比率占学生总人数的 16%,欠款总额为 36592264 元,若含往年欠费总额则多达 5000 多万元。2006 级新生中有 663 人欠费,欠款额为 3612781 元,欠费比率 5%。助学贷款恶意拖欠的现象也普遍存在。

全省大学生欠费情况:

1. 欠费大学生的个人基本情况及家庭情况

调查的欠费大学生中,78% 是团员,11% 是入党积极分子,其他的都是非团员或者党员,可见大多数欠费学生都积极进取。来自农村和城市的比例分别为 55.5%、45.5%。家庭人口基本在 3 人以上,最多的有 6 人。88.8% 的欠费大学生家庭月收入在 1500 元以下,没有一个欠费大学生的家庭月收入在 2000 元以上,在 1500~2000 元的比例为 11.2%。在家庭收入来源方面,农村欠费大学生的家庭 40.3% 是靠务农为主,59.7% 是打工为主,城市欠费大学生在靠父母工作和政府补助方面得到收入的比例各占 50%。未欠费大学生中,有 72.7% 认为身边欠费的学生数量一般,9.2% 的认为很多。15.2% 的认为欠费大学生的生活质量很差,认为好和很好的占到 12.1%,认为他们生活质量一般的是 72.7%。

2. 欠费大学生的欠费及消费情况

绝大多数的人欠费在 4000~6000 元左右,最低的欠费 200 元,最高的欠费 2 万余元。

欠费大学生的月生活费在 400 元以下是算正常,低于 300 元以下的占 77.8%,在 300~400 元的有 11.1%,月生活费超过 400 元的有 11.1%。

有 11.1% 的欠费大学生没有 4 大件(手机、MP3、电脑、CD 机)中的任何一样,而其他学生都或多或少拥有其中的一两件。

60.6% 非欠费大学生认为有手机或电脑等贵重物品的同学,他们存在欠费情况是不正常的,39.4% 认为也许有特殊情况。半数左右非欠费大学生认为欠费学生不是在恶意欠费,6.1% 认为是恶意欠费,认为有些是恶意欠费的有 33.3%,有 9.1% 不知道。

3. 大学生欠费的主要原因

根据调查发现,大学生欠费的主要原因是学费太高,家庭无力支付。还有部分学生是因为家庭突发事故,暂时无法交学费,部分学生是因为期待国家助学贷款。也有因为赌博或者做生意而用掉学费的,但占比例很少。

4. 欠费(非欠费)大学生的心理态度及其自我解决方法

对于欠学费,欠费大学生感觉不是很好受,同学之间存在看法,学校有一些针对措施让自己很丢脸等。非欠费大学生对欠费学生厌恶的有 3.0%,表示同情的有 24.0%,55.0% 的受访者表示无所谓和其他想法,有 18.0% 的非欠费大学生说也想欠费。

助学贷款中的不良贷款:

随着贷款政策的实施,不良贷款也开始出现了,某高校 2000、2001、2002 级贷款学生已经毕业,学校共有 330 多人未按时还建设银行的利息,欠款达 6.9 万余元,其中有 3 人未按时还本金,总金额 2.9 万余元。调查显示,有两个人无能力还款,两个人联系不上。

吉安市青少年网络现状调查(2003 年 4 月至 2008 年 4 月)　2006 年 12 月,调查组以问卷调查的方式,对吉安市井冈山学院、吉安二中、吉安师范、白鹭洲中学、吉安信息工程学院的 1000 名青少年,进行了吉安市青少年网络问题的调查。

吉安市青少年网络现状调查结果如下:

1. 触网率攀高。在调查的 1000 名青少年中,上网比率达 100%。而 2003 年吉安团市委进行的一次网络现状调查表明,当时青少年的触网率不及 80%。

2. 第一次触网低龄化发展。76% 的在校大学生是在初中阶段第一次触网,87% 的在校高中、中专及初中在校学生是在小学阶段第一次触网,不少家庭条件稍好的初中学生在学龄前就上过网。

3. 上网频繁且时间长。调查发现,青少年普遍存在上网次数频繁、每次上网时间较长现象。平均每周上网次数不到 1 次的仅占 7%,2 至 3 次的占 48%,4 至 5 次的占 36%,每天至少 1 次的占 9%。而每次上网时间能够控制在 1 个小时以内的青少年为零,两个小时以内的占 25%,3 个小时以内的占 59%,3 个小时以上的占 16%。

4. 上网地点越趋分散。随着吉安经济社会的发展,上网需求量的增加,能够提供网络服务的场所越来越多。青少年上网地点从原来的以网吧为主转向多元选择,家庭、学校机房等地聚集了越来越多的青少年网民。受访青年中,多数在家里上网的青少年占据 34.1%,学校占据 25.8%。

5. 对网络的认可度高。98% 的吉安市青少年认为网络对其影响主要在"开阔视野,拓展了知识面""认识了朋友,通过与朋友的交流,减轻了学习或其他方面所造成的心理压力"或"获取了网络上丰富的教育资源,学习成绩得到提高"。调查还表明,大多数青少年认为有必要向全社会普及、宣传网络知识。

6. 对网络信息的认知朝理性方向发展。调查发现,青少年对网络信息持较理智、客观的态度,99% 的青少年对网络信息的看法是"依据自己的经验,理智辨别",选择"大部分相信"和"几乎不相信"的都为零。网络在青少年知识获取、学习教育、社会参与、人际交往、休闲娱乐、职业选择等方面有很强的支持性效应。很多青少年在工作学习生活当中遇到的困难、寻求帮助时,首先选择网络,并能对繁杂的网络信息进行筛选、甄别。

7. 吉安市青少年认为上网是导致学业退步的原因。62% 吉安市青少年认为是"家长、学校的压制使得学生产生强烈的反抗情绪和厌学情绪"。

8. 上网场所的选择。有 75% 的青少年选择在网吧上网;97% 的青少年进入网吧时,网吧工作人员不会查询证件,其余的选择"偶尔会",选择"会"的为零;86% 的青少年对于是否遵循"未成年人禁入营业性网吧"的决定,选择的是"很难说"或"不会";66% 的青少年认为目前吉安市的网吧"设备较差"或"存在安全方面的隐患"。

9. 学校、家庭和社会缺乏对青少年上网引导、心理辅导等服务。调查表明,89% 的父母或家长对青少年上网的态度是不理性的,采取"禁止上网"的措施。而这种"堵"的方法恰恰会引起学生(子女)的逆反心理,甚至在上网没钱时采取各种不道德或违法的行为。

同时,有64%的青少年在上网却没钱时会选择"向朋友或同学借","编造名目欺骗父母亲戚或朋友"的占18%。此外,当青少年在学习生活中遇到烦恼时(如:网恋、网瘾、网络孤独感等)也会遭遇无处倾诉和寻求援助的境遇,在调查中选择向老师或家长倾诉的只占12%,选择向社会上专业的心理辅导机构或组织咨询的更是微乎其微。

南昌志愿服务现状调研(2003—2008年) 南昌市志愿服务正式开展后,在南昌市委、市政府的关心下,已经得到长足的发展,南昌全市志愿者紧紧围绕党政中心大局和市民需求,在扶助贫困、社区建设、环境保护、便民利民、科技普及、抢险救灾、抗击非典、文明宣传、敬老助残、维护治安、权益维护、大型活动等方面提供志愿服务近百万人次,为弘扬文明新风,提高英雄城市精神文明建设水平做出积极的贡献。调查组以问卷调查的方式,对南昌市东湖区、西湖区、青山湖区、湾里区、南昌县、新建县、进贤县等7个县区的县(区)、街道(乡镇)、社区等地的73个志愿服务组织和167名志愿者,进行南昌志愿服务现状调查。

调查结果如下:

1. 缺乏统一管理

南昌市志愿服务组织多头化管理,志愿者参加活动往往没有统一的管理机构,党政机关、群众团体、社区等各自为政,没有形成全社会型各类志愿者齐抓共管的良好态势(见下表)。

表8-2-15 您所参加的志愿服务主要由谁来组织的(多选题)

选　项	比　率
党委、政府部门	30.5%
团委、青年志愿者协会	59.8%
自发的志愿者团体	14.9%
单位、学校	23.3%
社　区	10.7%
个　人	9.5%

2. 志愿服务基础不扎实

有13.7%志愿者组织在相关部门进行了注册,南昌市大部分志愿者服务组织都没有履行注册手续,不是正式的民间团体或组织,不具备继续发展的基础。在调查中,有66.5%的志愿者表示自己所在的单位或社区并没有专职的志愿服务机构。

3. 志愿者服务组织硬件不全

调查发现,南昌市的县区、街道(乡镇)和社区等三级组织中,志愿服务工作人员非常少,大部分志愿者服务组织并没有专用办公地点(见下表)。

表8－2－16　服务工作人员、是否有专用办公场所情况

	有	没 有
是否有志愿服务工作人员	32.0%	68.0%
是否有专用办公场所	13.6%	86.4%

在拥有办公地点的组织中,大部分办公场地都不是自用,而是租用、借用,或与其他单位组织合用(见下表)。

表8－2－17　志愿者服务组织的办公场地来源情况

自 有	租 用	借 用	合 用
15.1%	12.1%	24.4%	48.4%

4. 志愿服务管理者水平不高

调查中,有72.6%的志愿服务组织的组织管理者并未接受过任何训练;75.3%的志愿服务组织机构工作人员表示并未接受过相关培训;有41.7%的志愿者表示开展志愿服务面临的主要困难是志愿组织缺乏有效管理,这也成为仅次于资金不足的另一阻碍志愿服务发展的大问题。

5. 没有稳定的注册志愿者队伍

在南昌市志愿者队伍中,注册志愿者占16.5%,而为开展活动而临时组织调用的志愿者达到全部志愿者的63%。

6. 志愿者培训工作不到位

在调查中,有61.68%的志愿者表示"志愿服务前没有受过正规的服务培训"。

7. 志愿服务组织工作不规范

调查中发现,大部分志愿服务组织并没有相应的工作守则与行为规范。同时,25.4%的志愿服务组织进行了年度财务审计,有46.5%的志愿服务组织没有实行台账制度,对文字和图片资料的建档保管不严格(见下表)。

表8－2－18　志愿服务组织工作规范化调查

	有	没 有
年度财务审计	25.4%	74.6%
台账制度	53.5%	46.5%

8. 志愿者主动性不高

调查发现,33.1%的志愿者是对活动项目感兴趣而参加的志愿服务;31.5%的志愿者是主动与志愿服务组织联系参加的志愿服务;11.9%的志愿者是有朋友相邀就一起参加的志愿服务;23.3%的志愿者是单位强行规定才参加志愿服务的。

同时,志愿者在面对因参与志愿服务产生的费用时,愿意自己承担相关的费用的人并不多(见下表)

表8-2-19 您认为志愿服务产生的费用应由谁承担

选 项	比 例
志愿者自己承担	13.7%
组织仅报销交通费	37.7%
组织报销含食宿、通信在内的各种费用	31.9%
在报销基础上,有一定奖励	16.7%

9. 缺乏经费保障

调查发现,在志愿服务的开展过程中,并没有相对稳定的经费保障。政府投入支持占28.8%,单位支持的占38.4%,社会赞助的占21.9%,没有经费的志愿服务组织为10.9%,志愿服务的经费缺口非常大。

65.7%的志愿者服务组织认为志愿者管理过程中的困难是没有经费保障;82.1%的志愿者服务组织表示经费紧张是他们在志愿者服务开展过程中遇到的最大困难,其选择比率大大高于其他选项。

10. 缺乏法律保障

调查发现,53.8%的志愿者希望政府机关在志愿服务方面制定相关政策,对志愿服务进行法律保障;64.3%的志愿服务组织希望上级部门能够尽快立法或出台相关规定,使志愿服务组织在组织志愿服务过程中能够有法可依,更好地在法律的保护下开展志愿服务活动。有34.7%的志愿者表示他们在志愿服务过程中面临的困难是志愿者的权益得不到保障。

地方性院校学生考研情况的调查与共青团组织服务青年成才的思考——以井冈山学院为例(2006年)2006年4月,通过非随机抽样调查,对井冈山学院校本部12个学院2003、2004、2005级有考研意向的本科生进行考研情况的调查。共发放问卷550份,回收有效问卷408份。其中,男生占48.28%,女生占51.72%,整体上文科专业女生占多,而理科专业男生占多。在参与问卷的专业比例中,自然科学类的占37.25%,人文学科类占50.25%,艺术体育类占12.5%。此外,还通过学校团委举办的考研促进会、考研经验交流会等活动,进行深入访谈,连续两年了解学生考研的各方面情况。

调查结果如下:

学生考研的基本情况:

表8-2-20 学生考研基本情况1

2003、2004、2005级本科生总人数	2003、2004、2005级有考研意向总人数	百分比
6148	1303(a)	21.2%

表 8 - 2 - 21 学生考研基本情况 2

年 级	本科生人数（b）	有考研意向人数（c）	有考研意向人数占本科生人数的比例（c/b）	有考研意向人数占优考研意向总人数的比例（c/a）
2003	2301	579	25.16%	44.44%
2004	1538	378	24.58%	29.01%
2005	2309	346	14.98%	26.55%

如上表所示,有考研意向的人数占本科生总人数的 21.2%,但与上年的 19.3% 相比,井冈山学院 2006 年考研学生的比例是有所增加的,上线率 32.06% 也比上年的 28.5% 有所上升。2003 级 2006 年有考研意向的学生数占考研意向学生总数的 55.56%,比 2005 年的 17.52% 增加 7.64%。

在学校的考研群体中,只打算考研的占 26.72%,与 2005 年相比,2006 年一部分人已从考研和找工作两手准备中独立出来,选择专心考研。

调查还发现,37.99% 的学生认为自己在学校的学业情况优秀或良好,有 27.7% 的学生回答不满意。41.94% 的学生表示学校的学风还可以,24.51% 的学生认为较差,但同时认为学校学风正在好转并且随着考研氛围的浓厚,学风将得到改观。对于学校学生的就业前景,38.99% 的学生认为还行;41.42% 的同学认为一般,和大部分普通本科院校差不多;有 19.61% 的学生认为学校就业率低。

学生对考研的认识:

调查发现,有 60.11% 的学生表示自己在大二前就有考研的想法,但真正开始备考却基本在大三这一学年。在何时开始着手准备考研最合适的问题上,有 42.5% 的学生选择在大二,选择大三的比例占 39%。调查表明,如果考研失败,有 65.10% 的学生会边工作边考研,有 9.38% 的学生会放弃考研找工作。倘若在即将考研时碰到不错的工作,42.22% 的学生要根据情况具体分析;有 25.22% 的学生会为考研而放弃工作;选择工作的有 11.44%;有 16.42% 的学生犹豫不定。在决定考研成败的关键因素中有 49.27% 的学生选择"坚定的信念和顽强的毅力";37.07% 的学生选择"自身知识水平和较强的学习能力";14.16% 的学生选择"平和的心态";选择"精神和物质的强大支持"占 7.35%。在决定考研的原因中,88.86% 的学生排在第一位的是"为了更高的人生起点,为以后找份更好的工作做准备";60.70% 的学生是"为了进一步完善提高自己的知识结构和层次";其他如"随大流""单纯追求高学历的欲望"或"父母之命"的不足 20%。

考研方向的选择依据主要集中在"毕业后的情况"和"个人兴趣",共占 70.1%;依据"专业是否对口"的占 20.1%;依据"报考学校报名"的占 14.37%;依据"专业的冷热"的占 13.2%。在报考何种专业方向的研究上,选择工科方向的占 34.9%。对于比较热门但难度较大的专业方向和相对冷门但好考的专业选择上,前者占 44.57%,后者占 29.91%,还有相当一部分学生(约占 24.34%)不清楚该如何选择。

学生对考研信息的需求:

调查发现,53.67%的学生是通过网上的搜索引擎获取考研信息的;通过有考研经验的人介绍获取考研信息的占23.17%;从学校对考研的宣传获取考研信息的有13.78%;有18.77%的学生对考研没有什么了解,只知道有考研这回事。问卷中,对于是否能及时了解到考研的最新动态,53.1%的学生反映不能,36.36%的人认为还可以,有9.09%的学生表示能及时了解到。同时,反映辅导员经常会介绍一些考研信息的占12.9%,有不少学生反映辅导员很少介绍考研信息或根本不会提。

在考研信息的需求种类上,排在第一位的是历年试题,占44.87%;其次是招生政策,占35.78%;报考院校的学科实力占32.55%;导师情况占29.62%。有49.28%的学生希望学校图书馆能提供考研有关的学习辅导书;40.76%的学生希望能提供有关考研的报纸杂志;27.57%的学生希望能提供介绍各高校及硕士专业的书籍。在希望得到学校哪些具体帮助方面,77.13%学生选择定期发布考研资讯,64.5%的学生希望有针对性地开展一些促进考研的系列活动,如举办一些考研知识讲座和开办学习辅导班等;52.20%考生希望在学校网站开辟考研论坛,交流考研心得;41.35%的考生希望开放24小时自习室。

在学校对考研学生群体关注程度上,6.86%的学生认为很关注;36.03%的学生认为比较关注;42.89%的学生认为关注很少;9.56%的学生认为根本不关注。调查表明,学生对学校团委、学生会举办的考研辅导班和冲刺班有着较好的评价和较浓的兴趣,11.14%的学生反映很好,对他们影响较大;55.42%的学生反映较好,对他们有一定程度的影响;70.97%的学生表示有兴趣参加学校的考研辅导班。学生认为考研科目中最难是英语占67.76%;政治占13.20%;高等数学占10.56%;专业课程占14.08%。

江西省民办高校团建工作现状和思考(2003—2008年) 2003年11月初,团省委、省学联对全省民办高校团建工作开展调研。共涉及江西10所民办普通高校,其中本科院校2所,高职院校8所,在校生221783人。

全省民办高校团建工作调查结果如下:

民办高校团建工作的成效:

1. 团组织建设明显增强。全省民办高校均设立了团委,共有团员155360人,约占民办高校在校生总数的70.05%,团组织关系隶属省级团委的5所,隶属省教育厅社管处团委的5所。其中独立办公的团委7个,与学工部门合署办公的团委3个,院系部团总支(分团委)113个,班级团支部3537个。

2. 团干部队伍日益壮大。全省10所民办高校均配备团干部,队伍日益壮大。院系以上团委干部共152人,其中专职团干部72人,占团干部总数的47.37%,兼职团干部为80人,占56.63%。

3. 团的工作日益活跃。一是认真开展团员意识教育活动。二是大力加强校园文化建设。三是努力做好推优入党工作。民办高校共有申请入党的积极分子38049人,约占在校人数的17.16%。经"推优"入党的团员1159人。四是积极维护校园安全稳定。五是加强对学生会、学生社团指导。全省10所民办普通高校都成立学生会、学生社团组织,有学生会干部708人,学生社团208个,20.17%的在校生参加学生社团。

存在问题：

与公办高校团学工作相比,民办高校团学工作有其独特性,在一定程度上存在着以下4个方面的问题：

1. 思想认识上存在误区。一是"无用论"。部分学校认为民办高校学生自费上学,自谋职业,就业竞争激烈,只要学好专业知识和技能就行了,开展共青团工作既浪费学生的时间,又分散学生的精力,对找工作不管用。二是"非必要论"。部分学校片面追求经济效益,把民办高校与私营企业简单类比,注重成本效益核算和有限资源的最优化配置,认为开展共青团工作是公办普通高校的事,民办高校无此必要。三是"无条件论"。有人认为民办高校的各项资源有限,特别是缺少有经验、能力强的团干部,加上外聘困难,所有民办高校不具备对学生开展共青团工作的条件。

2. 工作制度上存在缺陷。一是团的组织生活制度不健全。有13.42%班级团支部得不到班主任的支持,一个学期也没有过一次组织活动。二是活动组织制度不健全。一些学校团组织在全年活动设计上缺乏科学规划,工作随意性大,未形成系统的课外活动格局。三是团员教育管理制度不健全。在调查中发现,21.8%的新团员入团之前未接受系统的团的知识教育,27.64%的团员入团后从未上过团课。

3. 物资投入上缺乏保障。一是缺少经费保障。民办高校多对共青团工作投入较少。二是缺少阵地保障。全省民办高校学生活动阵地共196个,由团组织独立支配的共17个,只占8.67%。三是缺少宣传教育资料。有47.36%的团支书未按要求订阅团报团刊,难以满足大学生丰富多彩的精神生活需求。

4. 团干部素质参差不齐。一是人员不足。民办高校团委专职干部较少,一般以兼职干部和学生干部为主,用于团的工作时间精力得不到保证。二是流动性大。部分民办高校团干部频繁更换,有的团委书记在岗位上只工作半年,有的学校一年半的时间内更换3个团委书记,致使队伍不稳定,工作缺乏延续性；三是素质不齐。民办高校团干部本科以上学历的36人,占23.68%,有89.72%的团干部由本校毕业的学生干部担任,个别学校学生毕业几个月就担任校团委副书记职务。四是认识不一。团干部对学校教育理念和发展前景普遍缺少认可,存在短期心理、"打工"观念,因而造成工作创造性不强,工作方法单一,工作标准不高,工作效果不理想。

南昌地区高校大学生网络应用现状的调查(1993—2004年)　调查组通过随机抽样调查、实地访谈、个案研究的方式,分别从南昌大学、江西师范大学、华东交通大学、江西农业大学、蓝天学院选取调查对象。共向上述5所高校发放问卷600份,每所大学各120份问卷。回收问卷共计584份,有效问卷579份。其中男生333人,占57.51%,女生246人,占42.49%。

南昌地区高校大学生网络应用现状调查结果如下：

1. 网络应用行为中的性别差异

从调查中发现,男女大学生在使用网络中,无论是花费时间,还是使用方式、目的上,都呈现出一定的差异,总体上来看,男生使用网络的时间要长于女生,且男生多使用于网上游戏,有些甚至沉迷其中,陷入网瘾；女生则更倾向于运用网络浏览娱乐咨询、休闲放松。而在即时通信、与人交流及联络上,两者趋同,都占据着他们网络使用的重要位置,调查显示,上网首先做的事就是网络聊天的占55.44%。

2. 网络应用行为中的年级差异性

大一新生，在网络行为方面，使用电脑较少，从频率上看要明显低于大二、大三学生，基本为每周2~3次，甚至更少，而大四学生及研究生使用电脑频率上也要低于大二、大三学生，这和各年级特点有密切关系。

3. 网络是南昌地区高校大学生接触和使用最多的媒介

此次调查发现，南昌地区高校大学生在校园里能接触到各种不同类型的媒体：报纸、杂志、广播、电视、互联网（Internet），而其中互联网最受学生青睐。将近五成半的大学生认为互联网是他们在学校使用最多的媒体。南昌地区高校大学生平时在学校使用最多的媒体依次是：互联网、电视、广播、报纸、杂志。

在被调查者中，6.22%的大学生每天都阅读报纸，5.18%的大学生每天都读杂志，5.18%的学生每天都收听广播，39.38%的学生每天都收看电视，46.11%的学生每天至少上网1次，其中每天数次的占30.25%。

4. 南昌地区高校大学生每周上网次数及时间

调查显示，随着年级的升高，上网频率呈波浪式变化，特别是大一新生，基本是每周2~3次，甚至更少，且基本多为与朋友联系、网络聊天等。大二、大三年级的学生达到整个波浪的最高点，基本为每天数次。

同时，调查显示：有近50%的被调查者拥有个人电脑，基本上保持每天数次。到大四与研究生阶段，上网频率再次回归到较低点，此时，学生在利用互联网方面更趋于理智，基本上为每天1次，或者每周1次，主要是用来查询招聘信息、考研资讯、研究资料等。

调查显示，大学生上网多集中于晚上6点至12点这个时段，该时段上网的学生占总体学生的37.50%。同时，因为校园宽带上网，一般不受拨号上网的高峰时间网速变慢的限制，并且调查显示，接近50%的大学生在寝室用自己的电脑上网，上网时间的自由选择度大，很大一部分学生没有固定的上网时间。

每天都上网的被调查者中，上网时间在4~6小时的占21.43%，6小时以上的占14.29%，总计35.72%，同时，认为"上网能得到快乐"的被调查者占58.03%，一天不上网而表现出烦躁不安、急切想坐到电脑旁的调查者占16.11%。

5. 南昌地区高校大学生上网主要目的

此次调查发现，南昌地区高校大学生上网主要目的依次是：资料搜集、查询信息、收发电子邮件、即时通讯与熟人联络、娱乐休闲、新闻浏览、文件上传与下载、网上游戏、论坛、BBS灌水、博客、结交新朋友、接受网上教育、网上购物、拍卖。另外，南昌地区高校大学生也有无意识的上网动机，如上网形成了一种习惯和打发时间。其中，20.21%的学生上网主要是因为一种习惯，17.10%的学生上网主要是因为打发时间。

6. 网络世界里的大学生诚信问题

此次调查发现：南昌24.53%的各高校大学生认为在网络交流和使用中，应该保持诚信，在网络使用中使用真实信息的只占 12.95%,基本不使用真实信息的占 12.44%,看情况而定的占 40.41%,同时有 9.84% 的大学生认为对方也不一定认为公布的信息是真实的。

调查显示:73.58% 的大学生认为应该或者对自己的熟人、朋友发真实信息,有 21.70% 的大学生认为没有必要和不应该保持诚信,有 2.83% 的大学生认为网络是一个虚拟世界,不存在诚信,另有 1.89% 的大学生认为网络上诚信就是对自己的不负责。

省直单位团组织调研报告(2007 年) 根据团省委的统一部署,团省委青工部组织对省直属团委 14 家单位进行 2007 年度重点工作考评及调研工作。

考评采取交叉检查的方式进行,分别由省直团工委、南铁团委、洪都团委牵头,分 3 个考评组对省直单位进行交叉观摩考评。各组对照《共青团江西省委 2007 年度省直单位团组织年度重点工作考核标准》,听取工作介绍,查阅了有关文件、资料。各单位均全面系统的对 2007 年共青团工作进行了总结,重点工作的完成情况都较好,取得一定的成效。

省属各单位团组织基本情况:

省管国有企业出资监管单位和江钨有限公司有职工 32 万人,其中 35 岁以下青年 48549 人,团员 9033 人。35 岁以下青年只占职工总数百分比和团员占青工总数百分比分别为 15.17% 和 18.6%。另有各集团所属职业大中专院校学生团员 24358 人,共计 33391 名共青团员。有团委 35 个,其中集团公司一级团委 17 个,下属单位团委 18 个,团总支,支部 1188 个,专职团干部 80 人,冶金、纺织、国盛、外经公司、江钨有限公司 5 家单位尚未成立团组织;有团委的集团公司中,物资集团、江信国际 2 家单位是有组织无团员。

省直机关共联系 89 家单位,89 个一级团委,专职团干 32 人,兼职团干 57 人,共计 15.2 万团员,其中院校 13.8 万,厅局级 1.4 万。

其它 10 家单位(四冶除外)共有团员青年 49820 人,专兼职团干 1301 人,下设一级团委(总支、支部)281 个。

青年思想动态:

针对省直企业特点,设计并发放 1 万份省直企业青年工作调查问卷,共 13 个省直企业青年参与了此项调查。调查采取抽样问卷办法进行,回收率为 92%。本次调查研究选择了性别、年龄、政治面貌和职务等 4 个属变量作为分析的相关变量,以青年职工对职业道德看法中相关性最强的 6 道问卷题为目标变量。

不同政治面貌和性别的青年对各类观点看法的差异性较小,而不同职务和年龄的青年职工对各类观点看法的差异较大。

1. 行政干部和工人更认同合作的重要性。26 岁至 30 岁的青年相对于其他年龄段更认为个人恩怨不应该引入到工作中;党员相对于群众更注重工作的协调配合问题;男青年比女青年更重视合作问题。

2. 行政干部奉献精神较强;女青年比男青年更崇尚奉献精神;30 岁以下的青年反对拜金主义的较多。

3. 政工干部最重视出满勤,干满点;专业技术干部更重视工作效率;女青年相比男青年不太在意出勤率。

4. 行政干部和工人对工作的责任感较强,30 岁以下的青年不同意"同事工作都不积极,自己愿意随大流"的说法;党员比一般群众工作责任心强;男青年相比女青年更不同意以上说法。

5. 30 岁以下青年更希望公平竞争;技术干部和工人更希望公平竞争。

第九章　共青团组织

1991—2010 年,江西省共召开 4 次共青团代表大会,选举产生 4 届共青团江西省委员会。每次代表大会,省委书记或副书记出席大会,对全省团员青年提出希望和要求。

江西共青团的领导机构是团省委。团省委也是江西众多青年社团的主管部门。团省委内设机构经过 1994、2001、2010 年三次较大的调整,至 2010 年有 9 部 2 室 1 委 1 中心;先后有 7 个直属企事业单位。团省委对南昌团市委等全省 11 个设区市团委、省直团工委 10 个省直单位团委、南昌大学团委等 17 个省属高校团委的业务工作进行指导。

第一节　共青团江西省代表大会

共青团江西省第十一次代表大会

1992 年 5 月 4—7 日,共青团江西省第十一次代表大会在南昌市召开。出席大会正式代表 545 人,代表全省 160 万名共青团员。

大会审议并通过黄建盛代表共青团江西省第十届委员会所作《全面贯彻党的基本路线,团结和带领青年为江西实现小康目标而奋斗》的工作报告;同时,大会还表彰 10 个红旗团委、20 个先进团支部、20 名优秀团干部和 50 名优秀共青团员。

大会选举产生共青团江西省第十一届委员会,选出委员 46 人,候补委员 17 人。在第一次全体委员会议上,选举黄建盛、舒国华、李春燕(女)、胡宝江、张国培、李建一、刘斌、陈国柱、吴治云为团省委常委;选举黄建盛为团省委书记,舒国华、李春燕(女)等为团省委副书记。

共青团江西省第十二次代表大会

1998 年 4 月 25—27 日,共青团江西省第十二次代表大会在南昌市召开。出席大会正式代表 600 人,列席代表 23 人,代表全省 248 万名共青团员。

省委书记舒惠国、省长舒圣佑等省领导出席会议。大会听取省委书记舒惠国所作《肩负起跨世纪的历史重任》的讲话;审议并通过潘东军代表共青团江西省第十一届委员会所作《高举邓小平理论伟大旗帜,团结带领青年为实现江西跨世纪宏伟目标而奋斗》的工作报告;选举产生江西省出席共青团第十四次全国代表大会代表;表彰首批"江西青年五四奖章"获得者、1997 年"江西十大杰出青年"和一批先进基层团组织、优秀团干团员。

大会选举产生共青团第十二届委员会,选出委员49人,候补委员21人。在第一次全体委员会议上,选举潘东军、钟志生、曾庆红(女)、刘润保、王成饶、陈德勤、蒋斌、吴汉华、高学训、高鹰群(女)、徐求真、谢一平等为团省委常委;选举潘东军为团省委书记,钟志生、曾庆红(女)等为团省委副书记。

共青团江西省第十三次代表大会

2003年4月28—30日,共青团江西省第十三次代表大会在南昌市召开。出席大会正式代表500人,列席代表23人,代表全省200万名共青团员。

省委书记孟建柱、省长黄智权等省领导出席会议。省委书记孟建柱作讲话。会议审议并通过大会主席团常务主席钟志生代表共青团江西省第十二届委员会向大会所作《以"三个代表"重要思想为指针,团结带领广大团员青年为实现江西在中部地区崛起而努力奋斗》的工作报告;选举产生江西省出席共青团第十五次全国代表大会代表。

大会选举产生共青团第十三届委员会,选出委员49人,候补委员21人。在第一次全体委员会议上,选举钟志生、郭美荐、肖洪波、王少玄、梅亦(女)、凌四宝、王成饶、汪开华、王桂玲(女)、陈琳(女)、刘闯、万润妹(女)、曾萍(女)为团省委常委;选举钟志生为团省委书记,选举郭美荐、肖洪波、王少玄、梅亦(女)为副书记。

共青团江西省第十四次代表大会

2008年5月8—11日,共青团江西省第十四次代表大会在南昌市召开。出席这次代表大会的正式代表528人。

省委书记、省委副书记王宪魁、省政协主席傅克诚等省领导出席大会。会议审议并通过大会主席团常务主席王少玄代表共青团第十三届委员会向大会所作《高举中国特色社会主义伟大旗帜,团结带领广大团员青年为实现江西崛起新跨越发挥生力军作用》的工作报告。

大会选举产生共青团第十四届委员会,选出委员49人,候补委员21人。在第一次全体委员会议上,选举王少玄、郭美荐、梅亦(女)、李建军、曾萍(女)、张俊、邱晓辉、王颖(女)、李菲、刘小玲(女)、陈吉炜、熊育杰、吴雪军为团省委常委;选举王少玄为团省委书记,选举郭美荐、梅亦(女)、李建军、曾萍(女)为副书记。

第二节　共青团江西省委

内设机构

1991年1月,团省委机关工作部门为6部3室,即组织部、宣传部、学校部(含少工委)、青工部、青农部、统战部、办公室、研究室、青运史研究室。团省委下辖3个事业单位,即江西省团校、中国青年旅行社江西分社、江西青年报社。1992年5月,成立全国青少年井冈山活动营地;11月,成立江西省青少年事业服务中心。1993年8月,成立江西省希望工程服务中心;1994年1月,江西青年报社改为江西青少年报刊社;5月,成立维护青少年权益部。

1994年下半年,团省委实行机构改革。原研究室撤销,其工作职能划归团省委办公室。改革后,机关内设机构为8部1室1委,即组织部、宣传部、青工部、青农部、学校部(少年部)、统战部(联络部)、维护青少年权益部、经济发展部、办公室、机关党委。团省委下设6个正处级事业单位,即江西省团校、中国青年旅行社江西分社、江西省青少年报刊社、全国青少年井冈山活动营地、江西省青少年事业服务中心、江西省希望工程服务中心。

1995年6月,团省委机构调整,机关内设机构仍为8部1室1委,即组织部、宣传部、青工部、青农部、学校部(少年部)、统战部(联络部)、维护青少年权益部、实业部、办公室、机关党委。团省委下设7个事业单位,即江西省团校、中国青年旅行社江西分社、江西青少年报刊社、江西青少年报刊社印刷厂、全国青少年井冈山活动营地、江西省青少年事业服务中心、江西省希望工程服务中心。

2001年5月,成立团省委青年志愿者行动指导中心,同时代行省青年志愿者协会秘书处的主要职能。该中心除直接实施中长期志愿服务项目和短期志愿服务活动外,同时负责规划、指导、协调全省的青年志愿者行动。

2001年11月,团省委机关内设机构进行调整,机关内设7部1室1委,即组织部、宣传部、青工部、青农部、学校少年部、统战联络部、权益部(省青少年权益保护委员会办公室)和办公室、机关党委;同时,成立机关后勤服务中心。

2004年6月,在江西省团校的基础上设立江西青年职业学院。

2006年,团省委适应全省青年志愿服务新变化,1月26日,在团省委宣传部的基础上,成立青年志愿者工作部,具体承担全省青年志愿服务的管理、指导等职能。该工作部的职责是:研究、指导全省青年志愿者服务工作;组织协调全省志愿服务活动;开发和利用社会资源,为志愿者行动提供物质保障;开展志愿者理论研究等。2009年,该工作部创新与全省各级团委以及志愿者之间的信息沟通方式,在传统沟通渠道的基础上,将纸质通知制成电子通知,通过网络发送通知等,开通海外志愿者博客、部门干部博客,编写简报,建立健全信息沟通渠道,提高了工作效率。

2008年12月,团省委青工部更名为城市青年工作部,青农部更名为农村青年工作部。2010年,团省委内设机构为办公室、组织部、宣传部、学校部、城市青年工作部、农村青年工作部、少年部、统战部、权益部、青年志愿者工作部、研究室、机关党委和后勤服务中心。

1991—2010年,团省委办公地址一直设在南昌市八一大道。

表9-2-1　1991—2010年团省委历任书记及任职时间

职　务	姓　名	性　别	任职时间
团省委书记	黄建盛	男	1992.05—1996.10

续表

职 务	姓 名	性 别	任职时间
团省委书记	潘东军	男	1998.04—2003.04
团省委书记	钟志生	男	2003.05—2008.01
团省委书记	王少玄	男	2008.05—2011.08

表9-2-2 1991—2010年团省委历任副书记及任职时间

职 务	姓 名	性 别	任职时间
团省委副书记	舒国华	男	1985.02—1993.06
团省委副书记	李春燕	女	1985.02—1993.05
团省委副书记	万继抗	男	1987.05—1992.05
团省委副书记	黄建盛	男	1991.08—1992.05
团省委副书记	冯桃莲	女	1993.05—1998.09
团省委副书记	傅卓成	男	1996.05—1998.04
团省委副书记	钟志生	男	1996.12—2003.05
团省委副书记	曾庆红	女	1998.05—2002.11
团省委副书记	蒋 斌	男	2000.09—2003.01
团省委副书记	郭美荐	男	2003.04—2010.12
团省委副书记	梅 亦	女	2003.04—2010.12(在任)
团省委副书记	肖洪波	男	2003.04—2010.07
团省委副书记	王少玄	男	2005.04—2008.05
团省委副书记	曾 萍	女	2008.05—2010.12(在任)

直属企事业单位

江西青年职业学院 江西青年职业学院前身为江西省团校,创办于1952年6月。1991年,省团校设有教育科、学生科(团委)、总务科、财务科、保卫科、培训部、图书馆等8个行政科室和基础、计算机、外语、青年工作理论等4个教研室。学校工作职责主要承担全省团干部的专业培训,办好与高校联办的"团干部大专班"和1991年8月经省政府批准开办的普通中专班。2004年5月,经省政府批准,在省团校基础上组建成立江西青年职业学院,为隶属于团省委的正县(处)级事业单位。学院和团校两块牌子,一套机构,承担着高等职业教育和共青团干部培训的双重职能,是全省唯一一从事青年干部培养和青少年工作理论研究的高等职业院校。学院成立后,其机构设置经几次系、部调整,至2010年,江西青年职业学院下设教学单位调整为4系1部,即社会工作系、工程技术系、经济管理系、旅游商务系、公共基础教学部。

1991—2010年,省团校历任党委书记为陈国柱(1991年5月至1996年9月任职)、傅芳有(1996年9月至2004年7月任职)、肖洪波(2004年7月至2009年9月任职)、张雪黎(2009年9月至2010年12月任职)。省团校历任校长为陈国柱(1993年9月至1996年9月任职)、曾春晖(1997年1月至2005年9月任职)、徐光井(2005年9月至2010年12月任职)、张雪黎(2010年12月起任职)。

江西青少年报刊社　江西青少年报刊社隶属团省委。1994年1月,经团省委同意并报请省编委批准,江西青年报社更名为江西青少年报刊社,为正县(处)级单位,下设《江西青年报》、《涉世之初》杂志社、《江西青年报·少年专版》和江西青年报印刷厂。2008年,江西青少年报刊社休刊。

江西青少年报刊社　成立后,李灿宇于1994年7月至2010年12月任总编辑,李灿宇于1996年2月至2010年12月任社长。

江西省中国青年旅行社江西省中国青年旅行社,原名中国青年旅行社江西分社,成立于1984年11月22日,隶属团省委,是中国青年旅行总社在江西的唯一分支机构,后被确定为正县(处)级事业单位。初创时,内设机构有1科1室,即办公室和外联接待科。1992年,省中国青年旅行社创办"江西省因私出入境服务中心"。1998年,国家出境旅游政策调整后,被重新确定为中国青年旅行社在江西的出境旅游代办点。2009年5月,省中国青年旅行社进行重组改革,重组为有限责任公司,更名为江西省中青旅国际旅行社有限公司。

1991—2010年间,省中国青年旅行社(中国青年旅行社江西分社)历任党支部书记为黄俊明(1996年2月至2000年12月任职)、张义盛(2000年12月至2001年11月任职)、皮瑛(2001年12月至2004年7月任职);历任总经理分别为徐平(1993年8月至1995年4月任职)、黄俊明(1996年2月至2001年11月任职)、皮瑛(2001年12月至2004年7月任职)、刘朝晖(2007年5月至2010年12月任职)。

全国青少年井冈山活动营地　全国青少年井冈山活动营地初称江西青少年井冈山革命传统教育中心,位于井冈山市人民政府所在地茨坪镇的中心地段,于1987年10月27日奠基,隶属团省委,为正县(处)级事业单位,下设办公室、客房部、活动接待部、餐厅部等4个职能部门。1990年6月经团中央批准,列入全国青少年活动营地序列,更名为全国青少年井冈山活动营地。2009年11月,全国青少年井冈山活动营地改制。全国青少年井冈山活动营地主要功能是接待来自全省、全国各地到井冈山接受革命传统教育的青少年。

梅黎明于1996年12月至2000年12月任全国青少年井冈山活动营地党支部书记,于1994年3月至1998年10月任全国青少年井冈山活动营地主任。

江西省青少年事业服务中心　江西省青少年事业服务中心创立于1992年11月30日,隶属团省委,为正县(处)级自收自支事业单位,下设3部1室,即事业部、宣教部、活动部、办公室。该中心实行集体领导和个人分工相结合制度,设总经理1人,副总经理2人;工作职责是组织实施有利于青少年健康成长的教育活动等。

省青少年事业服务中心成立后,张义盛于1993年1月至1996年3月任省青少年事业服务中总经理,毛建和于1996年3月至2004年5月、谢石林于2004年6月至2006年12月先后任省青少年事业服务中心主任。

江西省青少年发展基金会(江西省希望工程服务中心) 江西省青少年发展基金会(简称省青基会)是团省委创办的具有独立法人地位的公募基金会,其宗旨是争取海内外关心江西青少年事业的团体、人士的支持和帮助,促进江西青少年工作、社会教育、科技、文化和福利事业的发展。

省青基会历届秘书长为宋寅安(1993年8月至2008年8月任职)、戴莹(2008年8月至2008年12月任职);常务副秘书长为龚九根(2008年8月至2010年12月任职);副秘书长为陈德勤(1992—1993年任职)、陈雅岚(1996年2月至2008年8月任职)、刘飞跃(1996年12月至2008年8月任职)、龚九根(2005年9月至2008年8月任职)、王菊如(2008年8月至2010年12月任职)。

江西省希望工程服务中心于1993年成立,为正处级事业单位,2001年省希望工程服务中心被确定为全额拨款事业单位。省希望工程服务中心与省青少年发展基金会实际为两块牌子一批人员,主要负责全省希望工程的管理与实施以及推进青少年成长发展的公益工作。

宋寅安于1993年8月至2004年7月、熊源发于2010年4月至2010年12月先后任省希望工程服务中心主任。

共青团江西省委机关后勤服务中心 2001年11月,团省委成立机关后勤服务中心,为正县(处)级事业单位。团省委机关后勤服务中心历任主任为王成饶(2001年至2004年6月任职)、罗聪明(2004年9月至2007年1月任职)、熊源发(2007年1月至2009年3月任职)、刘雅琴(2009年3月至2010年12月任职)。

第三节　设区市团组织

南昌团市委

1991年至2010年,南昌团市委经历2次机构调整。1997年10月,南昌团市委内设办公室、组织部、宣传部、少年部、学校部、青工部、青农部、统战部、机关党总支。2002年10月,内设办公室、组织部、宣传部、统战部、青工青农部、学少部、权益部、机关党总支。

20世纪90年代,南昌团市委下辖南昌、新建、进贤、安义4个团县委和东湖、西湖、青云谱、湾里、郊区5个团区委。2002年,郊区改为青山湖区,至此,南昌团市委下辖南昌、新建、进贤、安义4个团县委和东湖、西湖、青云谱、湾里、青山湖区5个团区委。直属单位3个,分别为南昌市少年宫、南昌青年企业家协会、南昌青少年发展基金会。

1991—2010年,南昌市共召开3次共青团代表大会。1991年3月,召开共青团南昌市第十三次代表大会,会议选举产生共青团南昌市第十三届委员会,冯桃莲当选南昌市团委书记,吴治云、姚晓明、戴晓明当选南昌团市委副书记。1996年1月,召开共青团南昌市第十四次代表大会,会议选举产生共青团南昌市第十四届委员会,高鹰群当选南昌团市委书记,王玮、黄文、邱胜当选南昌团市委副书记。2005年12月,召开共青团南昌市第十五次代表大会,会议选举产生共青团南昌市第十五届委员会,刘闯当选南昌团市委书记,周仁斌、万欣、阎志强当选南昌团市委副书记。

九江团市委

共青团九江市委由九江团地委和九江团市委于1983年9月合并而成。2010年7月,九江团市委内设组织部、宣传部、学少部、青工部、机关党总支和办公室。

1992年,共青综合垦殖场成立共青开放开发区,共青团江西共青垦殖场委员会改名为共青团共青开放开发区委。1992年7月,九江设立经济技术开发区;是年,九江经济技术开发区团工委成立。2010年9月,共青开放开发区被国务院正式批准为县级市,共青团共青开放开发区委改名为共青团共青城市委。

至2010年9月,九江团市委下辖浔阳区、庐山区、德安县、彭泽县、永修县、修水县、都昌县、湖口县、武宁县、星子县、九江县、瑞昌市、共青城市13个团县(市、区)委;县级以上开发区、风景名胜区团组织2个;下属事业单位3个,分别为九江市青少年宫、九江市青年旅行社、全国青少年庐山活动营地。

1991—2010年,九江市共召开4次共青团代表大会。1993年6月,召开共青团九江市第十三次代表大会,大会选举产生九江共青团第十三届委员会,蔡卫宁、赵伟当选九江团市委副书记。1993年7月,九江市委调任王原平为九江团市委书记,熊永强为九江团市委副书记。1999年1月,召开共青团九江市第十四次代表大会,大会选举产生共青团九江市第十四届委员会,史文斌当选为九江团市委书记,黄先才、林显莲、李建军当选为九江团市委副书记。2005年1月,召开共青团九江市第十五次代表大会,大会选举产生共青团九江市第十五届委员会,李建军当选九江团市委书记,汪秋平、罗文江、陶晔当选九江团市委副书记。2009年8月,召开共青团九江市第十六次代表大会,大会选举产生共青团九江市第十六届委员会,卢宝云当选九江团市委书记,郑绍、戴炜、宋晓好当选九江团市委副书记。

景德镇团市委

2010年,景德镇团市委内设办公室、组织部、宣传部、青联办、学少部、青工青农部6个部室。景德镇团市委下属单位全额拨款事业单位有景德镇市青少年宫、景德镇市青少年维权中心。

1991—2010年,景德镇市共召开3次共青团代表大会。1991年12月,召开共青团景德镇市第十一次代表大会,大会选举产生景德镇共青团第十一届委员会。1998年12月,召开共青团景德镇市第十二次代表大会。大会选举产生共青团景德镇市第十二届委员会,蒋云国当选景德镇团市委书记,饶利萍、艾克发当选景德镇团市委副书记。2003年12月,召开共青团景德镇市第十三次代表大会,大会选举产生共青团景德镇市第十三届委员会,饶利萍当选景德镇团市委书记,罗璇、叶波当选景德镇团市委副书记。

萍乡团市委

2002年，萍乡团市委机关内设办公室、组织宣传部、城市农村青年工作部、学校少年部、萍乡市青年联合会办公室等5个部室。

1992年6月，吉安地区的莲花县划归萍乡市管辖。1997年11月，撤销上栗区，设立上栗县，撤销芦溪区，设立芦溪县。至此，萍乡团市委下辖安源区、湘东区、芦溪县、上栗县、莲花县等5个团县（区）委。

1990—2010年，萍乡市共召开4次共青团代表大会。1992年5月，召开共青团萍乡市第十四次代表大会，大会选举产生共青团萍乡市第十四届委员会，胡立勤当选萍乡团市委书记，曾和平、张洪当选为萍乡团市委副书记。1997年12月，召开共青团萍乡市第十五次代表大会，大会选举产生共青团萍乡市第十五届委员会，李智富当选萍乡团市委书记，刘光军、李江萍当选萍乡团市委副书记。2002年12月，召开共青团萍乡市第十六次代表大会，大会选举产生共青团萍乡市第十六届委员会，姚虎当选萍乡团市委书记，杨劲松、朱艳珍当选萍乡团市委副书记。2007年12月，召开共青团萍乡市第十七次代表大会，大会选举产生共青团萍乡市第十七届委员会，杨志当选萍乡团市委书记，龙萍、汤艳红当选萍乡团市委副书记。

新余团市委

1991年，新余团市委机关内设办公室、组织部、宣传部、工农青年部、学校和少年工作部。1994年，组织部与宣传部合并为组宣部，增设经济发展部。1996年，新余团市委机关内设办公室、组织宣传部、工农青年部、学校和少年工作部、维护青少年权益部5个职能部（室）。

2000年3月，中共新余市仙女湖风景名胜区委员会和新余市仙女湖风景名胜区管理委员会成立。新余团市委下辖分宜县、渝水区、新余市仙女湖风景名胜区、企事业单位直属县级单位团委35个，基层团委153个，团总支196个，团支部2810个。

1991—2010年，刘永思、钟志生、刘冬、杨文英、于丽、廖涛、潘丽云先后担任新余团市委书记。

鹰潭团市委

鹰潭市由地辖市升格为省辖市后，鹰潭团市委直属团省委管辖。1991年，鹰潭团市委下辖2个团县委和1个团区委。1997年，贵溪团县委改为贵溪团市委，至当年底，鹰潭团市委辖贵溪团市委、余江团县委和月湖团区委。

1991—2010年，鹰潭市共召开4次共青团代表大会。1992年10月，召开共青团鹰潭市第四次代表大会，大会选举产生共青团鹰潭市第四届委员会，吴伏生当选鹰潭团市委书记，李力当选鹰潭团市委副书记。1997年4月，召开共青团鹰潭市第五次代表大会，大会选举产生共青团鹰潭市第五届委员会，戴春英当选鹰潭团市委书记，廖奇志、朱学路当选鹰潭团市委副书记。2002年12月，召开共青团鹰潭市第六次代表大会，大会选举产生共青团鹰潭市第六届委员会，廖奇志当选鹰潭团市委书记,朱学路、杨芳、孙鑫当选鹰潭团市委副书记。2007年5月,召开共青团鹰潭市第七次代表大会,大会选举产生共青团鹰潭市第七届委员会,孙鑫当选鹰潭团市委书记,周谷昌、邬筱露当选鹰潭团市委副书记。

赣州团市委

原为共青团赣州地委。1999年7月,赣州撤地设市,共青团赣州地委更名为共青团赣州市委。至2009年3月,赣州团市委内设秘书科、组织部(含统战部、青联)、宣传部、学校少先队工作部(含权益部),增设机关党总支。

至2010年,赣州团市委下辖章贡区、南康市、赣县区、大余县、上犹县、崇义县、信丰县、龙南县、定南县、全南县、安远县、宁都县、于都县、瑞金市、兴国县、会昌县、石城县、寻乌县等18个团县(市、区)委,设立赣州经济技术开发区团工委;下属事业单位5个,分别为赣州市青少年发展基金会、赣州市青年扶助发展中心、赣州市青年旅行社、赣州市青年志愿者指导中心、赣州市青少年活动中心。

2000—2010年,赣州市共召开3次共青团代表大会。2000年5月,召开共青团赣州市第一次代表大会,大会选举产生共青团赣州市第一届委员会,吴建春当选赣州团市委书记(2018年5月,因受贿罪被判徒有期徒刑三年),李明生、张伟、文红群当选赣州团市委副书记。2005年5月,召开共青团赣州市第二次代表大会,大会选举产生共青团赣州市第二届委员会,钟炳明当选赣州团市委书记(2016年5月,因受贿罪被判处有期徒刑八年),温扬汉、蔡清平、汤齐华当选赣州团市委副书记。2010年7月,召开共青团赣州市第三次代表大会,大会选举产生共青团赣州市第三届委员会,王燮耀当选赣州团市委书记,李志坚、杨柳、刘春林当选赣州团市委副书记。

宜春团市委

原为共青团宜春地委。1993年12月,高安撤县设市,高安团县委改为高安团市委;2000年8月,宜春撤地设市,共青团宜春地委更名为共青团宜春市委,原共青团宜春市委更名共青团袁州区委。宜春团市委内设办公室、组织部、宣传部、学少部、工农青年部、市直机关团委。

2002年3月,宜春团市委直属团组织进行调整划转。至2010年底,宜春团市委下辖袁州团区委,丰城、樟树、高安3个团市委,万载、铜鼓、宜丰、上高、奉新、靖安6个团县委以及明月山管委会、宜春经济开发区、宜阳新区3个团工委和宜春学院、宜春职业技术学院、宜春中学、省轻工技校、宜春三中、宜春实验中学6个大中专院校团委和市直机关团工委、市公安局团委、市城管局团委、市广播电视台团委、英岗岭煤矿团委、丰城矿务局团委、安利公司团支部7个市直团组织。

1991~2010年,宜春市共召开2次共青团代表大会。2000年12月,召开共青团宜春市第一次代表大会,大会选举产生共青团宜春市第一届委员会,黄德刚当选宜春团市委书记,袁勇、张龙飞当选宜春团市委副书记;2001年2月,新增邓湧川为宜春团市委副书记。2008年4月,召开共青团宜春市第二次代表大会,大会选举产生共青团宜春市第二届委员会,漆海云当选宜春团市委书记,彭映梅、吴正当选宜春团市委副书记。

上饶团市委

原为共青团上饶地委。1991年，共青团上饶地委下设组织部、宣传部、学校和少年工作部、工农青年部。2000年10月，上饶撤地设市，共青团上饶地委改为共青团上饶市委，内设机构不变。2003年，上饶团市委内设办公室、组织宣传部、工农青年部、学校少年部四个职能部（室）。

1991年4月，德兴团县委改为德兴团市委；2000年10月，原共青团上饶市委改为共青团信州区委。2010年，上饶团市委下辖信州团区委、德兴团市委和广丰、上饶、玉山、弋阳、铅山、婺源、万年、鄱阳、横峰、余干等10个团县委。

1991—2010年，上饶市共召开2次共青团代表大会。2001年6月，召开共青团上饶市第一次代表大会，大会选举产生上饶共青团第一届委员会，何金铭当选上饶团市委书记。2007年10月，召开共青团上饶市委第二次代表大会，大会选举产生共青团上饶市第二届委员会，张志坚当选上饶团市委书记。

吉安团市委

原为共青团吉安地委。2000年8月，共青团吉安地委改为共青团吉安市委。吉安团市委内设办公室、组织部、青年工作部、学校和少年工作部。

吉安团地委下辖井冈山、吉安2个团市委和永丰、峡江、吉水、吉安、新干、泰和、永新、宁冈、莲花、万安、遂川、安福12个团县委。1992年6月，吉安地区的莲花县划归萍乡市管辖。1992年8月11日起，吉安团地委下辖井冈山、吉安2个团市委和永丰、峡江、吉水、吉安、新干、泰和、永新、宁冈、万安、遂川、安福11个团县委。

2000年5月，吉安团市委下辖吉州区、青原区、吉安县、新干县、永丰县、峡江县、吉水县、泰和县、万安县、遂川县、安福县、永新县、井冈山市13个团区（县、市）委。下属事业单位2个，分别为吉安市希望工程实施办公室、吉安市青少年宫。

1991—2010年，吉安市召开5次共青团代表大会，前3次为共青团吉安地区代表大会。2001年6月，召开共青团吉安市第一次代表大会，大会选举产生吉安共青团第一届委员会，郭美荐当选吉安团市委书记，孙劲涛当选吉安团市委副书记。2008年1月，召开共青团吉安市委第二次代表大会，大会选举产生共青团吉安市第二届委员会，刘智艺当选吉安团市委书记，潘其波、黄艳晴当选吉安团市委副书记。

抚州团市委

原为共青团抚州地委。2000年10月，抚州撤地设市，共青团抚州地委改为共青团抚州市委。抚州团市委内设组宣部、学少部、工农青年部和办公室。

2000年10月，临川市更名为抚州市临川区，临川团市委更名为临川团区委。抚州团市委下辖临川团区委和崇仁、宜黄、乐安、南城、南丰、广昌、黎川、资溪、金溪、东乡等10个团县委。

1991—2010 年,抚州市共召开 2 次共青团代表大会。2001 年 3 月,召开共青团抚州市第一次代表大会,大会选举产生共青团抚州市第一届委员会,江晓斌当选抚州团市委书记,涂建忠当选抚州团市委副书记。2008 年 1 月,召开共青团抚州市第二次代表大会,大会选举产生共青团抚州市第二届委员会,程新飞当选抚州团市委书记,郑锦锋、张沥泉当选抚州团市委副书记。

第四节　省直机关团工委

机构设置

共青团江西省直属机关工作委员会(简称省直机关团工委或省直团工委)前身是省直机关团委。1991—2010 年,省直机关团工委领导省直单位除团省委直接领导的团委外的其余 100 余家厅局委办机关团委工作及青年工作。

1988 年 5 月,省直机关团工委成立,受省直机关工委和团省委双重领导,以省直机关工委领导为主,梅宏任第一任副书记(主持工作)。1995 年 6 月 22 日,省委办公厅印发《关于印发〈中共江西省直属机关工作委员会职能配置、内设机构和人员编制方案〉的通知》,省直团工委与办公室、组织部、宣传部(普法办)、调研室、工会工委成为省直机关工委 6 个内设机构。2000 年 10 月 16 日,省委办公厅印发《关于印发〈中共江西省直属机关工作委员会职能配置、内设机构和人员编制规定〉的通知》,省直团工委与办公室、组织部、宣传部(普法办)、调研室、省直工会工委、妇工委成为省直机关工委设 7 个职能部(室、委)。省直团工委为正处级机构,设书记、副书记两个岗位。

主要工作

省直机关团工委坚持"党建带团建"的方针,根据青年的特点开展团的活动,推进青年思想道德教育、青年志愿者行动、青年文明号创建等各项重点工作。在省直机关团员青年中开展省直青年创业活动,实施青年人才工程建设,对省直企业青年就业再就业工作情况进行摸底,促进青年就业和再就业工作;广泛开展学雷锋和青年志愿者活动,动员省直各单位团组织围绕党政工作中心、社会急需、群众关心的项目,因地制宜开展青年志愿服务;大力推进省级青年文明号创建工作,涌现出众多国家级、省级青年文明号。

青年思想道德教育 1991 年 7 月,省直团工委印发《关于开展学习讨论〈毛泽东选集〉和江泽民同志讲话的通知》,要求各级团组织充分利用团内刊物、黑板报等宣传工具开展《毛泽东选集》和《江泽民同志讲话》的宣传教育活动。

围绕学习贯彻落实邓小平南方谈话和中共十四大精神,1992 年,省直团工委采取学习班、专题讲座、座谈交流、墙(板)报和团日活动等形式,深入开展形式多样的思想教育活动。

1993 年,省直团工委组织广大团员青年研读《邓小平文选》第三卷,举办团的十三大精神团干部学习班。1994 年,开展以学习徐洪刚为主体的"学英雄、树新风"活动,省直机关涌现一批徐洪刚式的见义勇为青年英雄。1995 年，以举办学习培训班、开设专题讲座、组织知识竞赛和演讲赛等形式开展学习邓小平建设有中国特色社会主义理论活动，利用团的组织生活、团报团刊、广播、电视等开展学习、宣传与交流，并与学习孔繁森等英模事迹相结合。

1997 年，省直团工委抓住香港回归、中共十五大召开、建团 75 周年等 5 个关节点，在省直机关团员青年中开展思想教育。

1998 年，省直团工委以举办报告会、座谈会、演讲赛、培训班等形式，组织团员青年学习团十四大精神。1999 年，部署开展"国旗在我心中"活动月，深入开展爱国主义教育，推动《国旗法》普及实施。2000 年，开展"三个代表"重要思想学习教育活动。组织团员青年学习中共十五届五中全会和省委十届十二次全会精神，把团员青年的思想和行动统一到贯彻中央和全省"十五"计划上来。

2001 年，省直团工委召开解放思想教育活动专题座谈会，动员组织团员青年投身解放思想学习教育活动。利用纪念建党 80 周年、申奥成功和加入 WTO 等重大活动和重要事件，开展"缅怀革命先烈，立志振兴中华"主题团日活动。按照省直工委和团省委的统一部署，举办"青年文明社区反邪教行动"板报比赛与展评活动。组织团员青年学习《公民道德建设实施纲要》，对青年进行道德教育。

2002 年，省直团工委开展"创造新业绩，迎接十六大"主题活动。召开青年学习"三个代表"重要思想座谈会。印发《关于组织省直团员青年认真学习贯彻党的十六大精神的通知》，举行青年学习中共十六大精神座谈会。召开省直机关青年"永远跟党走，岗位作贡献"纪念建团 80 周年座谈会。广泛开展学习贯彻《公民道德建设实施纲要》的活动，进一步加强青少年思想道德教育。

2003 年，组织省直团干部和团员青年学习《"三个代表"重要思想学习纲要》、团十五大精神和团的业务知识，并进行学习交流。印发《共青团江西省第十三次代表大会主要精神》，要求省直机关各级团组织迅速组织团员青年学习。开展"弘扬井冈精神，兴我美好江西——青年勇当先锋"主题教育活动，在省直青年中兴起"解放思想，加快发展"的新热潮。

2004 年，组织团员开展"树立科学发展观，建设美好新江西——省直青年在行动"主题教育活动，召开省直优秀青年"爱岗敬业"座谈会，开展学习贯彻《中共中央 国务院关于进一步加强和改进未成年人思想道德建设的若干意见》活动。

2005 年，省直团工委组织省直团员青年开展以学习实践"三个代表"重要思想为主要内容的增强共青团员意识主题教育活动，成立活动领导小组和督导组，召开学习动员大会，发放活动指定读本。开展"让团旗飘起来，让团徽亮起来，让团歌唱起来"主题团日活动和"建设和谐平安江西，共创富民兴赣大业"主题宣传活动。

省直团工委以"三项教育"（理想信念教育、科学发展观教育、道德风尚教育）为主要内容，进一步抓好青年思想政治工作。2006 年，组织团员青年学习《江泽民文选》，继续深化增强共青团员意识主题教育活动，开展"我与祖国共奋进"主题教育、科学发展观和社会主义荣辱观教育等活动。贯彻《公民道德建设实施纲要》，广泛开展以"知礼仪、讲文明、守诚信"为主要内容的公德教育。开展向"见义勇为好青年"学习活动。

2007 年，组织团员青年学习中共十七大精神，利用"三会一课"、橱窗、网络等宣传阵地，通过网络区会议、团员青年座谈会、培训班等形式，分层次、有计划、有步骤地组织学习宣传，营造浓厚氛围。开展"学习贯彻十七大精神，我与祖国共奋进"征文比赛，组织团员青年参加中央国家机关团工委"机关共青团工作实践与创新"征文研讨活动。

2008年，省直团工委组织团员青年深入学习贯彻中共十七大和团十六大精神，开展深入学习实践科学发展观活动，召开省直机关学习贯彻团十六大精神会议，举办"省直机关学习贯彻团十六大精神培训班"。实施"青年马克思主义者培养工程"，召开省直院校团委书记座谈会。

以中华人民共和国成立60周年和五四运动90周年等重大活动和节庆为契机，2009年，省直团工委组织团员青年参加中国青年五四奖章获得者宣讲团宣讲交流活动，围绕团中央课题"青年公务员价值观研究"，开展征文活动，选送一批论文参加中央国家机关团工委的研讨。

2010年，开展"营造书香赣鄱，共建绿色家园"读书活动和主题宣传、主题团日、主题教育实践等活动。

学雷锋和青年志愿者活动　1993年3月7日，省直团工委集中开展"为民服务日"活动，为群众提供义务服务项目四十余种。是年，省赣抚平原水利工程管理局等3个单位和省劳改局黄美华被分别评为全省学雷锋先进集体和先进个人。

1994年3月6日，省直团工委举办省直机关青年志愿者学雷锋奉献日活动，在省直机关全面启动青年文明工程。

1995年，省直团工委组织团员青年重点开展四项活动：开展"3·5学雷锋青年志愿者奉献日"活动；开展青年志愿者服务队（站）"一助一"长期服务活动；开展青年志愿者突击队深入灾区志愿服务和走访监狱帮教活动；在省政府大院开展"创建文明大院、做文明大院人"活动，推动省直单位青年志愿行动。

1996年3月，省直团工委印发《关于开展"3·5学雷锋青年志愿者奉献日"活动的通知》，动员省直各单位团组织围绕党政工作中心、社会急需、群众关心的项目，因地制宜开展青年志愿服务。11月，省直团工委、省委办公厅团委、南昌振兴城市信用社等6个单位联合举行"青年志愿者振兴援助站"揭牌仪式，标志着全省第一个联合青年志愿者援助站成立。

1997年，广泛开展以"创文明单位，做文明青年"为主题的"创文明单位，做人民好公仆"活动。同时，广泛开展以创建文明场所、文明道路、文明小区为重点，以实现优美环境、优良秩序、优质服务、提高青少年道德素质为目标的省直青少年"讲文明、树新风"活动。

在纪念老一辈革命家号召向雷锋学习35周年之际，1998年2月，省直团工委以"扶贫济困"为主题，广泛开展以困难群众特别是下岗职工为主要对象的志愿服务活动。6月，开展为省直国有企业下岗职工子女捐资助学活动，200个特困家庭、200名特困大中专学生得到帮助。

1999年3月6日，省直团工委及部分省直单位团委组织省直青年志愿者振兴救助站的志愿者，开展"爱我洪城绿色工程"义务植树和"弘扬雷锋精神，真情为民服务"活动。

2000年，继续深化"一助一"长期结对服务和大中专学生社区援助行动，广泛开展文化下乡、科技下乡、扶贫济困、敬老助残、义务修理、医疗保健、植绿护绿、治理"脏、乱、差"等公益性志愿服务活动。

省直团工委以国际志愿者年为契机,2001 年,深化青年志愿者行动,实施"注册志愿者"制度。组织青年志愿者开展"我为江西添风采"假日经济奉献活动、"党在我心中为奉献者奉献"和"小事做起来,保护母亲河"为主题的青年志愿奉献等活动。深化青年志愿者扶贫计划,持续开展"一助一"扶贫助学活动。

2002 年,大力推进青年志愿者行动,组建省直气象、法律、电信、邮政、税务、科技等专业青年志愿者队伍,组队参加全省"塑造江西人新形象——青年在行动""518"统一活动日活动。深化青年志愿者扶贫计划,继续开展"一助一"扶贫助学活动。继续开展"青年文明社区"创建活动,深化"成人仪式"教育,构建青少年道德建设工作体系。

2003 年 2 月,省直机关工委宣传部、省直文明办、省直团工委联合印发《关于在省直机关纪念开展学习雷锋活动四十周年的通知》,2 月下旬至 3 月上旬,在省直机关集中开展学习雷锋 40 周年活动。3 月,印发《关于组织加盟江西省青年志愿者诚信行动的通知》,组织省直单位团组织申请加盟"江西省青年志愿者诚信行动"。5 月,在省直机关开展江西青年志愿者行动"直通车"和"诚信单位/绿色通道""形象大使""贡献奖"申报(推荐)工作。10 月,印发《关于开展省直机关十大专业青年志愿者队伍注册工作的通知》,在省直机关分别建立党政机关、执法、财贸、工交、教育、科研、医疗卫生、通信、文化宣传、农林环保等十大青年志愿者注册骨干队伍。

2004 年,成立省直机关青年志愿者协会和省直机关青年志愿者行动指导中心,省直机关青年志愿服务工作走上规范化、制度化建设轨道。"六一"节期间,组织青年志愿服务者看望省残联聋哑学校的儿童。

2005 年,省直团工委与省委宣传部、省委政法委、省直工委、省委教育工委、省文明办、省广电局、省民政厅、团省委、江西日报社以及南昌市有关单位等联合组织开展"江西省暨南昌市和谐平安江西志愿者行动"。开展省直机关"和谐平安青年志愿者"网上注册工作。"六一"节期间开展慰问残疾小朋友活动。开展"百村万户青年文明行动示范村"活动,省直机关确定 4 个文明行动示范村。

2006 年,省直团工委开展"献爱心一元钱捐赠"活动,建立"省直青年献爱心基金",为长期实施青年志愿者助学接力计划、"一助一"长期结对服务计划提供经济保证。

2007 年,实施"'真情相伴、爱心助困'——江西青年志愿者关爱贫困家庭援助计划",以农村五保户、城乡低保家庭为主要对象,以"扶贫、帮困、解难、暖心"为目标,以"四助"即"助学、助耕、助医、助业"为重点,在省直机关招募 104 名青年志愿者,通过"一助一""多助一"形式,为全省 27 个贫困家庭提供生产、生活等方面的志愿服务。

2008 年,省直团工委以中国青年志愿者行动 15 周年和《江西省青年志愿服务条例》实施为契机,组织团员青年为社会各界提供志愿服务。

围绕庆祝中华人民共和国成立 60 周年,2009 年,省直团工委组织省直机关 1000 余名团员青年以"听经历、受教育"、送慰问品、帮助清扫房间、维修电器、组织有文艺专长青年表演等形式开展志愿服务。

2010 年,组织省直机关团员青年围绕建设鄱阳湖生态经济区开展志愿服务。

服务中心工作和青年成长 1993 年,省直团工委广泛开展以"五小"(小建议、小窍门、小革新、小发明、小创造)为内容,以岗位练兵、技术比武为手段,以建功育人为目标,以经济建设为中心的群众性劳动竞赛和劳动创造活动。

1996年,印发《关于开展省直"万村致富储蓄"活动的通知》,动员广大团员青年为振兴江西经济积极储蓄、广筹资金。同时,从储蓄款中提供一部分资金用于扶贫贷款,支援各级团组织的扶贫项目建设,促进农村脱贫致富奔小康。

1998年,省直团工委按照团中央、团省委关于发动全团为抗洪赈灾缴纳特别团费的部署,向省直各单位团组织发出"情系灾区群众,缴纳特别团费"的号召。团员青年共缴纳特别团费8万余元,主要用于资助省直部分大中专学校受灾特困学生。

2000年,实施省直青年科技创新行动,动员青年科技人员结合产业结构调整,推动知识创新和技术进步。开展"保护母亲河行动",把"保护母亲河周日活动"同青少年生态环境知识教育结合起来。实施新世纪读书计划,通过开展多种形式的主题读书活动和设立新书推荐榜,开设园地、青年论坛等,营造青年读书学习的浓厚氛围。

省直团工委加大青年人才工程建设力度,做好弘扬先进举荐人才工作。2001年,推荐2名省直优秀青年为第11届"江西十大杰出青年"候选人,12名省直优秀青年为首届"江西十大IT青年"候选人,推荐两位专家学者参加"青年·工业·现代化"论坛,6人被评为省级(优秀)青年岗位能手及优秀师徒。

2002年,组织省直青年参加省企业青年职工创新创效活动暨成果展,省直有8个项目获奖,5个集体被评为"全省青年职工创新创效先进集体",4名青年被评为"全省青年职工创新创效先进个人"。

在省直机关团员青年中开展"崛起路上当先锋——优化政务环境"活动。2003年,组织省直机关团员青年参加"清华科技园杯"全省首届青年创业计划大赛。印发《关于命名表彰2002年度省直优秀青年岗位能手及优秀师徒的决定》,授予焦仲英等58人2002年度"省直优秀青年岗位能手"称号,授予张爱平、甘小峰等18对师徒2002年度"省直优秀师徒"称号。

2004年,省直团工委在省直高校大学生中开展寒暑期文化科技卫生"三下乡"活动,进行扶贫接力计划。

2005年,开展省直机关困难职工子女创业就业培训工作,举行"2005年中国青工技能月"等活动。

2006年,省直团工委承办由省直机关工委主办的省直机关青年"英语演说能力"竞赛。组织团员青年参加省直机关工委举办的省直机关计算机操作技能大赛。开展"服务新农村建设"等活动,在省民政厅等14个单位建设服务新农村建设帮扶点。落实省直工委办"十件实事"的要求,开展省直机关困难职工子女创业就业培训工作,举办省直机关困难职工子女创业就业推介会。开展"读书·实践·成才"活动。成立省直机关青年人才培训基地,开展捐书活动。实施青工创新创效、青工振兴技能计划,开展"青年建功成才月"、创建"青年安全生产示范岗"等活动,进行青工职业技能大赛。

2007年,省直团工委为43位省直机关党员干部职工子女进行免费培训并推荐就业。开展青年联谊活动,接待韩国青年代表团成员 20 人,组织安排家访活动。举行三场"相约春天"、一场"花好月圆"青年联谊会,建立省直单身青年交友聚会群,进一步加强省直机关青年之间的相互交流。

2008 年,着力在省直机关倡导"精学理论,深学业务,广学知识",不定期举办"省直青年系列知识讲座",邀请省内知名专家、学者授课,大力开展读书活动。组织团员青年开展"走进基层"活动,增进对基层、群众的感情。组织开展"省直机关创新创业青年"评选活动。

2009 年,围绕"全省机关效能年"活动,号召团员青年"从我做起",提高能力水平,在工作中增效、提速。举办省直机关节约用电主题演讲比赛等活动,增强团员青年节能意识。抓好青年就业创业工作,开展就业形势、政策宣传,在省直单位设立"青年就业培训基地"。与喜盈门(南昌)建材家具广场联合举办单身青年联谊活动,800 余名单身青年参加活动。

2010 年,组织团员青年参加以共建鄱阳湖生态经济区、共创先进基层党组织为主要内容的"四级联动、携手共建"活动,开展"走进鄱阳湖大型公益行动",发动省直机关团组织以实际行动支持共青城建设。开展支持民族乡发展捐赠活动和新春植树活动,启动省直机关青年活动中心一期工程建设。支援云南省抗旱救灾,组织团员向云南抗旱救灾捐款 44.6 万元。

青年文明号创建 1995 年,省直团工委将 11 月定为"青年文明号"授牌月,召开首批"省直青年文明号"命名表彰大会,74 个青年岗位、青年集体获"省直青年文明号"荣誉称号,其中有国家级"青年文明号"5 个,受全省表彰的 8 个。

1996 年,省直团工委印发《省直青年文明号规范化管理意见》,推动青年文明号活动深入持久开展。

1997 年,省直团工委进一步推进与深化青年文明号创建活动,召开省直青年文明号经验交流会,对青年文明号进行实地检查验收。省直各单位共创建省直以上青年文明号 140 个,其中国家级 8 个,省级 27 个,省直级 105 个,形成齐全的青年文明号体系。

1998 年,省直团工委印发《关于重新认定省直青年文明号的决定》,重新认定省政府直属机关保育院等 54 个青年集体为省直青年文明号;授予南昌电信局 114 查号台等 21 个青年集体 1997 年度省直青年文明号荣誉称号。

2000 年,加强省直青年文明号的规范化管理,对 1997、1998 年度省直级青年文明号进行重新复核,对 2000 年度省直级青年文明号进行集中考察、评比、命名。共创建国家级青年文明号 3 个、省级 11 个、省直级 34 个。

2001 年,命名表彰 33 个青年文明号,审核 9 个新申报的青年文明号。开展"青年文明号"助万家、"青年文明号信用建设示范行动"等活动。

2002 年,开展省级青年文明号的自查、复核和 2001 年度省级青年文明号的申报工作。命名表彰 21 个"省直青年文明号"。

2003 年,省直团工委印发重新修订的《省直"青年文明号"实施细则》和《省直"青年文明号"考核细则》,推动省直青年文明号活动进一步向规范化、制度化、科学化方向发展。

2004 年,开展创建青年文明号 10 周年纪念活动,加大创建青年文明号工作力度,深化青年文明号诚信行动,集中开展青年文明号信用公约宣誓、发放信用服务卡、公布服务标准、兑现服务承诺、文明号助万家等活动。

2005 年,开展青年文明号文化节,举办文艺会演、"青年文明号文化广场"、文明号青年文化竞赛等活动。继续推行"青年文明号服务卡""青年文明号真情助困进万家"活动。

2008 年,加强"青年文明号"创建和申报工作。省财政厅国库支付中心被命名为全国青年文明号,省政府直属机关保育院大班年级组等 10 个青年集体被命名为省级青年文明号。

2010 年,省直团工委进一步加强青年文明号信用示范建设,98 个青年集体被命名为 2009 年度省直青年文明号。省气象局科技服务中心制作科等 20 个集体被评为 2008—2009 年度省级青年文明号。

省直单位团委

2010 年,省直单位团委有省地矿局团委、洪都集团团委、南昌铁路局团委、江西省机场集团公司团委、东方航空江西分公司团委、省农村信用社联合社团委、昌河汽车集团团委、中电投江西分公司团工委、省国资委团工委等。

省地矿局团委 1963 年,江西省地质局团委成立。1991 年名称改为江西省地矿局团委。下辖基层团委 20 个。1992 年 3 月,召开共青团省地矿局第四次代表大会,高振华当选团委副书记。1995 年 12 月,召开共青团省地矿局第五次代表大会,高振华当选团委书记。2001 年 11 月,召开共青团省地矿局第六次代表大会,杨晓武当选团委副书记。

洪都集团团委 1954 年 4 月,洪都机械厂团委成立。1990—1998 年,称为南昌飞机制造公司团委,1998—2010 年,更名为江西洪都航空工业集团有限责任公司团委。公司团委下设综合管理部,负责团委机关组织、宣传及日常事务。共有直属团组织 24 个,其中基层团委 16 个、团总支 6 个、团支部 2 个。

南昌铁路局团委 1965 年 6 月,南昌铁路局团委成立。1991 年,更名为南昌铁路局分局团委。1996 年,更名为南昌铁路局团委。下辖团工委 4 个,团委 42 个,独立团总支 10 个,独立团支部 7 个。1996 年 1 月,召开共青团南昌铁路分局第五次代表大会,卢文星当选为团委书记。1998 年 6 月,召开共青团南昌铁路局第一次代表大会,熊坚坚当选团委书记。2010 年 11 月,召开共青团南昌铁路局第二次代表大会,胡春平当选团委书记。

江西省机场集团公司团委 1964 年 3 月,民航江西省局团工委成立。2003 年 12 月,改名为江西省机场集团公司团委。下辖飞行区管理部团支部、空港公司团支部、公共区管理部团支部、机务工程团支部、商贸公司团支部、能源保障部团支部、信息技术部团支部、机关团支部、广告公司团支部、员工服务中心团支部等 22 个基层团组织。1992 年 12 月,召开共青团民航江西省局第四次代表大会,选举产生第四届委员会,周敏生当选团委书记。2005 年,召开共青团江西省机场集团公司第一次代表大会,章晖当选团委书记。2007 年,召开共青团江西省机场集团公司第二次代表大会,赵彬当选团委书记。

东方航空江西分公司团委 1991 年,中国东方航空股份有限公司江西分公司团委成立,团委下设 4 个基层团总支、6 个直属团支部。下辖基层团组织 20 个,团干部 23 人,团员 143 人;1991 至 2010 年,公司团委共召开过 1 次团代会,选举黄燕为团委书记。20 年间,除黄燕外,其余团委书记均由上级组织推荐产生,历任团委书记为黄燕、吴九洪、张丽萍、吴阳、张雷、赵璇、刘慧君。

江西省农村信用社联合社团委 2005 年 10 月,江西省农村信用社联合社团委成立。2005 年 11 月,召开共青团江西省农村信用社第一次代表大会,傅康生当选团委书记;2010 年 4 月 1 日,召开共青团江西省农村信用社第二次代表大会,付文萃当选团委书记。省农信社团委下辖 83 个基层团委、3 个基层团工委、11 个团总支、154 个团支部,有共青团员 3917 人。

昌河汽车集团团委 2004 年 8 月,昌河汽车集团团委成立,设专职副书记 1 人,下设 3 个基层团委、20 个团支部,有共青团员 449 人。

中电投江西分公司团工委 2006 年 1 月,共青团中电投集团公司江西分公司工作委员会(简称中电投江西分公司团工委)成立,姚敏任团工委书记;所辖基层团委 7 个、团总支 12 个、团支部 41 个,团员总数 744 人。2009 年 8 月,霍芳任团工委书记;所辖基层团委 7 个、团总支 9 个、团支部 47 个,团员总数 534 人。

省国资委团工委 2006 年 6 月,江西省国资委工作团委成立。下辖团支部 1058 个。

第五节 省属高校团组织

南昌大学团委

共青团南昌大学委员会(简称南昌大学团委)前身为江西大学团委和江西工业大学团委;1993 年,江西大学与江西工业大学合并,成立南昌大学团委。下辖人文学院团委、新闻与传播学院团委、外国语学院团委等 43 个基层团委,有 1747 个团支部。

1991—2010 年,共召开 3 次团员代表大会。1997 年 6 月,召开第一次团员代表大会,徐求真当选团委书记。2004 年 6 月,召开第二次团员代表大会,黄平槐当选团委书记。2007 年 9 月,召开第三次团员代表大会,黄平槐当选团委书记。

江西师范大学团委

共青团江西师范大学委员会(简称江西师范大学团委)下辖教育学院团委、心理学院团委、文学院团委等 24 个基层团委,有 684 个团支部。

1991—2010 年,共召开 4 次团员代表大会。1992 年 11 月,召开第十二次团员代表大会,白浔当选团委书记。1999 年 4 月 10 日,召开第十三次团员代表大会,刘俊当选团委书记。2002 年 12 月,召开第十四次团员代表大会,童颖华当选团委书记。2007 年 1 月,召开第十五次团员代表大会,曹泽华当选团委书记。

江西农业大学团委

共青团江西农业大学委员会(简称江西农业大学团委)前身是江西农学院团委和江西共产主义劳动大学总校团委。江西农业大学团委下辖农学院团委、园林与艺术学院团委、研究生团总支等17个基层团委(团总支)。

1991—2010年,共召开4次团员代表大会。1991年,召开第六次团员代表大会,白俊伟当选团委副书记(主持工作)。1997年,召开第七次团员代表大会,黄正清当选团委书记。2002年,召开第八次团员代表大会,陈文新当选团委书记。2005年,召开第九次团员代表大会,邱晓辉当选团委书记。

江西财经大学团委

共青团江西财经大学委员会(简称江西财经大学团委)前身为江西财经学院团委;1996年更名为江西财经大学团委。下辖财税与公共管理学院团委、工商管理学院团委、国际学院团委等16个基层团委,有542个团支部。

1991—2010年,共召开5次团员代表大会。1992年11月,召开第四次团员代表大会,肖洪波当选团委副书记。1998年11月,召开第五次团员代表大会,肖洪波当选团委书记。2001年11月,召开第六次团员代表大会,张伟当选团委书记。2005年11月,召开第七次团员代表大会,王金海当选团委书记。2009年11月,召开第八次团员代表大会,王金海当选团委书记。

华东交通大学团委

共青团华东交通大学委员会(简称华东交通大学团委)下辖土木建筑学院团委、机电与车辆工程学院团委、电气与自动化工程学院团委等12个基层团委和成人教育学院团总支等4个团总支。

1991—2010年,共召开4次团员代表大会。1992年4月,召开第四次团员代表大会,王爱和当选团委书记。1996年6月,召开第五次团员代表大会,凌四宝当选团委书记。1999年10月,召开第六次团员代表大会,凌四宝当选团委书记。2006年5月,召开第七次团员代表大会,石初军当选团委书记。

东华理工大学团委

共青团东华理工大学委员会(简称东华理工大学团委)前身为华东地质学院团委;2002年更名为东华理工大学团委。下辖核资源工程学院团委、核科学与工程学院团委、地球物理与测控技术学院团委等22个基层团委。2010年底,全校共有团支部568个,共青团员19586人,学生中团员比例为90.6%。

江西理工大学团委

共青团江西理工大学委员会(简称江西理工大学团委)原名江西冶金学院团委,下辖资源与环境工程学院团委、建筑与测绘工程学院团委、材料与化学工程学院团委等13个基层团委,有505个团支部。

1990—2010年,召开第十至十四次共5次团员代表大会。

南昌航空大学团委

共青团南昌航空大学委员会(简称南昌航空大学团委)前身为南昌航空工业学院团委,2007年更名为南昌航空大学团委。下辖材料与科学学院团委、环境与化学工程学院团委、航空制造工程学院团委等17个基层团委,有684个团支部。

1991—2010年,共召开6次团员代表大会。1991年12月,召开南昌航空工业学院第六次团员代表大会,周建华当选团委书记。1993年11月,召开南昌航空工业学院第七次团员代表大会,吴朝栋当选团委书记。1995年11月,召开南昌航空工业学院第八次团员代表大会,徐光井当选团委书记。1999年12月,召开南昌航空工业学院第九次团员代表大会,徐光井当选团委书记。2003年12月,召开南昌航空工业学院第十次团员代表大会,陈爱生当选团委书记。2007年12月,召开南昌航空大学第一次团员代表大会,黄柯当选团委书记。

井冈山大学团委

共青团井冈山大学委员会(简称井冈山大学团委) 前身为井冈山学院团委;2003年,井冈山师范学院、井冈山医学高等专科学校和井冈山职业技术学院合并,组建井冈山学院,同时成立井冈山学院团委;2007年更名为井冈山大学团委。下辖政法学院团委、马克思主义学院团委、人文学院团委等19个基层团委。2010年,有团支部414个,专职团干33人,共青团员16087人。

2006年4月,井冈山学院召开团员代表大会和第一次学生代表大会,易九桂当选团委书记。2010年5月,井冈山大学召开团员代表大会,郭新春当选团委书记。

江西科技师范学院团委

共青团江西科技师范学院委员会(简称江西科技师范学院团委)前身为南昌职业技术师范学院团委;2002年更名为江西科技师范学院团委;2004年,南昌高等专科学校团委并入。下辖材料与机电学院团委、化学化工学院团委、建筑工程学院团委等21个基层团委,1个独立学院团委,612个团支部。

1991—2010年,江西科技师范学院共召开4次团员代表大会,1992年,召开第八次团员代表大会,杨政当选团委书记。1995年,召开第九次团员代表大会,张立青当选团委书记。1999年,召开第十次团员代表大会,张立青当选团委书记;2002年,召开第十一次团员代表大会,张立青当选团委书记。2008 年,召开第十二次团员代表大会,詹凯当选团委副书记,主持工作。

景德镇陶瓷学院团委

共青团景德镇陶瓷学院委员会(简称景德镇陶瓷学院团委)下辖研究生院团总支、材料科学与工程学院团总支、科技艺术学院团委等 14 个团委(团总支)。2009 年,学校教学单位机构调整,不再设置热能工程系团总支、外国语系团总支、体育系团总支和社科系团总支,增设人文社科学院团总支。有 578 个团支部。

1991—2010 年,景德镇陶瓷学院共召开 3 次团员代表大会。1995 年,召开第六次团员代表大会,罗二平当选团委书记。1999 年,召开第七次团员代表大会,何裕宁当选团委书记。2005 年,召开第八次团员代表大会,曾德生当选团委书记;2009 年,王海波当选团委书记。

江西中医药学院团委

共青团江西中医药大学委员会(简称江西中医药大学团委)下辖中医学院团委、临床医学团委、药学院团委、计算机学院团委、经济与管理学院团委、针灸推拿学院团委、生命科学学院团委、人文学院团委、护理学院团委、研究生院团委、科技学院团委、附属医院团委和第二附属医院团委等 12 个基层团委,有 251 个团支部,11958 名共青团员。

1991—2010 年,共召开 3 次团员代表大会。1991 年,召开第三次团员代表大会,李智国当选团委副书记。2003 年,召开第四次团员代表大会,曾传晖当选团委副书记。2005 年,召开第五次团员代表大会,章德林当选团委书记。

赣南医学院团委

共青团赣南医学院委员会(简称赣南医学院团委)下辖基础医学院团委、第一临床医学院团委、护理学院团委等 11 个基层团委,有 279 个团支部。

1991—2010 年,共召开 4 次团员代表大会。1993 年 11 月,召开第十六次团员代表大会,李汉汀当选团委书记。1996 年 2 月,召开第十七次团员代表大会,张建华当选团委书记。2001 年 4 月,召开第十八次团员代表大会,刘文杰当选团委书记。2008 年 4 月,召开第十九次团员代表大会,颜剑当选团委书记。

赣南师范学院团委

共青团赣南师范学院委员会(简称赣南师范学院团委)下辖文学院团委、新闻与传播学院团委、政治与法律学院团委等 15 个基层团委以及 1 个教工团委,有 300 余个团支部。

1991—2010 年,学院分别于 2000 年和 2008 年召开团员代表大会,先后有陈新、曾泽鑫、吴磊、张小东、魏美春担任学院团委书记。

南昌工程学院团委

共青团南昌工程学院团委(简称南昌工程学院团委)前身为成立于1958年的江西水利水电学院团委,1992年更名为南昌水利水电高等专科学校团委,2004年团委改名为南昌工程学院团委。下辖水利与生态工程学院团委、土木与建筑工程学院团委、机械与电气工程学院团委等14个基层团委,有459个团支部。

1991—2010年,共召开2次团员代表大会。1993年,召开第八次团员代表大会,高遇全当选团委书记。2003年,召开第九次团员代表大会,吴龙泉当选团委书记。

江西蓝天学院团委

共青团江西蓝天学院委员会(简称江西蓝天学院团委)原名江西省高级职业学校团委,成立于1994年5月。1996年,更名为江西东南进修学院团委。1999年7月,更名为江西蓝天职业技术学院团委。2005年,更名为江西蓝天学院团委。下辖京东校区团委等3个基础团委、汽车系团总支等21个团总支、学生团工委等2个团工委。

1997年,召开第一次团员代表大会,杨海涛当选团委书记。2005年,召开第二次团员代表大会,周小丰当选团委书记。

南昌理工学院团委

1999年,成立共青团江西航天学院委员会;2001年,更名为共青团江西航天科技学院委员会;2005年,更名为共青团南昌理工学院委员会(简称南昌理工学院团委)。南昌理工学院团委下辖计算机信息工程学院团委等8个基层团委、外国语学院团总支等12个团总支,有473个团支部。

1999—2010年,共召开3次团员代表大会。2005年,南昌理工学院召开第一次团员代表大会,张友文当选团委书记。

第十章　共青团建设

　　1991—2010 年,团省委加强组织建设,团员队伍得到壮大,团员数由 1991 年的 160 余万人发展到 2010 年的 240 余万人;团员干部队伍建设得到加强,专职团干数由 1992 年的 6000 余人发展到 2010 年的 11756 人;团干部培训扎实有效,自 1999 年起,实施团干部"321"培训计划,各级团组织专职团干得到系统培训;基层团组织不断优化,基层团支部数由 1991 年的 6.77 万个发展到 1996 年的 12 万个,后逐渐下降,2006—2010 年稳定在 6.42 万—6.51 万个之间。

　　在加强团组织建设中,团省委在全省开展"增强共青团员意识"主题教育活动和推优入党工作,创建"五四红旗团委"和"五四红旗团支部"。通过"服务万村行动""百村万户青年文明示范村创建"等活动,开展基础组织帮扶。在基础团组织创新中,涌现出遂川模式、上栗模式、南大公寓建团模式等典型;重视在"两新"组织(新经济组织和新社会组织)中开展团建工作。团省委不断规范团费的收缴与管理,在发生特大洪涝地震灾害时,组织动员广大团员缴纳特别团费支援灾区,发挥青年引领作用。

第一节　团员队伍建设

团员数量

　　1991 年,全省有共青团员 160.19 万人。1991—1993 年,各级团组织按照 1990 年团省委丰城会议精神,在加强 3 年团组织基层整顿的同时,加强团员发展工作,尤其着重抓大中专院校和完全中学这块阵地的团员发展,使各地大中学校的团员发展得到快速提升。有的中学,团员在有的年级的比例相当高:初二占 8% ~ 10%;初三占 25% ~ 30%;高一占 50%;高二、高三占 80% 以上。1994 年,全省有团员 238.38 万人。根据团中央组织部印发《1993 年至 1997 年全国发展团员工作规划》要求,结合江西实际,制定出全省 1997 年发展团员工作的目标和措施。至 1997 年底,江西团员总数达到 222.37 万人,全省团员青年占青年的比例为 21.2%。1997—1999 年,由于农村外出务工的共青团员较多,团员发展工作滞后,到 1999 年底,全省团员数下降为 187.68 万人。进入新世纪,团员发展工作得到加强。2001 年,全省 28 周岁以下青年 721.5 万人,其中团员 182.3 万人,团员占青年比例 25.2%;2003 年,全省有 14 岁至 35 岁青年 1261 万,14 岁至 28 岁青年 825 万人,团员 200 万人,团员占青年比例 24.8%。2004 年,有共青团员 213.63 万人,至 2010 年,全省共青团员已达 240.12 万人。

表 10 - 1 - 1　1991—2010 年江西共青团员发展情况

年　份	共青团员（万人）	其中女团员（万人）	年　份	共青团员（万人）	其中女团员（万人）
1991	160.19	55.06	2001	182.30	68.27
1992	157.53	52.54	2002	191.29	79.50
1993	156.32	53.66	2003	194.10	42.81
1994	238.38	83.32	2004	213.63	68.73
1995	248.42	85.93	2005	246.62	71.42
1996	219.78	81.46	2006	248.61	72.41
1997	222.37	78.98	2007	248.71	72.41
1998	212.80	72.73	2008	248.79	72.42
1999	187.68	68.39	2009	250.75	83.57
2000	187.98	68.53	2010	240.12	81.76

团员教育与管理

1991 年 1 月，共青团江西省第十届六次全委会，提出建立健全以"三会两制一课"制度（支部团员大会、支委会、团小组会、团员教育评议制度、年度团籍注册制度、团课）为核心的团的组织制度，推行支部工作手册、团委工作手册的做法，使团的基层工作走上制度化、规范化轨道。

1991—1992 年，全省大多数县通过狠抓基层团组织整顿工作，基层团委（总支）和团支部的合格率有明显的提高，团员教育和团的制度建设得到加强。玉山、东乡等团县委在抓农村基层团组织制度建设中，制订和完善了一整套行之有效的制度，有"三会一课"制度、团的活动制度、团员联系青年制度、总结评比制度、目标管理制度、团费收缴制度、团员证管理制度、学习制度等，促进了基层团的工作经常化、制度化。

1993 年，团省委在全省团组织以及广大团员青年中广泛开展纪念毛泽东 100 周年诞辰系列教育活动。是年下半年，全省地（市）团组织、高校团组织以及省直团组织，开展读书征文、诗歌朗诵、演讲、文艺演出、书画比赛以及参观毛泽东在江西工作和战斗过的革命旧址等多种活动，广大团员青年受到一次政治思想教育。

宜春团地委在以纪念毛泽东 100 周年诞辰为主题的系列活动中，精心组织安排 3 项大型纪念活动，即：会同有关部门开展《中国有个毛泽东》读书活动，全地区共订购《中国有个毛泽东》35.66 万册，列全省第二位；举办全地区团员青年读书知识抢答赛，并在地、县两级赛事结束后，挑选优胜者参加全省读书知识电视大赛，并获三等奖；举办"红太阳颂"全地区青年卡拉 OK 大赛，67 名团员青年选手参加比赛。

景德镇团市委在纪念毛泽东 100 周年诞辰系列活动中，会同市委宣传部、市教育局在全市团员、青少年中开展"中国有个毛泽东"读书活动，全市从城市到农村，从企业到学校，从青年团员到少先队员,共有 7 万余人参加这次读书活动。开展知识竞赛活动,经过市直、县(市、区)层层选拔,最后派出 4 名选手参加全省电视知识竞赛,获优胜奖。举办"纪念毛泽东诞辰 100 周年全市青少年迎新年大联欢"活动,市委、市政府等 6 套班子主要领导和 3000 多名团员青年参加活动。

1996 年 10 月,赣州地委组织部、赣州团地委联合在瑞金中华苏维埃旧址举行千名新党员、团员入党入团宣誓仪式。从各地党、团组织推选出的 1000 名新党员、新团员面对党旗、团旗庄严宣誓。地委书记张海如,地委副书记肖茂普,地委委员、组织部部长黄南雄等人参加宣誓仪式。

1997 年,全省共青团组织在实施服务万村行动中,加强团员教育管理,并摸索出许多先进经验,团省委及时总结并推出"基层团组织建设活动月"制度,即在每年的 11 月,在全省农村基层团组织以支部为单位,集中进行一次团课教育,一次民主生活会,集中过一次组织生活以及进行团员登记和档案清理工作。是年,全省所有农村团支部都开展此项活动,在家的农村团员 100% 参加了这一活动。

2001 年,团省委在全省开展团员先进性教育活动。各地团组织根据团省委的部署,先行试点,取得经验后逐步推开。樟树团市委在全市团员先进性教育活动试点工作表现突出,在全市开展"三个一"(为樟树经济发展献一策,为招商引资出一份力,为助老爱幼帮残扶困办一事)活动;活动开展后,共收到建议 1000 多条,被采纳 100 多条,办实事 200 余件;此外,开展"我为企业贡献金点子"及"星级服务卡"等活动;全市各级团组织结合实际,开展各种形式的"我为团旗添光彩"活动;在农村,围绕调整农业产业结构,开展"致富路上手拉手","共同携手奔小康"等活动;在机关,围绕依法行政、以德行政开展活动;在企业,围绕青工创新创效,开展"我为企业添光彩"劳动技术比武活动等,以不同形式来实践团员的先进性。樟树团市委在全市范围内组织评选 10 名优秀团员和 10 个优秀团支部,以身边的人和事来教育、引导青年。

2005 年 8 月下旬至 12 月,团省委在全省开展"增强共青团员意识"主题教育活动。活动以学习实践"三个代表"重要思想为主线,把握"永远跟党走"的主题,按照宣传动员、学习教育、总结提高 3 个阶段,分省、市、县及基层团委 4 个层面,全面深化增强团员主题教育活动,达到"党组织对团组织满意,团员对团干部满意,社会对团员青年满意"的要求,实现"增强意识,健全组织,活跃工作"的目标。8 月下旬至 12 月,团省委成立以团省委书记钟志生为组长、其他副书记为副组长的"全省增强共青团员意识主题教育活动领导小组",制定印发《全省增强共青团员意识主题教育活动实施意见》,成立活动督导组,分类指导各领域教育活动;组织调研组对江西团员队伍和团干部队伍进行专题调研,深入了解团员队伍和基层团组织建设的现状和出现的新情况、新问题,切实掌握团组织家底,为开展好教育活动提供第一手资料;在中国井冈山干部管理学院、江西省团校举办团市县委书记、组织部部长增强共青团员意识主题教育专题培训班;组织开展 3 次大型"增强团员意识"主题活动,团省委抽调省青联委员、优秀团干、团员、学生干部组成 100 个宣讲团,深入省内学校、企业、机关、社区、乡镇等地区、单位的团员青年和在外务工的流动团员青年中,围绕"增强团员意识,建功江西崛起"主题开展优秀事迹宣讲活动。9 月 29 日,"青春献祖国"全国增强共青团员意识主题团日实践活动在井冈山北山烈士陵园举行,井冈山市学校、企业、机关、农村等领域的千余名团员参加此次活动;是日,团省委启动以"青春献祖国——增强团员意识,建功江西崛起"为主题的全省百万团员青年团日教育实践活动。全省 11 个设区市、30 多所省属高校、20 多家大型企业和机关事业单位共计 160 余万团员青年在各地中心广场、革命圣地等爱国主义教育场所举行"青春献祖国——增强团员意识,建功江西崛起"大型团日教育实践活动,统一悬挂全省统一主题活动背景图及张贴画,佩戴团徽,统一参加新老团员立誓仪式,统一举行全省百万青年立誓签名活动,统一组建"增强团员意识,建功江西崛起"青年志愿服务队并举行授旗仪式,结合本地实际开展多种形式的志愿服务。

"增强团员意识"主题活动开展期间,全省各级团组织以"学理论知团情"主题学习活动为载体,通过知识竞赛、网上论坛、征文、演讲等形式,广泛开展理论学习和团史团情教育。开展"我为团建工作献一计"活动,在团支部中开展以"如何做合格的共青团员"为主题的"过一次组织生活"的团日活动。据统计,全省共有 3740 多个基层团委,89570 多个团(总)支部,180 多万名团员参加"增强团员意识"教育活动,参与活动面达到 70%。

"增强团员意识"主题活动开展后,全省各设区市团组织、高校团组织、省直属单位团组织,根据团中央、团省委有关要求,结合各地实际,采取多种形式,广泛开展各种富有教育意义的活动。

2005 年 11 月 16—19 日,团中央"增强共青团员意识"主题教育活动赴赣督查组一行 6 人到江西,对江西开展团员意识教育活动情况进行督查。4 天时间内,督查组分为东、北两线,督察组对团省委及南昌、九江、抚州、鹰潭、上饶等设区市以及南昌铁路局团委、南昌大学等单位进行实地查看和听取汇报,并于 19 日下午向江西保持党员先进性教育活动领导小组办公室反馈督查意见。全省的"增强共青团员意识"主题教育活动得到督察组及团中央的高度肯定。

2006—2010 年,全省各地团组织在继续推进"增强团员意识"主题教育活动中,自觉把活动与团的有形化建设相结合,与团员示范工程相结合,与团的基层组织建设相结合,进一步加强团员意识教育活动长效机制建设,扩大教育活动的成果。

流动团员管理

20 世纪 90 年代初,江西赣州、吉安、宜春、上饶等地区青年农民外出前往广东、浙江等沿海地区务工的人数日益增多。1994 年,宜春团地委根据本地区流动团员人数增多,团员难管理的现状,着手发放团员管理卡和团员警戒卡,有针对性加强建卡管理,保证了团员在流动中继续接受团的教育。

1995 年,团省委根据团中央颁发的《流动团员管理暂行办法》,对流动团员管理提出 3 项具体要求:一是外出时间在 6 个月以内的临时外出团员凭团员证与所在地方或单位团组织取得联系,申请参加团的活动,并接受团组织的教育和培训;外出时间在 3 个月以上的外出流动团员凭团员证向所在地方或单位团组织转接组织关系,交纳团费,参加团的活动。团员短期外出 3 个月以内,或外出时间较长但无固定地点无法转接组织关系的,团员应通过适当方式主动与原所在团组织保持联系,汇报外出活动情况,按时交纳团费。二是团员 3 人以上集体外出、地点相对集中的,原所在团组织应在他们中建立团支部或团小组,对外出时间在 3 个月以上的,应出具有关证明,委托所去地方或单位的团组织负责管理这些团员,原所在团组织应继续同他们保持联系。外来经商团员较多的商贸场所,应在这部分团员中建立团支部或团小组。根据不同情况,组建的团支部或团小组可由乡镇、街道团组织领导,也可由当地工商管理、税务等部门团组织或个体劳动者协会团组织领导。团员要求流动应向所在单位及其团组织提出申请,凡符合人员流动有关政策规定,团组织应将团组织关系转到所去单位上级主管部门的团组织,或转到所去单位所在地的街道、乡镇团组织。三是乡镇、街道团组织应接收在人员流动过程中尚未落实工作单位或因某些原因暂时无法转交组织关系的团员,并根据不同情况,组织这些团员过组织生活,收缴团费。团员擅自离团,团组织应当本着惩前毖后的精神,进行批评和帮助,情节严重的,给予纪律处分。在团员流动中,没有转来团员组织关系或没有出具团员证明信的,所去地方或单位的团组织,不得承认其团员身份和安排参加团组织生活。凡是按照规定转来团员组织关系的,有关地方和单位团组织应予接纳,不应拒绝接收。

2002 年 1 月,团省委印发《关于进一步加强全省基层"党建带团建"工作的意见》,就流动团员管理要求"在加强团员的日常管理的同时,坚持和深化团员证管理制度,完善团组织工作制度,加强外出务工团员、大中专毕业生择业期间的流动团员团籍管理,逐步建立健全流动团员的有效管理机制"。

2003 年,萍乡市委各级团组织以推行新式《团员证》为抓手,广泛开展多种活动,塑造团员形象,加强团员意识教育,加大在学生、农村回乡青年、非公有制经济组织的青年中发展团员的力度,采取灵活多样的方式加强流动团员管理。

2006 年,赣州团市委按照全市团员发展计划,在继续重点推进农村、学校发展团员工作的同时,加大在社区和非公有制企业中发展团员力度,不断提高团组织的覆盖面和影响力。在完善团员管理机制方面,本着有利于团员流动、有利于团组织管理、有利于发挥团员先进性作用的原则,制定流动团员和工商青年中的团员管理办法,进一步落实"以流入地管理为主,以流出地管理为辅"的流动团员管理机制,切实加强流动团员的管理。

2007 年,南昌团市委加强对流动团员的管理工作,至年底,全市各社区先后成立社区团支部308 个,登记在册的流动团员数达 3000 人。

2008 年,遂川团县委针对青年大量外出、基层团组织"单兵作战"乏力等实际,在进行全县团情大调查的基础上,根据团员青年流动的新变化,按照"县域统筹、区域联动"和"团随青年走,组织灵活建"的建团思路,创新团组织的设置方式,大胆试行村村联合建团、区域联合建团、产业协会建团等多种建团模式。同时,采取"农民工服务团 + 团支部""流动党支部 + 团支部"等模式,在遂川籍农民工比较集中的深圳、东莞、宁波等地建立起 42 个流动团支部。借鉴流动党员管理经验,探索流动团员"三找、三制、三促"的管理机制,即"三找"(团组织找团员、团员找团组织、团员找团员)摸底,"三制"(流动团员联系制、外出登记制、目标考核制)管理,"三促"(技能培训促就业、跟踪服务促维权、教育引导促创业),并通过与流入地团组织结为"友好团委"等方式,加强对流动团员管理。

2010 年,万年县为进一步适应团员青年流动、分布和联络聚集的新变化,充分发挥共青团组织、引导、服务、维护青年合法权益的职能作用,在福建省泉州市鲤城区成立万年县驻福建省泉州市鲤城区工作委员会。其主要职能是,承担万年县在鲤城区务工流动团员青年的管理、服务及维权工作。是年,万年团县委所辖陈营镇团委,在加强对流动团员的管理中,对每位外出务工的团员增设一份档案,与他们长期保持组织联系。每年岁末,为他们召开一次特别的团组织生活会,进一步扭转团员流失的状况。

推优入党工作

1992年下半年,省委组织部、团省委转发中组部、团中央文件《关于进一步做好推荐优秀团员作为党的发展对象工作的意见》(组通字〔1992〕8号),并在万载县召开有各地市党委组织部部长和地市团委书记参加的全省推优工作座谈会。省委组织部副部长吴志清、团省委书记黄建盛出席会议并讲话。会议要求各级党组织要把推优工作纳入到党建工作目标管理责任制中,各级团组织要把推优工作列入团的工作重要议程,并切实抓好。这次全省推优工作座谈会,对江西的推优工作产生很大的推动作用,使全省的推优工作走上制度化、规范化轨道。1992年5月至1998年4月,全省有10万余名优秀团员在团组织的推荐和党组织的培养下加入中国共产党。

2002年1月6日,省委组织部、团省委联合印发《关于进一步加强全省基层"党建带团建"工作的意见》(赣青联发〔2002〕1号),要求把"推优入党"工作重点放在对团员教育、培养上,提高团员素质,保证推优质量。各基层团委每年向党组织推荐一定数量的优秀团员作为党的发展对象。党组织在发展28周岁以下人员入党时,一般应从优秀团员中发展,发展团员入党时,必须经团组织推荐。

1998年5月至2008年4月的10年中,全省共青团组织在抓推优工作中,共有20.7万名优秀团员经各级团组织推荐和党组织精心培养,加入中国共产党。

1991—2010年,全省各级团组织在党组织的领导下,把推优工作主动纳入团组织重要工作议程,抓紧抓实,取得好成效。

赣州市。1991年,赣州地区团组织开展为党组织推荐优秀团员入党活动,是年共为党组织推荐优秀团员入党194人。1992年11月,赣州团地委与赣州地委组织部印发《关于进一步做好"推优"工作意见》,并制定工作细则。1993年,全地区推优工作进入较快发展阶段,是年各级团组织向党组织推荐入党积极分子5000多人,有1857名优秀团员入党。1991—2010年,全市各级团组织在推优工作中共推荐优秀团员入党39112人。

表 10-1-2 1991—2010 年赣州市推优入党情况

年　份	推荐优秀团员入党(人)	年　份	推荐优秀团员入党(人)
1991	194	2001	2500
1992	267	2002	2600
1993	1857	2003	2400
1994	1659	2004	2300
1995	1827	2005	2300

续表

年　份	推荐优秀团员入党（人）	年　份	推荐优秀团员入党（人）
1996	1908	2006	1900
1997	2300	2007	1800
1998	2500	2008	2100
1999	2400	2009	2000
2000	2500	2010	1800

新余市。1993 年 4 月 2 日,新余市委组织部、新余团市委联合印发《关于推荐优秀团员作为党的发展对象工作细则的通知》(简称《工作细则》)。《工作细则》共分 6 章,分别就推优工作原则、对团员的培养教育、"推优"的重点对象及条件、"推优"工作的程序、对"推优"对象的培养考察和"推优"工作的组织领导等工作内容进行阐述。从 1993 年开始,"推优"入党已逐步成为发展 28 周岁以下青年党员的主渠道。1994 年,新余团市委联合市委组织部召开"推优"工作会议,落实中央组织部的"推优"规定,28 岁以下青年入党一般要经过团组织推荐,28 岁以下青年入党一般应从团员中发展。2005 年,新余团市委联合市委组织部印发《关于深入开展"推优入党工作"的通知》;是年,新余市受到省委组织部和团省委的肯定,被确定为全省"推优入党"工作创新试点市。

新余市推优入党工作富有成效。1991—1995 年,共推荐 2000 余名优秀青年加入中国共产党。经团组织推荐加入中国共产党,1997 年有 1000 余人,1998 年有 887 人,1999 年有 1000 余人,2000年有 1000 余人,2004 年有 996 人,2005 年有 978 人,2006 年有 916 人,2007 年有 963 人。1991—2007 年,全市各级团组织共推荐 16669 人加入中国共产党。

表 10 - 1 - 3　1991—2007 年新余市推优入党情况

年　份	推优入党数（人）	年　份	推优入党（人）
1991	979	2000	1000
1992	932	2001	1013
1993	916	2002	1056
1994	958	2003	1100
1995	977	2004	996
1996	998	2005	978
1997	1000	2006	916
1998	887	2007	963
1999	1000	—	—

宜春市。20 世纪 90 年代初,宜春地区各级党团组织对推优工作普遍比较重视。1990 年,中共

宜春地委在印发〔1990〕15号文件中对"推优"工作提出要求"今后,凡是28周岁以下的青年入党,一般都应该由同级共青团组织推荐"。1990—1991年,地委组织部、宜春团地委为做好"推优"工作,联合印发《关于认真做好在团员和先进青年中发展党员工作的意见》《关于认真做好推荐优秀团员为入党积极分子工作的意见》。由于宜春地区各级党团组织普遍重视推优工作以及团员青年的培养教育,1990—1991年,宜春地区共有16324名共青团员向党组织提出申请,团组织向党组织推荐优秀团员7983人,其中,被列为建党对象的有4642人,已批准入党的有1542人。1992年,宜春团地委书记费占河、宜春地委组织部副部长冷社联代表宜春地区出席全国"推荐优秀团员作党的发展对象"工作座谈会,并作题为《坚持标准、保证质量、提高推优工作水平》的典型发言。据统计,至1997年,全地区有50余万团员向党组织提出申请,团组织向党组织推荐优秀团员15万余人,其中被列入入党积极分子的有5万余人,入党的有11542人。

南昌市。1999年,全市各级党团组织落实28岁以下青年入党一般应从团员中发展和发展团员入党一般要经过团组织"推优"的规定,在坚持标准、保证推荐质量的前提下,各级团组织在培养教育、推荐等关键环节上下功夫,严格标准,健全程序,搞好党团衔接。至年底,全市共有1437名优秀团员经团组织的推荐和党组织的培养,加入中国共产党。据统计,2001—2005年,全市各级团组共推荐9700名优秀团员加入中国共产党。

鹰潭市。1990年至1992年9月,全市各级团组织在"推优"工作中,共向党组织推荐1800人,其中被确定为党员发展培养对象571人,有352人已入党。1992年4月至1997年3月,全市各级团组织向党组织推荐优秀团员青年1.1万人,有3400名团员青年被吸收入党。从2002年开始,鹰潭团市委将乡镇、街办团委工作纳入考核,加大对乡镇、街办团干部的协管力度,每年择优向县(市、区)委组织部推荐,使共青团组织成为推优入党和推优荐才的重要渠道。

第二节　团干部队伍建设

团干部数量

1992年,邓小平视察南方发表重要谈话之后,合资或独资企业、个体私营企业迅速增多,是年5月,新一届团省委班子特别加强在乡镇企业和其他非公有制企业中建团的工作,全省的团干队伍发展迅速,全省有专职团干部6000多人。

至1994年,全省专职团干部一直保持在6000人以上;1995—1996年全省基层团组织逐步壮大,1996年底,全省共有基层团支部111311,应建团单位43910个,已建团单位43588个,全省专职团干部逾7000人。

1998—2003年,全省专职团干部一直保持在7000人以上。2004年后,全省专职团干部逐年适度增长,2010年底达到11756人。

团干部管理

团干部挂职锻炼　全省选派优秀团干部挂职锻炼工作由团省委统一负责。2008 年 6 月，团省委选派 3 名团干部赴四川地震灾区挂职锻炼，其中华东交通大学的张剑锋、丰城发电有限责任公司的黄梅勇挂职任小金县团县委副书记，南昌大学第四临床医学院的赖志强挂职任梓潼县团县委副书记。

2009 年底，团省委、省教育厅联合在全省 81 所高校中选派 100 名团干部下基层挂职锻炼。2010 年 1 月 8 日，"江西省高校挂职干部培训班"在南昌开班，对全省 100 名高校挂职团干部进行下基层前的集中培训。培训后，这批团干部陆续前往江西 100 个县（市、区）团委，开展为期 1 年的挂职锻炼。100 人中有 55 人是副科级以上（含副科）团干部，省委组织部、团省委、省教育厅为他们专门发文，聘任为所挂职县（市、区）团委副书记，其余 45 人被聘为团委书记助理。

到村任职高校毕业生管理　2006—2008 年，赣州南康市逐年增加选拔生、大学生"村官"数量，截至 2008 年底，28 岁以下的青年干部 3000 多人，其中经省、赣州市招考分配公务员、选调生、选拔生和大学生"村官"215 人，南康市自主招考大学生"村官"94 人，中小学教师 2100 多人，医护人员 426 人，其他行业系统干部 400 多人，70% 的青年干部在农村基层组织任职。

2009 年 9 月，井冈山大学毕业生邢镭考取大学生"村官"后，到永新县三湾村担任"村官"，帮助村民发展特色种养项目，带领村民走上致富路。2009 年 10 月 6 日，邢镭作为吉安市"村官"唯一代表，应邀到江苏华西村参加第十届全国"村长"论坛，并在论坛交流会上发言。

2010 年 6 月 17 日，九江市召开全市大学生"村官"座谈会，九江市委书记钟利贵，九江市委副书记朱荣辉，九江市委常委、组织部部长华金国出席会议，和大学生"村官"代表进行面对面的交流座谈。截至 2010 年 6 月 21 日，九江市选聘 132 名大学生"村官"。

团干部任用制度改革　1991 年 12 月至 1992 年 1 月，团省委共表彰 50 个"最佳活动组织单位"和 100 个"活跃的团支部"，在全省大中学校中评选 10 个"红旗团委"和 140 名"优秀团干部"，以此加强基层团委和团支部的建设，发挥其团结教育和引导青年学生的作用。

1996 年初，团省委、省民政厅、省科委联合印发《关于推广农村青年星火带头人、村团支部书记、村委会科技副主任"三位一体"配置的意见》，在各级党政机关和有关部门的推动下，一批年纪轻，素质高，有一技之长的青年党、团员和青年星火带头人被选拔到村团支部书记岗位。村团支部书记不仅作为团干部要带领支部一班人做好团的工作，而且作为村委会科技副主任，还要努力搞好农业科技的普及、科技推广项目的领办和青年星火带头人的培养，并与村党支部一道带领千家万户依靠科技脱贫致富奔小康。至 1996 年底，全省共选拔村团支部书记 160 人。

1997 年 9 月 25 日，团省委印发《关于积极向党委推荐优秀青年干部上岗的通知》，要求各地市团委，省直属各单位、部属及本科普通高等院校团委向党委推荐优秀青年团干，输送到党政部门领导岗位上去。至 1998 年底全省通过"推优"输送团干 112 人。

2002 年 1 月 6 日，团省委进一步加强全省基层"党建带团建"工作，强化团干部任用改革。至

2003 年底,江西有各类专兼职团干部 7023 人。

2004 年 10 月,江西农业大学坚持每年对团委班子和团干部进行一次集中考核,并将考核结果通报给团干部所在单位的党组织;同时还建立向党组织推荐优秀团干部的工作机制。此外,江西农大有计划地安排团干部进行多岗、多途径锻炼,特别优秀的及时提拔任用。

2005 年 4 月,吉安团市委推进团干部工作述职制度,各县(市、区)和市直属单位团委书记每半年向团市委书面述职 1 次,加强对团干部德、能、勤、绩、廉五方面的考核,以此作为团干部个人评优评先的重要依据。

2009 年 1—11 月,团省委推动团干部下基层工作。团省委党组成员每人挂点 3 个团支部,要求全省地市以上团干分批派驻县级团委;全省所有专职团干部挂点 1 个以上团支部,选择 101 个基层团组织开展基层团建设点。

2009 年,吉安团市委落实上级团组织关于派驻机关干部到团县委帮助工作的要求,派驻 3 批次共 9 名机关干部到团县委开展为期半年的驻点工作。

2009 年底,团省委对 100 个县级团委主要负责人进行轮调,同时对 120 余名乡镇街道团委书记和基层团干部进行培训。全省 77 名地市以上团的机关干部分别派驻 77 个团县(区)指导工作,团省委通过集中授课、定期督查、分类指导等方式,督促派驻工作干部明确任务,发挥作用;通过建立派驻工作 QQ 群、编辑工作简报、进行工作视频对话等形式,加强派驻工作的交流与督导。

2010 年,团省委在 22 个镇、街道进行团组织格局创新试点,形成以专职团委书记、兼职副书记和兼职委员为班子成员的团组织格局,夯实基层团组织工作力量。

教育培训

团干部标准大讨论活动 2008 年 7—12 月,团省委以"继续解放思想,推动科学发展"为主题,在全省县及县以上团的机关及企业、学校、社区、农村的 1 万余名团干部中开展新时期团干部标准大讨论活动。在历时半年的活动中,省市县三级团组织通过请党政领导提要求,请老团干谈体会,请团员青年谈期待,请社会各界提建议等方式,广泛征集新时期团干部标准的意见和建议,各级团干部在活动中深入农村、企业、学校、社区等基层一线蹲点,开展一名团干部挂点一个团支部活动。团省委领导带头深入基层核实情况,评选大讨论优秀成果,与青年百对百等活动。活动开展半年,全省有 110 名省、市、县党政领导对新时期团干部标准提出要求,500 余名老团干对团干部参与带头,10 万余名团员青年通过各种方式参与大讨论活动。

团省委团干部培训 1999 年,团省委根据团中央关于自 1999 年起,在全国实施团干部 321 培训计划,即用 3 年时间,力争使共青团 21 万专职干部普遍接受 1 次培训的要求,按照分级负责的原则,加大省、地(市)两级培训专职团干部的力度,全省广泛开展"团干部形象建设年"活动。

3—4 月,团省委按照制定的《关于用雷锋精神在团省委系统开展以"三讲"为主要内容的党性党风教育的实施方案》,在团省委机关以及江西省团校、江西青少年报刊社、省青少年旅行社、省青少年发展基金会和全国青少年井冈山运动营地等下属单位的副处级以上干部中开展"三讲"(讲学习、讲政治、讲正气)教育活动,活动中,团省委系统副处级以上干部通过自学、自查自纠群众评议、本人自我整改等环节,受到一次党性党风教育。

9月19—23日,团省委在省团校举办为期4天,由45名团省委委员、12名候补委员参加的邓小平理论读书班。

全省按照团中央、团干部"321"培训计划要求,进一步加强对省、地(市)团委书记的培训力度。1999年6月,赣州团地委组织选拔全区各行业68名团干部前往中央团校,参加为期10天的学习培训。2001年,赣州团市委推荐50余名县(市、区)团干部参加省级以上团组织举办的培训班学习。

1998年4月至2003年4月,共青团江西省第十二届委员会5年工作期间,全省实施团干部321培训计划,各级团组织培训专职团干部23000余人,团干部素质得到进一步提高。

2003年6月4日,团省委根据团中央《2002—2005年全国团干教育培训规划》,结合全省共青团工作实际,制订《共青团江西省委2003年团干部教育培训规划》。规划按照分级培训、分类实施的原则,进一步明确团省委主要负责培训团省委机关干部(含团省委下属单位副处级干部),省直属团委的负责人,团县(市、区)委书记、副书记,部分乡镇团委书记,大中型企业、大中专院校团委书记、副书记,少先队辅导员,每年共500余人。培训的重点项目主要包括政治理论培训,岗位业务培训及专业技能培训等。

是年,团省委举办团干部理论学习班。8月,在永修县举办团省委机关及下属单位处级干部培训班,培训团干部40余人;9月,在共青城举办团省委直属团委书记专题研讨班,培训团干部50余人;10月,在省委党校举办县区团委书记专题研讨班,培训团干部80余人。

2004年10月中旬,团省委成功举办中国欧盟法律和司法合作项目——全省青少年维权干部培训班,参加培养的对象为全省优秀"青少年维权岗"创建单位、青年文明社区创建单位及预防青少年违法犯罪领导小组办公室等维权干部。2004—2005年,团省委每年举办市、县(区)团干部培训班20余期,培训团干部600余人,推荐参加团中央、团省委举办的各类培训班116人次。2005年8月24—27日,团省委在井冈山干部学院举办全省团市委书记暑期研讨班,参加培训班的有团省委全体班子成员,11个设区市团委书记以及团省委中层干部共30余人。研讨班通过专题讲座、现场体验教学、专题研讨以及参加"永远跟党走"党团知识竞赛等方式,提升团干部的综合素养。2008年8月1—5日,省委组织部和团省委联合在南昌举办"学习贯彻团十六大精神,推动共青团事业科学发展"全省团市、县委书记专题培训班,参加培训班的有市、县两级团的专职干部共110人。2009年,团省委把工作重点放在全面提升全省基层团干部素质上,在抓好对全省100个县区团委负责人轮训的同时,举办全省乡镇街道基层团员培训班,对120名乡镇街道团委书记和基层团干部进行培训。

2003—2010年,团省委依托省委党校、省基层工委党校,对团省委每年选派的机关及下属单位副处级以上干部进行轮训;同时,省团校每年负责承担4~5期,约300人的团干部培训任务,主要有全省新上岗团县(市、区)委书记培训班、省直高校团干部培训班、部分乡镇团委书记培训班以及少先队辅导员培训班等。省团校(江西青年职业学院)每年对学校团支部以上学生干部通过办学习班、组织听专家授课和参加团务实训体验等方式进行综合培训。

2010 年,团省委把对团干部培训的工作重点放在全省基层团队干部的培训上,首次对全省 1600 名乡镇(街道)团干部进行轮训。是年,全省团干部大培训活动入选"2010 年江西共青团工作十大事件。"

设区市团干部培训 2003 年 4 月至 2008 年 5 月初,全省各级团组织大力实施团干部素质提升计划,共举办县级以上的团干部培训班 1100 期,培训专兼职团干部 51200 余人次。

2003—2010 年,全省各设区市团委依据团中央制订的全国共青团干部培训计划,按照分级分类培训的原则,主要负责团市委机关干部,市直属团委的负责人,市属大中型企业、大中专院校团委负责人、少先队辅导员以及部分乡镇团委书记的培训。8 年中,全省 11 个设区市团委在实施"团干部素质提升计划"中,一方面,按照团省委下达的团干部培训指标,推选本市共青团干部参加中央团校和团省委举办的培训班学习;另一方面,按照分级分类实施培训的原则,加强各类专职团干部的培训。

2003—2010 年,宜春、九江、抚州、鹰潭 4 个设区市各级团组织,每年在抓各地团干部选送到团中央、团省委培训工作的同时,不放松抓好每年经常性的团干部岗位培训和一些重点培训。

高校团学(学生会)干部培训 2003 年 4 月至 2008 年 4 月,团省委每年对高校学生干部轮训不少于 200 人次;各高校团学组织每年对本校学生干部的轮训不少于 400 人次。

2003—2010 年,全省各高校按照团中央、团省委关于团干部教育培训规划要求,一方面认真选送团干部及学生干部参加中央团校和团省委组织的培训;另一方面,切实抓好每年 1 ~ 2 期的团干部培训班及 2 ~ 3 期的团学干部培训班。2008 年,江西财经大学第 19 期团学干部培训班、南昌航空大学第 20 期团学干部培训班成功举办,分别对来自各院系近 200 名团学干部进行培训。

中央团校培训 1991—2010 年,团省委依照团中央每年给江西下达的各类团干部培训指标,参加中央团校举办的各类培训班 77 期,共计培训各类团干部 713 人。

跨省跨境培训 江西跨省培训起始于 20 世纪末和新世纪初。1998—2002 年,团省委先后在全省各地团组织中选送近 300 名专职团干部前往上海和浙江两地参加学习和培训。

2002 年,南昌团市委在团中央上海培训基地举办一期学校团干部培训班。2003 年 1 月,团省委选派 36 名团干部到上海市团校参加专题培训;4 月,抚州团市委举办抚州团市委委员、候补委员,基层团干部培训班,并组织到沿海地区学习考察,学习借鉴东部地区共青团工作先进经验。2004 年 11 月下旬,团省委组织全省百名团县(市、区)委书记赴上海进行为期 15 天的培训,学习上海共青团成功经验和先进理念。2005 年,团省委依托团干部培训工程,在全省团组织中认真选送 150 名团干部赴上海团校,参加中西部团干部培训班。2006 年,上饶团市委选派百余名优秀青年干部赴浙江等发达地区培训、学习和挂职锻炼。2009 年,新余团市委联合湖南长沙团市委在湖南省团校举办两省三地团干部培训班。2010 年,团省委副书记梅亦带领全省选送的 200 名少先队辅导员赴江苏省开展培训。

开展跨境培训。2004 年 9 月中旬,团省委与省委组织部联合,首次在香港举办全省团干部公共管理(35 期青年管理人才)培训班,30 名来自全省各地的团干部在香港参加研修班的学习和培训。2005 年,团省委先后组织两批团干部赴香港参加公共管理研修班学习。

表 10-2-1　1991—2010 年江西省共青团干部参加中央团校培训情况

培训时间	培训班名称	江西参加培训人数(人)
1991	中央团校第 1 期岗训班	1
	中央团校第 1 期研究班	10
	中央团校第 2 期岗训班	2
	中央团校第 2 期研究班	3
1992	中央团校第 3 期岗训班	3
	中央团校第 3 期研究班	2
	中央团校第 4 期岗训班	7
	中央团校第 4 期研究班	4
1993	中央团校第 5 期岗训班	6
	中央团校第 5 期研究班	7
	中央团校第 6 期岗训班	5
	中央团校第 73 期短训班	29
	中央团校第 75 期研究班	75
1994	中央团校第 2 期团校教师进修班	1
	中央团校第 6 期研究班	5
	中央团校现代企业制度研讨班	3
	中央团校第 7 期岗训班	5
1995	中央团校第 91 期短训班	22
1996	现代企业制度研讨班暨第 11 期岗训班	3
	中央团校第 12 期岗训班	6
	中央团校第 12 期岗训(团县委书记)班	4
	中央团校第 13 期少工干部培训班	5
	中央团校第 13 期少先队辅导员干部培训班	2
	中央团校第 8 期研究班	3
	中央团校第 3 期团校教师进修班	1
1997	中央团校第 105 期团干部培训班	26
	中央团校第 1 期工商管理培训班	2
	中央团校第 9 期研究班(团地市委书记)	2
	中央团校第 9 期团地市委书记研究班 暨国家行政学院第 2 期社会主义市场经济进修班	1
	中央团校第 14 期少工干部培训班	4

续表

培训时间	培训班名称	江西参加培训人数（人）
1997	中央团校第 14 期岗训班(团县委书记)	2
	中央团校第 4 期团校教师进修班	1
1998	第 2 次全国团校培训工作研讨会	1
	中央团校第 5 期教师进修班	1
	中央团校第 16 期岗训班(团县委书记)	4
	中央团校第 3 期工商管理培训班	1
	中央团校第 10 期研究班	3
2009	中央团校第 117 期短训班	2
	全国基层团干部培训班	20
	中央团校第 11 期团地市委书记培训班	1
	中央团校第 18 期岗训(高校)班	3
	中央团校第 120 期短训班	1
	团第十四届中央委员学习邓小平理论读书班	1
	中央团校第 121 期短训班	3
	中央团校江西赣州地区团干部	68
2000	中央团校第 130 期短训班	2
	第 7 期教师进修班	1
	中央团校第 5 期工商管理培训班	2
	全国"保护母亲河行动"专题研讨班	3
2001	中央全国基层团干部培训班(第 1 期)	3
	中央团校第 134 期短训班	9
	中央团校第 136 期短训班	29
	中央团校第 13 期团地市委书记培训班	2
	中央团校第 22 期团岗训班	1
	中央团校第 24 期团地市委书记培训班	1
2002	学习"三个代表"重要思想加强青少年道德教育专题研讨班	3
	第 7 期工商管理培训班	3
	第 19 期少年队工作干部培训班	3
	青年人力资源管理与开发专题培训班	3
	社区青年工作专题研讨班	3

续表

培训时间	培训班名称	江西参加培训人数(人)
2005	团中央第2期"加强团的基层组织建设"团地委书记轮训班	3
	团中央第2期"加强团的基层组织建设"团县委书记轮训班	3
	全国新任职团干部培训班	4
	团地委书记、中央团校"加强和改进大就业思想政治教育工作"若干专题培训班	3
	中央团校第167期团干部培训班	30
	各类团干部培训班20期	157
2006	团中央组织部第3期团地委书记培训班	3
	团中央组织部第4期团地委书记培训班	4
	团中央组织部第6期全国团主要书记培训班	5
	团中央组织部第7期全国团主要书记培训班	5
2007	团中央百千万教育培训工程第1期团地委书记培训班	4
	团中央百千万教育培训工程第17期团地委书记培训班	3
	团中央百千万教育培训工程第20期团地委书记培训班	2
2009	团中央第1期全国县级团委书记培训班	9
	团中央第2期全国县级团委书记培训班	13
	团中央第3期全国县级团委书记培训班	18
2010	中央团校干部教育培训班	8

第三节　基层团组织建设

全省基层团组织数量

1991年,全省共有基层团支部6.77万个。1992年5月,共青团江西省第十一次代表大会召开。此次团代会之后,新一届团省委班子注重抓团的基层组织建设,特别加强在乡镇企业和其他非公有制企业中建团的工作,使得全省基层团组织稳步扩大,至1994年全省有基层团支部10.3万个,1996年全省基层团支部已达12万个。

表 10 - 3 - 1 1991—2010 年全省基层团组织数

时　　间	基层团支部(万个)	时　　间	基层团支部(万个)
1991	6.77	2001	6.83
1992	6.39	2002	7.49
1993	6.55	2003	7.49
1994	10.30	2004	6.15
1995	10.40	2005	8.96
1996	12.00	2006	6.42
1997	11.13	2007	6.42
1998	8.52	2008	6.42
1999	6.98	2009	6.53
2000	6.80	2010	6.51

随着改革开放的不断深入,1998 年后,大批的农村青年特别是有一定文化和专长的团员青年外出务工,流动性日益增强,团组织本身存在一些薄弱环节,使全省基层团组织逐渐呈下降趋势。1998 年,全省基层团组织有 8.52 万个;1999 年,基层团支部只有 6.98 万个。进入 21 世纪,面对江西经济社会发展出现新情况、新变化,江西基层团组织主要围绕党建带团建、"五四"红旗团委和团支部创建以及基层组织创新等开展工作。在巩固加强农村、企业、学校团组织建设的同时,加大非公有制经济组织、社会力量办学、城市社区等领域团建工作力度,不断扩大团组织覆盖面。因此,在2000—2010 年 11 年中,全省每年的基层团支部数除 2005 年突破 8 万之外,其他年份均稳定在6.5 万—7.5 万个。

创先进基层组织活动

"活跃的团支部"竞赛活动　1991 年 1 月 30 日,团省委在全省大中学校开展"活跃的团支部"竞赛活动。为推动活动的开展,团省委在 1991 年底以市为单位进行一次全面的评比检查,评比标准包括团内教育、组织工作、课外活动、维权帮扶 4 个方面。1992 年 2 月 15 日,团省委在各地市开展"活跃的团支部"竞赛活动评比的基础上,对南昌航空工业学院等 10 个"红旗团委"、华东地质学院等 50 个"活跃的团支部"竞赛活动"最佳组织单位"、宁都师范 90(1)班等 90 个"活跃的团支部"及赵纲等 140 名"优秀团干部"进行表彰。

"五四红旗团委""五四红旗团支部"创建活动　1998 年 12 月,团中央印发《开展创建"五四红旗团委"活动的方案》的通知,按照班子建设好、主题活动好、支部建设好、活动阵地建设好的"四好"基本标准为框架,分别制定企事业、农村、学校、社区"五四红旗团委"标准。为进一步调动基层团委的积极性和创造性,团省委先后制定《"全省五四红旗团委"及组织奖评选表彰办法(试行)》。1999 年 12 月,在共青团江西省第十二届三次全会上表彰了 50 个"全省五四红旗团委"和 10 个县级创建"全省五四红旗团委"先进单位。在庆祝建团 80 周年之际,结合全省"五四红旗团委"活动的实际成果,于 2001 年 12 月,再次表彰 40 个"全省五四红旗团委",并推选 4 个基层团委申报"全国五四红旗团委"。

进入 21 世纪,江西 11 个设区市团委,在开展"五四红旗团委""五四红旗团支部"创建活动中,按照团中央制定的班子建设好、主题活动好、支部建设好、活动阵地建设好的"四好"标准,从各自实际出发,采取切实有效的措施,使"五四红旗团委、团支部"创建活动取得好成效。

2001 年,新余市各级组织在深入开展"五四红旗团委(团支部)"创建活动中,呈现出主题活动内容更为丰富、班子更加健全、活动阵地建设普遍加强的势头。在全市 43 个直属团委、139 个基层团委中,有 6 个基层团委在 2000 年获全省"五四红旗团委"称号的基础上,2001 年再次获得这一称号,此外,还有 20 多个被评为全省"五四红旗团委"创建单位。至 2007 年底,新余市共有两个县(区)获全国团建先进县称号,23 个获全省"五四红旗团委"称号。

在开展"五四红旗团委、团支部"全国团建先进县创建活动中,吉安、抚州、赣州、九江等地团组织大力推进三级联创工作,通过构建县、乡、村三级联创机制,评选团建先进县、基层团委、团支部活动,使各市基层团组织建设水平得到大幅提高。

2000—2006 年,全省共有 12 批 5000 多个基层团组织参与省级创建活动,涌现"全国五四红旗团委标兵"5 个、"全国五四红旗团委"150 个、"全国五四红旗团支部"260 个,"全国团建先进县(市、区)"8 个。至 2009 年,全省共创建全省五四红旗团委 881 个,创建全省五四红旗团支部 1244 个,被评为全国五四红旗团委标兵 3 个,全国五四红旗团委 72 个,全国五四红旗团支部 36 个。

1998—2010 年,在"五四红旗团委""五四红旗团支部"创建活动中,全省涌现出不少表现突出的高校团委、团支部。南昌大学于 1999—2000 年、2003—2005 年、2008—2010 年连续 8 年被评为全省"五四红旗团委"创建单位,2007 年被评为全国"五四红旗团委",南昌大学国防生团委被评为全国"五四红旗团委"创建单位。江西师范大学团委在 2004 年 12 月被共青团中央授予"全国五四红旗团委标兵"称号,是全国第 10 个获得该荣誉的高校,也是全国师范院校和江西省高校唯一获此荣誉的单位。江西农业大学团委于 2000 年、2004—2006 年、2008—2009 年连续 6 年被评为全省"五四红旗团委"。

党建带团建

重要文件与会议　1994 年底,团省委在广泛调查研究、分析形势与任务的基础上印发《关于加强全省农村基层团组建设的意见》(简称《意见》),1995 年 1 月 5 日,省委办公厅转发《意见》。2000 年 9 月,在省委支持下,省委组织部和团省委联合印发《关于加强全省共青团干部队伍建设的意见》,要求全省各级党组织高度重视团干部队伍建设,坚持用的新的观念、新的视角、新的方式去教育和培养团干部;同年,团省委与省民政厅联合印发《关于加强全省城市社区共青团建设的意见》。2000 年 10 月 22 日,省委组织部、团省委联合在南昌召开全省党建带团建工作会议,会议重点强调要认识党建带团建的重要性,落实工作目标,抓好"带"的工作。2001 年 12 月 16—27 日由省委组织部、团省委联合在新余市召开全省第二次党建带团建工作会议。2002 年 1 月 6 日,省委组织部、团省委共同印发《关于进一步加强全省基层"党建带团建"工作的意见》,强调基层组织党建带团建要具体落实在"建";1 月 10 日,团省委和省工商联联合印发《关于加强全省非公有制经济组织团的建设工作的意见》,要求把非公有制经济组织团建工作纳入党建的整体规划之中。2007 年底,在全面总结党建带团建工作的实践经验的基础上,省委组织部和团省委联合印发《关于加强和改进全省"党建带团建"工作的意见》,要求建立和完善"带思想、带组织、带班子、带队伍、带工作发展,优化工作条件"的"五带一优化"工作机制,指导团组织开展换届工作,做好团干部转岗输送工作,不断加强团员队伍建设。

"五个一工程" 从 2005 年开始,团省委在省委组织部支持下,在全省各县区逐步实施基层"党建带团建""五个一"工程,即基层党组织每年至少专题研究一次青年工作和共青团工作;基层党组织主要领导每年至少听取一次同级团组织主要负责人工作汇报;基层党组织主要领导每年至少参加一次基层团的活动;基层党团组织结合自身工作实际,创建一项基层"党建带团建"特色工作;建立县级及以上党委组织部门每年划拨一定党费作为县级团组织"推优入党"或教育培训经费的制度(经费总额原则上按照所在县每位党员 1 元钱的标准划拨)。2005 年,在经过调研之后,团省委首先选择党政重视、团建基础较好的九江市武宁、修水、彭泽 3 县为试点县,采取蹲点指导的方法,直接指导工作开展。团省委和九江团市委制定《九江市团建"五个一"工程实施方案》,3 县团委根据团市委要求,结合本县实际,联合县委组织部共同出台《关于加强"党建带团建",在全县基层团组织中开展"五个一"工程的实施方案》,全面铺开"五个一"工程试点工作。武宁团县委率先与县委组织部联合发文,全面实行"五个一"工程。不仅县本级的划拨经费能及时到位,各乡镇党委也都从乡财政中拿出一定数额资金作为"党建带团建"专项工作经费,确保乡团委活动顺利开展,"五个一"工程试点工作取得初步成效。在取得试点成功经验后,九江团市委将这一做法在全市全面铺开。九江团市委在全国首创"党建带团建'五个一'工程"。2006—2008 年,"五个一"工程在全省推开后,全省有近三分之一的县(市、区)、高校及省直属单位开展了此项工作。"五个一"工程是新时期农村党建带团建工作行之有效的新载体,增强了团组织的生机和活力,充分发挥党组织在思想、组织、作风等方面对团组织的带动作用,使得全省基层团组织建设得到不断完善。

"五带一优化" 2007 年团省委印发《关于加强和改进全省"党建带团建"工作的意见》中,提出要建立和完善"带思想、带组织、带班子、带队伍、带工作发展,优化工作条件"的"五带一优化"工作机制,切实把团建工作纳入党建工作整体格局,把团建的目标任务纳入党建的目标任务,把团建工作检查考核纳入党建工作检查考核之中。

2008 年,全省各基层党组织继续落实"五带一优化"的具体要求,分别从三个方面加以落实:建立工作目标责任制,做到"领导明确、责任明确、内容明确、机构明确、经费明确"的"五明确";形成党团"推优"联动工作模式,把团的思想建设、组织建设、队伍建设纳入基层党组织"推优"整体格局中,形成党团推优"同步研究、同步要求、同步推进、同步总结、同步考核、同步表彰""六同步"机制;探索推动基层团建"五个一"工程。

2008—2009 年,南昌团市委借鉴党建工作联系点的做法先后派出 4 批机关人员到县区团委帮助工作。2008—2010 年,赣南师范学院党委在继续落实"五带一优化"工作中,形成具有自身特色的"五带"模式,即:坚持从政治上带,着力加强团的政治建设,通过工作制度来保障共青团工作的地位;坚持从思想上带,着力加强团的思想建设;坚持从组织上带,着力加强团组织建设;坚持从作风上带,着力加强团的作风建设;坚持从政策上带,着力为团组织提供动力保障。

基层组织帮扶

服务万村帮扶活动　1995 年,在江西"服务万村行动"首批确定的 100 试点村中,由团省委直接抓的全省试点村有 40 个。为抓好试点村工作,团省委在所属系统内成立组织建设、项目资金、技术培训和办公室"三组一室"机构,明确各自的工作内容和职责,并与机关各部门和下属单位一道分片包干挂点,直接派人到启动村蹲点指导。试点工作实施至 1996 年初,团省委将直接抓的 40 个试点村,按照有一技之长并率先致富的青年党、团员选拔培训后,担任村团支部书记,同时兼任村委会科技副主任,从而使支部领导班子得到加强。

1995—1996 年,吉安团地委在"服务万村行动"中,主要采取"四轮驱动"的做法:依托项目启动全区在调查研究的基础上,共选择 214 个村进行试点,并根据各地的经济和自然条件,坚持"因地制宜、市场导向、科技领先、效益第一"的原则选择那些有望成为当地主导产业、国家政策优先倾斜、自己通过努力能办好的项目;项目启动一年多,全地区在种植、养殖、加工和服务行业选择水稻、油菜、大棚蔬菜、林果、药材、特种珍禽、竹木加工等项目重点服务,着力启动,力争其上规模、上水平、上数量,通过各种途径和渠道共筹措资金 352.4 万元,立项 179 个。选树能人带动;各地不仅把村团支部书记作为服务万村行动的骨干,而且更注重在"懂技术、能力强、热情高、善于带"的村团支部书记和团员青年骨干中选择、培养和树立领头雁,发挥他们的带头作用和典型示范作用;据不完全统计全地区共选出各种青年标兵共 400 余人,从而在农村青年中产生极强的辐射效应。建立基地驱动;全地区按照"抓住项目建基地,依托基地搞培训"的思路共建立各级各类培训基地 80 多个,培训骨干 5.98 万人次,其中县乡村团干部 3814 人次,项目领头人 1822 人次。新干县团县委在全国青年星火带头人刘金林、全地区十大杰出青年李全忠等 4 位青年专家中办起"服务万村行动"教学点,请他们做兼职教师,开设种、养等专业课,实行集中授课和个别咨询、随到随学与定点帮扶、技术培训与跟踪指导的教学方法,举办培训班 20 期,培训和指导青年农民近 3000 人次。着眼外力推动;团地委充分发挥团组织优势的同时,借用外力采取"城乡结对""厂林挂钩""校村结队"等互助活动,依照"就近、就变、优势互补、互惠互利、共同发展"的原则,各地共结队 238 个,其中机关团支部与村团支部结对 144 个,场村结队 66 个,校村结队 18 个;结对活动的开展,有助于推动"服务万村行动"开展,为团组织创收了活动经费,并优化农村团工作的外部环境。

1995 年,宜春地县团组织在"服务万村行动"中,全地区共建立省、地、县三级示范村 124 个,立项 187 个,其中 147 个项目当年投产当年收效。在工作中,宜春团地委集中全地区团组织力量重点开展 4 项服务:项目资金服务;至年底,各级团组织共落实扶贫挂钩村 170 个;通过挂钩扶贫、城乡结对、股份合作、争取银行专款、财政拨款等多种形式,共筹措项目资金 340 万元,其中场村结对扶贫资金 18.3 万元。科技服务;全地区举办各类培训班 1420 期,培训项目领办人和农村青年星火带头人 1373 名,建立各类青年服务组织 257 个。文化服务活动;各地团组织通过开展志愿扫盲活动与送科技下乡活动,传播科技文化,在 4 个省级、20 个地区试点村全部建立希望书库;拥有各类书籍 12000 多册。改善服务;各地团组织紧密配合县市开展的农村社会主义精神文明建设活动,组织力量深入农村基层团组织宣讲党的方针政策。

1995 年,赣州地区各级团组织在实施"服务万村行动"中,全地区共启动 930 个村,并建立 20 个重点示范村;团地委举办乡镇团委书记培训班,208 名团干部参加培训;全地区命名 10 个"农村青年科技示范培训基地",并培训 6000 多名农村青年;6 月,团地委代表团省委接受团中央检查,其做法和经验得到团中央检查组好评;年底,团地委在会昌、安远、信丰召开全地区"服务万村行动"流动现场交流会,并联合有关单位表彰 300 多名农村青年种植加工方面能手。1996 年,团地委与地区农行联合开展"万村致富储蓄"与"万村致富书库"活动,年底,共为农村团支部捐款建立"万村致富书库"58 个,全地区万村致富储蓄近 2 万元。

1995—1996 年,"服务万村行动"在全省实施,得到各级党政高度重视和大力支持,得到各级团组织的热烈响应与广大农村青年的热情参与。在基层团组织建设方面,全省启动 2137 个村支部,全部按照"三位一体"配置团支部书记,并通过整顿已基本达标;在项目和资金方面,全省启动村已选择项目 3627 个,立项和实施 2085 项,落实资金 1.5 亿元,在立项和实施的 2085 个项目中,有 95% 得到村党政的财力或物力支持;在培训方面,各级团组织以及各地建立的培训基地共培训骨干 20 万人次,培养项目领办人 1000 多人。1996 年 6 月,团中央书记处书记袁纯清率团到江西考察后给予高度评价。

"百村万户青年文明示范村"创建活动 2004—2008 年,江西各级团组织在贯彻落实中央和团省委关于建设社会主义新农村建设有关文件精神时,对农村青年成长成才、农村青年创业和转移就业、农村青年文化行动、"百村万户青年文明行动示范村"创建、农村基层团组织建设以及农村青年中心建设等方面进行帮扶。

2004 年开始,团省委决定用两年时间,在全省农村创建 100 个示范村,并要求各设区市在年内完成 2~3 个示范村建设,省属高校和省直属单位在年内完成 1 个示范村建设。创建活动采取"x + 1"的项目推进机制,既一个或多个户门、单位、个体志愿者参与共同建设一个"百村万户青年文明行动示范村。"6 月 20 日,团省委在新建县溪霞镇乔岭村举行全省创建"百村万户青年文明行动示范村"活动启动仪式。省人大常委会副主任万学文、副省长危朝安、省政协副主席金异参加启动仪式。会上,江西省福建商会向全省创建"百村万户青年文明行动示范村"活动首先捐款 30 万元。创建活动正式启动后,全省各地团组织在各地党政组织的重视支持下,按照活动实施方案的要求投身到创建活动中去。至 2006 年 12 月,全省各集团通过社会化运作,以"x + 1"为机制积极整合社会资源,共筹集资金 600 万元,创建示范村 102 个受惠群众 6500 户,创建活动呈现良好发展态势。

2004 年 6 月至 2005 年 12 月,景德镇团市委在"百村万户青年文明行动示范村"创建活动中,创新工作方法,针对性地开展"1 + 1 + 10"的结对帮扶活动,即结对的青年文明号单位至少募集不少于 10000 元的物资,各青年文明号单位在结对的试点村中选取一户青年农民家庭,每户给予帮扶资金

500 元,带动农村青年所在家庭致富,参与结对的各青年文明号单位配合各县(市、区)团委在试点村所在地开展"十个一"活动(演好一台戏,赠送一套图纸,捐助一批物资,发放一套资料,结成一批对子,打扫一次卫生,举办一次展览,搞好一次现场服务,开展一次科技培训,发布一批就业项目)。2004 年,江西移动通信有限责任公司等几家青年文明号单位与景德镇团市委确定 12 个试点村相互结对开展帮扶活动;是年 11 月,景德镇团市委从各个结对帮扶单位筹集 6000 元到帮扶点,昌江瓦荷堂乡童访村为村集体团建帮扶资助 5000 元用于改善村内发展环境,为两位农户发展个人各帮扶500 元。至 2005 年底,景德镇市共创建青年文明行动示范村 12 个。通过对示范村进行道路硬化,公共场所绿化实施改水改厕村容村貌美化等形式,在农村倡导健康文明的生活方式,提升农民的文明程度。

2004—2005 年,上饶市各级团组织在开展"百村万户青年文明行动示范村"创建活动中,上饶团市委通过对横峰县芩阳镇芩港村青年文明行动示范村典型的树立和宣传,相继带动玉山县白云镇古城村,铅山县新滩乡下徐村等 24 个自然村成为青年文明示范村。在创建过程中,全市共收到企业单位和个人募捐的 150 万元,村民集资 82 万。至 2005 年,这 24 个自然村成为全市百村万户青年文明示范村。

2004—2006 年,南昌团市委在创建活动中,充分发挥团组织的优势,吸引全市扶贫单位积极参与创建活动。同时,联系市青联、市青年商会、市青年友好经纪人协会,不断整合资源,搭建工作平台,创建创新思路。广泛动员社会各界以不同形式加入到创建活动的队伍中来。至 2006 年 12 月,全市共创建青年文明示范村 11 个。

"青春建功新农村行动" 2006 年 1 月 20 日,团省委在全省正式开展"青春建功新农村行动",行动涵盖服务农村青年创业和转移就业、农村青年文化行动、大学生"三下乡"社会实践活动、"百村万户青年文明示范村"创建、基层团组织建设、农村青年中心建设方面。

2006 年,全省各级团组织通过开展青春建功新农村活动,与各地金融部门合作,采取拓展担保方式,优惠贷款利率创新信贷的方式方法,共有 22 个项目获得 6000 多万的贷款,首批项目资金1000 万元已全部发放,同时与省农村信用联社联合开展全省农村致富带头人和创业致富示范基地评选,共为致富带头人和致富示范基地授信贷款 4932 万元。同时,服务农村精神文明建设,截至 12月底,全省共创建农村青年中心 300 个。

2006 年,吉安团市委围绕团省委对开展"青春建功新农村行动"提出的任务和要求,继续在全市农村基层团组织中开展"双带双创"活动,引导广大农村团支部书记带头创业,带领团员青年增收成才,努力创建农村青年标兵,创建青年致富示范基地,进一步推动社会主义新农村建设和农村基层共青团工作。在活动中,吉安团市委联合市委农工部等有关市直单位,围绕项目、资金、信息、人才等内容有针对性地开展富有特色的结对帮扶工作。吉安团市委依托农村青年中心,通过举办农村青年文化广场,组织农村文化大篷车等,丰富农村精神文化生活;通过举办种植养殖,农村产业化多种经营等实用技能培训,培养一批种养能手和具有一技之长的青年。此外,吉安团市委构建青年融资平台,寻求与市农村信用合作社和国家开发银行合作,依托创业合作公司及担保公司,推动青年创业小额贷款的实施,遂川团县委和永新团县委分别为青年创业者提供贷款 360 万元和 50 万元。至 2008 年全市各级团组织通过"双带双创"活动，共培育农村青年致富标兵 286 人，创建青年致富基地 220 个，农村青年中心 147 个。有 175 名青年致富带头人分配到农村团支部镇村"两委"岗位上。

2006 年，上饶团市委按照团省委开展"青春创建新农村行动"总体目标，结合本地实际，确定 13 个共建示范村，以项目化方式推动实施"青春建功新农村行动"，大力实施"新型青年农民培养和转移就业促进计划"。通过农村青年中心、青年就业创业培训基地等组织，帮助 5000 名农村青年实现转移就业。实施"村点援助计划"，组织相关专业志愿者队伍，对村建规划和农村产业基础设施、生态环境和社会事业的发展进行整体服务，并开展科技指导，信息咨询，政策宣讲，项目运作，产业扶持，法律宣讲等志愿服务行动，为新农村创建提供智力支持。实施助村结对计划，组织学校青年文明号集体、青年成员、青年委员与联系村结对帮扶，发挥各自优势，通过技术指导、产业支持、设施援建物资帮扶等形式，开展"一助一""手拉手"结对帮扶等活动。实施"基层团组织建设计划"。加强对农村基层团干部培训，有效提高农村基层团干部工作能力和综合意识。实施"文化进村计划"通过举办农村文化广场，乡村文化青年节，乡村青年歌手大赛的形式，丰富农村精神文化生活。

2006 年，赣州市各级团组织在服务新农村建设中，进一步整合社会资源，动员青年参与到"青春建功新农村"活动中。全市 500 多个青年文明号单位分别与 100 个村建立帮扶对子，全市 50% 的县（市、区）至少建成 1 个以上青年文明示范村。2007 年，全市共建立 100 支新农村建设志愿服务队，培训农村青年 3000 多人。开展全市农村青年致富带头人和青年创业致富示范基地评建活动，赣州团市委与市教育局联合组织开展情系新农村捐资赠书活动，团市委新农村挂点建设工作效果明显，投入建设资金 13 万余元，扶持建立 300 亩渔业产业示范基地 1 个，开展渔业技术培养两次，参训人数 120 余次。

2008 年始，团省委多措并举加强基层组织建设和基层工作。按照两年 4 批 100 人的计划，选派省市两级团干部到团县委帮助工作，团省委领导每人挂点 3 个县；通过设立派驻干部 QQ 群、开通驻点工作飞信平台，促进派驻干部学习交流；通过定期看望派驻干部家属、每月评选一名驻点明星，提高派驻干部工作积极性；派驻干部在调查研究、整合资源、解决难题等方面为基层做了大量工作，受到地方党政和基层团干部的欢迎。团省委组织专职团干部挂点团支部，全省所有专职团干部都挂点 1 个以上的团支部，团省委领导每人挂点 3 个团支部。给予基本经济支持；在团中央给每个团县（市、区）委下拨经费 2 万元的基础上，团省委的项目合作方式，争取省移动公司的支持，再给予每个县（市、区）1 万元工作经费支持。2009 年，团省委在做好第三批派驻工作基础上，先后选派 3 批共 77 名干部到县级团委驻点了解情况、介绍经验、探索创新、指导工作、锻炼本领，其中有 2 名干部是跨市派驻，首次向 100 个县（市、区）团委各派遣 1 名基层青年工作专项行动志愿者。

"双百创建"工程 2009 年 3 月，团省委在全省开展"双百创建"工程，选择 100 个省直单位、省属高校、省属企业团组织与 100 个团县（市、区）委开展结对活动。活动时间为两年（2009 年 4 月至 2011 年 3 月），活动内容包括共同推动基层党建团建工作，共同做实青年思想引领，共同实现团的基层组织经济创新，共同推动重点工作和共同推动基层团支部队伍建设等工作。与此同时，团省委派驻第二批团地市 4 级以上团干部 27 人到县级团委工作（2009 年 8 月）。

2010 年,团省委共选派 4 批 102 名省市机关干部到县级团委驻点半年,充实基层团的工作力量。同时,完善领导挂点制度,团省委领导除联系机关系统支部外,还挂点 1 个县(市、区)团委,并经常分片区进行督导。

基层团组织建设创新

1995—1997 年,团省委把农村团基层组织建设摆在中心位置,跳出就团论团的旧框框,将农村团组织建设与推动农村经济发展、帮助农村青年脱贫致富相衔接,通过积极调动社会资源,为农村团组织提供广泛的文化服务、信息服务、科技服务、项目服务和政策服务。

1998—2000 年,全省共青团加大非公有制经济组织、社会力量办学、城市社区等城市团委工作力度,并适应社会发展,积极推动团建创新,精心探索团设置方式,扩大团组织覆盖率。

2003—2008 年,全省各级团组织以改革的精神、发展的思路、创新的实践着力以两新团建工作为重心,重点推进工业园区和民办高校团建,推广联合适用,团的有形建设,基层党委带团委"五个一"试点,各团抓基层团建创新举措,进一步推动基层团建工作深入开展。

2009—2010 年,团省委按照农村抓乡镇、城市抓市区、新经济抓园区、新社会抓民办高校原则,分领域选择 350 个基层团组织开展团委试点,涌现出遂川模式、南大公寓建团等一批基层团委工作典型。

遂川模式　遂川模式主要体现为"六抓":抓机制,重点是建立领导、工作、考核三项机制。抓队伍,强化团干协管,在任免、调整基层团组织负责人时,由遂川团县委协助党组织进行考察,并由团县委根据组织部门的批复发文任免;试行由乡镇组织员兼任团委书记、"三支一扶"优秀大学生任团委副书记的做法,开展"竞职推选""公推直选"等团干试点。抓创新,遂川团县委实行团组织分类设置,团员分类管理,实行党团组织统一换届,在部分村推行"村村"联建、区域联建、"村企"联合的建团新模式,在产业明显的乡镇推行产业建团、协会建团、基地建团;按照"团随青年走,组织灵活建"的建团思路,在遂川籍农民工较集中的深圳、东莞等地,建立流动团支部,同时依托县委派驻宁波、广州等地的 6 个农民工服务团和各乡镇在外建立的 28 个流动党支部,采取"农民工服务团+团支部""流动党支部+团支部"等模式;在团组织关系转接上,遂川团组织探索"乡镇团委+学校团委"工作模式,实现左右互动。抓保障,将团建工作经费列入财政预算,由县委出台政策,规定组织部门按"每位党员党费中列支 1 元"的标准,每年从党费中划拨 1 万元用于团建工作;采取市场化运作,通过举办农村青年劳动力转移培训、以企业命名各种团的活动等形式筹集经费。抓规范,开展"党建带团建"示范点建设竞赛活动,基本实现"六有"(有场所、有牌子、有桌子、有章子、有制度、有机构)目标。抓服务,服务农村青年就业,开展农村青年劳动力转移培训,对农村青年进行免费培训和推荐就业,大力实施"两后双百"工程,即对应、历届初高中毕业后未进入高一级学校就读的毕业生,实行 100% 免费进行技能培训和 100% 推荐就业;服务农村青年创业,通过举办青年科技培训班、下派科技特派员、开展青年创业小额贷款信用证、创建青年创业示范基地等活动,大力引导扶持农村青年创业致富;服务党政中心工作,组建服务新农村青年专家团和服务队 42 支,红领巾乡村文明理事会 26 个。

上栗模式 2006—2010 年,上栗县委把团组织建设纳入党建工作目标责任制和整体规划,印发《关于实施党建带团建工作的意见》,建立健全党建带团建工作目标责任制、县委领导挂点制、工作例会制、工作考核制等制度。县委领导亲自挂点联系基层村、企业团组织,做到“六带一优化”,即直接带领和推动团的思想建设、组织建设、作风建设、班子建设、队伍建设、带动工作发展,优化团工作条件。2009 年,上栗县被团中央列为全国农村共青团基层组织建设试点县。改变传统行政村只能设置团支部的惯例,鼓励有条件的村在原行政村团支部的基础上设团总支,在自然村内设立团支部,进一步向下延伸团组织的工作基础,扩大团组织的覆盖面。主动抓住村级换届契机,上栗团县委与县委组织部联系,在换届选举中,要求每个村选配一名 35 岁以下的村委委员,作为村团支部书记人选。在抓非公有制企业团建工作中,制定印发《关于加强非公有制经济组织团建工作的通知》,从非公有制经济组织的不同类型和不同规模出发,合理设置团的组织和工作机构,通过建立青年工作委员会等形式,拓展新形势下企业团组织工作,切实加强全县非公有制企业的团建工作。以“五四红旗团组织”创建为龙头,按照以典型引路、以点带面的工作思路,选树金山镇高山村、小水村为基层团组织建设典型,在全县各乡镇选准一个基础条件较好的村,以高山村为样板,全面加强村级团组织建设。高山村和小水村是该县团建工作最具典型意义的两个村。高山村全面实现团工作有形化、活动载体多样化、活动制度化、常规化,已建有高山青年网、高山青年广播站、高山青年中心,成立青年篮球队、军鼓队,并组织开展系列丰富多彩的活动。创新机关青年组织设置,上栗团县委牵头成立上栗县机关青年干部联谊会,为全县的青年干部打造一个学习交流平台。

江铜团建标准化模式 2006 年,江铜团委借鉴江铜党建质量体系成功经验,印发《团建作业指南》和《团建作业手册》,建立团建质量管理体系,构建团建工作新机制,使团建工作实现从经验管理、目标管理到质量管理的机制创新。在实施体系前,各基层单位编制《政策须知》《工作质量记录》《工作台账》等文件,从集团公司团委到最基层团支部,将这些文件规定统一编成《团建作业指南》和《团建工作记录》。基层团支部不用等上级团组织层层开会后部署工作,对照《团建作业指南》即可主动开展活动。共开展青年创新创效项目 175 项,创效近 600 万元,公司青年人均降本增效 550 元;有 16 支青年岗获得公司行政表彰。

南昌大学生公寓建团模式 在团组织建设方面,南昌大学依托专职辅导员管理班级成立团总支,从 2003 年南昌大学新校区首批新生入住开始,学校团委便在新校区建立校团委—院(系)团委—团总支—班级团支部—寝室团小组的新型五级团建组织形式,以团组织进楼栋为核心,实现团组织、团干部、团的阵地、团的主体活动“四进楼栋”的团建新模式,开拓高校共青团工作的新领地。

赣州社区建团“114”模式 2008 年,赣州市章贡区中山路社区立足城市社区,以青年志愿者服务为抓手,提出社区青少年工作“114 模式”,即建立一个团支部,成立一个由团支部、社区爱心人士、社区单位、结对学校等各方面人员组成的社区青少年事务委员会,建立关爱农民工子女爱心托管中心、区校合作志愿实践基地、青少年维权服务站、青年就业创业站等 4 个工作平台,并成立社区青少年事务理事会。2008 年 7 月 4 日,团中央第一书记陆昊到中山路社区视察工作对此给予充分肯定,相关经验在《中国共青团》杂志刊发交流。

樟树中学"无职团员设岗定责"模式　2009年,宜春团市委在樟树中学开展无职团员设岗定责工作。樟树中学按需设立学习、思想、公共事务3大类10个岗位,包括六科疑难解惑岗、心灵导航岗、安全信息岗、环境美化岗及生活岗等,各班团支部可根据团员状况和班级情况来确定具体岗位数,可以一岗多人,也可以一人多岗。这些岗位的设立给中学无职团员提供了施展先锋模范作用的舞台。校团委严格按照个人申报选岗、选举定岗、公示明岗、培训上岗5个环节规范运行,组织团员履岗,并给予正式履岗团员颁发聘岗证书。11月26日,江西日报以题为《扬起青春的船帆》对活动进行专题报道。12月14日,团省委在樟树召开全省中学共青团"无职团员设岗定责"工作现场会,将其作为中学共青团团建工作新模式向全省推广。

驻外团工委　2010年上半年,团省委根据团中央有关文件精神,制定《2010年江西省省市县三级驻外团工委建设实施方案》,对省市县三级设立驻外团工委的目标任务、重点工作以及工作要求提出具体指导性意见。

为使流动团员离乡不离团,切实加强对务工青年的组织覆盖,更好地服务务工青年健康成长,2010年7月,团省委启动驻外团组织建设工作。7月中旬,团省委副书记曾萍带队赴福建省协调团级团工委建设工作,19日,团省委副书记曾萍、福建团省委书记赖军共同为江西驻福建团工委授牌;7月中旬,团省委书记王少玄、副书记郭美荐赴浙江省协调省级团工委建设工作,21日,团省委书记王少玄、副书记郭美荐、浙江团省委书记周柳军出席江西驻浙江团工委成立授牌仪式;7月21—23日,团省委副书记梅亦赴广东推进省市县三级驻广东团工委建设,并与广东团省委负责人共同出席江西驻广东省团工委成立仪式;8月27日,团省委书记王少玄、上海团市委书记潘敏共同为江西驻上海团工委授牌。

2010年6月至12月,全省各设区市团委贯彻落实团省委《2010年江西省省市县三级驻外团工委建设实施方案精神》,把驻外团建工作的重点放在江西籍务工青年较多的上海、浙江、广东、福建四省市区域内,驻外团建工作取得好成效。6月23—26日,新余团市委和部门负责人赴广东东莞、深圳等地,依托东莞新余商会成立全省首家驻东莞团工委,同时在新余市政府驻深圳办事处的帮助下,成立团市委驻深圳团工委;新余市两个驻外市级团工委成立后,得到当地团市委的高度重视和大力支持,新余驻东莞团工委由一名新余商会副会长担任团工委书记,任命2名副书记、6名委员,组建团工委工作班子,还在商会配置专门的办公室,新余驻东莞团工委联系新余商会会员64家,服务新余籍东莞务工青年1万多人。2010年,抚州团市委先后在上海、浙江、福建、广东四省(市)建立团工委;与此同时,还建立11个县级驻外团工委和22个驻外基层团组织。是年,吉安团市委在上海、深圳建立2个市级团工委、1个县级驻外团工委。2010年7月,宜春团市委在广州、深圳建立2个市级团工委;同时建立丰城、万载团工委以及20余个驻外基层团组织。是年7月,上饶团市委在浙江义乌和金华建立2个市级团工委。至2010年12月,南昌团市委依托安义县驻上海党总支,建立1个市级团工委和南昌、安义县2个县级团工委。九江团市委在厦门、深圳建立2个市级团工委和6个县级团工委。景德镇团市委在浙江义乌、温州、永康和广东佛山及江苏苏州建立驻外团组织。

据统计,截至2010年底,全省在沪、浙、闽、粤四省(市)务工青年中建立4个省级团工委、22个市级团工委、50 个县级团工委、257 个基层团组织,将团组织的影响力覆盖到省外 1 万多名江西籍团员青年,初步形成外出务工青年双向共管的工作机制。

"两新"组织团建

2002—2010 年,全省各级团组织在新经济组织和新社会组织团建工作中,重点抓了非公有制经济团建和民办高校团建。

非公有制企业团建 2002 年 1 月 10 日,团省委联合省工商业联合会印发《关于加强全省非公有制经济组织团的建设工作的意见》,要求到 2003 年底,已建立党组织并符合建团条件、规模较大(28 周岁以下青年职工在 30 人以上)的非公有制经济组织建团率达 95% 以上;符合建团条件、规模较小的,70% 以上建立团组织或将其团员编入相应的团组织。文件下达后,各设区市团委对团省委、团工商联文件精神进行贯彻。2001 年,南昌团市委与市委组织部、市总工会联合召开全市非公有制经济组织"党建带团建,促工建"工作会议,推进非公有制经济组织的建团工作,全市共新建非公有制经济组织 106 个;2002 年,团省委在巩固现有非公有制经济团组织的基础上,在泰豪科技股份有限公司、先锋软件等非公有制单位先行建立团组织,并通过以点带面的方式使全市非公有制经济组织团建工作有了新的突破。2002 年,新余团市委按照市委办转发的《关于进一步加强非公有制经济组织团建工作的实施意见》的要求,本着成熟一个建立一个的原则,采取单独建团、联合建团、挂靠建团等各种方式稳步推进,建团率达 90%;团市委还精心编印一本新余市新经济组织团建风采画册。2002 年,鹰潭团市委以配套团建、联合建团、园区建团等多种形式成立联通公司、三川公司、南方照明有限公司等 30 多家非公有制企业团组织,建团率达到 80%。2003—2007 年底,团市委在非公有制经济组织建立团组织 65 个,团组织在"两新"组织的覆盖率达 60% 以上,团的活动覆盖面达 90%。

2007 年 2 月,团省委根据全省工业园区和社会力量办学事业在江西迅速发展的态势,确定"新经济组织重点抓工业园区团建""新社会组织抓社会力量办学团建",并要求通过项目的实施实现有一个好班子,特别是有一个好带头人,有一支能够发挥模范带头作用的团员队伍,有一套行之有效的工作制度等基本目标。是年 8 月,全省在调查摸底的基础上选择 11 个有代表性的工业园区进行试点。

2010 年 6 月,团省委印发《关于做好 2010 年企业和新社会组织团建工作的通知》,决定自 6 月份起至年底,在全省开展"企业和新社会组织团建攻坚行动"。据统计,2010 年,江西在加强非公有制经济组织团建工作中,通过省市县三级联动,以工业园区为重点,在 2841 家非公有制企业中新建了团组织。2010 年 4 月,南昌团市委贯彻全国企业共青团工作电话会议精神,以"三建三重"(建队伍、建档案、建指南,重督导、重教育、重推动)为抓手,推动全市非公有企业团建工作;截至 10 月底,南昌市新增非公有企业团组织 362 家,其中规模以上的非公企业 118 家,新增可联络青年 23172 人,新增注册团员 11275 人。是年 8 月,新余团市委召开全市非公企业团建工作推进会,动员部署全市非公企业团建工作,各县区团委与团市委签订非公有制企业团建目标责任书;8—12 月,全市新建非公企业团组织 203 个。

民办高校团建 2002 年 1 月 4 日,团省委、省教育厅为新形势发展需要,进一步推进社会力量举办学校团的建设,联合印发《关于加强全省社会力量举办学校团的建设工作的意见》,就全省社会力量举办学校团建工作中有关团组织的设置、团的主要工作职责以及如何加强对社会力量举办学校团建的领导和指导方面提出明确要求。是年,赣州团市委加大在民办学校建团力度;至年底,全市有 37 所民办学校建立团组织。新余团市委自 2000 年起,对全市社会力量举办的学校建立团组织进行探索,是年全市民办院校建团率达 90% 以上;2001—2002 年,全市民办院校建团率升至 100%,"两新"组织团建走在全省前列。2003 年,江西蓝天学院获得团中央授予的"全国五四红旗团委"称号,南昌理工学院被评为"全国五四红旗团委创建单位"。

截至 2006 年 11 月,全省教育部备案的 10 所民办高校均设立院系团委,班级均建立团总支、团支部。其中,团组织关系隶属团省委的 5 所,隶属省教育厅社管处的 5 所;独立办公的 7 个,与学工部门合署办公的 3 个;院系部团总支(基层团委)116 个,班级团支部 3929 个。全省民办高校共有学生团员 17.17 万人,占在校生总数的 79.6%。2007 年 1 月,团中央第一书记胡春华赴江西调研民办高校团建工作,对江西团的工作给予充分肯定。

2007 年上半年,团省委与全省 14 所民办高校建立联系关系,指导他们具体开展团建工作。是年 12 月,团省委与省委教育工委联合印发《关于进一步加强和改进全省民办高校共青团的意见》,对加强和改进民办高校团思想建设、组织建设、能力建设以及民办高校党组织进一步加强对团建工作领导,做出具体的规定和要求。2009 年 9 月,江西蓝天学院团委获批确定为团中央"共青团基层组织建设全国试点单位"。

团　费

收缴与管理 20 世纪 80 年代末至 90 年代初,全省团费收缴工作存在较多问题,各地拖欠团费的现象较为严重。

1993 年 7 月,团省委印发《关于做好一九九二年度团费收缴工作的通知》,要求各级团组充分认识团费收缴工作重要性,同时对本单位及所属单位的团费收缴、管理和使用情况进行一次全面检查,帮助基层团组织建立健全和完善团费收缴管理制度,按规定定期通报团费收缴、管理和使用情况,以保证团费收缴工作正常进行。通知规定团费收缴将列入地市级团委年度工作考核目标,未完成团费收缴任务的单位,下降一个等级。同时还将列为年终考核地市级团委班子工作政绩的一项重要内容,并通报市级党委组织部门。

1994 年 3 月,团省委转发团中央《关于团费交纳和管理使用的规定》,重新规定团费的交纳和管理使用办法。

团费的交纳方面,不同团员按照其每月工资收入按比例交纳,收入不同交纳的比例也不同。其中,每月工资收入在 400 元以下者,交纳月工资收入的 0.5%;每月工资收入在 400 元以上者,交纳月工资收入的 1%。同时,还规定了农民团员、外出务工团员、学生团员、下岗在家待业团员按不同比例或数额交纳团费。

团费的管理使用方面,规定收取和留用团费的比例。其中,团省委收取团费总数的12.5%,留用9.5%,其余上缴;地级团委收取团费总数的25%,留用12.5%,其余上缴;县级团委收取团费总数的50%,留用25%,其余上缴。规定团费应由各级团委组织部门统一管理,指定专人负责,单独立户存入银行,不得同团的其他经费混在一起。此外,还规范了团费使用范围、团费使用审批手续、团费收缴和管理使用报告制度、团费收缴情况通报制度等

1994—1997年,团省委在抓全省团费收缴及管理工作中,每年印发有关做好年度团费收缴工作的通知,并按照团中央关于团费缴纳和管理使用规定的要求进行强调;对各地市团委团费收缴工作情况在每年第四季度进行抽查;每年都将各地团费收缴工作纳入地市的团委年度工作目标并进行考核。4年中,各地市团委通过实施扎实有效的措施,团费的收缴工作均较好完成。

1998年7月,团省委印发《全省团费交纳、管理使用和审计的规定》,进一步规范团费使用的范围、审批手续、通报制度、检查和审计制度,对各地、各单位的团费收缴和管理工作起到积极推动作用。

2000年4月,团省委印发《关于2000年至2003年各地级团委上缴团省委团费任务的通知》(简称《通知》),《通知》参照团中央关于团费收缴工作的有关决定,2000—2003年,各团地市委每年度上缴团费比例不再逐年递增,考虑到各地实际情况均按〔1997〕28号文件决定的1998年度上缴任务的基数下调10%,省直各单位和各高校团委每年度上缴团费数与1998年度上缴团费任务相同,超额完成团费上缴任务超额部分会返还,返还团费可以作为本单位工作经费使用。对未完成团费上缴任务的单位,团省委将予以挂账,继续追缴。

2000年7月,团省委印发《关于1998、1999两年年度团费上缴工作情况通报》(简称《通报》)。《通报》指出,在1998—1999年,全省大部分地级团委完成了团费缴纳任务,但仍有个别单位未完成甚至仍未上缴1998年度或1999年度团费。《通报》从加强宣传教育,规范团费管理工作,严格执行团费上缴制度等3个方面进行强调,并要求各级团组织设立专门的团费账户,实行专人管理,专户专用,严格规范团费的使用范围,执行团费使用审批手续。

1998年5月至2002年12月底,各设区团市委、省直属各单位团委、省属各高校团委共上缴团省委团费659467.28元,团费利息4565.1元,1998年4月底结存72935.89元,此外,还有在1998年抗洪救灾时收缴的特殊团费418856.81元及团中央抗洪救灾拨款10万元,5项累计团费收入1255825.08元。同期支出团费1204485.30元,其中上缴团中央519223元,返还市、厅级单位内团委团费用于专项工作补贴35013元,用于开展团内活动21168.2元,用于订阅团内报纸杂志、团员和团干部教育培训17518.84元,用于团员和团组织情况统计工作费用51723元,用于表彰先进基层团组织、优秀团员、优秀团干部66625.5元,团中央救灾拨款和收缴的特殊团费,用于表彰抗洪救灾先进支出22463元,通过省青少年发展基金会救助受灾贫困学生314809.11元,其余155941.65元全部用于九江市、上饶地区、九江永修县等地的扶贫救困工作。以上收支相抵后,2002年12月底,结存团费51339.78元。经与银行核对,团费收支票据相符、团费使用均符合团中央有关规定。

随着改革开放的不断深入和社会主义市场经济的不断发展,团员青年的分布和流向发生重大

变化。为适应此变化,结合江西实际,2004 年 7 月,团省委决定对各省直属团委团费上缴任务进行调整,以确保完成团中央下达的团费上缴任务。

此次调整各省直属团委上缴团省委团费任务以 2003 年度团内统计的团员数为基数。有工资收入的团员,按平均月工资 200 元,交纳月工资收入的 0.5% 计算,每月应缴团费 1 元;无工资收入的团员,每月缴纳团费 0.1 元。团省委按团员交纳团费总数的 12.5% 核定各直属团委应上缴团省委的团费数。

与此同时,团省委按照团中央有关规定对各设区市团委、省直单位团委、省属高校团委每年应上缴团费数也做出明确规定,各设区市团委每年按应上缴团费数的 30% 上缴,南昌铁路局团委、江西机场集团公司、东航江西省分公司团委每年将应上缴团费数的 10% 上缴,其余省直属各单位和省属各高校团委每年按应上缴团费数上缴。

2005 年,团省委以各地 2000 年团员数为基数,重新核定下达各市厅级单位团委应上缴团费数。

2003 年 5 月至 2007 年 12 月底,各设区市团委、省直属单位团委、省属高校团委共上缴团省委团费 845969.7 元,团费利息 1637.33 元,2003 年 4 月底结存 68848.91 元,此外,还有 2005 年为支援九江抗震救灾收缴的特殊团费 561143 元,4 项累计团费收入 1477598.94 元。同期支出团费 1415004.84 元。其中,上缴团中央 710840 元,市厅级单位内团委团费返还支出 36183 元,订阅团内报纸杂志、团员和团干部教育培训支出 21456 元,团内活动支出 31723 元,团内表彰支出 26312 元,团员和团组织情况统计工作和团的基层组织建设支出 27347.84 元,九江地区抗震救灾支出 561143 元,以上收支相抵后,2007 年 12 月结存团费 62594.1 元。经与银行核对,团费收支票据相符、账款相等。团费使用均符合团中央有关规定。

缴纳特别团费　1998 年 7—8 月,江西多地发生特大洪涝灾害。8 月初,团省委转发团中央《关于发动共青团员缴纳特别团费的通知》,并随即召开动员会,要求各级团组织迅速行动起来,采取各种有效形式,广泛动员全省共青团员缴纳特别团费,并以此推动全省抗洪赈灾募捐行动向纵深发展。

8 月 19 日,团省委系统率先垂范,在机关干部已经进行一次捐款的情况下,由团省委领导带头,会同省委机关及直属单位 180 多位党团员再次举行"情系灾区群众,缴纳特别团费"仪式。在仪式上,一些过往的行人被捐款的热烈场景所打动,也纷纷参与捐款。

在活动中,各级团组织充分利用这一契机,把缴纳特别团费活动与团员意识教育结合起来,纷纷开展"重温入团誓词,缴纳特别团费""情系灾区群众,争做合格团员"等各种活动。

南昌团市委一边组织抗洪抢险,一边组织赈灾救灾活动,先后在全市团员中开展"缴纳特殊团费",在机关干部、青联委员、青企协委员中开展捐款等活动,共募筹赈灾款 31.88 万元。

抚州团地委组织全体团员青年积极投身抗洪抢险和开展捐款捐物活动,据统计,全地区募集捐款 28.02 万元,缴纳特别团费 1.97 万元。

景德镇团市委在全市团员青年,青联委员,中小学生中开展"抗洪赈灾的募捐""缴纳特殊团费""手拉手情系灾区小伙伴"等活动,共接收各种款项 9.3 万元。

赣州团地委响应团省委号召,在全市团组织中开展缴纳特别团费活动,是年,赣州团地委获团省委颁发的全省抗洪赈灾百万募捐行动缴纳特别团费活动优秀组织奖。

新余团市委积极组织全市团员青年开展缴纳特别团费及捐款捐物活动,共向九江等重灾区捐赠钱物50余万元。

在这次"情系灾区群众,缴纳特别团费"活动中,省直单位、高校团组织响应团省委号召,组织本单位团员青年参与缴纳特别团费捐款、捐物活动。省直团工委,中国有色四建等单位还分别举行仪式,全面启动缴纳特别团费活动。洪都集团公司团委把缴纳特别团费和开展赈灾募捐行动作为当时团组织一项重要工作,组织开展"为灾区抗洪救灾,重建家园"赈灾募捐活动,7400余名团员青年共缴纳特别团费和捐款共计15.66万元。南昌大学团委成立南昌大学共青团组织抗洪赈灾工作领导小组,以"团干献爱心,真情系灾民"为主题,组织团干部募捐,并将募捐所得13700元送往九江灾区;同时,组织团员青年以"交一份特别团费,为灾区奉献真情"为主题开展募捐行动。

2008年5月12日,四川省汶川县发生里氏8.0级特大地震。地震造成严重的人员伤亡和经济损失。2008年5月14日上午,团省委召开党组会和书记扩大会,对江西共青团支援四川抗震救灾工作进行研究部署。要求各级团委组织城市机关、学校、企事业单位团员青年以交纳特殊团费的形式为灾区群众捐款捐物。

在各级团组织、学生会组织下,全省广大青年学生积极开展捐款捐物、交纳特殊团费等献爱心活动。截至5月18日,省属高校学生缴纳特别团费14.21万元,捐献物资28713件,参加人数304038人。

汶川地震发生后,全省各设区市团委,高校团委,省直属单位团委均行动起来,组织本地区、本单位广大团员青年以缴纳特别团费的形式为灾区群众捐款捐物。

九江市各级团组织一边组织缴纳特别团费,一边组织募捐,截至5月26日,全市团员青年共计捐款445万元。6月26日,九江团市委开展"情系灾区学子,携手共渡难关"活动,从"特别团费"中拿出2万元,向九江学院、九江职业技术学院等大专院校的四川籍学生每人送去200元慰问金。

赣州市各级团组织发动团员青年广泛开展捐款捐物,缴纳特别团费等活动,截至5月20日,全市团员青年共募集包括特别团费在内的各类善款共计418万元。

吉安市各级团组织共捐献特别团费等共130多万元。永新县用20余万元特别团费在四川小金县建设1所"三湾"希望小学。

上饶团市委号召全市各级团组织广泛开展捐款捐物和缴纳特殊团费活动。5月20日,上饶团市委机关全体干部开展交纳特殊党费捐款活动,捐款共计1.48万元;截至6月13日,全市各级团组织缴纳特殊团费达8.54万元。横峰团县委组织团员开展缴纳特殊团费行动,组织青年志愿者上街、进厂、入户发出倡议书,在县城城区内设立多个募捐站点,现场共筹集捐款29.98万元。

抚州市各级团组织带领广大团员青年踊跃开展捐款捐物,缴纳特别团费,据统计,全市共青团组织共为四川灾区捐献包括特别团费在内的各类善款共计130余万元。

汶川地震发生后,南昌市各级团组织迅速行动,开展广泛的募捐活动。据统计,共为灾区筹集"特别团费"及希望工程专项捐助款32.23万元。

宜春市开展"以缴纳特别团费,献特别真情"——为四川地震灾区踊跃捐款及缴纳特别团费活动,各级团组织为灾区募集捐款85.6万元,特别团费6万元。

此外,鹰潭市各级团组织缴纳特别团费17.72万元;新余各级团组织缴纳特别团费7.77万元;萍乡各级团组织缴纳特别团费20余万元。

汶川地震发生后,全省高校团组织广泛动员团员青年为灾区缴纳一次"特别团费"和捐助活动。5月13日,江西理工大学团委在学校大礼堂组织"江西理工大学团员青年为地震灾区交一次特殊团费"的现场募捐活动,有2万多团员青年参与此次募捐活动,金额达27.49万元。5月,南昌大学团委面向全校开展"南昌大学团员青年为四川地震缴纳爱心特别团费"的募捐活动。赣南师范学院团委在开展为灾区群众献爱心的活动中,学校专职团干部作为中共党员和团员双重身份,继第一次捐款和缴纳"特别党费"后,再次带头缴纳"特别团费",全校21名专职团干部共捐款2300元,全校广大团员青年向灾区人民奉献爱心,共缴纳"特别团费"8.62万元。

江西各省直属单位团委响应团中央、团省委号召,组织和动员本单位团员青年开展"缴纳特别团费,奉献爱心"等活动。洪都集团公司团委动员组织广大团员青年为地震灾区人民献爱心,缴纳"特别团费",累计为灾区群众捐款20余万元。南昌铁路局团委组织全公司团员青年为灾区缴纳"特别团费",至5月28日,收到"特别团费",7.83万元。

截至2008年12月31日,团省委累计收到全省各级团组织为四川地震灾区上交的"特别团费"205万元。

第十一章 青少年组织

1991—2010年,江西省青少年组织得到健康发展。全省青少年组织主要有青年联合会、青年志愿者协会、学生联合会、少年先锋队等,遍及全省各行业各领域及各设区市。这些组织引导全省青年投身于经济社会建设,促进全省青少年健康成长。

作为江西各青年团体的联合组织——江西省青年联合会,有团体会员20个,其中省直和市级青联12个,全省性团体会员8个。20年间共召开3次换届大会,界别委员会涵盖政治、经济、文化、社会、军事各领域;各设区市青年联合会助力青年就业创业,开展文化艺术活动,进行对外交流合作,尤其是各设区市的"十大杰出青年"评选活动,成为激励青年爱岗敬业、创新奉献的良好平台,影响甚大。

1995年3月江西省青年志愿者协会成立,至2008年新余市青年志愿者协会成立后,各设区市均成立了青年志愿者协会。截至2008年2月,全省共有各级青年志愿者协会1300余个,注册志愿者达12万余人,全省累计参加志愿服务活动的青年达到3000多万人次。

20年间,江西省学生联合会先后召开3次代表大会,至2010年,有主席团单位32个,委员会团体单位74个。20年间,组织全省大学生共参加十届全国"挑战杯"大学生课外学术科技作品竞赛活动;组织大中学生参加义务扫盲和科技文化服务活动,实施青年志愿者"一助一"长期服务计划;各设区市亦先后成立学生联合会,并选举产生委员会成员。

江西省少工委自1986年成立后,领导开展少年先锋队工作;至2002年,全省各设区市均成立少工委。20年中,全省共召开3次少代会;各设区市少工委开展"手拉手"互助活动,创办少年军校,实施"创五星雏鹰行动",评选"十佳少先队员""十佳留守儿童自强之星"等,培养少年儿童健康成长。

1994年7月成立的江西省青年企业家协会,共召开4次会员大会;自1998年起,联合团省委开展"下岗青工创业行动",与相关单位共同举办"长三角青年论坛",设立"共青城青年创业基金",各设区市青企协也开展各种形式的合作交流等活动;1994—2007年,共举办五届"全省杰出(优秀)青年企业家"评选表彰活动。省青年商会为会员企业解决技术人员匮乏、资金紧张等问题,实施"农村青年转移就业活动"。此外,大学青年社会组织开展爱心募捐、关爱空巢老人和留守儿童、抗洪抢险等活动,广大青年在志愿活动中得到锻炼并成长。

第一节 青年联合会

江西省青年联合会

组织机构 江西省青年联合会(简称省青联)成立于1954年10月5日,是以中国共产主义青年团为核心力量的江西各青年团体的联合组织,是全省各族各界青年广泛的爱国统一战线组织。省青联的基本任务是:高举爱国主义、社会主义旗帜,团结教育全省各族各界青年,代表和维护青年利益,为青年的健康成长服务;联系港澳台侨青年和世界各国青年,为服务江西崛起、全面建设小康社会,促进祖国统一,维护世界和平而奋斗。

省青联实行团体会员制,由全省性的各青年团体和各市级青年联合会组成,有团体会员20个,其中省直和市级青联12个,全省性的团体会员8个(团省委、省学联、省青年企业家协会、省青商会、省志愿者工作协会、省科技工作者协会、省青年新闻工作者联席会、省青少年法律协会)。省青联领导机构为常务委员会,下设秘书处(负责指导省杰出青年联谊会、老团干联谊会、老青联委员联络工作),界别工作委员会(负责指导科技、教育、农林牧渔、经管金融、企业、工交商贸、政法、公务员、文体、卫生、新闻出版、民族宗教、特邀及解放军、港澳台侨等14个界别工作委员会)、驻外联络处(负责指导北京、上海、广东、福建、江苏、天津等6个联络处的工作)等机构。

2000年,省青联第七届委员会设立11个界别工作委员会,科技、教育、农林牧渔、经管金融、企业、工交商贸、文卫体、新闻宗教、政法、公务员及其他、解放军及海外特邀等界别。

2006年,省青联第八届委员会设立15个界别工作委员会,科技、教育、农林牧渔、经管金融、企业、工交商贸、政法、公务员、文体、卫生、新闻出版、民族宗教、特邀及解放军、博士服务团、港澳台侨等界别。

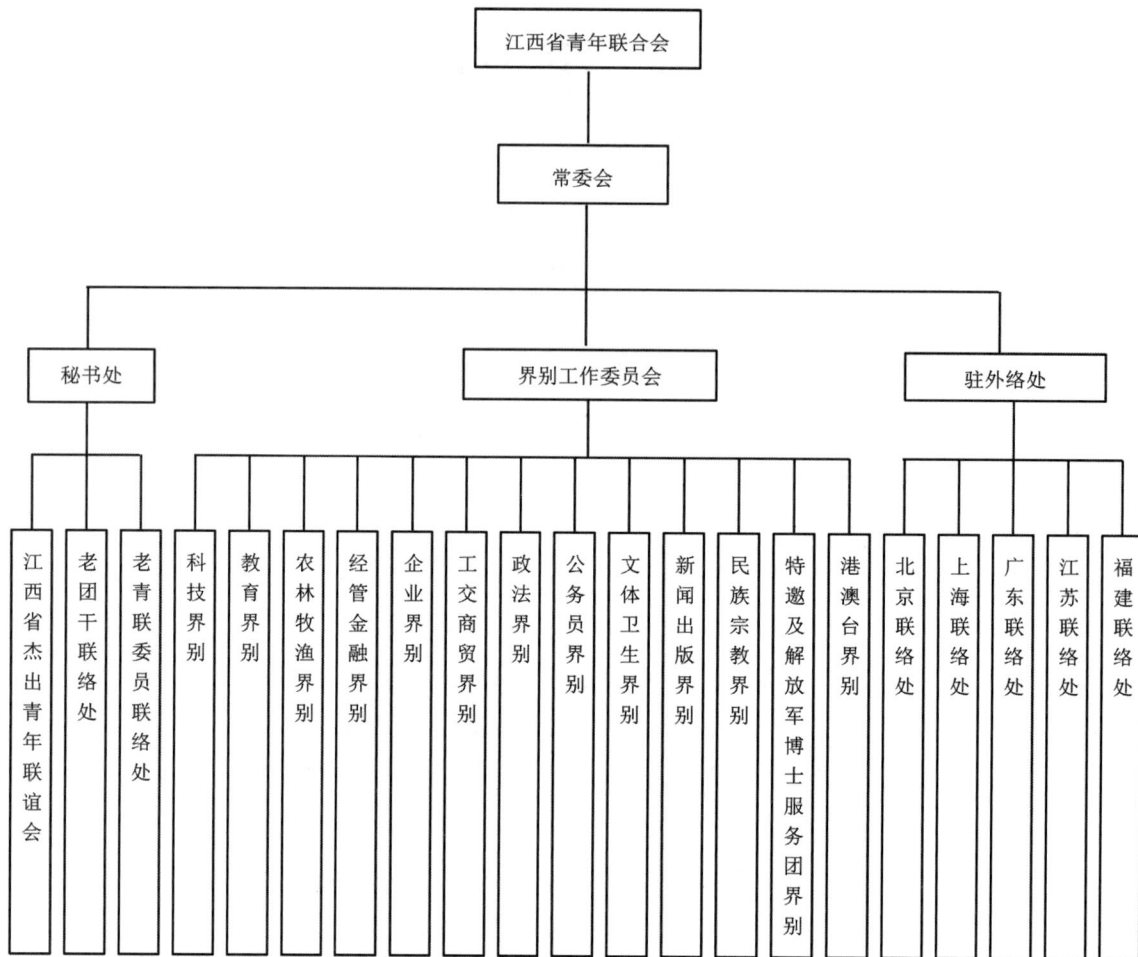

图 11 -1 -1 江西省青年联合会组织架构

历次代表大会 1991 年 4 月 17—19 日,省青联第六届委员会第一次会议在南昌召开,出席这次会议的有各族各界的青联委员共 233 人。会议期间,毛致用、卢秀珍、王太华、许勤、吴永乐等省党政领导看望出席会议的代表并合影留念。会议审议并通过李春燕代表省青联五届常委会所做的题为《高举爱国主义、社会主义旗帜,广泛团结全省各族各界青年,为社会的稳定、进步和繁华而努力奋斗》工作报告;通过《关于在全省广泛开展"青春献'八五'、奉献在江西"建功赛活动的决定》;会上,宣读省青联关于"七五"表彰决定,并向获奖单位和个人颁奖。

会议选举产生省青联第六届委员会主席 1 人、副主席 8 人,常务委员 30 人。李春燕为主席;万继抗、李季仁、吴治云、姚亚平、宫继平、王梅峒、张金涛等为副主席。武向阳当选省学联第一任执行主席。

2000 年 10 月 28—29 日,省青联第七届委员会第一次会议在南昌召开,出席这次会议的有来自全省各族各界的青联委员共 335 人。会议期间,步正发、王君等省党政领导看望出席会议的代表并合影留念。省委副书记步正发在会上作讲话。

会议审议并通过钟志生代表省青联第七届常委会所做的题为《高举爱国旗帜,坚持团结进步,把生机勃勃的江西青联事业全面推向二十一世纪》工作报告。

会议选举产生省青联第七届委员会主席 1 人,副主席 14 人,常务委员 69 人。钟志生为主席;曾庆红、蒋斌、沈谦芳、柳和生、张金涛、杜厚智、张建华、王晖、郑伟、于果、黄代放、梅黎明、高鹰群、陈俐为副主席。

2006 年 4 月 23—26 日,省青联第八届委员会第一次会议在南昌召开。出席这次会议的有全省各族各界的青联委员共 495 人。会议期间,王君等省党政领导看望出席会议的代表并合影留念。省委副书记王君在会上作讲话。会议审议并通过郭美荐代表省青联七届常委会所作的题为《在江西崛起进程中奏响新时代的青春之歌》工作报告;通过《关于聘请江西省杰出青年联谊会会长、副会长、秘书长的提议》,为第 12 届"江西十大杰出青年"颁奖。

会议选举产生省青联第八届委员会主席 1 人,副主席 25 人,常务委员 83 人。郭美荐为主席;肖洪波、王少玄、梅亦、刘闯、于果、王云、匡耀、江龙、李希、邱小林、邱金发、张金涛、陈俐、陈俊卿、陈德勤、罗来武、柯瑞文、柳和生、施利亚、高国兰、黄代放、章凌波、曾钫、简勤、魏旋君为副主席。

主要活动 开展青年思想教育和引导。在 2001 年 7 月建党 80 周年、北京申奥成功,2003 年 10 月载人航天飞行成功,2004 年 5 月五四运动 85 周年和 10 月中华人民共和国成立 55 周年等时间节点,省青联组织开展主题教育活动。抓住 2009 年 5 月五四运动 90 周年,2009 年 10 月中华人民共和国成立 60 周年等重要契机,分别开展"学党史、知党情、跟党走""我与祖国共奋进、我与江西共崛起""与信仰对话"等主题教育活动。1991—2010 年间,省青联通过座谈会、报告会、知识竞赛等形式,组织全省青年深入学习实践邓小平理论和"三个代表"重要思想;通过形势报告会、宣讲团、主题论坛等方式,大力宣传中国特色社会主义事业取得的伟大成就和党的路线方针政策,引导全省青年将思想和行动统一到中央决策上来,增强各界青年富民兴赣的责任感和使命感。

服务江西经济发展和社会进步。2001—2006 年,省青联开展以"举办百场青年创业讲坛、推介百个青年创业项目、建立百个青年创业基地、扶持百名青年创业、选树百名青年创业典型"为主要内容的青年创业"五百工程",引导广大青年在全民创业大潮中争当弄潮儿;与上海市青联共同设立 100 万元的"共青城青年创业基金",与国家开发银行、江西农村信用联社等金融机构联手推出青年创业授信贷款;通过青年科技创新论坛、金桥计划、科技创新奖评选等活动,动员引导青年投身科技创新;组织企业青工广泛开展创新创效活动、QC 攻关(QUALITY CONTROL"质量控制"的英文首字母)和"五小"(小革新、小发明、小改造、小设计、小建议)竞赛,为企业节能增效做出积极贡献;深入开展大学生"挑战杯"课外学术科技作品竞赛,引导大学生将学习专业知识与投身创新实践相结合,培养一大批创新型人才;百村万户青年文明行动示范村建设筹集资金 300 多万元,完成 64 个示范村建设;农村青年转移就业计划筹集资金 1000 余万元,免费培训农村青年 1 万多人;保护母亲河行动完成投资 775 万元,兴建青年林 900 多公顷;希望工程累计筹资 7.548 亿元,青年志愿者结对关爱农民工子女 66 万人,建设希望小学 896 个,资助贫困学子 15.8 万人;动员万余名青年为北京奥运会、上海世博会、七城会、泛珠大会等大型活动提供志愿服务,累计 1000 余万人次的青年志愿者为社会提供公益服务,全省注册志愿者达 10 万人,"牵手夕阳,辉映青春""大学生志愿服务西部计划"等一批特色志愿服务项目受到中央有关部委的充分肯定。2006—2010 年实施"青春唱红鄱阳湖、青春扮绿鄱阳湖、青春创新鄱阳湖"的"红绿蓝"三色战略，开展青工技能振兴计划、"五湖一河"及东江源头环保实践、"青联贤才聚鄱湖"和"艺术江西·关爱生态"采风等活动；邀请香港、北京、上海、天津等地的青年企业家赴共青城考察，引进一批项目、人才和资源；围绕赣南等原中央苏区振兴，出台17条具体的支持举措；组织"江西青联志愿者艺术团"先后走进基层一线开展慰问演出12场；开展江西青年"学雷锋、做先锋"活动，选树一批"雷锋哥（姐）"，创建一批雷锋班、雷锋队、雷锋岗，参与实施"江西希望之星成长计划"，对英模人物的未成年子女和优秀青少年典型进行长期扶持；2008年在抗震救灾、抗击低温雨雪冰冻灾害、抗洪救灾等斗争中，累计捐款捐物1200余万元；动员青联委员中的人大代表、政协委员参加"共青团与人大代表、政协委员面对面"活动，围绕青少年的普遍性利益诉求，提交一批提案和议案。

探索开放的青年工作新格局。1991—2010年，省青联组织青年参与长三角、泛珠三角、海峡西岸经济区等地区的交流活动，增进江西与周边地区的合作；举办赣沪、赣深青年经贸交流，引导一大批沪深青年企业家到江西发展与上海、浙江、江苏以及安徽青年组织联手，分别在杭州、上海、南京、南昌、合肥举办6次"长三角青年论坛"，促成一批省际青年合作项目，构建"3+2"省际青年合作机制，成为全国有影响力的区域性青年合作品牌之一；开展"赣闽一家亲"交流活动，达成两省青少年红色旅游合作项目；在九江举办"中国青年企业家共青论坛"和"青年企业家经贸考察活动"，来自全国近300名知名青年企业家参加活动，签约项目27个，合同金额70.54亿元；省青联驻外机构开展"青年心、家乡情"江西籍在外青年联谊会、"东部华侨城魅力行"等活动；2007年，分别在香港、澳门成立"赣港台青年交流促进会"和"澳赣台青年交流协会"，开展"香港青少年红色之旅""红色之旅——澳门青年江西行""两岸青年联欢节"等活动，至2010年累计组织800多名港澳台地区的青少年到江西参观考察。

加强青联自身建设。2001—2006年，全省11个设区市和省直机关全部成立青联组织；在香港、上海举办两期青年干部培训班；推动实施"青年心、家乡情""省外江西籍青年人才搜寻行动"，引导在外江西籍优秀青年报效家乡；组织专家博士井冈行、青年科学家江西行、海外学人回国创业周江西行等活动；统筹团体会员中的省级协会新建立党组织，并开展"为民服务创先争优"活动。

设区市青年联合会

南昌市青年联合会　南昌市青年联合会成立于1950年12月，原名南昌市民主青年联合会。1991—2010年，南昌市青联共召开两届青联全体会议，1991年12月在省军区召开市青联第十一届委员会第一次全体会议，出席会议委员204人，该委员会由18个界别组成；1997年5月在市委礼堂召开市青联第十二届委员会第一次全体会议，出席会议委员229人，该委员会由18个界别组成。

南昌市青联实行团体会员制和个人委员制。至2010年有团体会员8个，其中市级团体会员4个，即南昌团市委、市学联、市青年企业家协会、市青年志愿者协会。县区青联组织4个，包括南昌县青联、青山湖区青联、西湖区青联和新建县青联。南昌市青联有委员280人，他们由各会员团体推荐、协商产生的代表和特别邀请的各族各界青年的代表出任，共分为11个界别。

"百名青年看南昌"活动。该活动每年由南昌市青联联合南昌团市委组织全市近百名各界青年代表,通过参观近年南昌产业发展、城市建设、文化创新的新变化新面貌,旨在让各界团员青年亲身感受南昌的发展变化,增强发展信心,投身南昌经济社会发展的生动实践中去。

"十大杰出青年"评选活动。1994 年,南昌团市委、市青联联合举行首届"南昌十大杰出青年"评选活动;之后,又于 1997、1999、2003 年举行南昌市第二、三、四届十大杰出青年的评选。从 2007 年起,"南昌十大杰出青年"评选由团市委联合市委组织部、市委宣传部、市人事局、市劳动和社会保障局、市青联以及市内多家新闻媒体共同举办,该评选活动得到更深地发展。2001 年,为展示、宣传"全市十大杰出青年"的青春风貌和成长成才历程,团市委和市青联制作出版《南昌杰出青年风采》画册。

为南昌发展建言献策活动。2001 年 7 月 14 日,南昌市青联组织部分优秀知名青年民营企业家围绕"建设新南昌——我为'十五'计划献计献策"主题,在市委常委楼会议室与市领导吴新雄、李豆罗进行一次面对面的恳谈会。2003 年,在全市青联委员中开展以"点击新南昌"为主题的建言献策活动。据统计,自 1997 年起,市青联先后组织 100 余名优秀知名青年企业家与市级领导畅谈南昌经济发展蓝图,为全市经济和社会发展建言献策

服务青年创业创新行动。1998—2002 年,南昌市青联组织青年开展"学习邱娥国,爱国建功业"活动、"青年岗位能手"评选等活动。2003 年,市青联启动"帮助青年创业计划",实施"办理一张卡,成立一个团,选树一批星,建立一个区"4 项措施,进一步深化青年创业创新行动的实施。据统计,至 2010 年,全市累计建立青年就业创业基地 32 个,为青年提供见习岗位 7000 余个,举办各类青年创业技能培训 200 余期,培训青年 8000 余人,为青年创业者累计发放贷款 1000 余万元。

对外友好合作交流。自 2001 年起,南昌市青联加强青年对外友好交流,先后接待来自菲律宾、泰国、俄罗斯、法国、西班牙、日本、韩国、坦桑尼亚、尼泊尔等国家和港澳台地区、中国科技大学、北京大学的代表团共 2000 余人在昌交流考察。组织青联委员 900 余人赴韩国和国内西藏、新疆、上海、西安、成都等地考察,与武汉、长沙、承德等友好城市签订友好社团协议书,不断增进青年之间的合作交流,拓展青联的对外交流空间。

开展丰富多彩的特色活动。1998 年"五四"前夕,为关心下岗青年及生活困难的新婚青年,市青联组织全市新婚青年参加"喜迎五四,回报社会",免费为百对新人拍摄婚纱套照活动。1999 年,为庆祝中华人民共和国成立 50 周年,团市委、市青联组织全市各界青年广泛开展"辉煌五十年,跨进新世纪"读书教育活动,"青春脚步永远跟党走"征文比赛。2001 年,在中秋与国庆节期间,市青联在金昌利歌舞剧院举办"庆国庆,迎中秋"大型联欢及抽奖活动。2002 年,市青联以庆祝建团 80 周年为契机,组织文化艺术界别的委员和省、市文艺界知名人士在江西艺术剧院开展一次全市性文艺汇演活动。2009 年,在庆祝中华人民共和国成立 60 周年之际,团市委、市青联举办"2009 中国南昌赣江情大红鹰玫瑰婚典",婚典以"与祖国同庆,为青春喝彩"为主题,采用中式婚礼的传统模式,借鉴南昌市传统婚俗文化,展示南昌市青年敢于移风易俗,走在时代前列的崭新形象,激发青年爱祖国,爱家乡的真挚情感。

九江市青年联合会　九江市青年联合会成立于 1953 年,是九江市委领导下的全市各族青年广

泛的爱国统一战线组织。1991—2010 年,九江市于 1996 年召开第六届青年联合会第一次会议,选举产生九江市青联第六届委员会,产生青联委员 256 人。

岗位能手活动。1991 年,九江团市委、市青联在全市开展以"青年突击队""青年文明岗""双增双节"等为主要形式的爱岗立功活动,推动企业的技术更新和经济改革。1997—2001 年,组织开展争当青年岗位能手活动。5 年中,全市举办各级各类青工专业技术比赛 100 多次,涌现出近 300 名市级以上青年岗位能手,300 多个市级以上"青年文明号"先进集体。2002 年至 2007 年,开展青工创新创效活动,青年岗位能手活动,以"兴质量,降成本,练技能,当能手"为主题举办青年创新知识大赛,青年创新成果评比和青工技能大比武等活动,共组织各类比武活动 80 余次,参加人员近 4 万人。

支持青年就业创业。2008—2010 年,九江市青联与团市委联合市劳动就业局举办招聘会 17 场,8000 余名青年现场签订协议。创立市青年职业技术培训学校,开展"订单式"科技培训和技能培训,全市落实培训资金 138.84 万元,培训返乡务工青年 1.6 万余人;依托职业学校和工业园区,建立"青年就业创业见习基地"68 个,对接成功 693 人,实现就业 316 人。实施"百企带百村"工程。组织 100 名青联委员、青企协会员与 100 个村(组)的返乡青年农民开展"一对一"帮扶,帮助 1100 多人实现再就业。联合市农信社开展"青年创业信用卡"发放工作,全市共发放 3712 张,担保贷款金额 16330.01 万元,扶持袁松松等一批青年走上创业之路。开展"恒盛杯"九江青年创业大赛。对选出的 10 名"优秀创业项目"获得者各奖励 3000 元创业基金,并提供 5 万元额度的"青年创业信用卡"担保贷款,扶持其创业。

"九江十大杰出青年"评选活动。1996 年,九江市青联联合团市委开展首届"九江市十大杰出青年"评选活动。1996—2010 年全市"十大杰出青年"评选共进行 6 届,评选出"十杰青年"60 人。2010 年举办的"十大杰出青年"评选,由于活动引进群众评价机制开展手机短信投票,群众投票达 260 多万人(次),接受优秀青年自荐和吸纳在外九江籍人士参评,扩大"十杰青年"的影响力和号召力;是年 12 月召开评审会,市委副书记张学军出席并讲话。

对外青年交流。2006 年在上海成立九江青联上海分会,为在外九江籍青年提供与家乡青年学习交流、共同发展的平台。先后与日本、美国、非洲、英国、韩国等青年组织开展广泛深入的交流活动。

景德镇市青年联合会 景德镇市青年联合会成立于 1953 年 5 月,时称"景德镇民主青年代表大会"。1991—2010 年,景德镇市青联召开过两届换届会议,1992 年 12 月,市首届委员会第一次全体会议召开,出席会议委员共 94 人,来自 19 个界别,代表全市 28 万余名青年;2001 年 12 月,景德镇青联召开第七届委员会第一次全体会议,出席会议的委员共 160 人,来自 13 个界别,代表全市 40 万余名青年。

为经济发展献计献策。1992 年,景德镇市青联围绕"奉献青春振瓷都,八五建设再立功"主题,在全市各界青年中开展"深化改革、实施'八五'计划献计献策"系列活动。这一活动由于成绩显著,被团中央、全国青联授予"为深化改革、实施八五计划献计献策"先进集体称号。1993 年,市青联"实施八五计划献计献策"活动,再次得到团中央、全国青联的表彰。1996 年,市青联联合市青年企业家协会、市金融学会共同举办各界青年振兴瓷都经济研讨会议,来自全市各条战线的青年企业管理者和理论研究人士紧紧围绕景德镇市九五计划和2010年远景目标建言献策。会议交流论文23篇。2004年,市青联以"国有陶瓷企业减债、重组与发展"为主题,组织青年企业家、经济专家、学者专题座谈会,为陶瓷企业引商引资、走出困境出谋划策。

"十大杰出青年"评选与推荐。2001年4月,由景德镇团市委、市青联联合市新闻媒体在全市开展首届"瓷都十大杰出青年"评比活动。自2001年起,"瓷都十杰青年"评比活动每年进行1次,至2010年共举办十届"十杰"青年评比。先后有100名青年获此荣誉。1991—2010年,团市委、市青联除承担"十杰"青年、"瓷都优秀青年企业家"等评选外,还承担全国、全省"十杰"青年评选的推荐工作。1995年由团市委、市青联推荐参选的市4321厂厂长林列,被评选为省"十大杰出青年"。2003年举荐参选的市中级人民法院刑二庭庭长钱文清当选第十二届"江西十大杰出青年"。2004年推荐参选的中国直升机设计研究所总设计师吴希明,获第十五届"中国十大杰出青年"称号。2007年推荐参选的景德镇陶瓷学院研究生余立锋和2008年推荐参选的省优秀运动员吴静钰分别当选为省第十四届、十五届"江西十大杰出青年"。

服务社会,奉献爱心。1997年在全市开展的希望工程爱心储蓄活动中,市青联动员青联委员参加爱心储蓄,至年底,全市共青团组织、青联组织等共完成"爱心储蓄"1000余万元。2003年,在"抗击非典,与你同行"活动中,市青企协会员林浩飞捐款1.8万元,市青联委员汪洋、吴志辉等举办国画义卖,共捐款3800余元;在为残疾人"三助(助明、助行、助听)"捐款活动中,市青联委员欧阳琦捐款5000元;是年,市青联联合市劳动和社会保障局开展为务工青年"讨工钱"活动,处理讨工钱举报6起,涉及工资金额4万多元。

服务经济建设。2005年,景德镇市青联共邀请东部地区青年企业家考察团两批,共50余人次赴景进行参观考察、项目发布、商资洽谈、人才交流等一系列活动,共签订投资协议2个,协议资金500万元,达成合作意向6个。2006年,开展青年经贸行动,邀请浙江省金华市、绍兴市、嵊州等东部地区80多名青年企业家到市投资考察,促使浙商到市投资创业。

助力青年创业就业。2005年,景德镇团市委、市青联以"青春创业,建功江西"为主题,以"江西青年创业行动"为载体,通过参与全省首届"江西十佳百优创业青年"评选活动,获得多项荣誉,其中华达购物广场总经理林浩飞获"江西十佳创业青年"称号,另有9人获得省"优秀创业青年"称号。2006年3月,团市委、市青联大力促进农村青年就业转移,与市劳动部门一起举办"送岗位到农村"现场招聘会,联系60余家企业为农村青年提供电子、陶瓷、医疗、化工、建材、服务等行业的4000余个适合农村劳动力岗位。活动当天有500余名农村青年与用人单位签订协议。2009年,市青联和团市委稳定推进"青年创业就业工程",至年底,全市共建立青年创业就业基地15家,其中国家级2家、省级5家、市级8家,共提供见习位553个,有169人到岗实习,其中有408人被正式聘用;联合就业、农业、科技等相关部门累计开展技能培训1354人次,落实培训资金72.9万元,为企业输送技工近100人。

萍乡市青年联合会 2009年4月8日,萍乡市青年联合会召开第四届委员会第一次全体会议,171名青年联合会委员、22名特邀委员参加会议,选举团市委书记杨志为市青联主席,同时选举产生新一届青联领导班子。萍乡市青年联合会共有 8 个界别，分别是科教文卫体、农林牧渔、经管金融、企业和技能人才、工交商贸、法律和社会组织、新闻出版和新媒体、特邀界别。有主席 1 人、副主席 5 人，其中一线劳动者 1 人；常委 33 人，其中一线劳动者 4 人，占常委规模的 12%；中共党员 91 人，占委员规模的 58%；女委员 52 人，占委员规模的 33.3%；一线委员 18 人，占委员规模的 11.5%；党政干部 7 人，占委员规模的 4%；企业负责人 31 人，占委员规模的 19.9%。委员平均年龄 36.7 周岁。

思想教育与献爱心活动。1991—2010 年，萍乡市青联先后通过开展"三个代表"重要思想、社会主义荣辱观、科学发展观等理论学习活动，组织青联委员参与志愿服务、敬老助困、希望工程、三下乡、植绿护绿等一系列献爱心行动，组织青联委员、广大青年积极投入"青春抗冰灾""爱心献汶川"的全民行动中，激励广大青年弘扬社会新风，服务社会做出新贡献。

支持青年就业创业。萍乡市青联联合国家开发银行、农村信用社实施"青年创业小额贷款"项目，联合市蓝翔技校开展青年就业技能培训，推进农村剩余劳动力转移就业，服务青年创业。2005 年，萍乡市青联承办"海外学人回国创业周江西（萍乡）行活动"，吸引 32 位海外学人来萍乡开展项目对接洽谈和人才交流合作，活动期间，通过网络发布项目 13 项，现场发布项目 97 项，海外学人与萍乡市电瓷、汽车制造、文化教育等行业的 10 家企业签订意向性协议 12 项，协议资金共计 3386 万美元。2006 年，成功承办第 6 批赴赣"博士服务团"萍乡行活动，围绕"如何促进萍乡市红色旅游的开发与建设"这一主题，组织各位博士重点对萍乡市旅游业发展开展考察调研、献计献策。

"十大杰出青年"等青年先进典型评选。市青联举办"十大杰出青年""杰出青年卫士"等一系列颇具社会影响力的评选活动，展示萍乡青年积极向上的精神风貌。自 1993 年开始，萍乡团市委、市青联开展"萍乡十大杰出青年"评选活动，至 2010 年，评选活动共举办十四届。

联谊活动与"青联委员之家"。市青联先后组织青联委员赴深圳、珠海、香港、澳门开展联谊活动。2010 年，成立全省首个"青联委员之家"。

新余市青年联合会　新余市青年联合会成立于 1985 年 11 月。该会实行团体会员和个人委员制。至 2010 年底，共召开 3 次代表大会。2010 年 12 月 23 日，新余市青联召开三届委员会一次全体会议，150 名市青联委员参会。会议选举团市委书记潘丽云为市青联主席，选举计平、王琴、刘春华、刘晓江、阮昭平、肖裕兵、张杰、张亢、饶程、姚启强、黄丽萍、黄耀霖、傅春保等 13 人为市青联副主席。

助推青年就业创业。1991—2010 年，新余市青联发挥组织优势，推进"青年创业创新行动"，在新能源、钢铁、新材料等支柱产业，深化青年创新创效行动、青年科技创新行动，青年突击队等活动。开展"青年企业家与市长面对面"座谈会、"学创业精神，扬创业豪情"征文比赛、中国新余 2009 青年创业挑战赛等活动，为青年创业营造好氛围。联合市委组织部成立新余市青年人才库，大力培养青年人才。通过举办"青年创业论坛"、邀请专家讲课等活动，努力拓宽青年视野，不断提升综合素质。建立大学生创业见习基地，为广大青年创业发展搭建舞台。与新余市农村合作银行构建扶持青年创业合作框架，为青年创业提供创业资金，累计贷款金额达 3000 多万元。

开展帮扶等活动。开展青联委员"三下乡""真情送温暖"等活动，每年组织青联委员和青年志愿服务队开展科技咨询、文艺演出、医疗义诊等服务活动。2001—2010 年,累计筹集助学资金 80 万元,援建希望小学 4 所,结对资助贫困学生 3000 余人。

选树青年典型。新余市青联先后开展"十大杰出青年""十大青年创业明星""十大杰出青年企业家"等评选表彰活动。在市青联的推荐下,有 1 名青年获得"中国十大杰出青年"提名奖,1 名青年获得"全国青年五四奖章"、1 名青年推荐为"全国青联委员",3 名青年被评为"江西省十大杰出青年"。

对外交流。先后组织青联委员赴上海、广东、江苏、浙江等地开展商务考察,参加长三角(3 + 2)青年论坛,承办深圳青年企业家新余考察交流活动,建立 5 个新余驻沿海地区团工委,与北京、深圳、东莞等地新余上会等建立联系。组织多名青联委员和青年企业家赴日本、德国、韩国、印度、越南参加青年外事交流。

鹰潭市青年联合会　鹰潭市青年联合会成立于 1981 年。1991—2010 年,鹰潭市青联共召开过 3 次换届会议,1998 年 6 月,市青联第三届委员会第一次会议召开,出席会议的委员 80 人,2004 年 5 月,市青联四届一次全体委员会议召开,出席会议的委员由三届一次全委会的 80 人,发展到本次会议的 150 人。2010 年 1 月,市青联第五届第一次全体委员会议召开,出席这次会议的委员共 171 人,分别来自公共行政、经济管理、科教文卫、新闻、政法和农业等各个界别。

宣讲服务团活动。2001 年 5 月,鹰潭市青联组织 20 多名青联委员开展"三个代表"志愿宣讲活动,到余江县高公寨乡送科技、卫生、教育、文艺下乡,得到群众热烈欢迎。2002 年 3 月,2003 年 9 月,2004 年 1、2 月,市青联先后 4 次组织由科技、卫生、法律、文艺、教育、企业界的青联委员参加的"三个代表"志愿者宣讲服务团,到余江县偏远山乡——高公寨乡、鹰潭市福利院、月湖区三角线社区、贵溪市樟坪畲族乡、白露街道办白露村开展科技扶贫法律咨询、医疗义诊、慰问演出、师资培训、访贫问寒和防止"禽流感"活动,以实际行动力行"三个代表",受到当地群众好评。

文化艺术传统活动。2001 年 4 月,鹰潭市青联联合鹰潭团市委成功举办"青春之歌"第 5 届"鹰潭十大杰出青年"颁奖晚会,表彰先进、树立典型;2002 年 1 月,市青联、团市委、市委宣传部在市胜利体育广场联合举办"心连心、青联情,走进社区"大型青年文化广场演出;2003 年 6 月,团市委、市青联联合举办"携手同心抗非典,健康文明大家乐"青年歌手演唱会,表彰在抗击非典斗争中不畏牺牲,甘于奉献的医护工作者。2007 年初,市青联协助团市委在月湖童家咀上村举办全省第 9 届乡村青年文化节暨首届鹰潭市农村青年艺术节,以余江锦江九亭村、龙虎山孔家村为示范点,援助青年书屋书籍 2000 多册。踊跃组织青联委员参加鹰潭市首届卡拉 OK 大赛、全市青少年展示大赛、"我爱新农村"全市青少年摄影赛、青少年网络设计比赛、青少年文明礼仪大赛等一系列特色活动,弘扬社会主义精神文明的主旋律,营造积极向上、健康文明的和谐氛围。

"十大杰出青年"评选。1994 年,鹰潭团市委、市青联联合新闻媒体在全市开展首届"鹰潭市十大杰出青年"评选表彰活动。1994—2010 年,全市共开展 9 届"十大杰出青年"评选,评选出"十杰"青年 90 人。为确保评选质量,评选单位在每届评选时,都严格按照评选程序,由初选—复选—公示,最后通过审查评选出"十杰"青年人选。2002 年,市青联组织青联委员参与塑造江西人新形象——青年在行动活动,出版纪念画册"青春无悔——江西鹰潭青年风采"。

服务经济建设。2003年8月，鹰潭市青联引进一家总投资240万的食品加工厂，落户龙虎山，解决当地就业100余人。2004年，开展青年科技创新行动和青工创新创效活动，选树贵雅电光源等十多个省级青年科技示范基地。在青年创新创效活动中，南方照明公司等3家青联委员企业被命名为省青年创新创效示范和教育基地；在开展科技创新行动中，全市有4个青联委员单位的科研成果获省级奖，8名青联委员参与研究的科技成果获省、市科技成果奖。在推进再就业工作中，与市青企协一起成立鹰潭市青年再就业服务中心，先后开办3期下岗青工就业和创业培训班，举办2场大型"下岗青工就业招聘会"，组织委员企业落实300多个就业岗位。2007年8月，组织青联代表团访问吉安，两地青年组织达成经贸、旅游等多项合作协议，促进青年交流合作；10月，开展"青联委员、青年企业家县域行活动"，组织30多名青联委员、青年企业家参观余江工业园区，考察相关企业，加强青年交流与项目对接。

对外青年交流。1993年3月，鹰潭市青联成功接待日本青年访问团。2000年8月，组织部分青联委员到港、澳、台进行考察。2002年4月，接待上海市杨浦区青联访问团的友好来访，并签订两地友好协议；5月底，市青联组织部分委员对上海杨浦区、昆山、周庄、杭州等地青联组织进行访问，落实有关友好协定，全面加强两地间的交流与合作。2005年，加强与西部青年及深圳、福州兄弟城市青联间的友好交流活动，先后组织市青联委员赴新疆、甘肃、陕西、福建学习考察，并与福州团市委、青联围绕"交流、合作、共赢"主题签订《两地青年交流与合作框架协议》。2006年，加大对外交流，与福州、湘潭、上海杨浦区等青联结为友好青联。2007年成立鹰潭青联北京分会，团结凝聚60多名在北京工作的鹰潭籍优秀青年，进一步壮大青联组织；是年，成功接待韩国青年代表团一行70余人访问鹰潭，与他们进行友好、坦诚的交流。

赣州市青年联合会 赣州市青年联合会在1999年赣州市撤地设市前，原称省青联赣州地区联络处。2003年9月，赣州市召开市青联第一届委员会第一次全体会议，出席这次会议的有来自全市各地区、各条战线、各族各界的青联委员200人。会议选举产生市青联第一届委员会领导班子，选出主席1人，副主席17人，常委51人，名誉主席5人，名誉副主席5人。2008年12月，市青联召开第二届委员会一次全体会议，出席这次会议的有各方青联委员210人。会议选举产生新一届领导班子，选出主席1人，常务副主席1人，副主席14人，常委49人。

省青联赣州地区联络处活动。1999年7月，省青联赣州联络处经省青联批准成立。1999年3月，省青联赣州联络处委员会议在赣州市商业银行大厦召开。省青联地区联络处正副主任和新当选的19位省青联赣州联络处委员参加这次会议，会上，委员们学习《中华全国青年联合会章程》，听取关于省青联第六届四次常委扩大会议精神的传达，并围绕青联工作展开讨论；5月，团市委和省青联驻赣联络处组织4000余名各界青年代表集会，强烈抗议美国袭击中国驻南斯拉夫大使馆；是年，团市委省青联驻赣联络处，在全国青联成立50周年之际，召开"首届青联驻赣委员学习座谈会"，对如何带领各界青年实现中华民族的复兴，振兴赣南经济，每个委员发表看法并展开讨论。

服务经济和社会发展活动。2003年，赣州团市委、市青联邀请广州市4位杰出青年走进电视演播厅，与30多名市青联委员，围绕"经济发展与人才开发"赣州青年如何在对接中成长与创业这个主题进行交流和探讨；是年11月，团市委举行"对接长珠闽，建设新赣州青年在行动"活动启动仪式及市青联委员座谈会。2006年,市青联、团市委组织以青联委员为主的各界青年代表开展"构建和谐社会,实现新的跨越"建言献策、建功立业活动。2007年,围绕建设团结、开放、魅力"三个青联"目标,团市委、市青联召开"建言献策,建功立业"座谈会和"感恩关怀,笃行师表"大讨论等丰富多彩活动

"十大杰出青年"评选。1991年,赣州团地委联合地区新闻媒体举办第二届全民"十大杰出青年"评选,至1999年第五届"十大杰出青年"评选、表彰和管理,印发《关于进一步加强对我市"十大杰出青年"培养的意见》和《"赣州市十大杰出青年"自律条例》。自2001年开展第七届全市"十大杰出青年"起,其评选采用在新闻媒体公示的办法,由青年人自己投票评出"十大杰出青年"。2004年,市"十大杰出青年"评选改为全市"十大杰出(优秀)青年"评选;是年,出台《赣州市杰出青年、杰出创业青年及青联委员跟踪管理办法》,使杰出青年的管理,考核科学化、制度化、规范化。2004年至2009年,由团市委、市青联联合市新闻媒体共同举办第十届至第十五届"十大杰出(优秀)青年"评选,共评选出市十大杰出青年60人,市十大优秀青年60人。

建立青联驻外省(市)联络处。2006年,为不断拓宽市青联的工作领域,更好地团结、服务、凝聚赣州籍在外创业青年,先后在北京、广州、深圳、东莞4市设立青联联络处,架设赣州市与外地青年沟通交流的桥梁,为宣传、推介、支持赣州发展起到重要作用。

宜春市青年联合会　宜春市青年联合会在20世纪90年代原为省青联宜春地区联络处。2000年宜春地区撤地设市后,于2003年10月召开宜春市青联第一届委员会第一次会议,出席这次会议有青联委员138人,分别来自科教文体、农林水、经济管理、企业管理、公交建、军队政法、卫生、公务员及其他7个界别。会议选举产生市青联第一届委员会领导班子,选出主席1人、副主席8人、常委39人。

"十大杰出青年"评选活动。1994年首次开展全地区"十大杰出青年"评选活动。1996年,团地委联合宜春电视台对全区评选出的"十大杰出青年"进行拍摄并制出《青年风采》。2007年12月,团市委、市青联联合市纪委、市委组织部、宣传部以及宜春新闻媒体等开展全市第三届"十大杰出青年"评选活动,共评选出"十大杰出青年"20人;这次评选活动是在主办单位从各团县(市、区)委,大中专院校和省属、市直有关单位团组织推报的37名候选人中,经评选委员会审定、社会公示、群众投票等方式,最终选出"十杰"青年人选。1994—2010年,全市共开展四届"十杰"青年评选,评选出40名十大杰出青年。

助力经济发展。2003年,市青联重点开展招商引资及农村青年劳动力就业转移工作,有效促进经济的良性发展。2005年,依托农村青年致富带头人计划、青工技能振兴计划、"青年岗位能手"评选活动等主题实践教育活动,造就和培养3000多名高级工人、青年技师和青年致富带头人。开展"咱们村里的年轻人"评选;2007年11月,团市委、市青联联合开展"咱们村里的年轻人"评选活动;活动按照全市新农村建设"四兴一强"即"生产发展兴产业、生活宽裕兴家业、乡风文明兴新风、村容整洁兴新貌、管理民主强堡垒"要求,经各地组织推报,有关专家学者共同评选,评选出樟树市洋湖乡双溪村付建平等10人为"咱们村里年轻人"优秀青年。

青少科技与发明竞赛活动。2008年11月,宜春团市委、市青联联合举办宜春市首届青少年科

技小发明竞赛活动。2008年11月8日的开幕式上,宜春市四套班子在家领导全部出席,市委副书记任桃英致开幕词。活动历经预赛、复赛、决赛3个阶段,共征集作品4万余件,最终评选出金奖13件、银奖34件、铜奖60件,优胜奖244件。

举办青年集体婚礼。2008年9月,成功举办第2届月亮文化节暨经贸活动周"情暖秋月"金婚庆典活动;活动打造"全国最大的中式金婚庆典""全国婚庆史上最长的花轿巡游队伍""全国婚庆史上最长的金色大道"的3个"全国之最",成为宜春市月亮文化节暨经贸活动周最具特色的品牌项目;活动得到社会各界的广泛关注,共有4万余名群众自发观看;人民网等近百家网站,《新华每日电讯》等40余家国内外报刊对活动进行了详细报道;同时,江西卫视《社会传真》在9月9日播出1期专题节目,江西二套《都市情缘》在10月16—19日播出4集共120分钟的专题节目。2009年10月举办"情月相融"西式集体婚礼,精心设计"月之旅、月之典、月之乐、月之宴、月之舞、月之愿、月之沐"明月七部曲,并得到媒体的高度关注,《江西新闻》等主流媒体及新浪、搜狐等知名网站对活动进行了报道。

上饶市青年联合会上饶市青年联合会在20世纪90年代为省青联上饶地区联络处。2000年10月上饶撤地设市后,上饶市青联第一届委员会第一次全体会议于2002年5月召开,出席会议的有委员200人。会议选举产生市青联第一届委员会领导机构,选出主席1人,副主席14人,常委53人。

形式多样的教育活动。20世纪90年代末至21世纪初,上饶团市委、市青联通过广大青年喜闻乐见的形式,加强对各方面的青少年的联系和教育。1998年,为庆祝中华人民共和国成立49周年,与TCL集团有限公司上饶分部联合举办TCL杯全地区青年辩论赛。1999年,以"迎接新世纪,求得大发展"为主题,成功举办两次企业文化沙龙,在13个县建立县级青少年植绿护绿示范园地并开展青少年植绿护绿活动等。2000年,举办"跨进新世纪,歌颂新时代"为主题的全市青年歌手大奖赛和举办"大地之子"乡村青年文化节。从2001年起,团市委、市青联连续在上饶中心广场开展青年文化广场活动。2001年11月,全省青年文化广场活动现场会在上饶召开,全面推广上饶做法,并被团省委授予"江西青年文化广场示范单位"称号。据统计,2001—2004年,团省委、上饶市青联在青年文化广场举办活动共百余场,参与活动的青年达10万余人次。

加强青年经济交流与合作。2006—2007年,上饶市青联发挥青年事务协作平台作用,不断深化交流与合作,积极穿针引线,在项目、资金、技术、人才及青年事务合作方面的重点环节上,为青年企业家提供个性化服务,共接洽5批来自区域合作单位——金华、绍兴等地的青年企业家,并为上饶市7批次青年企业家进入浙江合作洽谈提供服务。以广开就业途径拓展工作领域,加强同沪、浙、闽、粤团组织建立劳务输出合作关系,开通工岗快递直通车和青年平安务工通道,通过上饶市青年就业创业服务中心输出劳务两万人次以上。

加强青年人才库建设。2007年,上饶市青联联合市委组织部、人事局、科技局及相关协会组织等有关单位和部门,以市直、各县(市、区)团委、青联、市直属各单位。各大中专院校团委为依托,采取组织推报、他荐、自荐及网络媒体搜寻的方式,共收集452名45岁以下的省内外、国内外上饶青年专业技术人才、青年经济管理人才、青年党政干部人才、青年民间技能人才及农村实用人才信息,经过审核择优录用,向团省委提供 105 名省内优秀青年,52 名省外优秀青年人才信息,并推报 110 名优秀青年入库。同时,也将收集的优秀青年纳入到上饶青年人才库中,作为上饶推优评优的后备力量。

服务青年就业创业。2006 年,上饶团市委、市青联在推动"青春运动新农村"活动中,大力实施"新型青年农民培训和转移就业促进计划",通过农村青年中心、青年就业创业培训基地和上饶市青年就业创业服务中心等组织,帮助 5000 多名农村青年实现转移就业。2007 年,市青联在加强农村青年转移工作中,广泛联系青联会员企业、青联委员自办企业和经济开发区企业,了解用工需求,架设农村富余劳动力和用工企业之间的桥梁,全市团组织、青联组织共帮助农村青年实现转移就业 3600 余人。2009 年,团市委、市青联、市青企协在服务青年就业、创业工作中,开展"青年就业创业大讲堂"活动,全年共举办大讲堂活动 132 场,2 万多名青年接受就业创业指导;着力提高青年就业创业技能,与劳动、科技等部门密切合作,举办各类培训班 30 余期,培训青年 2320 人;解决青年就业创业实际困难,全年累计向青年提供 126 个工种 1624 个见习岗位。

"十大杰出青年"评选。1991—2010 年,上饶团市委、市青联联合新闻媒体及有关单位举办 13 届"十大杰出青年"评选。2007 年开展的上饶市第十二届"十大杰出青年"评选活动,经过严格审核、考察、提案,组委会评分等环节,于 4 月 23 日举办庆祝建团 85 周年暨五四运动 88 周年文艺晚会上,市委书记姚亚平等在家四套班子领导出席晚会并为"十大杰出青年"颁奖。

吉安市青年联合会　吉安市青年联合会在 20 世纪 90 年代为省青联吉安地区联络处,2000 年吉安撤地设市后,于 2002 年 5 月召开吉安市青联一届一次全体委员会议,出席会议的委员共 143 人,分别来自 8 个界别。会议经选举产生市青联一届委员会领导机构,选出主席 1 人,副主席 5 人。2010 年 12 月,市青联召开二届一次全体会议,出席会议的有 200 人,分别来自 6 个界别和上海,北京,广东 3 个驻外分会。会议经选举产生新一届领导机构,选出主席 1 人,副主席 11 人。截至 2010 年 5 月,吉安市青联下辖青原区青联,多个市县青联、两个县级青年会员团体。

丰富多彩的教育活动　2005—2007 年,吉安市青联注重发挥井冈山红色资源优势,开展"百万青年聚井冈""井冈精神代代传"等丰富多彩的主题教育活动,加强青年的民族精神教育,组织青年委员去工业园区看变化,开展"我为吉安发展献一计"征文等活动,用吉安生动的发展态势和美好的发展前景教育青年、凝聚青年。

为灾区捐款捐物。2003—2010 年,为抗击非典,抗击雨雪冰冻等灾害,支援九江地震灾区,四川汶川震区,青海玉树震区,西南旱区以及江西洪涝灾区等,吉安市青联发动青联委员及各界青年为各受灾区捐款捐物,据统计全市累计捐款捐物达 5000 多万元。

青年先进典型评选。从 1995 年吉安地区开展首届"十大杰出青年"评选表彰活动起,至 2009 年,"吉安十大杰出青年"评选共举办 7 届,评出历届"十大杰出青年"70 人,历届"十大杰出青年"评选都严格按照评选程序,经过初赛、复赛、公示,最终确定"十大杰出青年"人选。2005 年第六届"吉安十大杰出青年"评选,在确定 20 名"十杰"青年候选人后,经活动主办单位决定,首次在《井冈山报》和井冈山青年在线进行公示。2009 年 10 月启动的"中国电信杯"第七届"十大杰出青年"评选活动,创造性地引进个人自荐,公众打分的评选方式,在全市引起较大反响和广泛好评。2005 年初,团市委,市青联联合市直39家单位,在政法、财税、卫生等10个系统评选100名青年标兵,并于3月7日召开"十佳百优"青年标兵表彰大会,在全市广大青年中营造比先赶帮超氛围。

关爱社会特殊青少年群体。2006—2007年,吉安市青联"真情助孤"行动,帮助100名孤儿完成九年义务教育。开展"青果援"行动,结对帮扶194名服刑在教人员未成年子女,帮他们解决生活困难,进行心理疏导,免费参加劳动预备制培训。关爱进城农民工子女行动,动员7459名青年志愿者服务农民工子女8158人,提供服务达2万余人次,市青联用爱心接力让特殊青少年群体感受到阳光雨露,引导他们健康成长。

对外省青联的友好交往。2007年,吉安市青联借助井冈山的品牌优势之便,推介吉安,加强与省外商会、在外发展的吉安籍青年企业家的联系。组织省青联港澳及省外委员"井冈行"经贸考察团一行19人到市进行考察,举办"携手革命老区,共享人文奥运"北京朝阳,江西吉安青联委员座谈会,两地青联结下深情厚谊。2004年至2008年,市青联发挥组织和网络优势,先后与上海、天津,安徽黄山、北京朝阳等地青联缔结友好关系,开展"北京名校专家博士井冈行""港澳及省外省青联委员经贸考察井冈行",与泰国华人青年商会经贸洽谈等活动,凝聚青年人才,为发展吉安开放型经济出力。

抚州市青年联合会　抚州市青年联合会在20世纪90年代为省青联抚州地区联络处。2000年10月,抚州撤地设市后,于2004年4月召开市青联第一届委员会第一次会议,出席会议的有来自10个界别的163名青联委员,会议经选举产生市青联第一届委员会领导班子,选举产生主席一人,副主席13人,常委35人。

关爱弱势群体活动。抚州市青联于2004年成立后,每年春节都会组织青联委员开展关爱弱势群体活动。2006年1月,市青联公司企业界别委员深入东乡县开展"暖冬东乡行"关爱留守儿童、孤寡老人活动,在东乡三中,委员们与留守儿童代表交流,询问他们的学习、生活情况,鼓励他们努力学习,实现理想,并为留守儿童带来5000元慰问金;在东乡县邓家乡敬老院,委员们向老人们讲述党的十八届四中全会精神,讲解国家养老政策,并为敬老院捐献24000元爱心款,帮助院里的老人温暖过冬;同月,市青联组织6名青联委员到临川区太阳镇湖溪村委会,开展"心手相牵——情系农民工子女关爱行动",每位青联委员现场结对两名农民工子女,赠送学习生活用品,并为每位学生资助现金600元。

"十大杰出青年"评选活动。2002年,抚州团市委联合新闻媒体举办首届抚州市十大杰出青年的评选及表彰工作。2004年市青联成立后,与团市委,市新闻单位联合,每两年评选一次,至2010年,共评选出5届"十大杰出青年"。在2008年5月举行的第四届抚州市"十大杰出青年"颁奖晚会上,抚州市"十大杰出青年"分别为贫困学生捐赠爱心助学金4000元。

支持抚州经济发展。2001年,抚州团市委召开驻抚省青联委员座谈会和联谊活动,团省委书记潘东军,副书记钟志生参加座谈和联谊活动。2007年,团市委、市青联加强与浙江,福建,广东等地青联组织和青年企业家协会的合作与交流,大力开展多种形式的青年纪实活动和招商引资活动,成功引进投资1200万元的杭州佳华纺织有限公司落户工业园区,实现当年开工、当年投产、当年见效的目标;与市规划局合作,成功引进市城区玉茗大道向火车站沿延伸和站前工程建设BT项目,项目投资达 5800 万元;邀请福建长乐企业家协会参与抚州市赣东国际大酒店的拍卖,邀请广东东莞,浙江台州客商到市金巢经济开发区等地进行考察。2009 年,团市委,市青联分别到浙江,福建,广东等地青联组织和青年企业家开展经贸合作和招商引资活动,并与市规划局一起引进投资 20 亿元的华东国际汽车文化城项目落户抚州,实现当年投资 8600 万元;10 月,市青联组织 40 余名青联委员到南丰县潭湖生态岛,前湖农庄及鸿佰仕通电子科技有限公司进行参观考察,考察期间,青联委员与县级领导进行座谈,并为南丰县蜜橘的发展提出意见与建议。

助力青年创业就业。2009 年,抚州团市委、市青联在抓青年就业创业见习基地建设中,把青年企业家会员、青联委员、优秀青年创业先锋所在企业作为首批见习基地,首批"青年就业创业见习基地"公布后,团市委,市青联通过建立定期通报,信息反馈等制度,及时掌握见习基地建设的工作动态;是年,全市共创建 7 个国家级、20 个省级、11 个市级青年就业创业见习基地,全年"三级见习基地"提供 398 个见习岗位,实现 541 人上岗见习。2010 年,团市委、市青联联合劳动部门开展就业创业培训服务,突出抓好大中专毕业生、进城务工青年、返乡创业青年的培训工作。全市 12 个培训基地共培训人员 4330 人,为国有企业招聘员工 3700 人,分别为荣誉酒店等定向培训 865 人。是年,与市农村信用社联合,加强全市农村青年创业贷款发放,据统计在 12 月中旬,全市贷款青年 1758户,共发放小额贷款 7385.6 万元,带动就业 5988 人。

第二节　青年志愿者协会

江西省青年志愿者协会

江西省青年志愿者协会(简称省青志协)成立于 1995 年 3 月,是由志愿从事社会服务事业的各界青年和青年志愿者组织组成的全省性具有法人资格的社会团体,接受团省委的领导。该协会的主要职能是:负责全省青年志愿者行动的规划、组织、协调、指导及研究工作;实施重点项目和重大活动的组织和开展以及资金的筹措等。

省青志协自 1995 年成立至 2010 年,共召开 6 次会员大会,选举产生 6 届志愿者协会领导班子。省青年志愿者协会在管理方面实行个人会员制和团体会员制管理模式,凡依法成立的地(市)青年志愿者组织,省直有关单位,大专院校全省性专业、行业青年志愿者组织和有志为社会提供志愿服务的青年,经过一定程序均可成为协会会员。

省青志协自成立以后,组织开展的活动得到社会各界的广泛关注和一致好评,并取得令人瞩目的成绩。1997 年 1 月 22 日、1998 年 2 月 20 日、2001 年 3 月 1 日,先后被团中央表彰,3 次获得"中国青年志愿者行动组织奖";2006 年 2 月,获得第六届"中国青年志愿者行动贡献奖";2008 年 7 月14 日,获第七届中国十大杰出志愿服务集体"中国志愿者工作组织奖";2010 年,获得第八届"中国青年志愿者优秀组织奖"。

各设区市青年志愿者协会

南昌市青年志愿者协会　原名南昌市志愿者协会,2002年3月5日更名为南昌市青年志愿者协会。协会奉行"奉献、友爱、互助、进步"的准则,通过组织和指导全市青年志愿服务活动,为社会提供志愿服务,推动社会主义精神文明建设,促进社会主义市场经济体制的建立和完善,提高青年的整体素质,为经济社会的协调发展和全面进步做出贡献。东湖区、青山湖、青云谱区等9个县区成立青年志愿者协会,120多个企事业单位、大中专院校等建立青年志愿者组织,注册青年志愿者总数近6万人。2008年,完成注册志愿者人数超过全市人口8%的目标任务。南昌市青年志愿者协会自成立后,大力弘扬"奉献、友爱、互助、进步"的志愿精神,先后获得全国志愿服务组织奖、全国志愿服务项目奖、第五届中国中部投资贸易博览会组织奖、第七届全国城市运动会志愿者组织奖等荣誉。

2008年5月,四川省汶川等地区发生8.0级地震后,南昌市青年志愿者协会迅速号召全市志愿者积极开展爱心募捐活动,为地震灾区人员踊跃捐钱捐物,同时及时与血液中心联系,成立南昌市抗震救灾无偿献血应急服务队,并开展红铃铛"彩虹小屋"援川行动。2010年江西发生特大洪涝灾害,协会组织应急援助队奔赴抗洪前线,开展抗洪抢险志愿服务活动。

九江市青年志愿者协会　成立于1996年。截至2010年,该协会成立文化教育、医疗卫生等12个分队、600个小队,共有注册志愿者3.6万人,覆盖全市学生、干部、工人、教师、医护人员等各个青年群体,每年组织活动数十次,参与人员上万人次。

九江市青年志愿者协会每年面向社会各界招募青年志愿者,其中既有专业人才,也有普通群众,人员覆盖全市各单位,涵盖学生、干部、工人、教师、医护人员等。该协会机构完善,有会长、副会长、理事,并下设秘书处,同时成立文化教育、医疗卫生等12个分队和600个小队。该协会坚持每两年换届,每月召开会长会议,每季召开理事会议,建立会长、理事与分队、小队联系机制。九江市青年志愿者协会在关爱农民工子女、参与抢险救灾、学雷锋常态化建设等方面开展了大量活动,做到活动有固定阵地、有计划项目、有专门队伍,每年组织动员参与志愿活动20万余人次,先后获得"中国百个优秀志愿服务集体"称号,第八届、第九届中国青年志愿者优秀组织奖。

九江市青年志愿者协会主要开展志愿服务活动。全面开展关爱农民工子女行动;通过广泛结对,组建队伍212支,实现结对农民工子女18.6万人,通过开展学业辅导、家庭走访、自护教育、爱心捐助"五个一"服务,让农民工子女感受到来自社会的温暖。在抢险救灾中彰显作为;协会每年组织应急救援、医疗救援、心理救援等队伍30余支,志愿者1000余人,针对九江长江水域、鄱阳湖等水系集中开展监测水情、巡查堤坝、抢险加固等志愿服务。在植树节、"6·5"世界环境日组织志愿者开展植树造林、保护沿江沿湖水域生态等志愿服务活动。2010年启动"和谐春运"项目,组织来自高校、机关企事业单位等100余名春运志愿者,在九江火车站持续开展帮助旅客的志愿服务,打造"铁路小黄瓜"的金字招牌。2010年启动雷锋广场项目,每月定期组织来自机关、企事业单位、高校等30余家单位的志愿服务团队开展爱心义诊、家电维修、文明宣传等志愿服务。开展环湖环江绿色环保活动。

景德镇市青年志愿者协会　成立于1994年。协会以景德镇市各级团组织为主体,组织各界青年围绕公益劳动、美化环境、义务植树、抢险救灾、社区服务、扫盲治愚等方面开展活动。1994年5月3日,成立全市"青年志愿者"服务者总队。至1998年,全市各类青年志愿者服务组织和成人预备期志愿服务队有228支,招募志愿者13512人,建立青年志愿者服务站5个。至2010年,受到团中央表彰的志愿者服务队1个,省级表彰的服务队10个,省级以上表彰的优秀青年志愿者20余人。

萍乡市青年志愿者协会　成立于1995年11月,1998年在民政局完成注册,建立协会章程和组织架构,明确会长、副会长、秘书长职责。至1999年底,共成立青年志愿者服务队500个,专业服务队30个,做好事3万余件。2002年,萍乡团市委在全市团员青年中首次组建文艺、卫生、科技、社会治安、青少年维权、爱绿护绿等6支青年志愿者服务队,全市各界青年踊跃报名,共有1000余名团员、青年报名参加。2004年,萍乡市成立第一个民间志愿组织——楚萍义务工作协会;是年,萍乡市青少年助学会成立。2008年7月,安源志愿者协会成立。截至2010年,萍乡市青年志愿者协会共有注册志愿者1000余人,完成网上注册志愿服务队伍6支。

萍乡市青年志愿者协会组织倡导的志愿服务范围包括扶贫济困、捐资助学、保护环境、关爱留守儿童、关爱空巢老人、志愿者培训、志愿公益组织孵化等各个方面。2006—2010年,萍乡市相继成立萍乡安源志愿者协会、萍乡市萍实志愿者协会、楚萍义务工作者协会等一批志愿者协会组织,开展志愿服务活动1200余次,志愿服务时长5万小时,参与志愿者多达3万人次,捐赠物资或资金800万元,受益人群10万人次。

2010年,萍乡市青年志愿者协会承担中国(上栗)国际花炮文化节暨烟花爆竹产业交易会志愿服务工作,组织招募300余名青年志愿者提供站点咨询、礼仪接待、语言翻译、治安维护等4个方面的志愿服务。首次推出萍乡志愿者标志,为志愿者配备印有统一标识的徽章和马甲。志愿者以饱满的精神面貌和体贴周到的服务,向来宾展现新时期萍乡青年的青春风采。

新余市青年志愿者协会　前身是新钢青年志愿者服务协会,成立于1994年3月。2001年,新余市成立青少年志愿者行动指导中心,它是团市委领导下的一个专门工作机构,其主要职能除直接实施中长期志愿服务项目和短期志愿服务活动外,同时负责规划、指导、协调全市的青年志愿者行动。2008年8月,新余市青年志愿者协会成立,由新余市青少年志愿者行动指导中心代行其协会秘书处的主要职能。至年底,全市共有注册青年志愿者1.5万人。截至2010年,协会有注册青年志愿者近万人,成立分宜县、渝水区等县区青年志愿者分会,吸纳爱心家园、义工之家、新益爱心志愿者协会等青年志愿组织加入协会,初步形成由市、县(区)、街道、居委会4级组织相互补充、协调管理的青年志愿者活动网络体系。

新余市青年志愿者协会(新钢青年志愿者服务协会)先后开展"爱心服务结对""创建青年文明社区""我与新钢同发展"和"学雷锋,树新风"等形式多样的志愿活动,形成志愿服务社会氛围。1994年至2010年间,协会牵头组建消防宣传、为老服务、爱心助学、法律维权等13支由专业人士担任队长的专业志愿者服务队。1994年,在新余团市委的组织下,新余青年志愿者协会联合新余高专青年志愿者协会、新余市机关团工委青年志愿者协会开展"真情相伴·爱心助困"关爱孤寡老人志愿服务陪伴活动,市青年志愿者协会组织千名青年志愿者开展抗寒救灾统一除雪行动。从1994年起,连续16年组织数千人次的大学生志愿者深入全市农村开展文化、科技、卫生"三下乡"活动,深入开展农技推广、支教扫盲、医疗卫生、环境保护等支援服务,促进农村经济社会和谐发展。2009年暑期,开展"圆梦青春"助力贫困大学新生捐资助学活动。2000—2010年,协会广泛开展"社区志愿服务和谐行动""生态环保——绿色新余"等各类社会公益活动,大力传播文明新风。

鹰潭市青年志愿者协会 成立于1999年3月5日。从2006年起,成立关爱留守儿童联盟等12支青年专业志愿服务队,48支青年志愿者连心服务小分队。2007年,鹰潭市青年志愿者协会利用鹰潭青年网和鹰潭时尚网,实行网上注册志愿者,全年新招募志愿者1000多人。2008年,启动鹰潭青年志愿服务"百千万工程",重点建设"鹰潭志愿者服务总站"1个,县(市、区)志愿者服务站3个,鹰潭移动志愿服务爱心便利店10个。至2009年,共有县级青年志愿者协会4个(贵溪市、余江县、月湖区、龙虎山风景区),青年志愿者分会18个(其中网络志愿者分会1个),注册志愿者6300多人。协会业务范围是组织实施和指导全市志愿者行动,围绕党政重点、社会热点、群众难点,广泛开展志愿服务活动,倡导志愿服务精神,促进社会和谐发展。鹰潭市青年志愿者协会、鹰潭职业技术学院志愿者协会等先后获得全国、省、市各级集体、个人荣誉1000余项,多名骨干先后获得"中国好人""江西好人"、鹰潭"五四"青年奖章、"感动鹰潭·十佳新人新事"、鹰潭市"岗位学雷锋标兵"、鹰潭"最美志愿者"等称号,推出熊波、张作舟等100多位全国、全省、全市公益明星。

鹰潭市青年志愿者协会自成立起至2010年底,累计组织公益活动千余次,包括"青春环保志愿行——城市环境常态化治理""情暖童心——关爱残障儿童""青情伴夕阳——关爱空巢老人""青春志愿行 温暖回家路""小候鸟归巢——关爱留守儿童"等100个最具影响力活动,累计志愿服务135万小时以上,服务范围涉及全市各地。2006年起,鹰潭市青年志愿者协会常态化开展"花儿朵朵笑""圆微心愿 筑大梦想""青微公益"等各类公益服务项目120个;成立关爱留守儿童联盟等12支青年专业志愿服务队,48支青年志愿者连心服务小分队。

赣州市青年志愿者协会 成立于2006年。自1993—2010年,共有18个县(市、区)及37个市直单位青年志愿者组织团体会员,建立青年志愿者组织127个,青年志愿服务队1000多支,注册青年志愿者达6.9万余人,有青年党员志愿者、进城务工青年志愿者、大学生志愿者、青年文明交通劝导志愿者、青年法律援助志愿者等多层面、多群体的青年志愿者。2006年,赣州市青年志愿者协会被团中央授予"青年志愿者工作优秀组织奖",2008年,组织实施的"留守孩托管中心建设项目"被中国青年志愿者协会授予"青年志愿者工作优秀项目奖",2010年获得第五届"江西省青年志愿服务优秀组织奖"。至2010年,共有100多个单位和3000余人获得各级表彰。

赣州市青年志愿者协会成立后,青年志愿者队伍不断扩大,服务领域不断延伸,各大志愿者队伍广泛开展助老助残、扶贫济困、绿色环保、医疗救助、送书下乡、法律援助、春运"暖冬行动"等活动,为群众生产生活解决实际困难,特别是在文明示范、青春三下乡、关爱农民工子女、社会公益服务、大型赛会服务、生态环保等方面发挥积极作用,得到社会广泛好评。

宜春市青年志愿者协会 前身为成立于1995年3月的宜春地区青年志愿者协会。宜春市青年志愿者协会自成立以后,开展助老助残、助学帮扶、捐资募款、生态环保、敬老爱幼、病患护理、社会公益宣传、法律援助、义诊、家电维修、2008北京奥运志愿者招募活动等志愿服务项目,向社会弱势群体提供义务帮助与支援,开展社会公益活动来传递爱心、传播文明。宜春地区志愿者帮助孩子的"天籁行动",在2009年中央电视台"宜春月·中华情"中秋晚会和"情月相融"西式集体婚礼活动中开展的招募2000名志愿者高质量的服务活动以及已打造成志愿服务品牌的"文明劝导团"、"争当文明使者,争做创卫主人"的创卫"双争"等活动,都在宜春地区引领和谐社会新风尚。

上饶市青年志愿者协会　前身为成立于1996年3月1日的上饶地区青年志愿者协会。1996年7月6日,成立中国青年志愿者上饶市服务站,这是上饶地区首家县(市、区)一级的服务站,并设立志愿者服务热线电话,全天候为民服务。2002年,上饶团市委重点开展建立旅游景区青年志愿者服务站和青年志愿者注册工作,全市共建立旅游景区志愿服务站40个,有2000人加入注册志愿者的行动。2007年,采取"项目化、正规化"方式推动青年志愿者工作规范开展,以"参与志愿服务共建和谐上饶"为主题,面向社会公开发布志愿者招募公告,招募注册志愿者2600余人;建立"志愿者之家"QQ群,作为发布志愿者服务信息、征集志愿服务建议和志愿者交流联系的网络平台;组建专业志愿者服务队10支,在环境治理、扶贫帮困、法律维权、会务接待和承担急难险重任务等方面组织开展志愿服务。至2010年,全市共有各类志愿者3.1万人。

上饶青年志愿者协会开展为务工青年服务活动、"服务进万家,真情献社会"活动、"服务万村脱贫致富奔小康"行动、百万青年志愿捐助灾民行动,以"奉献8个小时,分担一分困难,帮助灾区群众过好年"为主题开展义卖、义诊、义演和捐款捐物。先后组织志愿者参与2007年环沪港自行车大赛、2008年"红鸽子计划"、2009年"真情相伴·爱心助困"送温暖活动、防灾减灾服务周活动、"骑单车看城市、评创建"暨市民问卷调查活动、"心连心"慰问演出等志愿服务。

吉安市青年志愿者协会　前身为成立于1996年的吉安地区青年志愿者协会。协会有17位常务理事会理事,常务理事主要分布在地(市)直单位和吉安地(市)相关部门,理事会共有理事55人,分布在地(市)直相关单位和各县(市、区)。

2008年,吉安团市委、吉安市青年志愿者协会全面推行志愿者网上注册制度,规范志愿者队伍建设、项目建设和机制建设,做大做强青年志愿者品牌。全市发展各类志愿者服务队900多支,注册志愿者8万余人,遍及机关、企业、学校、农村、社区、部队等领域。1997年,泰和中学青年志愿者服务队、井冈山环境卫生管理所青年志愿者服务队获全省志愿服务先进单位称号;2006年,吉安市有4个集体、3人分别被评为全省"热心志愿服务贡献奖"优秀集体、优秀个人;2008年,吉安团市委的青年志愿者工作,被评为"全市抗冰救灾工作先进集体",是全省设区市团委中唯一获此殊荣的单位。2010年,"小小的梦想"——遂川县麦田计划青年志愿者关爱农民工子女公益行动获第八届中国青年志愿者项目奖。

吉安市青年志愿者协会围绕"弘扬雷锋精神,关爱他人、关爱社会、关爱自然"主题开展志愿服务活动。先后组织600多支青年志愿者队伍,1万余名志愿者深入城镇、乡村开展多种形式的志愿服务活动。组织全区大中学生开展文化教育、文艺下乡、农技服务、抢收抢种、医疗保健、法制宣传等社会实践活动。近500支青年志愿者服务队长期坚持提供各种义务服务,为孤寡老人、农村贫困人员排忧解难。1999 年,安福县青年志愿者协会首创"181 青年志愿者假日呼叫服务热线"。2000—2010 年,吉安市青年志愿者协会组织开展环保赣江行、关爱行动、阳光行动、进社区行动、青年助残、防灾减灾等志愿服务活动,5 万余名青年志愿者参与。重点参与万名志愿者结对帮扶工程,青年文明号集体、工人先锋号、五老(老干部、老战士、老专家、老教师、老模范)志愿者、团干等与农村留守儿童长期结对帮助,全市 15211 名志愿者结对帮扶 38039 名农村留守儿童。协会联合 12355 青少年服务台,招募心理咨询服务志愿者,邀请团中央"知心"姐姐专家团队为志愿者开展专业知识培训,为农村留守儿童提供专业心理咨询服务。围绕"四城同创"(创建全国文明城市、国家卫生城市、国家环保模范城市和国家园林城市)、关爱社会弱势群体,设计志愿服务项目 10 多个,组织全市青年志愿者组织开展志愿活动 685 次,惠及群众 18 余万人。承接关爱农民工子女青年志愿服务项目,全市各级志愿者组织与 265 个村建立结对关系,开展爱心捐赠、学业辅导、亲情陪护、心理疏导、自护教育等服务,惠及全市 6000 多名农民工子女。

抚州市青年志愿者协会 前身为成立于 1994 年的抚州地区志愿者协会。1994 年 10 月,团地委与地区交警支队组织的交通安全服务队 200 个,青年志愿交通安全宣传员、监督员 5000 多人,在全地区开展交通法规宣传教育活动。1995 年,在团员青年中实施"一助一"长期服务计划,全地区共落实"一助一"结对服务对象 1 万多户(人)。

2008 年 4 月 30 日,抚州市青年志愿者协会成立,选举产生协会第一届理事会和领导机构,抚州团市委书记程新飞任名誉会长,抚州团市委副书记郑锦锋任会长。协会下设 18 支青年志愿者服务队,除各县区下设一支服务队外,还设有公益事业、医疗卫生、消防环保宣传、临川教育、社区便民、文明礼仪、法制宣传等 7 支服务队,正式注册青年志愿者 1200 人。随后,成立 52 个县级青年志愿者协会和 60 个青年志愿者服务站,招募青年志愿者 5 万余人,组织助耕队、抗洪抢险队、科技文化扫盲队、社区志愿服务队等 1000 多个。2003 年,宜黄县电信营业班团支部等 4 支青年志愿者服务队被团省委、省委宣传部等评为全省学习雷锋、青年志愿服务先进个人。

2010 年,临川唱凯堤发生决口,全市组织动员近万名团员青年、青年志愿者,组建青年突击队 130 余支,筹集款物价值 650 余万元,参加抗洪抢险和灾民安置工作。组建灾后青年志愿者服务队 70 余支,募集救灾款物价值 120 余万元参与灾后重建,在 17 个灾民安置点成立青年志愿者服务站。

省属高校和省直单位青年志愿者协会

江西师范大学青年志愿者协会 成立于 1995 年。协会下设会长、副会长、理事长、办公室等机构。活动内容主要有每年 3 月集中开展的"青年志愿者服务月"活动和社区援助、研究生西部扶贫接力计划、暑期"三下乡"社会实践、保护母亲河、大学生西部计划等重要项目。江西师范大学是江西省高校首个中国志愿者扶贫接力计划研究生支教团派出单位,全国首批大学生志愿服务西部计划实施单位。2009 年,该校成为"中国青年志愿者海外服务项目"实施高校,是全国唯一独立承办海外志愿服务项目的高校。

南昌大学青年志愿者协会 成立于 1996 年 10 月,截至 2010 年,有注册会员逾 10 万人,在校注册志愿者约 2 万人。协会下设办公室、宣传部、督导部、素拓部、外联部、学校工作部、社区工作部、公益事业部。截至 2010 年,有注册会员逾 10 万人,在校注册志愿者约 2 万人。

南昌大学青年志愿者协会以"奉献友爱互助进步"为宗旨,开展志愿服务活动。坚持"踏上志愿服务路,个人社会同进步"的理念,在大型赛事、抢险救灾、扶贫开发、校区共建、法律援助、环境保护、阳光助残、关爱农民工子女、邻里守望与为老服务、网络文明等活动中取得良好的社会效果。至 2010 年,该协会已有安居社区、东湖巷社区、江西省图书馆、南浦街道、云溪社区、新建县特殊教育学校、滕王阁景区等 23 个志愿服务基地,校院 45 个志愿服务队。主要项目有"童心梦工场"关爱学校务工人员子女项目、"益彩追梦人"助力听障儿童成长计划、大学生青春健康教育宣传实践项目、梦想加油站、"七彩假期,走进苗寨,公益黔行"关爱留守儿童项目、"青春交映夕阳红"关爱退休空巢老教授项目等众多品牌项目。活动得到人民网、《中国青年报》《江西日报》、江西卫视、中青网等近百家主流媒体报道关注,先后获全国城市运动会志愿服务优秀组织奖、第七届和第八届江西省青年志愿服务优秀组织奖,被评为第五届中国百个优秀志愿者服务集体、中国百支优秀志愿者服务队、江西省优秀志愿者服务集体等。大学生艾滋病防治能力建设计划项目获江西省青年志愿者优秀项目奖。

江西财经大学青年志愿者协会　成立于 2001 年。江西财经大学青年志愿者协会在各校区设有分会,各校区分会分别设置办公室、宣传部、组织部、服务队、外联部 5 个部门。2001—2010 年,该协会组织青年志愿者开展"校园大清扫"活动、"清理课桌文化""要课桌,要文化,不要课桌文化""国旗日日升,好事月月评,红歌年年唱""图书漂流""滴水行动""红色行动"等活动。此外,江西财经大学青年志愿者协会还组织青年志愿者参与北京奥运会、上海世博会、广州亚运会等大型赛会和汶川大地震、玉树大地震、西南干旱等自然灾害的抗震抗灾工作。2010 年 12 月,江西财经大学青年志愿者协会获第五届全省青年志愿者优秀组织奖。

华东交通大学青年志愿者协会　成立于 1996 年。1996 年开始,华东交通大学青年志愿者协会组织青年志愿者立足校园,服务社会,深入乡村、企业、社区大力开展社区援助、尊老助残、支教扫盲、科技扶贫、文化宣传、法律普及、抢险救灾、希望工程助学、文化科技卫生"三下乡"等青年志愿者服务活动,实施"一助一"长期服务,建立筷子巷、SOS 儿童村、下罗敬老院、东湖区敬老院等 4 个社区援助站。2004 年,华东交通大学共计新增注册青年志愿者 2400 余人。从 2007 年起,该协会在加强社区青年志愿者服务站点和服务团队建设,实行志愿服务项目化、特色化、品牌化,在开展以"真情促和谐"为主题的常规性志愿服务基础上,紧密结合专业特色和服务专长,开展形式多样、群众急需的志愿服务活动,形成电气学院的电器"门诊"、经管学院的学校支教、高职学院的东青文明创建、软件学院的软件技术支持、机电学院的公交文明督导等一大批项目化特色工作品牌。

江西科技师范大学青年志愿者协会　成立于 2002 年 3 月 20 日,是由志愿从事公益活动的江西科技师范大学青年组成的非营利公益性学生组织,协会下设办公室、宣传部、外联部、素质拓展部、监督委员会、学校工作部、社区工作部、公益事业部。2010 年在校注册志愿者近万人。江西科技师范大学青年志愿者协会始终秉承"美化校园、服务同学、奉献爱心、锻炼自我"宗旨,以"奉献、友爱、互助、进步"为旗帜,弘扬志愿者无私奉献的精神,开展志愿服务活动,在大型赛事、禁毒防艾、扶贫开发、校区共建、环境保护、阳光助残、关爱留守儿童、社区公益、敬老爱幼、公交执勤、网络文明等活动中取得良好的社会效益和育人效益。截至2010年,协会已有万达社区、鹿璟社区、三洲学校、望城镇敬老院、和谐情敬老院、西湖区现代残疾人教育康复中心、南昌市仁爱之家、麻丘高级中学、南昌市社会福利院等近20个志愿服务基地,18个学院志愿者工作站。活动赢得社会各界的赞誉,"信福快线""社区服务""关爱母亲河""公交执勤"等相关活动得到江西卫视、《江西日报》《江南都市报》《南昌晚报》等多家主流媒体的报道关注,2010年获第五届全省青年志愿者优秀组织奖和优秀项目奖。

南昌工程学院青年志愿者协会 成立于1994年5月,协会设办公室,内联部,外联部,财务部,监察部,策划部,宣传部,微爱服务队8个部门。南昌工程学院青年志愿者协会成立后,每月组织青年志愿者深入敬老院关心孤寡老人,走进留守儿童小学给他们送去家的温暖;关注弱势群体、走进聋哑学校、看望残疾人,开展环保日的美化校园活动等。此外,每年都会承办学校各项重大活动的志愿服务工作,如校园会、大学生供需见面会、大学生足球联赛等大型活动。

赣南医学院青年志愿者协会 原名为赣南医学院爱心社,成立于1998年,2006年更名为赣南医学院青年志愿者协会。该协会开展的主要活动有:无偿献血、"三下乡"志愿服务、西部计划志愿活动、爱心社帮扶活动、社区医疗服务等。在开展的无偿献血活动中,据统计,从1992—2010年,全院有3000余名青年志愿者为社会无偿捐献80万ml高质量的鲜血。

南昌航空大学青年志愿者协会 2008年秋季,南昌航空大学在原"校学生会青年志愿者指导中心"基础上组织成立南昌航空大学青年志愿者协会。从2007年开始,学院每年12月5日"国际志愿者日",都会隆重开展全校性"青年志愿者文化周"系列活动;在3月5日"学雷锋日"以及"中国青年志愿者服务日"期间,都会开展雷锋月活动。自2010年,这两项活动已打造成全校志愿者服务的精品项目。2008年,学院团委获全国暑期"三下乡"社会实践先进单位以及全省第五届江西省青年志愿者优秀组织奖。

江西蓝天学院青年志愿者协会 江西蓝天学院前身先后是江西省高级职业学校、蓝天职业技术学院。1995年,成立全省首个青年志愿者扶贫助学服务站。1997年12月3日,成立江西省高级职业学校青年志愿者协会。该协会成立后,在校团委的领导下,每年3月都会开展全校性的"雷锋月"系列活动;每周均有一至两次不等的阳光助老活动。2009年4月,学院团委被团省委、省青年志愿者协会授予"江西省青年志愿者服务贡献奖"。

江西中医学院青年志愿者协会 成立于1990年12月。该协会自成立以后,组织青年志愿者开展的主要活动有"爱心账号——废品收购"活动、"阳光伴我行"活动义务支教活动、"关爱他人——走进社区"活动、"爱心无限,真情再现"电影展、"八一驻我心"活动、艾滋病宣传活动、维护交通秩序、感恩节活动、敬老院活动以及聋哑学校活动等。

中电投集团江西分公司团工委 中电投集团江西分公司团工委长期开展志愿活动,组织团员青年开展关爱孤寡老人、帮扶贫困学子、美化社区环境、无偿献血等各类公益活动。尤其是"映山红"助学活动,在社会上引起强烈反响,得到广泛关注。该活动是2006年6月由国家电投江西公司团员青年发起的,以关爱失学儿童为主旨的公益行动。随着助学活动的深入推进,"映山红"品牌影响逐渐扩大。中央电视台《焦点访谈》节目组、新华社、《人民日报》、人民网、中国网、江西电视台、江西文明网等多家媒体对"映山红"做了深入采访或报道;2008 年,"映山红"助学活动入选"全国基层党建经典案例"和"全国基层党建巡礼"。至 2010 年,该公司在所属单位设立罗湾主站和南昌、景德镇、分宜、贵溪、赣州、鹰潭、新余 7 个分站,延伸引入峡江、抚州、鄱阳、赣南苏区等扶贫帮困地区支援点。2010 年,获团省委、省青年志愿者协会评选的全省第五届青年志愿者优秀组织奖、优秀项目奖和优秀个人奖。

洪都集团公司青年志愿者协会　成立于 1994 年 3 月。至 2003 年 6 月,该协会下辖 6 个分会,共有会员 1400 余人。为便于量化考核青年志愿者参加活动、履行义务的情况,该协会从 1996 年开始,在青年志愿者活动中引入"小时"制,建立志愿者活动信息反馈表,由青年志愿者的服务对象所在单位的党政领导和团组织对其参加服务的次数、活动内容、服务小时进行登记、确认。同时,要求每位志愿青年平均服务小时数不得低于 48 小时。公司团委将这一指标与团内所有荣誉的评比相挂钩。该协会自 1994 年至 2003 年上半年,共计组织大型便民活动 35 次,38426 人参加,为希望工程、灾区和公司特困职工捐款 205870 元,捐衣物 1880 件;组织青年志愿者开展各类岗位奉献、义务加班活动,累计志愿服务 78600 人次,服务小时达 12.6 万小时。公司拥有国家级青年志愿者先进个人 2 人、省级先进集体 2 个、省级先进个人 32 人。

第三节　学生联合会

江西省学生联合会

组织机构江西省学生联合会(简称省学联)成立于 1926 年 5 月 18 日,是江西省委领导下的全省高等学校学生会、研究生会和中等学校学生会的联合组织,接受团省委的指导和帮助。省学联承认《中华全国学生联合会章程》,作为团体会员参加中华全国学生联合会和省青年联合会。

至 2010 年,省学联共有主席团单位 32 个,委员会团体单位 74 个。省学联代表大会是省学联的最高权力机构。省学联委员会是省学联在代表大会闭会期间的最高权力机构。省学联实行主席团负责制,省学联主席团是省学联委员会的常设机关。省学联秘书处由省学联主席团聘任,由秘书长、副秘书长组成,是省学联主席团领导下的日常工作机构,执行省学联主席团的决议和决定,负责省学联日常工作,对外代表省学联。省学联下设办公室、思政引领部、研究生工作部、志愿服务部等 7 个部门。1991 年起,省学联实行执行主席驻会制度,执行主席负责领导学联各部门具体工作。

省学联的基本任务是发挥作为党和政府联系同学的桥梁纽带作用,在维护国家和全国人民整体利益的同时,表达和维护同学的具体利益;倡导和组织自我教育、自我监督、自我管理、自我服务,开展健康有益、丰富多彩的课外活动;增进各民族同学的团结,加强与港澳台同学的联系;发展同各国、各省学生和学生组织的友谊与合作。

历次代表大会1991 年 4 月 17—19 日,省学联第五次代表大会在南昌召开。出席大会的有正式代表93人,列席代表54人,特邀代表5人。省委书记毛致用等省领导及有关单位的负责人参加大会,并和全体代表合影留念。

大会一致通过武向阳所做的《在党的领导下,团结引导同学成为德、智、体全面发展的社会主义建设者和接班人》工作报告,讨论并修改《江西省学生联合会章程》。这次大会的主题是:遵循党的十三届四中、五中、六中全会精神,认真贯彻全国学联二十一大精神,按照教育面向现代化、面向世界、面向未来的要求,最广泛地团结和引导广大同学适应社会主义现代化建设和当代科学技术对人才的要求,勤奋学习,投身实践,全面发展。

大会选举产生由53所高校学生会组成的省学联第五届委员会。在省学联第五届委员会第一次会上,选举产生江西大学、江西师范大学、江西工业大学、江西农业大学、江西医学院、南方冶金学院、九江师专、江西电力学校、南昌十中等校学生会组成的省学联第五届主席团,江西师范大学武向阳为第一任执行主席。省学联第五届主席团第一次会议决定聘李建一任省学联秘书长。

2000年10月28—29日,省学联第六次代表大会在南昌召开。出席大会的有正式代表102人,列席代表41人。省委副书记步正发出席并代表省委、省政府讲话,省领导周述荣、王君、厉志成、王峰出席大会开幕式。

大会通过省学联第五届委员会所做的工作报告,讨论通过《江西省学联章程(修正案)》。大会的主要任务是:总结省学联第五次代表大会以来的工作,研究新形势下做好学联工作的新思路,听取省委领导讲话,确定以后5年省学联工作的基本方针,讨论修改省学联章程,选举产生省学联第六届委员会,进一步动员广大青年学生在"团结奋进 振兴江西"的实践中勤奋学习、锐意创新、奋发成才。

大会选举产生新一届学联领导班子,南昌大学学生刘佳惠子等11人当选为省学联主席团成员。

2006年4月24—26日,省学联第七次代表大会在南昌召开。出席大会的有正式代表164人,列席代表39人,特邀代表5人。省领导孟建柱、黄智权、傅克诚、吴新雄等在大会开幕前会见学联代表,王君参加会见并在开幕式上致祝词。

大会通过纪旭代表省学联第六届委员会所做的《肩负使命 开拓进取 为实现江西在中部地区崛起而奋斗》的工作报告,讨论通过《致全省广大青年学生的倡议书》。大会的主要任务是:总结省学联第六次代表大会以来的工作经验,研究和制定省学联以后5年的工作任务,表彰一批先进集体和个人,激励全省学生在"三个文明"建设中发挥作用,团结带领全省各界青年学生解放思想、艰苦奋斗、热爱江西、建设江西,为建设和谐平安江西,实现江西在中部地区崛起的宏伟目标而努力奋斗,并选举产生新一届省学联领导机构。

大会选举产生新一届学联领导班子,纪旭等17位同学当选为新一届省学联主席团成员。

主要活动科技竞赛活动。1991—2010年,省学联联合团省委开展以"挑战杯"大学生课外学术科技作品竞赛为龙头的科技竞赛活动。1991—2009年,江西大学生共参加10届全国"挑战杯"江西赛区的竞赛活动。在2003—2007年间的3届竞赛活动中,全省共有12万人次在校大学生参加"挑战杯"竞赛,收到省级参赛作品1810件,推荐参加全国"挑战杯"1012人次,2007年举办的第10

届竞赛,取得历史性突破,江西向全国推报的 28 件作品中获一等奖 12 项,二等奖 5 项,三等奖 16 项。

大中学校学生社会实践活动。1995 年 6 月 18 日,省学联联合团省委、省教委印发《关于组织好 1995 年江西省大中学生志愿者义务扫盲及科技文化服务行动的意见》;是年暑期,全省近 10 万大中学生组织 1000 支扫盲志愿者服务队和 400 余支科技文化服务队,沿京九线和吉安地区"百点百县百乡"扫盲示范协作区为重点,辐射 1000 个扫盲村庄,全面开展"科技传百乡·千队扫万盲行动",涌现出一大批先进单位、先进服务队和个人;其中南昌大学赴高安市、景德镇市志愿者队伍等 4 个队受到全国表彰,是年 12 月,团省委、省学联获全国志愿义务扫盲与科技文化服务行动组织工作奖。1999 年 6 月 7 日,省学联与省委宣传部、省教育厅、团省委联合印发《关于开展大中学生志愿者暑期文化科技卫生"三下乡"活动的通知》,在 1997—2010 年连续开展 14 年的"三下乡"活动中,全省每年参加活动的学生人数都在 1 万以上,2003—2007 年,全省共组织 600 支重点团队开展社会实践活动,建立服务点 806 个,为农村建设提供合理化建议 7520 条,建立较为稳定的大学生社会实践基地近 500 个,吸引全省 60 余万人次青年学生积极参与。

"一助一"志愿服务。1994 年 4 月 1 日,团省委、省学联、省青联发出《关于组织实施中国青年志愿者"一助一"长期服务计划的通知》。从 1995 年起,全省大中学生通过签订协议、建立基地等形式,开展进社区援助计划,每年都有万名以上学生利用寒暑假、双休日、节庆日和课余时间送温暖,深入社区广泛开展扶危济困、义务家教、医疗保障、法律咨询等志愿服务。2006—2009 年间,南昌航空大学志愿者协会和各校属学院先后与南昌市系马庄、江岭花园、东湖巷等 10 多个社区,通过签订区校共建协议和共建志愿服务基地的方式,为社区稳定提供结对长期志愿服务行动。华东交通大学志愿者协会自 1996 年成立后,在实施"一助一"长期服务行动中,先后与南昌市 16 个社区建立援助式服务基地,开展科教、文体、法律、卫生"四进社区"的服务;2004 年,该校新增注册青年志愿者 2400 余人;2007 年,学校加强社区青年志愿者服务站点和服务团队的建设,在开展"真情促和谐"等主题和常规志愿性服务基础上,紧密结合学校学生专业特色和地方居民需求,形成电器门诊、支教助学、软件技术支持等一批项目化特色志愿服务品牌。

文化活动。1991—2010 年,省学联和各地市学联以及全省各大中学校学生会,在"第二课堂"中,根据现代教育各学科相互渗透、交汇发展的趋势,加强对社团的建设和管理。据统计,在 20 世纪 90 年代初,全省大中学校有学生文学社、艺术团、读书会、航模协会、诗歌朗诵会和学科兴趣小组等共计 1 万余个。每逢"五四青年节"、党团重要会议召开和重要纪念日,各大中学校学生会以及社团组织都会以各种形式开展丰富多彩的校园文化活动。2005 年 4 月 29 日,举办"红色青春——高举团旗跟党走"全省大学生"五四"文艺晚会;是年 9 月 11 日,为纪念中国人民抗日战争暨世界人民反法西斯战争胜利 60 周年,在南昌大学举办全省大学生歌咏比赛。2006 年,全省各地大学生以合唱的方式纪念红军长征胜利 60 周年。自 2005 年起,省学联和团省委联合开展以大学生文化艺术节、校园歌手大赛等为主要内容的校园文化活动。2005—2007 年共举办两届大学生社团文化艺术节,在大学生社团文化艺术节的推动下,至 2007 年底,全省普通高校共有近 2000 余个学生社团,有 77.1% 的在校学生参加大学生社团的各项活动。

设区市学联组织

南昌市学生联合会　1997年5月29—30日,南昌市学生联合会第七次代表大会在南昌举行,会议选举产生南昌市学联第七届委员会主席、副主席和秘书长。南昌市学联第七届委员会由27个会员团体组成。

九江市学生联合会1991—1996年间,九江市学联工作主要由九江市学联第六届委员会及其学联秘书处负责。1996年,召开第七次九江市学生联合会代表大会,大会选举产生九江市学联第七届主席团,并选举秦岭为九江市第七届九江市学联主席。

景德镇市学生联合会　1992年12月,景德镇市学生联合会第二次代表大会召开,会议选举产生景德镇市学生联合会第二届委员会主席、副主席和秘书长。2001年12月,景德镇市学生联合会第三次代表大会召开,会议选举产生景德镇市学生联合会第三届委员会主席、副主席和秘书长。

萍乡市学生联合会　萍乡市学生联合会成立于1996年5月18日。萍乡市学联代表大会是萍乡市学生联合会的最高权力机关。萍乡市学联委员会是萍乡市学生联合会市学联代表大会闭会期间的最高权力机关。萍乡市学联实行主席团负责制,萍乡市学联主席团是市学联委员会的常设机关。截至2010年,萍乡市学生联合会共有主席团单位5个,委员团体单位74个。

新余市学生联合会　1991年10月4—6日,新余市学生联合会第二次代表大会召开,出席大会的代表有34人。大会选举产生新余市学生联合会第二届委员会会员团体15个,选举产生主席团单位5个,选举刘柏松任第二届主席团第一任执行主席,经执行主席提名,黎明任新余市学生联合会第二届委员会秘书长。

鹰潭市学生联合会　1998年9月,鹰潭市学联第二次代表大会召开,大会选举产生第二届学生联合会执行委员9人,选举徐锋为鹰潭市学联主席。鹰潭市学联第三次代表大会于2004年5月12日召开,出席大会正式代表80人、特邀人员10人、列席代表参加10人。鹰潭市委副书记董企生出席并发表讲话。大会选出鹰潭市第三届学生联合会执行委员11人,选举叶葱为市学联主席。

赣州市学生联合会　2003年9月13—14日,召开赣州市学生联合会第一次代表大会,出席大会的有正式代表80人。大会选举产生林昊为赣州市学生联合会第一任执行主席,肖池平、计建明、黄福秀、陈辰、李政为副主席,刘洪梅为赣州市学联秘书长。

宜春市学生联合　2001年9月,召开宜春市学联第一次代表大会,出席会议的代表100人,会议选举产生宜春市学联第一届委员会第一任执行主席、副主席和秘书长。

上饶市学生联合会　2002年5月16—17日,召开上饶市学生联合会第一次代表大会,出席大会的有正式代表100人、列席代表28人、特邀代表4人。大会选举产生由25所学校学生会组成的市学联第一届委员会。在上饶市学联第一届委员会第一次会上,选举产生上饶师范学院等11所学校学生会组成的上饶市学联第一届主席团,上饶师范学院吴剑文为第一任执行主席。

吉安市学生联合会　2002年5月30—31日,召开吉安市学联第一次代表大会,出席大会的有正式代表85人,列席代表14人。大会选举产生由23所学校学生会组成的吉安市学联第一届委员会委员团体。在吉安市学联第一届委员会第一次全体会议上,选举产生井冈山师范学院等9所学校学生会组成的吉安市学联第一届委员会主席团,井冈山师范学院吴质荣为第一任执行主席。

抚州市学生联合会　2004年4月29—30日,召开抚州市学生联合会第一次代表大会,出席大会的有正式代表57人,列席代表10人。大会选举产生由20所学校学生会组成的抚州市学联第一届委员会。在抚州市学联第一届委员会上,选举产生抚州职业技术学院、江西中医药高等专科学校、崇仁师范、抚州市技工学校、抚州一中、临川一中、临川二中、金溪一中、玉茗中学等校学生会组成的抚州市学联第一届主席团,江西中医药高等专科学校李喜秋为第一任执行主席。

第四节　少年先锋队

江西省少年先锋队

组织机构中国少年先锋队江西省工作委员会(简称省少工委)于1986年10月成立。省少工委是经省政府批准的全省少先队工作领导机构,是江西共青团组织领导江西少先队的常设机构,业务上听从中国少年先锋队全国工作委员会(简称全国少工委)指导。其宗旨是以共产主义精神教育少年儿童,引导他们听党的话,刻苦学习,锻炼身体,立志为祖国社会主义现代化建设做贡献,做共产主义事业的接班人。省少工委实行团体委员制,其委员为团体委员单位的成员。省少工委设名誉主任、主任、副主任、秘书长、副秘书长,常设工作机构为省少工委办公室,是团省委的一个职能部门,其主要职责是及时传达贯彻全国少工委的指示精神,具体实施省少工委提出的各项任务,协调处理全省少先队工作有关问题,不断优化全省少先队工作的外部环境,维护少年儿童的权益,培养跨世纪的社会主义事业接班人。

1991年,全省各地团队组织,按照省少工委的部署,继续组建县级少先队工作委员会。至1992年6月,南昌、九江、景德镇、萍乡、鹰潭、新余等6个地级市以及全省的绝大多数县(市、区)成立了少工委,少数县(市、区)暂时还没成立少工委的,其少先队工作也有专人负责,并由县(市、区)团委和教委的有关科室具体协调。

20世纪90年代,赣州、宜春、上饶、吉安、抚州五个地区一级行政机构,因属省政府的派出机构,故按有关文件精神,均没有成立少工委,到21世纪初,随着五地行政机构的撤地设市,在2001年至2002年均成立少工委组织。

历次代表大会1993年10月19—21日,中国少年先锋队江西省第二次代表大会在南昌召开。大会听取、审议省第一届少工委工作报告,听取省有关领导的重要讲话,表彰一批少先队工作先进集体和个人,选举产生省第二届少先队工作委员会。在省少工委二届一次全委会上,省教委副主任王文才当选省少工委名誉主任。

2000年3月25—26日,中国少年先锋队江西省第三次代表大会在南昌滨江宾馆召开。江西省教委副主任王占铭致开幕词,省妇联主席魏小琴致贺词,团省委书记潘东军作《坚持全团带队　迎接世纪挑战》讲话；团省委副书记钟志生向大会作《面向新世纪　服务少年儿童　努力开创全省少先队工作的新局面》工作报告。大会做出《关于深化雏鹰行动推进素质教育的决议》，表彰一批优秀少先队员、优秀少先队辅导员和少先队先进集体。大会选举产生省第三届少先队工作委员会。省少工委由团省委、省教委等有关部门和各地、市团委少年工作专职干部35人组成。在省少工委三届一次全委会上，团省委副书记钟志生当选省少工委主任，省教委普教处处长余印根、省教委政教处处长万普海和团省委少年部副部长陈琳（女）当选省少工委副主任。

2006年6月1—2日，中国少年先锋队江西省第四次代表大会在南昌江西饭店召开。会前全体代表参观"八荣八耻"少儿书画展及"童心江西秀"书画展，并观摩"八荣八耻"主题队会。大会宣读了省委书记孟建柱《六·一寄语——致全省少年儿童的一封信》和全国少工委贺信。会上，省委副书记王君致祝词，大会对全省"十佳少先队辅导员""十佳少先队员"进行表彰。团省委副书记、省少工委主任梅亦作省第三届少工委工作报告。大会选举产生省第四届少先队工作委员会。在省少工委四届一次全委会上，王占铭当选省少工委名誉主任，梅亦（女）当选省少工委主任，杨慧文（省教育厅基础教育处处长）、汪立夏（省教育工委宣传部部长、社政处处长）、康茹（女）（团省委少年部部长）当选省少工委副主任。

设区市少年先锋队

南昌市少工委　中国少年先锋队南昌市工作委员会（简称南昌市少工委）成立于1988年6月1日。1988年6月召开南昌市第一次少先队代表大会，选举产生南昌市第一届少工委，周晓为南昌市少工委主任。1991—2010年，南昌市少工委相继开展"手拉手""中国少年儿童平安行动""小啄木鸟记者团""小青苗宣讲团""少年军校""十佳少先队员""鼓号队、管乐队风采展示大赛"等主题活动以及夏令营、风采展示比赛和评选表彰，成功创建一批省、市级"红领巾示范校""优秀大队""红旗队室"等，经常性举办全市少先队辅导员交流培训，制定《南昌市少先队辅导员管理办法》，推动南昌市少先队事业发展。

开展"手拉手"活动。1997年，百花洲小学五（4）中队第一雏鹰假日小队等20支雏鹰假日小队获"全国文明雏鹰假日小队"称号。罗文敏、姜芸分别获得"全国好儿童好少年""全国手拉手好少年"称号。从2000年起，开展"城市少年儿童与进城务工农民工子女手拉手行动"，在关心、爱护、帮助农民工子女健康成长方面献出一份爱心。

进行革命传统教育。从2005年起，南昌市少工委组织开展"民族精神代代传""缅怀革命先烈""网上祭英豪"等革命传统教育活动，吸引全市120余万少先队员参与，引导少年儿童树立民族自尊心和自豪感；组织开展"红领巾心向党""我与祖国共奋进"等爱国主题教育活动，2000余场活动160余万少先队员参与，灌输培养少年儿童对党和社会主义祖国的朴素感情；组织开展"争当四好少年""争做十佳少先队员""争做美德少年"等创先争优教育活动，涌现出勇救邻居的小英雄夏娟、与歹徒搏斗的魏安等榜样人物。自2005年起，开展"我和我的家乡——红色之旅"活动，吸引120余万少年儿童参加，宣传了南昌市"红色故乡"的丰富资源，帮助少年儿童更好地认识到自己的家乡,更好地了解南昌市革命历史和民族历史。

创办少年军校。1990 年,南昌团市委联合南昌军分区创办江西省第一所少年军校。新世纪开始的 10 年,南昌团市委在相关部门的支持下,不断深化少年军校品牌建设,既有寒暑假集中式、封闭式的培训,也有进校园每周一课的常态活动。集中训练是每年寒暑假与部队合作,挑选 100～200名优秀少先队员开展为期 1 周的封闭式军事化锻炼,锻炼健康体魄,增强自理能力,培养独立精神。到 2010 年,共开展 20 多期暑期少年军校,培训学生 2000 多人。少年军校进校园是在全市 100 所学校推进每周一堂军事课,通过政府购买服务的方式,组织社会组织的专业人士每周进校园对少先队员们进行国防教育、军事训练、心理辅导和安全教育。

开展回收废品活动。1998 年,南昌市少工委开展"捡回一份希望,创造一个奇迹"活动,组织全市少先队员收集废品,变废为宝。5 月 27 日是活动回收日,举行了回收仪式,筹集资金 7000 元。该活动在全国范围内,筹集资金 20 万元,在安义县万埠镇桃花村兴建全国第一所手拉手环保学校。

打造五红阵地。2009 年,为探索基层团组织建设新形式,在南昌师范附小建立互联网全国少先队试点单位,立足活动育人,打造以红领巾电影院、红领巾电视台、红领巾双语广播电台、红领巾阅览室、红领巾艺术画廊"五红阵地"。

九江市少工委 中国少年先锋队九江市工作委员会(简称九江市少工委)成立于 1989 年。1991—2010 年,九江市少工委相继开展"民族精神代代传""手拉手""十佳留守儿童自强之星""中国少年儿童平安行动""少年军校"等主题活动。

开展"手拉手"活动。1992 年,为迎接第六届全国屈原杯·中国国际庐山杯龙舟邀请赛,九江市少工委在全市少先队员中开展红领巾"小天鹅"行动,通过开展"我为龙舟赛献一盆花""给远方的亲朋写一封信""红领巾礼貌大使""蔚蓝的南湖、洁净的古城"、红领巾"手拉手"龙舟赛宣传 90天等活动,进行宣传、推介和服务活动。1995—1999 年,以"手拉手"为重点的创"五星雏鹰"行动成为全市少先队组织的主导性活动。全市共有 20 余万名少先队员参加这一活动,800 余所学校与外校建立"手拉手"关系;建立"手拉手"书屋 380 多个。九江市少工委于 1995 年获得全国少先队"手拉手"活动优秀组织奖。2005 年,九江县少工委以结交一个好朋友,互写一封信,互赠一张友谊卡,共度一个周末,同争一枚"雏鹰奖章"为形式和载体,针对城市儿童与农村留守儿童和进城务工人员子女,组织开展"同在蓝天下 健康共成长——共建和谐江西"手拉手活动,结成 15 对。

组织开展捐款活动。2008 年 5 月,九江市少工委在全市各级少先队组织开展"手拉手情系地震灾区小伙伴"主题活动。全市少先队组织向四川省小金县的少年儿童送去节日问候和礼物,并以书写结对卡、友情书信等方式将九江地区的少先队员的问候寄往四川省小金县 22 所中小学校。此次活动受到媒体的大力关注,《江西日报》7 月 18 日头版对此次活动进行报道。2010 年,中国西南地区遭遇历史罕见的特大旱灾;4 月 14 日,青海玉树发生 7.1 级地震,九江团市委按照九江市委、市政府和团省委的统一部署,在少先队员中开展"心系灾区爱心"的捐款活动,收到来自市直各小学少先队员捐款 26712.4 元。

开展"新世纪我能行"等活动。2000—2005 年,围绕科技兴市战略,推进青少年素质教育,组织开展"少年雏鹰行动""新世纪我能行""新世纪青少年读书计划""红领巾乡村文明理事会""星星火炬"奖章评选活动和全市"十佳""百优"辅导员评选表彰活动。

评选"十佳留守儿童自强之星"。2006—2010年,开展"十佳留守儿童自强之星"评选、"祖国发展我成长我与祖国共奋进""展示自我风采争当四好少年"主题教育,并创作励志歌曲《鄱阳湖畔好少年》广泛传唱。

景德镇市少工委 中国少年先锋队景德镇市工作委员会(简称景德镇市少工委)成立于1987年。

开展"雏鹰行动"争创活动。1994年,景德镇市少工委在全市小学生中开展以"五自"(自学、自理、自护、自强、自律)为内容的"雏鹰行动"争创活动,全市有两个少先队大队获"全国雏鹰大队"称号,4名同学获"全国雏鹰"一级奖章。1998年,举办"跨世纪雏鹰行动",形成以城市学校为龙头,以各级团队为纽带,以少年儿童为主体,城乡互助、基层活跃的格局,重点开展"五自"学习竞赛、"科技启明星""手拉手情系贫困小伙伴""手拉手联谊互助"等活动。其中,有8所学校大队部受到全国少工委表彰。2000年,全市少先队组织开展"五自"学习竞赛,并在广大城乡少先队中开展争获"雏鹰奖章"消防章活动,各校成立"消防章"训练基地,5月12日,团省委、省消防总队、省少工委在铁路小学召开全省少年儿童争获雏鹰奖章"消防章"现场会。2008年,举行全市中小学生陶艺作品大赛、手工模型制作大赛,培养学生动手动脑的能力。

开展奉献爱心活动。1996年,组织少先队员代表到老红军、老干部家进行慰问。2008—2010年,分别组织学生为汶川、玉树、舟曲灾区的少年儿童捐款、捐物。组织学生走进社区、福利院开展红领巾献爱心活动。同时,组织城市学校与农村学校开展"城乡少年手拉手,优势互补共同前进"活动,长期组织开展"情系弱势儿童"活动,让孩子们感受到温暖。2009年,启动"爱心照耀小小心愿"大型公益活动,点燃爱心温暖的火苗。

开展"手拉手"活动。1997年,景德镇市属各学校开展"手拉手联谊互助"活动。其中,景德镇市第二十一小学、市第十一小学、市第十四小学等学校分别与昌江区农村小学结对,开展各种形式的"手拉手联谊互助"活动。1998年,围绕"同在蓝天下,我们共成长"活动主题,在全市少先队组织开展"手拉手助残"活动和"手拉手情系灾区小伙伴"活动,全市共结成"手拉手"学校28所,结成"手拉手"小伙伴两万余人。2000年,通过"手拉手城乡少年互助活动",发动城市和经济发展较好的农村少先队员向贫困地区的小伙伴捐赠书本和学习用品,通过"手拉手红领巾助残"活动,带动健康的和有残疾的少年儿童手拉手,通过"手拉手捡回一个希望,还母亲河一片绿色"主题教育活动,在全市多处绿地建立"红领巾绿色文明园"。全市共结成手拉手学校100余所,同时带动辅导员、家长和学校之间的手拉手结对。

组织对外交流。1998年7月,组织"手拉手相聚香港夏令营"活动,景德镇市有34名中少先队员参加,活动历时1周,通过活动,使青少年开阔视野,加强香港与内地青少年交流。1999年8月8—10日,日本濑户市中学生赴景访问团到景德镇市进行友好访问。2002年8月10—15日,首届全国中小学生陶艺夏令营在景德镇举行。

萍乡市少工委 中国少年先锋队萍乡市工作委员会(简称萍乡市少工委)成立于1989年6月1日。萍乡市少工委于1995年10月和2003年10月,分别召开第二次、第三次少先队代表大会,选举产生第二届、第三届少工委。1991—2010 年，萍乡市少工委相继开展"五自""手拉手""创五星雏鹰行动""少年警校""中国少年儿童平安行动""十佳少先队员"等主题活动。

开展"学赖宁"系列活动。1991 年 1 月，萍乡市少工委开展"学赖宁"系列活动，其中，"学习赖宁好榜样，誓做党的好孩子"少先队员演讲赛有 12 万少先队员参加。至 1993 年，萍乡市 100% 的少先队员都熟知赖宁事迹，"赖宁精神"深入到每个队员的心中，95% 以上学校经常开展"学赖宁"主题活动，80% 以上的少先队大队实现"五有十率"标准，70% 以上大中小队成为快乐的优秀集体，4人获"中国好少年"称号，9 个少先队组织获"全国学赖宁先进集体"称号。

实施"创五星雏鹰行动"。1995 年 4 月，萍乡团市委、萍乡市少工委成立"创五星雏鹰行动"领导小组，制订以"五自"学习实践活动和"手拉手"互助活动为主导的实施计划。全市各级少先队组织踊跃参加，至 1996 年底，全市城镇和农村参加率基本达到 80% 和 55%。其间，涌现出一大批优秀少先队员和先进集体，有 2 名少先队员获"全国一级雏鹰奖章"，4 个少先队大队获"全国雏鹰大队"称号，萍乡市少工委被评为全省少先队工作先进单位。从 1997 年起，萍乡团市委、萍乡市少工委在全市少先队中先后开展少年警校、消防安全行、"三独"竞赛、夏令营等少先队活动，使"创五星雏鹰行动"得以深化拓展。2004 年 7—8 月，分 5 期举办第三届"少年警校吃苦夏令营"活动，共有500 多名小学生参加。2005 年，进一步深化"中国少年雏鹰行动""少年警校吃苦夏令营"，萍乡市少年军校在第五届全国少年军校检阅式被命名为"全国少年军校示范校"。2006 年，继续深化"雏鹰争章"活动，全面贯彻《雏鹰争章实施细则》，以"平安行"雏鹰争章体验教育活动为载体，组织开展"平安行"活动，举办第四届"少年警校吃苦夏令营"活动，800 余名少先队员参加活动。

进行爱国主义教育。2005 年上半年，萍乡团市委组织部分中小学生在安源开展寻找"安源儿童团足迹"活动。2008 年 10 月 13 日，以"红领巾的摇篮"为主题，在全省首次举办少先队建队日文艺汇报演出，举办"安源小子杯"红领巾风采大赛，共有 500 余名少先队员、少先队辅导员参赛。

庆祝少先队建队 60 周年。2009 年 10 月 9—10 日，省少工委举办中国少年先锋队建队 60 周年大会，大会在中国第一个少年儿童革命组织的发源地——安源儿童团的故乡举行，大会由团省委、省少工委、萍乡团市委联合举办，以晚会的形式邀请中部 6 省以及周边地市少先队组织到萍乡安源，共同庆祝中国少年先锋队建队 60 周年。晚会邀请央视著名主持人鞠萍主持，整台晚会分为红色的思念、金色的年华、蓝色的畅想三个篇章；晚会上，播放专题片《红领巾的摇篮》，并以舞蹈、配乐诗朗诵等形式传颂安源儿童团的事迹，宣传安源儿童团在中国革命史上的重要地位，激发少年儿童爱祖国、爱人民、爱生活的热情，并邀请中部 6 省以及周边地市少先队组织参加"百万青少年游江西"活动。

新余市少工委　中国少年先锋队新余市工作委员会（简称新余市少工委）成立于 1992 年 6 月。

1988—1992 年，新余市少工委组织全市少先队组织，开展"学赖宁、学十佳"英模活动。1991 年六一儿童节期间，新余市少工委组织全市少先队组织举办"学党史、忆赣史、誓做党的好孩子"活动。1992—1995 年，新余市少工委组织各小学少先队大队聘请校外辅导员、老红军、老革命不定期进行爱国主义和革命传统教育。1999 年，新余市少工委以实施《新余市学校共青团工作条例》为契机，全面加强学校团队工作，少先队员"手拉手"结对新增 2000 余对，组织 6000 余名少先队员参加全省

"邮政杯"书信赛。2001年,新余市少先队员"手拉手"结对1万余对。2002年,新余市少工委继续通过校校联谊、少儿结对、辅导员结对,举办暑期军事夏令营等形式,广泛开展援建手拉手书屋、"新世纪我能行"少儿体验等活动,继续呈现出全市以城市为主导,学校为主体,少先队干部为纽带,立足本市,网络城乡的学校少先队工作新格局,全市少先队员"手拉手"结对1万余对。是年,新余团市委组织一批优秀少先队辅导员赴沿海地区交流学习。2004年,新余市少工委结合少先队建队55周年,开展"国旗下成长""缅怀革命先烈、弘扬民族精神"等主题队会,"六一"期间,组织全市少先队组织开展书法、美术、文艺会演、知识竞赛、读书讲座等少年文化活动,并继续深化"新世纪我能行"体验活动,年底,新余团市委协助中央网络影视中心和广东大和影业公司拍摄反映现代中国少年儿童精神风貌的电影《会说话的风筝》。2005年,长青小学与上海、英国、日本的3所小学结成友谊学校。2006年,新余市少工委进社区工作逐步深入,全市少先队活动进一步拓展,不断建立和健全中小学校的队室、青少年之家、鼓号队、红领巾图书室、红领巾广播站等少年活动阵地,开展"红领巾文化节",举办全市少年儿童书信大赛,打造全市少先队品牌活动。

实施"创五星雏鹰行动"。1997年,在新余市全面实施"创五星雏鹰行动",增强少年儿童的自学、自理、自护、自强、自律能力。2000年,6000余名青少年学生参加全省"邮政杯"书信赛,新余市少工委被评为全省"创五星雏鹰行动"优秀组织单位;是年,新余市少工委组织全市少先队组织深化"创五星雏鹰行动",开展争获雏鹰奖章"消防章"活动,新余团市委和新余市公安消防支队联合举行全市少年儿童争获雏鹰奖章"消防章"现场观摩会暨赠书仪式。2001年,以争获雏鹰奖章"消防章"为重点,继续深化"创五星雏鹰行动"。

开展"手拉手"活动。1996年,新余市少工委重视发挥少先队组织的作用,组织全市少先队开展手拉手互助活动。1997年,以"手拉手"为重点的"创五星雏鹰行动"和社会实践活动取得进展,少先队员"手拉手"结对1000对。1998年,新余市少先队员"手拉手"结对总数达1万余对;是年,以"手拉手"为重点的"创五星雏鹰行动"促进少先队"手拉手"结对数千对;11月,在新余市首届辅导员技能技巧比赛中,新钢一小杨玮、分宜一小张琴受到团省委和省少工委表彰。1999年,新余市"手拉手"结对总数达1万余对。2000年,少先队"手拉手"结对新增2000余对,组织千余名少先队员参加全省"邮政杯"书信赛,被评为全省"手拉手"互助活动先进单位。2002年,通过校校联谊、少儿结对、辅导员结对、援建"手拉手"书屋、少年军校等形式,形成以城市为主导、学校为主体、团队干部为纽带,立足新余市,网络城乡的学校团队工作格局,全市少先队"手拉手"结对1万余对。2007年,新余市少工委在全市少先队组织开展"少年税校""少年模拟法庭"等特色体验教育活动,关注农村留守儿童,通过开展城乡少年儿童、城市少年儿童和进场务工农民工子女、非留守儿童与留守儿童等一系列"手拉手"活动,以"一助一""多助一"形式,关心农村贫困少年儿童健康成长,全市城乡少年儿童"手拉手"结对200余对,在全市各中小学开展"捐一本好书,献一份爱心"为主题的向留守儿童捐赠图书活动,共捐赠图书两万余册,并在留守儿童集中的农村小学建立"爱心书屋",为少年儿童提供精神食粮和健康成长的良好环境。

开展主题教育活动。为做好青少年思想政治教育,新余市少工委围绕"实现宏伟蓝图,做好全面准备",通过开展队旗、队徽、队礼、入队仪式教育和主题队会,以中华人民共和国成立55周年、邓小平诞辰 100 周年,建队 55 周年为契机,开展"国旗下成长"和"读小平理论,学小平精神"主题活动。

鹰潭市少工委 中国少年先锋队鹰潭市工作委员会(简称鹰潭市少工委)成立于 1987 年。是年 9 月,召开鹰潭市第一次少先队代表大会,选举产生鹰潭市第一届少工委。1994 年,召开鹰潭市第二次少先队代表大会,选举产生第二届少工委。2000 年 10 月,召开鹰潭市第三次少先队代表大会,选举产生第三届少工委。

1991—2010 年,鹰潭少工委相继开展"启明星科技活动""学雷锋、学熊云清、学赖宁、学刘东成,做四有新人""五自"学习实践活动、"手拉手互助活动""百花园文化艺术活动""新世纪少年雏鹰行动""假日文明小队"活动、"十佳少先队员""十佳少先队辅导员""十佳少先队志愿辅导员"评比等一系列主题活动、竞赛和评选表彰。经常性举办全市少先队辅导员交流培训和技能竞赛。其间,鹰潭市开展以科技和创造为主要内容的"启明星科技活动",以生存和发展教育为主要内容的"五自"学习实践活动,以团结互助为主要内容的"手拉手互助活动",以丰富多彩的文化艺术活动为主要内容的"百花园文化艺术活动",和深化劳动实践活动等五项主题性活动。以实践育人为基本途径,全面实施"新世纪少年雏鹰行动",深入开展"手拉手"活动,加大力度抓好社区少先队试点工作,整合资源,优化环境,大力培养少年儿童的创新精神,竭诚为少年儿童的健康成长服务。鹰潭市少工委通过评选"红旗大中队""红旗队室""争创优秀阵地化大中队"等形式,有力地促进少先队基础建设的稳步发展,全市建队率达 100%。同时,配备各级专兼职少先队工作干部和少先队辅导员,并在全省率先配备市总辅导员。80% 的城镇学校建有队室、广播站、自然实验室、图书室、板报宣传栏、各种实践基地,50% 的乡镇小学因地制宜地建起了队室、广播站、宣传栏、植物园等;60% 以上的完整小学建立鼓号队。在队伍建设方面,鹰潭市 60% 以上的辅导员参加各级各类培训,90% 以上大队辅导员按学校副教导主任以上级别配备、管理和使用。1996 年,少先队组织以"创五星雏鹰行动"为抓手,通过开展"手拉手""五自"竞赛等活动,培养当代少年儿童自理、自学、自护、自强、自律能力,在全国少代会上,鹰潭团市委被团中央、全国少工委授予少先队工作先进工作单位、雏鹰行动达标基地称号。

组织开展演讲比赛等活动。2006 年,在全市开展少儿绘画大赛,"争当合格小公民"演讲比赛,"爱我鹰潭——我是中国少年报小记者"夏令营,组织 400 多名少先队员参观上饶集中营和方志敏烈士纪念馆。

实施"创五星雏鹰行动",开展"雏鹰假日小队"活动。1996 年 10 月,鹰潭市少工委创建少年军校——鹰潭市第一小学银鹰军校,并作为全省唯一一支代表队进京接受国防部部长迟浩田检阅,并获队列、野外竞技、军事知识 3 个单项奖和 1 项综合奖,同时被团中央、国家教委、解放军总政治部联合命名为"全国先进少年军校"。同时,团省委、省教委、省少工委还将其命名为全省 10 个"创五星雏鹰行动"教育基地之一。鹰潭电视台以纪实的手法拍摄的反映银鹰少年军校的专题片《蓝天的希望》,先后在鹰潭电视台、江西电视台和中央电视台一套、四套和七套多次播出。2000 年,围绕"创五星雏鹰行动",组织少儿"三独"及讲故事比赛,争获"消防章""星星火炬,代代相传"迎接新世纪等主题教育活动。广泛开展"雏鹰假日小队"建设活动,鹰潭市共有 6 个少先队获"全国文明雏鹰假日小队"称号,7人获"全国手拉手好少年"称号,近10人获"全国百名好少年好儿童"称号,10个大队获"全国雏鹰大队"称号;有3人获团中央、全国少工委颁发的"星星火炬章",15个大队和中队获省级"手拉手互助先进集体"和"先进中队"称号。鹰潭团市委、鹰潭市少工委先后被团中央、全国少工委授予"雏鹰行动"达标基地、"全国少先队工作先进单位""全国红领巾读书读报先进集体""全国劳动时间组织工作先进单位"称号。余江团县委获"全国跨世纪中国雏鹰行动达标先进单位"称号。

开展"手拉手"活动。2003年,组织市直小学少先队员到画桥镇开展"城乡少年手拉手"活动。2005年,以"民族精神代代传""建设小康社会,做好全面准备"等主题教育活动为载体,开展"争当合格小公民"演讲比赛、"爱我鹰潭——我是中国少年报小记者"夏令营,组织400多名少先队员参观上饶集中营和方志敏烈士纪念馆,邀请龙虎山消防希望小学的40名少先队员到鹰潭市第七小学开展"城乡少年手拉手、健康快乐过六一"等活动。2007年,中秋节邀请50名余江中童小学小朋友到逸夫小学,开展"手拉手"结对,互赠礼物。是年,举办"留守不孤独,真情手拉手"结对帮扶活动。

赣州市少先队 中国少年先锋队赣州市工作委员会(简称赣州市少工委)成立于2001年9月27日。2001年9月和2008年1月,分别召开赣州市第一次、第二次少先队代表大会,选举产生第一届、第二届少工委。

1991—2010年,赣州市少工委相继开展学优秀榜样、"创五星雏鹰行动""雏鹰争章活动""夏令营""争创红领巾示范学校""手拉手"和夏令营等活动。

2005年,以体验教育形式,开展"诚信我能行"十个道德好习惯的培养,"建设新赣州小公民五小教育""民族精神代代传"和"雏鹰争章"活动。以"大手拉小手""城乡结对"等形式,开展"手拉手"活动;通过活动的不断深入,密切城乡儿童之间的友谊,加深他们对国情、乡情、社情的了解;"六一"前夕,选派10名少先队辅导员、少先队员分别赴北京、南昌参加"手拉手"活动,得到王兆国等中央领导的接见;"六一"期间,赣州市少工委联合赣州市教育局表彰优秀少先队员100人,优秀少先队小干部、优秀少先队辅导员各50人;是年,赣州市少工委以常规工作为抓手,做好少先队组织工作,以团建带队建的工作思路,不断加强红领巾示范学校的建设,构建少先队有效的组织机制,在班队中开展"举队旗,唱队歌,敬队礼,学队章,过队日"的教育活动;暑期,赣州团市委开展"大手拉小手,两地共成长"好书捐赠活动,让5000余名大中学生与贫困山区的中小学生结对子,开展互帮互助活动;暑期,组织50个辅导员赴复旦大学培训,学习先进经验,实现教育理念、管理理念与先进地区的有效对接。

2007年,加强县(市、区)少工委的能力建设,把县(市、区)少工委建成农村基层少先队组织的指挥部、动员部、保障部。积极加强乡镇中心学校少先队组织建设,按照有组织、有阵地、有活动、有队伍、有机制、有特点的基本标准,健全中心学校少先队大队。根据各村小和教学点少先队员数量的多少,相应组建少先队大队、中队和小队,把全体农村少年儿童都吸收到少先队组织中来,并引导他们参加少先队的活动,在组织中受到教育。各级少先队组织按照《少先队辅导员工作纲要(试行)》的要求,从配齐配强县(市、区)少先队总辅导员、乡镇中心学校大队辅导员入手,重点抓好中队辅导员队伍的建设。狠抓农村辅导员的培训,通过城乡联动送课上门、远程教育等方式,帮助农村少先队辅导员掌握少先队工作的基本要求和主要内容。重点加强对中队辅导员的培训工作,培养一批骨干中队辅导员,提高农村少先队辅导员的综合素质。开展树立社会主义荣辱观、校园文化节、暑期"夏令营"和"手拉手关爱留守少年儿童"等丰富多彩的活动,开展"红领巾示范学校"的创建和全市"十佳少先队员""十佳文明少年"和"十佳少先队辅导员"的评选活动。

2008年,召开赣州市第二次少先队代表大会和赣州市少工委二届一次全会,全市少先队工作体制机制进一步健全完善。切合新农村建设工作,举办"服务新农村大手拉小手,联通希望书库"捐赠活动,共捐赠书籍2.5万册,开展"区校合作,共建和谐"社区志愿服务活动,全市中小学生与城市社区、新农村建设点结成志愿服务对子500余个。是年,组织开展全市少先队辅导员培训班暨少先队辅导员技能技巧比赛,选拔优秀少先队工作者参加全省少先队工作者培训班学习和出外考察,赣州市一中禄曼被评为江西省首届"十佳中学生",赣州市三中罗开颜获江西省首届"十佳中学生"提名奖。赣州市各地广大少先队组织广泛深入开展"红铃铛"法制教育、少年儿童书信文化、暑期"三下乡""夏令营"等一系列独具特色的青少年活动。

开展"学全国十佳少先队员"活动。1998年3—8月,在学"全国十佳少先队员"活动中,赣州地区共选出300余篇读书文章参加全国评选,其中赣南师院附小罗恩杰、兴国县潋江中学江臣慧、安远县鹤子中学郭明获国家一等奖,赣州团地委被全国少工委、中国少年报社授予优秀组织奖;11月,赣州团地委组织开展首届全市少先队鼓号队演奏录像比赛,并选送两个学校参加全省比赛,兴国县实验小学获全地区优秀奖,赣县城关小学、于都城关小学、寻乌县东门小学受到地区表彰。

争创红领巾示范学校。1999年,在中华人民共和国成立50周年之际,赣州团地委发动近10万名大、中、小学生参加"江西邮政杯"学生书信有奖竞赛,激发广大青年学生的爱国主义热情;12月,开展首批全市红领巾示范学校的评选活动,其中章贡区白云小学等15所学校被评为全市红领巾示范学校,并于2001年1月正式命名。2000年12月,赣州团市委与全国少先队辅导员协会联合开展"智力七巧板"科技竞赛活动,提高少年儿童的科技创新能力,全市有300多名少年儿童参加此项活动,有30名少年儿童受到表彰。

实施"创五星雏鹰行动"。1994年9月,赣州团地委印发《1994—1995学年全区少先队工作意见》,全面部署《跨世纪中国少年雏鹰行动》,并确定在全地区各县(市)城区小学开展试点的工作思路。1994年11月15—20日,全地区少先队"雏鹰行动"现场会在赣县召开,来自全地区18个县(市、区)和部分厂矿子弟学校的81名学校少先队干部和少先队辅导员参加会议,标志着全地区"创五星雏鹰行动"全面推开。1995年4月19日,赣州团地委、地区教委联合印发《关于认真贯彻实施〈全省"创五星雏鹰行动"试行细则〉的意见》,进一步规范全区"雏鹰行动"活动的开展。4月20—21日,赣州团地委、地区教委在章贡区总工会召开全地区少先队工作会议,会议专题总结和研究全地区"创五星雏鹰行动",确定以后活动发展方向,部署《创五星雏鹰行动达标手册》颁发工作。各县(市、区)认真贯彻会议精神;在全地区少先队组织中颁发《创五星雏鹰行动达标手册》12万余册,掀起"创五星雏鹰行动"的高潮。2000年9—11月,赣州团市委与赣州市公安消防支队联合开展全市少年儿童争获雏鹰奖章"消防章"系列活动。活动采用现场观摩会、知识竞赛等形式,涌现19个争创活动先进集体,并对多名少年儿童颁发"消防章"。

开展"手拉手"活动。1992年,全地区"手拉手"活动推出新目标,号召城乡学校继续开展联谊活动,帮助贫困山村小学建成"手拉手"图书架,号召城乡小伙伴一对一交朋友,全地区先后建立"手拉手"图书架16个。1994年,团中央和全国少工委将"手拉手"活动纳入"跨世纪中国少年雏鹰行动"中,并改名为"手拉手互助活动",6月1日,全国评出的百对"手拉手"好朋友在北京相会,瑞金县(现瑞金市)东升小学刘之平、叶坪中心小学钟浦云、云台山中心小学曾艳平、泽覃玉龙小学章萍萍等4位少先队员获此殊荣,并受到中共中央总书记江泽民的接见。同时,瑞金县代表江西老区少年参加上海东方广播电台等单位联合主办的联谊活动。1995年初,赣州市少工委开展"手拉手互助结对"活动,6万名少先队员与上海小朋友结对,有百余名辅导员与上海结对,并开展交一个"红领巾手拉手好朋友"、写一封"红领巾手拉手交友信"、赠寄一份学习用品、看一次以结对好朋友为内容的"四个一"活动。瑞金县泽覃玉龙小学、叶坪新华希望小学、宝钢希望小学分别被列为全国"手拉手"联谊学校,辅导员邓光信被评为"全国手拉手优秀辅导员",瑞金少工委获优秀组织奖;"六一"期间,宝钢希望小学的刘立年又一次参加全国"手拉手互助活动"表彰会。1996年,建立"手拉手"通信制度、交流制度、互访制度、表彰制度,完成少先队员结对两万个,少先队辅导员结对百余人,联谊学校百余对。1997年,全国少工委发出"实施辅导员手拉手互助交流计划"和"手拉手红领巾助残活动",上犹县、兴国县、会昌县辅导员分别与新余市、萍乡市、宜春市优秀辅导员结对,接受扶贫助教;在"手拉手红领巾助残活动"中,广大少先队员为残疾人献爱心、办实事、做好事,赣州市文清路小学四(2)中队一小队被评为"全国雏鹰助残小队"。1999年4月,全地区实施"1999年手拉手访友乐百氏援助计划",被团省委采纳的10所学校的方案中,赣州有寻乌东门小学、瑞金八一小学、大余东门小学;5月,组织开展"建立全市少先队工作重点联系学校"活动,31所少先队基础较为扎实的小学作为全市少先队工作重点联系学校,赣州团市委被团省委评为全省"手拉手"互助先进单位,赣州市大公路第一小学少先队大队等27个基层单位被评为全省"手拉手"互助先进集体。2000年4月,赣州团市委开展"城乡少年手拉手"助学活动,据统计,全市参加这项活动的少先队员达10万人次,其中章贡区红旗二校与沙石小学的"手拉手"活动在江西电视台《社会传真》栏目作专题报道。

举办夏令营。1995年7月27日至8月12日,全地区15名学生赴朝鲜参加由全国少工委事业发展中心组织的中朝国际夏令营。1998年7月,赣州地区首次"1998希望工程手拉手夏令营"正式赴香港开营,共有128名营员参加,7月25日至8月4日,赣州团地委组织全地区38名优秀队干部、优秀队员、优秀学生干部和三好学生参加1998全国青少年科技夏令营,营员们参观天安门升旗仪式,游览长城、十三陵,参观故宫等,举办航模讲座和比赛,大公路二小学生颇连勇获小组第一名。1999年5月15日,赣州团市委、赣州市电信局联合举办"赣南电信杯"首届青少年国际互联网络知识大赛,获奖的40名优秀少先队员前往井冈山参加夏令营活动。2000年7月,赣州团市委开展"全市青少年科技夏令营"活动,全市共有45名优秀中小学生赴北京参加夏令营,增强了他们的科技创新能力。

宜春市少先队 中国少年先锋队宜春市工作委员会(简称宜春市少工委)成立于2001年10月。2001年10月13—14日,召开宜春市第一次少先队代表大会,选举产生宜春市第一届少工委,选举高秉庚为名誉主任,邓湧川为主任。宜春市少工委成立后,相继开展"希望工程募捐""振兴家乡小能手""志愿者活动""手拉手"等系列活动。在思想建设上,宜春市少工委着重从爱国主义教育方面对少先队员进行教育,辅导员培训工作有序开展。

1991 年,宜春团地委和宜春地区各级团组织,纷纷发表倡议,倡导全市少先队员学雷锋、学英模。1993 年,宜春地区召开少代会;10 月 5 日,奉新县召开第二次少代会,县六套班子全部到会;是年,万载县建立健全少先队工作机构,在县乡两级少先队组织均成立少工委,万载团县委与万载县教育局通力合作,印发《关于加强学校少先队工作意见》,制定少先队目标管理考核办法,把少先队工作列入团教两系统工作目标管理考核之中。

争做"振兴家乡小能手"。1993 年,宜春地区开展争做"振兴家乡小能手"活动和"学赖宁""学十佳"活动,全地区活动普及率城镇学校为 96%,农村为 70%;城镇 70% 学校建立活动基地,农村建立活动基地有 40% 学校。

开展"手拉手"活动。1999 年,全地区 1000 多对城市和农村、富裕家庭和贫困家庭、身体健康和患有残疾的少年儿童在活动中建立起联系和友谊,两名少先队员被全国少工委评选为"手拉手好少年"。

举办夏令营。1999 年,宜丰县建立少先队总辅导员负责制。组织暑期夏令营,选拔 50 名优秀少先队员到革命圣地井冈山,开展"追寻先烈足迹,情系老区伙伴"活动,并与井冈山小伙伴进行"手拉手"活动;同时,为庆祝少先队建队 50 周年,在全县中小学开展统一佩戴纪念章,开展"八个一"活动。

上饶市少工委　中国少年先锋队上饶市工作委员会(简称上饶市少工委)成立于 2002 年 6 月 9 日。2002 年 6 月,召开上饶市第一次少先队代表大会,大会选举产生上饶市第一届少工委。

1991—2010 年,上饶市深入开展"手拉手""文明小使者""环境宣传员""自然小卫士""保护母亲河"等活动,为提高少先队工作社会化程度,上饶团市委、市少工委充分依靠资源优势,广泛建立以上饶集中营、方志敏纪念馆、横峰葛源闽浙赣省苏维埃旧址等为核心的爱国主义教育基地,以三清山、圭峰、婺源、鹅湖书院等为主的自然人文景观保护基地,组织少先队员开展知党史、明市情,争当小小解说员,小小环保员等活动。建立上饶市第五小学海燕少年军校,上饶市第三小学消防少年军校,上饶市逸夫小学少年税校,上饶市第六小学的交警之家,上饶县全良小学的三鼎农庄劳动实践基地等社会生活实践基地。1997 年 3 月,上饶团地委和上饶地区教委联合开展全地区首届"十佳少先队员""十佳少先队辅导员"(简称"双十佳")评选活动。2002 年至 2010 年,上饶市少工委相继开展"创五星雏鹰行动""五自"学习实践活动、"手拉手互助活动""启明星科技活动""创建绿色文明行动""假日文明小队""新世纪我能行"体验教育活动、"十佳少先队员""十佳少先队辅导员""十佳少先队志愿辅导员"评比等一系列主题活动、竞赛和评选表彰。经常性举办上饶市少先队辅导员交流培训和技能竞赛,促进全市少年儿童的健康成长。

开展"十佳"评选活动。1997 年 3 月,上饶团地委、上饶地区教委联合开展全地区首届"十佳少先队员"和"十佳少先队辅导员"评选活动。上饶县旭日中心小学周静等 10 名少先队员获上饶地区首届"十佳少先队员"称号,铅山县永平镇中心小学杨晓勤等 10 名少先队辅导员获上饶地区首届

"十佳少先队辅导员"称号。1999年,上饶市第五小学汪晓瑾被评为全省"十佳优秀辅导员",并成为全省唯一被推荐参加评选全国"十佳优秀辅导员"人选。2007年,潘羽翔、汪娅男、肖雨凯、刘璇、陈燕、王建峰、汪隽、曹涵涵、张奇、韩意等10名同学获"全市十佳少先队员"称号;徐旦燕、张利姿、洪鹃、洪先才、李晓逾、童黎雯、朱小毛、胡华为、何永春、艾水兰等10人获"全市十佳少先队辅导员"称号;候清泉、童卫波、钟耀炎、詹田均、李克强、夏锋、江建民、李亲武、万京梅、孙清英等10人获"全市十佳少先队志愿辅导员"称号。

启动"跨世纪雏鹰行动"。1994年,上饶团市委全面启动"跨世纪雏鹰行动",各校少先队员以"学会做人,学会生活,学会学习,学会劳动,全面发展"为准则参与到行动中来。上饶团市委在全市全面启动"跨世纪少年雏鹰行动",各小学少先队员在学校辅导员的指导下,开展学会生存,学会做人,学会生活,学会学问,学会劳动,全面发展的活动,培养他们自学、自理、自护、自强、自律"五自"能力,通过"手拉手"和"创五星雏鹰行动",涌现出78个少先队先进集体,127个先进个人。1995年,上饶市第五小学少先队组织被团中央、全国少工委授予"雏鹰大队"称号,上饶市第五小学、第十四小学分别获全省"少先队优秀阵地"称号,上饶市第一小学汪宴东被评为全国"十佳优秀辅导员",上饶市被评为全省少先队基础建设达标单位。1996年6月1日,上饶团地委和上饶团市委(县级单位团委)在庆丰公园举办有500余名少先队员参加的地市儿童庆"六一"游园活动;是年,上饶地区各级少先队按照《创五星雏鹰行动实施规则》及达标手册要求,组织开展主题队会、知识竞赛、征文比赛等活动,上饶地区第五小学大队部走出校门,打扫红领巾一条街,设立红领巾卫生、交通监督岗。1997年,上饶地区少先队工作坚持把握重心,建立机制,努力推进"创五星雏鹰"活动,以"达标争先"为手段,拓宽活动的参与面和教育面,以"五自"学习实践为重点,深化"创五星雏鹰"活动;以"手拉手互助"活动为途径,培养少先队员助人为乐的思想品德,地区关心下一代工作委员会副主任、上饶市第三小学校外辅导员赵守信获全国少工委颁发的"一级雏鹰奖章"。2000年,上饶市少先队组织开展"五自"学习竞赛,重点在广大城乡少先队中开展争获雏鹰奖章"消防章"的活动,各校成立消防章训练基地,5月,全省雏鹰奖章"消防章"现场会在铁路小学举办;在全市所有少先队员21000人中举行"雏鹰行动"主题队会观摩比赛,上饶市逸夫小学、沙溪中心小学分获城乡小学主题队会第一名;是年,通过"手拉手""创五星雏鹰行动""建少年军校"等活动,全市少先队组织涌现78个先进集体,127名先进个人。

开展"手拉手"活动。自开展"手拉手互助"活动以后,至1996年,弋阳县累计得到救助款7.3万元,物12件,救助贫困学生563人,建立"手拉手"书屋93个,"手拉手"好朋友3.4万对,收到"手拉手"书信和贺卡24.1万封。1997年,铅山县永平中心小学少先队员郑志扬、徐芳和上饶县董团乡中心小学黄佳伟、游情获全国"优秀手拉手好朋友"称号;在"创五星雏鹰""手拉手互助"活动中,全地区有10万余对城乡少先队员"手拉手",1000对辅导员"交友手拉手",100余所"手拉手联谊学校",还建立万村书屋28个"手拉手"书屋和辅导员书架320个,上饶地区少先队工作被评为江西省先进单位。2000年,全市小学举行"雏鹰行动"主题队会观摩评比,上饶市逸夫小学、沙溪中心小学获评比第一名;是年,"手拉手""创五星"和建少年军校等活动陆续开展,全市共结成"手拉手学校"100余所,另有78个少先队集体,127名少先队员获得先进表彰。2005年,上饶市少工委开展

"小公民道德建设""雏鹰争章"体验教育、夏令营等活动,城乡之间、校际之间、少先队组织之间和少先队员之间,广泛开展"手拉手助学"活动。

开展"城乡少年好书传递万里行"活动。2006年,铅山团县委、县教育局、县少工委在全县范围内开展以"春风送希望,走百所校,行千里路,捐万卷书,润万童心"为主题的"城乡少年好书传递万里行"活动,活动主要有捐好书和送好书两项内容。捐好书方面,动员社会各界向农村少年儿童捐献图书6400全册,在太源、汪二、稼轩三个乡镇建立四个希望图书站;送好书方面,上饶市"城乡少年临时流动图书站",组织专门车辆到全县城乡流动,送书上门,同时,铅山团县委和上饶市"城乡少年流动图书站"为边远地区学校的贫困学生捐赠价值近万元的图书。

吉安市少工委　中国少年先锋队吉安市工作委员会(简称吉安市少工委)成立于2002年6月1日。2002年5月31日至6月2日,吉安市第一次少先队代表大会在吉安市采茶剧院召开,大会选举产生吉安市第一届少工委,选举孙劲涛为少工委主任,文烈飞、张剑涛为少工委副主任。第一届少工委由团体委员单位及成员组成,包括各县(市、区)团委、教委分管少先队工作和基础教育工作的领导,共青团吉安市委分管少先队工作的领导,吉安团市委学少部、市教委普教科有关负责人,市少先队工作学会有关负责人和部分少先队工作者,市直有关单位、群众团体相关部门的负责人。

1991—2010年,吉安市少工委相继开展"手拉手""创五星雏鹰行动""少年警校""中国少年儿童平安行动""十佳少先队员"等主题活动以及竞赛、夏令营和评选表彰。2009年,"六一"期间,井冈山小学和全国其他城市小学联合开展"歌唱祖国庆六一"主题队日活动,吉安市少工委组织1300多名少先队员收看、收听由全国少工委联合有关单位共同制作的"歌唱祖国庆六一"少先队主题队日节目,举行升国旗仪式,并同唱爱国歌曲。2010年,以全团带队,培育"四好少年",依托井冈山丰富的红色教育资源,继续深化"红领巾导游员""井冈精神代代传"等少先队品牌活动,以培育"四好少年"为目标,开展"红领巾心向党""我为吉安添光彩""我是吉安好少年"等主题队日活动以及"鄱阳湖——美丽的家"少年儿童绘画比赛、"鄱阳湖金庐陵"生态知识答题竞赛,让少先队员在实践体验中健康成长。

实施"小五年计划"及拣粮活动。1995年,吉安地区部分县、区、城镇召开少儿代表大会,订出自己的"小五年计划";是年,少年儿童与青年一道,参加拣粮运动,全地区少年儿童共拣粮6万多千克,据永新、吉水、宁冈、万安、遂川5县统计,少年儿童投入拣粮运动共有44103人,拣稻谷51102千克;全地区在校少年儿童普遍开展种植活动,仅永新县就发动少年儿童种植向日葵6754株,收获向日葵籽844千克。

开展"学赖宁"活动。1990年,"六一"期间,吉安团地委和地区教育局在全地区联合举办少先队员"学赖宁、迎六一,做井冈新一代"讲故事比赛,6名少先队员获"故事大王"称号,6名少先队员获"故事能手"称号。在学习赖宁活动中,有33名少先队员获全国"赖宁式好少年"称号,500名少先队员获省级"赖宁式好少年"称号。1991年2月,吉安团地委成立吉安地区"学赖宁"领导小组,制订《吉安地区学赖宁活动三年规划》,吉安市阳明路小学、天河煤矿子弟学校、峡江县巴邱小学、井冈山市井冈山小学、永丰县恩江小学、遂川县泉江小学获全国"学赖宁"活动"红旗大队"称号,吉水县文峰小学五(6)中队、吉安县文陂中心小学五(1)中队、莲花县琴亭小学三(1)中队、遂川中学初二(4)中队、泰和县万合中心小学五(2)中队、万安县芙蓉小学五(5)中队、井冈山小学三(1)中队、安福县平都二小四(1)中队、吉安市田侯路小学五(2)中队、永丰县恩江小学五(3)中队、吉安地区水泥厂子弟学校五年级中队、永新县实验小学三(4)中队获"全国学赖宁红旗中队"称号。至1993年底,吉安地区少先队员均投入到"学赖宁"活动中。

开展"手拉手"活动。90年代初,吉安地区各县(市、区)在城乡少先队组织之间、少先队员之间开展"手拉手互助互爱"活动,帮助少年儿童树立和培养团结协作、同情关心、乐于助人的品格和能力。1995年,吉安团地委号召全地区少先队组织积极参加"全国千万对少年儿童手拉手"活动,与上海少年儿童手拉手结成对子,建立少先队员"手拉手"书屋、辅导员"手拉手"书架。此后"手拉手"交友活动不断扩大,交友范围遍及全国多个地区。1996年,各地普遍开展"雏鹰行动"活动方案设计比赛和"手拉手"活动,吉安两所小学获"全国手拉手活动先进集体"称号。1999年,吉安地区少年儿童与汕头市680名中小学生开展"手拉手"交友活动,23个少先队大、中队分别获全省"手拉手互助活动"先进集体称号,1人获"全省十佳少先队员"称号。2007年,以进城务工就业农民工子女、农村留守学生和特殊困难少年儿童群体为重点,开展"手拉手"活动,推进"留守学生关爱行动";同时,推进"红领巾乡村文明理事会",在遂川县泉江镇卜村率先开展"红领巾理事新农村"工作,通过"小手拉大手",开展服务新农村"四个一"活动。

开展读书活动。1997年,为纪念井冈山革命根据地创建70周年,吉安地区青少年参加"光辉的井冈山"系列读书活动,1999年,为庆祝中华人民共和国成立50周年,各级团委开展"可爱的吉安"系列读书活动,均取得成功。

实施"跨世纪雏鹰行动"。1994年,根据全国少工委的部署,吉安地区各县(市、区)实施"跨世纪中国少年雏鹰行动",开展一系列活动,引导少年儿童参加公益活动、家务劳动、社会实践、科技制作等活动,争当振兴家乡小能手,提高少年儿童的自理、自学、自律、自护、自强能力,增强少年儿童的劳动观念和创新观念。2000年5月,吉安市少工委召开全市少年儿童争获雏鹰奖章"消防章"活动启动仪式。

抚州市少工委　中国少年先锋队抚州市工作委员会(简称"抚州市少工委")成立于2008年10月。2008年10月13日,召开抚州市第一次少先队代表大会,选举产生抚州市第一届少先队工作委员会,选举顾胜和为名誉主任,郑锦锋为少工委主任,殷艳、盛东泉为少工委副主任,抚州市少工委办公室主任由殷艳兼任。抚州市第一届少工委由70名委员构成,含各县(区)团委、教育局分管领导,抚州市直有关部门负责人,部分中小学校行政领导,部分少先队大队辅导员。团体委员采取单位制的办法,随缺随补。

2000—2008年,抚州团市委学少部相继开展"雏鹰争章""手拉手""民族精神代代传""中国少年儿童平安行动""新世纪我能行"等主题教育活动,评选表彰优秀少先队员和少先队辅导员,创建省、市"红领巾示范校""红旗大队",经常性举办全市少先队辅导员交流培训活动,加强少年儿童思想道德教育,提高服务少年儿童成长成才的能力。2001—2002年,抚州团市委以开展"雏鹰争章""手拉手"学习实践活动为载体,提高少年儿童的"五自"能力,临川区实验小学拍摄的VCD带"我的绿色工作室"在全国"新世纪我能行""唱和杯"体验教育成果网络展示活动中获二等奖,在全省开展的"消防章"体验教育活动中,抚州团市委被评为全省消防体验教育先进单位。在城乡手拉手活动中,宜黄县、乐安县、资溪县的8所小学分别与上海、北京的8所小学结对。在全省开展的"全省十佳少先队总辅导员"评选中,南丰县市山乡教师陈慧仙当选。2007年,抚州团市委以建团85周年和党的十七大召开为契机,举行青少年文化活动月启动仪式暨欢庆"六一"全市少儿书法作品现场绘画赛;是年,开展"我爱新农村"少年儿童书画大赛,抚州市少工委与抚州市邮政局、抚州市教育局联合开展全市少年儿童环保知识竞赛。

2009年,抚州市各级团队组织抓住少先队建队60周年契机,以"祖国发展我成长"为主题,开展"寻访新变化""畅想新生活",培养灌输少先队员对党和社会主义祖国的朴素情感;通过"铭记好传统""争当好队员",增强少先队员的光荣感和归属感;通过"我与红领巾"活动,争取社会对少先队事业的关心支持;2009年"六一"期间,抚州团市委组织开展"十佳少先队辅导员""十佳少先队员"评选,主题队会活动方案设计比赛,"祝福祖国"特种邮票首发式暨可爱的祖国邮展,"童心看抚州"等活动。

开展"雏鹰争章"活动。1992年,全国少工委启动"中国少年儿童雏鹰行动",抚州团市委带领全市各级少先队组织积极开展一系列"雏鹰争章"活动。2000年4月,开展争获雏鹰奖章"消防章"活动。2001—2002年,开展"新世纪我能行"雏鹰争章体验教育活动。自2003年4月起,开展"中国少年儿童平安行"雏鹰争章体验教育活动,抚州市各级少先队组织踊跃参加活动,至2010年底,抚州市城镇和农村参与率分别达到100%和70%。抚州团市委、市公安消防支队、临川四小少先队大队被评为全国"争获消防章"先进单位,抚州团市委朱岩等6人被评为全省先进个人,临川团区委等11个单位被评为省先进单位。资溪县鹤城第三小学、临川区实验小学、临川区第九小学被评为全国"中国少年儿童平安行动"示范学校。

开展"手拉手"活动。自2000年起,开展"手拉手"互助活动,在"各族少年手拉手""城乡少年手拉手""同在蓝天下,手拉手共成长""手拉手关爱留守儿童""手拉手送温暖""红领巾手拉手助残""手拉手红领巾书屋创建"等主题教育活动中,全市95%以上学校开展活动,90%以上的少先队员参与活动。2002年至2005年,1500余名少先队员参加了抚州团市委组织的手拉手夏令营活动,活动中涌现出一大批优秀队员和先进集体,陈虹倩获全国、省"自强不息好少年"称号,临川三小五(4)中队、广昌附小四(2)中队获全国、省"手拉手助残"先进集体。通过手拉手互助活动,引导广大少年儿童团结互助、友爱奉献、相互学习、共同进步。

培养民族精神。2004年3月,开展"民族精神代代传"活动,至2008年,抚州市各级少先队组织抓住清明、纪念抗战胜利和世界反法西斯战争胜利及红军长征胜利等契机,以祭扫烈士墓,网上祭英烈,瞻仰烈士陵园和参观纪念馆,寻访革命纪念地和历史遗迹,举行报告会等方式,引导广大少年儿童培养以爱国主义为核心的民族精神和以改革创新为核心的时代精神,抚州市所有的学校和少先队员参与此次活动。2002、2003、2004、2006年,抚州团市委举办全市少儿才艺大赛暨汇报演出,活动的第一个阶段进行声乐、舞蹈、器乐、书法、绘画比赛,第二个阶段挑选部分优秀文艺节目和获奖选手参赛节目进行汇报演出,全市共有3000余名少先队员参与活动,少年儿童的文化生活得到丰富。

开展红领巾教育月活动。2009—2010年,抚州市少工委相继开展以"与祖国同行,做星星火炬下的四好少年"为主题的红领巾教育月活动。抚州市少先队组织开展"红领巾,我为你骄傲"统一主题队日活动、"共话红领巾61周年"活动、"童心赞祖国"书画展,学习贯彻全国第六次少代会精神,开展"举队旗、学队章、戴队徽、敬队礼、过队日""红领巾展风采,争当四好少年"主题队会活动、红领巾心愿墙展示活动、"祖国发展我成长"专题展览等主题教育实践活动,加强对少先队员的思想引导,增强少先队员的组织意识,明确成长目标,培养对党和社会主义的朴素感情。

第五节　企业家协会

江西省青年企业家协会

组织机构江西省青年企业家协会(简称省青企协)成立于1994年7月,是全省性的青年企业家群众组织,是江西省青年联合会和中国青年企业家协会的团体会员,成为共青团联系服务青年企业家的桥梁和纽带。作为社会团体,具有独立的法人资格。

会员大会是省青企协的最高权力机构,1994—2007年共举行4届会员大会。

理事会由会员大会选举产生,负责省青企协的领导工作,是会员大会的执行机构,在会员大会闭会期间领导协会工作。理事会每年召开一次,聘请名誉会长、顾问委员会顾问、专家委员会委员,选举会长、执行会长、副会长、常务理事。常务理事会由理事会选举产生,在理事会闭会期间,行使理事会的职权,对理事会负责。会长办公会由会长、执行会长、副会长、秘书长组成,每半年举行一次,讨论需提交理事会通过的重大事项,决定协会日常工作。省青企协设秘书处,在会长的领导下,处理日常事务,秘书处设办公室(含财务)、宣传联络部、活动策划部、会员服务部、会员发展部等工作机构。

历次会员大会1994年7月25—26日,省青企协第一次会员大会在南昌召开,出席大会的有各地市、各行业的青年厂长、经理和特邀代表183人。省领导吴官正、卢秀珍、吴永乐、朱英培等出席大会,并为受到表彰的首届"江西十大杰出青年企业家"和33位"优秀青年企业家"颁奖。

大会邀请张云川担任省青企协名誉会长,邀请黄建盛、钱梓宏、樊祥熙、吴明辉、戴子钧、滕国荣、周金广、黄鹤林、郭建章担任省青企协顾问。大会选举产生省青企协第一届理事会,选举冯桃莲为会长,刘礼明、林祥群、陈志怀、唐爱新、徐平、熊桂花、许汉军为副会长,选举刘礼明为秘书长,高波、钟萍、李小明、伍美康、刘定远为副秘书长。

1997年12月16—17日,省青企协第二次会员大会暨"振兴行动"推进大会在南昌召开。

2001年1月12—13日,省青企协第三次会员大会于在南昌召开。出席大会的有各地市、各行业的商界青年才俊和特邀代表162人。副省长王君致信祝贺。省政协副主席厉志成、团省委书记潘东军出席会议。团省委副书记曾庆红受第二届理事会委托作题为《走进新世纪,建设新江西——为江西经济腾飞再立新功》的工作报告。

大会选举产生省青企协第三届理事会,选举曾庆红为会长,吴小瑜为常务副会长,孙建明、刘永华、李群芳、吴能、陈盛平、郑伟、周强、周远理、赵余华、徐建华、黄平、黄代放、黄俊明、彭松为副会长,选举谢石林为秘书长,付建文、刘嘉惠、余小英、周金萍、胡勇、莫江萍、袁纯杰为副秘书长。

2007 年 11 月 29 日至 12 月 1 日,省青企协第四次会员大会在南昌召开,出席大会的有从事着不同规模、不同所有制企业管理工作的各地市青年才俊和特邀代表 166 人。省委副书记王宪魁与会员大会代表座谈并讲话。团省委书记钟志生、团省委副书记郭美荐出席会议。王颖受第三届理事会委托作题为《创新创业当先锋,共建和谐献青春——在实现江西崛起进程中建功立业》的工作报告。

大会邀请钟志生、黄代放担任名誉会长,邀请胡世忠、张小平、刘礼明、沈庆中、汤志水、邓保生、吴昌平、席芳柏、李江河、张国良、龙卿吉、左喜明、罗晓泉、张国清、梁小康、刘奇兰、陈国柱、胡健等担任顾问委员会顾问,邀请汪玉奇、卢福财、尹继东、关小燕、李建德、罗来武、韩士专、杨慧、黄世贤、李步超、刘卫东、郭顺平担任专家委员会专家。大会选举产生省青企协第四届理事会,选举郭美荐为会长,于果为执行会长,王颖为常务副会长兼秘书长,王迪汗、朱星河、汪伦、陈志龙、单世涛、游建平、谢庆武、熊春庚、谭振华为副会长,选举刘雅琴、刘定远、王光忠、万国保、江珍、应宏、郭志斌等为副秘书长。

重要活动学习教育活动。1998 年至 2000 年,省青企协通过举办研讨会、座谈会,专题讲座,经济论坛等多种形式,开展多种主题教育活动,组织会员学习邓小平理论和党的十五大精神以及“三个代表”重要思想。

3 年中,先后组织 5 批会员参加国家经贸委、团中央、中国青年企业家协会主办的企业管理研究班,学习与研讨“新世纪与企业发展新趋向”“WTO 与中国企业的应对策略”等课题;与南昌大学联合举办全省“首届青年厂长经理研究生班”,有 89 人参加经营管理知识,马克思主义哲学学习;还组织开展“青年企业家与 WTO”研讨会、“十大杰出青年企业家”座谈会等多种思想教育主题活动。

2001—2007 年,省青企协以“学习、宣传、交流”为重点,坚持为青企协会员搭建学习平台。组织会员参加青年智库(工商管理研修班)学习,同时根据青年企业家的工作性质、业务领域,灵活设置课程,开辟时代光华远程教育,帮助青年企业家学习与市场经济相适应的现代知识。通过与发达地区青年企业家的交流与互动,通过组织内部论坛、沙龙、小型聚会等方式,引导青年企业家向优秀企业家学习,帮助青年企业家开阔视野、提升理念、提高水平,具备与现代社会发展相适应的素质。

帮扶工作。团省委、省青企协于 1997 年在全省杰出、优秀青年企业家所在企业中开展“振兴中小困难企业行动”(简称“振兴行动”),采取优势企业与困难企业结对方式,进行合作,使困难企业得到扶持。各企业采取的帮困模式有:整体收购和股份制改造模式;发挥优秀企业资金、技术、管理等优势盘活亏损企业的资产存量,实现生产要素的重新组合和优化配置,使双方共同受益和发展;省青企协会员企业——吉安市九鼎实业发展有限公司相继收购四家长期亏损的企业,转换机制,迅速走入正常的经营轨道,在生产效益明显增长的同时,吸纳 1200 余人就业。依托优势企业组建企业集团模式;发挥优势企业龙头作用,通过租赁承包、联合经营等方式对困难中小企业进行扶持;青企协会员企业——广丰卷烟厂通过几年的努力,已形成以卷烟加工为主,兼做彩印、包装印刷、卫生用品、三产服务、高级装饰板及食品跨行业、跨区域所有制发展的工业企业集团，1999 年实现销售收入达 9.02 亿元。委托经营模式;将人才、产品、科技和管理手段引入亏困企业，帮助它们走出困境;万载橡胶厂将十几年积累总结出来的管理经验带到万载化工原料厂，帮助其进行工艺改造，提高产品质量，使该厂得以走出困境，生产稳定，效益增长。全省这项活动在第二次会员大会以后得到全面推进，先后有 68 家企业结成 34 个对子，其中有 27 家困难企业走出困境，走向振兴，4000 余名下岗青年返回岗位，取得良好社会效益。省青企协还联系江西卫视、江西日报等媒体对结对企业进行专题宣传报道。省委书记舒惠国在看到这些报道内容时，专门在报刊上做出批示，对这项活动给予充分肯定并提出进一步开展要求。江西广丰卷烟厂厂长梅志亮，万载橡胶厂厂长彭水生，会昌米粉集团总经理李树堂获全国"振兴行动'突出贡献者'"称号。

自 1998 年起，团省委、省青企协联合开展"下岗青工创业行动"（简称"创业行动"），主要采取的措施:动员部分会员企业与下岗青工结成帮扶对子，扶持、培养一批青年兴业领头人;联合省劳动厅对"下岗青工进行为期 3 个月的技能培训，并推荐就业。在安置下岗青工就业方面，会员企业南昌卷烟厂吸纳 200 名下岗青工作为"金圣"卷烟营销员，金阳光购物中心吸纳 680 名下岗青年作为保管、财会、文秘、营业员。1998—2000 年，全省各会员企业积极参与"创业行动"，培训并吸纳 5000 多名下岗青工再就业;在扶持"青年兴业领头人"方面，省青企协会员直接与下岗青工结成 6 个帮扶对子，使这些下岗青工不仅自己重新就业而且带动一批下岗青工再就业;省青企协会员——上饶三鼎公司总经理蔡福伟在参加全省"首批青年兴业领头人"之后，企业不断发展壮大，年产值达 1700万，安置下岗青工 120 人;3 年中，省青企协会员企业有 6 个下岗青工获得"全国青年兴业领头人"称号。

1999 年春节前夕，省青企协响应省委、省政府号召，组织会员企业开展为下岗职工送年货活动，为下岗职工送年货 1000 多份，价值 20 多万元，

2006 年，团省委、省青企协联合实施青年创业"五百工程"，开展以"举办百场青年创业讲坛、推介百个青年创业项目、建立百个青年创业基地、扶持百名青年创业、选树百名青年创业典型"为主要内容的青年创业活动;与江西农村信用联社等金融机构联手推出青年创业授信贷款为农村青年创业提供切实可行的金融扶持，已有 23 个项目获得近 500 万元的授权贷款。积极动员会员企业联手开展"大学生就业见习计划"，为大学毕业生提供就业和实习的岗位，缓解大学毕业生就业的社会压力。深化"青年创业小老板计划";与中国移动江西分公司积极合作，扶持 100 名失业青年重新就业。

合作交流。2000 年 7 月至 11 月，省青企协先后组织会员参加"中国青年企业家西部行"经贸洽谈活动，分别到内蒙古、宁夏、广西、贵州等西部地区进行市场考察和经贸洽谈合作。为会员企业走出江西，走向全国创造条件。赣南中天市场开发公司在贵州省投资 35 亿元，支援西部大开发，并拓展公司的业务范围。

2001 年 11 月，团省委、省青企协联合邀请 37 名上海企业家到赣开展经贸及学术交流活动。活动围绕"青年、工业、现代化"电视论坛这一主题，参加论坛的上海和江西各 6 位青年企业家，3 位学者就企业发展，思维创新，管理创新，科技创新畅谈各自见解。活动期间，签订经济项目合同 15 个，

合同金额 1.5 亿元;建立赣沪间结对互助城市 11 个,企业 10 个,学校 100 所。

2003 年 6 月至 2006 年 6 月,团省委、省青企协联合上海、浙江、江苏及安徽等团省(市)委及青企协组织共举办 6 届"长三角青年论坛"活动,促成一批省际青年合作项目,构建"3 + 2"省际青年合作机制。

2005 年 12 月,由江西团省委、省青企协和上海团市委、市青企协等共同主办的"共青精神与青年创新——纪念共青城创业 50 周年青年企业家论坛"在共青城召开,来自江西、上海、江苏、香港等地的团干部,青年企业家及部分中国青年企业家协会会员近 200 人参加主题活动。活动期间,在上海市青企协的支持下,共同设立"共青城青年创业基金"。争取中国青年企业家协会的支持,在九江举办"中国青年企业家经贸考察活动",来自全国 300 多名知名青年企业家参加活动,签约项目 27 个,合同金额 70 多亿元。

抢险救灾。1991—2010 年,江西和全国发生多次重大灾害,1998 年和 2010 年的特大洪涝灾害,2003 年的"非典"疫情和 2008 年的冰雪灾害以及 2008 年四川汶川特大地震灾害等。当灾情发生后,全省各级青企协都会在第一时间组织青年企业家积极投身到抢险救灾第一线,捐款捐物。

1998 年,江西发生百年不遇的特大洪涝灾害时,全省青企协会员除组织好本企业抗洪防涝,确保企业开工,捐款捐物支援灾区抗洪抢险。当省青企协发出"情系灾区,爱献灾民"募捐号召时,全省各地青企协会员积极响应。省青企协理事宜春酒厂厂长赵余华、南昌百特公司总经理鲸新庭、南昌华昌石油公司总经理周远理等人亲自押车捐粮、捐油、赠衣、送药奔赴抗洪一线,在短短的半月内全省各地会员企业捐款捐物价值达 200 多万元。

杰出(优秀)青年企业家评选。1994—2007 年,团省委、省青企协共举办 5 届全省杰出(优秀)青年企业家评选表彰活动。

1994 年 6 月,团省委、省青企协联合开展首届"江西十大杰出(优秀)青年企业家"评选活动。在各地自下而上逐步考核和初评的基础上、经省评选委员会评定,陈志怀、陈建国、唐三湘、廖方红、李惕安,许恒武、姚金发、刘峰、夏建国、黄强被评为"江西十大杰出青年企业家";刘理等 33 人被评为"江西省优秀青年企业家"。

1996 年 3 月,授予邓兴明、况水古、王福平、林建华、龚斌、许汉军、刘树槐、叶志军、潘国梁、李昌辉等 10 人"江西省第二届杰出青年企业家"称号。

1997 年 12 月,授予黄志勇、熊树林、彭水生、王洪、李寿堂、吕顺发、张社喜、方霞云、饶绍兴、涂国身等 10 人"江西省第三届杰出青年企业家"称号;授予练新庭等 34 人"江西省第三届优秀青年企业家"称号。

2001 年 1 月,授予甘百先、陈年代、李群芳、张婉玲、郑伟、周强、涂彦彬、黄伯麒、梅志亮、谢建亮等 10 人"江西省第四届杰出青年企业家"称号;授予王后发、刘少平、刘永华、李忠平、周远理、赵余华、洪鹏、夏忠频、傅俊旭、廖新尧等 10 人"江西省第四届杰出青年企业家提名奖";授予孙建明等 60 人"江西省第四届优秀青年企业家"称号。

2007 年 6 月,授予谢庆武、朱星河、熊春庚、蔡速平、胡彪斌、聂小铭、谢季军、李吉胜、晏希贤等 10 人"江西省第五届杰出青年企业家"称号。省委副书记王王宪魁在与省青年企业家协会第 4 次会员大会代表座谈时,代表省委对受表彰的第五届全省十杰青年企业家表示祝贺。

江西省青年商会

组织机构 江西省青年商会(简称省青商会)前身是成立于1989年11月的江西省青年乡镇企业家协会(简称省青乡企协);2007年9月,在省青乡企协的基础上组建省青商会。省青商会按地域划分成4个片区,即赣南片,包括赣州、吉安两个设区市;赣东片,包括景德镇、鹰潭、上饶3个设区市;赣北片,包括南昌、九江、抚州3个设区市;赣西片,包括萍乡、新余、宜春3个设区市。省青商会是省青联的团体会员,是共青团联系青年企业家的桥梁和纽带。

会员大会 2007年9月28日,省青年商会第一次会员大会在南昌召开。省人大常委会副主任孙用和出席会议并讲话,团省委书记钟志生出席会议并致辞,省工商联秘书长洪跃平出席会议并致贺词。大会表决通过《江西省青年商会章程》,选举产生第一届理事会,选举王少玄为会长,选举李菲为常务副会长兼秘书长,选举何涛、江林明、张小平、杨建龙、成黎明等5人为副会长;有70人为省青商会第一届理事会理事、44人为常务理事。确定正式会员102人。其中女会员6人,占会员总数的5.9%,会员平均年龄35.6岁。

重要活动 培养会员队伍。1992—2010年,省青商会(省青乡企协会)组织开展形式多样、内容丰富的培训、研讨、考察和表彰活动,举办各种培训班、研讨班52次,累计培训会员800人次。多次开展评选表彰活动,全省涌现出一大批优秀青年乡镇企业家。其中,2人当选"全国十大杰出青年农民",4人获"全国十大杰出青年农民提名奖",3人获"全国五四青年奖章",69人被评为全国青年星火带头人,161人获"全国农村青年致富带头人"称号,27人被评为全国农村青年转移就业先进个人。省青年乡镇企业家协会还在国家、省级各类新闻媒体上广泛宣传青年企业家的先进事迹,不断扩大青年企业家的社会影响。

为会员企业发展提供服务。省青乡企协把为青年企业家服务作为工作的出发点和落脚点,结合会员在发展中遇到的难题和困惑,及时邀请有关方面专家献策出力,帮助解决。针对部分会员企业技术人员匮乏的实际情况,协会与省内有关大专院校建立联系,及时提供相关技术支持。针对会员企业资金紧张的困难,协会多次协调省农信社等金融机构,帮助企业解决燃眉之急。2007年为会员企业授信4932万,提供项目贷款6000多万。

重视发挥桥梁纽带作用。省青商会(省青乡企协会)重视青年企业家的对外经济合作与交流,1992—2010年,先后与天津、上海、福建、湖北等地青年企业家组织建立联系,派青年企业家赴香港、澳门等地考察交流72人次,接待外地经贸参观团15个;组织会员赴日本、韩国、泰国等地进行参观访问、学习考察。交流活动开阔会员的视野,提供合作商机,有效促进会员企业的发展。

服务会员与会员企业的发展。1992—2010年,省青商会每年不定期举办大小活动多次,通过开展"百家企业创业联盟""青年企业家市县行""青年创业贷款"等一系列活动,为青年企业家提供服务,在企业与政府、企业之间、企业家之间架起一座沟通的桥梁,促进江西经济发展。

引导会员投身江西经济社会发展。2003—2007年,省青乡企协组织实施"农村青年转移就业活动"，先后发动900多青年企业家参加，提供项目1200个，岗位9.6万个，吸纳转移农村富余劳动力13万人次。组织青年企业家积极参与"百村万户青年文明行动示范村"创建活动，自2004年启动后，会员们踊跃募捐款物合计120万元，推进示范村的创建工作。注重引导会员回报社会，为抗洪救灾、抗击"非典"、援建希望小学、送温暖等活动捐款捐物总计350万元。

第六节　其他青年社会组织

江西省重点培育三类青年社会组织：已在登记管理机关注册但欠缺独立发展能力，需要通过培育孵化引导其健康运作、发挥作用的初创型社会组织；暂未达到注册条件，但群众需求多、发展前景好、服务潜力大的萌芽型公益服务类社会组织；资源广、实力强、发展较成熟且能起到榜样、示范作用的枢纽型社会组织。

江西省专科院校、中专学校共青团工作研究会

江西省专科院校、中专学校共青团工作研究会原为成立于1989年4月的江西省中专（技校）共青团工作协会；2005年7月中旬，改称江西省专科院校、中专学校共青团工作研究会。该协会是在团省委学校部指导下，由各专科院校、中专学校团委自愿组成的群众性协作团体，旨在沟通交流全省专科院校、中专学校共青团工作。

1989年，协会召开第一届年会，会上初步通过《江西省中专（技校）共青团工作协会章程》（简称《章程》），选举产生第一届理事会，团省委学校部副部长吴晓明任第一届理事长。1990年，在第二届年会上选举产生第二届理事会，南昌师范学校团委副书记史洪任理事长，团省委学校部部长李建一任名誉理事长，会上确立协会每年召开一次年会和理事会。1992年，第四届年会通过关于实行理事会成员驻会制度的决定。1994年11月，第五届年会选举产生第五届理事会，钟清滨任理事长。1994年12月，第六届年会修改并通过新《章程》，在理事会下设秘书组、理论组和考评组，赖作平、邱东升、熊兆明分别兼任组长，会上选举省樟树农校团委书记赖作平为第六届理事长，江西银行学校团委书记邱东升和吉安卫校团委副书记肖南为副理事长。1996年，第七届年会选举产生第七届理事会，邱东升任理事长，熊兆明、张雪黎、龙农、胡冬英、梅声洪、苏旋、肖南任副理事长。1996年11月，协会召开第七届理事会，会上通过《协会理事会条例》。1997年，第八届年会选举产生第八届理事会，张雪黎任理事长，熊兆明、龙农、徐卫、胡冬英、梅声洪、苏旋、段晓宁任副理事长；11月，第八届理事会讨论通过《量化考核评分细则》。1998年，第九届年会选举产生第九届理事会，张雪黎任理事长，龙农、徐卫、段晓宁、熊智、胡冬英、谢敏、苏旋任副理事长。2005年至2008年，共召开3届年会。

江西省中专（技校）共青团工作协会从成立之初起，重视理论研究工作，每届年会对各地选送的论文进行评选，并组织交流学习、团课授课。

1992年4月，江西省中专（技校）共青团工作协会举办全省中专（技校）"团在我心中"主题演

讲赛。1994 年,第五届年会对团省委学校部和协会联合举办的纪念毛泽东 100 周年诞辰"红太阳颂"学生书法美术作品展览进行表彰。1996 年 3 月至 4 月,协会发起"江西省中专(技校)青年志愿者 96 新春统一大行动",40 余所会员单位的志愿者面向社会开展全方位的社会服务活动;5 月 1 日,南昌气象学校团委为 400 名刚满 18 岁的学生举行成人仪式,团省委副书记到场并讲话;5 月,协会发起捐建"希望书库"活动,11 个会员单位发动团员青年捐建 11 个"希望书库"。1997 年 6 月 8 日,全省中专(技校)学生四项全能素质竞赛在省外贸学习举行,比赛内容包括英语口语、计算机操作、硬笔书法、即兴演讲,南昌铁路机械学校王素凤、省交通学校郑莉霞获一等奖,6 名同学获二等奖,10 名同学获三等奖;6 月,协会举办全省中专(技校)学生"迎香港回归"征文比赛,28 所中专(技校)选送作品参赛,评出一等奖 3 篇,二等奖 8 篇,三等奖 16 篇。

1998 年,协会着重部署暑期"三下乡"活动,印发《关于开展 98 江西省大中专学生志愿者暑期文化、科学、卫生"三下乡"活动的通知》。各中专院校在实践中总结形成较多优秀调研报告,团省委、中专团协共同评选出一等奖 2 人,二等奖 4 人,三等奖 6 人。全省形成 5 个重点地区跨校联合组队,共有 9 个服务队;其中,南昌气象学校、省机械学校、省银行学校、省医药学校联合赴德安高塘"三下乡"服务队受到团中央表彰。

2008 年,江西省专科院校、中专学校共青团工作研究会在召开第 3 次年会的同时,举办该研究会 20 周年庆祝活动,邀请职业院校老团干出席,推动全省专科院校、中专学校开展新时期团干部标准大讨论活动,围绕新时期全省专科院校、中专学校共青团工作,深入进行交流和探讨。

江西省青年科技工作者协会

2002 年 10 月 29—30 日,江西省青年科技工作者协会成立暨第一届会员大会在南昌召开。

大会讨论并通过江西省青年科技工作者协会章程和工作计划,成立自然科学、社会科学、材料科学、信息科技、医药卫生、农业科技 6 个专业委员会。选举产生协会第一届领导机构,大会选举团省委副书记、省青联主席钟志生为协会会长,选举江西农业大学副校长上官新晨等 12 人为协会副会长,选举团省委统战联络部部长王少玄为协会秘书长,选举江西农业大学副校长上官新晨等 24 人为常务理事。

江西省青年新闻工作者协会

2005 年 12 月 13 日,江西省青年新闻工作者协会在南昌成立。团省委为协会业务主管单位,秘书处设在团省委宣传部,办公地点为南昌市八一大道 415 号。协会由全省广大优秀青年新闻工作者组成,成为共青团联系新闻媒体的纽带和展示优秀青年新闻工作者才华的舞台。

江西省青年法律工作者协会

2006 年 5 月 31 日,江西省青年法律工作者协会成立。该协会由全省公检法司法及其他机关团体、企事业单位、大专院校律师事务所的青年法律工作者和青少年维权者组成,以青年为工作对象,接受省委、省人大、省政府有关部门的指导,在团省委的具体领导下开展工作。2009 年 6 月 10 日,许桂芳任江西省青年法律工作者协会秘书长、法定代表人。

澳赣台青年交流协会

澳赣台青年交流协会于 2007 年 6 月 23 日在澳门正式成立,为民间自愿组织之非牟利社会团体,其宗旨是广泛团结赣港澳台青年,弘扬中华文化;加强赣港澳台青年交流与互动,深化四地在经贸、旅游、文化、科教、环保等方面的交流与合作,服务江西大开放主战略,促进祖国和平统一。

澳赣台青年交流协会澳赣台青年交流协会成立 1 周年之际,2008 年 6 月 20—23 日在澳门举行庆祝协会成立 1 周年活动。应澳赣台青年交流协会邀请,团省委副书记、省青联主席、澳赣台青年交流协会名誉会长郭美荐赴澳门参加活动。2009 年,澳赣台青年交流促进会 2 周年庆典及“两岸青年　新形势　新思路”座谈会于 6 月 27—29 日在澳门召开。

赣港台青年交流促进会

赣港台青年交流促进会于 2007 年 7 月 30 日在香港成立,赣港台青年交流促进会是由省青联港澳台界别委员及省政协香港青年委员组成,为促进赣港台青年更好地交流合作,在团省委、省青联的倡议和支持印发起成立,为民间自愿组织之非牟利社会团体。团省委书记、省青联名誉主席钟志生率团一行 5 人赴香港出席成立典礼,自该会成立以来,赣港台三地青年联系更加紧密,交流更加频繁,友谊更加深厚。2009 年 6 月 24—25 日,应赣港台青年交流促进会的邀请,团省委书记、省青联名誉主席王少玄,团省委副书记、省青联副主席曾萍赴港访问促进会,共商促进赣港两地经贸、文化以及青少年交流合作事宜;随后,6 月 27—29 日,赴澳门参加澳赣台青年交流协会成立两周年庆典活动,活动期间举办座谈会,就赣港台三地在经济、文化、青年事务等方面进行交流、探讨。

江西省大中型企业青年研究会

江西省大中型企业青年研究会由省内国有大中型企业发起,成立于 20 世纪 80 年代中期,在 20 世纪 90 年代主要开了两次研讨会。

1992 年 11 月中旬,江西省大中型企业青年工作研讨会暨省大中型企业青年研究会第 7 次年会在江西光学仪器厂召开,参加会议的有来自全省各地的 60 余名代表。团中央青工部副部长杨实秋,团省委副书记李春燕等出席会议。研讨会修改并通过《江西省大中型企业青年研究会章程》,成立新一届理事会,并选举省地矿局团委书记高正华为理事长。会议围绕企业转换经营机制和青工工作实际,从理论与实践结合上比较,深入分析企业共青团工作面临的形势,探讨加强企业团的工作的发展走向以及具体方法及途径等。会议还评选出优秀论文 32 篇,其中江西铜业公司赵云的《论青工岗位成才》等 13 篇论文获一等奖。

1999 年 4 月初,省大中型企业研讨会在九江石油化工总厂召开。会议在讨论、修改该研究会《章程》,选举产生新一届理事单位和常务理事单位的同时,围绕国有企业在社会主义市场经济的新形势下企业青年工作和共青团工作的新途径新思路等进行探讨,会议还评选出优秀论文35篇。其中南昌铁路局团委张宏杰、袁宵的《对资产经营责任制条件下共青团的工作的思考》等5篇论文获一等奖;江铃汽车集团公司团委张勇的《关于现代企业制度下实施成员增效下岗分流的探讨》等9篇论文获二等奖;江西洪都航空工业集团团委唐玉屏的《对下岗青工再就业的思考》等21篇论文获三等奖。

南昌当代青年思想研究会

南昌当代青年思想研究会于1993年12月下旬成立,旨在研究青年、引导青年、服务青年。1993年12月26日,南昌当代青年思想研究在滨江招待所召开成立大会暨第一次会员大会,以南昌地区为主的各个时期从事青年工作和有志于青年思想研究工作的新老人员共138人参加会议。大会审议通过《南昌当代青年思想研究会章程》,选举产生第一届理事会,王修华当选会长,姜佐周被聘为名誉会长,王显文、王天德、王文才、高冬梅、丁耀民、李以镖被聘为顾问。研究会成立后,在研究青年,教育引导青年方面开展工作。1995年1月2日,召开第一次青年研讨会暨第二次会员大会。

南昌崛美行动公益发展中心

南昌市崛美行动公益发展中心(简称"崛美行动")创立于2007年,是一家综合性民间公益组织,业务主管单位为南昌团市委。

崛美行动秉承蔡元培美育思想,践行仁道精神,复兴人文关怀;围绕"人才培养、公益咨询、项目开发、机构孵化"四大任务,实施多品牌战略。拥有西湖区苹心志工社、南昌老还童社工服务中心2个独立法人机构以及鹤卿书馆、人生阅览室、女红坊、旧善堂等8个公益基地。

崛美行动旗下项目获国家级公益项目大赛,累计获百强奖17项、金奖5项、银奖5项、铜奖5项。其中,"老还童"关爱空巢老人项目获有中国公益界奥斯卡之称的第三届中国慈善公益项目大赛"金奖"与最高奖"创新奖"。

宜春市义工联合会

宜春市义工联合会(简称联合会)成立于2006年3月。联合会成立后,一直致力于各种社会公益性活动,走进社区关爱孤残老人,帮助打扫卫生,维修水电。走进袁州区30多家敬老院,组织志愿者给老人们包饺子,表演文艺节目。参加火车站节假日志愿服务,连续5年为高考生送爱心水和接送考生,为山区的贫困学子和留守儿童提供助学习和生活费用,关注聋哑学生以及自闭症孩子,组织义工一对一进行帮扶。在宜春各公园和旅游景点开展环保行动,向市民宣传环保意识。周六周日在宜春各主要交通路口协助交警维持交通秩序。组织义工参加献血爱心活动,向市民发放爱心献血宣传单。联合会先后获得宜春市先进集体、宜春市优秀青年志愿者团队等称号,并被《宜春日报》《信息日报》《江西日报》、宜春电视台、江西二套等新闻媒体宣传报道。

江西师范大学蓝天环保社团

江西师范大学蓝天环保社团(简称蓝天社团)成立于1996年5月。蓝天社团本着"服务校园社会、锻炼学生能力"的宗旨,在立足校园环境保护实践的同时,先后组织和参与"湿地使者行动""保护母亲河""美丽中国,我是行动者""千乡万村环保科普行""结对帮扶共建环保社团""留住江豚的微笑"等一系列环境保护志愿服务行动。至2010年,社团组建8支环保调研队和4支环境教育宣传队,建立10余个服务基地,先后赴省内30余个县市发放4万余份宣传材料,撰写50余篇调研报告,行程达5万余公里,服务时间达6万余小时,直接影响10万余人,间接影响50万余人。

2002年7月,在国家林业局、世界自然基金会的大力支持下,蓝天社团依托"走进国际重要湿地"湿地使者行动,组织40余位志愿者先后到吴城和南矶山自然保护区调研。根据鄱阳湖东风圩"退田还湖"地区存在的"移民回迁"现象向世界自然基金会(WWF)提交的《三峡工程运行后对鄱阳湖湿地的影响》调研报告,引起时任国务院副总理温家宝的重视,批示农业农村部、发改委、住建厅、生态环境部进行联合调查。中央电视台"焦点访谈"节目对东风圩范围内圈占水域现象进行专题报道。

2006年,蓝天社团参与国家林业局、世界自然基金会组织的"维护人类饮水安全,关注鱼类生命家园"湿地使者行动,考察乐安河沿岸村民的饮水问题、身体健康状况以及渔业资源现状,吸引浙江大学、兰州大学、华中师范大学、华南理工大学、扬州大学的20余名大学本科生参加。活动获WWF湿地使者行动一等奖、最佳摄影奖,世界生命湖泊保护最佳实践奖,首届全国"ERM–环保科普创新奖"先进集体;活动调研成果获大学生"挑战杯"全省一等奖,全国三等奖。

自2007年起,孟建柱、朱虹等省委领导以及中国科学院院士孙鸿烈,中国科学院、中国工程院院士李德仁等先后到社团指导,对蓝天社团在推动生态建设、环境保护、人才培养等方面的工作给予高度评价和充分肯定。《人民日报》、新华网、凤凰网、《江西日报》、江西卫视、《南昌晚报》等媒体对蓝天环保社团报道100余次。蓝天社团先后获团中央、教育部、全国人大环资委授予的"全国优秀学生社团""全国保护母亲河先进集体"称号;获团省委、省教育厅、省政协人资环委授予的"江西大学生示范性社团""江西省高校生态文明建设示范基地"称号;获世界自然基金会、国家林业局等授予的湿地使者行动全国一等奖2次,全国二等奖6次,特别贡献奖1次;获全球自然基金会GNF颁发的"世界生命湖泊最佳保护实践奖",这是全国唯一获此殊荣的高校环保社团;获团中央学校部等单位授予的"全国公益环保大赛二等奖";获团省委授予的"江西省母亲河奖";获省教育厅等单位授予的"全省高校优秀学生社团文化精品活动"奖;获省社会科学院等单位授予的"江西省首届'鄱阳湖环保卫士'"称号。

江西农业大学大学生军乐团

江西农业大学大学生军乐团前身是创建于2001年10月10日的江西农业大学管乐队,2004年改名为江西农业大学管乐团。2006年11月经江西省军区批准转制为预备役部队,并更名为江西农业大学大学生军乐团,隶属于中国人民解放军江西陆军预备役步兵师,是一支由校团委主管,实行半军事管理的学生社团。

军乐团拥有长笛、双簧、单簧管、萨克斯、圆号、小号、长号、中音号、大号、打击乐、提琴等十多个声部。军乐团有 260 余名团员,全部为江西农业大学普通在校大学生,下设打击乐团、电声乐团和爵士乐团。

江西农业大学大学生军乐团自成立以后参加各类重大演出、礼仪活动上百余场,连续 10 年获得明星社团称号,连续 5 届参加南昌国际军乐节,蝉联 3 届全省大学生艺术展演器乐甲组冠军,代表江西省获全国大学生艺术展演器乐甲组一等奖,受到中央电视台、凤凰卫视等诸多媒体及社会各界的赞誉和好评。

江西财经大学绿派社

江西财经大学绿派社(简称绿派社)成立于 2000 年,是江西财经大学团委和工商管理学院分团委管辖下的大学生环保社团,有社员 215 人,下设暑期三下乡、湿地使者、河小青、环境教育、保护母亲河等 7 支服务队,正式注册青年志愿者 44 人。自成立后,以经济环保为帆,以实践创新为桨,致力于环境保护和社会公益事业,号召在校大学生"用青春歌唱,与绿色同行",开展一系列广受好评的环保实践活动。先后被评为全国高校优秀学生社团、江西财经大学生示范社团,多次获得全省大学生暑期"三下乡"社会实践优秀服务队、全国保护母亲河行动先进集体等称号。

绿派社自成立后,每年围绕一个环保主题,深入开展保护母亲河活动。截至 2007 年,绿派社成员的足迹遍及九江、上饶、抚州、赣州等地,累计完成政府和企事业单位访谈 400 余次,完成调查问卷 3000 余份,徒步走访全省 500 多个乡镇和村庄。绿派社还先后策划组织 3 次大型研讨会,邀请相关环保专家、经济学专家、当地政府官员和企事业单位代表,就所收集到的资料和数据进行分析研讨,呼吁更多的人关注母亲河。

2009 年,以绿派社成员为代表的环保服务分队在永修县等地开展文艺演出、环境保护等活动。为期 10 天里,围湖而行,绕水而居,沿河上下游选取 20 个点采集水样,观测其变化,针对当地情况提出保护、改善方案。走访 4 家企业,考察当地经济对湿地的影响。对 132 户居民进行入户访谈,完成 426 份问卷调查、发放 389 份宣传资料,影响人数超 2000 人。

东华理工大学绿色环保协会

东华理工大学绿色环保协会(简称东华绿协)成立于 2005 年 12 月 5 日,吸纳会员 2000 余人。东华绿协设理事会和会长、副会长以及宣传部、环教部、调研部、集训部、办公室、自体部、外联部 7 个部门。

东华绿协以"推进环境友好型"为活动宗旨,以"创造绿色时尚,拥抱绿色生活"为行动口号,本着"提升江西省青年参与环境保护的能力,促进江西民间环境保护公益事业的发展"的环保使命,日常开展河流水质调研、进小学环境教育、制作植物手工标本、定期与南昌市其他高校开展环保活动以及协会成员的培训等活动。在校团委的支持与管理下,开展环保实践活动 100 余次,进社区宣讲 30 余次。

东华绿协参与各种全国环保交流活动。2009 年 3 月,在南昌市长堎农贸市场组织反贩卖野生鸟活动;5 月,派出 4 个小组分别参与爱鸟周活动、观鸟比赛、黄家湖护鸟反盗猎以及鄱阳湖护鸟行动;6 月,参加"青国青城"中国大学生校园环保行动创意大赛。2010 年 10 月,东华绿协响应中国青年应对气候变化行动日的活动,举办以中国环境与气候治理为主题的环保讲座,让更多人了解并关注气候变化问题,激发人们保护地球的责任感。

井冈山大学爱心社

"爱心社"的雏形是井冈山大学 9 名医学专业同学在 1995 年 3 月组成的"献爱心、送温暖"小组。至 2010 年,爱心社的活动方式、方法和内容得到不断发展和创新,成为青年志愿者组织和学雷锋集体。1996 年起,开展"五十助一　与希望同行"捐资助学活动,"爱心社"发动全校师生为贫困学友募捐,募集到资金上百万元,被国内各大媒体广泛报道。社员们还活跃在吉州、青原区的大街小巷和离退休老师家中、吉安市福利院、特殊教育学校、儿童村、社区孤寡老人居所等地方。15 年间,"爱心社"共组织集体志愿者行动近千次,参加活动的社员达上万人次,服务总时长达数 10 万小时,爱心社的活动在全省乃至全国引起较大反响,得到社会各界的高度评价和广泛赞誉,成为井冈山革命老区精神文明建设一大品牌。

景德镇陶瓷学院环境保护协会

景德镇陶瓷学院环境保护协会(简称景陶环保协会)成立于 2005 年 9 月,下设 7 个职能部门,协会成员遍布全校,仅在校大学生就有 1000 余人;每年有 200 余人加入。该协会加强和外界的联系合作,先后派员赴武汉、广州、南昌、厦门、扬州、杭州、福建、安徽等地参加会议和培训,与部分 NGO(非政府组织)、兄弟社团建立的良好的关系,逐渐成为景德镇的一支重要民间环保力量。

景陶环保协会连续举行环保时装设计大赛,倡导参赛者利用生活中的废品为材料,设计环保服饰,增强学生的环保意识。2006 年、2008 年、2009 年、2010 年先后获景德镇市环境保护局授予的"优秀组织单位"称号;2007 年获"江西省优秀社会实践队"称号;2008 年获"全国环协优秀社团奖";2009 年,因"节能 20 行动"表现出色,在国际能源与气候变化峰会上受到好评,获世界自然基金会授予的"优秀参与奖";2010 年获景德镇市人民政府授予的"2009 年度景德镇市环境保护工作先进单位"称号;2010 年获"江西省优秀社团"称号等。

上饶师范学院大学生环保休闲运动协会

上饶师范学院大学生环保休闲运动协会成立于 2002 年 9 月,由饶正军、宋平筹备发起。截至 2010 年,协会共有理事 200 余人,会员 3000 余人。

上饶师范学院大学生环保休闲运动协会主要开展保护母亲河活动、自行车环保宣传服务队等活动,深入学校、街道开展环保宣传活动。2003 年,获"全国保护母亲河行动先进集体"称号;2004年,协会绿色营环保宣传社会实践赴德兴服务队获"江西省社会实践先进服务队"称号;2005 年,获"江西省大学生示范社团"称号,并成功加入全球性的环保组织——"根与芽"项目,成立"绿之恋—根与芽"小组;2007 年获"中国青年丰田杯环境保护奖""全省保护母亲河先进社团"等称号。

第十二章　设区市团委概况

　　江西青年人口数量在 20 年中变化不大,1990 年为 1456 万,2000 年为 1470 万,2010 年为 1407 万;前 10 年中略有上升,后 10 年呈现下降状态,但总体在 1400 万以上。

　　1991—2010 年,各设区市团委响应党的号召,围绕国家需要,开展各种活动。组织青少年开展爱党、爱祖国、爱社会主义主题教育活动;通过评选"十大杰出青年""十佳少先队员"等,选树青少年先进典型,涌现"全国优秀志愿者"万涵英等一批先进人物;在企业青年中普遍开展青年岗位能手活动,实施青年创新创效工程;开展服务万村行动,在农村中培养"青年星火带头人",涌现方霞云等全国"农村星火带头人"和胡利健等全国"农村青年创业致富带头人";自 1994 年起,在全省广泛开展青年文明号创建活动,各地均涌现为数众多的国家级、省级、市级青年文明号;青年志愿者行动逐渐成为广大青年踊跃参加的活动,在抗洪抢险,抗击非典,援助地震、冰雪灾区,关爱空巢老人、留守儿童,保护"母亲河"环保行动等重大活动中,都有大量青年志愿者身影。

　　20 年间,各设区市团委通过开展进城务工青年技能培训,建立青年就业创业见习基地,推出青年创业贷款计划等,帮助青年就业创业。开展《未成年人保护法》《预防未成年人犯罪法》等法律法规的宣传教育,建立 12355 青少年服务台,创建优秀青少年维权岗等,维护青少年合法权益。实施希望工程,通过开展爱心储蓄活动,募集资金、物资等,救助失学儿童,兴建希望小学,资助贫困生;1996 年,吉安、新余团地委获"全国希望工程建设奖",2000 年,遂川荧屏希望小学和宁冈希望小学获"全国模范希望小学"称号。对团员、团干进行多种形式培训,通过推优入党、创建"五四红旗"团组织,加强团组织建设,涌现出"全国五四红旗团委"南昌市公安消防支队团委、"全国团建先进县(区)"青云谱团区委等先进团组织。

第一节　南昌团市委

南昌市青年人口

　　1990—2010 年,南昌市青年人口总量呈增长趋势。

　　1990 年,南昌市常住总人口 3783882 人,青年人口 1487555 人,青年人口占全市总人口的 39.31%。青年人口中,从性别构成来看,男 775111 人,女 712444 人;从年龄构成来看,15 岁至 19 岁 438913 人,20 岁至 24 岁 430639 人,25 岁至 29 岁 332200 人,30 岁至 34 岁 285783 人;从区域分布来看，东湖区153578人，西湖区158032人，青云谱区56261人，湾里区28293人，郊区171827人，南昌县357279人，新建县234976人，安义县81654人，进贤县245655人。

2000年，南昌市常住总人口4331668人，青年人口1631937人，青年人口占全市总人口的37.67%。青年人口中，从性别构成来看，男842604人，女789333人；从年龄构成来看，15岁至19岁401727人，20岁至24岁400894人，25岁至29岁413371人，30岁至34岁415945人；从区域分布来看，东湖区203723人，西湖区174438人，青云谱区91246人，湾里区23362人，郊区261407人，南昌县313148人，新建县237015人，安义县72885人，进贤县254713人。

2010年，南昌市常住总人口5042566人，青年人口1844631人，青年人口占全市总人口的36.58%。青年人口中，从性别构成来看，男963025人，女881606人；从年龄构成来看，15岁至19岁477232人，20岁至24岁66984人，25岁至29岁318647人，30岁至34岁378912人；从区域分布来看，东湖区19.41万人，西湖区154322人，青云谱区99216人，湾里区27725人，青山湖区434214人，南昌县354858人，新建县333494人，安义县49765人，进贤县196917人。从城乡分布来看，城镇人口1331734人，乡村人口512897人。

主要工作

青少年思想道德教育 1991年至2010年，南昌市各级团组织以读书会、报告会、座谈会、业余党校、业余团校、征文比赛等学习形式，组织团员青年学习先进理论。以建党80周年、90周年，建团75周年、80周年、85周年，五四运动80周年、90周年和北京申奥成功、举办北京奥运会等一系列纪念日和重大活动为契机，开展"党在我心中""永远跟党走""我与祖国共奋进""学党史、知党情、跟党走""民族精神代代传""星星火炬——代代相传"等主题教育活动。1991年，全国6城市"沿着党的足迹走，誓做革命接班人"红领巾传递活动抵达南昌市；是年，开展全市少年儿童庆六一暨"红土地的孩子歌颂党"活动。1996年，举办"做文明市民，建文明城市，南昌市万名青少年誓师大会"；是年，举办千人18岁成人仪式。2000年，举办少年英烈展。

选树青少年先进典型 1991年，全市召开少先队"学赖宁"活动命名表彰大会，命名100个"赖宁中队"，表彰42名少先队辅导员。1992年，开展"学雷锋、学赖宁"小金猴在行动活动。1993年，召开全国青年干部锻炼成长先进事迹报告会。1995年，评选"全市首届十大杰出青年"。2000年，评选第三届"南昌十大杰出青年"、首届"全市十大杰出青年农民"。2003年，评选首届南昌市"十大杰出青年企业家""十佳创新青年企业家""十佳兴业青年企业家"。2005年，评选"南昌市学校十佳标兵团干"。2006年，表彰为全市希望工程事业做出突出贡献的集体和个人，其中希望工程功勋集体奖18个，个人奖16个。

1991—2010年，全市开展"十大杰出青年卫士""十大杰出青年教师""十大IT青年""十佳少先队员"等评选表彰活动，涌现出"全国优秀志愿者"万涵英、"全国优秀共青团员"胡晓晨、"全国优秀少先队员"邹泽宇等优秀青少年典型。

青年就业创业 1998年1月9日，南昌市30名下岗青工在团市委的帮助下，签约进入"春兰集团"南昌办事处,正式上岗就业。经南昌团市委协调,南昌市华昌石油有限公司与南昌毛毯厂签订共同发展计划,在 3 年内解决毛毯厂数百名下岗职工就业问题;南昌市华昌石油有限公司还与中保人寿公司江西分公司共同招聘下岗职工。2003 年,南昌市各级团组织借助各青年协会的优势,成立厨师、电脑、美容美发等社区(进城务工)青年技能培训基地,并联合省金桥人才市场成立社区(进城务工)青年职业介绍(指导)中心,开展再就业技能培训和职业介绍(指导)工作。在全市第二届青年创业暨百家企业招聘大会上,提供 1000 余个就业岗位。

2003 年,南昌团市委与南昌市洪都信用联社联合推出青年创业贷款计划。在青年创业贷款"授信仪式上,洪都信用联社与 16 位创业青年一次性签订 6000 余万元的意向性贷款。其中通过南昌团市委牵线搭桥发放的贷款 1000 余万元。联合市劳动和社会保障局在下岗青年职工中实施小额贷款。2006 年,在第二届青年创业暨百家企业招聘大会上,向 4 名创业青年发放 8 万元的小额贷款。2006 年,南昌团市委举办南昌市青年创业讲堂,开展进城务工青年技能培训、"新赣商创业大篷车进校园""青年见习式培训"等活动,共培训青年 1.5 万余人次,培训青年经营管理者 2000 余人次。在市行政服务中心设立"青年创业直通车"窗口,免费为青年提供创业咨询和代办服务。2010 年,南昌团市委联合 19 所驻南昌市高校,共同组建成立南昌市青年(大学生)创业俱乐部,聘请创业顾问和指导专家,帮助和扶持青年(大学生)把"创业梦想"转变为"创业行动",把"创业项目"付诸"创业实践"。开展南昌青年创业创新项目对接活动,搭建创业青年与投资者、政府部门、投资机构的交流平台,帮助创业青年获得资金,帮助创新成果落实政策,帮助投资机构对接项目,助推青年成功创业,实现政策、资金、项目、技术的有效对接。

"青工技能振兴计划"　1992 年,全市第四届青工技术比武表彰大会召开,表彰 18 名南昌市"青工技术尖兵"和 18 名南昌市"青工技术能手"。20 世纪 90 年代,南昌市通过举办技能大赛、技术传授、绝活传授等活动,实施青年创新创效工程,创建青年科技创新示范基地。2000 年,举办南昌市首届青年职业技能大赛。1991—2010 年,开展"老师带新徒""名师带高徒""青年博士农村行、企业行、校园行"等活动,培养技术技能型、知识技能型、复合技能型青年人才,培养一支高、中、初级技能人员结构合理的青年技能人才队伍。

"青春建功新农村"行动　2005 年,举办南昌市"芙蓉学子——与希望同行"助学金发放仪式。1991—2010 年,南昌团市委在全市开展"真情送服务,建设新农村"科技、卫生、文化三下乡活动,将医疗服务、农技知识送到田间地头。开展"志愿服务新农村"行动,14 支青年文明号志愿服务队,通过结对帮扶的形式,开展扶贫助困、爱心助学、关爱留守儿童等活动,并为农村改水改厕、添置体育设施筹措资金,推进新农村建设和新型城镇化步伐。

青年文明号创建活动　1998 年,全市举行"学习邱娥国示范青年文明号"命名暨创建青年文明号活动成果展览活动。1991—2010 年,青年文明号创建活动在南昌市公安、卫生、邮政、国税等 20 余个窗口行业和工业企业中开展,涌现国家级青年文明号 31 个,省级青年文明号 173 个,市级青年文明号 938 个。通过开展"青年文明号示范街""青年文明号景区""青年文明号生产线"等创建工作和"青年文明号"形象宣传周、"青年文明号为创业护航""为民服务,创先争优"等主题实践活动,推动青年职业道德建设向纵深发展。

青年志愿者行动 1995年，南昌团市委组织南昌青年"爱心献社会志愿服务"活动。1999年，举办南昌青年志愿者"爱心献社会奉献日"活动。2001年，举行"学习雷锋精神，万人无偿献血"活动。2002年，成立南昌市青年志愿者协会。2003年，全市54个社区挂牌成立青年志愿者服务站，规范志愿者的招募、培训和管理；启动抗击"非典"志愿服务活动。2005年，举办"文明新风，辉映洪城"万名志愿者行动启动仪式。2008年，开展《江西省青年志愿服务条例》贯彻实施暨青年志愿服务活动宣传周活动。2009年，在南昌举办第十八届中国金鸡百花电影节，南昌团市委组织近300名青年志愿者为来昌演艺明星及嘉宾提供接待、引导等服务。2010年，第五届中国中部投资贸易博览会在南昌举办，在南昌团市委的组织下，1406名志愿者为大会提供接待、引导、翻译等各类服务达5.16万小时；是年，南昌团市委举办第七届全国城市运动会首批志愿者授旗仪式。

"红铃铛行动" 2006年，南昌团市委推出的"红铃铛行动"，入选全省思想道德建设工作十佳创新案例，获得第七届中国志愿服务项目奖。"红铃铛行动"从面向青少年的普法教育、预防犯罪入手，从最初的"红铃铛法制快车进校园"趣味宣讲开始，发展为由"小包公断案模拟法庭""棒棒槌爱心拍卖行""按捺小手印，争做文明人""百米长卷百校行""红铃铛警示长廊""彩虹小屋援川行动""绿色心门"等多个子活动共同构成的一个立体活动体系。2008年，13名"红铃铛"志愿者奔赴四川地震灾区，开展为期1个月的"红铃铛彩虹小屋援川行动"，受到灾区青少年热烈欢迎和新华社等80余家国内外媒体的争相报道。2010年，江西遭遇特大洪水灾害，百名"红铃铛"志愿者奔赴抗洪一线，开展防汛抗洪应急救援志愿服务；是年，南昌市红铃铛社区青少年心理援助中心在上营坊社区正式成立并运行。

环保行动 2003年，5000名青年志愿者开展"青春与绿色同行"植树活动。2005年，团市委举办南昌市青少年环保志愿者争创"四城"（国家卫生城市、全国文明城市、环保模范城市、国家园林城市）誓师大会。2007年，开展"城市公共交通周及无车日"活动。1991—2010年，南昌团市委在全市开展"青少年绿色家园""爱我山江湖，共扮美好家园""青年文明林""构建和谐社会，共建绿色家园"和鄱阳湖湿地保护等活动，建设环鄱阳湖生态希望小学、共青团生态文明示范村、青春绿色家园生态基地，组织全市青少年义务植树6万余棵，建设青年文明林300余亩。

优化青少年成长环境 1991年，南昌团市委开始创建青少年法律学校和法制教育基地。2003年，南昌团市委招募组织1000名社区治安志愿者，开展"筑城行动"，成为社区治安群防群治的新生力量。1996—2005年，南昌市青少年发展基金会为南昌希望工程募集善款1500余万元，援建希望小学45所，维修校舍38所，建立希望书库27个，结对资助贫困学生1.1万人次。2010年，依托10所青少年法律学校和5个法制教育基地，开展法律宣传教育活动。

1991—2010年，创建27个市级"优秀青少年维权岗"，成立南昌青年法律人才协会，维护青少年合法权益。开展"青春自护——远离网瘾"行动，倡导青少年正确、文明、安全上网。开展禁毒防艾宣传教育活动和"少年儿童平安行动"，提高青少年安全和自护意识。

维护青少年合法权益 1991—2010年，南昌团市委建立市、县（区）、街道、社区四级预防青少年违法犯罪工作体系，形成覆盖全市青少年的工作网络。实施"为了明天——预防青少年违法犯罪工程"，通过开展重点青少年群体排查摸底专项行动，落实针对重点青少年群体的教育、管理和帮扶措施。在全省率先建立12355青少年服务台,共接受青少年咨询1.35万余人次。建立南昌市青少年教育关爱基地,对中小学生开展消防、交通安全等方面的自护教育。开展《未成年人保护法》《预防未成年人犯罪法》等法律法规的宣传教育,增强青少年法律意识。开展"共青团与人大代表、政协委员面对面"活动,围绕"青少年网络问题""新生代农民工的社会融入"和"新生代农民工的精神文化生活"等方面进行专题调研,形成提案或建议向省市人大代表、政协委员呼吁建言。

帮扶困难青少年群体　2002年12月,开展"东青在线"乞爱者行动,组织青年志愿者为失学贫困儿童街头劝募善款3236.15元。2008年,开展"共青团关爱农民工子女志愿服务行动",建立118个"留守儿童关爱之家",为农民工子女提供学业辅导、亲情陪伴、感受城市、自护教育和爱心捐赠等服务;开展"关爱留守儿童　共享和谐奥运"主题活动。2010年,开展"青果援——关爱服刑在教人员未成年子女"活动,通过开展"青春手拉手""你的牵挂我知道"等多种活动,共募集资助金23万余元,结对帮扶服刑在教人员未成年子女260余人次。1991—2010年,南昌团市委深入推进希望工程,募集资金860余万元、新建(改造)希望小学8所、资助贫困大学生220人、困难中小学生1000余人次、困难家庭200户。

青少年文化体育活动　1991—2010年,南昌市团、队组织,举办"新世纪我能行"体验教育、"小甲A"足球赛等活动;深化"雏鹰争章""手拉手"互助等体验教育活动;开展"红色之旅""农业实践之旅""金色童年""北大清华夏令营"和大中学生"三下乡"等活动。1992年,举行"颗颗童心爱祖国"庆六一联欢晚会。1996年,举办南昌市首届大中学生集体舞大赛。2000年,举办"星星火炬代代相传"迎接新世纪主题队会观摩赛。2005年,举办"凤凰杯"少先队鼓号队队列赛。2008年,举办"舞动青春,唱响和谐"迎春联欢会;是年,组织南昌市青少年参加"我与奥运同行"江西省百县万校百万学生阳光体育助奥运活动。2009年,举办"鼓乐铿锵庆六一"南昌市少先队鼓号队风采展活动;举办"2009中国南昌赣江情大红鹰玫瑰婚典"活动;举办南昌市首届"蓝天碧水杯"少年儿童钢琴大赛颁奖音乐会。

青年合作交流　1997年,举办南昌市少儿迎1997香港回归百米长卷绘画活动。2001年,举办上海企业(南昌)经贸推介会。2007年,举办第二届中西部互联网大会,与兄弟城市商会签订"友好青商会",邀请中外青年和客商共5000余人到昌考察,开展经济、社会、文化以及青年组织等领域的交流,促进区域城市青年企业家的投资与合作。1991—2010年,南昌团市委发起成立12个中心城市青年企业家组织区域协作网,开展经贸交流与协作活动;开展各类活动,加强与俄罗斯、日本、西班牙、韩国、阿根廷、泰国等国家和港澳地区及国内其他地区间青年的交流。

创新团建工作思路　1991—2010年,南昌团市委构建社区团建工作新格局,以社区团组织建设为基础,在西湖区恒茂社区、东湖区光明社区开展南昌市"第三空间"建设,以非公有制经济组织、新社会组织为突破口,新增非公企业团组织700余个,不断扩大团组织的覆盖面。创新街道、乡镇团组织工作,充实全市30个街道、80个乡镇团组织的工作力量。依托驻外党工委,建立2个市级和9个县级驻外团工委及驻外基层团组织。开展团内民主生活创新。在湾里区太平镇通过"网+荐""考+选"的方式公开选拔镇团委委员,吸引团员青年参与。选派团市委机关干部驻县区团委指导工作,驻点干部在派驻期间深入了解基层情况,帮助打造和推广基层工作品牌。

团的队伍建设 2002年，南昌团市委在省团校举办1期县区团委培训班；是年，在828招待所举办1期青年文明号负责人培训班。

1991—2010年，南昌团市委培训专职团干1万余人次，通过开展"深入学习实践科学发展观""整顿五风，提高能力，促进发展""创先争优"等主题实践活动，提升团干部的综合素质。全市共发展18万余名团员，推荐1万余名优秀团员青年加入中国共产党。

党建带团建 2010年，南昌市委组织部与南昌团市委联合印发《关于开展村级组织活动场所"五个之家"建设考核评价办法》，推动团建工作的制度化和规范化。截至2010年底，全市有基层团委381个，基层团工委21个，团总支189个，团支部3832个，团员131205人。

"五四红旗"团组织创建 1991—2010年，南昌团市委开展"全市五四红旗团委、团（总）支部"创建活动。推进县级团委、基层团委、团（总）支部三级联创，加强对国家级、省级、市级"五四红旗团委"及创建单位的选树、培育和指导。南昌市公安消防支队团委等4个单位被评为"全国五四红旗团委"，南昌城投置业有限公司团支部等单位被评为"全国五四红旗团（总）支部"，青云谱团区委等单位被评为"全国团建先进县（区）"。

1991—2010年，南昌团市委先后获中国青年创业行动优秀组织奖、中国青年志愿行动组织奖、全国青年岗位能手活动优秀组织奖、全国青年文明社区活动优秀组织奖、全国少年儿童平安行动优秀组织奖、第7届中国青年志愿者行动项目奖、全国服务农村青年增收成才奖、全市综合目标管理考核一等奖等荣誉，被评为全国青年中心建设试点工作先进市、全国"保护母亲河"行动先进集体、全省共青团工作先进单位、全省安置下岗职工先进集体等。

第二节　九江团市委

九江市青年人口

1990—2010年，九江市青年人口总量先增后减。与1990年相比，2000年九江市青年人口有较大增长，2010年回落。

1990年，九江市常住总人口4063940人，青年人口1532882人，青年人口占全市总人口的37.72%。青年人口中，从性别构成看，男790761人，女742121人。从年龄构成看，15岁至19岁459526人，20岁至24岁437943人，25岁至29岁358757人，30岁至34岁276656人。从区域分布看，庐山区89380人，浔阳区89574人，九江县112536人，武宁县133245人，修水县259352人，永修县135511人，德安县67809人，星子县77483人，都昌县211367人，湖口县91256人，彭泽县122910人，瑞昌市142459人。

2000年，九江市常住总人口4401248人，青年人口1631559人，青年人口占全市总人口的37.07%。青年人口中，从性别构成看，男840154人，女791405人。从年龄构成看，15岁至19岁377931人，20岁至24岁391502人，25岁至29岁431974人，30岁至34岁430152人。从区域分布看,庐山区 95787 人,浔阳区 112473 人,九江县 115352 人,武宁县 127149 人,修水县 293343 人,永修县 124784 人,德安县 78137 人,星子县 77912 人,都昌县 241603 人,湖口县 90914 人,彭泽县 123238 人,瑞昌市 150867 人。

2010 年,九江市常住总人口 4728778 人,青年人口 1540756 人,青年人口占全市总人口的 32.58%。青年人口中,从性别构成看,男 758837 人,女 781919 人。从年龄构成看,15 岁至 19 岁 365864 人,20 岁至 24 岁 452443 人,25 岁至 29 岁 343431 人,30 岁至 34 岁 379018 人。从区域分布看,庐山区 118055 人,浔阳区 131040 人,九江县 103773 人,武宁县 110137 人,永修县 115190 人,德安县 74828 人,星子县 79238 人,都昌县 249843 人,湖口县 87310 人,彭泽县 107516 人,瑞昌县 135810 人,修水县 228016 人。从城乡分布看,城镇人口 681453 人,乡村人口 859303 人。

主要工作

青少年思想道德教育　1991—2010 年,九江团市委先后组织青少年深入学习邓小平理论、"三个代表"重要思想和科学发展观,并结合学习党的十四大、十五大、十六大和十七大精神,通过举办报告会和学习班、举行知识竞赛和演讲比赛、开展主题团日活动和征文活动等多种形式,用正确的理论武装青少年。

1991—2010 年,九江团市委深入开展爱国主义、集体主义、社会主义教育。通过请"三老"(老党员、老工人、老农民)讲"三史"(个人翻身史、家庭致富史、单位发展史),开展"社会主义好"征文和"社会主义在我村(厂)""社会主义我的家"演讲等系列主题教育活动,组织青少年升国旗唱国歌、参观爱国主义教育基地、观看爱国主义教育影视片等活动,开展思想政治教育。深入开展榜样教育。组织青少年开展学雷锋志愿服务活动。号召青少年向勤于学习、勇于实践、甘于奉献的"全国大学生自强之星"徐钢学习,向坚守岗位、不畏艰险、敢于牺牲的"全市优秀共青团干部"程峰学习等。

服务经济建设　1991 年,九江团市委引导全市团员青年立足本职岗位,促进经济建设。企业团组织带领团员青年开展以"青年突击队""青年文明岗""双增双节"(增产节约、增收节支)等为主要形式的爱岗立功活动,推动企业技术更新和经济改革。农村团组织开展"一团两户"(青年专业户、科技示范户)"百万青年兴百业"科学致富活动,通过组织实用技术培训,成立青年专业协会,开展争当青年科技兴农带头人等活动,促进乡镇经济的全面发展。联合市农村经济委员会、市科学技术委员会等 8 个单位,举办全市农村青年科技兴农有奖知识竞赛,2.8 万名青年参加。

1995—1997 年,九江团市委会同市委村建办联合开展"服务百村"行动,动员大中型企业和大中专院校与 100 个村开展"一助一"结对帮扶。通过捐建"小康书库"、举办实用技术培训、组建科技讲师团等活动,为结对村提供智力、资金、信息等帮扶。1995—1997 年,连续 3 年开展"十佳青年小康示范户""奔小康示范团支部"评选表彰活动。

1997—2001 年,九江各级团组织开展争当青年岗位能手活动,把岗位文明建设和岗位技能提高有机地结合起来。5 年中,全市举办各级各类青工专业技术比赛 100 余次,涌现出 300 余名市级以上青年岗位能手。各级团组织围绕农业结构调整和推进农村现代化进程,开展"三争三创"(争当推广农业新科技带头人,创办项目示范基地;争当带领农民闯市场的带头人,创办营销服务实体;争当发展农业产业化经营的带头人,创办加工龙头企业)活动,深化培养青年星火带头人和科教兴农产业带头人;深入开展"服务百村"行动,建立农村青年外出务工培训基地,输送外出务工青年1万余人。

2002—2007年,开展青工创新创效活动、争当青年岗位能手活动,以"兴质量、降成本、练技能、当能手"为主题,举办青年创新知识大赛、青年创新成果评比和青工技能大比武等活动,组织各类比武活动80余次,参加人员近4万人。

2008—2010年,九江团市委将促进青年就业创业作为服务全市经济建设大局的重中之重。联合市劳动就业局举办招聘会17场,8000余名青年现场签订协议。创立九江市青年职业技术培训学校,开展"订单式"科技培训和技能培训,落实培训资金138.84万元,培训返乡务工青年1.6万余人;依托职业学校和工业园区,建立"青年就业创业见习基地"68个,对接成功人数693人,实现就业316人。实施"百企带百村"工程,组织100名青联委员、青企协会员与100个村(组)的返乡青年农民开展"一对一"帮扶,帮助1100余人实现再就业。联合九江市农村信用社联合社开展"青年创业信用卡"发放工作,发放信用卡3712张,担保贷款金额16330.01万元。扶持袁松松等一批青年走上创业之路。开展"恒盛杯"九江青年创业大赛,10名"优秀创业项目"获得者收获创业基金3000元,并获得5万元额度的"青年创业信用卡"担保贷款。

青年文明号创建活动 1994年,九江市启动"创建青年文明号"活动。至1997年底,创建活动覆盖商业、粮食、供销、公安、邮电、金融、国税、地税、乡镇企业、旅游、个体协会、卫生、工商、交通、电力等16个系统。

1997—2001年,九江团市委推出"青年文明号服务卡",开展"青年文明号信用示范行动",涌现出300余个市级以上青年文明号先进集体。

2003年,推进"诚信九江·青年文明号"行动,命名首批"诚信九江·青年文明号示范集体"。2004年,九江团市委印发《九江市"青年文明号"管理办法》,进一步完善创建机制。2005年,在全国青年文明号现场经验交流会上作典型发言。

2006—2010年,全市青年文明号创建活动不断深化,创建水平不断提高,创建活动的社会效益、经济效益、人才效益明显。开展"满意服务,情暖九江,让青年文明号走进千家万户"为主题的创建活动,覆盖35个行业系统。至2010年底,全市先后涌现出国家级青年文明号33个,省级95个、市级482个。

青年志愿者行动 1994年,九江市广大青年志愿者结合学雷锋活动,以"热心献社会、真情暖人间"为行动口号,广泛开展青年志愿者新春献爱心、环保、打假、家电维修、科技文化卫生"三下乡"、无偿献血等活动。1996年,成立九江市青年志愿者协会,进一步规范青年志愿者行动。至1998年底,全市有10万余名青年参与各种志愿服务活动;100余支青年志愿者服务队以"一助一"长期结对和建立服务站重点服务的方式,为急需帮助的孤寡老人、残疾人、老干部等群体提供服务。2000年,九江市青年志愿者协会被团中央、中国青年志愿者协会授予"中国百个优秀青年志愿服务集体"

称号。

2008年，九江市各级团组织围绕形成有中国特色青年志愿服务体系的目标，一手抓机制建设，一手抓活动开展，青年志愿者组织网络基本形成。九江团市委和市志愿者协会先后组织开展"讲文明、树新风""和谐春运""文明创建，青年先行""牵手夕阳，辉映青春""万人禁毒签名"和大中专学生暑期"三下乡"志愿服务等活动。

2010年，九江市青年志愿者协会获"全国青年志愿者工作组织奖"；星子县下岗女工易红华被评为"全国十大杰出青年志愿者"。

完成"急难险重"任务　1995年，九江境内遭遇严重洪涝灾害，九江团市委响应九江市委市政府号召，协助组织抢险突击队80余支，在八里湖处修建子坝，确保九江安全。开展向灾区捐款捐物活动，第一天就收到捐款16万元、衣物34万件。1998年，九江市遭遇历史罕见洪涝灾害，长江大堤决堤。全市组建青年突击队1800余支、组织青年志愿者10万余人参加抗洪抢险。

2005年，九江境内发生5.7级地震，九江团市委组建多支医疗小分队和青年突击队，第一时间赶赴灾区，开展灾民转移、医疗救治、治安巡逻等方面的救灾工作。

2008年，汶川地震发生，九江团市委迅速在公安、供电、医疗、水务等单位中，组织成立青年志愿者服务小分队，赴灾区开展救援工作；发动全市团员青年开展捐款、献血等活动，援助灾区人民。

2010年，九江市防汛抗洪形势严峻，九江团市委组织团员青年成立青年抗洪突击队，开展抗洪抢险。组织团员青年为西南旱灾地区和青海玉树地震灾区捐款捐物。

"保护母亲河"行动　1999年起，先后成功申报共青城、九江县、星子县、都昌县4个"保护母亲河"行动——中日友好"小渊基金"环保项目，造林面积1260公顷。2009年，动员青少年30余万人次，开展"百万青年林，扮绿鄱阳湖"植树造林活动，种植生态林3976公顷。2010年，九江团市委被全国绿化委员会、人力资源和社会保障部、国家林业局评为"全国绿化工作先进集体"。

实施希望工程　1991年，九江市启动希望工程，先后组织开展"希望工程百万爱心活动""希望工程1+1助学活动""希望工程义演活动""希望工程爱心储蓄活动"和"希望工程志愿者劝募行动"。

2005年，九江团市委联合九江市委组织部等7部门发起向希望工程捐赠课桌椅活动，通过发动党团员带头捐、市民自愿捐等方式，募集资金173万元，为贫困山区孩子购置课桌椅两万套。

2007—2008年，九江团市委组织实施"春晖行动"，通过向全市行政事业单位科级以上干部及在外地工作的九江籍有为人士，邮寄"春晖行动"亲情贺卡的方式开展劝募活动，募集资金270.89万元。其中，"春晖助学资金"37.4万元，资助贫困学生300人；"春晖建校资金"175万元，建设"春晖小学"6所。

2009年，募集资金、物资价值566万元，资助贫困大学生1100人次，援建希望小学15所。开展"真情相伴，爱心助困"活动，组建600个志愿服务小组，结对援助1200户贫困家庭。关心留守儿童，创建24个亲情视频对话站。2010年，开展"希望工程1%捐"活动，募集资金1042万元，募集物资价值300万元，资助贫困大学生645人，援建希望小学39所。

1991—2010年，全市希望工程募集资金4600万余元，资助贫困学生1.12万人，援建希望学校136所，改善学校办学环境42所，为贫困乡村学校捐赠图书、仪器、体育用品等教学物资价值1600

万余元。

维护青少年合法权益 1991年，九江市启动未成年人保护与青少年维权工作。1998年，启动"优秀青少年维权岗"创建活动。2005年，全市实施构建学校、家庭、社会"三位一体"预防未成人违法犯罪体系；九江团市委联合杨西律师事务所和九江市心理卫生中心开通"12355"青少年法律和心理咨询服务热线。

1991年，九江团市委通过发放宣传提纲、组织法律咨询、举行维权知识竞赛等形式，加强对《中华人民共和国未成年人保护法》的宣传力度，在全社会营造关爱未成年人良好氛围。

1992—1998年，九江市未成年人保护及青少年维权工作逐步向纵深发展。九江团市委依托各级青少年活动阵地，举办青少年自护夏令营、讲座、咨询等，强化青少年自我保护意识。各级团组织会同有关部门，加大对书摊、歌舞厅、录像厅、游戏厅的检查监督力度，维护青少年的合法权益。

2004年，成立市、县两级预防青少年违法犯罪工作领导小组。九江团市委与九江市司法局法律援助中心合作，成立援助未成年人工作站。是年，全市创建"优秀青少年维权岗"269个。2005年，九江团市委就构建学校、家庭、社会"三位一体"的预防未成年人违法犯罪体系，在全国预防未成年人违法犯罪工作经验交流会上作典型发言。2006年，组织九江市长虹小学、浔阳区湖滨小学等学校100余名学生，进社区开展"小包公断案"模拟法庭教育活动；双峰小学等两家单位被评为"全国优秀青少年维权岗先进单位"，杨西律师事务所等6家单位被评为"全省预防青少年违法犯罪工作先进集体"，居莉等6人被评为"全省预防青少年违法犯罪工作先进个人"。2007年，九江团市委、九江市公安局联合举办"为了明天——'红铃铛'进校园"活动，招募"红铃铛"法制志愿者60人，深入学校、社区开展法制宣讲活动。

2010年，九江团市委联合市社会治安综合治理委员会在全市开展预防青少年违法犯罪分类引导试点工作，星子县、共青城、九江市同文中学、九江市实验中学、武宁县人民检察院、浔阳区人民路街道湖滨社区被列为市级试点单位。是年，九江市被省综治委预防青少年违法犯罪工作领导小组、团省委列为省级重点青少年教育管理和预防犯罪试点市。

基层团组织建设 1991年，九江团市委在全市开展"整顿基层涣散团组织，加强基层建设"工作，对农村松散瘫痪团组织进行整顿，抓好"两地建设"（活动阵地、生产经营基地），建立团员评议注册制度和《团支部工作手册》使用制度。

1992—1999年，九江市团组织建设以贯彻落实团中央办公厅发布的《中国共产主义青年团基层建设纲要（试行）》为主线，将工作重点放在农村和新经济组织团建领域，先后联合九江市委组织部、市委村建办制定《关于在农村青年社会主义教育中加强共青团组织整体化建设的十条意见》等指导性文件，开展"走向明天奔小康""奔小康示范团支部"等活动，推进农村团组织建设。1997—1999年，连续3年开展"农村基层团组织建设月"和"乡镇（街道）共青团工作最佳支持奖"评选活动，农村团支部"三位一体"（从党团员青年星火带头人中选拔配备村团支部书记，并经村民选举兼任村委会科技副主任）配置率明显提高，表彰在支持基层团组织建设中成绩突出的乡镇（街道）党委书记30余人。

1999年，九江团市委以创建"五四红旗团组织"为契机，通过加大团员发展力度、规范团费收缴管理,完善《团支部工作手册》使用制度等措施,全面加强基层团组织班子建设、活动建设、阵地建设等方面的工作力度。至2010年,创建全国"五四红旗团委"2个、全国"五四红旗团委标兵"1个、全省团建先进县3个、全省"五四红旗团委"2个、全省"五四红旗团支部"24个。

2003年,联合九江市委组织部,在全市基层团组织中开展争创"十面红旗"活动,在农村、国有企业和集体企业、非公有制经济组织、民办学校、街道社区、机关、学校、科研院所、社会中介组织以及团员队伍建设10个方面,评选成绩突出、具有"标杆"作用的"十面红旗"。

2005—2008年,九江市实施"党建带团建'五个一'工程",即:从每位党员的党费中拿出一元钱用于"党建带团建"、单位党组织主要领导每年听取本单位团委(总支、支部)书记汇报一次工作、单位党组织每年专题研究一次青年工作、单位党组织主要领导每年参加一次基层团的活动、单位团组织结合自身工作实际创建一项特色工作。九江团市委的论文《党建带团建"五个一"工程在农村量化实施的探索》获全国团建创新理论成果三等奖。

2009—2010年,以加强和规范基层团组织的基础建设、激发基层团组织整体活力为突破口,重点推进非公有制企业团组织、驻外团组织和中学团组织建设。截至2010年底,建立非公有制企业团组织107个、驻外团工委7个。

2009—2010年,九江团市委按照"分类培训,分层实施"的原则,市县两级团组织举办乡镇、街道为重点的各类基层团干部班,两年共培训基层团干部1100人。

第三节　景德镇团市委

景德镇市青年人口

1990—2010年,景德镇市常住人口总量呈增长趋势,但是青年人口总量呈下降趋势。

1990年,景德镇市常住总人口1343463人,青年人口533859人,青年人口占全市总人口的39.74%。青年人口中,从性别构成来看,男280763人,女253096人;从年龄构成来看,15岁至19岁151436人,20岁至24岁152648人,25岁至29岁129259人,30岁至34岁100516人;从区域分布来看,昌江区52095人,珠山区110706人,浮梁县108525人,乐平市262533人。

2000年,景德镇市常住总人口1453367人,青年人口532768人,青年人口占全市总人口的36.66%。青年人口中,从性别构成来看,男272889人,女259879人;从年龄构成来看,15岁至19岁112700人,20岁至24岁128133人,25岁至29岁142692人,30岁至34岁149243人;从区域分布来看,昌江区50753人,珠山区110818人,浮梁县101731人,乐平市269466人。

2010年,景德镇市常住总人口1587477人,青年人口513462人,青年人口占全市总人口的32.34%。青年人口中,从性别构成来看,男256661人,女256801人;从年龄构成来看,15岁至19岁118808人,20岁至24岁147125人,25岁至29岁115480人,30岁至34岁132049人;从区域分布来看,昌江区61667人,珠山区85019人,浮梁县108265人,乐平市258511人;从城乡分布来看,城镇人口 290969 人，乡村人口 222493 人。

主要工作

青少年思想道德教育 1991—2010 年，景德镇团市委先后开展邓小平理论、"三个代表"重要思想和科学发展观学习活动，并同学习党的十四大、十五大、十六大和十七大精神有机结合，通过开展知识竞赛、演讲比赛、征文竞赛、专题研讨和举办培训班等各种活动，用正确的理论武装青少年。景德镇团市委充分发挥荷塘乡爱国主义教育基地、乐平市革命烈士陵园、浮梁县革命烈士纪念塔、景德镇市地方志馆、御窑厂国家考古遗址公园、建国陶瓷文化创意园、皇窑陶瓷博物馆和景德镇十大瓷厂陶瓷博物馆等 8 个市级爱国主义教育基地的作用，以各种节庆日、重要纪念日和重大事件为契机，开展具有时代特色的主题教育活动。景德镇团市委充分发挥榜样的作用，引导青少年健康成长。各级团组织先后开展学雷锋、赖宁、李素丽、邱娥国、吴希明等活动，激发和教育青年无私奉献、爱岗敬业，刻苦学习，建功立业。开展"相约校园，共话成长"活动，邀请"瓷都十佳青年""瓷都十佳少年""瓷都百名好少年""瓷都十佳青年企业家""江西十大杰出青年""江西十大杰出青年企业家""江西十大杰出青年岗位能手"等先进青少年代表进校园宣讲，激励青少年成长成才。

青年就业创业 2009—2010 年，景德镇团市委实施青年就业创业工程。2009 年开展技能培训，共培训 1354 人次。2010 年，举办 4 场创业就业论坛进高校活动，培训创业青年 2600 余人。2009 年，举行招聘会，提供岗位 4461 个，现场录用 335 人；建立青年就业创业见习基地 15 家，其中，全国青年就业创业见习基地 2 家、全省青年就业创业见习基地 5 家、全市青年就业创业见习基地 8 家，提供见习岗位 553 个。2009 年，为农村青年创业发放青年创业信用证（卡）331 张，贷款 859 万元，为青年农民就地创业、农民工返乡创业解决资金瓶颈问题；2010 年，启动农村青年信用示范户试点工作，发放农村青年创业小额贷款 1093 万元，266 人获得贷款。

青年岗位能手活动 从 1994 年开始，景德镇团市委在企业青年中普遍开展以导师带徒、岗位练兵、双增双节、"五小"（小发明、小创造、小革新、小设计、小建议）竞赛为主要内容，以提高职业文明、增强青工素质、创一流成绩为目标的青年岗位能手活动。自 2000 年起，青年岗位能手活动与创新创效活动相衔接。自 2004 年起，青年岗位能手活动成为"青工技能振兴计划"的重要内容。

广泛对青工进行岗位培训。1999 年，全市各级团组织动员近 10 万名青工参加争当青年岗位能手活动，开展各类岗位培训 358 期。2000 年，全市举办各种培训班 345 期。

开展导师带徒、岗位练兵、职业技能竞赛等活动，提高青工实际操作技能。1994—1997 年，全市各级团组织在车工、钳工、电工等 20 余个工种中共举办 300 多场次技术比武大赛；举办陶瓷美术作品大奖赛，激发陶瓷青工学习技术、钻研本行的工作热情；昌河飞机工业集团公司、乐平矿务局等单位开展导师带徒活动，1000 余对师徒签订教学合同。1999 年，开展技术比武 290 余次，近千名师徒结对学艺。2000 年，举办各种级别技术比武 300 余场次。2005 年，举办景德镇市青年陶瓷职业技能大赛。2006、2007 年连续举办两届景德镇市青年计算机技能大赛。

评选表彰先进，推进青年岗位能手活动。1994 年，杨玉斌被评为全国青年岗位能手。1999 年，评选表彰全市青年岗位能手50人。2000年,评选表彰全市青年岗位能手52人,计建华被评为全省杰出青年岗位能手,范援非、钟宏伟等7对师徒被评为全省优秀师徒。2004年,评选表彰全市青年岗位能手34人;涌现出全省青年岗位能手3人、优秀师徒2对。2005年,评选表彰全市青年岗位能手30人、优秀师徒14对;涌现出全省青年岗位能手3人、全省优秀师徒2对。2006年,昌河飞机工业集团公司被评为全国青工技能振兴计划示范单位。2009年,评选表彰全市青年岗位能手30人、优秀师徒15对。

"农村青年星火带头人"活动 自1990年开始,景德镇团市委在农村青年中培养"青年星火带头人",带领农村青年脱贫致富奔小康。1995年,方霞云被评为全国"农村星火带头人";1997年,胡志强、彭有火被评为全国"农村青年星火带头人"。1991—1997年,以培训为基础,景德镇各级团组织举办各类农村青年培训班3500余期,建立各级培训基地580个,2500余名农村青年参加江西农业大学函授学习,10万余名农村青年通过培训掌握1~2门实用新技术,45项实用技术得到推广。1999年,重点抓示范服务基地建设,创建乐平反季节蔬菜基地、昌江肉鸽饲养基地等59个基地,评选瓷都青年十大种养示范基地;是年,景德镇团市委评选表彰40名全市青年星火带头人。2000年,评选表彰30名全市青年星火带头人;是年,7家种养基地被评为全省十大青年种养示范基地。2004年,培养青年种养大户20户;是年,评选表彰全市十大农村青年致富带头人。2005年,重点抓青年文明示范村创建,建设陶瓷科技园程家村、浮梁县浮梁镇大洲村、乐平市涌山镇枫树村3个青年文明示范村;是年,胡利健被评为全国农村青年创业致富带头人。2009年,景德镇团市委评选表彰10名全市农村青年创业致富带头人。

"青春建功新农村"行动 2006年,景德镇团市委启动社会主义新农村建设,通过城乡互动、技能培训、推进农村青年转移就业创业,帮助农村青年脱贫致富,开展"青春建功新农村"行动。2006年和2007年,推动农村青年就业转移。2006年,景德镇团市委联合市劳动和社会保障局举办"送岗位到农村"现场招聘会,联系60余家企业提供4000余个适合农村劳动力的岗位,500余名农村青年与用人单位签订协议。2007年,举办两场"送岗位到农村"现场招聘会,共提供4000余个就业岗位,1000余名农村青年签订用工合同。2010年,对进城青年农民工,尤其是尚未就业的青年农民工进行"订单式"技能培训。

青年文明号创建活动 1994年,景德镇市启动青年文明号创建活动;是年,创建市级青年文明号10个、省级2个。1995年,制定市级青年文明号评比、表彰和管理细则,并实行淘汰制度,进一步规范创建活动;是年,创建市级青年文明号31个、省级6个,市公交公司03—1701车组被评为全国青年文明号。1997年,重新考核认定命名1年以上的青年文明号,对1个不符合条件的予以摘牌;全年创建市级青年文明号122个、省级29个、国家级1个。1998年,创建活动领域扩展至金融、税务、卫生、城建、商业、粮食、旅游、交通、石油等系统。1999年,成立景德镇市创建青年文明号组委会,对创建活动统一管理、统一考核、统一评选;是年,确定珠山路为市青年文明号示范路。2000年,创建市级青年文明号40个、省级5个、国家级2个。2004年,调整景德镇市创建青年文明号组委会,把青年文明号创建活动纳入全市精神文明建设总体规划。2005年,创建市级青年文明号38个、省级14个,市第二人民医院ICU室被评为全国青年文明号。2007年,以"作节约先锋,展青春风采"为主题,开展"青年文明号节约示范行动"和"青年文明号信用建设示范行动";创建市级青年文明号10个。

青年志愿者行动 1994年,景德镇市启动青年志愿者行动,成立青年志愿者协会。至1998年,全市有各类青年志愿者服务组织228个,建立青年志愿者服务站5个,招募青年志愿者13512人。2004年,开通两条志愿服务热线,正式启动构建景德镇市青年志愿者服务长效机制。

1994—2004年,景德镇团市委坚持开展瓷都青年志愿者"一助一"长期服务活动,服务老干部、老红军、有特殊困难的烈军属、五保户等群体,主要提供医疗保健、生活服务、科技服务、助耕助收等服务。至1998年,长期服务结对1231个。

1995年,景德镇团市委组织10所大中专院校20余支青年志愿者队伍到农村开展义务扫盲与科技文化服务活动。2000年,开展青年志愿者扶贫支教和卫生扶贫接力计划。2005年,开展"千名志愿者争当一天环卫工人"活动。2006年,举办"社区光明行——照亮你我回家的路"公益活动,对路灯进行检查和更换,20个社区和500余户居民得到实惠;开展"社区温暖行——冬衣暖人心"活动,为1000名特困群众捐赠羽绒服1000件。

实施希望工程 1991年,景德镇市开始实施希望工程。1992年,成立景德镇市希望工程领导小组,办公室设在景德镇团市委。

1993年,景德镇团市委联合市募捐委员会办公室在全市范围内发行希望工程奖券40万元,所得资金全部用于救助失学儿童。1994年,希望工程募集捐款50余万元,救助1032名失学儿童,兴建1所希望小学,改善3所学校办学条件。1996年,筹建国家级希望小学3所,于1997年交付使用。1997年,希望工程进一步拓展,景德镇团市委联合市委组织部等单位,启动"希望工程爱心储蓄",完成爱心储蓄1000余万元,救助失学儿童2000余人。1998年,景德镇市遭受洪涝灾害,筹集资金110万元,救助学生600人,援建希望小学7所。1999年完成爱心储蓄1001.4万元,捐息62.56万元,建成希望小学13所。2000年开展"资助贫困生上大学"活动,资助19名特困生上大学。2004年,开展"希望工程学子阳光助学行动",资助10名贫困大学生共7.2万元。2005年,资助200名贫困大学生共30万元。2009年,开展"2009希望工程圆梦行动",全市15家青年文明号单位资助特困大学新生33人。2010年,资助特困大学新生39人。2001—2010年,开展"利在千秋"希望工程邮资明信片义卖活动,发行希望工程"爱心"明信片30万张,帮扶学生400人。

维护青少年合法权益 1991—2010年,景德镇团市委先后在全市开展宣传《中华人民共和国未成年人保护法》《中华人民共和国预防未成年人犯罪法》《江西省实施〈中华人民共和国未成年人保护法〉办法》《江西省未成年人保护条例》等活动,会同景德镇市人大常委会法制工作委员会对保护未成年人工作进行检查,对侵犯未成年人合法权益的人和事进行监督,有效地贯彻实施法律。2000年,联合市教委在中小学配备法制副校长,推行法制课,举办"模拟法庭"等形式多样的法制宣传教育活动。

2000年,景德镇团市委推动建立青少年维权组织机构体系,成立景德镇市青少年权益保护委员会,推动各县(市、区)成立保护青少年权益的相应机构。2005年,开通12355青少年维权服务公益热线,以电话问答的方式,为青少年提供维权服务,并建立以全国优秀维权岗——乐平市未成年人审判庭为龙头的全市青少年维权网络。2006年，推进"免疫工程"，联合市综治委等9个部门开展"青年安全文明社区"创建评选活动，为维护社区青少年合法权益创造有利环境；实施"心理阳光"工程，发挥学校心理咨询室的作用，组织景德镇高等专科学校心理学志愿者为有心理障碍的学生进行心理疏导。2010年，景德镇团市委在全省率先成立青少年维权中心，与市司法局联合设立景德镇市法律援助中心青少年维权工作站，负责受理全市青少年合法权益受侵害的法律事务。

景德镇团市委以创建少年军校为依托，大力开展少年军事夏令营和少年军校大会操活动，提高青少年自我保护意识，增强青少年自我保护能力。1995年12月，景德镇市成立第一所少年军校——昌河少年军校；2005年6月，成立景德镇市少年军校总校，领导、规范、管理和服务全市少年军校建设。2006年，举行景德镇市首届少年军校大会操；2009年举行第二届少年军校大会操。截至2009年，全市共创建26所不同类型的少年军(警)校，全市各少年军(警)校结业学员人数达2万余人。

景德镇团市委实施"同代人走向明天"失足青少年帮教活动。该活动自1985年开始，1991—2010年持续深化，活动重在帮助失足青少年认识和改正错误，分析原因，解决思想问题，树立重新做人的决心和信心。1994年，景德镇团市委联合市关工委等单位，组织相关人员，两次到三龙劳教所看望青年劳教对象，邀请市关工委老干部王元芝给青年劳教对象讲革命史，进行革命传统教育。2010年中秋节，联合市关工委等单位在市劳教所开展帮教活动，给170名劳教对象送月饼和水果，举办中秋文艺会演，鼓励劳教对象改过自新，重新做人。至2008年，累计投入帮扶经费20万元，帮助7000余名劳教人员重新走向社会。

团员教育　1993年，景德镇团市委编写《团员必读》一书，举行"团的知识"竞赛，在学生青年中开展一次较为系统的团的知识普及教育，增强团员意识。2005年和2006年，开展"增强共青团员意识"主题教育活动。结合党员先进性教育活动开展，联合景德镇市党员先进性教育办公室，组织全市万名青年党员重温入党誓词活动和全市党团知识竞赛活动。景德镇团市委结合"增强团员意识"教育活动，每位机关干部都建立自己的团建联系点，并深入到联系点对基层团建等各方面的工作进行调查摸底，根据不同领域团的建设特点和在新时期出现的新问题，通过深入联系点调查研究，督促检查，具体指导，形成调研文章，团员参与率达100%。

团干部教育培训　1999年，景德镇团市委在贯彻落实团中央"团干部321培训计划"工作中，结合全市实际制定《全市团干部三年培训规划》；8月，举办全市团干部培训班，100余名基层团干参加培训。1998—2000年，景德镇团市委连续3年开展"团干部形象建设年"活动，要求团干部在实践中带头讲学习、讲政治、讲正气，更好地担负起团结、教育、带领广大团员青年的历史使命。2005年，举办各级各类团干培训班30余期，并组织参加团中央、团省委举办的团干培训班，全年共培训团干部2000余人次。2004年，全市各级团组织共举办团干部培训班30余期。2005年，全市共青团组织大力实施"团干部素质提升计划"；7月，景德镇团市委举办全市基层团干部培训班，100余名基层团干部参加培训；据统计，全年有2000余名团干部参加各种类型学习培训。2004—2007年，大力实施"团干部素质提升"计划，提高团干部综合素质，重点提高学习能力、服务能力、创新能力和合作能力。2010年，举办全市乡镇、街道团干培训班，培训乡镇、街道团(工)委书记52人。

党建带团建 1991—1999 年，景德镇团市委按照党建带团建的原则，着力加强团的自身建设。2000 年，昌河飞机工业集团公司在全省党建带团建工作会议上受到表扬。2004 年，景德镇团市委抓住景德镇市委在全市基层党组织中开展争创"红旗单位"的有利时机，联合市委组织部，在基层党组织中开展争创"党建带团建先进单位"试点工作，把团建工作纳入党建工作总体。

基层团组织建设 1995 年，景德镇团市委启动"服务万村行动"，统揽农村团建工作，是年，3 个村级团支部被列为团中央团建试点，2 个村级团支部被列为团省委试点，10 个村级团支部被列为团市委试点。1998 年，将每年 11 月作为全市农村"团建活动月"，推广共青团村支书、村科技副主任、青年星火带头人"三位一体"的做法，进一步规范村级团支部工作制度。1999 年，以团建活动月为契机，督促指导 36 个乡镇团委换届，换届率达到 62%，全市有 523 个行政村的团支部书记实行"三位一体"，配置率达 82%。

加大新经济组织建团力度。1995 年，景德镇团市委在三资企业、乡镇企业等符合建团条件的单位成立团组织。1998 年，加强企业团组织建设，成立全市第一家新经济组织团委，同时加大城市社区团组织建设力度，推动社区团的工作社会化。2005 年，全市各街道办、社区建团率达 100%。2010 年，先后在浙江义乌、温州、永康，广东佛山和江苏苏州成立驻外团组织；在全市建立非公企业团组织 275 家，成立农村专业合作社团组织 28 家。

加强对团支部的指导。1992—1993 年，景德镇团市委开展"活跃的团支部"竞赛活动；2006 年，启动"百名团干抓支部"团建工程，组织团干以一对一的形式，挂点结对基层团支部，力争达到"党组织对团组织满意，团员对团干部满意，社会对团员青年满意"的"三满意"效果。

不断创新团组织建设的方式方法。1991—1999 年，景德镇团市委在全市实施《团支部工作手册》和《团委工作手册》使用制度，促进团建工作规范化。1993—2000 年，在全市团组织中开展"达标创优"竞赛活动。1994 年印发《基层团组织"达标创优"竞赛考核细则》千分制考核办法，要求全市基层团组织按照"五个一"（一个好的班子、一支好的队伍、一个好的项目、一条好的路子、一套好的制度）标准建设团组织，年终进行检查评比。

第四节　萍乡团市委

萍乡市青年人口

1991—2010 年，萍乡市青年人口总量先增后降。与 1990 年相比，2000 年萍乡市青年人口有明显增长，2010 年有所回落。

1990 年，萍乡市常住总人口 1388427 人，青年人口 526309 人，青年人口占全市总人口的 37.9%。从性别构成看，男 269122 人，女 257187 人。从年龄构成看，15 岁至 19 岁 153072 人，20 岁至 24 岁 144869 人，25 岁至 29 岁 119791 人，30 岁至 34 岁 108577 人。从区域分布看，城关区 128394 人，上栗区 155787 人，芦溪区 98441 人，湘东区 143687 人。

2000 年,萍乡市常住总人口 1724732 人,青年人口 620829 人,青年人口占全市总人口的 36%。青年人口中,从性别构成看,男 321802 人,女 299027 人。从年龄构成看,15 岁至 19 岁 137815 人,20 岁至 24 岁 152284 人,25 岁至 29 岁 166643 人,30 岁至 34 岁 164087 人。从区域分布看,安源区 156887 人,湘东区 128030 人,莲花县(1992 年从吉安地区划归萍乡市管辖)76650 人,上栗县 164282 人,芦溪县 94980 人。

2010 年,萍乡市常住总人口 1854515 人,青年人口 551769 人,青年人口占全市总人口的 29.75%。青年人口中,从性别构成看,男 269990 人,女 281779 人。从年龄构成看,15 岁至 19 岁 125354 人,20 岁至 24 岁 137221 人,25 岁至 29 岁 129492 人,30 岁至 34 岁 159702 人。从区域分布看,安源区 176823 人,湘东区 105848 人,莲花县 62143 人,上栗县 139835 人,芦溪县 67120 人。从城乡分布看,城镇人口 346544 人,乡村人口 205225 人。

主要工作

青少年思想道德教育政治理论学习。1991 年,为庆祝建党 70 周年,萍乡团市委组织开展党团知识竞赛、"党在我心中"书法竞赛和"没有共产党就没有新中国"演讲比赛。开展学习党的十三届七中全会精神活动,举办各级团干部学习班 2054 期,举行演讲比赛 132 次,知识竞赛 78 次。2008 年,以学习贯彻十七大精神为主线,采取支部学习、团日活动、主题班会、演讲比赛、知识竞赛等形式,在学校、社区、乡镇开展宣传教育活动,并邀请南昌大学十七大精神宣讲团讲解十七大精神。

思想道德教育。1991 年清明节期间,萍乡团市委组织青少年赴安源、井冈山、韶山、望城等地参观学习,组织 4000 余名青少年到安源烈士陵园开展"继承革命先辈志,争做党的好儿女"祭扫活动。1995 年,贯彻落实《爱国主义教育实施纲要》,以纪念抗战胜利 50 周年为契机,通过参观爱国主义教育基地、举行故事会、观看百部爱国主义影片、演唱革命歌曲等多种形式,对青少年进行爱国主义教育。莲花县闪石乡举行"重温血色记忆,振奋民族精神"专题报告会,芦溪县组织抗日战争胜利 50 周年纪念征文,上栗县上栗镇中心小学开展"采访抗战英雄"等活动。1996 年,在建党 75 周年、红军长征胜利 60 周年、香港回归祖国一周年倒计时之际,广泛开展爱党、爱国、爱集体主义、爱社会主义教育活动和"两史一情"教育、革命传统教育活动。2009 年,以中国少年先锋队成立 60 周年为契机,开展"学习胡总书记贺信,争做四个好少年"主题活动,向全市 16 万少先队员发出倡议,号召少先队员"争当四个好少年"(争当热爱祖国、理想远大的好少年,争当勤奋学习、追求上进的好少年,争当品德优良、团结友爱的好少年,争当体魄强健、活泼开朗的好少年)。学习宣传英雄模范是萍乡市青少年思想道德教育的重要内容,1991 年,萍乡市少工委联合市教育局制订《萍乡市少先队学赖宁三年规划》,开展"学赖宁"系列活动,12 万名少先队员参加活动,至 1993 年,95% 以上的学校开展经常性的学赖宁主题活动。2008 年以"颂英雄、学英雄、助英雄"为主题,宣传灭火英雄陈启宁、陶杰烈士事迹。2010 年宣传少年英雄肖玉玲舍己救人事迹。

青年就业创业　1991—2010 年,萍乡团市委大力推进青年就业创业工作。2005 年,以承办团中央"海外学人回国创业周"为契机,签订协议 12 项,协议资金达 3386 万美元。2006 年,推进农村青年转移就业，通过技术培训，帮助农村青年向"技能型"人才转变；开拓对外劳务输出，实施"走出去"战略。2009 年，发放创业信用证（卡）498 张，贷款 2001.5 万元；建立青年就业创业见习基地 13 个，其中国家级 2 个、省级 11 个，提供见习岗位 606 个，实际上岗 523 人，正式聘用 126 人；是年，萍乡市大中专院校团委联系建立见习基地 23 个，提供见习岗位 1490 个，实际上岗 1355 人，正式聘用 970 人。

青年岗位能手活动　1995 年，萍乡团市委印发《开展"青年岗位成才"竞赛活动的通知》，启动青年岗位能手活动，是年与市劳动局等单位联合举办技术大赛。萍乡矿业集团有限责任公司等企事业单位制定《青年岗位成才条例》，在班组、柜组中开展师徒结对学技术、青工技术比武等活动。至 1997 年，全市举办各类岗位培训 950 期，举行技术比武 505 次。2004 年，黎清春被评为"全省杰出青年岗位能手"。2005 年，举行首届全市青工技能大赛，在钳工、维修电工和计算机操作、中式烹饪 4 个工种竞赛的获奖者中，11 人被授予"萍乡市青年岗位能手"称号。2006 年，联合市劳动局、市总工会举行职业技能竞赛，在工具钳工、数控车工和加工中心操作工 3 个工种竞赛的获奖者中，刘进等 7 人被授予"萍乡市青年岗位能手"称号。

农村"青年星火带头人"活动　1992—1997 年，萍乡团市委开展培养青年星火带头人活动，全市涌现年纯收入万元以上的星火带头人近千名。1995 年，推进"服务百村脱贫致富奔小康"行动，举办柑橘种植、大棚蔬菜、网箱养鱼等多种实用技术培训班 392 期，培训农村青年两万余人；帮助试点村团支部开展经济项目，落实资金 100 万余元。1996 年，在农村青年中开展"学科技，创特色，争当致富能手"活动，带领农村青年脱贫致富。至 1997 年，创建示范村 58 个，创办经济实体 93 个，项目立项 112 个。1999 年，举办农业技术培训班 100 余期，培训青年 2.35 万余人次。

青年文明号创建活动　1994 年，萍乡市成立青年文明号创建活动组委会。1995 年，制定《萍乡市青年文明号规范化管理意见》，各行业、系统出台考核细则和奖惩办法，设立监督电话，实行年度考核及淘汰制度。1996 年，严格落实考核及淘汰制度，1 个省级青年文明号摘牌，2 个市级青年文明号摘牌；在金融系统开展建立"青年文明号基金会"试点工作；在青年文明号创建单位开展承诺服务，发放青年文明号服务卡。1999 年，开展青年文明号示范片、区活动，将青年文明号连点成面，实现规模效益。2003 年和 2005 年，举办青年文明号创建活动培训班，总结青年文明号创建经验与成果，深化创建活动，提升创建水平。

1994—2002 年，萍乡市创建市级青年文明号 258 个、省级 49 个、国家级 16 个。1995 年，萍乡团市委被评为"全国青年文明号活动优秀组织单位"。2005 年创建国家级青年文明号 4 个。2007 年创建国家级青年文明号 3 个。

青年志愿者行动　1995 年，成立萍乡市青年志愿者协会。1996 年，各县（区）均已成立青年志愿者组织，并建立青年志愿者服务站，实施《青年志愿者手册》制度。至 1999 年，全市成立青年志愿者服务队 500 个，专业服务队 30 个。2005 年，成立萍乡市禁毒志愿者服务队，下设 4 个分队，进一步推进志愿服务专业化。

1993 年，萍乡团市委开展青年志愿者新春热心行动、学雷锋便民活动、"创卫生城市，做文明市民"星期六义务劳动等活动。1995 年，组织学校志愿者走向社会，萍乡市卫校志愿者到安源敬老院慰问老人,为老人检查身体,诊断疾病;江西煤炭学校志愿者为市民维修家电;是年,启动"一助一"长期志愿服务,面向社区军烈属、残疾人、孤寡老人、特困户等群体开展经常性服务。1996 年,新增"一助一"结对对象 1400 余对。

2003 年,萍乡团市委组织 5000 余名青年志愿者,开展毛泽东号召"向雷锋同志学习"40 周年纪念活动;参与文明城市创建,开展"向不文明行为告别"活动;开展无偿献血活动,献血总量达 19.5 万毫升。2006 年,开展"弘扬雷锋精神,真情服务社会""留给孩子一片爱的天空""我与祖国共奋进、我与祖国共崛起——践行社会主义荣辱观"志愿服务月等活动,开展"12·5"国际志愿者日主题志愿服务和为尿毒症患者曾莹、王智义卖义捐等活动。

抢险救灾　1995 年,江西遭遇特大洪水灾害。萍乡团市委开展捐助灾民行动,动员团员青年捐献 8 小时劳动报酬和御寒物品,捐赠人民币 26 万余元,衣物 18 万件,棉被 600 余床。1998 年,萍乡市遭受冰雹灾害,萍乡团市委组织 20 余支青年突击队抢险救灾,募集捐款 4 万元。

2008 年,汶川地震发生。萍乡团市委成立抗震救灾工作领导小组,为四川灾区募集捐款 20 余万元;年底,萍乡市遭受冰雪灾害,萍乡团市委组建两支青年突击队,赶赴灾区送医疗、送农业技术;组织 2000 余名团员青年破冰除雪,发放防冻宣传册两万余份,走访受灾青少年家庭 25 户,发放慰问物资价值 1 万余元。2010 年,萍乡市遭受严重洪涝灾害。萍乡团市委成立 7 支青年突击队和青年志愿者队伍,投身抗洪和灾后重建;通过积极联系,获得团省委 10 万元抗洪救灾专款,救助灾民;向全市团员青年发出倡议,引导灾区青年顾全大局,做好安全防范工作,维护灾区安全稳定。

实施希望工程　1993 年,萍乡市开始实施希望工程,依靠社会集资建立希望工程基金,采用民间救助方式资助贫困地区失学儿童。1995 年,萍乡团市委推动希望工程规范化管理。对全市希望工程进行清理整顿,配备专职财会人员;与各县(区)签订希望工程基金托管协议,把基金纳入正常轨道。1996 年,希望工程捐款从单位组织发展为自动捐助;加强管理,建立专门账户,为希望小学建档,为受助学生建卡。截至 2001 年,全市收到各类捐款 1100 万元,累计救助失学儿童 1 万余人,建立希望小学 12 所。

1995 年,萍乡团市委开展为希望工程捐款活动,募集捐款 3.23 万元;收到中国建设银行萍乡市分行房产信贷部捐款 8 万元;收到安源区城北小学师生捐款 4000 余元。捐款用于救助山区、老区失学儿童和特困生。萍乡市公交公司党支部与上栗县东源乡 7 名失学儿童结对,帮助他们复学。深圳市捐款 600 余万元,用于建设希望小学 7 所,救助失学儿童 2000 人。1996 年,与中国农业银行萍乡市分行等单位联合开展"希望工程爱心储蓄"活动,建立"希望书库"6 座。

2002—2007 年,萍乡团市委深入开展希望工程,以"明德奖学金""芙蓉学子——与希望同行"奖学金、"希望工程江西学子阳光助学行动""圆梦行动""农村百名大学生怡馨飞翔计划"等活动为载体,筹集助学金 400 余万元,资助青少年学生 5000 余人。

维护青少年合法权益　1995 年,萍乡团市委向中小学校发放《中华人民共和国未成年人保护法》书籍 3000 册。2004 年,通过报刊、广播、电视等新闻媒体,采取座谈会、现场咨询、文艺演出、知识竞赛、培训班等多种形式,开展法律宣传活动。2005 年,推行法制副校长制度,推进中小学配置法制副校长;创办家长学校,把普法材料发到千家万户;成立市青少年自护学校,提高青少年自护能力。2010年,组建法制教育报告团,举行法制报告60场;成立"我帮你青春工作室",定期制作"我帮你青春工作室"青少年维权电台专题节目,开展法制宣传。

1995年,开展青少年帮教工作,对失足、后进及学习、生活等方面有困难的青少年给予行为上的感化、生活上的关心、学习上的帮助。2010年,集中开展"青果援"关爱服刑在教人员未成年子女行动,走访慰问服刑在教人员家庭800余户,捐赠钱物价值20余万元。

2005年,萍乡市全面建立市、县两级预防青少年违法犯罪工作领导机构,将预防青少年违法犯罪工作纳入全市社会治安综合治理考评体系,创建法律援助站,预防工作体系进一步完善。2005—2010年期间,全市预防青少年违法犯罪工作5年内有3年名列全省第一、2年名列全省第二。

1991—2010年,萍乡团市委深入开展青少年维权工作。1999年,联合萍乡市综治办开展创建优秀青少年维权岗活动。2004年,开展打击侵犯青少年合法权益违法犯罪活动专项整治行动。2005年,开通萍乡市青少年维权网。2010年,启动12355青少年维权热线,建立市、县、乡、村4级青少年维权岗,初步形成青少年维权网络;拓宽青少年利益诉求渠道,举办"共青团与人大代表、政协委员面对面"活动,提交提案、建议12件,解决青少年热点难点问题。

团员教育 1991年,萍乡团市委广泛开展民主评议团员活动,7万余名团员参加活动。2005年,萍乡团市委开展"增强共青团员意识"主题教育活动,召开"跟党走,做贡献,争当青年排头兵"活动暨团建工作动员大会;各级团组织制定活动实施方案和工作计划,做到"三到位,三确保"(即思想认识到位,确保全团参与;工作落实到位,确保工作取得实效;组织领导到位,确保活动顺利开展);10月,组织3500名团员青年开展"青春献祖国——增强团员意识,建功江西崛起"团员青年团日实践活动;在全市各级团组织和团员青年中广泛开展"双向寻找、双向掌握"活动,使团组织摸清掌握团员基本情况,团员学习了解团组织情况,并在此基础上,督促各级团组织建立健全团内各项规章制度,尽可能使所有的团员青年都过上一次组织生活,切实增强团员青年的组织意识。2006年,完善团员教育管理长效机制,巩固增强团员意识主题教育活动成果。萍乡团市委获全省"增强共青团员意识"主题教育活动组织奖,萍乡矿业集团有限责任公司团委被评为全省"增强共青团员意识"主题教育活动先进单位。

团干部教育培训 1991年,萍乡团市委在省团校举办全市团干部培训班,对108名团干部进行为期10天的集中培训;各级团组织举办团支部书记或支委委员培训班;全年举办团训班46期,培训团干部2000余人次。2001—2005年,萍乡团市委每年开展团干部培训,把团干部素质培训与法制培训结合起来,每期培训班都把法制讲座列为一项重要内容,提高团干部法制水平和团干部综合素质。2003—2007年,全市各级团组织举办各类团干部培训班50余期,共培训团干部2000余人次。2006年,萍乡团市委全面落实团干部培训计划,举办各类团干培训班10余期,培训团干部200余人次。与萍乡市委组织部联合举办2007年度全市团干培训班,邀请党政领导为团干部授课,全面提升团干部综合能力。2010年,加大基层团干培训力度,在芦溪县举行全市以村、社区团组织负责人为主要培训对象的团干培训班,在萍乡市委党校举办全市团、队干部培训班。

创建"五四红旗"团组织 1999年,萍乡团市委按照"班子建设好、主题活动好、支部建设好、活动阵地建设好"的标准,开展"五四红旗团组织"创建活动。至2002年,全市有11个团委被评为全省"五四红旗团委",3个县(区)被评为全省"团建先进县"。2006年,江西武冠实业集团团委被评为全省"五四红旗团委",萍乡市安源区八一街罗家塘社区团支部被评为全省"五四红旗团支部",莲花县被评为全省团建先进县。

基层团组织建设　1991年,萍乡团市委开展共青团"整顿、建设"工作。指导直属单位团组织,区、乡团委和企事业单位团委换届选举。推动落实《学校共青团工作条例》和《团支部工作条例》,开展"活跃的团支部"竞赛活动。制定《县级团委百分目标考核细则》,在各县(区)、各系统团组织工作自查的基础上,对全市各级团组织进行共青团工作大检查,促进团的工作。萍乡市委办转发萍乡团市委《关于加强农村团支部建设的意见》,把村级团支部建设作为社教工作组考核验收的重要标准之一,全市604个农村团支部得到整顿,农村团的工作恢复活力。1995年,在服务万村脱贫致富奔小康行动中,配齐配强村团支部班子,整顿软弱瘫痪团支部,撤换不称职团干部,70%的农村团支部得到恢复。

2006年,启动"农村基层团建活动月"活动,形成"全团抓落实、工作到支部"的局面。2008年,以团建活动月为切入点,推进党政领导挂点团建工作示范点制度,推进乡镇团委标识统一化和团的有形化建设,巩固和加强团的基层组织建设。2007年,召开全市团建现场观摩会,交流团建工作经验。2009年,基层团组织建设进一步加强,全年建立12个村级团建示范点、3个社区团建示范点、4个非公企业团建示范点、2个学校团建示范点。

2010年,农村团建形成"党团建设同步抓、党团任务同步下、党团阵地同步建、党团教育同步推、党团经费同步筹、党团工作同步查"的上栗模式,形成"党建团建三同时、干部培养三统一、选拔任用三加强"的芦溪模式。芦溪县何家圳村开展"村级团干公推直选",形成有较大推广价值的村级团干配备新方式。开展非公和驻外团组织建设,全年建立非公企业团组织177个;成立萍乡市驻广州、深圳2个市级团工委和莲花县驻东莞1个县级团工委。

第五节　新余团市委

新余市青年人口

1990—2010年,新余市常住总人口呈增长趋势;1990年和2000年,青年人口基本保持在同一水平,2010年则明显下降。

1990年,新余市常住总人口973251人,青年人口405988人,青年人口占全市总人口的41.71%。青年人口中,从性别构成来看,男211013人,女194975人;从年龄构成来看,15岁至19岁120014人,20岁至24岁115553人,25岁至29岁92615人,30岁至34岁77806人;从区域分布来看,渝水区286363人,分宜县119625人。

2000年,新余市常住总人口107.18万人,青年人口415022人,青年人口占全市总人口的

38.72%。青年人口中，从性别构成来看，男 217671 人，女 197351 人；从年龄构成来看，15 岁至 19 岁 86406 人，20 岁至 24 岁 9.17 万人，25 岁至 29 岁 117481 人，30 岁至 34 岁 119375 人；从区域分布来看，渝水区 306835 人，分宜县 108187 人。

2010 年，新余市常住总人口 1138874 人，青年人口 340341 人，青年人口占全市总人口的 29.88%。青年人口中，从性别构成来看，男 176089 人，女 164252 人；从年龄构成来看，15 岁至 19 岁 77981 人，20 岁至 24 岁 96984 人，25 岁至 29 岁 72003 人，30 岁至 34 岁 93373 人；从区域分布来看，渝水区 259783 人，分宜县 80558 人；从城乡分布来看，城镇人口 234191 人，乡村人口 10.61 万人。

主要工作

青少年思想道德教育　1991—2010 年，新余团市委通过开展各种形式的教育活动及邓小平理论、"三个代表"和科学发展观等学习活动，提高青少年思想道德素质。

1991 年，新余团市委在全市团员青年中开展爱国主义、集体主义和革命传统教育。1992 年，组织全市团员青年学习邓小平南方谈话，继续解放思想，深化改革开放。1993—1995 年，组织全市团员青年学习邓小平理论和社会主义市场经济知识；开展"爱我江西""中国有个毛泽东""走向辉煌"等系列读书活动。1996 年，组织全市团员青年系统学习《邓小平文选》，学习中共十四届五中、六中全会精神。1997 年，组织全市团员青年深入学习邓小平理论和中共十五大会议精神。1998 年，深入学习邓小平理论，宣传抗洪精神。1999 年，组织全市团员青年掀起学习邓小平理论高潮，新余团市委与市委组织部联合举办全市团干邓小平理论读书班，与市委宣传部、市教委联合举办全市团员青年学习邓小平理论研讨会。

2000 年，新余团市委组织各界优秀团员学习"三个代表"重要思想，举办"致富思源，富而思进"座谈会。2001 年，新余团市委重点抓县、区团委"三个代表"重要思想学习教育活动督查指导工作；组织开展全市青少年倡导科学、反邪教活动。2002 年，新余团市委印发《关于在全市各级团组织中认真开展"三个代表"重要思想学习教育活动的意见》。2003 年，在五四前后开展爱国、爱党、爱社会主义活动和革命传统教育活动。2004 年，开展入队仪式、队会等教育活动。2005 年，组织 1000 余名新团员举行集体入团宣誓仪式和"青春献祖国"教育活动。2006 年，组织开展"树立科学发展观与构建和谐社会"专题研讨、全市青少年社会主义荣辱观征文等活动。2007—2010 年，组织全市团员学习贯彻中共十七大精神，举办建团 85 周年暨五四运动 88 周年纪念活动；开展"全省看新余，共青团怎么办"大讨论等活动；开展"知荣辱，树新风"教育活动，通过社会主义荣辱观教育，促进全市青少年思想道德素质提高。

青年岗位能手活动　1991—1995 年，新余团市委在全市开展青年岗位能手活动，通过有效激励措施和岗位练兵、技术比武、拜师学艺等途径，引导全市青年工人学技术，当能手，增强企业发展后劲，涌现出一批以全国青年岗位能手田承茂为代表的青年岗位标兵。1997—1998 年，新余团市委组织全市各级团组织开展导师带徒、岗位练兵、技术比武及推广先进操作法等活动，全面深化"青年岗位能手"竞赛活动,激发全市青工学技术、当能手积极性。1999年,广泛开展以"五小"竞赛、质量管理(QC)攻关为主要内容的青年创新创效活动。2000—2005年,新余市委以创新创效为统领,在深化导师带徒,创新技能比武、"五小"竞赛、质量管理(QC)攻关、青年岗位能手等活动的基础上,围绕技术、管理、营销和服务创新,重点开展全市企业青工创新大赛,青年岗位能手活动得到进一步深化。有6万余青工参与岗位培训,师徒结对1万余人。2006—2010年,新余团市委围绕"全民创业,富民兴市"战略,全面推进青年创新创业工程,继续加强农村青年增收成才和转移就业工程,新余市涌现出谢志刚、林青云和袁文杰等全省青年岗位能手。

青年人才工程 1991—1995年,新余团市委实施青年人才工程,培养合格的青年劳动大军。全市各级团组织逐步树立青年典型,逐级建立各类青年人才库。1992年,评选出第一届"十大杰出青年",1995年评选出第二届"十大杰出青年"。新余市36名青年获得"全国优秀青年企业家""全国农村青年星火带头人标兵"等称号。1996—2000年,新余团市委稳步推进人才工程,涌现农村青年星火带头人1000余人,新增岗位能手500余人,树立青年兴业领头人7人,评选出首届全市青年农民致富带头人。2001—2005年,新余团市委进一步推动全市青年人才工程,建立拥有156人的青年人才库,评选出"十大杰出创业青年"和"十大杰出青年企业家"。2006—2010年,新余团市委引导全市青年争当成长的先锋,评选第二届"十大杰出企业家",涌现出获得第二届中国青少年社会教育"银杏奖"突出贡献奖的黄瑾等先进人物。

青年文明号创建活动 从1994年开始,新余团市委组织全市各级团组织以"弘扬高度职业文明,创造一流作业业绩,推进经济和社会协调发展"为主旨,在全市广泛开展创建青年文明号活动,建立一套有新余特色的工作运行机制,成立由19个行业主管部门分管领导参加的青年文明号活动领导小组,制定印发《新余市"青年文明号"规范管理实施意见》,青年文明号创建活动领先全省,受到团中央表彰。1995年底,新余市涌现出省级"青年文明号"6个,市级"青年文明号"45个。1996—2000年,新余团市委在新余市城区窗口服务业推行"青年文明号服务卡",率先在全省对"青年文明号"创建活动实行规范化管理,把"讲文明,树新风"纳入"青年文明号"创建活动之中。2001—2010年,新余市"青年文明号"有新的拓展,在300余个县级以上"青年文明号"集体中统一开展"党在我心中,岗位立新功"活动,举办培训班,实施"建设和谐平安新余,共建富民兴业大计——青年文明号在行动"系列活动,开展"青年文明号信用建设示范行动"等活动。到2010年,在1000余个青年文明号参赛集体中,涌现出全国青年文明号11个、省级青年文明号80个、市级青年文明号245个。

青年绿化活动 1991—2001年,新余团市委组织全市青少年参加植树护绿"翠竹工程"活动,完成绿化里程345千米,植树21.5万株。2001—2010年,新余团市委持续深入推进"翠竹工程",开展"保护母亲河"行动,举行"保护母亲河——同建共青团排污工程"誓师大会,组织青少年种植"十八岁成人林""入团入队林"等。至2010年底,全市共建青年绿化工程200多个,植树138.1632万株,绿化公路总里程783千米。

实施希望工程 从1991年开始,新余团市委实施希望工程。1991年9月,推出"情系希望工程,爱献失学少年"活动。1991—1995年,全市共推出"希望工程百万爱心行动""1+1助学结对行动"等捐资助学活动,为省、市两级希望工程基金筹集资金达100万元,救助贫困失学少年1167人。1996—2000年,新余团市委继续推进希望工程,救助贫困失学人数3671人,1997年获得全国希望工程建设奖。2000—2010年,进一步规范希望工程的救助、管理、监督和服务等环节;建成分宜县"五叶神"希望小学、杨桥镇希望小学、卢湾希望小学、大台希望小学、光明希望小学和渝水区共青团希望小学等学校,获得捐赠资金300余万元,帮助1600余名贫困学生完成学业。到2010年,共引进市内外资金近1000万元,新建希望小学36个,资助贫困学子5万余人。

维护青少年合法权益 1991—2000年,新余团市委广泛宣传《中华人民共和国未成年人保护法》,举办"青少年法制夏令营""青少年法制知识宣讲团"。2001—2010年,建立预防青少年违法犯罪工作体系,创建"青少年安全放心"网吧,与相关单位发起创建新余市军(警)民共建未成年人道德教育基地,全面启动全市青少年维权岗创建活动,开展"红铃铛"法制宣传活动。2005年,新余团市委获得"中国少年儿童平安行动"优秀组织奖。到2010年,新余市创建省级"优秀青少年维权岗"9个,市级"优秀青少年维权岗"35个,持续推进"12355"青少年服务台建设,深入推动青少年合法权益维护工作。

团员队伍建设 新余团市委优先从农民、一线工人的先进青年中发展团员。1991—1995年,全市共发展新团员3.5万人;1995年,全市团员总数达61162人,其中女团员17296人。1996年,全年发展新团员7732人,全市团员总数67026人,其中女团员17861人。1997年,发展新团员7500余人。1998年,发展新团员6491人,团员总数6.05万人,其中女团员17083人。1999、2000年,发展新团员均为7000余人。2003年,发展新团员7044人,团员总数6.19万人,其中女团员18154人。2004年,发展新团员6956人,占年底团员总数的11.15%。2005年,发展新团员6947人,占年底团员总数的11.49%。2006年,发展新团员6825人,占年底团员总数的11.38%。2007年,发展新团员6816人,占年底团员总数的11.49%,团员总数达59321人,其中女团员17081人。

团干部队伍建设 1991—1995年,新余团市委按照"双重管理"的原则,争取各级党政领导的重视与支持,加大团干部的协管力度,加强团干部队伍建设。1995年,全市有专职团干部311人;1996年有309人;1998年有309人;2000年有166人;2003年有207人;2004年有195人。

新余市将团的干部队伍建设纳入党的干部队伍建设总体规划,注重团干部培养工作。1993年和1996年,新余团市委选派团干部到中央团校学习;1999年,新余团市委和市委组织部联合举办全市团干部邓小平理论学习班;1999—2000年,团市委书记、副书记先后被新余市委选派参加全省青干班学习。在严格的岗位锻炼和党的培养下,团干部迅速成长,1991—2007年底,有1000余名专兼职团干部先后走上各级领导岗位。

2003年,新余团市委根据团中央制订的全国共青团干部培训规划精神,制定全市基层团干部培训制度。2006年,全市共举办各类培训班20余期,参加各类培训人员达1000余人次。2007年,市县(区)两级共举办培训班20余期,培训团干部600余人次;推荐参加团中央、团省委举办的培训班共56人次。2008年7月,新余团市委联合市委组织部在井冈山举办全市团干部培训班,通过请专家授课、讨论交流、团队素质拓展训练、参观革命旧址等多种教育形式,对70位基层干部进行培训。2009年,新余团市委创新基层团干部培训方式,联合长沙团市委在湖南省团校举办两省三地团干部培训班。2010 年 11 月,新余团市委联合宜春团市委举办乡镇团干部培训班,组织 33 名乡镇、社区团委干部参加培训。

党建带团建 1996—2000 年,新余团市委与市委组织部等有关部门联合印发《关于加强以"服务万村行动"为主体的农村基层团组织建设意见》,进一步加强农村党建带团建的组织建设力度,团市委重点抓分宜县苑坑乡、渝水区欧里镇两个示范点的指导,县(区)、乡镇分别确定示范村。2001—2010 年,新余团市委坚持"以党建带团建,以服务促发展"的工作方针,按照新余市委办转发的《市委组织部团市委关于加强当前党建带团建工作的实施意见》,上下联动,齐抓共管,积极探索团组织建设的新途径,开始在民办高等、中等学校和民办企业、个体私营经济组织中建立团组织,全市新型组织建团工作进一步加强,各街道办、社区、民办学校建团率达 100% ,个体民营企业建团覆盖面不断扩大。

1995 年,全市有基层团委 161 个,团总支 208 个。1996 年,全市有基层团委 161 个,团总支 208 个,团支部 7542 个。1998 年,全市有直属县级单位团委 48 个,基层团委 167 个,团总支 148 个,团支部 2092 个。2000 年,全市有直属县级单位团委 43 个,基层团委 139 个,团总支 151 个。2003 年,全市有直属县级单位团委 43 个,基层团委 168 个,团总支 172 个,团支部 2270 个。2007 年,全市有基层团委 142 个,团总支 170 个,团支部 2270 个。

创建"五四红旗"团组织 从 1999 年起,新余团市委在全市乡村、企业、学校、机关事业单位、街道社区、新经济组织等领域,按照"组织建设好、主题活动好、支部建设好、阵地建设好"的标准,大力开展创建"五四红旗团组织"活动,推动团的基层组织建设。1999 年,全市确定"全国五四红旗团委"创建单位 3 个,"全省五四红旗团委"创建单位 8 个。2000 年,全市确定"全国五四红旗团委"创建单位 4 个,"全省五四红旗团委"创建单位 3 个,"全市五四红旗团委"创建单位 16 个。2001 年,确定"全省五四红旗团委"创建单位 20 余个,有 6 个基层团委被评为"全省五四红旗团委"。至 2007 年底,全市涌现出"全国五四红旗团委"2 个,"全省五四红旗团委"23 个。

第六节 鹰潭团市委

鹰潭市青年人口

1990—2000 年,鹰潭市青年人口总量基本稳定,2010 年下降。

1990 年,鹰潭市常住总人口 942429 人,青年人口 374908 人,青年人口占全市总人口的 39.78%。青年人口中,从性别构成看,男 194602 人,女 180306 人。从年龄构成看,15 岁至 19 岁 114223 人,20 岁至 24 岁 107284 人,25 岁至 29 岁 82960 人,30 岁至 34 岁 70441 人。从区域分布看,月湖区 55773 人,贵溪县 197901 人,余江县 121234 人。

2000 年,鹰潭市常住总人口 1027075 人,青年人口 374011 人,青年人口占全市总人口的 36.42%。青年人口中,从性别构成看,男 190544 人,女 183467 人。从年龄构成看,15 岁至 19 岁

104988 人,20 岁至 24 岁 82231 人,25 岁至 29 岁 104988 人,30 岁至 34 岁 106250 人。从区域分布看,月湖区 67873 人,余江县 102339 人,贵溪市 203799 人。

2010 年,鹰潭市常住总人口 1125156 人,青年人口 333252 人,青年人口占全市总人口的 29.62%。青年人口中,从性别构成看,男 171878 人,女 161374 人。从年龄构成看,15 岁至 19 岁 75029 人,20 岁至 24 岁 90833 人,25 岁至 29 岁 80533 人,30 岁至 34 岁 86857 人。从区域分布看,月湖区 63503 人,余江县 103256 人,贵溪市 166493 人。从城乡分布看,城镇人口 159993 人,乡村人口 173259 人。

主要工作

青少年思想道德教育　政治理论学习。1991—2010 年,鹰潭团市委结合学习党的十四大、十五大、十六大和十七大精神,在青少年中开展学习邓小平理论、"三个代表"重要思想和科学发展观活动。1993—1996 年,组织学习党的十四大报告精神。1994—1996 年,以学习《邓小平文选》活动为重要抓手,用邓小平建设有中国特色社会主义理论武装团员青年,是年成立学习《邓小平文选》小组 150 个。2001 年,深入开展"三个代表"重要思想教育活动。2002 年,通过座谈会、报告会等形式,组织学习党的十六大精神。2004 年,开展"学习十六大,创造新业绩""树立科学发展观,建设美好新江西"主题教育活动。

学雷锋、学英模活动。1992 年,开展"学雷锋、学熊云清,做四有(有理想、有道德、有文化、有纪律)青年"活动。是年,举行"九十年代话雷锋"演讲比赛,全市 2000 余名团员青年参加比赛。1994 年,组织青少年参观贵溪周坊革命烈士纪念馆、熊云清烈士事迹陈列馆。1995 年,以学习孔繁森活动为契机,开展学习魏重成、张应有活动。1996 年,开展"循前辈足迹,承革命精神——纪念抗日战争胜利 50 周年,长征胜利 60 周年"系列活动。

爱党、爱国、爱社会主义教育。1992 年,开展"伟大的党,光荣的共青团"系列活动。1994 年,在中小学开展升国旗、唱国歌活动,举行爱国主义金曲合唱比赛,组织团员青年观看爱国主义影片。1995 年,举行"祖国在我心中"主题队会。2000 年,举办"祖国在我心中"青少年夏令营。2001 年,开展"党在我心中"全市青少年主题教育活动,举办鹰潭市青少年"走进社会主义大课堂"夏令营。2003 年,开展"弘扬井冈山精神,兴我美好江西——青年勇当先锋"主题教育活动。2008 年,开展"我与祖国共奋进"主题教育活动。

开办少年军校。1993 年,鹰潭市与 94723 部队在鹰潭市第一小学创办银鹰少年军校,开展学军事、练思想、练素质、长本领的规范化军训活动,至 2009 年,共军训 50 期,参训学员 6000 余人。1995 年,银鹰少年军校被共青团中央、国家教委、全国少工委命名为"雏鹰行动教育基地";1996 年,组织学员赴北京参加少年军校军训成果汇报表演,是年,银鹰少年军校被团中央、国家教委、解放军总政治部命名为"全国先进少年军校";2001 年,银鹰少年军校被评为全国首批"少年军校示范校",2005 年被评为全省"国防教育基地",2008 年被评为全省"爱国主义教育基地"。

读书活动。1992 年,开展"党在我心中""谁不说咱家乡好""我爱社会主义"读书活动。1993

年,开展"爱我江西"读书活动。2001 年,推进青少年新世纪读书计划,发展读书俱乐部会员 1200 余人。2006 年,开展"社区青少年读好书"活动。2008 年,开展创建"手拉手红领巾书屋"活动,开展捐书、赠书、读书交流活动。

青年就业创业　1998 年,鹰潭团市委举行下岗青年服务再就业供需洽谈会,举办青年兴业领头人培训班。2005 年,举办鹰潭市首届青年创业论坛、"地税杯"青年创业方案设计大赛,帮助 400 余名青年就业创业。2006 年,开展"万名青年技术培训和转移就业"活动,帮助 600 余名城乡青年就业。2009 年,全面推进"青年创业信用证"发放,开展"服务企业大招工行动"。2010 年,推广"青年创业信用证"发放,全市累计授信 1100 余人,授信发放贷款 5500 万元。

服务万村行动　1995 年,鹰潭团市委印发《关于在农村基层团组织建设中切实抓好"服务千村脱贫致富奔小康行动"的意见》。1996 年,联合中国农业银行鹰潭市分行开展"万村致富储蓄"活动。1997 年,全市 20 个试点村团支部书记实行"三位一体"(从党团员青年星火带头人中选拔配备村团支部书记,并经村民选举兼任村委会科技副主任)配置,项目开发和团办实体有所发展。2005 年,鹰潭团市委为帮扶村筹资 4.5 万元,加强农村基础建设。2007 年,在省第九届乡村青年文化艺术节暨首届鹰潭市乡村青年文化艺术节期间,举办鹰潭市青年农民科技推广培训班。2008 年,举办"农行金穗"杯第二届鹰潭市乡村青年文化艺术节,开展"农行金穗"杯第五届鹰潭市"十大杰出青年农民"评选活动,开办百名青年农民科技培训班。2009 年,依托青年农民科技培训基地,组织 70 余名农村青年参加香菇、葡萄栽培技术培训。2010 年,开展"订单培训助您就业——进城青年农民工技能培训月"活动。

青年文明号创建活动　1994 年 6 月,鹰潭市启动青年文明号创建活动。1995 年,鹰潭团市委印发《鹰潭市"青年文明号"规范化管理意见》。1996 年,创建活动覆盖公安、商业、卫生等 16 个系统,是年创建市级青年文明号 26 个、省级 8 个、国家级 1 个。1997 年,分期选派行业创建活动办公室主任及市级以上青年文明号单位主要负责人,参加团中央青年文明号骨干培训班。2001 年,青年文明号创建活动拓展至旅游系统、出租车行业、非公企业。2003 年,开展省、市两级青年文明号检查、复核。2004 年,为纪念青年文明号创建活动 10 周年,开展"鹰潭市首届杰出青年文明号"评选活动。2006 年,创建市级青年文明号 45 个、省级 17 个、国家级 2 个;是年,举办全市青年文明号单位负责人培训班,培训 120 余人。2008 年,在龙虎山举办鹰潭市青年文明号集体负责人培训班。2010 年,鹰潭团市委在杭州举办鹰潭市青年文明号集体负责人培训班。截至 2010 年,先后涌现出市级青年文明号集体 155 个、省级 73 个、国家级 12 个。

青年志愿者行动　1994 年,鹰潭团市委联合市交通局开展交通安全宣传志愿服务活动,设立 30 余个交通安全监督岗、30 余个法规宣传点,200 余名青年志愿者参加活动。1995 年,成立鹰潭市青年志愿者协会。1996 年,鹰潭团市委印发《关于建立青年志愿者服务站的实施方案》,建立"一助一"志愿服务卡、时段服务确认等工作制度。1997 年,实施"翠竹工程",参与活动的青年志愿者 1万余人。2003 年,开展纪念"学习雷锋活动 40 周年"系列志愿服务活动。2004 年,开展"东湖环保工程""修补践踏草坪"、千名志愿者"中心广场畅通工程"等活动。2005 年,组织 200 名青年志愿者服务第 9 届"中国·龙虎山道教文化节"。2010 年,省第 13 届运动会在鹰潭市举行,鹰潭团市委编制《省运会志愿者培训教程》，培训志愿者，1500余名志愿者开展场馆服务、嘉宾引导、礼仪服务。鹰潭团市委和市青年志愿者协会被鹰潭市委、市政府授予服务省运会"功勋集体"称号。

完成"急难险重"任务 1994年，鹰潭市遭受洪涝灾害，鹰潭团市委组织青年志愿者抗洪救灾，运送物资2000余件，修复危险地段600余米。1998年，鹰潭市遭受严重洪涝灾害，鹰潭团市委组织3万余名团员青年，参与抗洪抢险及灾后生产自救。2008年，鹰潭市遭受严重雨雪冰冻灾害，鹰潭团市委组织3000余名团员青年和青年志愿者，铲除道路积雪、运送生活（产）物资、排查险情、安置滞留旅客。"5·12"汶川大地震发生后，全市各级团组织开展缴纳特殊团费、捐款活动，募集救灾资金17.72万元；发动团员青年无偿献血1万余毫升。2010年，鹰潭市遭受严重洪涝灾害，鹰潭团市委组织动员团员青年、志愿者投入抗洪救灾。是年，为云南旱灾、青海玉树地震灾害、江西洪灾等灾区募集救灾款30余万元。

"保护母亲河"行动 1999年，成立鹰潭市"保护母亲河"行动领导小组，"保护母亲河"行动正式启动。2002年，鹰潭团市委开展"保护母亲河——天天环保"系列活动，在芦溪河岸边荒地上种植樟树苗50亩。2005年，实施"东湖环保工程"，建设"鹰潭青年林"，开展植树绿化、水体保护等环保活动。2006年，与天洁集团合作，组织1000余名团员青年植树6万余棵，建立天洁青少年绿色生态基地。2008年，发动广大团员青年投身生态环保和节能减排实践，以"清洁我家园，保护母亲河"为主题，开展"卫生清洁工程"志愿者集中行动，同时栽种苗木近10万株。2010年，开展"绿色生活，有你有我"主题生态环保宣传实践活动。

实施希望工程 1993年，鹰潭市开展希望工程献爱心活动，鹰潭团市委获"全省希望工程先进单位"。1994年，鹰潭团市委联合市电视台，拍摄以家庭参与希望工程结对救助为主题的电视片《1+2=?》，大力宣传希望工程。1996年，全市第一所希望小学——贵溪市希望小学竣工。2001年，开展"走进新世纪——希望工程1+1助学再行动"系列活动。2002年，开展"情系贫困学生，爱献希望工程"邮资附捐明信片发行活动。2003年，开展"走进联通新时空，托起明天"希望工程活动。2004年，争取鹰潭市浙江企业家投资协会、鹰潭市消防支队支持，筹资36万元建设龙虎山希望小学。2005年，设立浙江企业家希望工程助学基金，募集30万余元资助贫困学生。2006年，争取北京启迪房地产公司等企业捐赠24万元，资助贫困大学新生67人；是年，联合鹰潭市月湖区烽星手机数码城开展义卖助学活动，资助贫困中学生20余人。2007年，筹集资金93.6万元，资助贫困大学新生75人，新建月湖区星火、余江县九亭和新店3所希望小学，改建1所小学。2008年，筹集资金125万元，资助贫困大学新生75人、中小学生120人。2009年，筹集资金65万元，资助贫困大学生75人、中小学生40人，新建希望小学2所。截至2010年，全市累计发放希望工程资助款总额1000余万元，资助贫困学生1万余人，援建希望小学30所，援建"红领巾书屋"191个，捐赠图书19万余册。

维护青少年合法权益 建立工作机构。1995年，成立鹰潭市未成年人保护委员会，1997年更名为鹰潭市青少年权益保护委员会，县（区）建立相应机构。2003年，成立鹰潭市综治委预防青少年违法犯罪工作领导小组，领导小组办公室设在鹰潭团市委。2006年，鹰潭市政府将预防青少年违法犯罪工作纳入全市工作大局，工作经费纳入市财政工作预算，成员单位纳入统一考核。2007

年,建立预防青少年违法犯罪工作领导小组联席会制度,市县两级预防青少年违法犯罪工作经费均纳入政府预算。

开展法制宣传。1994年,鹰潭团市委联合鹰潭市电视台等单位举办全市未成年人保护知识电视大奖赛。1995—2010年,持续开展"保护明天宣传月"活动,开展法律宣传、咨询服务。2000年,对全市团组织贯彻"两法一办法(《中华人民共和国未成年人保护法》《中华人民共和国预防未成年人犯罪法》《江西省实施〈中华人民共和国未成年人保护法〉办法》)"情况进行检查。2007年,启动"红铃铛行动",开展"红铃铛法制快车"进校园、进社区、进农村活动,举办法律讲座、法制宣传20余场次,向青少年发放普法教材6000余册。2010年,大力宣传新颁布的《江西省未成年人保护条例》。

优化社会环境。1998—1999年,鹰潭团市委连续两年组织千余名学生举行"告别三厅两室(录像厅、舞厅、卡拉OK厅、游戏室、桌球室)"宣誓仪式和拒绝"黄、赌、毒"签名仪式。2006年,围绕构建"和谐平安社区",动员青年志愿者立足社区开展公益行动,全市组建"青年治安巡逻队"37支,结对帮扶贫困户40余户。2007年,联合市文化局、新闻出版局,严厉打击出版、销售、传播盗版和淫秽、色情出版物行为,收缴、销毁妨碍青少年健康成长的读物3000余册,责令停业整顿书店3家。是年,联合市委宣传部、市公安局等单位,在市区48家网吧安装视频监控系统,对网吧违规接纳未成年人上网进行实时监控;在各社区招募"网吧义务监督员"31人,对网吧违规接纳未成年人上网和其他违法行为进行监督;打击网络淫秽色情信息,删除网络淫秽色情信息3175条,净化网络环境。

创建青少年维权岗。2004年,创建市级优秀青少年维权岗20余个。至2007年,鹰潭市涌现国家级优秀青少年维权岗1个、省级6个、市级34个。2008年,创建市级优秀青少年维权岗30余个。

推进青少年违法犯罪社区预防计划。2007年,以月湖区江边街办杏南社区、交通办事处胜西社区、四青街办百佳城社区、贵溪县雄石街办花园社区、余江邓埠镇中州社区5个社区为试点,大力实施青少年违法犯罪社区预防计划。在社区建立青少年工作者队伍,创建社区青少年法律学校、家长学校,结对帮扶社区闲散青少年。

建立12355青少年服务台。2002年,鹰潭团市委与市华星律师事务所联合开办鹰潭市青少年维权法律服务中心,开设维权热线,为青少年提供法律咨询和法律服务。2007年,合作开通12355青少年热线。2008年,与电信10000号服务中心合作,12355青少年热线升级为12355青少年服务台,成立青少年事务专家服务团,接受咨询60余人,服务案例20余个。2009年,增聘青少年服务专家20余人。

关爱留守儿童。2007年,鹰潭团市委大力推进关爱留守儿童行动。开展"城乡少年手拉手,健康快乐过中秋"活动,50名余江县中童小学学生与鹰潭市逸夫小学学生互赠礼物,同过中秋。发出《致留守儿童父母的一封公开信》,引导家长关心孩子成长。招募优秀大学生作"代理家长",结对帮扶留守儿童。

文化体育活动　1996年,鹰潭团市委举办"新飞杯"鹰潭市青少年书画、摄影比赛,青年歌手大赛和少儿朗诵、讲故事比赛。1999年,开展"启明星科技小制作、小发明"作品评选活动,开展大中学生展望新世纪主题设计竞赛活动。2001年,举办全市青少年夏季卡拉OK大奖赛。2002年,开展"永远跟党走"社区青年文化节活动。2004年,举办"五四"音乐节大型经典歌曲演唱会、大型器乐演奏音乐会、青少年街舞大奖赛。2006年,承办第二届全省社区青年文化节暨"动感地带"杯全省青年街舞邀请赛,全省16支队伍参赛。是年,月湖区杏南社区、三角线社区分别被评为"全国优秀青年文明社区""全国优秀青年中心"。2008年,举办"金舵陶瓷"杯第二届鹰潭市社区青少年文化艺术节。2009年,举办"华威·剑桥"杯青少年英语技能大赛。

团员队伍建设 1992年,鹰潭团市委举办增强团员意识主题教育活动专题研讨班。1993年,举行党团知识抢答赛。2004年,印发1万份《增强团员意识,争当合格团员——致全市共青团员的一封信》;是年,开展"学理论知团情"主题学习活动。2005年,鹰潭团市委开展"增强团员意识"主题教育活动。印发1万份《增强团员意识,争当合格团员——致全市共青团员的一封信》,扩大活动覆盖面;举办"增强团员意识"主题教育活动专题研讨班;统一设计制作宣传栏,在各级机关悬挂张贴;在鹰潭四中举办"增强团员意识,争创鹰潭辉煌"党团知识场抢答赛。2006年,鹰潭团市委在2005年"增强团员意识"主题教育活动整体部署的基础上,坚持工作力度不减、教育形式创新,以"党员要先进,团员要跟进"为号召,紧扣"增强意识,健全组织,活跃工作"的目标,坚持抓学习、抓骨干、抓契机、抓实践的工作思路,扎实推进全市"增强共青团员意识"主题教育活动整改提高、总结表彰阶段的工作。"五四"前夕,召开主题教育活动总结表彰会,检验教育成果,增强团组织凝聚力、向心力。2006年,推进团员意识主题教育活动整改提高,在鹰潭市第四中学举办党团知识现场抢答赛。全市团员队伍逐步壮大,1992年全市团员有3.3万人,1994年3.52万人,1997年3.68万人,2000年3.74万人,2002年3.82万人,2007年3.91万人,2010年4.12万人。

团干部队伍建设 1991—2010年,鹰潭团市委开展基层团干部培训,组织全市基层团干部赴井冈山接受革命传统教育,将团务知识培训与革命传统教育有机结合;开展"创建学习型团组织、争当学习型团干部"活动,在"鹰潭共青团网"开办"团干加油站""团干博客"专栏。1993年,全市各级团组织举办团干部培训班81期,培训3200余人次,选派团干外出学习观摩100余人次。1994年,全市各级团组织把学习《邓小平文选》第三卷作为对团干部进行政治理论培训和对青年进行思想教育的重要内容,全市各级团组织举办团干部培训班48期。2006年,开展"百名团干抓基层"活动,组织市直属团委与各乡镇团委结为帮扶单位,团干部普遍获得基层历练。2010年,鹰潭团市委扩大团干部培训范围,由往年只培训乡镇以上团干部扩大到村级团干部,全年共培训专(兼)团干部300余人。

1991—2010年,鹰潭团市委推动团干部的配备,2002年全市有专职团干部27人,2004年29人,2005年31人,2006年29人,2007年30人,2008年28人,2009年27人,2010年29人。

基层团组织建设 1991—2010年,鹰潭团市委有计划地推动基层团组织建设,在组织健全的传统领域,着力解决增强组织活力、发挥团员作用的问题;在非公有制企业、社会组织等新兴领域,着力解决组织覆盖的问题,不断扩大团组织的覆盖面。

基层团组织的整顿和规范。1991年,鹰潭团市委狠抓基层团组织整顿工作,治理松散瘫痪团组织。1994年,按照"五个一"(建设一个合格的团支部和基层团委班子、建立健全一套工作和管理制度、找到一条自创经费的路子、建设好一个活动阵地、开展一系列团的活动)标准,对全市团的基层组织进行调查摸底,限期整改不合格的团委、团支部。1997 年,印发《关于团支部制度规范化建设的通知》,推进团组织规范化建设。

农村基层团组织建设。1992 年,鹰潭团市委在农村团组织开展"两地"(活动阵地、经费基地)建设活动。1995 年,出台《共青团鹰潭市委关于加强农村基层团组织建设的意见》,指导农村团组织建设。1997 年,20 个市级试点村 100% 实现"三位一体"配置村团支部书记,村级团支部队伍建设得以加强。1998 年,开展全市"农村基层团组织建设活动月"系列活动,集中推进农村团组织建设。2009 年,选配大学生"村官"担任村团支部书记。

"两新组织"和非公有制企业团组织建设。2002 年,全市加强非公有制企业团组织建设,在中国联通有限公司鹰潭分公司、鹰潭市三川有限公司等 30 余家非公有制企业建立团组织。2006 年,加强"两新组织"(新经济组织、新社会组织)团组织建设,在鹰潭市工业园区、鹰潭希正医院、汇丰家电等单位建立团组织。至 2007 年,100% 的县级以上工业园区成立团委。2008 年,在江西金田铜业有限公司、鹰潭兴业电子金属材料有限公司等非公企业建立团组织 12 家。

民办学校团组织建设。2002 年,先后在鹰潭市育才学校、信江中学、恒信中学、九龙中专等 15 所民办学校建立团组织,民办学校建团率达到 90%。2003 年,先后成立鹰潭市南方工商经济学校、龙虎山电子工业学校团委。2004 年,先后在鹰潭市中山学校、鹰潭市工商经济学校建立团组织,团的组织覆盖面得到扩大。

第七节　赣州团市委

赣州市青年人口

1990—2010 年,赣州市青年人口总量呈下降趋势。

1990 年,赣州地区常住总人口 7074112 人,青年人口 2726912 人,青年人口占全市总人口的38.55%。青年人口中,从性别构成看,男 1401387 人,女 1325525 人。从年龄构成看,15 岁至 19 岁872188 人,20 岁至 24 岁 801393 人,25 岁至 29 岁 570820 人,30 岁至 34 岁 482511 人。从区域分布看,赣州市 157237 人,赣县 181471 人,南康县 265018 人,信丰县 231042 人,大余县 106082 人,上犹县 96402 人,崇义县 79336 人,安远县 112236 人,龙南县 102252 人,定南县 67943 人,全南县 70780人,宁都县 241802 人,于都县 271851 人,兴国县 221745 人,瑞金县 192170 人,会昌县 138303 人,寻乌县 95746 人,石城县 95496 人。

2000 年,赣州市常住总人口 7396873 人,青年人口 2581606 人,青年人口占全市总人口的34.9%。青年人口中,从性别构成看,男 1297377 人,女 1284229 人。从年龄构成看,15 岁至 19 岁554527 人,20 岁至 24 岁 608004 人,25 岁至 29 岁 716450 人,30 岁至 34 岁 702625 人。从区域分布看,章贡区 199787 人,赣县 174503 人,信丰县 203445 人,大余县 91382 人,上犹县 94319 人,崇义县

69872 人,安远县 109994 人,龙南县 100648 人,定南县 64136 人,全南县 60514 人,宁都县 236271 人,于都县 239946 人,兴国县 209475 人,会昌县 133421 人,寻乌县 98793 人,石城县 88238 人,瑞金市 187262 人,南康市 219654 人。

2010 年,赣州市常住总人口 8368447 人,青年人口 2511493 人,青年人口占全市总人口的 30.01%。青年人口中,从性别构成看,男 1248008 人,女 1263485 人。从年龄构成看,15 岁至 19 岁 659057 人,20 岁至 24 岁 674460 人,25 岁至 29 岁 528728 人,30 岁至 34 岁 649248 人。从区域分布看,章贡区 232495 人,赣县 154403 人,信丰县 199935 人,大余县 78016 人,上犹县 68542 人,崇义县 52072 人,安远县 108369 人,龙南县 93783 人,定南县 49434 人,全南县 51401 人,宁都县 247665 人,于都县 236227 人,兴国县 215907 人,会昌县 134597 人,寻乌县 94846 人,石城县 89768 人,瑞金市 93666 人,南康市 210367 人。从城乡分布看,城镇人口 1050913 人,乡村人口 1460580 人。

主要工作

青少年思想道德教育 政治理论学习。1992 年,赣州团地委印发《关于认真学习贯彻十四大文件精神的通知》,组织学习贯彻十四大文件精神。1993 年,深入学习党的十四大精神,举办专题讲座,开办学习班。1999 年,赣州团市委联合市委宣传部、市教委举办全市大中专院校学习邓小平理论经验交流会,南方冶金学院等 6 所院校介绍青年师生学习邓小平理论的经验。2001 年,赣州团市委深入开展"三个代表"学习教育活动,征集基层团组织学习体会文章和专题征文 600 余篇;2002 年,重点抓团干部、大中专学生和青年骨干学习成效。2003 年,举办"学习十六大,贯彻'三个代表'"征文比赛,收到参赛文章万余篇。2004 年,组织学习科学发展观,开展征文比赛、知识竞赛、演讲比赛等活动,收到征文 125 篇、知识竞赛答题 860 份,36 名选手参加演讲比赛。

思想政治教育。1991 年,赣州团地委在青少年中开展"学苏区传统,做四有新人"主题活动,举办苏区革命传统故事大赛,开办青少年革命传统教育夏令营。1995 年,举行"虔发杯"爱国主义教育有奖征文竞赛,收到征文 50 余篇;举行"学习孔繁森同志先进事迹"演讲比赛,97 个单位 200 余名选手参加比赛。1996 年,召开纪念红军长征胜利 60 周年老红军与新长征突击手、优秀青年座谈会。1997 年,开展"学习邱娥国,争当好青年"活动。2001 年,赣州团市委以"党在我心中"为主题,以演讲比赛、征文、讲座、知识竞赛、文艺下乡等形式,在全市团员青年中开展庆祝建党 80 周年系列教育活动。"七一"前夕,举办"在党旗下成长"青少年 18 周岁成年宣誓仪式;组织赣州市音乐家协会会员和省青联委员,在定南举办"党在我心中"艺术下乡文艺晚会等。2003 年,开展"弘扬井冈精神,兴我美好江西——青年勇当先锋"主题教育活动,举办"青年与崛起"电视演讲比赛、"我为崛起做贡献"岗位竞赛、青年文明号集体争创"诚信共青岗"活动和"重走长征路,建设新赣州"青年志愿者活动等。2009 年,开展"我与祖国共奋进,我与赣州共成长"主题教育活动。举办赣州首届青年群英会,120 余名青年英模献策地方经济发展,提供赣州发展建议和意见 136 条。2010 年,实施青少年分类引导教育试点工程,全市建立试点 34 个,"红色文化进课堂"案例被评为全省未成年人思想道德建设工作十大优秀案例之一。开展争当新时期"四好少年"(争当热爱祖国、理想远大的好少年,争当勤奋学习、追求上进的好少年,争当品德优良、团结友爱的好少年,争当体魄强健、活泼开朗的好少年)主题教育活动,参与学生 60 万人次。是年,举行"查字典、读百科、颂美德"全市小学生读书竞赛和中学生党的基本知识竞赛。

青年就业创业　1998 年,赣州地区成立下岗青工创业基金会,挂靠赣州地区青少年发展基金会。

2003 年,配合团中央网上招聘大会,赣州各级团组织收集用工信息,为下岗青年和待业青年寻求就业机会。是年,赣州团市委举办广东企业(赣州)青年万人招聘会,组织 123 家赣粤企业,为全市下岗青年、待业青年和大中专院校应届毕业生提供两万余个就业岗位,3500 余人签订意向性劳动用工合同。

2005 年,赣州团市委举办青年农民转移就业培训、青年农民科技培训。2007 年,大力实施"青年创业贷款"项目,发放青年创业贷款 350 万元。2009 年,发放青年创业信用卡 2728 张,发放贷款 7983 万元。是年,建立市级以上青年就业创业见习基地 136 个,为 1306 名大学生提供见习岗位。

2010 年,赣州团市委建立就业创业见习基地 336 个,为 2200 余名青年提供实习、见习和就业岗位。举办各类培训班 362 期,培训农村青年 1.29 万人次。组织实施"青年就业创业服务年"活动,为青年提供小额贷款 1.8 亿余元,带动就业 1.82 万人。

培养"农村青年星火带头人"活动　1992—2000 年,赣州团地委开展培养"农村青年星火带头人"活动,全地区 18 个县(市、区)354 个乡镇成立领导机构,确定 1.56 万余名农村青年为培养对象,举办各类技术培训班 2235 期,培训青年 12.58 万人,推广新技术 130 项,其中国家级 25 项、省级 47 项和地、县级 58 项。1992—1997 年,获得农民技术职称的带头人 8419 人,其中农民技术员 3212 人、助理农民技术员 2580 人、农民技师 868 人、助理农民技师 982 人,其他职称 877 人。2003 年,举办全市青年脐橙工程示范户培训班,培训青年脐橙大户 198 户;开展农村青年实用技术培训班 300 余期,培训青年农民两万余人。

服务万村行动　1995 年,赣州团地委启动服务万村行动,是年建立 20 个示范村,命名农村青年科技示范培训基地 10 个,培训农村青年 6000 余人,表彰农村青年种养加工方面能手 300 余人,年底在会昌县、安远县、信丰县召开全区服务万村行动流动现场交流会。1996 年,与中国农业银行赣州地区分行联合开展"万村致富"储蓄活动,吸纳储蓄近 200 万元;开展"万村致富书库"捐建活动,捐建书库 58 个。1997 年,进一步推进服务万村行动,加大农村科技推广服务。1999 年,赣州市创办"团字号"科技示范服务基地 600 余个,会昌县在筠门岭、洞头、富城等乡镇建立服务基地,兴国县创办花卉基地,石城县创办大棚蔬菜基地。2003 年,全力建设青年脐橙工程,农村团员青年领办科技示范服务基地 1 万余个。

青年文明号创建活动　1994 年,赣州地区启动青年文明号创建活动,命名首批 10 个地级青年文明号。1995 年,创建活动扩展到公安、旅游、邮电等 12 个系统和行业。1996 年,推行青年文明号卡,金融、卫生、邮电、商业等行业发放青年文明号卡 3 万余张。1997 年,赣州团地委联合工商、个协、商业、国税等系统,开展"创业青年文明号一条街"活动。1998 年,举办青年文明号负责人培训班,组织学员赴全国青年文明号单位学习,培训青年文明号负责人 120 人。2000 年,赣州市青年文明号创建组委会成立检查组,对全市各级青年文明号集体进行明察暗访,监督青年文明号服务质量。

1998 年,赣州地区公安局交警大队女民警岗值勤班、赣州地区公共汽车赣 B00949 号车组、赣州地区人民医院急诊科、于都县港嘉兴食品有限责任公司、中国银行赣州地区分行文清路储蓄所等 8 个集体,被评为"全国青年文明号"。2001 年,赣州中国国际旅行社、赣州市虔诚大酒店客房部、赣州供电局用电管理所客户服务中心、于都县港嘉兴食品有限责任公司、赣县液化气供应站等 9 个集体,被评为"全国青年文明号"。2008 年,中国银行赣州市于都支行被评为"全国青年文明号"。

青年志愿者行动 1995 年,赣州地区开始实施"一助一"青年志愿者长期服务计划,结对 3000 对,并建立长期服务对象档案。1996 年,深化青年志愿者"一助一"长期服务计划,开展"希望 + 富裕"扶贫活动。以"集体 + 农户""个人 + 农户"形式,对贫困家庭提供劳动、技术、资金等帮助。1997 年,兴国县长岗乡椰木村、赣县五云乡星云村定为省级青年志愿服务基地。1999 年,开展"携手跨世纪"青年志愿者助老服务活动。

1996 年,赣州团地委推进青年志愿者服务站建设。至 2005 年底,全市成立各级青年志愿者服务站 120 余个、青年志愿者协会 200 余个、专业青年志愿者队伍 24 支,各级注册青年志愿者 10 万余人。2010 年,全市青年志愿者队伍进一步扩大,龙南县青年志愿者协会有注册志愿者 650 人。

2008 年,组织实施的"青年志愿者服务新农村——留守孩托管中心"建设项目,被中国青年志愿者协会授予"青年志愿者工作优秀项目奖"。2010 年,赣州团市委获得第 5 届全省青年志愿服务优秀组织奖。

完成"急难险重"任务 1995 年,赣州境内发生洪涝灾害,赣州团地委组织 495 支青年志愿者突击队、1.8 万余名青年志愿者参加抗洪抢险,转移被洪水围困群众 5.4 万余人,疏散牲畜 8000 余头。

2008 年,四川汶川发生特大地震后,赣州团市委开展为灾区捐款捐物活动。开展捐款活动 120 余次。在赣州市青少年活动中心竣工庆典音乐会上,募集捐款 2027.46 万元,捐款数额在 100 万元以上的单位和个人 11 个。募集物资价值 418.75 万元。启动"情系四川灾区儿童"希望工程,与四川阿坝州小金县团组织长期结对帮扶灾区儿童。

2008 年,赣州境内发生冰雪灾害,赣州团市委组建抗灾抢险青年突击队,开展"真情伴君行"志愿服务和"生产自救促发展"活动,带领团员青年抗击冰雪;组织"抗冰冻,送温暖"青年志愿者服务队,为滞留司机和乘客送食品,看望福利院老人和孩子,慰问抗冰救灾解放军。

"保护母亲河"行动 实施青年长江防护林工程。1991—1995 年,赣州团地委组织团员青年实施青年长江防护林工程,绿化公路 371 条、里程 1945 千米,江河库渠绿化面积 1.13 万亩。

实施翠竹工程。1995 年,赣州团地委抓住京九铁路贯通这一机遇,联合赣州市林业局实施翠竹工程,在京九赣南段两侧种植黄竹。至 1996 年,种植黄竹 75.45 万株,建成县级示范带 12 处、36 千米。

开展植树造林。1999 年,赣州团市委向全国长征路沿线的省(市)青少年发出绿化倡议,得到积极响应。是年,联合赣州市林业局在于都、瑞金、兴国开展"绿化长征路,保护母亲河"活动,沿

"长征第一渡"所在地——于都河两岸种植黄竹 1000 余株、荷树 1 万余株。1992—2000 年,植树造林 1.5 亿亩,绿化公路 5765 千米,建立青年绿化工程 2013 个,建立青年营林基地 308 个,成立青年护林队(组)3363 个,参加植树造林青少年 1267 万余人次。2008 年,为加快冰雪灾后生态重建步伐,组织团员青年植树种草、打捞水面漂浮物,开展"保护母亲河"志愿活动。

实施希望工程　1991 年,赣州地区启动希望工程,成立实施希望工程工作领导小组。1998 年,成立希望工程监察委员会,负责希望工程的监察管理。

1991—2000 年,赣州地区累计筹集希望工程基金 3700 万余元,援建希望小学 107 所,资助家庭贫困小学生 2.57 万人,向 270 名大中专学生发放希望工程特别助学金。1992 年,赣州团地委在地区实施"希望工程——百万爱心行动计划",584 名党政领导、团干部及社会各界人士参加活动。1994 年,开展"希望工程 1 + 1 助学行动"。1995 年,赣州团地委联合中国工商银行赣州地区分行推出"希望工程爱心建功有奖储蓄"活动,开辟希望工程筹资新渠道。1998 年,开展"1998 希望工程劝募行动"。2000 年,经赣州团市委联系,上海市慈善基金会、上海市特殊奥林匹克运动委员会向赣州市希望小学师生捐赠运动鞋 1.5 万双。

1999 年,成立赣州市希望小学校长协会。是年,希望小学校长协会会刊《希望园》正式创刊,成为赣南希望工程的一个窗口。

2007 年,赣州市启动"生命希望工程",号召社会各界结对捐助兔唇、先天性心脏病青少年患者,援建"希望医院",捐赠医疗器械、药品,关注农村贫困家庭青少年就医问题。开展"爱心共圆大学梦"活动,资助贫困大学生 200 余人,捐助总金额 40 余万元。援建兴国埠上深圳龙岗金盾希望小学、大余庄下城发希望小学等 10 所希望小学。

维护青少年合法权益成立机构。1998 年,成立赣州地区未成年人保护委员会,未成年人维权工作办公室挂靠团地委。各县(市、区)成立相应的机构。2004 年,成立赣州市预防青少年犯罪工作领导小组,办公室设在赣州团市委。

发放维权卡。2001 年,赣州团市委启动"未成年人保护卡"发放工作,向全市城区小学生发放10 万张"保护卡"。是年,在务工青年中推行"务工青年维权卡",全市发放"务工青年维权卡"1 万余张。

关爱弱势群体。2008 年,实施关爱留守儿童项目,推进留守孩托管中心建设,建立赣州市留守孩志愿服务网。2010 年,赣州团市委进一步推进"青果援"关爱服刑在教人员未成年子女行动,全市 563 名服刑在教人员未成年子女得到帮扶。

实施青少年违法犯罪社区预防计划。2004 年,深化"青少年维权岗"创建活动、"青少年安全网吧"创建活动、"社区青少年远离毒品"行动。2009 年,建立全市首个青少年心理咨询服务中心,开通 12355 青少年维权热线,实施赣州未成年人网络工程活动,组建赣州市"戒除未成年人网络成瘾志愿者专家服务团"。

团员队伍建设　1991—2010 年,赣州市(地区)各级团组织通过开展"三会一课"、团日活动、入团宣誓等活动,加强团员教育,增强团员意识。团员队伍有序发展,1991 年全地区有团员 301692人,1993 年 305496 人,1995 年 317002 人,1997 年 317302 人。2000 年团员 308788 人,2003 年

309313 人,2005 年 310072 人,2006 年 335721 人,2010 年 38 万余人。

团干部队伍建设 1991 年,赣州团地委开展基层团干部培训,培训团干部 468 人。1995 年,在推进"服务万村行动"中,赣州团地委举办乡(镇)团委书记培训班,培训团干部 208 人。1999 年 8 月,针对赣州市基层乡镇换届团干变动较大的情况,赣州团市委及时组织全市 180 名乡镇团干进行为期 1 周的培训学习。2001 年,赣州团市委实施"团干部 321 培训计划",全市共培训县直单位团干部 70 人次,乡镇团干部 200 余人次。2003—2006 年,赣州团市委每年举办一期县级单位团委干部培训班,培训人数为 80 至 100 人;举办乡(镇)团委干部培训班两期,培训人数为 280 岁至 300 人。2005 年 8 月,赣州团市委与赣南师范学院成教学院联合开办成人学历教育本、专科班,共录取全市各级团干部 89 人参加学习,开辟共青团整合高校资源开展团干部培训的新路子;从 2007 年起,赣州团市委重视基层乡(镇)、街道团干部的培训,每年举办培训班两期,共培训团干部 120 岁至 200 余人。2009 年,开展新时期团干部标准大讨论。

专职团干部队伍保持一定规模。1991 年全地区有专职团干部 997 人,1993 年 1021 人,1995 年 958 人,1997 年 960 人。2000 年全市有专职团干 858 人,2003 年 906 人,2005 年 865 人,2007 年 858 人,2010 年 899 人。

党建带团建 2000 年,赣州市召开全市基层党建带团建工作会议,印发《关于加强全市党建带团建实施意见的通知》,进一步加强党建带团建,带动基层团的思想、组织、作风建设。2001 年,贯彻落实《全省"党建带团建"三年规划》,形成"党建带团建,团建促党建"的工作局面,强化基层团组织建设。

2010 年,赣州团市委推动党建带团建工作。章贡区将团建工作纳入党建工作考核范畴,党团工作同谋划部署、同保障推进、同考核表彰,在"两新"组织(新经济组织、新社会组织)等重点领域建立党群共建联席会议制度。

基层团组织建设 1997 年,在推进"服务万村行动"中,赣州团地委加强农村青年致富能手、村团支部书记、村党支部后备干部"三位一体"配置力度,全市 914 个村实现"三位一体"配置。1998 年,团地委进一步推进"三位一体"配置工作;推动地区公安局等 16 个单位设立系统团委。

2001 年,赣州团市委开展"农村基层组织建设活动月"活动,整顿农村松、瘫、软、散的团支部;加大在非公有制企业、民办学校和社区建团的力度,在全市 59.9% 的非公有制企业、74.5% 的社区和 37 所民办学校建立团组织。2006 年,实施"千名团干抓支部"团建工程,构建团建有形化建设的督导体系、评价体系和教育体系,实现团建有形化建设从机关向基层延伸。2010 年,赣州团市委加强"两新"组织团建力度和驻外团组织建设。南康市新组建"两新"团组织 92 个,发展团员 419 人。会昌县新组建"两新"团组织 17 个,发展团员 320 余人。章贡区新组建"两新"团组织 6 个、驻外团工委 1 个。

第八节　宜春团市委

宜春市青年人口

据 1990—2010 年数据反映,宜春市青年人口先增后降。与 1990 年相比,宜春市青年人口总量在 2000 年有所增长,2010 年则迅速下降。

1990 年,宜春地区常住总人口 4660960 人,青年人口 1815712 人,青年人口占全市总人口的 38.96%。青年人口中,从性别构成看,男 937886 人,女 877826 人。从年龄构成看,15 岁至 19 岁 555857 人,20 岁至 24 岁 516134 人,25 岁至 29 岁 400448 人,30 岁至 34 岁 343273 人。从区域分布看,宜春市 327798 人,丰城市 428957 人,樟树市 192712 人,高安县 277666 人,奉新县 96843 人,万载县 161226 人,上高县 125836 人,宜丰县 102505 人,靖安县 51561 人,铜鼓县 50608 人。

2000 年,宜春市常住总人口 5079792 人,青年人口 1869734 人,青年人口占全市总人口的 36.81%。青年人口中,从性别构成看,男 965048 人,女 904686 人。从年龄构成看,15 岁至 19 岁 399680 人,20 岁至 24 岁 445634 人,25 岁至 29 岁 516806 人,30 岁至 34 岁 507614 人。从区域分布看,袁州区 340508 人,奉新县 112149 人,万载县 176913 人,上高县 117166 人,宜丰县 101131 人,靖安县 52448 人,铜鼓县 52134 人,丰城市 426314 人,樟树市 194298 人,高安市 296613 人。

2010 年,宜春市常住总人口 5419591 人,青年人口 1645232 人,青年人口占全市总人口的 30.36%。青年人口中,从性别构成看,男 832291 人,女 812941 人。从年龄构成看,15 岁至 19 岁 43508 万人,20 岁至 24 岁 437134 人,25 岁至 29 岁 364823 人,30 岁至 34 岁 429767 人。从区域分布看,袁州区 322988 人,奉新县 94859 人,万载县 133005 人,上高县 90150 人,宜丰县 75523 人,靖安县 43020 人,铜鼓县 41739 人,丰城市 427801 人,樟树市 170051 人,高安市 246096 人。从城乡分布看,城镇人口 622630 人,乡村人口 1022602 人。

主要工作

青少年思想道德教育　政治理论学习。1991—2010 年,宜春团市委先后在青少年中开展学习邓小平理论、"三个代表"重要思想和科学发展观活动,成立学党章小组和兴趣小组,采取墙报、黑板报、演讲比赛、知识竞赛等形式,把学习贯彻党的十四大、十五大、十六、十七大精神与学习邓小平理论、"三个代表"重要思想和科学发展观结合起来,用正确的理论武装青少年。1998 年,成立宜春地区团校,建立团员理论教育基地;1999 年,举办理论学习班 200 余期,培训人员近 8000 人次;2008 年,依托团校、城乡青年中心、青年理论社团等阵地,举办培训班 76 期,开展政治理论教育活动 580 余场次。

爱国主义教育。1991—2010 年,宜春团市委引导团员青年深入了解中国人民自鸦片战争以来争取民族独立的奋斗史、中华人民共和国成立以来艰苦奋斗勤俭建国的创业史、改革开放以来振兴中华的发展史,增强团员青年的民族自尊自信自强精神。以重要节庆日、纪念日及重大事件为契机,开展支持北京申办奥运系列活动、纪念毛泽东100周年诞辰系列活动、香港和澳门回归祖国庆祝活动等,组织青少年读爱国主义书籍,唱爱国主义歌曲,看爱国主义电影,激发青少年爱国主义热情。1995年,宜春市命名13个爱国主义教育基地。

先进典型教育。1991—2010年,宜春团市委在全市开展"岗位学雷锋,行业树新风,社会送温暖"等系列活动,广泛成立学雷锋小组、为民服务小组、扶贫帮困小组,深入持久地开展学雷锋活动。开展"寻英模足迹,做有志青少年"等学英模活动,号召青少年向扎根基层、无私奉献的李天平、贾克玖学习,向乐于助人、见义勇为的蔡明飞、蔡杜怡、王茂华、谭良才学习。2010年,开展"网上祭英模"、诗歌追思会等学英模活动。

青年就业创业 1993年,宜春团地委联合地区科技协会,建立农村夜校2470所,培训农村青年42.7万人,增强农村青年就业能力;1994年,推进农村劳动力转移,推介2000余名农村青年外出务工;1998年,启动下岗青工再就业工程,创办下岗青工再就业服务中心,搭建青年与企业之间的桥梁;1999年,培训农村青年6.8万人;

扶持青年创业。1994年,鼓励回乡青年创办企业100余家;2009年,为创业青年提供资金支持,1135名青年获得贷款授信4239万元;2010年,发放"青年创业信用卡"2171张,协议贷款10492.38万元。大力创建就业创业见习基地,2009年,创建就业创业见习基地42个,在宜春学院挂牌成立市级大学生创业孵化中心。

培养"农村青年星火带头人"活动 1993年,宜春团地委推进培养"农村星火带头人"活动。组织青年农民学习现代农业实用新技术。靖安县围绕蚕桑、柑橘、药材三大项目,举办培训班48期,培训青年农民8000余人次。建立特色生产基地,丰城市在曲江镇、希望乡、圳头乡建立高产油菜、葡萄和药材生产示范基地。铜鼓县三都乡三都村团支部成立"奔小康互助组",4户团员青年在技术、信息、资金、生产销售等方面互通有无,协同劳动,协同经营。1999年,形成县乡村三级农业科技培训网络,在26个乡镇全面开展"授百家科技,育百万能人"活动,推进培养"农村星火带头人"活动向纵深发展。

1993年,宜春地区培养县级星火带头人152人。1998年,宜春团地委获团中央、中华人民共和国科学技术部授予的"全国培养星火带头人十年成就奖"。1999年,涌现国家级青年星火带头人1人、省级3人、地级14人、县级152人。

服务万村行动 1995年,宜春地区启动服务万村行动。宜春团地委在全地区举办团支部书记培训班,1700余名经济能人进入团支部班子,建立273个希望书屋,筹集图书4万余册。1996年,实施"一村一人一品"(一个村培养一个青年星火带头人,围绕带头人形成专业技术生产一品化)战略,全地区124个示范村,79个基本实现"一村一人一品",其中奉新县10个示范村全部实现"一村一人一品"。推行农业科技培训基地化,命名宜丰戴欣华的仁和立体开发公司、高安熊凌的畜禽水产有限公司、樟树黄菊林的良种推广中心、铜鼓邱红平的特色蔬菜基地等为全区星火培训基地,对农村青年培训做到学用结合。1998年,宜春团地委牵头领办三黄鸡养殖、食用菌栽培、水稻抛秧3个项目。1999年,开拓大棚蔬菜种植、无籽西瓜培育、毛竹开发、百合和猕猴桃加工等5个项目。

青年文明号创建活动 1994年,宜春地区命名首批10个地级青年文明号。1995年,青年文明号创建活动扩展至金融、国税、工商、邮电、个体、国营企业、乡镇等系统,申报、考核、评价、表彰、管理、淘汰、奖励等工作机制进一步完善;是年,创建省级青年文明号10个、地级120个。1996年,把公安、粮食、卫生、医药等系统纳入创建行列,规范青年文明号建档和优胜劣汰制度,全面推行"青年文明号服务卡"。1999年,把水电、城建、公路、运输等系统纳入创建行列,至2007年,已拓展至27个行业和系统,涌现出国家级"青年文明号"11个、省级94个、市级334个。

青年志愿者行动 1993年,宜春地区成立青年志愿者协会240个,建立青年志愿者队伍4200支,招募青年志愿者6万余人。1995年,成立宜春地区青年志愿者协会,是年成立国道线青年志愿者协会68个。

1995年,宜春地区6万余名青年志愿者投入学雷锋活动,为10万余人次提供志愿服务。1996年,开展"一助一"结对志愿服务,城市以企业困难职工、残疾人、军烈属、见义勇为英雄家属、老红军、老科学家、老干部等群体为重点服务对象,农村以贫困户、重灾户、"五保户"、烈军属等群体为重点服务对象,学校以贫困生、困难教职工为重点服务对象。上高县全年"一助一"结对服务3000余人(户)。

1998年,省第十届运动会在宜春地区宜春市举行,宜春团地委开展"讲文明、树新风"志愿服务活动,成立志愿者服务部,招募和组织2000余名青年志愿者,为运动会提供接站、引导、宣传、票务、礼仪、颁奖和环境整治、安全保卫、医疗护理、驻地服务、竞赛联络等20类服务,累计服务时间长达30万小时。2009年,为宜春市"情月相融"集体婚礼和中央电视台"宜春月·中华情"中秋晚会,招募2000名青年志愿者,组建300个志愿服务小组,提供场地布置、人员接待、秩序维护等志愿服务。

完成"急难险重"任务 1993年,宜春境内发生3次特大洪涝灾害,宜春团地委组织团员青年开展抗洪抢险、生产自救和献爱心活动,向灾区捐款12万余元,捐物5万余件。2008年汶川地震,宜春团市委为灾区募集捐款85.6万元、特殊团费6万元,发动团员青年无偿献血2万余毫升。2010年,针对云南旱情、青海玉树地震灾害、江西汛情等重大灾情,累计募集各种爱心救灾款74.9万元。

"保护母亲河"行动 1991—2010年,宜春团市委开展"保护母亲河"行动。1995年,丰城团市委在京九线两旁植树达3000余棵,铜鼓团县委在新修公路大漕口至江头段绿化5千米。1999年,宜春地区各级团组织开展"手拉手捡回一个希望,还母亲河一片绿色"主题教育,开展生态环保活动。宜春团地委在宜春森林公园承包两个山头建设"共青杜鹃园",组织3000余名团员青年栽植杜鹃5000余株。宜丰县创建青年示范林98个,组建植绿护绿队伍200余支。2002年,举行"清洁秀江水,保护母亲河"签名承诺活动,参加签名青少年近万人。2008年,发动团员青年投身生态环保和节能减排实践,栽种苗木近30万株。

实施希望工程 宜春地区于1991年启动希望工程。1993年,成立宜春地区希望工程领导小组,设立宜春地区希望工程助学基金,全市10个县(市、区)相继成立希望工程领导机构。

1993年,宜春团地委推动发行希望工程有奖爱心券,高安、丰城、靖安、宜丰、万载、宜春齿轮厂共增值发行180万爱心券。党政领导、企事业单位职工及社会各界人士积极捐款,宜春地区希望工程助学基金收到捐款 6.56 万元,全年全区(含各县市)共筹集希望工程基金 28 万元,兴建希望小学 1 所。1994 年,组织开展"1+1"助学行动,每名团干部结对资助一名失学儿童,全地区救助失学儿童 925 人。1999 年,宜春地区希望工程接受各级捐款 150 万余元,救助失学儿童 1300 余人,建设希望小学 6 所。截至 2007 年,全市累计发放希望工程资助款总额 1000 余万元,建成希望小学 37 所、希望书屋 52 个,救助贫困学生 4 万余人。

维护青少年合法权益法制宣传教育。1994 年,宜春团地委推动成立全市企事业单位青年工作协会,是年成立青少年犯罪研讨会等组织,开展法制宣传。1995 年,举办法制宣传教育周,印发宣传小册等宣传《江西省未成年人保护条例》。2007 年,启动以开展 6 项主题活动、成立 6 支队伍、建设 3 个基地(中心)、健全 3 个网络为主要内容的"6633"青少年思想道德法制教育系统工程。2000—2007 年,推进青少年法律援助站建设,开展"红铃铛法制快车"进校园活动。2008 年,全市举办法制讲座 710 场次、法制知识进社区宣讲活动 130 场次。

优化青少年成长环境。1994 年,宜春团地委联合地区文化局等单位打击非法出版物、黄色书刊和录像等。2000—2007 年,开展未成年人零犯罪社区和优秀青少年维权岗创建活动,实施网吧工作联席会议,推进阳光网行动。

帮扶特殊青少年群体。2000—2007 年,发挥"五老"(老干部、老战士、老专家、老教师、老模范)志愿服务队作用,举办知心姐姐巡回报告会,关爱留守儿童。2008—2010 年,实施关爱留守儿童"春暖工程",全市组建留守儿童亲情视频中心 36 个,募集助学基金 35 万余元,与 1.32 万名留守儿童开展结对帮扶。通过举办招聘会、法律咨询等形式,为残疾青年、进城务工青年等弱势青年群体排忧解难 2.6 万余人次。2010 年,深化关爱农民工子女和服刑在教人员未成年子女志愿服务行动,开展主题帮扶活动 830 余项,结对 4 万余人。

团员队伍建设 1993 年,全地区有团员 16.57 万人。1994 年,发展新团员 3.78 万人;1996 年,发展新团员 6.2 万人;1997 年,发展新团员 1.5 万人;1999 年,发展新团员 4.1 万人。2009 年,全市有团员 22.9 万人。

团干部教育培训 1993 年,大力推进团干部教育培训。举办乡镇团委书记培训班,组织团干部和少先队辅导员参加团省委举办的团训班;各县(市、区)、学校、企事业单位对基层团干部进行轮训。上高县团委对乡镇团委书记、县直企事业单位团支书、农村团支书进行培训。1999 年,宜春团地委组织 400 余名专职团干部到地委党校、地区团校进行系统的理论学习和业务培训。2000—2007 年,宜春市、县两级团组织共举办各类团干培训班 256 期,培训团干部 2 万余人。2008 年,开展新时期团干部标准大讨论活动,开展实地调研 157 次,举办团的业务知识讲座 16 期,实施"团干部修身工程",举办宜春市团干部技能比武大赛。

党建带团建 2008 年,宜春团市委与宜春市委组织部联合印发《关于开展"四同步"活动进一步加强和改进全市"党建带团建"工作的实施意见》,积极构建"党团工作同步议、党团阵地同步建、党团队伍同步抓、党团绩效同步评"(简称"四同步")的良好工作格局。是年,宜春团市委联合市委组织部在各县(市、区)行政机关、企事业单位、社区、农村和学校等 5 个类别党团组织中,建立 50 个党建带团建"四同步"示范点。

基层团组织建设　1995 年,宜春地委批转宜春团地委《关于加强全区农村基层团组织建设的意见》,重点整顿松、瘫农村团支部。1996 年,宜春进一步加强基层团组织建设,"三位一体"(从党团员青年星火带头人中选拔配备村团支部书记,并经村民选举兼任村委会科技副主任)配置村团支部书记,并重点从应届高中毕业生回乡团员中选拔团干部。

2000 年以后,逐步加强新经济组织和新社会组织的团建工作,全市"两新"组织建立团组织 126 个。2009 年,在樟树市试点中学共青团"无职团员设岗定责"活动。启动基层团委试点工作,组建9～11 人的基层团委。2010 年,启动"活力在基层"团建创先争优竞赛活动,在丰城市试点加强村级团组织建设工作。建立宜春市驻深圳、广州两个市级团工委,建立 385 家非公企业团组织。

第九节　上饶团市委

上饶市青年人口

1990—2010 年,上饶市青年人口总量呈下降趋势。

1990 年,上饶市常住总人口 5797444 人,其中青年人口 2227167 人,青年人口占全市总人口的38.42%。青年人口中,从性别构成来看,男 1156813 人,女 1070348 人;从年龄构成来看,15 岁至 19岁 702571 人,20 岁至 24 岁 627411 人,25 岁至 29 岁 495374 人,30 岁至 34 岁 401811 人;从区域分布来看,上饶市 70224 人,上饶县 291562 人,广丰县 249298 人,玉山县 192042 人,铅山县 149325人,横峰县 7 万人,弋阳县 132497 人,余干县 272965 人,波阳县 434166 人,万年县 125043 人,德兴县 119255 人,婺源县 12.07 万人。

2000 年,上饶市常住总人口 5977678 人,其中青年人口 2066741 人,青年人口占全市总人口的34.57%。青年人口中,从性别构成来看,男 1053498 人,女 1013243 人;从年龄构成来看,15 岁至 19岁 467064 人,20 岁至 24 岁 487107 人,25 岁至 29 岁 562577 人,30 岁至 34 岁 549993 人;从区域分布来看,信州区 113372 人,上饶县 22.36 万人,广丰县 216634 人,玉山县 181535 人,铅山县 139517人,横峰县 55365 人,弋阳县 118239 人,余干县 272311 人,波阳县 408348 人,万年县 114761 人,婺源县 111738 人,德兴市 111321 人。

2010 年,上饶市常住总人口 6579747 人,其中青年人口 2023321 人,青年人口占全市总人口的30.75%。青年人口中,从性别构成来看,男 997078 人,女 1026243 人;从年龄构成来看,15 岁至 19岁 483739 人,20 岁至 24 岁 553455 人,25 岁至 29 岁 465011 人,30 岁至 34 岁 521116 人;从区域分布来看,信州区 132014 人,上饶县 214349 人,广丰县 241363 人,玉山县 156481 人,铅山县 129778人,横峰县 48602 人,弋阳县 99774 人,余干县 303712 人,鄱阳县 417803 人,万年县 104771 人,婺源县 97362 人,德兴市 77312 人;从城乡分布来看,城镇人口 845455 人,乡村人口 1177866 人。

主要工作

青少年思想道德教育　组织团员青年进行政治理论学习。1992 年,上饶团地委组织全地区团员学习中共十四大会议精神。1993 年,开展学习邓小平理论活动。1997 年,开展党的基本路线、邓小平理论和"讲学习、讲政治、讲正气"学习活动。2000 年,开展邓小平理论和"三个代表"重要思想学习活动。2001 年,联合新华书店创办 12 个青少年读书俱乐部,读者会员达 5 万余人。2006 年,开展"我谈社会主义荣辱观"主题演讲比赛和党团知识短信答题活动。2007 年,通过知识竞赛、集中学习、报告会和座谈会等形式,学习党的十七大精神;开展"杰出青年进校园"和"相约校园——成长对话"等活动,深化社会主义荣辱观主题教育;以香港回归 10 周年、建团 85 周年等重大庆祝活动为契机,开展"我与祖国共奋进""民族精神代代传"等主题团队活动。2008 年,实施"青年马克思主义者培养工程",掀起学习党的十七大精神高潮,推动青年用科学发展观武装头脑。

在青少年中开展革命传统教育。1993 年,上饶团地委在地区青少年宫开设革命传统教育影视厅,播放 100 部革命传统教育电影,观影人数 5000 余人次。发挥上饶集中营革命烈士陵园的教育作用,每年清明节和五四青年节期间,组织青少年到烈士陵园扫墓,在革命烈士纪念碑前举行入队、入团和 18 岁成人仪式等活动。1990—2000 年,团市委共组织 3 万人次到烈士陵园开展革命传统教育活动。

组织青少年学习英雄模范。1991 年,上饶团地委联合上饶地委宣传部、上饶军分区政治部、地区精神文明办等单位,开展"学雷锋精神,做四有新人"纪念为雷锋题词 30 周年活动。1994 年,开展"学习徐洪刚,兴饶当先锋"活动。1995 年,团地委联合地委宣传部和上饶军分区政治部开展"向俞刚学习,做见义勇为好公民"活动。

青年就业创业 帮助青年就业。2001 年,上饶团市委联合市劳动社会保障局等单位成立上饶市青年就业服务中心,培训城乡青年,提供岗位资源。2002—2005 年,举办 4 次城乡青年暨大中专毕业生就业现场招聘会,1000 余家企业提供 1.4 万余个岗位,促成 8000 余名城乡青年实现就业。2006 年,联合上饶市宁军人才市场在春、夏两季举办现场招聘会,500 余家单位提供逾 1.5 万个岗位,5000 余名青年实现就业;是年,各县级团委举办招聘会 20 余场,3 万余名青年实现就业。2009 年,举办青年就业创业见习岗位招聘大会,24 家共青团"青年就业创业见习基地"提供 438 个见习岗位,88 家企业提供 1562 个就业岗位。2006 年,动员青年文明号集体等 200 余家企业,面向社会聘用农村青年 3000 余人;与沪、浙、闽、粤团组织合作,打通劳务输出渠道,开通"工岗快递"直通车和"青年平安务工通道",输出劳务两万余人次。2007 年,架设农村富余劳动力与青年企业协会会员企业、青联委员自办企业及经济开发区园区企业等用工单位之间的桥梁,帮助农村青年实现转移就业 3600 余人。

扶持青年创业。2005 年,上饶团市委启动移动公话服务站项目,至 2006 年建立 32 个移动公话服务站,扶持青年走上创业道路。2006 年,在农村加强实用技能培训,1000 余名农村青年掌握一技之长,创办小作坊、小种植、小养殖等家庭式企业;在城市加强下岗待业青年创业技能培训,培训下岗青年 400 余人,帮助青年提高创业本领。2007 年,深入实施"上饶青年小老板创业计划",打通青年创业小额贷款渠道,为 55 个青年创业项目提供创业贷款 512.3 万元。

建立青年就业创业见习基地。2009 年,省精英技工学校、江西远泉实业集团苗木基地、省万年县喜果绿化有限公司、江西索普信实业有限公司、余干县梦佳娜生物科技有限公司、江西盛水实业集团有限公司等6家单位通过资格审查,获批团中央第一批青年就业创业见习基地。

青年文明号创建活动 1994年开始,上饶团地委开展青年文明号创建活动。1995年,创建单位扩大至"五行一司"(人民银行、工商银行、农业银行、中国银行、农业发展银行、保险公司)。1996年,交通、卫生、城建、粮食、国税和地税等系统加入青年文明号创建行列;是年,上饶团地委命名3部出租车为"青年文明号车",在全地区产生较大反响,成为上饶地区青年文明号创建活动的标志。2001—2005年,上饶市青年文明号创建工作不断深入,全市共创建国家级青年文明号7个、省级88个。2006年,创建国家级青年文明号1个、省级19个、市级54个。2007年,创建国家级青年文明号1个、省级19个、市级48个。

青年志愿者行动 1994年,上饶地区建立24支青年志愿者服务队。是年,上饶团地委组织实施"一助一"长期服务计划,结对帮扶300余人(户);至1998年,全地区成立"一助一"志愿服务队4763支,服务对象达6239人。1998年实施"爱心接力"计划,此后每年寒暑假期间向铅山县太源畲族乡派遣20名青年志愿者,开展金融、教育、科技和卫生等方面服务,每批服务期限一年。

2008年,上饶团市委启动志愿服务"红鸽子计划",全年开展志愿服务活动400余场次,组织5000余名青年志愿者为近万人提供服务,累计服务时间达两万余小时;为240余名贫困学生提供逾10万余元助学金,为偏远山区留守儿童捐赠书籍两万余册,价值10万元;无偿献血量达20万毫升。"红鸽子计划"逐步成为上饶市青年志愿服务品牌。2009年,开展青年志愿者"骑单车、看城市、评创建"暨市民问卷调查活动,发出调查问卷2000份,收集各类意见、建议600余条。

抢险救灾 1995年,江西遭遇特大洪水灾害。上饶团地委开展百万青年志愿者捐助灾民行动,并倡议企事业单位开展义卖、义诊、义演和捐款、捐物活动,得到积极响应。1998年,上饶遭遇洪水灾害,团地委组织上饶机械厂等单位团组织捐赠灾区衣服1.1万件、方便面150余箱。

2008年,汶川地震发生。上饶团市委组织开展捐款、捐物和缴纳"特殊团费"等活动,为灾区捐款702.32万元。2009年,在汶川地震一周年之际,团市委联合市邮政局、市教育局等单位,开展"爱心包裹暨5·12灾区学生六一关爱行动",为四川灾区中、小学校的学生捐赠礼物,并募集捐款20余万元。

2008年初,中国南方出现罕见冰冻灾害,上饶受灾。上饶团市委开展"青春暖流,和谐上饶""燃烧冰雪,为奉献者奉献"等系列活动,组织团员青年成立救灾突击队,清扫道路积雪,维护交通秩序,抢修电力设施,实施农业生产自救。2010年,中国西南地区遭受严重旱灾,上饶团市委开展抗旱救灾捐款活动,捐款54.4541万元。

"保护母亲河"行动 2000年,上饶团市委组织团员青年在上饶县中垄山植树造林,开始实施"保护母亲河"行动,是年,建立13个县级青少年植绿护绿示范园地。2006年,上饶团市委推进"保护母亲河"行动,沿信江选择地点建立"保护母亲河"生态监护站。横峰团县委与横峰县环保局在岑港河设立的"保护母亲河"生态监护站,被团中央命名为"全国保护母亲河生态监护站"。2007年,上饶团市委开展"倡导绿色文明,共建秀美信江"宣传活动,呼吁全社会携手保护母亲河信江。2009年,开展春季义务植树活动、灾后山地林木修残补缺活动,积极做好雪灾过后生态重建工作。

实施希望工程 1992年,上饶地区成立实施希望工程领导小组,启动希望工程。1997年,成立希望工程服务中心,规范内部管理。

开展捐资助学活动。1992—1993 年,募集捐款 11.2258 万元,救助贫困儿童 2017 人,结对帮扶 479 人。1994 年,募集资金 31.6287 万元。1995 年,救助失学儿童 712 人。1996 年,上饶团地委联合上饶农业银行等单位开展"希望工程爱心储蓄"活动,至 1997 年 12 月,完成储蓄 850 余万元。1997 年,救助贫困儿童 954 人,帮助 3491 名失学儿童重返校园,结对救助 603 人,新建"希望书库" 40 个,新建希望小学 6 所。1998 年,救助失学儿童 3510 人,接受海内外捐款 1389.75 万元。2000 年,新建希望小学 5 所。2001—2005 年,募集资金 450 余万元,捐建希望小学 20 余所。2006 年,募集各类助学金近 60 万元,资助近 600 名贫困学子。

从 1998 年起,上饶希望工程捐资助学对象扩大至贫困大中专学生和其他困难青年。1998 年,上饶团地委向波阳县捐赠 9.5 万元,资助 95 名重灾区考取大中专院校的乡镇特困生。2000 年,救助贫困大中专学生 200 人。2001—2005 年,结对资助贫困大中专学生 500 余人。2001 年,团市委与 15 所大中专院校和两家民间培训机构签订青年助学培训协议,至 2005 年,共为 1200 余名贫困生减免学杂费 120 余万元,免费培训青工 2000 余人次。助学活动得到团中央的肯定,2002 年全国助学启动仪式安排在上饶举行。

捐助灾后重建工作。1998 年,上饶遭遇特大洪水灾害。经上饶团地委联系,在余干县建成全国首批帐篷希望小学,收到团中央捐赠帐篷 10 顶,大米 5000 千克。上饶团地委联合地委宣传部、地区妇联等单位,开展 1000 个家庭资助 1000 名贫困大中专学生助学活动,捐赠上饶师专生活用品 300 套、上饶卫校 100 套、万年师范 100 套。

开展"增强共青团员意识"主题活动 2005 年 9 月,上饶团市委、中国联通上饶分公司联合组织开展"增强团员意识,争当创业先锋"知识竞赛活动;全市各级团组织广泛动员,精心组织,广大团员青年纷纷响应,9—12 月,共收到答卷近 10 万份,另有两万余名团员青年通过网上答题的方式参加竞赛。开展"青年激情创业——坚定信念求发展,立足岗位作奉献"主题演讲活动,来自全市各行各业的 300 余名选手参加比赛。整个主题教育活动期间,共编发活动简报 5 期,在《上饶日报》等相关媒体上刊登活动信息近万字,并专门拍摄 1 期"增强共青团员意识"主题教育活动专题电视节目,全面展示农村、社区、工厂、学校等不同业务线开展"增强共青团员意识"主题教育活动的风采与成效。指导县(市、区)团组织开展活动,县(市、区)各级团组织,充分结合自身特色,开展征文、读书竞赛、知识问答、思想汇报等一系列丰富多彩的主题教育活动;玉山团县委在全县各窗口行业团组织中广泛开展创建"团员责任岗"活动,弋阳团县委组织团员青年开展重温入团誓词活动,横峰团县委在团员相对集中的学校团组织中举办主题教育活动周,信州团区委在社区中广泛开展"一名团员,一面团旗"文明社区创建活动。

团干部教育培训 2007 年,上饶团市委在全市共青团系统内开展"学清贫精神、树团干形象"主题教育活动;在教育活动中,上饶团市委发出征求意见函 120 份,召开各种学习会 15 场,机关全体党员干部人均撰写学习笔记两万余字。上饶市委团在全市团组织中成立"一周一学习,一月一本书,一季一讲座,一年一培训"4 个学习制度,率先打造"百家讲坛",从团支部书记到一般干部轮流讲课,一人讲,众人评,展开百对百互动,营造共同提高的氛围。2008 年,上饶团市委以实施"青年马克思主义者培养工程"为契机,大力开展团干部培训,通过组织专题学习、考察交流、以会代训和举办专题培训班等形式,培训团干部4016人次,覆盖全市基层团委和团支部。是年,上饶团市委与上饶市委组织部、上饶市委党校共同举办全市乡镇团委书记培训班,有201名乡镇团委书记和县(市、区)团委干部参加培训。2010年,上饶团市委、上饶市委党校联合举办第二届全市乡镇街道基层团干部培训班,培训基层团干136人。

党建带团建　2007年,上饶市委印发《关于进一步加强共青团工作的意见》,为全市党建带团建工作提供指导;上饶团市委开展"基层组织建设年"活动,初步建立与形势发展和工作实际相适应的基层团建体系。2008年,党建带团建工作有新进展,8个县(市、区)团委书记列席县(市、区)委常委会。

基层团组织建设　20世纪90年代,上饶团市委依托"服务万村行动",加强农村团组织建设。从1991年起,把村级团组织建设纳入以党支部为核心的村级组织配套建设,把村级团支部书记的选拔纳入村后备干部队伍的培养和管理,把"推优"纳入农村党员发展计划。1997年,开展第二批"服务万村行动"示范村建设,建成120个示范村。是年,上饶工作经验在"服务万村行动"全国经验交流会上推广。至2006年,农村基层建团率达到97.28%。

从2004年起,上饶团市委着重在非公有制经济组织、民办学校和社区等领域加强团的组织建设。至2006年初,社区建团率达80%,较2001年增长19个百分点;民办学校建团率达95%,较2001年增长8个百分点;非公有制经济组织建团率较2001年增长39个百分点。2008年,全市新经济组织中团组织达91个,团员达4804人。2010年,成立首家驻外团工委——驻浙江省义乌市团工委。

1991—2010年,团员队伍不断壮大,团组织不断发展。1990年,全市团员有5758人,1995年有6726人,2000年有9957人。2008年,团员总数达到362261人,占14岁至28周岁青年总数的30.4%。1990年,全市基层团委有25个,1995年有30个,2000年有32个,2008年有405个;1990年,全市团总支有30个,1995年有35个,2000年有36个,2008年有513个。2008年,全市团支部数达6090个。2004年,上饶市信州区水南街道团支部评为"全国五四红旗团支部"。2008年,全市2个团委评为"全省五四红旗团委",1个团支部评为"全省五四红旗团支部"。

第十节　吉安团市委

吉安市青年人口

1990—2000年,吉安市青年人口总量基本稳定,2010年有所下降。

1990年,吉安地区常住总人口4370297人,青年人口为1638594人,青年人口占全市总人口的37.49%。青年人口中,从性别构成来看,男846109人,女792485人。从年龄构成来看,15岁至19岁515555人,20岁至24岁458075人,25岁至29岁360287人,30岁至34岁304677人。从区域分布来看,吉安市 113525 人,井冈山市 22013 人,吉安县 189302 人,吉水县 165605 人,峡江县 5.88 万人,新干县 108440 人,永丰县 135271 人,泰和县 171126 人,遂川县 172054 人,万安县 98588 人,安福县 13.8 万人,永新县 158910 人,莲花县(1992 年划归萍乡市管辖)78317 人,宁冈县 28643 人。

2000 年,吉安市常住总人口 4360924 人,青年人口为 1630268 人,青年人口占全市总人口的 37.38%。青年人口中,从性别构成来看,男 843762 人,女 786506 人。从年龄构成来看,15 岁至 19 岁 355795 人,20 岁至 24 岁 415099 人,25 岁至 29 岁 439623 人,30 岁至 34 岁 419751 人。从区域分布来看,吉州区 109748 人,青原区 69654 人,吉安县 147263 人,吉水县 162734 人,峡江县 57645 人,新干县 107899 人,永丰县 137962 人,泰和县 192082 人,遂川县 193982 人,万安县 101127 人,安福县 138765 人,永新县 154265 人,井冈山市 57142 人。

2010 年,吉安市常住总人口 4810339 人,青年人口 1544513 人,青年人口占全市总人口的 32.11%。青年人口中,从性别构成来看,男 782668 人,女 761845 人。从年龄构成来看,15 岁至 19 岁 356601 人,20 岁至 24 岁 403680 人,25 岁至 29 岁 345431 人,30 岁至 34 岁 438801 人。从区域分布来看,吉州区 101259 人,青原区 74154 人,吉安县 153818 人,吉水县 152186 人,峡江县 59381 人,新干县 104055 人,永丰县 142671 人,泰和县 168818 人,遂川县 172224 人,万安县 100882 人,安福县 123090 人,永新县 147267 人,井冈山市 44708 人。从城乡分布来看,城镇人口 593321 人,乡村人口 951192 人。

主要工作

青少年思想道德教育 开展政治理论学习。1991—2010 年,吉安团市委坚持在全市青少年中开展政治理论学习。1997 年,广泛开展学习党的十四届六中全会决议、十五大报告和邓小平理论的"三学"活动,大中专院校普遍成立"邓小平理论学习小组"。1999 年,通过运用黑板报、宣传栏、橱窗、广播、电视等多种宣传载体,通过举办学习班、培训班、座谈会、专题讲座、演讲赛、征文等多种形式,学习邓小平理论和党的十五届四中全会通过的《中共中央关于国有企业改革和发展若干重大问题的决定》。2000 年,依托团校、爱国主义教育基地、青年之家等阵地,把学习邓小平理论同树立崇高理想和坚定信念结合起来,同贯彻落实党的十五大精神及学习"三个代表"重要思想相结合。2006 年,把学习贯彻"三个代表"重要思想和十六届五中、六中全会精神作为全市共青团组织的首要任务,以团干部、大学生和各条战线青年骨干为重点,组织团员青年认真学习《江泽民文选》,努力践行邓小平理论和"三个代表"重要思想。2007 年,举办"我与祖国共奋进"吉安青少年学习宣传十七大精神报告会,2000 余团干部、优秀青年代表、青年学生聆听报告。

开展思想政治工作。1991—2010 年,吉安团市委坚持开展思想政治工作。1997 年,吉安地区大中小学普遍开展"光辉的井冈山"系列读书活动,厂矿企业普遍开展"三爱三学"(爱国、爱厂、爱岗,学理论、学文化、学技术)活动。2000 年,吉安团市委出台《共青团吉安地委关于加强和改进青少年思想政治工作的意见》。2006—2007 年,深入开展以"八荣八耻"为主要内容的社会主义荣辱观教育活动,通过举行青年辩论赛、签名仪式和编唱"八荣八耻"新童谣等系列活动,引导团员青年自觉践行社会主义荣辱观。2007年,以井冈山革命根据地创建80周年、中国共青团创建85周年为契机,大力开展党史、军史、革命史教育,组织专家编写《井冈山革命根据地的共青团》一书。2008年,向全国各地团队组织发出共聚革命摇篮的邀请,开展"百万青年聚井冈"革命传统教育活动,争取到天津"共青团号"专列、上海闵行区青年公务员和首都大学生骨干赴井冈山培训,开展上海"峡江知青井冈行"等活动;2009年,30余所高校和地市团组织组团到井冈山接受革命传统教育。

青年就业创业 1991—2010年,吉安团市委开展青年就业创业活动。1999年,吉安地区各级团组织举办下岗青工再就业短训班200期,培训下岗青工3000余人;为下岗青工再就业牵线搭桥,开展劳务输出,全年向外输出劳动力800人。2000年,培训下岗青工800人,为下岗青工再就业牵线搭桥500人次。2002—2008年,开展"农村青年劳动力转移就业阳光工程",举办各类青年农民培训班200余期,培训青年农民2.2万余人,帮助2万余名农村富余劳动力实现就业转移。2009年,开展农村青年就业创业技能培训,1844名农村青年掌握一技之长。

2004—2008年,培育农村青年致富标兵286人,创建青年致富示范基地220个,创建农村青年中心147个。新干县东湖村青年中心创立运输、水产等专业协会,取得集约与规模经营带来的巨大经济效益。2009年,遂川县开展农村青年创业互助会试点工作,设立农村青年创业互助基金,帮助50名农村青年创业。

2007年,吉安团市委与市农村信用合作社联合社、国家开发银行江西省分行合作,依托创业投资公司及担保公司,推进建立同行业、同区域青年互保机制,实施青年创业小额贷款项目。遂川团县委为青年创业者提供贷款360万元,新干团县委提供贷款50万元。

2009年,吉安市为643名青年发放贷款2322万元。是年,建立吉安市青年就业创业指导中心,通过信息服务、就业技能培训、项目资金支持等方式,统筹就业信息,提高青年就业技能,实现工岗对接;创建青年就业创业见习基地26个,其中国家级4个,省级1个,市级21个;提供见习岗位468个,90名青年进入基地见习。

青年文明号创建活动 1994—2010年,吉安市各级团组织大力开展青年文明号创建活动,增强广大青工爱岗敬业和文明奉献意识。1997年,吉安团地委着重强化青年文明号的辐射作用,开展"青年文明号优质服务进万家"系列活动。2000年,坚持淘汰制度和明察暗访制度,重新修订《吉安地区"青年文明号"规范化管理办法》;编印《青年文明号创建工作手册》;启动井冈山创建"青年文明号山"活动。2006年,举办青年文明号集体负责人培训班,培训110人。2008年,复核市级青年文明号;组织青年文明号集体负责人外出考察学习。

1994年,吉安地区创建青年文明号98个。至1999年,吉安地区有290个单位被命名为"青年文明号",其中国家级2个、省级50个、市级238个。2000年,吉安市创建国家级青年文明号1个、省级14个、市级93个。2006年,创建国家级青年文明号1个、省级25个。2008年,创建省级青年文明号16个、市级88个。

青年志愿者行动 1999年,吉安地区有500余支青年志愿者服务队。安福团县委组织志愿者开展节假日服务,在全市首创开通181青年志愿者假日呼叫服务热线。2008年,吉安团市委联合市文明办、市城市管理局、市交警支队等单位启动"周六青少年义务奉献日"活动,参与吉安市创建国家园林城市、国家卫生城市和省级文明城市"三城同创"活动。2009年，招募1.29万名青年志愿者，引导行人走斑马线、保持环境卫生。

2006年，组织2000余名青年志愿者深入社区，走上街头，开展"学雷锋"集中服务日活动。2007年，吉安团市委、市青年志愿者协会组织开展"圆老人一个心愿——陪孤独老人过元宵"活动。吉安团市委与市民政局联合成立活动领导小组，开展"真情相伴·爱心助困"——吉安青年志愿者关爱贫困家庭援助计划，为200余个贫困家庭提供生产、生活等方面的帮助。

2008年春节期间，吉安市遭受冰冻灾害，吉安市直单位和吉州区、青原区青年志愿者100余人赴火车站和汽车站送水送饭送药；万安、遂川、井冈山等地3000余名青年志愿者参与保电运输等抗冰救灾工作。是年，通过电话注册、上门登记、井冈青年在线网站注册、加盟青年志愿者QQ群等多种渠道，开展青年志愿者注册工作，注册志愿者达8万余人。

实施希望工程 吉安团地委从1990年开始实施希望工程，1992年成立实施希望工程办公室。注重希望工程管理，至2010年，在全市建立"五表"（《希望工程资助申请表》等五种表格）档案、"六项"管理（救助复信管理、希望小学建设管理、基金规范化管理、信息网络管理、社会监督管理及希望小学后续管理）的系统制度，在全市形成市级管基金，市、县（区）、乡、校四级共同实施希望工程的工作格局。

1991—2010年，吉安团市委采取多种形式筹集希望工程基金。发动全市企事业单位捐资，开展"爱心储蓄""找零捐赠""希望工程爱心基金""圆梦行动""希望工程——1+1助学行动""希望工程941+1助学建校行动"等活动，募集资金。到上海、广东等发达地区宣传吉安市希望工程，广泛开展"特区与老区心连心"活动，筹集资金定向资助品学兼优、家庭困难的儿童，在全市各地兴建希望小学。1993年，中央国家机关捐资在永新、宁冈两县兴建首批希望小学，国务院总理李鹏亲笔题写校名。1994年，李鹏再次给宁冈希望小学捐款500元。1999年，吉安地区希望工程实施战略重点转移，推出"三辰影库""希望之星"等创新项目，拓展希望工程工作新领域。2007年，开辟"百校千村助成才"等新的项目，援助全市孤儿100人，解决孤儿义务教育阶段的学习和生活费用。2008年，筹集资金60万元，建设万安特殊教育学校。1990—2010年，累计筹集捐款1.1亿元，资助贫困学生4万余人，援建希望小学420所，成为全国建成希望小学最多的地级市；培训、奖励5000余名希望小学等学校教师，配置"希望书库""三辰影库"115套。

1995年，中国青少年发展基金会秘书长徐永光、副秘书长李宁视察吉安地区希望工程工作，称赞吉安希望工程为"放心工程"。1996年，吉安团地委获第三届"全国希望工程建设奖"。2000年，遂川荧屏希望小学和宁冈希望小学获"全国模范希望小学"称号。2010年，吉安团市委获"全国希望工程20年杰出贡献奖"。

维护青少年合法权益 成立青少年维权机构。1991—2010年，吉安团市委推动构建维护青少年合法权益组织网络。2000年，成立吉安市青少年权益保护委员会。是年，吉安团市委会同市公安局、市检察院、市法院、市司法局、市广电局等10个单位，成立吉安市创建优秀青少年维权岗活动组委会，在全市创建优秀青少年维权岗。2006年，成立市综治委预防青少年违法犯罪工作领导小组，领导小组办公室设在吉安团市委，13个县（市、区）成立相应领导机构；出台《吉安市预防青少年违法犯罪工作考核办法》，将预防青少年违法犯罪工作纳入市县两级社会治安综合治理考核；开通12355青少年咨询服务热线。2008年，在城镇社区推进青少年维权服务站建设，吉州区和青原区实现青少年维权服务站在39个社区全覆盖。2009年，成立吉安市青少年维权服务中心，承接、转办青少年事务。

开展青少年法制教育。1991—2010年，吉安团市委先后在全市开展《未成年人保护法》《预防未成年人犯罪法》宣传活动。2000年，开展"学法、知法、用法"活动，增强青少年法制观念。泰和中学、吉水南方少林武术学校、吉安县城关第一小学等7所学校被团省委、省教育厅、省司法厅列为法律知识讲座示范点。2006年，吉安团市委联合市教育局、市司法局印发《关于进一步加强青少年学生法制教育的意见》，召开全市加强青少年学生法制教育现场交流会，万安县青少年法制教育、遂川县失足青少年帮教等先进工作经验在全市得到推广。2007年，联合吉安市精神文明办、市综治委、市公安局、市司法局、市教育局，在中小学开展"红铃铛行动"，在青少年中普及法律知识，提高青少年安全防范意识；是年，实施青少年违法犯罪社区预防计划，成立永丰县开吉、天保两个社区试点，创建社区青少年法律学校，增强青少年法制意识。2010年，聘请30名法律工作者、心理咨询师、教育工作者、新闻记者等专业志愿者为吉安市首批青少年权益使者，帮助青少年学法、守法、用法，提高青少年使用法律武器维护自己合法权益的意识。

帮扶特殊青少年群体。1999年，针对吉安外出务工青年比较多且合法权益易受到侵害的实际情况，吉安团市委在全市发放4万张外出务工青年维权卡，开通维权热线。2010年，实施"青果援"关爱服刑在教人员未成年子女行动，组织"五四"红旗团委、青年文明号集体等优秀青年集体与194名服刑在教人员未成年子女结对子，经常性地开展帮扶活动；开展关爱农民工子女志愿服务行动，建立农民工子女志愿服务基地13个，长期结对8158人。

创建优秀青少年维权岗。2000年，创建省级优秀青少年维权岗7个、市级29个，至2005年，创建国家级优秀青少年维权岗2个、省级10个、市级85个。2008年，创建国家级优秀青少年维权岗2个、市级34个。

团员教育　2005年，吉安团市委在开展的"增强共青团员意识"主题教育活动中，加强对县（市、区）基层团组织在宣传动员、学习教育、总结提高3个阶段各项工作落实的督促指导。落实学习教材的征订工作，全市共征订《增强团员意识教育读本》5110册，《增强团员意识教育活动问卷》745册，基本实现每个支部一套教材。组织1200余名新团员在中心城区人民广场参加集体入团宣誓仪式。组织千余名团员参与全国"增强共青团员意识"教育井冈山团日实践活动。12月，组织开展"增强团员意识，缴纳特殊团费"，向九江地震灾区献爱心活动。2006年，吉安团市委被评为"全省增强团员意识主题教育活动先进组织单位"。

2002—2008年，吉安团市委开展增强团员意识主题教育活动，将团的各项管理制度制作成宣传牌，印发全市250余个乡镇团委张挂；统一团的活动标识，推动团徽佩戴经常化。开展团史团情教育，举办"青春献祖国"井冈山全国主题团日活动、"学理论、知团情"党团知识竞赛和向九江地震灾区缴纳特殊团费等系列活动。全市13个县（市、区）、9355个基层单位团组织、26万名共青团员参加活动，吉安团市委被评为全省增强团员意识主题教育活动先进单位。

团干部队伍建设 1997年,吉安团地委按照"优进、严管、高出"的原则,对全市乡镇、村团干部进行调整和充实,全年调整乡镇团委书记89人,村团支部书记700余人,"三位一体"配备团支部书记500余人,平均年龄下降5岁,90%的村团支部书记在30岁以下;制定《吉安地区1997—2000年团干培训规划》,成立吉安地区团校,部分县、市组建县、市团校,使团干培训工作走上制度化、规范化、基地化的轨道。2000年,吉安团市委联合市委组织部出台《关于加强全市共青团干部队伍建设的通知》,对各级团委班子的人员构成、学历、年龄、编制身份、政治和工作待遇、审批程序、工作制度等做出明确规定,为团干部队伍建设提供基本遵循。2002—2007年,吉安团市委每年举办两期乡镇以上团委书记培训班,聘请省内知名专家和团省委领导干部授课,6年累计培训团干部2000余人次。2006年,先后选派12名专职团干参加全国团市(区)委书记培训班、中部六省团干部培训班、全省基层团干培训班。2007年,联合市委组织部举办团干部培训班两期,培训基层团干部206人。2008年,吉安团市委联合市委组织部举办全市团干部培训班,通过理论学习、外出考察、专题研讨等方式,提升团干部的综合素质,培训团干部207人。2010年,开展县、乡(镇)、村三级团干部培训,培训乡(镇)团委书记220人、少先队辅导员140人,同时启动村级团支部书记的轮训。

党建带团建 2004年,吉安团市委联合市委组织部印发《关于在全市农村基层团组织中开展"双带双创"活动的工作方案》,开始实施党团联动、激活农村基层团组织建设的"双带双创"活动,引导农村团支部书记带头创业,带领青年增收成才,创建农村青年中心,创建青年致富示范基地。至2008年,有175名青年致富带头人配备到村"两委"岗位上,破解农村基层团建问题,活跃农村共青团工作。2008年,吉安市委印发《中共吉安市委关于进一步加强和改进党对共青团和青少年工作领导的意见》,为党建带团建提供指导。2009年,吉安团市委联合市委组织部出台《关于进一步加强和改进全市"党建带团建"工作的意见》,就带思想、带组织、带队伍、带工作、带作风等方面提出具体要求;6月,联合市委组织部、市委农工部启动为期一年的"百名优秀团干下基层"活动,从市县两级团委机关干部、市直团委干部中选取100名优秀团干部,与100个农村团支部结对,帮助农村团组织开展"双带双创"工作,为农村团支部办实事;10月,吉安市委在"全国团建先进县"——遂川县召开全市基层党建带团建工作推进会,深入推进党建带团建工作。

基层团组织建设 1997年,吉安团地委按照"五个好"的标准,重点抓农村基层团组织建设,以吉水县八都镇、泰和县文田镇为试点,以点带面推动工作。1999年,在农村、企事业单位、社区、学校4条战线开展"五四"红旗团组织创建活动,至2000年,25个团委被确立为省级"五四"红旗团委创建单位。2000年,按照"高标准,创一流"的目标推动学校共青团工作;以乡镇团委为建设重点,实施强乡带村农村团建战略;加大新型经济组织团建力度,新成立3个直属团委。2003年,吉安团市委与吉安市教育局联合印发《关于进一步加强学校共青团工作的若干意见》,对学校共青团工作加强指导;成立学校共青团工作协会,覆盖全市所有大中专院校和中学,定期召开年会和专题研讨会,编印会刊《青春潮》。2005年联合市委组织部印发《关于进一步加强团的基层组织建设的若干意见》,为加强基层团建工作提供制度保障。

第十一节 抚州团市委

抚州市青年人口

1990—2010 年,抚州市青年人口先增后降。与 1990 年相比,2000 年有所增长,2010 年大幅下降。

1990 年,抚州地区常住总人口 3311972 人,青年人口 1292382 人,青年人口占全市总人口的 39.02%。青年人口中,从性别构成看,男 664477 人,女 627905 人。从年龄构成看,15 岁至 19 岁 421198 人,20 岁至 24 岁 384358 人,25 岁至 29 岁 275741 人,30 岁至 34 岁 211085 人。从区域分布看,临川市 344796 人,南城县 109801 人,黎川县 85034 人,南丰县 96290 人,崇仁县 105825 人,乐安县 121531 人,宜黄县 77173 人,金溪县 95589 人,资溪县 40593 人,东乡县 141133 人,广昌县 74617 人。

2000 年,抚州市常住总人口 357.2421 万人,青年人口 1352041 人,青年人口占全市总人口的 37.85%。青年人口中,从性别构成看,男 696513 人,女 655528 人。从年龄构成看,15 岁至 19 岁 285066 人,20 岁至 24 岁 323351 人,25 岁至 29 岁 372599 人,30 岁至 34 岁 371025 人。从区域分布看,临川区 383574 人,南城县 116152 人,黎川县 78934 人,南丰县 106460 人,崇仁县 107677 人,乐安县 120072 人,宜黄县 80046 人,金溪县 102695 人,资溪县 3.95 万人,东乡县 141554 人,广昌县 75377 人。

2010 年,抚州市常住总人口 3912307 人,青年人口 1227942 人,青年人口占全市总人口的 31.39%。青年人口中,从性别构成看,男 615741 人,女 612201 人。从年龄构成看,15 岁至 19 岁 272818 人,20 岁至 24 岁 362542 人,25 岁至 29 岁 268472 人,30 岁至 34 岁 324110 人。从区域分布看,临川区 332226 人,南城县 90907 人,黎川县 69756 人,南丰县 92429 人,崇仁县 113265 人,乐安县 110190 人,宜黄县 72254 人,金溪县 95197 人,资溪县 34140 人,东乡县 137675 人,广昌县 79903 人。从城乡分布看,城镇人口 470965 人,乡村人口 756977 人。

主要工作

青少年思想道德教育 政治理论学习。1991—2010 年,抚州团市委在青少年中开展邓小平理论、"三个代表"重要思想和科学发展观学习,并结合学习党的十四、十五、十六和十七大精神。举办理论培训班、学习班、研讨班,开展大学习、大讨论、大宣传,用正确的理论武装青少年。2010 年,全市各级团组织开展政治理论学习活动 130 余项。

爱党、爱祖国、爱社会主义教育。以"五四""七一""十一""一二·九"等重要节庆日、纪念日及重大事件为契机,以"坚信党的领导,坚定社会主义"等为主题,采取演讲比赛、知识竞赛、读书征文、书画比赛、摄影作品展、歌咏比赛和文艺表演等多种形式,增强广大青少年爱党、爱国、爱社会主义的热情。

榜样教育。1991年,开展"学赖宁"活动,各中小学校通过制定《学赖宁活动三年规划》,使学赖宁活动规范化、制度化、经常化。1991—2010年,通过"学雷锋精神,做四有新人""立足岗位学雷锋,提高素质作奉献"等学雷锋活动,引导团员青年学在岗位、学在社会、学在人生。先后开展学习青年英雄熊云清、汤晓玲和学习抚州少年英雄熊佳俊活动,引导团员青年学英模、比奉献,促进良好社会风气的形成。

青年就业创业 青年就业创业培训。1991年,抚州团地委加强对农村"两后生"(初中毕业后、高中毕业后未继续升学人员)进行农业科技知识培训和职业教育,培养和发展农业后备力量。2006年,组建社会主义新农村青年农业专家服务队,开展农业科技服务、规划设计、项目咨询等活动。2007年,推进农村青年转移就业,以抚州职业技术学院和各类致富基地为依托,举办各种技能培训班,培训农村青年2300余人,90%以上农村青年实现稳定转移就业。2009年,对农村"两后生"、返乡青年农民工进行实用技能培训,全市创建培训基地12个,开展专题培训83次,培训农村青年3877人。2010年,加强大中专毕业生、进城务工青年、返乡创业青年、农村留守青年技能培训,培训青年4330人。

建立青年就业创业见习基地。2009年,抚州团市委推进青年就业创业见习基地建设,全市创建国家级青年就业创业见习基地7个、省级20个、市级11个。至2010年,青年就业创业见习基地达58个,累计安排见习人员990人。

资金支持。2007年,抚州团市委联合中国银行业监督管理委员会抚州监管分局、抚州市农村信用合作社联合社等金融机构,实施青年创业小额贷款项目,发放青年创业贷款1000余万元。2009年,发放贷款4519.49万元。2010年,发放贷款7385.6万元,带动就业5998人。

"五彩工程" 1991年,抚州地区县、乡、村三级团组织,参与调整粮食结构、发展非粮食作物和多种经营,打造一县一业、一乡一品,创建红、黄、白、绿、灰"五彩工程",其中,种植棉花1万亩、油菜7.11万亩,种植蓖麻2万亩,收蓖麻籽120吨,评出10名"青年油菜大王"、8名"青年棉花大王"、2个"金花奖"集体、2个"银花奖"集体。

"争当青年岗位能手"活动 1994年,抚州地区启动"争当青年岗位能手"活动。抚州团地委动员全区青工参加岗位训练,学习先进操作技术;深化"双增双节"(增产节约、增收节支)竞赛和创"五小"(小发明、小革新、小改造、小设计、小建议)活动。1997年,举办地区首届青年岗位能手技能运动会,掀起技术大比武、岗位大练兵热潮,至年底,参加全国、全省、全区青年岗位能手比赛的青工达5000余人。1998—2000年,参加各级青年岗位能手竞赛活动的青工达1.2万余人。

1996年,抚州团地委深化争当青年岗位能手活动,为提高青工技术水平,在企业进一步推行导师带徒制。1998—2000年,全市导师带徒逾3000对。2009年,尧明、彭强等8对师徒被评为抚州市优秀师徒。

1997年,尚江黎被评为"全国青年岗位能手"。1998—2000年,评出省级"优秀青年岗位能手"22人、市级90人。2007年,评出省级"优秀青年岗位能手"5人、市级47人。2009年,评出市级"杰出青年岗位能手"10人、"优秀青年岗位能手"38人。金巢经济开发区财政局蔡辉、宜黄县农村信用合作社联合社谢智勇获"2010 年度全省青年岗位能手"称号。

服务万村行动　1995 年,抚州团地委启动"服务万村脱贫致富奔小康"行动,促成全地区大专院校等单位团组织与 14 个示范村结对。1996 年,把培养青年星火带头人作为服务万村行动的重要内容,加强农村青年科技培训。1997 年,广昌县青年谢远泰被评为全国青年星火带头人。至 2000 年,培训市级青年星火带头人 200 余人,兴办各种服务项目和实体 150 个。

2001—2002 年,抚州团市委着力扶持涉农"青字号"企业。联系、扶持"全国十大杰出青年农民"朱新华的宜黄兴华生态农业科技园、"全省十大杰出青年"邱京望的昌顺集团公司、抚州市首届"十大杰出青年"洪新进的宜黄红胖子有限公司,发展龙头企业,催生崇仁麻鸡基地、宜黄红薯基地、广昌茶薪菇基地、金溪黄栀子基地及临川芦荟、花卉基地等一批示范基地。

2007 年,表彰 32 名青年致富带头人和 32 个青年致富基地,崇仁县黎辉、南城县宁小刚被评为全省十大青年致富带头人,资溪县周建生的面包基地被评为全省十大青年致富基地。

青年文明号创建活动　1994 年,抚州地区启动青年文明号创建活动;是年,在金融、税务、商业、粮食、工商、邮电、公安、武警、交警、消防等系统的 24 个单位开展创建青年文明号活动;截至 2000 年,乐安县森林公安招携派出所、抚州温泉宾馆客房部、南丰公路段路政大队被评为全国青年文明号,临川县酒厂贡酒班等 68 个单位被评为省级青年文明号,南城县公安局上唐派出所等 452 个单位被评为市级青年文明号。

2001 年,抚州团市委推进青年文明号规范化管理,建立公示制度,淘汰不符合条件的创建单位。2003 年,以"信用抚州"建设为契机,在全市青年文明号单位实行公示制、承诺制和首问责任制,开展"承诺服务、满意服务、温暖服务"信用建设活动,创建市级青年文明号 54 个,南丰县计生服务站等 12 个单位被评为省级青年文明号,宜黄县工商局凤岗分局被评为国家级青年文明号。2006 年,创建市级青年文明号 20 个,市财政局国库支付中心等 3 个集体被评为省级青年文明号。2009 年,创建市级青年文明号 48 个。

青年志愿者行动　1994 年,成立抚州地区青年志愿者协会;是年,抚州团地委与抚州地区交警支队联合建立交通安全服务队 200 支,招募青年志愿者交通安全宣传员、监督员 5000 余人,开展交通法规宣传教育活动。1995 年,启动"一助一"长期结对服务计划,是年结对服务 1 万余户(人)。1997 年,开展清除非法张贴小广告、护送小学生过马路等活动。2002 年,抚州团市委获江西青年志愿者行动组织奖,崇仁县消防大队被团中央、中国青年志愿者协会评为"中国百个优秀青年志愿者服务集体"。2008 年,开展"周末活动日"青年志愿者活动,组织 1000 余名青年志愿者为抚州市体育中心打扫卫生、600 余名青年志愿者为汝水森林公园种植草皮;是年,中央电视台"同一首歌"在抚州市演出,组织 500 余名青年志愿者维护秩序。

2010 年,成立抚州市应急青年志愿者小分队,推进志愿服务专业化;是年,抚州团市委深化"周末活动日"志愿服务活动,确定 100 个帮扶点挂牌定期帮扶,服务 3000 余人次。"一助一"长期结对 1120 对,为困难群众提供志愿服务两万余小时。组织大中学生志愿者深入社区开展文体、科技、法律、卫生"四进社区"活动,深入农村开展文化、科技、卫生"三下乡"活动。启动"共青团关爱农民工子女志愿服务行动",成立临川区关爱农民工子女青年志愿者服务队,在抚州市第三小学、抚州市第一中学等中小学建立关爱农民工子女青年志愿者服务站,结对帮扶农民工子女4011人。

完成"急难险重"任务 抗旱救灾。1991年,抚州地区遭受历史上罕见的旱灾。抚州团地委组织青年突击队投入抗旱救灾,积极修筑堤坝和清理河道淤泥。

抗洪救灾。1998年,抚州遭受历史罕见的特大洪涝灾害。全地区组建青年突击队1387支,组织4.3万余突击队员投入抗洪抢险,排除险情300余处。团员缴纳特殊团费1.97万余元,团员青年捐款28.01万元、捐赠衣物3.37万件。灾后重建希望小学3所,救助学生120人。全市大中专院校团委以生产自救为中心开展文化、科技、卫生"三下乡"活动,成立支教服务队14支、医疗卫生服务队13支、农业科技服务队5支、乡镇企业促进行动队1支,为灾区群众提供帮助。

2002年,抚州市出现严重洪涝灾害。抚州团市委组织青年志愿者9000余人、青年突击队500余支奔赴抗洪第一线。金溪县郭家村抚河河堤决堤,组织200余人的突击队赶到现场抗洪,解救群众。组织团员青年捐款20万余元,捐物3.4万余件,帮助灾民重建家园。

2010年,临川唱凯堤发生决口,全市动员1万余名团员青年、青年志愿者,组建青年突击队130余支,参加抗洪抢险。积极联系、筹集救灾款物价值650余万元;争取到河北爱心人士10万元捐款,用于修复水利设施。组建灾后青年志愿者服务队70余支,在20个灾民安置点成立临时团支部和青年志愿者服务站,募集120余万元用于灾后重建。争取到团省委100万元资金,用于新建临川区罗针镇新徐希望小学等项目,将新徐村打造成全省共青团灾后重建示范村。全市120名大学生"村官"奔赴重灾区参加抗洪抢险,组织群众生产自救。

抗击非典。2003年,抚州团市委组织全市团员青年投入抗击"非典"的斗争。开通防治"非典"青年志愿者服务热线,解疑释惑;向外出务工青年写一封家书,使他们安心工作,暂时不要返回家乡;建立信息报送制度,主动报送本地、本单位防治"非典"的相关信息;赠送科普资料,普及"非典"防治知识。

抗震救灾。2008年,汶川发生地震。抚州市组织消防、特警、供电、卫生等单位的志愿者100余人赴震区抗震救灾,组织团员青年捐款捐物,价值130万元。

抗击冰雪灾害。2008年,抚州遭受冰雪灾害。抚州团市委筹措资金10万余元发放给灾民。

"保护母亲河"行动 1991年,抚州团地委组织团员青年绿化国道和县乡公路134千米,植树造林2.38万亩。1999年,开展"团员青年植树""认养青年林""环保世纪行"等活动,推进一河两岸绿化和荒漠化土地改造,投入人力3万余人次,植树造林300余公顷;是年,按照"经济发展好,生态保护好,村庄和谐好,青年作用发挥好"的标准,创建"共青团生态文明示范村"20个。2008年,抚州团市委被评为全国"保护母亲河"先进集体。2009年,创建"共青团生态文明示范村"31个;是年,开展"走进大觉山,感受生态文明""大手拉小手,共建生态抚州""建生态文化名城——青少年在行动"等主题活动,资溪县被授予"全省青少年绿色生态体验基地"称号。2010年,组织青年志愿者500余人开展清理抚河白色垃圾、水环境监测等活动。

实施希望工程 1991年,成立抚州地区希望工程实施领导小组。1992—1993年,抚州团地委开展希望工程"百万爱心行动",动员团员青年和社会各界人士为失学儿童捐款。1994年,开展"1+1"助学行动,号召有经济能力的家庭参加结对救助;是年,香港新界社团在乐安县谷岗乡建造全市第一所希望小学。1997年,抚州团地委与地委组织部、中国农业银行抚州地区分行联合开展希望工程爱心储蓄活动,23.39万元利息用于"希望工程"。至2000年,全市希望工程接受海内外人士捐款540万余元;兴建希望小学25所,修缮农村学校5所,援建农村学校希望书库14个;资助失学青少年487人,争取到中国青少年发展基金会和省青少年发展基金会资助抚州青少年1900余人;2名学生获全国"希望之星"奖学金,11名教师获全国希望工程园丁奖,12名教师获全省希望工程园丁奖。

2001年,抚州团市委利用沪赣两地招商引资活动,争取70万元希望小学援建资金。2002年,争取到广州客商章飞捐资20万元,在黎川县日峰镇援建一所希望小学。2003年,开展希望工程"争项目,争资金"筹资活动,争取到江西蓝天职业技术学院捐资40万元,在临川区罗湖镇援建一所希望小学。2006年,兴建南丰县市山镇官庄村等4所希望小学。2008年,募集捐款100余万元,救助贫困学生900余人,援建希望小学8所。2010年,募集资金、实物价值300余万元,救助贫困学生400余人,援建希望小学3所。2007年,抚州团市委与抚州光明眼科医院联合开展"爱心光明行"活动,筹措资金12.07万元,为71名青少年眼疾患者做眼科手术。

维护青少年合法权益 建立工作机制。2004年,抚州团市委与市综治办等12家单位建立和完善优秀"青少年维权岗"评比、表彰、检查和考核制度,推进青少年权益保护工作。是年,开展全市首批杰出(优秀)"青少年维权岗"创建活动。2008年,抚州市委、市政府出台《关于进一步加强预防青少年违法犯罪工作的意见》。2009年,推进县级12355平台建设,将各县配套经费建设纳入是年全市预防青少年违法犯罪工作考评内容。

加强法制教育。2002年,开展《未成年人保护法》《预防未成年人犯罪法》法制宣传教育活动,在"双峰杯"全国未成年人法律保护知识竞赛中,抚州团市委获组织奖。2003年,联合抚州市教育局、司法局、综治办等单位印发《关于加强我市青少年学生法制教育工作的实施意见》,进一步完善兼职副校长和法制辅导员制度;临川区育新学校被团中央评为全国青少年法制教育学校。2007年,启动"红铃铛行动",招募红铃铛法制志愿者81人,为两万余名青少年进行法制宣讲。2009年,召开抚州市青少年权益使者发布会,建立青少年权益使者制度,拓宽法制宣传渠道。

帮扶弱势群体。2002年,开展维护外出务工青年权益工作,发放"外出务工青年维权卡"两万余张。2009年,开展网络成瘾未成年人矫治工作,推进"绿色网络——中国未成年人网脉工程"。2010年,实施"青果援行动",关爱服刑在教人员未成年子女,通过生活资助、情感交流、学习辅导、职业技能培训等方式,结对帮扶201对服刑在教人员未成年子女。

团员教育 1991年,抚州地区基层团组织通过创办业余团校和举办短期团训班,开展团员教育评议和"做合格团员,为团旗增辉"活动,强化团员意识,增强团员组织观念,提高团员队伍素质。2010年,编辑出版《团旗飘扬——抚州共青团简史》,为团员青年了解抚州共青团的奋斗历程、学习抚州青年爱国爱家乡的精神提供教材。

2005年,抚州团市委以"永远跟党走"为主题,开展"增强共青团员意识"主题教育活动。活动期间,抚州团市委参加团中央在安徽召开的全国会议,并作经验介绍。

团干部教育培训 1991年,抚州团地委在省团校举办团干部培训班,对团干部进行系统理论培训,培训团干部270人。1994年,在抚州地委党校挂牌成立抚州地区业余团校,举办团训班3期,培训基层团干部200人。2002年,抚州团市委实施团干部321培训计划,进一步严格团干部培训制度,岗位形象培训实行指令性调训;是年,在省团校举办1期县级团委书记培训班,在南昌市828招待所举办1期高校团干培训班。2001—2005年,全市各级团组织共培训团干部近万人次。2010年9月,在抚州市职业技术学院举办全市乡镇街道团干部培训班,共培训基层团专(兼)职干部170余人;全年市县两级团组织共培训村级团干部500余人。2006年,举办基层团干部培训班,团干部培训任务完成率达到100%。

党建带团建 1991年,抚州地委召开全地区群团工作会议,支持共青团工作的力度得到加强;是年,抚州团地委与地委组织部联合印发《关于推荐优秀青年后备干部的意见》,团干部的工作环境进一步优化。2001年,抚州团市委与市委组织部联合印发《关于加强党建带团建工作的意见》,为全市党建带团建工作提供指导;是年,抚州市召开全市基层党建带团建工作会议,举办基层党建带团建工作培训班,对党建带团建工作进行调研,推动各县(区)落实党建带团建工作。2002年,南丰县被团中央评为全国"团建先进县"。2009年,宜黄县出台《关于实施党建带团建工作的意见》,金溪县出台《关于进一步加强全县共青团和青年工作的意见》。

创建"五四红旗"团组织 自1999年起,抚州团地委大力开展"五四红旗"团组织创建活动。2002年,创建市级"五四红旗团委"43个,抚州市消防支队被评为全国"五四红旗团委"和全省"五四红旗团委标兵"。2003年,创建市级"五四红旗团委"16个。至2009年底,创建全国"五四红旗团委"1个、全国"五四红旗团委标兵"1个、全省"五四红旗团委"8个、全省"五四红旗团委标兵"4个、全省"五四红旗团支部"4个。

基层团组织建设 1991年,抚州团地委着重抓基层组织整顿与建设,将农村团组织建设与村级组织建设、农村社会主义思想教育相结合,规范农村团的基础工作。企业团组织实施团的工作目标管理责任制,并通过换届选举,配齐配强支部班子,解决团干部待遇,增强支部战斗力。大中学校团组织从贯彻实施《江西省学校共青团工作条例》《学生团支部工作条例》和开展"活跃的团支部"竞赛入手,强化团支部职能。2008年,抚州团市委编印《基层团委工作手册》,进一步规范基层团建工作。2009年,协调大学生"村官"担任村团支部书记或分管团的工作,打造大学生"村官"基层团建示范点。

2007年,全市大力推进非公有制经济组织团建,在市工业园区建立团组织。2009年,把8月份列为全市非公企业团建月,开展"百名团干联系百家企业"活动,全市规范建立非公企业团组织56个,截至2010年,建立非公企业团组织320个。

2010年,抚州团市委推进驻外团组织建设,先后在上海、广东、浙江、福建4省(市)建立4个市级、11个县级驻外团工委和22个驻外基层团组织。

人　物

人物传

范国安（1965.04—1994.11）　吉安市吉州区人。1985 年 10 月参加工作,原吉安地区盐务局盐政稽查员。1994 年 11 月初,范国安奉命参加由省政府批准的盐政流动检查组。1994 年 11 月 9 日上午,新干县大洋洲乡至樟树市洋湖乡地段的流动盐政检查站接群众举报,郑国平雇佣司机杨柳春从樟树市永泰镇装载私盐拟运至吉安市贩卖。检查站立即组织刘定贵、汤维华、范国安等 10 名盐政稽查员在 105 国道樟树境内距樟树、新干交界处约 100 米处设点检查。13 时 50 分许,一辆装载着私盐的 33/20432 货车由樟树朝吉安方向开来,由司机杨柳春驾驶,私盐贩郑国平坐在副驾驶座,行至距检查点数十米处时发现有盐政员在检查,二人即准备掉头往回开。范国安见状立即搭乘一群众的摩托车赶上去,登上驾驶室左侧踏板,责令停车接受检查。但二人不听劝阻,驶过检查点后继续前行。范国安即伸手抓方向盘试图控制车辆使其停车,郑国平和杨柳春不仅未采取制动措施,反而继续往前行驶,致使方向失控,货车呈 S 形在国道上行驶,行约 50 米后,货车轧到路边一个沙堆而向左侧翻车,范国安被压,当场殉职,年仅 29 岁。2009 年 9 月 21 日,范国安被江西省民政厅追授"革命烈士"称号。

张建文（1968.09—1998.12）　宜春市人,宜春市袁州区派出所联防队队员。1998 年 12 月,在追捕重大在逃犯罪嫌疑人时,连人带车掉入因地下溶洞塌陷形成的洞穴中(未设置禁行标志和安全防范设施)。为帮助随行警员逃生,张建文随车沉入洞内不幸牺牲,年仅 30 岁。2001 年 11 月 5 日,张建文被江西省民政厅授予"革命烈士"称号。

任庆华（1969.03—1999.06）　黑龙江省汤源镇人,中共党员,上饶县地矿局办公室主任。1999 年,为贯彻国务院关于煤炭行业关井压产的决定,县政府组织对县域内非法开采和布局不合理的小煤窑实施炸封。6 月 28 日,任庆华自告奋勇参加炸封小煤窑工作。当日下午 5 时左右,在炸封该县田墩镇双源村竹湾小煤窑时,已点炸药在 10 米深处受阻。在炸点附近的人员和房屋受到严重威胁的关键时刻,任庆华不顾大家的劝阻,奋勇下井排险,但在下井排险回返时,因支撑物意外断裂,不幸坠入 100 多米深的井底,壮烈牺牲,年仅 30 岁。2000 年 4 月 5 日,任庆华被江西省民政厅授予"革命烈士"称号。

曾永安（1965.11—1999.09） 吉安市新干县人，中共党员，窑里水库拿埠电站站长。1999 年 8 月，久晴无雨，新干县拿埠电站水库存水比较少。9 月 1 日，下起大雨，洪水暴涨，而水库大坝三块活动闸板未能自动复位，影响到水库蓄水和今后电站发电及下游农田灌溉。2 日，曾永安组织职工进行抢修，下午 12 时 30 分，当对 6 号闸门抢修时，闸板突然翻动，使正在抢修的曾永安、陈建兵和管新辉 3 人掉入下游的急流中。曾永安接到一根岸上人员抛下的杉木，当他正准备游向岸边时，发现另两人在水中挣扎，便将杉木推给了他们。陈建兵和管新辉两人得救，曾永安却被卷入旋涡，不幸牺牲，年仅 34 岁。2003 年 1 月 15 日，曾永安被江西省民政厅追授"革命烈士"称号。

汤恩喜（1968—1999.12） 萍乡市莲花县人。1999 年 12 月 26 日，莲花县三板桥乡山口村村民朱某德在山上放牛时乱丢烟头，引起山火，由于风大，山火迅速蔓延到该乡桥头村集体林场。桥头村村干部鸣锣号召村民上山扑火。汤恩喜听到锣号，拿起镰刀即奔火场。在扑火中，汤恩喜不顾个人安危，在陡峭的山坡上砍隔离带，被风吹下山坡，掉入火场，壮烈牺牲，年仅 32 岁。2001 年 3 月 6 日，汤恩喜被江西省民政厅授予"革命烈士"称号。

陈述良（1974.03—2000.03） 萍乡市麻山镇人。2000 年 3 月 29 日下午 1 时许，萍乡湘东区麻山镇中坪村村民文某胜在自留地点火烧荒，不慎引起山林火灾。于是，陈述良同赖包德、赖正德一起上山灭火。他们到达火场时，山火距国营林场林区只有 300 米远。为阻止山火蔓延，保护国营林场，根据当时的情况，他们决定在国营林场管辖的辣椒坡与村民自留山的虎形坡间开辟一条防火带。下午 3 时，他们已将一条原为 4 米宽的防火带用刀砍出 30 多米长。这时，山火越来越猛，为保护国营林场，他们仍继续战斗，决心完成防火带的开辟。就在此时，山火随一阵旋风猛袭过来，把他们包围在火场中。他们开辟的防火带为救火赢得时间，下午 3 时 30 分左右，大火被及时赶来的干部群众扑灭，但发现赖正德已牺牲，赖包德、陈述良烧成重伤，经医院抢救无效，陈述良于当晚 10 时牺牲，年仅 26 岁。2001 年 3 月 6 日，陈述良被江西省民政厅授予"革命烈士"称号。

王　卫（1969.08—2000.05） 抚州市金溪县人。2000 年 5 月，金溪县秀谷镇第六居委会接群众举报，居民双卫林、郑享兰夫妇 1993 年计划外超生一女孩。5 月 24 日，镇政府派驻居委会干部王卫，计生专干陈桂菊及居委会干部李菊华等 5 人前去调查，在郑享兰的姐姐家找到二人。王卫等说明来意，正在向郑享兰问话，双卫林从门外窜进来抢过王卫的记录本，边撕边说："谁说我偷生，你们记什么东西。"经劝阻，双卫林被拉到门外，王卫等继续问话。正当要郑享兰提供怀孕检查户清册时，双卫林从外面突然窜进来，抽出身藏的菜刀向低头记录的王卫颈部连砍 4 刀。110 警察赶到后，将王卫送到医院，抢救无效不幸牺牲，年仅 31 岁。2001 年 3 月 6 日，王卫被江西省民政厅授予"革命烈士"称号。

林洪文（1971.08—2000.07）　萍乡市芦溪县人。2000 年 7 月 2 日下午 3 时许，芦溪县芦溪镇东阳村农民林洪文正在东阳砖厂做工，忽听砖厂边的水塘传来小孩的呼救声，他迅速奔到塘边，发现东阳村 10 岁的吴航正在塘中的深水区挣扎，时沉时浮，塘埂上两个小孩急得乱叫。林洪文顾不得脱衣，毫不犹豫跳入水中救人。这时，吴航已沉入水中，由于塘水浑浊，林洪文在水中摸了很久才捞到吴航，已筋疲力尽的林洪文用力想把吴航推到岸边，但不慎双脚陷入塘底的淤泥中，与吴航一起沉入水中，不幸牺牲，年仅 29 岁。2001 年 3 月 6 日，林洪文被江西省民政厅授予"革命烈士"称号。

李文华（1972—2000.12）　景德镇市乐平市人，中共党员，乐平市公安局城北派出所民警。2000 年 10 月 10 日 17 时 30 分左右，乐平市公安局城北派出所民警李文华、熊乐华两人受所领导的指派，到乐平三中盘查前一天在校内寻衅滋事的犯罪嫌疑人汪建华。在盘查中，犯罪嫌疑人突然拔出身藏的军刺刀向李文华的胸部猛刺一刀，李文华受伤后仍追赶凶犯 10 多米远，终因受伤过重支持不住而倒在地上，在医院抢救无效于当天 19 时不幸牺牲，年仅 28 岁。2000 年 10 月 13 日，李文华被江西省民政厅授予"革命烈士"称号。

钟书云（1981.07—2001.06）　宜春市万载县三兴镇红旗村人，在广东潮安县打工。2001 年 6 月 11 日下午 5 时 40 分左右，钟书云与同事在潮安县韩江边散步时，同事罗华东跳入韩江里游泳。当罗华东游到江中心时，被卷入旋涡中，急忙呼救。正在散步的钟书云和另一名同事听到呼救声，立即跳入江中去抢救罗华东。但由于旋涡吸力太大，二人无法将罗华东从漩涡中救出，钟书云在游回岸边途中，因韩江水面宽阔，水流急，加上衣服浸水太沉，体力不支，在抢救船赶到之前沉入江中，壮烈牺牲，年仅 20 岁。2008 年 7 月 17 日，钟书云被江西省民政厅追授"革命烈士"称号。

肖安平（1986.03—2001.08）　吉安市人。2001 年 8 月 17 日下午 4 时左右，肖平安和同学刘小云、刘华民一起放牛。刘小云、刘华民邀肖安平一起到河里游泳，肖不同意，并劝他们不要游泳。刘小云、刘华民未听劝阻，下到河里游泳。肖安平在岸上放牛。几分钟后河里传来"救命"的叫声，只看见刘小云在水中沉浮，刘华民吓得使劲往岸上游。见此情景，肖安平来不及脱掉衣服就跳入水中，用手托起刘小云游向岸边，使劲将其推上岸，自己却沉入水中，壮烈牺牲，年仅 15 岁。2003 年 1 月 15 日，肖安平被江西省民政厅授予"革命烈士"称号。

王伟华（1977.09—2004.02）　上饶市上饶县枫岭头镇人，上饶县枫岭头镇副镇长。2004 年 2 月 13 日 15 时左右，横峰县发生的山火逼近上饶县枫头岭镇坑口村的披云山，王伟华接到镇里的通知后，迅速赶到现场，与副镇长兰祖臻、郑清林和坑口村民兵营长陈声龙等一道组织扑火。17 时许，根据当时的情况，为保证 100 余名救火群众的安全，4 人组织群众撤离火场。17 时 20 分左右，郑清林再次用扩音器呼喊时,发现还有群众未撤出。王伟华等4位村镇干部迅速冲进山谷救人,后被山火包围,4人被烧成重伤,王伟华经抢救无效,于14日上午8时40分牺牲,年仅27岁。2004年5月10日,王伟华被江西省民政厅授予"革命烈士"称号。

曾小华（1972.06—2004.02）　赣州市于都县公安局交警大队民警。2004年2月15日晚,曾小华接到通知,到于都县罗坳镇杨梅路段处理交通事故。21时许,现场勘查完毕,曾小华叫交通事故受伤者的亲属彭诗香带民警去诊所了解伤者的伤情（彭诗香已将受伤者送到当地诊所）。就在彭诗香转身准备横穿公路去骑摩托车带路时,曾小华发现有一辆小汽车向彭诗香冲过来,便大叫一声:"有车,快闪开",同时猛地把彭诗香向后一拽。彭诗香获救,曾小华被汽车撞出百余米外,壮烈牺牲,年仅32岁。2004年8月23日,曾小华被江西省民政厅授予"革命烈士"称号。

雷邦蓉（1975.07—2004.09）　女,赣州市瑞金市人,中国石化股份有限公司江西赣州石油分公司瑞金经营部职工。2004年9月26日晚,雷邦蓉与经营部男职工刘丽君一起上夜班。次日凌晨1时30分左右,一名男子（李某福）骑着摩托车走到加油站,称要加机油。刘丽君于是领着他到营业厅隔壁的机油库房去加机油,而歹徒李某福却趁刘丽君俯身倒机油时,用事先藏在身上的铁棒将刘丽君击昏,后又用刀将其刺死。之后歹徒李某福回到营业厅窗口前,要雷邦蓉给他的摩托车加汽油。出于安全考虑,雷邦蓉告诉他要等男营业员回来后再出去给他加油,歹徒恼羞成怒,突然朝防盗门冲过去。雷邦蓉意识到情况不好,迅速按响隐藏在营业厅内的报警按钮,报警声立刻响起。惊恐的歹徒慌忙掏出从刘丽君身上摘下的钥匙,打开营业厅防盗门欲盗营业款。雷邦蓉阻挡歹徒进入失败,便与歹徒扭打在一起,并大声呼叫。歹徒穷凶极恶,举起铁棒狠命朝雷邦蓉头上砸去,将其打昏在地,并用剪刀割断其喉咙,雷邦蓉当场殉职,年仅29岁。2008年11月11日,雷邦蓉被江西省民政厅追授"革命烈士"称号。

张　君（1980.11—2005.01）**黎海龙**（1981.06—2005.01）**黄广福**（1982.06—2005.01）

张君,赣州市寻乌县人,省公安厅交警总队直属支队科员。黎海龙,南昌市安义县人,省公安厅交警总队直属支队第五大队警察。黄广福,南昌市安义县人,中共党员,省公安厅交警总队直属支队第五大队警察。

2005年1月18日凌晨4时22分,交警总队直属支队第五大队接到报警:昌樟高速公路K68公桩处有一辆车号为赣C05321大货车发生交通事故。该大队迅速派出张君、黎海龙、黄广福、刘俊4名警察赶赴现场。4时54分,正当民警在勘查现场、抢救伤员时,又一辆车号为皖S11516的大货车在事故现场附近发生单方交通事故,车辆倾覆,车内一乘员发出凄惨"救命"声。张君等4人闻声立即赶往第二起事故现场。当他们正在组织抢救伤员时,一辆车牌号为赣C22547的大货车将在路肩上实施救助的4名民警全部撞倒,致使张君（25岁）、黎海龙（24岁）、黄广福（23岁）当场牺牲。2005年10月10日,张君、黎海龙、黄广福分别被江西省民政厅授予"革命烈士"称号。

廖作镕（1971.10—2005.06）　中共党员，宜春市奉新县公安局刑警大队一中队队长。2005年6月25日晚23时30分许，在"双月整治行动"和打击"两抢一盗"专项行动中，刚办案回家的廖作镕接到一名叫吕小斌的电话，称有吸毒人员的情况要向他反映，约他到广场会面。在请示大队领导同意后，廖作镕随即来到县城广场夜宵摊点与吕小斌见面。23时20分，当他们坐在夜宵摊点谈话时，突然6名身份不明的歹徒从一辆轿车中冲出来，持刀乱砍吕小斌，廖作镕见状挺身而出，与凶手英勇搏斗。因寡不敌众，身上被砍22刀，壮烈牺牲，年仅34岁。2005年10月13日，廖作镕被江西省民政厅授予"革命烈士"称号。

赖俊华（1986.05—2006.08）　赣州市于都县罗坳镇杨梅村人。2006年8月21日17时许，赖俊华在杨梅村石尾组裤裆水库抢救同村两名落水少年。在成功抢救一名落水少年后，因体力不支，与另一名落水少年同时沉入水底，不幸牺牲，年仅20岁。2007年4月19日，赖俊华被江西省民政厅授予"革命烈士"称号。

李克华（1976.09—2007.04）　赣州市全南县公安局社迳乡派出所民警。2007年4月18日晚7时55分，全南县公安局南迳派出所民警李克华按照全南县公安局指挥中心指令，在执行追捕盗窃摩托车犯罪嫌疑人的过程中，扑向夺路而逃的犯罪嫌疑人，右脑着地重重地摔倒在水泥路面上，不幸头部重伤，经抢救无效于4月21日凌晨5时17分牺牲，年仅31岁。2007年9月4日，李克华被江西省民政厅授予"革命烈士"称号。

马　瑜（1974.12—2007.10）　河南省许昌市许昌县人，中共党员，吉安市公安局交警支队民警。2007年10月31日16时08分，马瑜与曾佳两位民警在吉安市青原区青原大道河东贸易广场南侧路口执勤，谢淑萍（女）酒后驾驶汽车向他们冲去。在紧急关头，马瑜奋力推开身边的曾佳，自己来不及躲避，被汽车撞伤，当即不省人事，经医院全力抢救无效，不幸牺牲，年仅33岁。2008年1月16日，马瑜被江西省民政厅授予"革命烈士"称号。

刘　琦（1974.06—2007.11）　易　明（1980.03—2007.11）

刘琦，宜春市万载县人，1999年11月加入中国共产党，万载县潭埠镇党委委员、县委宣传员。易明，宜春市万载县人，2002年4月加入中国共产党，万载县潭埠镇党委委员、纪委书记。

2007年11月27日中午1时30分，万载县潭埠镇池溪村龙家江村民小组周围山场突发森林火灾。得知火情后，刘琦、易明等7名镇干部第一批投入到这次扑火战斗中，他们在扑灭几处火点后，又奔赴另一处正在开始蔓延的着火点进行扑灭。由于山场植被茂盛，地形险恶，风大火猛，大火严重威胁到附近100余户住户、500多名群众的生命财产安全。在这千钧一发之际，刘琦、易明等4人一面派人通知山下群众迅速转移到安全地带，一面奋不顾身扑救山火。由于风向突变，火借风势向他们扑来,刘琦、易明、彭胜明、韩卫平4人被大火围困在一条陡峭狭长的山冲里,深陷火海之中,刘琦、易明不幸遇难,刘琦年仅33岁,易明年仅26岁。2008年3月26日,刘琦、易明分别被江西省民政厅授予"革命烈士"称号。

郭 燚（1985.03—2008.01） 抚州市南丰县人,2004年9月参加工作,省公路管理局京福高速温沙管理处路政员。郭燚工作技能娴熟,在工作单位是有名的"活地图",对所辖高速公路的地形、路况烂熟于心,每次接警上路执法,他和队友总能在第一时间赶到现场。他与人为善,被同事称为"高速公路上的活雷锋""高速公路上的形象大使"。2008年1月,全省发生严重冰冻灾害,福银高速公路温沙和乐温段冰封雪锁。为保障高速公路的安全畅通,郭燚与同事24小时轮班奋战在抗战第一线。由于黎川路段的灾情没有南昌至临川段灾情严重,管理处决定抽调部分路政员增援各中队,以缓解中队人员不足。1月29日上午10时左右,郭燚奉命赶往临川中队。当车行驶到K427公桩时,接到大队通知,临川路段K456公桩处10万伏高压电线因受冰冻雨雪的压迫,快要坠落地面,车辆通行受阻,情况万分火急,亟待排除险情疏导交通。当车行至K449+100米公桩处时,因路面结冰车辆打滑撞上护栏,坐在副驾驶座位上的郭燚头部右侧猛烈地撞到车门框上,当场昏迷。随即送往抚州市第一医院进行抢救,因伤势严重抢救无效,不幸牺牲,年仅23岁。2008年2月2日,团省委、省青联追授郭燚"江西青年五四奖章标兵"称号;是年4月29日,郭燚被追授"中国青年五四奖章"。2008年6月3日,郭燚被江西省民政厅授予"革命烈士"称号。

江玉新（1969—2008.02） 宜春市丰城市供电公司张巷供电所营销管理班班长。2008年2月3日,已在抗冰抢险工作中连续奋战9天、正在负责京九铁路跨越线巡视任务的江玉新得知,受持续恶劣冰冻气候影响,承担5000多户供电任务的张巷供电所10千伏922草溪线覆冰严重,整个线路断落导线11档,多处电杆横担的绝缘子严重倾斜,当地居民生产生活用电受到严重影响。他主动请缨,自愿参加线路抢修工作。当日下午15时50分时,当抢修人员起线时,10千伏922草溪线39号杆因不堪冰雪损毁,从地面以下约0.5米处发生断裂,顷刻倒下,正在杆上作业的江玉新随杆倒下并被压住。江玉新因伤势过重,抢救无效,不幸殉职,年仅39岁。2008年2月6日,团省委、省青联追授江玉新"江西青年五四奖章标兵"称号;是年4月29日,江玉新被追授"中国青年五四奖章"。

陶 杰（1975.11—2008.03） **陈启宁**（1987.06—2008.03）

陶杰,九江市人,中共党员萍乡市上栗县公安消防大队副政治教导员。陈启宁,壮族,广西南宁市人,萍乡市上栗县公安消防中队一班副班长。

2008年3月4日13时14分,上栗县国际大酒店后面发生山火,县消防大队接警后,迅速奔赴火灾现场。面对浓烟烈火,消防救援人员置个人生死于度外,快速控制火情。由于风助火势,飞火引起邻近的北泰花炮厂发射硝仓库爆炸,陈启宁当场壮烈牺牲,年仅20岁。陶杰身负重伤,经抢救无效于 2008 年 3 月 5 日不幸牺牲,年仅 32 岁。2008 年 3 月 20 日,团省委、省青联追授陶杰、陈启宁两人"江西青年五四奖章标兵"称号。

姜　勇(1975.08—2008.03)　**吴家兵**(1978.09—2008.03)

姜勇,浙江杭州市人,中共预备党员,助理经济师,1994 年 10 月参加工作,2006 年 3 月起任上饶市德兴市林业局大茅山林业局分局林政办公室主任。吴家兵,九江市人,德兴市林业局大茅山开发区林业分局森林资源档案员。

2008 年 3 月 6 日,德兴市大茅山集团龙头山实业公司程家农场"猪头山"发生森林火灾。得到火情报告后,姜勇、吴家兵立即赶赴火灾现场,参加火灾扑救。在帮助被大火围困的群众转移时,火灾现场风向突变,整座山场瞬间变成一片火海,姜勇、吴家兵因来不及撤离而壮烈牺牲,姜勇年仅 33 岁,吴家兵年仅 30 岁。2008 年 6 月 3 日,姜勇、吴家兵分别被江西省民政厅授予"革命烈士"称号。

郑　群(1982.06—2008.06)　景德镇市浮梁县人,2005 年 10 月 12 日参加工作,共青团员,景德镇市公安局珠山分局刑警大队科员,三级警司警衔。2008 年 6 月 20 日晚 8 时 40 分许,郑群在制止犯罪过程中为保护在场的群众和战友,临危不惧、挺身而出,被一名歹徒用枪击中腹部,经医院抢救无效,英勇牺牲,年仅 26 岁。2008 年 11 月 11 日,郑群被江西省民政厅授予"革命烈士"称号。

张　超(1989.04—2008.08)　宜春市丰城市小港镇张洲村人。2008 年 8 月 7 日下午 6 时 20 分左右,张超在小港镇张洲村水闸下游水道游泳,见到一名正在戏水玩耍的少年不慎卷入急流中,在附近游泳的张超毫不犹豫游过去营救。由于水流湍急,在与激流搏斗 20 分钟后,张超最终把少年托起推到岸边。张超因筋疲力尽被激流卷走而壮烈牺牲,年仅 19 岁。2008 年 12 月 22 日,张超被江西省民政厅授予"革命烈士"称号。

罗炳庚(1982.08—2008.10)　宜春市万载县株潭镇人,万载县公安局巡逻协警大队队员。2008 年 10 月 24 日 14 时左右,巡逻协警大队接到宜春市公安局的命令,紧急赶赴铜鼓县处置一起群体事件。队伍按指令到达事发现场——铜鼓县三都镇绿海木业有限公司,当时现场人员和围观群众不断增多,打砸行为愈演愈烈,并开始由办公楼向生产车间和货场等转移,事态有明显扩大迹象,特别是指挥部接到线报,有人扬言要放火烧掉绿海公司(后在现场发现了两塑料桶汽油)。为防止事态进一步恶化,根据指挥部命令,万载县巡逻协警大队与上高、宜丰县公安局巡逻大队作为第一批处置队伍进入混乱的事发现场,负责将厂区内的闹事群众疏散出去。当处置队伍一字队形由里向外推进到绿海木业有限公司大门口时,由于受到少数别有用心之人的煽动,一些不明真相的群众疯狂地向民警扔石头,并用货场的杉木砸向民警。石头、木材像雨点般向民警砸来。被闹事群众多次冲击后,处置队伍被冲开,此时有少数不法之徒开始用木棍、带尖的铁栅栏条疯狂袭击民警,处置队伍不得不后撤。当时罗炳庚站在第一排,为掩护队伍安全后撤,他用盾牌,用自己的身体顶住不法分子的袭击,罗炳庚被一歹徒刺破心脏,但他依然坚持了20多分钟,直至面无血色,嘴唇惨白,晕倒在现场。在场民警紧急将其送往铜鼓县人民医院救治,经医院抢救无效,壮烈牺牲,年仅26岁。2008年11月11日,罗炳庚被江西省民政厅授予"革命烈士"称号。

邓木建(1990.10—2009.04) 抚州市广昌县人。2009年4月17日16时30分,广昌县河东桥附近有学生溺水,接到报警电话的邓木建等人迅速赶赴现场施救。当邓木建救第三名溺水学生时,不幸踏入抽过沙的旋涡处,被急流卷走,壮烈牺牲,年仅19岁。2009年12月4日,邓木建被江西省民政厅授予"革命烈士"称号。

曾庆香(1972—2010.03) 赣州市信丰县大塘镇万星村人,江西在北京的创业青年。曾庆香生前乐于助人,对父母特别孝顺,热心公益,将外出打工挣得的收入主动捐助给家乡修建新仓公路和沛东大桥,是邻里、村民称赞的大好人。2010年3月9日晚,北京北六环路小汤山西桥附近发生交通事故,曾庆香不顾个人安危,英勇救人,在成功救出第一辆车祸中遇险的央视记者后,再去救援夏利车上被困人员,在此过程中不幸遇难,年仅38岁。2010年3月24日,团省委、省青联追授曾庆香"江西青年五四奖章"称号。

王茂华(1983.11—2010.05) 宜春市袁州区人,宜春市袁州区慈化镇伯塘中学教师。2010年3月21日,袁州区慈化镇一处民房发生火灾,6个孩子被大火困在放有煤气罐的屋内,住在附近的教师王茂华和岳父谭良才闻讯赶来,不顾个人安危冲进火海,先后救出五个孩子。在抢救第六个孩子时屋内煤气罐爆炸,冲击波将王茂华掀出屋外,孩子最终被安全救出,而王茂华被烧成重伤,烧伤面积达98%。经救治无效,于5月2日1时19分不幸去世,年仅27岁。2010年5月4日,王茂华被江西省民政厅授予"革命烈士"称号。

熊 斌(1980.01—2010.05) 新建县西山镇副镇长。2010年5月18日下午,根据镇党政领导的分工和防汛工作安排,熊斌带着所挂工作片区的村、镇干部、镇防汛抢险队、水管站技术员等20多人奔赴现场,实地处理山体滑坡,安排落实应急处理预案。当天晚上,在接到港田村山体滑坡出现新情况的报告后,熊斌带着技术员立即赶往现场。21时50分左右,由于天黑路滑,堤坝路面又窄,车子越过大堤掉入河内。就在车辆即将随深水下沉的时候,熊斌将同乘车的一名技术员从车窗推出车外脱离危险,而自己却随之沉入湍急的河水中,壮烈牺牲,年仅30岁。2010年7月2日,熊斌被江西省民政厅授予"革命烈士"称号。

雷君锋(1976.08—2010.06) 宜春市丰城市秀市镇雷坊村村委会主任。2010年6月19日13时许,雷君锋与秀市镇副镇长曾国新、村治保主任雷安庭去辖区内4座小二型水库排查险情。在查看完 3 座水库后，赶到观坑水库，见溢洪道有堵塞，便立即清理杂柴。15 时许，雷电交加，倾盆大雨一阵紧接一阵，他们的工作仍在继续。16 时 34 分，一个响雷突然劈来，将靠在溢洪道正低头拉树丫的雷君锋打倒在地。经抢救无效，不幸牺牲，年仅 34 岁。2010 年 6 月 28 日，雷君锋被江西省民政厅授予"革命烈士"称号。

朱新周（1978.01—2010.07）　**甘　泉**（1985.08—2010.07）　**邹吉波**（1986.02—2010.07）

朱新周，上饶市鄱阳县人；甘泉，上饶市鄱阳县人；邹吉波，九江市瑞昌市人。朱新周、甘泉、邹吉波均为赣东北供电公司输电线路分公司员工。

2010 年 7 月 27 日下午，朱新周和同事在余干县执行抗洪抢险保障供电任务，在处理信江支流玉亭镇程家洲处的 110 千伏干铜线 60 号杆塔的故障过程中，朱新周、甘泉、邹吉波、余文庆 4 人因抢救不慎落入湍急河水中的同事英勇献身，朱新周年仅 32 岁，甘泉年仅 25 岁，邹吉波年仅 24 岁。2010 年 8 月 4 日，朱新周、甘泉、邹吉波分别被江西省民政厅授予"革命烈士"称号。

人物简介

历任团省委书记

黄建盛　1957 年 9 月出生，抚州市东乡县人，1974 年 12 月参加工作，1976 年 9 月加入中国共产党，中央党校法学理论专业研究生毕业，高级管理人员工商管理硕士。

1974 年 12 月至 1981 年 10 月，在省红星垦殖场当知青，先后任红星垦殖场集体经济办公室副主任、总场团委书记。1981 年 10 月至 1982 年 9 月，任崇仁团县委书记。1982 年 9 月至 1984 年 8 月，在江西行政管理干部学院经济管理专业学习。1984 年 8 至 1988 年 8 月，任鹰潭市委组织部副部长。1988 年 8 月至 1991 年 7 月，任万安县委副书记、县长。1991 年 7 月至 1992 年 5 月，任团省委副书记。1992 年 5 月至 1996 年 10 月，任团省委书记，其间，1995 年 2 月至 1995 年 7 月，在中央党校进修部学习。1996 年 10 月至 1999 年 9 月，任宜春地委副书记，其间，1998 年 9 月至 1999 年 7 月，在中央党校一年制中青班学习。1999 年 9 月至 2000 年 10 月，任上饶地委副书记、行署专员；2000 年 10 月至 2001 年 12 月，任上饶市委副书记、市长；其间，1998 年 9 月至 2001 年 7 月，在中央党校研究生院在职研究生班学习法学理论专业。2001 年 12 月至 2006 年 10 月，任鹰潭市委书记。2006 年 10 月至 2007 年 12 月，任吉安市委书记。2007 年 12 月至 2008 年 6 月，任黑龙江省副省长、党组成员。2008 年 6 月至 2008 年 7 月，任黑龙江省委常委、政法委书记，副省长、党组成员。2008 年 7 月，任黑龙江省委常委、政法委书记，其间，2008 年 7 月至 2010 年 6 月，在哈尔滨工业大学管理学院高级管理人员工商管理专业学习，获高级管理人员工商管理硕士学位。

潘东军　1962年9月出生,吉林省柳河县人,1983年8月参加工作,1985年4月加入中国共产党,大学学历,经济学学士。

1979年9月至1983年8月,为江西财经学院国民经济计划与管理专业学生。1983年8月至1987年3月,在吉安地区计委工作。1987年3月至1992年4月,先后任吉安地区计委综合计划科副科长、科长。1992年4月至1995年3月,任吉安地区计委副主任。1995年3月至1996年3月,任新干县委常委、副县长。1996年3月至1997年10月,任新干县委副书记、县长。1997年10月至1998年4月,任新干县委书记。1998年4月至2003年4月,任团省委书记、党组书记。2003年4月,任省委副秘书长。

钟志生　1963年6月出生,新余市分宜县人,1982年8月参加工作,1985年9月加入中国共产党,研究生毕业,工商管理专业(EMBA)硕士。

1980年9月至1982年8月,在省农垦学校学习农学专业。1982年8月起,先后任新余市分宜县高岚乡团委书记、公安特派员,新余市分宜团县委副书记,新余市分宜县杨桥镇党委副书记,新余市分宜县纪委纪检科科长,新余市分宜县新祉乡党委副书记、乡长,新余团市委副书记、党组成员。1993年4月至1996年12月,任新余团市委书记、党组书记。1996年12月至1998年12月,任团省委副书记、党组成员;其间,1997年9月至1999年3月,参加南昌大学中国哲学专业硕士研究生主要课程进修班学习,1998年3月至1998年4月,参加省委党校第27期地厅班学习。1998年12月至2000年10月,任团省委副书记、党组成员,省青联副主席;其间,1999年9月至2002年12月,参加省委党校经济学专业研究生班学习。2000年10月至2003年5月,任团省委副书记、党组成员,省青联主席;2003年5月至2008年1月,任团省委书记、党组书记,省青联主席;2008年1月至2008年3月,任团省委书记、党组书记,省政协常委、社会和法制委员会副主任。2008年3月至2008年4月,任鹰潭市委副书记,市政府代市长,省政协常委、社会和法制委员会副主任。2008年4月至2010年2月,任鹰潭市委副书记,市政府党组书记、市长,省政协常委、社会和法制委员会副主任;2010年2月起,任鹰潭市委副书记,市政府市长、党组书记。

王少玄　1967年10月出生,抚州市临川区人,1991年12月加入中国共产党,1992年7月参加工作,江西省委党校研究生学历,公共管理硕士。

1988年9月至1992年7月,在中国青年政治学院学习青年思想教育专业。1992年7月至1996年2月,先后在团省委宣传部、办公室工作。1996年2月至1999年2月,任团省委机关团委副书记。1999年2月至2002年3月,任团省委办公室副主任。2002年3月至2003年4月,任团省委统战联络部部长;其间,2002年9月至2003年1月,在省委党校第21期中青班学习。2003年4月至2005年4月,任团省委副书记、党组成员;其间,2001年9月至2003年12月,在江西省委党校学习中共党史专业。2005年4月至2008年5月,任团省委副书记、党组成员;其间,2004

年 4 月至 2006 年 7 月,在北京大学与国家行政学院学习公共管理专业,获公共管理硕士学位。2008 年 5 月起,任团省委书记、党组书记。

历任团省委副书记

舒国华　1954 年 11 月出生,上饶市余干县人,中共党员,大学学历。1972 年 3 月至 1974 年 10 月,在余干县石口公社湖滨林场工作,任副场长、知青队队长。1974 年 10 月至 1977 年 10 月,在江西大学中文系读书。1977 年 10 月至 1985 年 2 月,先后任团省委宣传部干部、宣传部副部长(1984 年起主持工作)。1985 年 2 月至 1993 年 6 月,任团省委副书记、省青联副主席;其间,任省少工委主任等。1993 年 6 月至 1999 年 12 月,任省委统战部副部长兼机关党委书记,江西海外联谊会副会长兼秘书长;其间,任省光彩事业促进会副会长兼秘书长。1999 年 12 月至 2000 年 8 月,任省政府参事室、文史馆党组书记,副主任、副馆长。2000 年 8 月至 2008 年 12 月,任省工商联党组书记、副会长。2008 年 12 月起,任省委统战部副部长、省工商联党组书记、副主席。

李春燕　女,1956 年 12 月出生,南昌人,大学学历,工学学士,在职工程硕士研究生,中共党员,1974 年 7 月参加工作。

1981 年 12 月,毕业于西北工业大学航空工程专业,获工学学士学位。1982 年 1 月至 1985 年 2 月,任洪都机械厂工作零件加工科设计员、助工、科党支部委员、厂党委委员等。1985 年 2 月至 1993 年 5 月,任团省委副书记、党组成员,省青联主席,全国青联常委,省青企协会会长,中国青企协会常务理事。1993 年 5 月至 2000 年 6 月,任省国防科学技术工业办公室副主任、党组成员兼机关党委书记。2000 年 6 月至 2009 年 2 月,任省信息产业厅党组书记、厅长;其间,2003 年 1 月毕业于中央党校研究生院世界经济专业;2003 年 3 月,获西北工业大学工程硕士学位。2009 年 2 月至 2010 年 4 月,任省工业和信息化委员会党组书记。2010 年 4 月起,任省工业和信息化委员会党组书记、副主任。

万继抗　1954 年 11 月出生,南昌人,中共党员,副教授。

1983 年 7 月,毕业于江西师范大学政教系。1984 年任江西师范大学团委副书记、书记。1987 年 5 月至 1992 年 5 月,任团省委副书记;其间,1989—1991 年兼任宜黄县委副书记。1992 年 5 月起,先后任南昌职业技术师范学院党委副书记、江西科技师范学院党委副书记、九江学院党委书记、井冈山学院党委书记、井冈山大学党委书记等。

冯桃莲 女,1957年2月出生,南昌市南昌县人,1976年8月参加工作,1979年1月加入中国共产党,中央党校函授学院经济管理专业毕业,中央党校大学学历。

1982年9月至1985年9月,任南昌团县委书记;其间,1983年9月至1985年7月在江西行政管理干部学院农业经济系脱产学习。1985年9月至1993年5月,任南昌团市委书记。1993年5月至1998年9月,任团省委副书记;其间,1994年8月至1996年12月在中央党校函授学院本科班经济管理专业学习。1998年9月至2001年12月,任省文化厅副厅长、党组成员。2003年4月,任省委老干部局局长。2005年1月,任省委老干部局局长兼省委组织部副部长。2009年7月,任省委组织部副部长(正厅级)。

傅卓成 1957年12月出生,南昌市进贤县人,大学学历。

1974年11月参加工作。1974年8月加入共青团,1980年1月加入中国共产党。1980年1月至1984年9月,任江西东乡师范团委副书记。1986年9月至1988年3月,任省团校教务科副科长。1988年3月至1992年5月,任省团校党委委员、总务科科长、副校长。1992年5月至1996年5月,任团省委办公室主任、常委、组织部部长。1996年5月至1998年7月,任团省委党组成员、副书记。2003年9月,任景德镇市委副书记、市纪委书记。2006年11月起,任景德镇市委副书记、市委党校校长。

曾庆红 女,1962年4月出生,赣州市兴国县人,大学学历,哲学硕士,1983年9月参加工作,1984年7月加入中国共产党。

1979年9月至1983年9月,在江西大学哲学系学习马列基础理论专业。1983年9月至1984年10月,任信丰县同益人民公社同益乡文教干事。1984年10月至1991年11月,任赣州地委讲师团教员。1991年11月至1992年7月,任赣州地委宣传部文教科副科长。1992年7月至1992年10月,任上犹县委宣传部部长。1992年10月至1994年7月,任瑞金县委常委、宣传部部长。1994年7月至1996年1月,任赣州(县级市)市委常委、宣传部部长。1996年1月至1996年6月,任赣县县委副书记。1996年6月至1998年4月,任龙南县委副书记、县长。1998年4月至2002年11月,任团省委副书记;其间,1997年9月至2001年1月,在南昌大学哲学系行政管理专业在职学习,获哲学硕士学位。2002年11月至2006年11月,任萍乡市委副书记。2006年11月至2008年3月,任萍乡市委副书记、市长。2008年3月至2008年12月,任吉安市委副书记、市长。2008年12月起,任九江市委副书记、市长。

蒋　斌　1968年1月出生,安徽省含山县人,1988年8月参加工作,1988年6月加入中国共产党,研究生学历,副教授。

1988年8月至1991年11月,在南昌市公安局十五处工作;其间,1989年11月至1991年11月,挂职锻炼,任南昌市扬子洲乡党委委员。1991年11月至1992年8月,任南昌团市委组织部副部长、宣传部部长。1992年8月至1993年3月,任团省委统战部主任科员。1993年3月至1995年3月,任团省委办公室副主任。1995年3月至1996年3月,任团省委青农部副部长(主持工作)。1996年3月至1998年4月,任团省委青农部部长。1998年4月至2000年9月,任团省委常委、青农部部长。2000年9月至2003年1月,任团省委副书记,省青联副主席。2003年1月至2005年4月新余市委常委、副市长。2005年4月起,先后任新余市委常委、常务副市长,吉安市委副书记,吉安市委党校校长,江西经济管理干部学院院长、党委副书记等。

肖洪波　1967年2月出生,吉安市永丰县人,1988年7月参加工作,1991年7月加入中国共产党,大学学历,公共管理硕士,法学硕士,副教授。

1988年7月至1996年12月,在江西财经学院工作,先后任江西财经学院学工部(处)学生教育科副科长、江西财经学院团委副书记(主持工作)、江西财经学院团委书记、学工部(处)副部(处)长。1996年12月至1998年7月,任江西财经大学团委书记。1998年7月至1999年7月,任江西财经大学团委书记、校党委宣传部副部长。1999年7月至2001年1月,任江西财经大学党委宣传部部长兼党校常务副校长。2001年1月至2003年1月,任江西财经大学党委宣传部部长。2003年1月至2003年4月,任江西教育电视台台长。2003年4月至2008年5月,任团省委副书记、党组成员。2008年5月至2010年7月,任团省委党组成员,省委学习实践科学发展观领导小组办公室综合组组长。2010年7月,任宜春市委常委、组织部部长。

梅　亦　女,1970年4月出生,南昌市南昌县人,中共党员,大学学历,工商管理硕士、副教授。

1987年9月至1991年7月,在江西工业大学学习食品工程专业。1991年7月至1993年5月,在江西工业大学团委工作。1993年5月至2002年1月,任南昌大学团委宣传部副部长、部长、副书记;其间,1999年6月至2001年10月,挂职锻炼任横峰县政府科技副县长。2002年1月至2003年4月,任南昌大学科学文化活动中心主任、文化艺术教学部副主任。2003年4月起,先后任团省委副书记、党组成员,省青联副主席、省少工委主任等。

郭美荐　1972年8月出生,吉安市遂川县人,1991年8月参加工作,1991年加入中国共产党,

在职研究生学历。

1989年9月至1991年7月,在井冈山大学学习。1991年8月至1995年10月,先后任宁冈县纪委科员、宣调室副主任、主任。1995年11月至2000年8月,任吉安团地委副书记、书记;其间,1998年9月至2000年12月,参加省委党校经济管理专业研究生班学习。2000年8月至2003年4月,任吉安团市委书记。2003年4月至2004年7月,任团省委副书记、党组成员。2004年7月至2006年4月,任团省委副书记、党组成员、省青联常务副主席。2006年4月至2010年12月,任团省委副书记、党组成员、省青联主席。2010年12月,任团中央青年志愿者工作部副部长。

曾 萍 女,宜春市高安市人,1971年9月出生,1993年7月参加工作,1999年4月加入中国共产党,大学学历,经济学硕士。

1989年9月至1993年7月,在江西大学学习。1993年7月至1996年12月,先后在南昌陆海容器有限公司、南昌日生食品有限公司工作。1997年1月至2006年1月,先后任团省委组织部副主任科员、主任科员、副部长、学校少年部副部长(其间,2000年1月至2002年12月,参加华中科技大学经济学院在职研究生学习,获硕士学位,2004年3月至7月,参加省委党校第24期中青班学习)。2006年1月至2008年5月,任团省委学校少年部部长。2008年5月至2009年8月,任团省委党组成员、副书记(正处级)。2009年8月起,任团省委副书记、党组成员(副厅级)。

青年先进模范典型

易红华 女,1967年9月出生,九江市星子县人,原星子县百货公司职工,志愿者服务先进个人典型。1993年,易红华下岗,后在共青团星子县委和社会的帮助下,经营一家学习用品商店,取名为"小人物";是年,成立"小人物"商店青年志愿者服务站。易红华既当站长又当站员,不久又招募3名下岗青工,帮助其他姐妹再就业。此外,她还尽自己所能,资助特困学生和奖励特优学生。2000年2月,《中国青年报》报道易红华的事迹。2000年1月,易红华获得第三届"中国十大杰出青年志愿者"称号,并获中国青年志愿服务金奖。

邓椿敏 1980年6月出生,赣州市人,江西蓝天学院教师,江西省首例捐献造血干细胞志愿者,志愿者服务先进个人典型。造血干细胞(即骨髓)的移植是治疗白血病、再生障碍性贫血、重症免疫缺陷症等造血及免疫系统功能障碍性疾病的成熟技术和重要手段。邓椿敏长期热心参与社会公益事业,共参与献血10余次,总量达3000毫升。2006年5月16日,邓椿敏为福建一名白血病患者捐献造血干细胞,成为"江西捐髓第一人"。2006 年,团省委、省青志协联合授予邓椿敏"江西青年志愿服务特别奉献奖"。

蔡德清　1978 年 1 月出生,吉安市新干县人,毕业于赣南医学院,2005 年西部计划志愿者。蔡德清小时候因患小儿麻痹,双腿不便,行走离不开拐杖,但他以"翅膀断了,心还要飞翔"为座右铭,刻苦学习。2000 年,他以高出本科录取线 37 分成绩被赣南医学院录取。2005 年 7 月,他放弃到云南玉溪县人民医院工作的机会,加入西部服务志愿者行列,之后被分配到海南省保亭黎族苗族自治县六弓乡卫生院进行为期两年的服务。六弓乡是一个远离县城 50 里地的偏僻山区小镇,各方面条件都很落后。蔡德清刚到医院时,医护人员大都比较懒散,老百姓对卫生院也有很多看法,所以没多少人愿意来这里看病。面对困难,蔡德清迎难而上。他原本服务的岗位是临床内科,可到了这里才发现,医院人员少,根本没法分科,必须是"全科"。除了医疗,他还要做预防保健传染病疫情申报、医院医疗材料书写、档案管理、乡村医务人员培训等各方面的工作,偶尔闲暇还要教同事们学习电脑,晚上经常为急诊病人看病甚至出诊,常常一忙就是一整夜。蔡德清忘我工作的精神感动着周围同事,在他的感召下,卫生院的精神面貌有很大改观,来看病的人渐渐多起来,医院收入也有很大提高。2005 年 12 月,蔡德清的感人事迹被刊登在第二届青少年"身边最让我感动的人"评选活动的专题主页上。2007 年 1 月在海口召开的海南省"西部计划"表彰大会上,蔡德清被授予"中西部计划杰出志愿者"称号。

张秋文　1984 年 9 月出生,新余市人,2004 年毕业于江西农业大学计算机系,2005 年"西部计划"志愿者。张秋文"西部计划"志愿服务地为广西东兰县团县委,任干事。张秋文在两年服务中,走遍广西东兰县 14 个乡镇 147 个行政村,走访 1600 多个贫困家庭,曾两次昏倒在工作中。截至 2007 年 5 月,他为广西东兰县教育事业劝募 400 多万元善款,救助 742 名辍学或面临辍学贫困生。在志愿服务期间,张秋文利用自身专业特长及对外交流优势,引进台资企业等社会各界捐款 200 多万元,共资助东兰县 869 名贫困学生,组织捐建美逢小学、安桃小学、拉元小学等 5 所学校。志愿服务期满后,张秋文选择留在东兰县。2007 年 5 月 13 日,全国第四届"奉献者风采——去西部基层工作的优秀大学毕业生事迹报告会"在江西师范大学举行,张秋文和另外 5 名志愿者在报告会上讲述他们西部基层开展志愿服务的感人经历。张秋文志愿服务于东兰县的事迹也在当地广泛传颂。2007 年,张秋文获得团中央、教育部、财政部、人事部授予的第六届"中国百名优秀青年志愿者"称号,并入围第六届"中国十大杰出青年志愿者"候选人。

刘月辉　1964 年 8 月出生,抚州市宜黄县人,南昌大学第二附属医院副院长,志愿者服务先进个人典型。刘月辉是首批赴川青年志愿者,并被委任为服务队队长。2008 年 5 月 18 日,刘月辉带

领来自全省多个单位的 30 名青年志愿者及医疗防疫药品到达四川地震灾区。在什邡市蓥华镇,刘月辉带领服务队为当地居民提供医疗救治,并且在第一时间开展防疫工作。经刘月辉倡议,建立蓥华镇第一所帐篷小学,取名"江西省志愿者帐篷希望小学",帮助孩子们复课。面对特大地震灾害,作为队长的刘月辉总是事事带头,发挥模范带头作用,受到当地灾民称赞。2008年 7 月 16 日,刘月辉获团中央颁发的第七届"抗震救灾优秀志愿者"称号。

周 兴 1971 年 4 月出生,吉安市泰和县人,南昌市工商局干部,志愿者服务先进个人典型。2008 年,四川"5·12"汶川特大地震后,周兴经过层层选拔,成为团省委、省青年志愿者协会组织赴川抗震救灾志愿者成员,是江西工商战线上唯一一名赶赴抗震救灾前线的工商系统干部。5 月 26 日上午,周兴随江西省第二批青年志愿者抗震救灾服务队赶赴距震中汶川仅 20 千米的什邡市蓥华镇。周兴看到灾区的儿童没有书包和文具后,为让灾区的孩子过一个欢乐的六一儿童节,他立即向自己的单位领导汇报。单位领导安排工作人员火速采购 6 万多元的"米奇"品牌书包和文具,赶在 5 月 30 日最后一班飞往成都双流机场的航班,将书包和文具运往灾区。当得知山里的孩子因地震影响,道路不通,不能及时地领到学习用品后,周兴与队员一起背着大量书包,步行四五千米崎岖山路,送到每位学生家中。此后,周兴积极参与四川抗震救灾,并与同伴在灾区建立第一所希望小学。他的先进事迹先后受到央视《新闻联播》《整点新闻》和《中国工商报》、江西卫视、江西日报等 20 多家媒体的广泛关注和报道。2010 年,周兴获第八届"中国青年志愿者优秀个人奖"、第五届江西省青年志愿者优秀个人奖。

邱永生 1971 年出生,上饶市人,上饶曙光医院董事长,志愿者服务先进个人典型。邱永生毕业于江西医学院,在国内各级医学杂志发表论文 36 篇,主编和参编《中西医结合治疗不孕不育》《中国农民教育手册》等著作。他热心社会公益事业,于 2005 年前后捐赠抗洪抢险、抗震救灾、赞助教学、孤残帮扶、爱心机构捐助及修路筑桥等方面金额达上百万元。邱永生的业绩得到各级政府肯定,2006 年 3 月,获第六届中国青年志愿者行动贡献奖。此外,邱永生先后被评为全国优秀青年岗位能手、江西省劳动模范、江西省十大杰出青年岗位能手、江西省优秀青年企业家、十佳百优江西青年新形象标兵、江西省学雷锋志愿服务者先进个人等,获 2010年全国十佳医德风尚奖、江西省青年志愿服务突出贡献奖、上饶市"五一劳动奖章"等。其事迹被《人民日报》、中央电视台、《江西日报》、江西卫视、《今日家庭报》、上饶电视台、《上饶日报》《上饶广播电视报》《上饶晚报》等媒体多次专题报道。

世界冠军

　　彭　勃　1981 年 2 月出生,南昌市南昌县人,跳水运动员。1989 年 8 月,彭勃进入南昌市跳水训练;1991 年 9 月,选入江西省体工大队跳水队;1995 年 8 月,进入解放军八一跳水队,主项为 3 米板及双人跳台跳水。

　　1999 年,彭勃获全国跳水锦标赛全能冠军;2000 年,夺得亚洲跳水锦标赛男子 3 米板冠军、国际跳水大赛男子 3 米板冠军;2001 年,夺得第九届世界跳水锦标赛男子 3 米板双人冠军;2004 年,夺得第十四届世界杯跳水比赛男子 3 米板双人冠军、第二十八届雅典奥运会跳水比赛男子 3 米板冠军。

　　吴静钰　女,1987 年 2 月 1 日出生,景德镇市人,女子跆拳道运动员。1999 年,吴静钰开始练习跆拳道;2001 年,进入江西省重竞技运动管理中心跆拳道队;2004 年,进入国家跆拳道青年队。

　　2004 年,吴静钰夺得世界跆拳道青年锦标赛女子 49 千克级冠军;2005 年,夺得世界大学生运动会跆拳道女子 47 千克级冠军;2006 年,夺得亚洲跆拳道锦标赛女子 47 千克级亚军、世界杯跆拳道女子 47 千克级亚军、多哈亚运会跆拳道女子 47 千克级冠军;2007 年,夺得北京世界跆拳道锦标赛女子 47 千克级冠军;2008 年,在第二十九届北京奥运会跆拳道女子 49 千克级项目上夺得冠军;2010 年,夺得哈萨克斯坦亚洲跆拳道锦赛女子 49 千克级冠军、广州亚运会跆拳道女子 49 千克级冠军。

　　何汉斌　1986 年 1 月 10 日出生,南昌人,羽毛球运动员。1998 年,何汉斌被选进省体校专业学习打羽毛球;2002 年 2 月,进入国家队。

　　2004 年,何汉斌夺得世界青年锦标赛团体冠军、混双冠军;2007 年,夺得泰国公开赛、丹麦超级赛混双冠军;2008 年,夺得瑞士超级赛、马来西亚超级赛和印度大奖赛混双冠军;2009 年,夺得第十一届苏迪曼杯羽毛球混合团体赛冠军;2009 年,夺得全英超级赛混双冠军;2010 年,夺得广州亚运会男子团体冠军、巴黎世锦赛混双亚军。

　　金紫薇　女,1985 年 1 月出生,辽宁省沈阳市人,赛艇运动员。2000 年 11 月落户江西景德镇,2003 年进入国家队。2005 年,金紫薇夺得第十届全国运动会女子赛艇单人双桨、双人双桨两项冠军;2006 年,夺得十五届亚运会女子赛艇单人双桨冠军;2007 年,夺得赛艇世界杯赛荷兰站女子四人双桨金牌;2008 年,夺得第二十九届北京奥运会赛艇女子四人双桨冠军。

荣誉名录

获国家表彰的先进个人

全国优秀共青团员

1992 年全国优秀共青团员

程贵才

1994 年全国优秀共青团员

陈　智

1995 年全国优秀共青团员

王玉梅

1996 年全国优秀共青团员

欧阳胜

1997 年全国优秀共青团员

乐永红

1998 年全国优秀共青团员

葛江明　　成　洁

2000 年全国优秀共青团员

程　晖　　江美华　　王小明

2001 年全国优秀共青团员

李新华　　戎　玲

2002 年全国优秀共青团员

李建刚　　刘东林

2003 年全国优秀共青团员

刘洪琳　　胡　妍　　郑　兵　　刘赣清　　赵　培　　杨　健

2004 年全国优秀共青团员

潘　宏　　朱文娟　　谢才生　　谢小刚　　陈　燕

2005 年全国优秀共青团员

李福瑞　　刘庆言　　钟　理　　徐天啸　　叶　斌　　余霄翰　　熊剑峰

吴龙泉　　吴　琼　　石天清　　罗　峰　　张　蕾(满族)　　　刘发根

2006 年全国优秀共青团员

胡晓晨　　龚敏卿(壮族)　　　杨秋香　　刘　翔　　石　红

2007 年全国优秀共青团员

黄文亮　　周猛良

2008 年全国优秀共青团员

曾钰清　　王　杰　　黄　川

2009 年全国优秀共青团员

黄菁婧　　胡　艳　　钟齐鑫

2010 年全国优秀共青团员

韩　竣　李　羽　　肖玉玲

中国十大杰出青年及提名奖获得者

1993 年第四届中国十大杰出青年

傅志高

1999 年第十届中国十大杰出青年提名奖获得者

王　征

2000 年第十一届中国十大杰出青年

于　果

2001 年第十二届中国十大杰出青年提名奖获得者

高国兰

2002 年第十三届中国十大杰出青年提名奖获得者

谢国刚

2005 年第十六届中国十大杰出青年提名奖获得者

万河保

2008 年第十九届中国十大杰出青年提名奖获得者

彭小峰

中国十大杰出青年农民及提名奖获得者

1996 年第一届中国十大杰出青年农民提名奖获得者

熊　凌

1997 年第二届中国杰出青年农民

江建明

1998 年第三届中国杰出青年农民

朱新华

1999 年第四届中国杰出青年农民提名奖获得者

戴欣华

2000 年第五届中国杰出青年农民提名奖获得者

万河保

2002 年第七届中国杰出青年农民提名奖获得者

蔡福伟

2003 年第八届中国杰出青年农民提名奖获得者

罗时通

2004 年第九届"中国杰出青年农民"

万河保

2005 年第十届中国杰出青年农民提名奖获得者

吴成水

2006 年第十一届中国杰出青年农民提名奖获得者

黄　炜

2007 年第十二届中国杰出青年农民提名奖获得者

夏唐辉

2008 年第十三届中国杰出青年农民

王冬新

全国优秀共青团干部

1994 年全国优秀共青团干部

谭宝森

1997 年全国优秀共青团干部

胡国友　　钟惠生

1998 年全国优秀共青团干部

朱小凤　　宋寅安

2000 年全国优秀共青团干部

刘锡平　　刘　俊　　翁福达

2001 年全国优秀共青团干部

王少玄　　夏有民

2002 年全国优秀共青团干部

董颖华　　刘润保　　康　军

2003 年全国优秀共青团干部

卢勇军　　徐光井　　李明生　　江晓斌　　于　丽

2004 年全国优秀共青团干部

饶利萍　　黄先才　　刘　闯　　何金铭

2005 年全国优秀共青团干部

张　俊　　朱学路　　涂建忠　　黄平槐　　彭　静

2005 年全国优秀共青团干部

李建军　　杨劲松　　凌　卫　　程学新　　刘光华　　章　晖

2006 年全国优秀共青团干部

刘智艺　　廖　涛　　王桂玲　　王金海（蒙古族）　　曾　萍　　胡春平

2007 年全国优秀共青团干部

漆海云　　孙　鑫　　罗　璇　　邱晓辉

2008 年全国优秀共青团干部

范伟成　　王荣欢　　郭艳秋　　程新飞　　黎雪莲　　曹泽华　　陈申祥

2009 年全国优秀共青团干部

徐志勇　　周小丰

2010 年全国优秀共青团干部

李艳萍　　王芳芳

全国十佳少先队员及提名奖获得者

1995 年第四届全国十佳少先队员

成　洁

2003 年第八届全国十佳少先队员提名奖获得者

胡妍珂

2004 年第九届全国十佳少先队员

曾斯彧

2004 年第十届全国十佳少先队员

方铭璐

2005 年第十一届全国十佳少先队员

方铭露

2007 年第十二届全国十佳少先队员提名奖获得者

朱　彤

2008 年第十三届全国十佳少先队员

李鹤仪

全国优秀少先队员

2009 年全国优秀少先队员

陈小雨　　徐欣仪

2010 年全国优秀少先队员

谭　骁　　周怡妙　　谢天傲　　彭可人　　石宇哲　　刘一诺　　文　怡　　李孟栖
邹泽宇

全国十佳少先队志愿辅导员

1999 年全国十佳少先队志愿辅导员

欧阳辉

2003 年第三届全国十佳少先队志愿辅导员

詹朝晖

2007 年第七届全国十佳少先队志愿辅导员

周　俊

2008 年第八届全国十佳少先队志愿辅导员

齐子伟

全国十佳少先队辅导员及提名奖获得者

2001 年第三届全国十佳少先队辅导员

赵　凌

2004 年第五届全国十佳少先队辅导员

苏　华

2004 年第六届全国十佳少先队辅导员

杨金平

2006 年第七届全国十佳少先队辅导员

黎　苹

2007 年第八届全国十佳少先队辅导员提名奖获得者

王佑萌

全国优秀少先队辅导员

2000 年全国优秀少先队辅导员

李惠娟　　陈　俭　　钟裕梅　　邹禄金　　袁淑芸　　钱跃进　　陈永保　　钟　炜
王良英　　吴煌军

2005 年全国优秀少先队辅导员

陈玲玲　　龙　梅　　朱　燕　　许剑萍　　李慧敏　　彭明明　　邓　玲　　赖静怡
张志红　　张　敏　　肖　辉　　彭　艳　　黄海艳　　陈　莺　　许贤玉　　万文华

2009 年全国优秀少先队辅导员

李千铎　　王　莉

2010 年全国优秀少先队辅导员

谭群梅　　钱　琪(回族)　黄　娟　　郭金梅　　潘元俊　　江　妍　　邹　一

万莉琪　　张建文

全国优秀青少年宫工作者(教师)

1992 年全国优秀青少年宫工作者

姜　红　　梅继祥

1995 年全国优秀青少年宫工作者

杨伟东　　刘文波　　彭格智

2000 年全国优秀青少年宫工作者

程一征　　张　燕

2004 年全国青少年宫优秀工作者

李　菲　　黎维雅　　李　辉

2004 年全国青少年宫优秀教师

曾志龙　　张　伟　　丁胜茂　　胡慧珍　　罗　莹　　郑剑琳

全国三好学生及三好学生标兵

1993 年全国三好学生

黄　彦　　张利华　　黄志鹏　　郑　蔚　　周云洁　　陈　瑛　　吴仁江　　杨三春

邹志萍　　闵　翔　　曾晴光　　温凌锋　　王燕萍　　郑水荣

1995 年全国三好学生标兵

唐　英　　刘　菁　　邹　源

1995 年全国三好学生

郑闻亭　　洛桑旺姆　　陈　静　　胡晔高　　王碧辉

1997 年全国三好学生

伍卫秀　　余　颖　　张敬君　　林　云　　谢卫兵　　黄建梅　　姚洁雯

1999 年全国三好学生

李艳茶　　郭　静　　唐　红　　许海艳　　张友高　　陈源文　　汤红顺

2001 年全国三好学生标兵

伍　渊

2001 年全国三好学生

廖文梅　　张桂华　　陈琳琳

2006 年全国三好学生

蔡升勇　　封　云　　彭　宇　　刘　蕾　　范娅雯

2010 年全国三好学生

游雨迪　　赵秀娟　　王　亮　　王迎辉　　郭　静　　许学全　　冯晓辉　　杨永刚
芦　静　　陈建锋　　阳　鹏

全国优秀学生干部及优秀学生干部标兵

1993 年全国优秀学生干部

叶志忠　　李战海　　曹　俊

1997 年全国优秀学生干部

幸思忠　　伍复康

1999 年全国优秀学生干部

周洪丽　　张　磊

2001 年全国优秀学生干部

余科豪　　谭祖飞　　陈沈平　　钟　敏　　谢　慧

2003 年全国优秀学生干部标兵

徐　乐

2003 年全国优秀学生干部

邝　澍　　熊琴琴

2006 年全国优秀学生干部

王小立　　张　翔　　李梁凤　　谭美英

2010 年全国优秀学生干部

刘　擎　　靳会广　　廖　鹏　　黄时旺　　罗　林　　徐艳梅

全国中学生实践技能标兵及奖章获得者

1993 年全国中学生实践技能标兵

胡少诚　　饶　莹　　周胖子　　杨志刚　　欧阳海华

1993 年全国中学生实践技能奖章获得者

胡少诚　　饶　莹　　周胖子　　杨志刚　　施　聪　　廖　珍　　徐筱燕　　何景春
张秀兰　　黄春红　　陈　飞　　欧阳海华

全国杰出青年星火带头人

1996 年全国杰出青年星火带头人

谢远泰

1999 年全国杰出青年星火带头人

汤友文

全国青年星火带头人及青年星火带头人标兵（先进工作者）

1994 年全国星火带头人

冯显林	蔡老双	孔东院	卢润生	朱业斌	王仪贵	郑金才	曹丛生
晏水根	邓小洪	罗秀娇	周雷声	郑晓红	冯钱江	于秀喜	陈爱民
刘金林	胡桂莲	徐老方	王天禄	肖国华	曾荣敬	陈小平	樊国友
易怀毛	刘承中	余细华	曹国鸿	邓国本	闵圣邦	邓泉根	曾平和
邱小平	万何保	王田保	熊明勤				

1998 年全国青年星火带头人标兵

戴欣华	朱新华	苏　斌	李小平

1998 年全国青年星火带头人先进工作者

蒋　斌	徐　涛	兰冬生

2000 年全国青年星火带头人标兵

胡震坤	赖学桂	刘家祥	彭凯华

全国农村青年星火带头人标兵及农村青年星火带头人

1991 年全国农村青年星火带头人标兵

宋元鹏	张治庆	张旺生

1993 年全国农村青年星火带头人标兵

邹德庆	朱兴华	郑柏英	李荣贵

1995 年全国青年星火带头人标兵

龚　斌	詹国荣	尧京德

1995 年全国农村青年星火带头人标兵

陈世超	沈润根	林伟清	胡国平

1997 年全国农村青年星火带头人标兵

王满生	陈　伟

1997 年全国农村青年星火带头人

冷润喜	李淑美	曾昭义	钟瑞生	陈运根	苏　斌	汪美生	彭有火
胡志强	谢新文	黄日升	詹军文	左晓明	陈卫龙	彭丁根	朱友文
黄长生	周和义	余江保	贺香文	梁仁俊	邹日葵	李炳明	林利平
童云平	郑伯乐	吴自旺	吴水兴	杨沂钟	周阳华	郑绍东	李庆海
戴农林	陈年代	徐小平	万桃芳				

1999 年全国农村青年星火带头人标兵

胡水平	林远泉	陈文治

全国优秀青年企业家

1992 年全国优秀青年企业家

罗立功　　祝天才

1993 年全国优秀青年企业家

唐爱新　　吕美庆　　罗立功　　邓绍聪　　杨志魁

1993 年第三届全国优秀青年企业家

林祥群

1994 年第四届全国优秀青年企业家

魏云龙

1995 年第五届全国优秀青年企业家

王建华　　姚金发　　廖方红

全国杰出青年企业家

1993 年全国杰出青年企业家

李树华

1993 年第四届全国杰出青年企业家

陈志怀

1995 年第五届全国杰出青年企业家

唐爱新

全国(优秀)青年乡镇企业家

1991 年第二届全国青年乡镇企业家

邹德庆　　吴明权　　万纯洪

1992 年第三届全国优秀青年乡镇企业家

魏云龙　　周包根　　祝天才

2005 年第十六届全国优秀青年乡镇企业家

饶中华　　徐辉良　　黄冬彪

全国青年岗位能手

1994 年全国青年岗位能手

杨玉斌　　田承茂

1996 年全国青年岗位能手

周和平　　欧阳本喜　　叶远群

1997 年全国青年岗位能手

阳　勇　　李一民　　尚江黎　　李传芳　　廖建中

1998 年全国青年岗位能手

刘新安　　廖晓东　　鲁建明

1999 年全国青年岗位能手

张　瑾　　邓秋明　　胡大信　　谢道雄

2000 年全国青年岗位能手

李广生　　方　悦

2001 年全国青年岗位能手

查克兵　　吴晓华　　昌国乐　　邓建明

2002 年全国青年岗位能手

熊有坚　　刘远飞　　李　芳

2003 年全国青年岗位能手

胡　勇　　龚仲斌　　邓淮豫　　邱永胜　　李北春

2004 年全国青年岗位能手

林　平　　杨建东　　肖礽芳

2005 年全国青年岗位能手

袁春林　　张学民　　李建辉

2006 年全国青年岗位能手

汪　洲　　黄圣明　　刘思明

2007 年全国青年岗位能手

王　立　　林青云　　宁武华　　熊慧莲　　张　琳

全国杰出青年岗位能手及青年岗位能手

1995 年全国杰出青年岗位能手

周和平　　叶远群　　方海霞

1996 年全国杰出青年岗位能手

刘唆根　　龙思勤　　鲍清波　　周兰华　　刘杰平　　彭　蓉

2008 年全国青年岗位能手

陆　明　　彭小平　　张平发　　胡　聪

全国杰出青年志愿者及提名奖获得者

1997 年全国杰出青年志愿者

于　果　　邝全喜

1997 年全国杰出青年志愿者提名奖获得者

陈少勇

中国百名优秀青年志愿者

2000 年第三届中国百名优秀青年志愿者

江午晖　　徐秋平

2003 年第五届中国百名优秀青年志愿者

方勇军　　杜筱玲　　张小辉

2006 年第六届中国百名优秀青年志愿者

陈春林　　王　强

2007 年第七届"中国百名优秀志愿者"

程树雄　　雷　姆　　李渊华

中国青年志愿服务奖

2000 年中国青年志愿服务金奖获奖者

易红华

2000 年中国青年志愿服务奖获奖者

胡莉群　　屠国青　　王　雅　　徐进军　　杨建辉

2001 年中国青年志愿服务奖获奖者

邓　伟　　胡华爱　　谭祖飞　　胡　勇　　胡　春

2003 年中国青年志愿服务金奖获奖者

宋军福

2005 年中国青年志愿服务金奖奖章获得者

刘　方

中国青年志愿者行动贡献奖

2000 年中国青年志愿者行动贡献奖获奖者

郑　伟

2001 年中国青年志愿者行动贡献奖获得者

孙建明　　涂鸣华

2003 年中国青年志愿者行动 10 年特别贡献奖获奖者

于　果

中国青年志愿者行动贡献奖获奖者

邱永生　　罗启龙

中国杰出青年卫士

1997 年第一届中国杰出青年卫士

王　征　　王　跃　　曾广辉　　曾志强　　安玉爱

1999 年第二届中国杰出青年卫士

施华山

2003 年第四届中国杰出青年卫士

曹运革

中国优秀青年卫士及提名奖获得者

1999 年第二届中国优秀青年卫士

孙小强　　李法平　　邱百林

1999 年第二届中国优秀青年卫士提名奖获得者

刘小生　　洪可庆　　涂　云

2001 年第三届中国优秀青年卫士

胡景辉　　裘以华

2003 年第四届中国优秀青年卫士

黄淑彬

2006 年第五届中国优秀青年卫士

钟文凤　　李胜利　　毛辉良

全国五四新闻奖获奖者

1994 年第一届全国五四新闻奖获奖作品作者报刊类一等奖

卓　凡

1994 年第一届全国五四新闻奖获奖作品作者报刊类二等奖

李灿宇　　张渊林

1994 年第一届全国五四新闻奖获奖作品作者电视类三等奖

黄红卫

1995 年第二届全国五四新闻奖获奖作品作者报刊类三等奖

廖　毅　　李国生　　吴新谱

1995 年第二届全国五四新闻奖获奖作品作者广播类三等奖

"拉手相聚在井冈"夏令营纪实

1995 年第二届全国五四新闻奖获奖作品作者电视类一等奖

贾珍珍　　胡永瑜　　罗韶华

1997 年第四届全国五四新闻奖获奖作品作者文字类三等奖

朱小钧

1997 年第四届全国五四新闻奖获奖作品作者电视类三等奖

许运交　　胡永瑜　　颜　瑶　　高兴全　　魏　磊

1997 年第四届全国五四新闻奖获奖作品作者广播类二等奖

刘崇智

1998 年第五届全国五四新闻奖获奖作品作者广播类一等奖

程　普　　王　泉　　吴　炜

1999 年第六届全国五四新闻奖获奖作品作者文字类一等奖

应朝晖　　傅彩虹

2000 年第七届全国五四新闻奖获奖作品作者文学类二等奖

王枚显

2000 年第七届全国五四新闻奖获奖作品作者文学类三等奖

横街竖楼

2000 年第七届全国五四新闻奖获奖作品作者电视类二等奖

李熙坤　　罗俐珍　　杜云志　　黄　燕　　刘春源

2000 年第七届全国五四新闻奖获奖作品作者广播类三等奖

吴思影　　周　玉

2001 年第八届全国五四新闻奖获奖作品作者文字类三等奖

周样波　　晏亮保

2001 年第八届全国五四新闻奖获奖作品作者电视类三等奖

余进开　　吴　丹

2001 年第八届全国五四新闻奖获奖作品作者广播类三等奖

梁　伟

2002 年第九届全国五四新闻奖获奖作品作者文字类三等奖

张　雪　　彭兴庭

2002 年第九届全国五四新闻奖获奖作品作者电视类三等奖

罗俐珍　　饶晓刚　　谢祥震

2002 年第九届全国五四新闻奖获奖作品作者广播类三等奖

周　玉

2003 年第十届全国五四新闻奖获奖作品作者文字类三等奖

姚文滨　　罗　琪

2003 年第十届全国五四新闻奖获奖作品作者图片类三等奖

朱文标

中国青年五四奖章获得者

2007 年第十一届中国青年五四奖章获得者

熊文清　　江祥林　　何春富　　丁能水　　邓继猛　　刘发根

2008 年第十二届中国青年五四奖章获得者

汪　洋　　邹　勇

2008 年追授的中国青年五四奖章获得者

郭　燚　　江玉新

2009 年第十三届中国青年五四奖章获得者

周俊军

中国青年科技创业奖获奖者

1994 年第一届中国青年科技创业奖获奖者

张申豪　　胡雄彪

1995 年第一届"中国青年科技创业奖"获奖者

胡雄彪

1996 年第二届中国优秀青年科技创业奖获奖者

贺浩华

1999 年全国青联第三届"中国杰出青年科技创业奖"获奖者

黄代放　　郭依勤　　徐真祥　　龚　斌

中国优秀青年科技创新奖获奖者

2000 年第四届中国优秀青年科技创新奖获奖者

彭小英　　陈　苏　　江风益

2001 年第五届中国优秀青年科技创新奖获奖者

郑　伟　　罗方承　　胡彪斌　　王　洪

全国农村青年创业致富带头人及农村青年创业致富带头人标兵

2001 年全国农村青年创业致富带头人

青年科技兴农带头人

万发勇　　吴友稼　　汪胜辉　　葛江明

青年农业产业化带头人

晏锦田　　黄梁山　　涂国平　　李章作　　俞辉文

青年工商创业带头人

王纬海　　胡国华　　蔡长远　　徐辉良　　程月文　　邓爱娣　　邹祖根

优秀青年经纪人

赖平川　　李文龙　　方加军　　华莲娥

2002 年全国农村青年创业致富带头人

青年科技兴农带头人

秦国强　　陈招明　　童云平

农村青年创业致富带头人

梅石生　　邓乐生　　曾根明　　陈化赛

青年农业产业化带头人

蔡庆国　　邓明煌　　古东福　　林垂嘟　　万河保　　吴成水　　黎　辉　　徐　吉

邓继猛　　徐小平　　张锁根　　肖红兵

青年工商创业带头人

刘　勇　　刘智君　　何春明　　钟启文　　秦国强　　陈红艳

优秀青年经纪人

李新华

2003 年全国农村青年创业致富带头人标兵

邱新海　　李梦龙　　聂国军

2003 年全国农村青年科技兴农带头人

李志明　　朱　壹

2004 年全国农村青年创业致富带头人标兵

吴成水　　邓继猛　　黄青山

2004 年全国农村青年创业致富带头人

梁仁俊　　李友礼　　王志华　　钟冬梅

2005 年全国农村青年创业致富带头人标兵

林远泉　　张梅生　　马　飞

2005 年全国农村青年创业致富带头人

欧阳亮亮　　汪建标　　肖章瑛　　李小平　　徐建忠　　张永军　　朱春林　　胡利建

王建和　　何晓春　　姚小平　　孙学斌　　方根民　　刘东林　　张永军　　彭玉权

曾小江　　唐中旗　　汪　伦　　柳堂新　　赵华鹏　　杨青春　　仇源旺　　李海勇

2006 年全国农村青年创业致富带头人

张小乐　　邹绍华　　黎　鸢　　潘雪林　　柯遐利　　胡金有　　余道金　　胡益青

曾志龙　　阮昭平　　李果玲　　杨　敏　　黄外来　　王　超　　廖志添　　李志元

邹敬峰　　李辉敏　　罗来足　　朱永华　　邹文华　　方根民　　汪战军　　江林明

林夏明　　陈乐平　　曾庆高　　冯绍峰　　宁小刚　　周建生

2006 年全国农村青年创业致富带头人标兵

马　飞　　李文华　　宋剑春

2007 年全国农村青年创业致富带头人标兵

何涛江　　林　明　　林垂都

2007 年全国农村青年创业致富带头人

于志勇	余　剑	胡小保	操良根	胡显钟	徐鸿建	时向丽	彭德福
兰子建	熊　姜	张海燕	赖震林	陈先仁	廖　志	钟卫东	何东波
丁小敏	张辉勇	杨建龙	简春华	郑金荣	黄小龙	程丽江	曹庆华
徐敷新	叶劲松	陶　文	谢庆武	梁军生	温小永	俞样德	徐全龙
张三桂	邱贵亮	周卫平					

2010 年全国农村青年致富带头人

| 胡小敏 | 朱其勇 | 袁松松 | 张顺标 | 陈　斌 | 袁根牙 | 江武军 | 杨　坚 |
| 饶泽森 | 方金山 | 张少虎 | 曾凡波 | | | | |

中国保护未成年人优秀（杰出）公民及提名奖获得者

1997 年中国保护未成年人优秀公民

欧阳辉　　刘良龙　　葛志坚

1999 年第二届中国保护未成年人杰出公民

万　斌

2001 年第三届中国保护未成年人优秀公民

陈宝玉　　刘小玲　　杨　岚　　汤赛南　　高志坚　　邹韶山　　黄玉林

2001 年第三届中国保护未成年人优秀公民提名奖获得者

石平连

全国（一级）"星星火炬"奖章及荣誉证章获得者

1994 年全国"星星火炬"荣誉证章获得者

孙文泉　　范序德　　饶士圻

1995 年全国"星星火炬"奖章获得者

少先队辅导员和少先队工作干部全国"星星火炬"奖章获得者

钱　琳　　方　伟　　姚永青

党政领导全国"星星火炬"奖章获得者

杨武连　　谢宝河　　余茂生　　陈水秘

中小学校长全国"星星火炬"奖章获得者

钟裕梅　　孙　静　　程喜芳

社会各界人士全国"星星火炬"奖章获得者

自尚德　　付　军　　吴渊龙

1996 年全国一级"星星火炬"奖章获得者

程文铨　　蔡保良　　刘更生　　王和塔　　卢爱珍　　赵守信　　李友生　　聂兴福

龚宇涛　　谭照陆　　黄慧芳　　谢阳生　　董赣雄　　邱明生

1998 年第四届中国少年先锋队"星星火炬奖章"获得者

柯进水　　潜成猛　　杨三勇

2003 年全国"星星火炬"奖章获得者

邵梅珍　　文耀挺　　金笑萍

2004 年全国"星星火炬奖章"获得者

杨慧文　　高兴全　　熊晓武　　黄　昊　　李平义　　李国林　　颜廷红

"中国大学生跨世纪发展基金·建昊奖学金"优秀（特等）奖获得者

1995 年"中国大学生跨世纪发展基金·建昊奖学金"优秀奖获得者

胡晔高　　梅加良　　唐　英

1996 年"中国大学生跨世纪发展基金·建昊奖学金"优秀奖获得者

余　颖　　陈伏生　　曾英坚

1997 年"中国大学生跨世纪发展基金·建昊奖学金"特等奖获得者

武卫秀

"中国大学生跨世纪发展基金·建昊奖学金"优秀奖获得者

李　军　　黄悦波　　李　元

1998 年"中国大学生跨世纪发展基金·建昊奖学金"优秀奖获得者

江　燕　　严晋华　　李湖南　　汤红顺

1999 年"中国大学生跨世纪发展基金·建昊奖学金"优秀奖获得者

左敏静　　李亿华　　周培胜　　易　娟

2000 年"中国大学生跨世纪发展基金·建昊奖学金"优秀奖获奖者

张桂华　　尹建明　　叶　菲　　周　菁

2001 年"中国大学生跨世纪发展基金·建昊奖学金"优秀奖获奖者

陈　军　　柳　迈　　涂　强　　张凤林

2002 年"中国大学生跨世纪发展基金·建昊奖学金"优秀奖获奖者

余清平　　陈文杰　　陈明华　　郭训忠

全国农村中学生发展奖励基金获得者

1995 年全国农村中学生发展奖励基金获得者

夏玉明　　段云华　　刘　军

1996 年全国农村中学生发展奖励基金（华联奖金）获得者

温金福　　　胡锡彬　　　潘　熙　　　汤　槐

"中国中学生正泰品学奖"优秀（特别）奖获奖者

2004 年第一届"中国中学生正泰品学奖"优秀奖获奖者

舒　畅　　　王　榕　　　周志兰　　　郑　凰　　　刘诚霖

2005 年第二届"中国中学生正泰品学奖"优秀奖获得者

谢英太　　　方　正　　　黄　璜　　　邱　筠　　　丁　舒

2006 年第三届"中国中学生正泰品学奖"特别奖获奖者

郭美辰

2006 年第三届"中国中学生正泰品学奖"优秀奖获奖者

吴　晓　　　杨滨炜　　　李丽娟　　　詹盼盼

2007 年第四届"中国中学生正泰品学奖"特别奖获奖者

黄文涛　　　祝　赫　　　周智勤　　　肖　涛　　　宋佳星

全国服务农村青年增收成才奖（转移就业）先进个人

2002 年全国服务农村青年增收成才奖先进个人

黄先才　　　李超群　　　简火仔　　　古祖亮

2003 年全国服务农村青年增收成才奖先进个人

赵尚高　　　曾繁富　　　徐鞠晖　　　李协民　　　黄新坚　　　李亮生

2005 年全国服务农村青年增收成才奖先进个人

潘其波　　　童　骏　　　梁棉利　　　高志坚

2006 年全国服务农村青年增收成才奖先进个人

刘明华　　　邹四清　　　黄志远

2006 年全国服务农村青年转移就业先进个人

勒东穆　　　尧筱宇　　　张曰雄　　　唐卫东　　　郑寿庆　　　熊优茂　　　邓居维　　　晏卫生
林贻校　　　赖厚东

2007 年全国服务农村青年增收成才先进个人

万　欣　　　阳振芳　　　于　超

全国农村青年产业化带头人

2003 年全国农村青年农业产业化带头人

邬洪辉　　　万修林　　　李性明　　　徐鸿建　　　洪新进　　　胡建兰　　　周国安　　　余华忠
刘升贵　　　彭海潮

2004 年全国农村青年农业产业化带头人

周 强　　吴永军　　汪 清　　林远泉　　彭永照　　陈和平

全国农村青年工商创业带头人

2003 年全国农村青年工商创业带头人

叶 杰　　章金华　　周新才　　桂雯庆　　蔡殿芳

2004 年全国农村青年工商创业带头人

吴康彪　　叶荣裕　　黄 炜

全国乡村青年歌手大赛获奖者

2000 年第二届全国乡村青年歌手大赛二等奖获奖者

黄志权

2002 年第三届全国乡村青年歌手大赛获奖者

黄贤文

2003 年第四届全国乡村青年歌手大赛民族组优秀奖获奖者

郭文秋

2004 年第五届全国乡村青年歌手大赛获奖选手一等奖

王 璐

2004 年第五届全国乡村青年歌手大赛获奖选手优秀奖民族组

钟文萍　　郑慧勤　　华殿花　　潘尔斌

2004 年第五届全国乡村青年歌手大赛获奖选手通俗组

邱淞林

全国乡村青年才艺风采大赛获奖者

2005 年第一届全国乡村青年才艺风采大赛三等奖获奖选手

何志辉

2006 年第二届全国乡村青年才艺风采大赛优胜奖获奖选手

张小华

2007 年第三届全国乡村青年才艺风采大赛优胜奖获奖者

黄曼星

全国乡村青年文化名人

2003 年全国乡村青年文化名人

谭晓红

2004 年全国乡村青年文化名人

柯长征　　王　璐　　严卫华　　古志雄

2006 年全国乡村青年文化名人

胡中良　　孙　艳　　胡　涛　　朱俐华

全国各族青年团结进步奖获奖者及先进、模范个人

1992 年全国各族青年团结进步先进个人

关袁鸿(锡伯族)　陈晓琴(回族)　马玉霞(回族)　郭富有(回族)　莫宇宏

1999 年全国各族青年团结进步模范个人

兰年春(畲族)　　雷纪文(畲族)　吕　鑫　　吴建春

2001 年第三届全国各族青年团结进步优秀奖获奖者

周　兵

2004 年第四届全国各族青年团结进步杰出奖获奖者

兰晓珍(畲族)　　马文海(回族)　兰华红(畲族)

2007 年第五届全国各族青年团结进步优秀奖获奖者

雷海燕(畲族)　　彭长春

全国进城(外来)务工青年良师益友

1998 年第二届全国外来务工青年良师益友

詹慧珍　　郭跃钢　　张华兴

2001 年第三届全国进城务工青年良师益友

黄海涛　　郭　皎

2005 年第四届全国进城务工青年良师益友

陈燕琼

2007 年第五届全国进城务工青年良师益友

杨劲松　　邱小勇　　蔡报贵

全国优秀外来务工青年及优秀、杰出进城务工青年

1996 年第一届中国优秀外来务工青年

刘厚生　　汪美保

1998 年第二届中国优秀外来务工青年

刘厚生　　赖仁远　　詹军文

2001 年第三届全国优秀进城务工青年

罗海斌　　李运强　　李期倩

2004 年第四届全国杰出进城务工青年

刘　艳

2005 年第四届全国优秀进城务工青年

黎　鹏　　张有福　　陶兰芳

2007 年第五届全国杰出进城务工青年

吴康彪　　张小乐　　吴友稼

中国青年创业行动先进个人

2003 年中国青年创业行动先进个人

梁建平　　魏文生

2004 年中国青年创业行动先进个人

孙　鑫　　万建农　　何金铭

2005 年中国青年创业行动先进个人

龚　宏　　陈水平

2006 年中国青年创业行动先进个人

黎增义　　李更生

"中国青年创业奖"获奖者及提名奖获得者

2004 年第一届"中国青年创业奖"获得者

李卫东

2005 年第二届"中国青年创业奖"获得者

史小琴

2006 年第三届"中国青年创业奖"提名奖获得者

方勇军

2007 年第四届"中国青年创业奖"提名奖获得者

邱　红　　徐全龙

全国"帮助青年创业计划"工作先进个人

2001 年第一届全国"帮助青年创业计划"工作先进个人

万虹芸　　朱学路

2002 年第二届全国"帮助青年创业计划"工作先进个人

贾燕春　　章小云

全国保护母亲河行动先进个人等

2001 年全国保护母亲河行动先进个人

吴晓蓉　　史文斌

2002 年全国保护母亲河行动先进个人

李明生　　谢金生　　卢　涛

2003 年全国保护母亲河行动先进个人

黄　煜　　李旭亮　　蔡海生　　于成林

2004 年全国保护母亲河行动个人 5 年成就奖获得者

李旭亮　　于成林　　蔡海生

2004 年全国保护母亲河行动先进个人

余进祥　　黄　烜　　孙新生

2005 年全国保护母亲河行动先进个人

程学新　　吕聚煜　　饶干华　　吴龙泉

2006 年全国保护母亲河行动先进个人

李　菲　　汤齐华　　丁科人

2007 年全国保护母亲河行动先进个人

刘小华　　钟炳明　　刘智艺　　李　菲

全国青年兴业领头人

1999 年全国青年兴业领头人

刘菲丽　　李书斌　　江　珍

2000 年第二届全国杰出和优秀青年兴业领头人全国杰出青年兴业领头人

郑思庚

2000 年第二届全国杰出和优秀青年兴业领头人全国优秀青年兴业领头人

蔡福伟　　赖德贵　　邓丽娜

2001 年第三届全国杰出和优秀青年兴业领头人全国优秀青年兴业领头人

许　斌　　赵　彤　　顾井红

中国软件行业杰出青年及提名奖获得者

2001 年中国软件行业杰出青年

朱　军

2003 年第二届中国软件行业杰出青年提名奖获得者

庄力可

2004 年第二届中国软件行业杰出青年

庄力可

2008 年第四届中国软件行业杰出青年提名奖获得者

张洁卉

全国"东西互助共同迈向富裕"活动先进个人

1993 年全国"东西互助共同迈向富裕"活动中期先进个人

安 文　魏云龙　龚循明　黄小平　葛亮明

1995 年全国"东西互助共同迈向富裕"活动先进个人

姚亚平　熊永强　熊桂花　李季仁　郑克强

中国少年儿童平安行动好队员

2003 年中国少年儿童平安行动好队员

王丹阳	蒙天骐	易曦露	钟 欢	王琳娜	曾 顺	李昕哲	李欣媛
陈 曦	杨 萌	邓 超	游新宇	程心怡	徐婧婷	吴君涵	徐 涛
刘文轩	钟文媛	胡彦涵	张文心	陶 旸	周 驰	文 峰	顾晨星
冯 达	蔡 琦	吴 纯	傅 琳	郑涵悦	诸葛子弘		

2004 年中国少年儿童平安行动好队员

罗 敏	熊彦东	邹贵祥	邢佳颖	袁 璐	许笑阳	饶罗骁	钟涵冰
徐欣鹏	张勋亮	刘鸿驰	张 星	张乐萌	游新宇	邹 理	俞支胤
丁予伦	何超欢	郭俞辰	朱震坤	周义雅	黄占戈	夏 婧	龙昌蔚
黄 昊	卢 桓	刘日天	王雨婷	童 婧			

2005 年中国少年儿童平安行动好队员

刘 畅	钟然然	梁鹤竞	钟依汝	阙瑞林	李思雨	王 涵	陈莞儿
曾 强	陈美琪	徐一帆	邱坤宇	马若欣	徐军亭	周宇童	陈 慧
黄路凡	赵欣汾	曹玉廷					

2007 年中国少年儿童平安行动好队员

马思玥	刘颖慧	李亚赫	杨浩宇	吴馨雨	张若羿	陈 曦	罗金钥
周逸翰	唐轶欧	程少逸	潘鹤彤	郃意青云			

中国少年儿童平安行动(优秀)"平安使者"及少年儿童平安行动贡献奖"获奖者

2003 年中国少年儿童平安行动"平安使者"

蔡 力　陈 晓　杨光亮

2004 年中国少年儿童平安行动优秀"平安使者"

章建军　杨水秀　汪保祥

2005 年中国少年儿童平安行动优秀"平安使者"

易彬彬　黄丽君　陈振宏　熊次娃

2008 年中国少年儿童平安行动贡献奖获奖者

舒 明

中国少年儿童海尔科技奖获奖者

2004 年中国少年儿童海尔科技创新奖获奖者

杨　探

2004 年中国少年儿童海尔科技希望奖获奖者

叶协林	杨雨萱	郭秀芳	刘晓晓	何文文	涂　谦	韩　哲	张樱子
余　意	刘　砚	熊思宇	黄　浩	姚　强	杨　韬	甘　磊	王　江
徐　荣	胡诗蓉

2004 年中国少年儿童海尔科技奖活动园丁奖获奖者

杨振辉

2006 年中国少年儿童海尔科技奖三等奖获奖者

吴　晨　　喻　存

中国青少年科技创新奖获奖学生及获奖者

2004 年第一届中国青少年科技创新奖获奖学生

周　黎

2005 年第二届中国青少年科技创新奖获奖学生

孙凌飞　　杨　探

2006 年第三届中国青少年科技创新奖获奖者

刘冬梅　　许世建

2007 年第四届中国青少年科技创新奖获奖者

邓琦岚　　杜大威　　谭安助

2008 年第五届中国青少年科技创新奖获奖者

罗来安　　卢宝阳

2009 年第六届中国青少年科技创新奖获奖者

彭　杰　　谈利承

2010 年第七届中国青少年科技创新奖获奖者

姚　凯　　胡　斌

中国大学生校园歌手大赛获奖者

2003 年第一届中国大学生校园歌手大赛"优秀校园歌手"奖获奖者

白　晓　　张　弛

2004 年第二届中国大学生校园歌手大赛银奖获奖者

白　晓

2004 年第二届中国大学生校园歌手大赛铜奖获奖者

张　婷　　邹志刚

2005 年第三届中国大学生校园歌手大赛铜奖获奖者

邓丽娟　　王　伟　　张红英

全国大中专学生志愿者暑期"三下乡"社会实践活动先进个人

2005 年全国大中专学生志愿者暑期"三下乡"社会实践活动先进个人

刘光华　　程学新　　许桂芳

2006 年全国大中专学生志愿者暑期"三下乡"社会实践活动先进个人

鄢平原　　汪立夏　　曾　萍　　张剑锋

2008 年全国大中专学生志愿者暑期"三下乡"社会实践活动先进个人

詹　凯　　胡　蓉　　洪剑东　　尹春亮　　刘志蓉　　胡志坚

"振兴杯"全国青年职业技能大赛获奖者

2004 年第一届"振兴杯"全国青年职业技能大赛工具钳工比赛优秀个人

许智平

2010 年第六届"振兴杯"全国青年职业技能大赛决赛优秀个人机修钳工第 6 名

廖庆华

2010 年第六届"振兴杯"全国青年职业技能大赛决赛优秀个人机修钳工第 18 名

黄　贵

2010 年第六届"振兴杯"全国青年职业技能大赛决赛优秀个人机械设备安装工第 6 名

张卫国

2010 年第六届"振兴杯"全国青年职业技能大赛决赛优秀个人机械设备安装工第 10 名

冯正武

2010 年第六届"振兴杯"全国青年职业技能大赛决赛优秀个人计算机网络管理员第 15 名

夏　恺

2010 年第六届"振兴杯"全国青年职业技能大赛决赛优秀个人计算机网络管理员第 19 名

邱　斌

"挑战杯"全国大学生课外学术科技作品竞赛获奖者

2005 年第九届"挑战杯"全国大学生课外学术科技作品竞赛终审成绩二等奖

边旭明　　黄勇进　　凌　焰　　武　波

2005 年第九届"挑战杯"全国大学生课外学术科技作品竞赛终审成绩三等奖

谢帮华　　陈文伟　　孙凌飞　　刘文广　　李佳春　　黄海龙　　郭宗帅　　张　霖

许世建　　黄忠其　　周　花　　常旭东　　刘青琳　　邱晓平　　曾敏清

2005 年第九届"挑战杯"全国大学生课外学术科技作品竞赛杰出工作奖获奖者

程样国

中国青年企业家管理创新奖获奖者

2005 年第一届中国青年企业家管理创新奖获奖者

陈圣以

2007 年第二届中国青年企业家管理创新奖获奖者

梅　清

中国青少年社会教育"银杏奖"获奖者

2005 年中国青少年社会教育"银杏奖"突出贡献奖获奖者

潘　兵　　霍　标　　陈　红　　成南福　　吴才有　　黄　瑾　　万程东

2005 年中国青少年社会教育"银杏奖"特别荣誉奖获奖者

刘焕荣

2007 年第二届中国青少年社会教育"银杏奖"终身成就奖获奖者

曲　涛

2007 年第二届中国青少年社会教育"银杏奖"特别贡献奖获奖者

顾胜和　　彭国华

全国优秀少年军校工作者

1998 年全国优秀少年军校工作者

俞健玲　　卢秋如

2003 年全国优秀少年军校工作者

温　良　　万　鹰　　谢江红

2006 年全国优秀少年军校工作者

伍瑒祥　　温　良　　郑绍清　　曾志龙　　刘　笑　　郝晓玉　　钟树春

中国杰出(优秀)青年外事工作者

1999 年第一届中国杰出(优秀)青年外事工作者

徐　波

2004 年第二届中国优秀青年外事工作者

顾健红

全国青年中心建设试点工作先进个人

2004 年全国青年中心建设试点工作先进个人

李　鑫　　苏玉东

2005 年全国青年中心建设试点工作先进个人

阎志强　　杨劲松　　刘智艺　　卢赣华　　程　凯　　李　悦

2006 年全国青年中心建设工作先进个人

吴　宽　　刘国庆　　叶志勇　　章燕萍　　王　航　　江海武

2007 年全国青年中心建设先进个人

向　玫　　朱爱民　　刘利红　　王永刚　　熊育杰　　彭　静

全国宣传共青团工作优秀新闻作品作者

2004 年全国宣传共青团工作优秀新闻作品作者文字类

黄继妍　　叶　俊　　雷　鹰

2004 年全国宣传共青团工作优秀新闻作品作者电视类

余志坚　　肖　玮　　温小力　　饶晓刚

2005 年宣传共青团工作优秀新闻作品评选文字类优秀新闻作者

胡剑峰　　陈　凌

2005 年宣传共青团工作优秀新闻作品评选电视类优秀新闻作者

杨晓霞

2006 年宣传共青团工作优秀新闻作品作者文字类

胡剑锋　　陈　凌　　肖柯发

2006 年宣传共青团工作优秀新闻作品作者电视类

余志坚　　吉　潇

2006 年全国"共青团好新闻"评选获奖者

李晚成　　陈　瑒　　宗　欢　　余志坚　　肖　伟

其他奖项

1991 年

全国交通安全小功臣

徐　伟　　梁琦娜

全国交通安全小卫士

胡　军	周　柯	李　瑛	项　英	赖　体	黄雯丽	杜建中	谢　嘉
邹秋平	任　远	车磊华	邓　翔	李纬娜	龚智君	刘　娅	吴星牙
晏小宜	刘　薇	黄　贞	许洪亮	廖　军	兰光亮	刘　昊	吴　艳
艾小兰	江　湲	桂　晶	杨建伟	郑晔弘	吴　海	王海兵	熊　慧
罗志民	潘　丽	吴文艳	屈　征	刘　静	杨　琳	刘小波	朱怀剑
张　艺	邓　珺	彭小刚	于　疆	赖亚明	曾永君	李　健	

全国武警部队学雷锋标兵

王雪华

全国旅游行业青年服务标兵

袁　磊　　黄主坪　　孙　琳

全国助残先进个人

张发刚　　胡康敏　　黎云青

全国道路交通管理法规宣传教育活动先进个人

李春燕	白　皓	傅登高	邱明生	蔡兴亚	张国培	刘鲁南	张　晓
李　江	赵　伟	刘安东	陈吉辉	蔡方锴	李晓琼	王康群	潘志红
湛志鹏	张和萍	单　华	李建军	余振泰	占　勇	徐哲龙	谢尚仁
邱志高	艾练明	姬现林	周　勇	黄国生	杨思跃		

全国税务系统青年标兵

陈晓南　　徐梅英　　吴建平

1993 年

全国青年服务能手

吴小慧　　胡娟　　章敏红

1994 年

全国百名青年优秀环保企业家

刘礼清　　唐爱新　　陈维生　　陈义清

1995 年

全国未成年人保护工作模范个人

贾自菊　　赖捍真　　王元芝　　郑柯静

全国优秀青年星火企业家

郑森林

1996 年

全国青少年绿化祖国先进个人

古龙辉	叶木英	张保善	黄　斌	刘梦俊	施泽春	张义科	黄小勇
叶剑国	雷武宝	龚任平	梁义德	黎小红			

1997 年

第五届"中国好少年、好儿童"

余丹华　　杨华林　　邓党良　　付　鹏　　罗文敏

全国青年见义勇为先进分子

张　华　　罗根生　　宁金平　　秦耀明

全国胡楚南优秀大学生奖学金获得者

余　颖　　伍复康　　章思光

全国农村青年最喜爱的科普读物获奖作品作者

张献仁

1998 年

全国抗洪青年突击队员英模

文景星　　陈长生　　吴　波　　田　晟　　刘　巍　　杨　东

第一届全国优秀青年报刊工作者

李目宏　　　李灿宇

第二届中国青年志愿者特别贡献奖获奖者

吴　敏

全国百万农村青年科技传播活动先进个人

蔡锦修　　陈道印　　陈　伟

1999 年

全国领办科技推广项目贡献奖获奖者

蒋　斌

全国枫叶创造基金获得者

宋树礼　　钟荣兰　　钟永安

全国企业青年工作优秀领导者

张仁雪　　王振坤

全国企业青年创新创效个人奖技术创新个人奖获奖者

肖胜辉　　彭建军

全国企业青年创新创效个人奖营销创新个人奖获奖者

周军　　赵明强　　周平

全国企业青年创新创效个人奖管理创新个人奖获奖者

胡焰辉

全国企业青年创新创效个人奖服务创新个人奖获奖者

沈　彬

2000 年

全国神农奖获奖者

吴建春

2001 年

百名全国"学法用法好少年"

宋湛若　　陈星月　　陈旭　　徐泽倩　　刘泓　　张帅

第三批全国"青年文明社区"创建活动贡献奖获奖者

吴袁华　　徐福祥

中国青年志愿者服务银奖获奖者

胡妍　　胡奕军

百名全国青少年法律学校"优秀法制教育辅导员"

王迪明　　付杰　　陈先锋　　周俊德　　李建军

第一届全国青年创新创效奖获奖者

黄峥嵘　　王华平　　陈辉　　廖竹青　　刘伟东　　梁向东

2002 年

全国优秀少先队中队辅导员

官样红　　刘艳艳　　陈慧仙　　刘安　　袁小萍　　俞满荣　　黄美珍　　瘳蕴
罗继红　　刘苏平　　黄晓莉　　程晓征　　杨志红　　肖靛　　胡红玉　　谌旋
熊丹琳　　彭艳　　李洁　　曾敏　　邓虹　　谢虹　　陈静　　吴新兰
晏菊语　　梁京阳　　董琳　　杨青萍　　许江伟　　秦志

全国学习雷锋、志愿服务先进个人

郑雪兰　　赵凌

第四届乡村青年文化节先进个人

裴玲珠　　袁汝琴

中国优秀志愿者

刘建乐　　张友福

2003 年

第六届"中国青年科技创新杰出奖"获奖者

饶立新　　涂彦彬

全国防治非典型肺炎工作优秀共青团员

王玲　　应淑媚　　杨兴华　　钟圆　　付明

全国防治非典型肺炎工作优秀团干部

王小勇　　卢凌

全国学习雷锋、志愿服务先进个人

赵　凌　　杨正权

全国自强不息好少年

万富强　　陈瑜辉　　陈虹倩

全国优秀"青少年维权岗"创建活动突出贡献奖获奖者

童天怡

全国优秀"青少年维权岗"创建活动先进个人奖获奖者

徐祝英　　傅作全　　吴　江　　胡海涛　　李　捷　　巫　琼

全国青年文明号活动优秀个人奖获奖者

肖　萍　　李晓群　　杨龙兴　　陈水平　　康　楷　　李国锋　　卢勇军　　邓保生

2004 年

全国"青春红丝带"行动——青少年防治艾滋病志愿者"面对面"宣传教育活动优秀个人

程　霞　　陈　红

第一届"全国十佳中学生"提名奖荣誉称号获得者

邱　晨　　陈昌煦

全国农村青年工商创业先进个人

李志明　　杨炳春　　曹九龙　　张小锋　　康　茹

"金博士杯"全国乡村青年民间工艺品制作大赛获奖作品作者银奖作品作者

蔡长远

"金博士杯"全国乡村青年民间工艺品制作大赛获奖作品作者优秀奖作品作者

王建明　　黄国强　　罗春明　　江亮根　　邓国平　　陈　骏

2005 年

"中国青年丰田环境保护奖"优秀奖获奖者

肖齐平

第八届共青团精神文明建设"五个一工程"优秀文化新人奖获奖者

陈　罡

全国预防青少年违法犯罪工作先进个人

刘焕荣　　刘小玲　　陶　晔　　钟正喜

全国"百万青年志愿者助残行动"先进个人

丁友生

第一届全国青年文明号文化作品大赛获奖者报告文学类

周　皓

第一届中国青年企业家协会优秀会员

蒋霖猷

第一届中国青年企业家协会先进工作者

刘雅琴

2006 年

全国青工技能振兴计划先进个人

傅春保　　詹超云

中国大学生自强之星提名奖获得者

马　超

全国服务农村青年转移就业先进个人

勒东穆　　尧筱宇　　张曰雄　　唐卫东　　郑寿庆　　熊优茂　　邓居维　　晏卫生

林贻校　　赖厚东

第一届"未来杯"全国中学生创意设计竞赛获奖者一等奖

范江博翰

第一届"未来杯"全国中学生创意设计竞赛获奖者二等奖

李　赟

第一届"未来杯"全国中学生创意设计竞赛获奖者三等奖

胡　丹　　肖维陆　　周一玮　　舒敬怡

第一届全国优秀少年军校学员

陈哲青　　姚玉婷　　郭庆宇　　孙一鸣　　汤超俊　　何泓韬　　毛　荟　　魏　铭

中国大学生自强之星

石　红

2007 年

第二届全国敖新阳获奖者

敖新阳　　裘晓红　　周森雄　　韩垂志　　钱　璇　　王金莲

全国青少年"我们的家乡、我们的文明"主题实践活动获奖作品作者电子贺卡设计三等奖

朱和平　　黄　强

全国青少年"我们的家乡、我们的文明"主题实践活动获奖作品作者 DV 获奖作品二等奖

魏芸芸　　熊承发　　林明星

全国青少年"我们的家乡、我们的文明"主题实践活动获奖作品作者知识竞赛二等奖

徐恺辰

全国青少年"我们的家乡、我们的文明"主题实践活动获奖作品作者知识竞赛三等奖

廖依婧

全国"共青团新闻奖"电视类获奖作品作者

余志坚　　卢　群

全国少先队工作先进个人

梅　亦　　康　茹

第一届"中国十大杰出青年技师"

梁　文

第一届"中国优秀青年技师"

刘发根

第二届"我爱新农村"全国少年儿童画大赛儿童组获奖作品作者优秀奖

许　静

第二届"我爱新农村"全国少年儿童画大赛少年组三等奖

万晨霖

第二届"我爱新农村"全国少年儿童画大赛少年组优胜奖

李思媚　　徐海浪

2008 年

中国志愿服务事业贡献奖获奖者

眭依凡　　杨晓群

全国抗震救灾优秀共青团员

余文海(傈僳族)

全国抗震救灾优秀共青团干部

熊源发

全国乡村青年文化节 10 周年贡献奖获奖者

漆海云　　程新飞　　潘发广

全国抗震救灾优秀志愿者

刘月辉

2009 年

全国少先队工作突出贡献证书获得者

刘益珍

2010 年

第八届中国青年志愿者优秀个人奖获奖者

周　兴　　胡剑峰　　范东东　　姜　勇　　陈文欣　　王　晨　　熊　彪　　肖颖洁

徐　枫　　钟宗伟

获国家表彰的先进集体（单位）

1994 年

全国铁道系统"青年文明号"工程

铁十七局三处泰和赣江特大桥

1995 年

"全国青年文明号"先进集体

南昌市公安局交警支队展览馆岗亭

萍乡市消防支队一中队

南昌市公交总公司电车公司 1024 车组

萍乡市供销大厦钟表组

景德镇市公交公司行车一队 03 – 1701 号车组

省南昌市电信局电报投递班

江西物资储运总公司仓储分公司装卸一班

江西宾馆客房部七楼小组

樟树粮油公司粮食分公司专储部

南昌市青山湖宾馆客房部

南昌市滕王阁市场升华副食品经营部

赣南市场开发实业公司

1997 年

公安系统"全国青年文明号"先进集体

南昌市公安局交警支队西湖大队展馆岗

萍乡市消防支队一中队

鹰潭市公安局巡警支队二大队

乐安县公安局招携林业派出所

公交系统"全国青年文明号"先进集体

南昌市公交总公司电车二路 11471 号车组

景德镇市公交公司行车一队 02711 号车组

新余市公交公司二路 00719 号车组

南昌市公交总公司电车一队 12426 号车组

铁道系统"全国青年文明号"先进集体

鹰潭站"熊云清售票窗口"

上饶机务段 DF4 – 3918 号机车组

南昌客运段 67/68 次、12 组

南昌站公安派出所客勤三组

内贸系统"全国青年文明号"先进集体

江西省物资储运总公司仓储分公司装卸一班

江西省樟树国家粮食储备库专储部

江西省燃料总公司油品分公司

江西共青粮油食品店

税务系统"全国青年文明号"先进集体

泰和县国家税务局文田分局

萍乡市湘东区地方税务局下埠税务所

九江市国家税务局直属分局征收所

吉水县地方税务局直属分局

民航系统"全国青年文明号"先进集体

中国东方航空公司江西分公司飞行大队乘务中队

旅游系统"全国青年文明号"先进集体

南昌市青山湖宾馆客房部

江西宾馆客房部七楼小组

赣州中国国际旅行社

景德镇合资宾馆客房部二班

金融系统"全国青年文明号"先进集体

中国人民银行万年县支行

中国工商银行南昌县支行莲塘储蓄所

中国工商银行南昌市分行胜利路办事处胜利路储蓄所

中国农业银行九江市分行八里湖支行

中国农业银行赣州市支行国商储蓄所

中国银行赣州地区分行文清路储蓄所

中国建设银行南昌市分行营业部永叔路口储蓄所

中国银行新余市分行渝水办事处储蓄专柜

中国建设银行赣州地区分行营业部文清路分理处储蓄专柜

赣州地区城市信用合作中心社第三营业部

供销系统"全国青年文明号"先进集体

萍乡市供销大厦钟表柜组

彭泽县棉纺厂一车间纺细丁班

新余市供销大厦黄金首饰组

宜春地区农资总公司金辰购物中心百货组

电力系统"全国青年文明号"先进集体

江西省电力公司贵溪火力发电厂电器检修公司继电保护班

江西省电力公司赣西供电局 220KV 白沙变电站

江西省电力公司九江供电局妙智变电所

江西省电力公司万安水力发电厂大修青年突击队

团组织独立开展的"全国青年文明号"先进集体

江西电视台青少部

1998 年

全国"青年文明号生产线"

江西铜业集团有限公司贵溪冶炼厂熔炼车间青年文明号生产线

昌河飞机工业(集团)有限责任公司微型车总装车间高台生产作业线

江西江氨化工有限责任公司青年文明号金丰线

公安系统"全国青年文明号"先进集体

南昌市公安局交警大队西湖大队展览馆岗

萍乡市公安消防支队一中队

鹰潭市公安局巡警支队二大队

乐安县森林公安局招携派出所

赣州市公安局交警大队女民警岗值勤班

南昌铁路公安局鹰潭站派出所

建设系统"全国青年文明号"先进集体

南昌市公交总公司电车二路 11471 号车组

景德镇市公交公司行车一队赣 H·03815 号车组

新余市公交公司二线路 01 号车组

南昌市公交总公司电车一队 12426 号车组

南昌市煤气公司城北营业处

赣州市自来水公司用水管理所

赣州市公共汽车赣 B00949 号车组

铁道系统"全国青年文明号"先进集体

鹰潭站"熊云清售票窗口"

上饶机务段 DF4－3918 号机车组

南昌客运段 67/68 次 12 组

宜春车务段宣风站

南昌站公安派出所客勤三组

交通系统"全国青年文明号"先进集体

江西省高等级公路管理局艾城管理所

鹰潭贷款路征收站

第二公路工程局南昌八一大桥青年突击队

南丰公路段路政巡查大队

玉山古城贷款路通行费征收站

江西省高等级公路管理局邹家河管理所

商贸系统"全国青年文明号"先进集体

江西省物资储运总公司仓储分公司装卸一班

江西省燃料总公司油品分公司

南昌亨得利钟表眼镜公司珠宝金行

卫生系统"全国青年文明号"先进集体

江西医学院第一附属医院妇产科

江西省肿瘤医院放疗科技术组

赣州地区人民医院急诊科

江西省人民医院重症监护病房

税务系统"全国青年文明号"先进集体

泰和县国家税务局文田分局

九江市国家税务局直税分局征收所

萍乡市湘东区地方税务局下埠税务所

吉水县地方税务局直属分局

民航系统"全国青年文明号"先进集体

中国东方航空公司江西分公司飞行大队乘务中队

金融系统"全国青年文明号"先进集体

中国人民银行万年县支行

赣州地区城市信用合作中心社第三营业部

中国农业银行九江市分行八里湖支行

中国农业银行赣州市支行国商储蓄所

中国银行赣州地区分行文清路储蓄所

中国银行新余市分行渝水办事处储蓄专柜

中国建设银行南昌市分行营业部永叔路口储蓄所

中国建设银行赣州地区分行营业部文清路分理处储蓄专柜

中国人民银行上高县支行

中国农业发展银行江西省分行营业部营业厅

中国银行南昌市分行大院分理处

中国人寿保险公司宜丰县支公司

供销系统"全国青年文明号"先进集体

萍乡市供销大厦钟表柜组

彭泽县棉纺厂一车间纺细丁班

新余市供销大厦黄金首饰组

宜春地区农资总公司金辰购物中心百货组

电力系统"全国青年文明号"先进集体

江西省电力公司贵溪火力发电厂电器检修公司继电保护班

江西省电力公司赣西供电局 220KV 白沙变电站

江西省电力公司九江供电局妙智变电所

江西省电力公司万安水力发电厂大修青年突击队

江西省火电建设公司调试青年突击队

个协系统"全国青年文明号"先进集体

高安市大城新兴饭店

九江市浔阳区玻璃经营部

赣州港嘉兴食品有限公司

团组织独立开展的"全国青年文明号"先进集体

江西电视台青少部

上饶地区中级人民法院研究室

江西铜业集团有限公司德兴铜矿精尾综合厂 4#坝青年突击队

1999 年

公安系统"全国青年文明号"先进集体

南昌市公安局交警大队西湖大队展览馆岗

萍乡市公安消防支队一中队

鹰潭市公安局巡警支队二大队

赣州市公安局交警支队直属一大队女民警岗值勤班

南昌铁路公安局鹰潭站派出所

乐安县森林公安局招携派出所

婺源县公安局紫阳镇派出所

铁道系统"全国青年文明号"先进集体

鹰潭站"熊云清售票窗口"

上饶机务段 DF4－3918 号机车组

南昌客运段 67/68 次 12 组

宜春车务段宣风站

南昌站公安派出所客勤三组

新余工务段探伤二班

南昌站客运三组

邮电通信系统"全国青年文明号"先进集体

宜春市中山西路邮政储蓄所

南昌市电信局电报投递班

九江市邮政局投递组

九江市电信局市话机线中心

江西移动通信公司新余市分公司移动通信班

商贸系统"全国青年文明号"先进集体

江西省物资储运总公司仓储分公司装卸一班

南昌亨得利钟表眼镜公司珠宝金行

南昌百货大楼股份有限公司电视机组

赣江宾馆前厅部总服务台

税务系统"全国青年文明号"先进集体

泰和县国家税务局文田分局

九江市国家税务局直属分局征收所

萍乡市湘东区地方税务局下埠税务所

吉水县地方税务局直属分局

浮梁县国家税务局仙槎分局

丰城市地方税务局上塘分局

吉安市地方税务局习溪桥分局

民航系统"全国青年文明号"先进集体

中国东方航空公司江西分公司飞行大队乘务中队

民航江西省局公安局昌北机场派出所

旅游系统"全国青年文明号"先进集体

南昌赣州中国国际旅行社市青山湖宾馆客房部

江西宾馆客房部七楼小组

景德镇合资宾馆客房部二班

庐山风景名胜区庐山宾馆客房部

南昌市滕王阁管理处接待科

九江市九江宾馆餐饮部居易山庄服务小组

抚州温泉宾馆客房部

金融系统"全国青年文明号"先进集体

赣州地区城市信用合作中心社第三营业部

中国工商银行南昌县支行莲塘储蓄所

中国工商银行江西省分行营业部胜利路储蓄所

中国农业银行九江市分行八里湖支行

中国农业银行赣州市分行营业部国商储蓄所

中国银行赣州地区分行文清路储蓄所

中国银行新余市分行渝水办事处储蓄专柜

中国银行南昌市东湖支行大院分理处

中国建设银行江西省分行营业部永叔支行永叔路口储蓄所

中国建设银行赣州地区分行营业部文清路分理处储蓄专柜

中国农业发展银行江西省分行营业部营业厅

中国人寿保险公司宜丰县支公司

中国农业银行南昌市叠山支行营业部

供销系统"全国青年文明号"先进集体

萍乡市供销大厦钟表柜组

彭泽县棉纺厂一车间纺细丁班

新余市供销大厦黄金首饰组

电力系统"全国青年文明号"先进集体

江西省电力公司贵溪火力发电厂电器检修公司继电保护班

江西省电力公司赣西供电局220KV白沙变电站

江西省电力公司九江供电局妙智变电所

江西省电力公司万安水力发电厂大修青年突击队

江西省火电建设公司调试青年突击队

江西省电力公司景德镇供电局用电营业厅

江西省电力公司送变电建设公司送电一处二队

个协系统"全国青年文明号"先进集体

高安市大城新兴饭店赣州港嘉兴食品有限公司

团组织独立开展的"全国青年文明号"先进集体

江西电视台青少部

上饶地区中级人民法院研究室

江西铜业集团有限公司德兴铜矿精尾综合厂4#坝青年突击队

江西铜业集团有限公司德兴铜矿采矿场工程机械维修青年突击队

新余钢铁有限责任公司运输部1610号青年包乘组

江西新华印刷厂八色机车间

江西铜业集团有限公司永平铜矿9#电铲青年机组

庐山风景名胜区园门北山收费班

2000 年

公安系统"全国青年文明号"先进集体

南昌市公安局交警大队西湖大队展览馆岗

赣州市公安局交警支队直属一大队女民警岗值勤班

鹰潭市公安局巡警支队二大队

萍乡市公安消防支队一中队

婺源县公安局紫阳镇派出所

南昌铁路公安局鹰潭站派出所

新余市公安局巡警支队特警大队

万载县公安局森林分局

安福县公安局森林公安局章庄派出所

建设系统"全国青年文明号"先进集体

南昌市公交总公司电车一队 12426 车组

南昌市公交总公司电车二车队 11471 车组

南昌市煤气公司城北营业处

赣州市公交 A1029 车组

赣州市自来水公司用水管理所

景德镇市公共交通公司行车一队赣 H·03815 号车组

新余市公共汽车公司 2 路线 944 号车组

赣州市环卫处文清路班

鹰潭市燃气公司送气服务队

铁道系统"全国青年文明号"先进集体

鹰潭站"熊云清售票窗口"

上饶机务段 DF4－3918 号机车组

南昌客运段 67/68 次第一、二组

宜春车务段宣风站

南昌站公安派出所客勤三组

新余工务段探伤二班

南昌站客运三组

新余车务段潭岗站

交通系统"全国青年文明号"先进集体

江西省公路管理局萍乡公路分局湘东公路段机关

邮电通信系统"全国青年文明号"先进集体

宜春市中山西路邮政储蓄所

九江市邮政局投递组

江西省电信公司南昌市分公司数据分局电报投递班

江西省电信公司九江市分公司市话机线中心

江西移动通信公司新余市分公司移动通信班

南昌市邮政局广场邮政分局营业班

卫生系统"全国青年文明号"先进集体

江西医学院第一附属医院妇产科

江西省肿瘤医院放疗科技术组

赣州地区人民医院急诊科

江西省人民医院外科重症监护室（SICU）

中央企业"全国青年文明号"先进集体

昌河飞机工业（集团）有限责任公司

民航系统"全国青年文明号"先进集体

民航江西省局公安局昌北机场派出所

中国东方航空股份有限公司江西分公司飞行大队乘务中队

旅游系统"全国青年文明号"先进集体

南昌市青山湖宾馆客房部

江西宾馆客房部七楼小组

赣州中国国际旅行社

景德镇合资宾馆客房部二班

庐山风景名胜区庐山宾馆客房部

南昌市滕王阁管理处接待科

九江市九江宾馆餐饮部居易山庄服务小组

抚州温泉宾馆客房部

萍乡市安源宾馆客房部

井冈山市井冈山大厦餐饮部红案班

供销系统"全国青年文明号"先进集体

萍乡市供销大厦钟表柜组

彭泽县棉纺厂一车间纺细丁班

新余市供销大厦黄金首饰组

电力系统"全国青年文明号"先进集体

江西省电力公司九江供电局妙智变电所

江西省电力公司万安水力发电厂大修青年突击队

江西省火电建设公司调试青年突击队

江西省电力公司送变电建设公司送电一处二队

江西省电力公司贵溪电厂检修公司继电保护班

江西省电力公司景德镇供电局用电分局营业厅

江西省电力公司赣西供电局白沙变电站

江西省电力公司赣州供电局用电管理所客户服务中心

江西省水电工程局一分局第一工程队

个协系统"全国青年文明号"先进集体

高安市大城新兴饭店

赣州港嘉兴食品有限公司

上饶县复混肥厂

万安县无线电学校

东乡县缫丝总厂机关

团组织独立开展的"全国青年文明号"先进集体

江西铜业集团有限公司德兴铜矿采矿场工程机械维修青年突击队

新余钢铁有限责任公司运输部 1610 号青年包乘组

江西新华印刷厂八色机车间

江西铜业集团有限公司永平铜矿 9#电铲青年机组

庐山风景名胜区园门北山收费班

江西电视台青少部

上饶地区中级人民法院研究室

江西铜业集团有限公司德兴铜矿精尾综合厂 4#坝青年突击队

赣州地区城市信用合作中心社第三营业部

井冈山革命烈士陵园管理处

庐山博物馆宣教部讲解组

铅山县房地产交易所

江西江南信托投资股份有限公司南昌证券部

2001 年

公安系统"全国青年文明号"先进集体

南昌市公安局交警大队西湖大队展览馆岗

赣州市公安局交警支队直属一大队女民警岗值勤班

鹰潭市公安局巡警支队二大队

江西省公安消防总队萍乡市公安消防支队一中队

新余市公安局巡警支队特警大队

九江市公安局交警支队直属大队汽车站岗组

铁道系统"全国青年文明号"先进集体

南昌铁路局鹰潭站

南昌铁路局上饶机务段 DF4 - 3918 号机车组

南昌铁路局客运总公司 K67/68 次 12 组

南昌铁路局宜春车务段宣风站

南昌站公安派出所客勤三组

南昌铁路局新余工务段探伤二班

南昌站客运三组

南昌铁路局新余车务段潭岗站

南昌铁路局南昌客运公司北京一车队 1454/1453 次一、二组

邮电通信系统"全国青年文明号"先进集体

宜春市中山西路邮政储蓄所

南昌市邮政局广场邮政分局营业班

九江市邮政局投递组

江西省电信公司南昌市分公司数据分局电报班

江西省电信公司九江市分公司市话机线中心

江西移动通信公司新余市移动通信班

江西移动通信公司南昌营销中心八一大道营业厅

中国联合通信有限公司南昌分公司叠山路营业厅

中国联合通信有限公司鹰潭分公司东湖营业厅

江西省电信公司九江市分公司浔阳路营业厅

商贸系统"全国青年文明号"先进集体

南昌亨得利钟表眼镜公司珠宝金行

江西省物资储运总公司仓储分公司装卸一班

南昌百货大楼股份有限公司电视机组

赣江宾馆前厅部总服务台

中央企业"全国青年文明号"先进集体

昌河飞机工业（集团）有限责任公司涂装车间运行工段

税务系统"全国青年文明号"先进集体

泰和县国家税务局文田分局

九江市国家税务局直属分局办税服务厅

浮梁县国家税务局仙槎分局

萍乡市湘东区地方税务局下埠税务所

吉水县地方税务局直属分局

丰城市地方税务局上塘分局

吉安市地方税务局习溪桥分局

宜春市袁州区国家税务局三阳分局

九江市庐山风景区国家税务局征收局

南昌市西湖区地方税务局永叔路管理所

民航系统"全国青年文明号"先进集体

民航江西省局公安局昌北机场派出所

中国东方航空有限公司江西分公司"赣燕"乘务示范组

旅游系统"全国青年文明号"先进集体

南昌市青山湖宾馆客房部

江西宾馆客房部七楼小组

赣州中国国际旅行社

景德镇合资宾馆客房部二班

庐山风景名胜区庐山宾馆客房部

南昌市滕王阁管理处接待科

九江市九江宾馆餐饮部居易山庄服务小组

抚州温泉宾馆客房部

萍乡市安源宾馆客房部

井冈山市井冈山大厦餐饮部红案班

赣州市虔城大酒店客房部

上饶龟峰旅行社

金融系统"全国青年文明号"先进集体

中国工商银行南昌县支行莲塘储蓄所

中国工商银行江西省分行营业部胜利路储蓄所

中国农业银行南昌市叠山支行营业部

中国农业银行赣州市分行营业部国商储蓄所

中国银行赣州地区分行文清路储蓄所

中国银行新余市分行渝水办事处储蓄专柜

中国银行南昌市东湖支行大院分理处

中国建设银行南昌永叔路口储蓄所

中国建设银行赣州市分行文清路分理处储蓄专柜

中国农业发展银行南昌市西湖支行

中国人民银行南昌印钞厂科技处机电设计室

中国工商银行九江分行柴桑分理处

中国农业银行广丰县支行

中国银行江西省分行营业部储蓄专柜

供销系统"全国青年文明号"先进集体

萍乡市供销大厦钟表柜组

新余市供销大厦黄金首饰组

江西省商业学校信息管理专业科

电力系统"全国青年文明号"先进集体

江西省电力公司贵溪发电厂检修公司继电保护班

江西省电力公司送变电建设公司送电一处二队

江西省电力公司万安水力发电厂大修青年突击队

江西省电力公司九江供电局妙智变电所

江西省电力公司赣西供电局220KV白沙变电站

江西省水电工程局一分局第一工程队

江西省电力公司景德镇供电局用电分局营业厅

江西省电力公司赣州供电局用电管理所客户服务中心

江西省火电建设公司调试青年突击队

江西省电力公司景德镇发电有限责任公司汽机本体班

江西省电力公司赣西供电局新余分局营业大厅

个协系统"全国青年文明号"先进集体

高安市大城新兴饭店

赣州港嘉兴食品有限公司

上饶县复混肥厂

万安县无线电学校

东乡县缫丝总厂机关

抚州市天义广告艺术有限公司

江西仁和集团发展有限公司总部机关

赣县液化气供应站

团组织独立开展的"全国青年文明号"先进集体

井冈山革命烈士陵园管理处

庐山博物馆宣教部讲解组

铅山县房地产交易所

江西江南信托投资股份有限公司南昌证券部

江西铜业集团有限公司德兴铜矿采矿场工程机械维修青年突击队

新余钢铁有限责任公司运输部1610号青年包乘组

江西新华印刷厂八色机车间

江西铜业集团有限公司永平铜矿9#电铲青年机组

庐山风景名胜区园门北山收费班

江西电视台青少部

上饶地区中级人民法院研究室

江西铜业集团有限公司德兴铜矿精尾综合厂4#坝青年突击队

赣州地区城市信用合作中心社第三营业部

南昌市商业银行中山支行营业部

上饶县华坛山农业信用合作社

江西铜业集团有限公司德兴铜矿泗州选矿厂碎三圆锥车间

国泰君安证券九江甘棠路营业部

江西江铃全顺汽车厂总装车间吊装班

"全国杰出青年文明号"先进集体

江西省高速公路管理局艾城管理所

2002 年

公安系统"全国青年文明号"先进集体

赣州市公安局交警支队直属大队女警中队

九江市公安局交警支队直属大队汽车站岗

万载县公安局森林分局

安福县公安局森林分局章庄派出所

江西省公安消防总队井冈山市公安消防大队

鹰潭市公安局巡警支队四大队

江西省公安厅交警总队直属支队二大队

江西省公安消防总队星子县公安消防大队

南昌市公安局西湖分局筷子巷派出所

崇仁县森林公安局许坊派出所

建设系统"全国青年文明号"先进集体

南昌市公交公司电车一队 12426 车组

南昌市公交公司地车二队 17223 车组

南昌市煤气公司城北营业处

赣州市公交公司 B－02921 车组

赣州市自来水公司用水管理处

赣州市环卫处文清路清扫班

鹰潭市燃气公司送气服务队

景德镇市公交公司一分公司 H04966 车组

新余市公共汽车公司 2 路线 990 号车组

铅山县房地产交易所

庐山风景名胜区园门北山收费班

赣州市市政工程管理养护处下水道女子班

景德镇市房地产交易管理处

萍乡市白蚁防治所

铁道系统"全国青年文明号"先进集体

南昌铁路局鹰潭站熊云清售票窗口

南昌铁路局宜春车务段宣风站

南昌站客运三组南昌铁路局新余车务段潭岗站

南昌铁路局上饶机务段 DF4 - 3918 号机车组

南昌铁路局新余工务段探伤二班

南昌站公安派出所客勤三组

南昌铁路局客运总公司 K167/168 次车队

南昌铁路局南昌客运公司 1453/1454 次第一、二乘务组

南昌铁路局向塘机务段 DF4 - 9356 机车包乘组

南昌铁路局南昌铁路公安局萍乡刑侦队

交通系统"全国青年文明号"先进集体

江西省公路管理局萍乡公路分局湘东公路段机关

江西省南丰公路段路政巡查大队

江西省玉山古城贷款路通行费征收站

江西省高等级公路管理局邹家河管理所

江西省高等级公路管理局艾城管理所

江西省鹰潭贷款路征收站

江西省九江市城区运管所

江西省九瑞贷款路通行费征收站

江西省祥符贷款路通行费征收站

江西省吉安河东贷款路通行费征收站

信息产业系统"全国青年文明号"先进集体

宜春市邮政局中山西路邮政储蓄所

九江市邮政局投递组

南昌市邮政局广场邮政分局营业班

江西省电信公司南昌市分公司数据分局电报投递班

江西省电信有限公司九江市分公司线路维护安装中心

江西省电信有限公司九江市分公司浔阳路电信营业厅

中国联合通信有限公司南昌分公司叠山路营业厅

中国联合通信有限公司鹰潭分公司东湖营业厅

江西移动通信有限责任公司新余市分公司运维中心移动通信班

江西移动通信有限责任公司南昌营销中心客户八一大道营业厅

新余市邮政局广场邮政支局

江西省电信有限公司鹰潭市分公司广场营业班

江西移动通信有限责任公司赣州分公司红旗大道营业组

商贸系统"全国青年文明号"先进集体

南昌亨得利钟表眼镜公司珠宝金行

江西物资储运总公司仓储分公司装卸一班

南昌百货大楼股份有限公司电视机组

赣州宾馆前厅部总服务台

南昌商业储运总公司专职消防队

卫生系统"全国青年文明号"先进集体

江西省人民医院重症监护病房

江西医科大学第一附属医院妇产科

江西省肿瘤医院放疗技术组

赣州市人民医院急诊科

九江市第一人民医院神经内科

新余市人民医院外二科

国资委监管企业"全国青年文明号"先进集体

中国航空工业第二集团公司昌河铃木汽车有限公司涂装车间运行工段

质检系统"全国青年文明号"先进集体

江西出入境检验检疫局报检签证大厅

赣州出入境检验检疫局综合业务科

民航系统"全国青年文明号"先进集体

中国东方航空股份有限公司江西分公司客舱服务部"赣燕"乘务示范组

民航江西省局安检站旅检二组

旅游系统"全国青年文明号"先进集体

南昌市青山湖宾馆客房部

南昌市宾馆客房部七楼小组

赣州中国国际旅行社

景德镇宾馆客房部二班

庐山宾馆客房部

南昌市滕王阁管理处接待科

九江宾馆餐饮部居易山庄服务小组

抚州温泉宾馆客房部

萍乡市安源宾馆宴会厅班组

赣州市虔城大酒店客房部

上饶圭峰旅行社

赣州市悦来旅行社

鹰潭龙虎山旅游集团公司导游管理所

新余市北湖宾馆客房部

九江市五丰宾馆前厅部

金融系统"全国青年文明号"先进集体

中国工商银行南昌县莲塘分理处

中国工商银行江西省分行营业部胜利路分理处

中国农业银行赣州市分行营业部国商分理处

中国农业银行广丰县支行营业部

中国银行江西省分行营业部储蓄专柜

中国银行赣州市分行文清路储蓄所

中国银行新余市分行渝水支行财会营业部

中国银行南昌市东湖支行大院分理处

中国建设银行赣州市分行文清路分理处储蓄专柜

中国建设银行南昌市永叔支行永叔路口储蓄所

中国农业发展银行南昌市西湖支行

中国人民银行南昌印钞厂凹印车间王毅机台

中国农业银行九江市浔阳支行化纤厂分理处

中国建设银行江西省分行储蓄专柜

交通银行南昌分行国际业务部

中国人民保险公司南昌市西湖区支公司

供销系统"全国青年文明号"先进集体

萍乡市供销大厦钟表柜组

新余市供销大厦黄金首饰柜组

江西旅游商贸职业学院经济管理系

江西省供储报关有限公司

中国石化集团公司"全国青年文明号"先进集体

九江分公司炼油厂芳烃岗位

九江分公司化工厂聚丙烯车间内操岗位

国家电网公司"全国青年文明号"先进集体

江西省电力公司赣西供电公司220kV白沙变电站

江西省电力公司赣西供电公司新余分公司营业大厅

江西省电力公司送变电建设公司送电一处二队

江西省电力公司火电建设公司调试青年突击队

江西省电力公司水电工程局第一分局第一工程队

江西省电力公司九江供电公司220kV妙智变电站

江西省电力公司景德镇供电公司用电营业厅

江西省电力公司赣州供电公司城区分公司客户服务中心

江西省电力公司南昌供电公司市中分公司营业班

江西省电力公司宜春供电公司市场营销部城北营业班

个协系统"全国青年文明号"先进集体

高安市新兴饭店

赣州港嘉兴食品有限公司

上饶县复混肥厂

万安县无线电学校

东乡县缫丝总厂

江西天义广告艺术有限公司

江西仁和药业集团有限公司总部

赣县液化气供应站

江西华龙物业有限公司

团组织独立开展的"全国青年文明号"先进集体

南昌市商业银行中山支行营业部

上饶县华坛山农村信用合作社

江西铜业集团有限公司德兴铜矿泗州选矿厂碎三圆锥车间

国泰君安证券股份有限公司九江营业部

江西江铃全顺汽车厂总装车间吊装班

井冈山革命烈士陵园管理处

庐山博物馆群工部讲解组

江西江南信托投资股份有限公司南昌证券部

江西铜业集团有限公司德兴铜矿采矿场工程机械维修青年突击队

新余钢铁有限公司运输部1610号青年包乘组

江西新华印刷厂八色机车间

江西铜业集团有限公司永平铜矿9#电铲青年机组

江西电视台青少年部

江西铜业集团有限公司德兴铜矿精尾综合厂4#坝青年突击队

赣州市商业银行青年支行

赣州市章贡区人民检察院起诉科

九江海事局监督科

南昌卷烟厂烟叶科基地组

赣州监狱一监区铸造一分监区

宜黄县工商局凤冈分局

2003 年

公安系统"全国青年文明号"先进集体

江西省公安厅交警总队直属支队二大队

南昌市公安局西湖分局筷子巷派出所

九江市公安局交警支队直属大队汽车站岗

江西省公安消防总队星子县公安消防大队

鹰潭市公安局巡警支队四大队

赣州市公安局交警支队直属大队女警中队

江西省公安消防总队井冈山市公安消防大队

南昌铁路公安局南昌站派出所

南昌市公安局西湖分局南站派出所

信丰县公安局森林分局油山派出所

建设系统"全国青年文明号"先进集体

南昌市公交公司电车一队 12426 车组

南昌市公交公司地车二队 17223 车组

南昌市煤气公司城北营业处

赣州市公交公司 B－02921 车组

赣州市自来水公司用水管理处

赣州市环卫处文清路清扫班

景德镇市公交公司一分公司 H04966 车组

新余市公共汽车公司 1817 号车组

赣州市市政工程管理养护处下水道女子班

景德镇市房地产交易管理处

萍乡市白蚁防治所

铅山县房地产交易所

庐山风景名胜区园门北山收费办

九江市规划局报建信息管理中心

赣州市房地产交易市场

萍乡市住房公积金交易市场

铁道系统"全国青年文明号"先进集体

鹰潭站熊云清售票窗口

宜春车务段宣风站

南昌站客运三组

新余车务段潭岗站

上饶机务段号机车包乘组

新余工务段探伤二班

鹰潭站公安派出所

南昌客运段 T167/168 次列车南昌客运段 1453/1454 次第一、二乘务组

南昌铁路局向塘机务段机车包乘组

南昌铁路局南昌铁路公安局萍乡刑侦队

南昌铁路局南昌机务段 DF4D – 3288 机车包乘组

通信系统"全国青年文明号"先进集体

新余市邮政局广场邮政支局城北营业组

宜春市邮政局中山西路邮政储蓄所

九江市邮政局投递组

南昌市邮政局广场邮政分局营业班

江西省电信有限公司鹰潭市分公司广场营业班

江西省电信有限公司南昌电信大客户部

江西省电信有限公司九江市分公司线路维护安装中心

江西省电信有限公司九江市分公司浔阳路电信营业厅

中国联合通信有限公司鹰潭分公司东湖营业厅

江西移动通信有限责任公司新余市分公司运维中心移动通信班

江西移动通信有限责任公司南昌营销中心客户八一大道营业厅

江西移动通信有限责任公司赣州市分公司红旗大道营业厅

南昌邮区中心局昌京线

江西省电信有限公司景德镇分公司珠山西路营业组

中国联合通信有限公司南昌分公司基础网络部

江西移动通信有限责任公司九江市分公司客户服务中心

商贸系统"全国青年文明号"先进集体

南昌商业储运总公司专职消防队

南昌亨得利钟表眼镜公司珠宝金行

江西物资储运总公司仓储分公司装卸一班

南昌百货大楼股份有限公司电视机组

赣州宾馆前厅部总服务台

江西食品质量监督检查站

中央企业"全国青年文明号"先进集体

中国航空工业第二集团公司昌河铃木汽车有限公司涂装车间运行工段

税务系统"全国青年文明号"先进集体

宜春市袁州区国家税务局三阳税务分局

九江市庐山风景区国家税务局征收管理科

泰和县国家税务局文田分局

九江市国家税务局重点企业管理分局

南昌市西湖区地方税务局永叔路分局

萍乡市湘东区地方税务局下埠分局

吉水县地方税务局文峰分局

丰城市地方税务局上塘分局

吉安市吉州区地方税务局习溪桥分局

南昌市青山湖区国家税务局洪城分局

瑞金市地方税务局象湖分局

质检系统"全国青年文明号"先进集体

江西出入境检验检疫局报检签证大厅

赣州出入境检验检疫局综合业务科

上饶出入境检验检疫局检务窗口

江西省质量技术监督稽查总队

民航系统"全国青年文明号"先进集体

中国东方航空股份有限公司江西分公司客舱服务部"赣燕"乘务示范组

民航江西省局安检站旅检二组

旅游系统"全国青年文明号"先进集体

鹰潭龙虎山旅游集团公司导游管理所

新余市北湖宾馆客房部

九江市五丰宾馆前厅部

南昌市青山湖宾馆客房部

南昌市宾馆客房部七楼小组

赣州中国国际旅行社

景德镇宾馆客房部二班

庐山宾馆客房部

南昌市滕王阁管理处接待科

九江宾馆餐饮部居易山庄服务小组

抚州温泉宾馆客房部

萍乡市安源宾馆宴会厅班组

赣州市虔城大酒店客房部

上饶圭峰旅行社

江西宾馆尽美苑餐厅

庐山良璐宾馆客房部

供销系统"全国青年文明号"先进集体

江西旅游商贸职业学院经济管理系

江西省供储报关有限公司

赣州供销大厦空调器总汇

中国石油天然气集团公司"全国青年文明号"先进集体

江西石油公司鹰潭分公司白马油库发油班

国家电网公司"全国青年文明号"先进集体

江西省电力公司送变电建设公司送电一处二队

江西省电力公司水电工程局第一分局第一工程队

江西省电力公司火电建设公司调试青年突击队

江西省电力公司九江供电公司 220kV 妙智变电站

江西省电力公司景德镇供电公司用电营业厅

江西省电力公司赣西供电公司 220kV 白沙变电站

江西省电力公司赣州供电公司城区分公司客户服务中心

江西省电力公司赣西供电公司新余分公司营业大厅

江西省电力公司宜春供电公司市场营销部城北营业班

江西省电力公司南昌供电公司市中分公司营业班

江西省电力公司萍乡供电公司客户服务中心

个协系统"全国青年文明号"先进集体

高安市新兴饭店

赣州港嘉兴食品有限公司

万安县无线电学校

江西天义广告艺术有限公司

江西仁和药业集团有限公司总部

赣县液化气供应站

江西华龙物业有限公司

新余市李水根眼镜店

江西博能房地产开发有限公司

团组织独立开展的"全国青年文明号"先进集体

赣州市章贡区人民检察院起诉科

九江海事局监督科

南昌卷烟厂烟叶科基地组

赣州监狱一监区铸造一分监区

宜黄县工商局凤冈分局

南昌市商业银行中山支行营业部

上饶县华坛山农村信用合作社

江西铜业集团有限公司德兴铜矿泗州选矿厂碎三圆锥车间

国泰君安证券股份有限公司九江营业部

江西江铃全顺汽车厂总装车间吊装班

井冈山革命烈士陵园管理处

庐山博物馆群工部讲解组

江西江南证券有限责任公司南昌广场南路证券营业部

江西铜业集团有限公司公司德兴铜矿采矿场工程机械维修青年突击队

新余钢铁有限公司运输部1610号青年包乘组

江西新华印刷厂八色机车间

江西铜业集团有限公司永平铜矿9#电铲青年机组江西电视台青少年部

江西铜业集团有限公司德兴铜矿精尾综合厂4#坝青年突击队

赣州市商业银行青年支行

萍乡市水政监察支队

临川国家粮食储备库仓储科

鹰潭市余江县会计管理中心

吉安海关报关厅

江西铜业集团有限公司武山铜矿采矿车间东一盘区青年采矿队

"全国青年文明号"十年成就奖获奖单位

江西医学院第一附属医院妇产科

江西铜业集团有限公司德铜精尾厂4#坝青年突击队

赣州交警大队女民警岗亭执勤班

十年"全国青年文明号"活动优秀组织奖（集体奖）获奖单位

江西省建设厅

江西省交通厅直属机关团委

九江团市委

江西省机场集团公司团委

江西洪都航空工业集团有限责任公司团委

吉安团市委

江西省国家税务局教育处

江西省省直团工委

2004 年

法院系统"全国青年文明号"先进集体

九江市庐山区人民法院办公室

公安系统"全国青年文明号"先进集体

江西省公安厅交警总队直属支队二大队

南昌市公安局西湖分局筷子巷派出所

九江市公安局交警支队直属大队汽车站岗

江西省公安消防总队星子县公安消防大队

鹰潭市公安局巡警支队四大队

赣州市公安局交警支队直属大队女警中队

井冈山市公安消防大队

南昌市公安局西湖分局南站派出所

南昌铁路公安局南昌车站派出所

民航江西省局公安局昌北机场候机楼派出所

信丰县公安局森林分局油山派出所

江西省公安消防总队南昌市公安消防支队特勤大队

江西省公安消防总队瑞金市公安消防大队

铁道系统"全国青年文明号"先进集体

鹰潭站熊云清售票窗口

宜春车务段宣风站

南昌站客运三组

南昌车务段潭岗站

鹰潭机务段 DF43918 号机车包乘组

新余工务段探伤二班

鹰潭铁路公安处鹰潭站派出所

南昌客运段 T167/168 次列车

南昌客运段 1453/1454 次第一、二乘务组

向塘机务段 DF4B9356 号机车组

南昌铁路公安铁路局萍乡刑侦大队

南昌机务段 DF4D3288 机车组

南昌铁路局南昌客车车辆段台车组

交通系统"全国青年文明号"先进集体

抚州市公路局南丰路政巡查大队

江西省公路管理局萍乡市公路分局湘东分局机关

九江市稽征分局九瑞收费站

宜春市稽征分局祥符收费站

吉安市稽征分局河东收费站

江西省高等级公路管理局艾城管理所

江西省高等级公路管理局邹家河管理所

九江市城区公路运输管理所

江西公路开发总公司黎温高速鹰潭西收费站

江西省高等级公路管理局昌北机场路管理所

宜春市公路管理局丰城分局路政巡查大队

于都(323 国道)贷款路桥通行费收费站

崇仁县交通稽查征费所

通信系统"全国青年文明号"先进集体

南昌市邮政局广场邮政分局营业班

新余市邮政局广场邮政支局

宜春市邮政局中山西路邮政储蓄所

九江市邮政局浔阳段递送中心

南昌邮区中心局昌京线押运班

江西省电信有限公司鹰潭市分公司广场营业班

江西省电信有限公司南昌电信大客户部

江西省电信有限公司九江市分公司无线设备中心

江西省电信有限公司九江市分公司浔阳路电信营业厅

江西省电信有限公司景德镇市分公司珠山西路营业组

江西省电信有限公司上饶市分公司抗建路营业厅

中国联合通信有限公司南昌分公司基础网络部

中国联合通信有限公司鹰潭分公司东湖营业厅

江西移动通信有限责任公司新余市分公司运维中心

江西移动通信有限责任公司南昌营销中心客户八一大道营业厅

江西移动通信有限责任公司赣州分公司红旗大道营业厅

江西移动通信有限责任公司九江分公司早春园营业厅

赣州市邮政局南门邮政储蓄所

江西省电信有限责任公司宜春市分公司10000客户服务中心

中国联合通信有限公司吉安分公司鹭洲营业厅

卫生系统"全国青年文明号"先进集体

江西医学院第一附属医院妇产科

江西省人民医院重症监护室（SICU）

赣州市人民医院急诊科

江西省肿瘤医院放疗技术组

新余市人民医院外二科

九江市第一人民医院神经内科

江西医学院第二附属医院心血管内科

江西省医学院第一附属医院消化科

江西省景德镇市第二人民医院内一科重症监护室（ICU）

江西医学院附属口腔医院正畸科

中央企业"全国青年文明号"先进集体

昌河飞机工业(集团)有限责任公司涂装车间运行工段

中国航空工业第二集团公司洪都航空股份有限公司数控机械加工厂二工段715机组

海关系统"全国青年文明号"先进集体

吉安海关报关厅

南昌海关现场业务处驻昌北机场办事处

质检系统"全国青年文明号"先进集体

江西出入境检验检疫局报检签证大厅

赣州出入境检验检疫局综合业务科

上饶出入境检验检疫局检务窗口

江西省质量技术监督稽查总队

吉安出入境检验检疫局综合业务科

民航系统"全国青年文明号"先进集体

中国东方航空股份有限责任公司江西分公司飞行部乘务中队"赣燕"乘务示范组

旅游系统"全国青年文明号"先进集体

江西宾馆尽美苑餐厅

庐山良璐宾馆客房部

鹰潭龙虎山旅游集团公司导游管理所

新余市北湖宾馆客房部

九江市五丰宾馆前厅部

南昌市青山湖宾馆客房部

南昌市江西宾馆客房部七楼小组

景德镇宾馆客房部二班

庐山宾馆客房部

南昌市滕王阁管理处接待科

九江宾馆餐饮部居易山庄服务小组

抚州温泉宾馆客房部

萍乡市安源宾馆宴会厅

赣州市虔城大酒店客房部

鹰潭华侨大厦有限公司餐饮部

江西宾馆总台小组

井冈山井秀山庄客房部

金融系统"全国青年文明号"先进集体

中国人民财产保险股份有限公司南昌市西湖区支公司

中国农业发展银行南昌市西湖区支行

中国工商银行南昌县莲塘分理处

中国工商银行江西省分行营业部胜利路分理处

中国工商银行九江市分行柴桑分理处

中国农业银行九江市八里湖支行化纤厂分理处

中国农业银行赣州市分行国商分理处

中国农业银行广丰县支行营业部

中国银行股份有限公司江西省分行营业部储蓄专柜

中国银行股份有限公司赣州市文清路支行

中国银行股份有限公司新余市渝水支行财会营业部

中国银行股份有限公司南昌市省府大院支行

中国建设银行赣州市文清路分理处储蓄专柜

中国建设银行南昌市永叔支行储蓄专柜

中国建设银行江西省分行储蓄专柜

交通银行南昌分行国际业务部

中国工商银行南昌市洗马池分理处中国银行股份有限公司南昌市北湖支行财会营业部

供销系统"全国青年文明号"先进集体

江西旅游商贸职业学院经济管理系

江西省供储报关有限公司

赣州供销大厦空调器总汇

中国石油天然气集团公司"全国青年文明号"先进集体

江西石油公司鹰潭分公司白马油库发油班

国家电网公司"全国青年文明号"先进集体

江西省电力公司送变电建设公司送电一处二队

江西省电力公司水电工程局第一分局第一工程队

江西省电力公司火电建设公司调试青年突击队

江西省电力公司九江供电公司 220kV 妙智变电站

江西省电力公司景德镇供电公司用电营业厅

江西省电力公司赣西供电公司 220kV 白沙变电站

江西省电力公司赣州供电公司城区分公司客户服务中心

江西省电力公司赣西供电公司新余分公司营业大厅

江西省电力公司宜春供电公司市场营销部城北营业班

江西省电力公司南昌供电公司市中分公司营业班

江西省电力公司萍乡供电公司客户服务中心

江西省电力公司上饶供电公司用电营销部客户服务中心

江西省电力公司鹰潭市供电公司月湖区农电白露供电营业所

江西省电力公司吉安供电公司客户服务中心营业班

个协系统"全国青年文明号"先进集体

高安市新兴饭店

赣州港嘉兴食品有限公司

万安县无线电学校

江西天义广告艺术有限公司

江西仁和药业集团有限公司总部

赣县液化气供应站

江西华龙物业有限公司

新余市李水根眼镜店

江西博能房地产开发有限公司

江西恒大高新技术实业有限公司

南昌和平大酒店有限公司

团组织独立开展的"全国青年文明号"先进集体

萍乡市水政监察支队

临川国家粮食储备库仓储科

鹰潭市余江县会计管理中心

江西铜业集团有限公司武山铜矿采矿车间东一盘区青年采矿队

赣州市章贡区人民检察院起诉科

九江海事局监督科

南昌卷烟厂烟叶科基地组

赣州监狱一监区铸造一分监区

宜黄县工商局凤冈分局

南昌市商业银行中山支行营业部

上饶县华坛山农村信用合作社

江西铜业集团有限公司德兴铜矿泗州选矿厂碎三圆锥车间国泰君安证券股份有限公司九江营业部

江西江铃全顺汽车厂总装车间吊装班

井冈山革命烈士陵园管理处

庐山博物馆群工部讲解组

江西江南证券有限责任公司南昌广场南路证券营业部

江西铜业集团有限公司德兴铜矿采矿场工程机械维修青年突击队

新余钢铁有限公司运输部 1610 号青年包乘组

江西新华印刷厂八色机车间

江西铜业集团有限公司永平铜矿 9#电铲青年机组

江西电视台青少部

江西铜业集团有限公司德兴铜矿精尾综合厂4#坝青年突击队

赣州市商业银行青年支行

上饶市政府市长热线电话办公室

南昌市东湖区步行街管委会

赣州市南芳律师事务所

江西铜业集团有限公司贵冶硫酸车间生产工段江西省直住房公积金管理中心

2005 年

法院系统"全国青年文明号"先进集体

九江市庐山区人民法院办公室

公安系统"全国青年文明号"先进集体

江西省公安厅交警总队直属支队二大队

南昌市公安局西湖分局筷子巷派出所

南昌市公安局西湖分局南站派出所

九江市公安局交警支队直属大队汽车站岗

江西省公安消防总队星子县公安消防大队

鹰潭市公安局巡警支队四大队

赣州市公安局交警支队直属大队女警中队

江西省公安消防总队井冈山市公安消防大队

江西省公安消防总队南昌市公安消防支队特勤大队

江西省公安消防总队瑞金市公安消防大队

信丰县公安局森林分局油山派出所

江西省公安边防总队南昌边防检查站执勤业务一科

南昌铁路公安局福州公安处南平北站派出所

铁道系统"全国青年文明号"先进集体

鹰潭站熊云清售票窗口

南昌铁路公安铁路局鹰潭站派出所

南昌机务段 DF4D3288 机车组

南昌客运段 T167/168 次列车

南昌铁路公安铁路局萍乡刑侦大队

南昌车辆段检修车间台车组

南昌站客运三组

向塘机务段 DF4D9356 号机车组

南昌工务段鹰潭综合车间新余探伤二班

南昌客运段 1453/1454 次第一、二乘务组

向塘机务段 DF4D3918 号机车组

南昌站杨秀珍软席候车室

通信系统"全国青年文明号"先进集体

南昌市邮政局广场邮政分局营业班

新余市邮政局广场邮政支局

宜春市邮政局中山西路邮政储蓄所

九江市邮政局浔阳段递送中心

南昌邮区中心局昌京线押运班

赣州市邮政局南门邮政储蓄所

江西省电信有限公司鹰潭市分公司广场营业班

江西省电信有限公司南昌电信大客户部

江西省电信有限公司九江市分公司无线设备中心

江西省电信有限公司九江市分公司浔阳路电信营业厅

江西省电信有限公司景德镇分公司珠山西路营业组

江西省电信有限公司宜春市分公司10000客户服务中心

江西省电信有限公司上饶市分公司抗建路营业厅

中国联合通信有限公司南昌分公司基础网络部

中国联合通信有限公司鹰潭分公司东湖营业厅

中国联合通信有限公司吉安分公司鹭洲营业厅

江西移动通信有限责任公司新余市分公司运维中心移动通信班

江西移动通信有限责任公司南昌营销中心客户八一大道营业厅

江西移动通信有限责任公司赣州分公司红旗大道营业厅

江西移动通信有限责任公司九江市分公司客户服务中心

鹰潭市邮政局广场邮政支局

江西省电信有限公司赣州市电信分公司商业客户部营销组

中国联合通信有限公司江西分公司10010客户服务中心

江西移动通信有限责任公司萍乡市分公司八一东路营业班

商贸系统"全国青年文明号"先进集体

南昌商业储运总公司专职消防队

南昌亨得利钟表眼镜公司珠宝金行

江西物资储运总公司仓储分公司装卸一班

南昌百货大楼股份有限公司电视机组

赣州宾馆前厅部总服务台

江西食品质量监督检查站

中央企业"全国青年文明号"先进集体

中国航空工业第二集团公司昌河铃木汽车有限公司涂装车间运行工段

中国航空工业第二集团公司洪都航空股份有限公司数控机械加工厂二工段715机组

海关系统"全国青年文明号"先进集体

南昌海关现场业务处驻昌北机场办事处

税务系统"全国青年文明号"先进集体

南昌市西湖区国家税务局洪城税务分局

宜春市袁州区国家税务局三阳税务分局

九江市庐山风景区国家税务局征收管理科

泰和县国家税务局文田税务分局

九江市国家税务局直属税务分局办税服务厅

瑞金市地方税务局象湖分局

南昌市西湖区地方税务局永叔路分局

萍乡市湘东区地方税务局下埠分局

吉水县地方税务局文峰分局

丰城市地方税务局上塘分局

吉安市吉州区地方税务局习溪桥分局

新余市国家税务局办税服务厅

抚州市国家税务局直属税务分局办税服务厅

九江市浔阳区国家税务局办税服务厅

上饶市地方税务局办税服务厅

质检系统"全国青年文明号"先进集体

江西出入境检验检疫局报检签证大厅

赣州出入境检验检疫局综合业务科

上饶出入境检验检疫局检务窗口

吉安出入境检验检疫局综合业务科

江西省质量技术监督稽查总队

江西出入境检验检疫局南昌机场办事处

江西省纤维检验局纺织品检验所

民航系统"全国青年文明号"先进集体

中国东方航空股份有限公司江西分公司客舱服务部"赣燕"乘务示范组

江西省机场集团公司航空安保公司旅检二室

旅游系统"全国青年文明号"先进集体

江西宾馆尽美苑餐厅

庐山良璐宾馆客房部

鹰潭龙虎山旅游集团公司导游管理所

新余市北湖宾馆客房部

九江市五丰宾馆前厅部

南昌市青山湖宾馆客房部房务中心

江西宾馆客房部七楼小组

景德镇合资宾馆客房部二班

南昌市滕王阁管理处接待科

九江宾馆餐饮部居易山庄服务小组

抚州温泉宾馆客房部

萍乡市安源宾馆宴会厅班组

赣州市虔城大酒店客房部

鹰潭华侨大厦有限公司餐饮部

江西宾馆市场营销部总服务台

井冈山井秀山庄客房部

上饶市三清大酒店房务部清洁班

江西米西宾馆有限公司客房部

九江市迪欧大酒店前厅部

景德镇良友宾馆有限公司总台

金融系统"全国青年文明号"先进集体

中保财险南昌市西湖区支公司

中国农业发展银行南昌市西湖区支行

中国工商银行南昌市洗马池分理处

中国工商银行南昌县莲塘分理处

中国工商银行江西省分行营业部胜利路分理处

中国工商银行九江市分行柴桑分理处

中国农业银行九江市八里湖支行化纤厂分理处

中国农业银行赣州市分行国商分理处

中国农业银行广丰县支行营业部

中国银行股份有限公司南昌市北湖支行营业部

中国银行股份有限公司江西省分行营业部储蓄专柜

中国银行股份有限公司赣州市文清路支行

中国银行股份有限公司新余市渝水支行财会营业部

中国银行股份有限公司南昌市省府大院支行

中国建设银行赣州市文清路分理处

中国建设银行南昌市永叔支行储蓄专柜

中国建设银行江西省分行营业部营业专柜

交通银行南昌分行国际业务部

南昌印钞厂凹印车间接线凹印 3 号机熊国建机台

中国工商银行赣州市章江支行营业部

中国银行鹰潭市分行营业部

中国建设银行丰城市丰矿处理处

供销系统"全国青年文明号"先进集体

江西旅游商贸职业学院经济管理系

赣州供销大厦空调器总汇

中国石油天然气集团公司"全国青年文明号"先进集体

江西石油公司鹰潭分公司白马油库发油班

江西石油公司九江分公司第八加油站

国家电网公司"全国青年文明号"先进集体

江西省电力公司送变电建设公司送电一处二队

江西省电力公司水电工程局第一分局第一工程队

江西省电力公司火电建设公司调试青年突击队

江西省电力公司九江供电公司 220kV 妙智变电站

江西省电力公司景德镇供电公司用电营业厅

江西省电力公司赣西供电公司 220kV 白沙变电站

江西省电力公司赣州供电公司城区分公司客户服务中心

江西省电力公司赣西供电公司新余分公司营业大厅

江西省电力公司宜春供电公司市场营销部城北营业班

江西省电力公司南昌供电公司市中分公司营业班

江西省电力公司萍乡供电公司客户服务中心

江西省电力公司上饶供电公司用电营销部客户服务中心

江西省电力公司鹰潭市供电公司月湖区农电白露供电营业所

江西省电力公司吉安供电公司客户服务中心营业班

江西省电力公司上高县供电有限责任公司客户服务中心

江西省电力公司兴国县供电有限责任公司客户服务中心

个协系统"全国青年文明号"先进集体

高安市新兴饭店

赣州港嘉兴食品有限公司

万安县无线电学校

江西天义广告艺术有限公司

江西仁和药业集团有限公司总部

赣县液化气供应站

江西华龙物业有限公司

新余市李水根眼镜店

江西博能房地产开发有限公司

江西恒大高新技术实业有限公司

南昌和平大酒店有限公司

井冈山市林野大酒店

高安汽运集团振兴汽运有限公司

团组织独立开展的"全国青年文明号"先进集体

上饶市政府市长热线电话办公室

南昌市东湖区步行街管委会

赣州市南芳律师事务所

江西铜业集团有限公司贵冶硫酸车间生产工段

江西省直住房公积金管理中心

萍乡市水政监察支队

临川国家粮食储备库仓储科

鹰潭市余江县会计管理中心

江西铜业集团有限公司武山铜矿采矿车间东一盘区青年采矿队

赣州市章贡区人民检察院起诉科

南昌卷烟厂烟叶科基地组

赣州监狱一监区

宜黄县工商局凤冈分局

南昌市商业银行中山支行营业部

上饶县华坛山农村信用合作社

江西铜业集团有限公司德兴铜矿泗州选矿厂碎三圆锥车间

国泰君安证券股份有限公司九江甘棠营业部

江西江铃全顺汽车厂总装车间吊装班

井冈山革命烈士陵园管理处

江西江南证券有限责任公司南昌广场南路证券营业部

江西铜业集团有限公司德兴铜矿采矿场工程机械维修青年突击队

新余钢铁有限公司运输部1610号青年包乘组

江西新华印刷厂八色机车间

江西铜业集团有限公司永平铜矿9#电铲青年机组

江西电视台青少部

江西铜业集团有限公司德兴铜矿精尾综合厂4#坝青年突击队

赣州市商业银行青年支行

江西省豫章监狱三监区

九江市军队离退休干部第二休养所

南昌洪城大市场工商行政管理分局

吉安电视台新闻部

资溪县会计管理核算中心

2006 年

公安系统"全国青年文明号"先进集体

九江市庐山区人民法院办公室

江西省公安厅交警总队直属支队二大队

南昌市公安局西湖分局筷子巷派出所

南昌市公安局西湖分局南站派出所

九江市公安局交警支队直属大队汽车站岗（原直属大队汽车站岗组）

江西省公安消防总队星子县公安消防大队

鹰潭市公安局巡警支队四大队

赣州市公安局交警支队直属大队女警中队

江西省公安消防总队井冈山市公安消防大队

江西省公安消防总队南昌市公安消防支队特勤大队

江西省公安消防总队瑞金市公安消防大队

信丰县公安局森林分局油山派出所

江西省公安边防总队南昌边防检查站执勤业务一科

铁道系统"全国青年文明号"先进集体

南昌站杨秀珍软席候车室

鹰潭站熊云清售票窗口

南昌站客运三组

南昌铁路公安铁路局鹰潭站派出所

南昌机务段 DF4D3288 机车组

南昌工务段鹰潭综合车间新余探伤二班

南昌客运段 T167/168 次列车

南昌客运段 1453/1454 次第一、二乘务组

南昌铁路公安铁路局萍乡刑侦大队

南昌车辆段检修车间台车组

向塘机务段 DF4D9356 号机车组

向塘机务段 DF4D3918 号机车组

南昌南车辆段向塘西运用车间上行四场一组

交通系统"全国青年文明号"先进集体

宜春公路局丰城公路分局路政巡查大队

抚州公路局南丰公路分局路政大队

萍乡市公路管理局湘东分局

江西省九瑞贷款路通行费征收站

江西省祥符贷款路通行费征收站

吉安市河东贷款路通行费征收站

于都(323国道)贷款路桥通行费收费站

崇仁交通稽查征费所

江西粤赣高速公路股份有限公司艾城收费所

江西粤赣高速公路股份有限公司邹家河收费站

江西粤赣高速公路股份有限公司机场路收费站

江西公路开发总公司黎温高速鹰潭西收费站

九江市城区公路运输管理处

江西省公路管理局京福高速公路温沙管理处南昌东收费所

江西省昌泰高速公路有限责任公司吉安南收费站

上饶市公路管理局德兴分局杨岭道班

江西省公路管理局沪瑞高速公路昌金管理处宜春收费所

通信系统"全国青年文明号"先进集体

鹰潭市邮政局广场邮政支局

南昌市邮政局广场邮政分局营业班

新余市邮政局广场邮政支局

宜春市邮政局中山西路邮政储蓄所

九江市邮政局浔阳段递送中心

南昌邮区中心局昌京线押运班

赣州市邮政局南门邮政储蓄所

江西省电信有限公司赣州市电信分公司商业客户部营销组

江西省电信有限公司鹰潭市分公司广场营业班

江西省电信有限公司南昌电信大客户部

江西省电信有限公司九江市分公司无线设备中心

江西省电信有限公司九江市分公司浔阳路电信营业厅

江西省电信有限公司景德镇分公司珠山西路营业组

江西省电信有限公司宜春市分公司10000客户服务中心

江西省电信有限公司上饶市分公司东城营业厅

中国联合通信有限公司南昌分公司基础网络部

中国联合通信有限公司鹰潭分公司东湖营业厅

中国联合通信有限公司吉安分公司鹭洲营业厅

江西移动通信有限责任公司萍乡分公司八一东路营业班

江西移动通信有限责任公司新余市分公司运维中心移动通信班

江西移动通信有限责任公司南昌营销中心客户八一大道营业厅

江西移动通信有限责任公司赣州分公司红旗大道营业厅

江西移动通信有限责任公司九江分公司客户服务中心

景德镇市邮政局珠山西路邮政支局

余干县邮政局县城投递班

江西省电信有限公司抚州市分公司10000号

江西省电信有限公司吉安市分公司井冈山大道营业厅

中国联合通信有限公司景德镇分公司莲社北路营业厅

中国移动抚州分公司玉茗营业厅

中国移动上饶分公司营销中心

卫生系统"全国青年文明号"先进集体

南昌大学第一附属医院妇产科

江西省人民医院重症监护室

赣州市人民医院急诊室

江西省肿瘤医院放疗技术科

新余市人民医院脑外科

九江市第一人民医院神经内科

南昌大学第二附属医院心血管内科

南昌大学第一附属医院消化科

景德镇市第二人民医院内一科重症监护室

南昌大学附属口腔医院正畸科

九江市中医医院肾科

江西省儿童医院西药房

南昌大学第二附属医院心胸外科

中央企业"全国青年文明号"先进集体

中国航空工业第二集团公司昌河铃木汽车有限公司涂装车间运行工段

中国航空工业第二集团公司洪都航空股份有限公司数控机械加工厂二工段

海关系统"全国青年文明号"先进集体

南昌海关现场业务处驻昌北机场办事处

质检系统"全国青年文明号"先进集体

江西出入境检验检疫局南昌机场办事处

江西出入境检验检疫局报检签证大厅

赣州出入境检验检疫局综合业务科

上饶出入境检验检疫局检务窗口

吉安出入境检验检疫局综合业务科

宜春出入境检验检疫局综合业务科

江西省锅炉压力容器检验检测研究院总师办

民航系统"全国青年文明号"先进集体

中国东方航空股份有限公司江西分公司客舱服务部"赣燕"乘务示范组

江西省机场集团公司航空安保公司旅检二室

广电系统"全国青年文明号"先进集体

江西广播电视"今视网"网站

旅游系统"全国青年文明号"先进集体

江西宾馆尽美苑餐厅

庐山良璐宾馆客房部

鹰潭龙虎山旅游集团公司导游管理所

新余市北湖宾馆客房部

九江市五丰宾馆前厅部

南昌市青山湖宾馆客房部房务中心

江西宾馆客房部七楼小组

景德镇合资宾馆客房部二班

南昌市滕王阁管理处接待科

九江宾馆餐饮部居易山庄服务小组

抚州温泉宾馆客房部

萍乡市安源宾馆宴会厅班组

赣州市虔城大酒店客房部

鹰潭华侨大厦有限公司餐饮部

江西宾馆总台小组

井冈山井秀山庄客房部

上饶市三清大酒店房务部清洁班

江西米西宾馆有限公司客房部

九江市迪欧大酒店前厅部

景德镇良友宾馆有限公司总台

宜春华夏国际旅行社

供销系统"全国青年文明号"先进集体

江西旅游商贸职业学院经济管理系

赣州供销大厦空调器总汇

中国石油化工集团公司"全国青年文明号"先进集体

江西石油公司鹰潭分公司白马油库发油班

江西石油公司九江分公司第八加油站

江西石油公司宜春分公司宜春片区城北加油站

国家电网公司"全国青年文明号"先进集体

江西省电力公司上高县供电有限责任公司客户服务中心

江西省电力公司兴国县供电有限责任公司客户服务中心

江西省电力公司送变电建设公司送电一处二队

江西省电力公司水电工程局第一分局第一工程队

江西省电力公司火电建设公司调试青年突击队

江西省电力公司九江供电公司220kV白沙变电站

江西省电力公司景德镇供电公司用电营业厅

江西省电力公司赣西供电公司220kv白沙变电站

江西省电力公司赣州供电公司城区分公司客户服务中心

江西省电力公司赣西供电公司新余分公司营业大厅

江西省电力公司宜春供电公司市场营销部城北营业班

江西省电力公司南昌供电公司市中分公司营业班

江西省电力公司萍乡供电公司客户服务中心

江西省电力公司上饶供电公司用电营销部客户服务中心

江西省电力公司鹰潭市供电公司月湖区农电白露供电营业所

江西省电力公司吉安供电公司客户服务中心营业班

江西省电力公司九江供电公司客户服务中心

江西省电力公司南昌供电公司客户服务中心

个协系统"全国青年文明号"先进集体

高安市新兴饭店

赣州港嘉兴食品有限公司

万安县无线电学校

江西天义广告艺术有限公司

江西仁和药业集团有限公司总部

新余市李水根眼镜店

江西博能房地产开发有限公司

江西恒大高新技术实业有限公司

南昌和平大酒店有限公司

修水县移动大世界手机城

万安县枫林养殖开发基地

金融系统"全国青年文明号"先进集体

中国人民银行万年县支行

中国人民银行婺源县支行

中国人民银行余江县支行

中国人民财产保险股份有限公司江西省南昌市西湖支公司

中国农业发展银行南昌市西湖区支行

中国工商银行南昌市南昌支行营业厅

中国工商银行九江市广厦支行营业部

中国工商银行南昌市洗马池分理处

中国工商银行赣州市章江支行营业部

中国农业银行九江市八里湖支行化纤厂分理处

中国农业银行赣州市章贡区支行营业部

中国农业银行广丰县支行营业部

中国银行股份有限公司江西省分行营业部储蓄二团队

中国银行股份有限公司赣州市文清路支行

中国银行股份有限公司南昌市北湖支行财会营业部

中国银行股份有限公司新余市渝水支行财会营业部

中国银行股份有限公司鹰潭市分行营业部

中国银行股份有限公司南昌市省府大院支行

中国建设银行赣州市分行营业部

中国建设银行南昌永叔支行储蓄专柜

中国建设银行江西省分行营业部营业专柜

中国建设银行丰城丰矿分理处

交通银行南昌分行国际业务部

中国人寿保险股份有限公司赣州信丰县支公司

中国工商银行萍乡市安源支行

中国农业银行南昌市汇通支行营业部

中国银行股份有限责任公司萍乡市湘东支行

中国建设银行江西省分行南昌省府支行

交通银行南昌市分行信息技术部

团组织独立开展的"全国青年文明号"先进集体

江西省豫章监狱三监区

九江市军队离退休干部第二休养所

南昌洪城大市场工商行政管理分局

吉安电视台新闻部

资溪县会计管理核算中心

上饶市政府市长热线电话办公室

南昌市东湖区步行街管委会

赣州市南芳律师事务所

江西铜业集团有限公司贵冶硫酸车间生产工段

江西省直住房公积金管理中心

萍乡市水政监察支队

临川国家粮食储备库仓储科

鹰潭市余江县会计管理中心

江西铜业集团有限公司武山铜矿采矿车间东一盘区青年采矿队

赣州市章贡区人民检察院起诉科

南昌卷烟厂烟叶科基地组

赣州监狱一监区

宜黄县工商局凤冈分局

南昌市商业银行中山支行营业部

上饶县华坛山农村信用合作社

江西铜业集团有限公司德兴铜矿泗州选矿厂碎三圆锥车间

国泰君安证券股份有限公司九江甘棠营业部

江西江铃全顺汽车厂总装车间吊装班

井冈山革命烈士陵园管理处

江西江南证券有限责任公司南昌广场南路证券营业部

江西铜业集团有限公司德兴铜矿采矿场工程机械维修青年突击队

新余钢铁有限公司运输部1610号青年包乘组

江西新华印刷厂八色机车间

江西铜业集团有限公司永平铜矿 9#电铲青年机组

江西铜业集团有限公司德兴铜矿精尾综合厂4#坝青年突击队

赣州市商业银行青年支行

南昌市西湖区行政服务中心

新余市青少年宫

江西省荣誉军人康复医院一疗区

丰城市人民检察院河西检查室

江西铜业集团有限公司德兴铜矿大山选矿碎矿皮带振动筛生产线

2007 年

公安系统"全国青年文明号"先进集体

宜春市公安局特警支队

九江市公安局浔阳区分局庐山南路派出所

萍乡市公安局特巡警支队五大队

鄱阳县公安局田畈街派出所

江西省公安消防总队宜春市支队樟树市大队

江西省公安消防总队抚州市支队崇仁县大队

住房和城乡建设系统"全国青年文明号"先进集体

上饶市房产交易中心

景德镇市住房置业担保中心

南昌市公共交通总公司四公司 20 路

新余水务集团有限公司营业部

商务系统"全国青年文明号"先进集体

江西省商务学校学生科

交通系统"全国青年文明号"先进集体

江西省公路机械工程第四分公司

江西泰昌高速公路有限责任公司泰和收费所

宜春市公路管理局直属分局三阳养路队

丰城贷款路同行费征收站

江西省高等级公路管理局赣州管理处黄金管理所

鹰潭市公路管理局 206 国道天禄收费站

信息产业系统"全国青年文明号"先进集体

抚州市邮政局报刊发行组

萍乡市邮政储汇局八一储蓄所

中国电信南昌市分公司 10000 号客户服务中心

中国电信九江分公司浔阳分局向东班

中国联合通信有限公司赣州分公司环城路营业厅

中国移动通信集团宜春分公司袁山大道营业班

税务系统"全国青年文明号"先进集体

萍乡市安源区国家税务局办税服务厅

赣州市国家税务局经济技术开发区税务分局办税服务厅

上饶县国家税务局罗桥分局

景德镇市地方税务局办税服务厅

九江市地方税务局办税服务厅

新余市地方税务局办税服务厅

于都县地方税务局梓山税务分局

黎川县地方税务局办税服务厅

江西省地方税务局直属分局办税服务厅

质检系统"全国青年文明号"先进集体

九江出入境检验检疫局综合业务科

江西省质量技术监督信息中心网站

民航系统"全国青年文明号"先进集体

民航江西空管分局航务管理部区域管制所

旅游系统"全国青年文明号"先进集体

井冈山黄洋界宾馆营销部

江西宾馆营销部

中国石化集团公司"全国青年文明号"先进集体

江西石油公司南昌分公司董家窑加油站

国家电网公司"全国青年文明号"先进集体

江西省电力公司赣东北供电公司客户服务中心乐平营业厅

江西省电力公司江西电力调度中心调度运行专业青年队

个协系统"全国青年文明号"先进集体

江西亚中橡塑有限公司机修组

金融系统"全国青年文明号"先进集体

南昌印钞厂胶印车间甘锋豪机台

中国工商银行南昌市北京西路支行北京西路分理处

中国农业银行南昌市叠山支行营业部

中国建设银行江西省分行公司业务部

团组织独立开展的"全国青年文明号"先进集体

南昌市商业银行营业部

江西省财政厅国库支付中心

抚州市崇仁县城市管理局

鹰潭市行政服务中心

景德镇市三龙超限超载车辆检查站

2008 年

国储总局"全国青年文明号"先进集体

江西储备物资管理局二五六处计量班

江西储备物资管理局一五九处消防队

江西省信息中心网络通信部

铁道系统"全国青年文明号"先进集体

南昌铁路局赣州车务段井冈山火车站

交通系统"全国青年文明号"先进集体

江西省高等级公路管理局泰井高速管理处井冈山收费管理所

吉安市邮政局鹭洲东路支局综合营业班

通信系统"全国青年文明号"先进集体

中国电信南昌分公司孺子路营业厅

中国电信抚州分公司终端设备安装维护中心安装维护班

中国移动通信集团九江分公司湖口县分公司三里大道营业厅

中国联合通信有限公司南昌市新建县分公司

卫生系统"全国青年文明号"先进集体

吉安市第三人民医院精神科女病区

南昌大学第一附属医院内分泌科

中央企业"全国青年文明号"先进集体

中国化工江西星火有机硅厂有机硅分工合成车间

质检系统"全国青年文明号"先进集体

景德镇出入境检验检疫局综合业务科

江西省工业陶瓷质量技术监督局信息中心

广电系统"全国青年文明号"先进集体

江西电视台《社会传真》栏目

旅游系统"全国青年文明号"先进集体

井冈山康辉旅行社有限公司

江西济民可信景秀山庄客务部

江西鄱阳湖实业有限公司鄱阳湖大酒店总服务台

供销系统"全国青年文明号"先进集体

江西旅游商贸职业学院旅游系

中国石化集团公司"全国青年文明号"先进集体

江西石油公司抚州分公司第一加油站

国家电网公司"全国青年文明号"先进集体

江西省电力公司赣西供电公司新余变电运行分公司白沙变电站

个协私协"全国青年文明号"先进集体

江西省景德镇市华达购物广场有限公司百货分公司营运部

金融系统"全国青年文明号"先进集体

中国农业发展银行南昌市南昌县支行

中国银行赣州市于都支行

中国建设银行南城天佑路支行

团组织独立开展的"全国青年文明号"先进集体

上饶市上饶县国库集中收付核算中心

江西铜业集团有限公司永平铜矿选矿厂磨浮工段浮选厂房

鹰潭市信息中心

江西省地质工程(集团)公司上海分公司工程技术部

省委机关保育院中班年级组

2010 年

住房和城乡建设系统"全国青年文明号"先进集体

井冈山风景名胜区龙潭景区管理处

金融系统"全国青年文明号"先进集体

江西光大国际旅行社有限公司

中国工商银行"全国青年文明号"先进集体

中国工商银行上饶分行信州支行营业厅

中国建设银行"全国青年文明号"先进集体

中国建设银行婺源县支行天佑分理处

团组织独立开展的"全国青年文明号"先进集体

江西省财政厅预算编制中心

景德镇市三龙超限超载车辆检查站

江西省未成年犯管教所一管区

南昌市城乡建设委员会驻市行政服务中心办证服务窗口

鹰潭市市政工程管理所路灯所

中国青年志愿服务杰出集体及提名奖获奖单位

1997 年全国青年志愿服务杰出集体

九江市青年志愿者农业新技术讲师团

江西省肺科医院青年志愿服务站

1998 年中国青年志愿者杰出集体提名奖获奖单位

江西师范大学"为民社"

2002 年中国杰出志愿服务集体

崇仁县公安消防大队"119"联动青年志愿者服务站

2003 年中国十大杰出青年志愿服务集体

九江市星子县消防大队 119 联动服务站

中国百个优秀志愿服务集体

2000 年第三届中国百个优秀志愿服务集体

江西师范大学"蓝心"青年志愿者服务队

九江市青年志愿者协会

南昌大学新风服务队

2001 年第四届中国百个优秀青年志愿服务集体

江西医学院二系绿色基金会

崇仁县公安消防大队青年志愿者服务站

江西财经学院九江分院青年志愿者协会

2003 年第五届中国百个优秀青年志愿服务集体

南昌大学青年志愿者协会

湖口县消防大队青年志愿者服务队

江西农业大学绿源青年志愿者服务队

2006 年第六届中国百个优秀青年志愿服务集体

江西交通广播爱心车队

南昌市公安消防支队青年志愿服务队

江西师范大学文旅学院"先锋"青年志愿者服务队

2007 年第七届中国百个优秀志愿服务集体

萍乡市一鸣英语学校

南昌铁路局青年志愿者协会

江西省人民广播电台交通频率青年志愿者服务队

景德镇市"妈妈防火团"

"中国青年志愿者行动"获奖单位

1997 年"中国青年志愿者行动"组织奖获奖单位

江西省青年志愿者协会

1998 年第二届"中国青年志愿者行动"组织奖获奖单位

江西省青年志愿者协会

2001 年"中国青年志愿者行动"组织奖获奖单位

江西省青年志愿者协会秘书处

江西华东地质学院青年志愿者协会"爱心小组"

宁都县人民医院青年志愿者服务队

2003 年"中国青年志愿行动"组织奖获奖单位

南昌团市委

2006 年"中国青年志愿者行动"项目奖获奖项目

南昌市东湖区"东青在线"网站建设项目

2006 年"中国青年志愿者行动"组织奖获奖单位

赣州团市委

中国大中学生志愿者暑期"三下乡"活动优秀志愿服务队

1997 年中国大中学生志愿者暑期"三下乡"活动优秀志愿服务队

南昌大学赴横峰莲荷乡丁家村志愿服务队

江西农业大学赴园溪园艺场志愿服务队

江西师范大学赴吉安县凤凰乡志愿服务队

江西医学院赴崇义县龙沟乡合坪村志愿服务队

南昌航空工业学院赴德安县木环乡梅桥村志愿服务队

宜春师范专科学校赴奉新县甘坊乡下村志愿服务队

1998 年中国大中学生志愿者暑期"三下乡"活动优秀志愿服务队

江西师范大学赴星子县白鹿镇志愿服务队

江西医学院临床一系赴靖安县宝峰村志愿服务队

江西农业大学农学院赴靖安县果园场志愿服务队

南昌水利水电专科学校赴弋阳县宝峰村志愿服务队

南昌气象学校

江西省银行学校

江西省机械学校

江西省医药学校联合赴德安县高塘乡志愿服务队

南昌大学人文学院赴瑞昌市南阳乡志愿服务队

上饶师专赴大坳水库志愿服务队

全国大中专学生志愿者暑期"三下乡"社会实践活动先进单位

1999 年中国大中专学生志愿者暑期"三下乡"社会实践活动先进单位

南昌大学	江西师范大学	江西医学院
南昌水利水电高等专科学校	江西财经大学	江西农业大学
华东地质学院	南昌职业技术师范学院	赣南师范学院
江西中医学院		

2000 年全国大中专学生志愿者暑期"三下乡"社会实践活动先进单位

南昌大学	江西师范大学	江西医学院江西财经大学
南方冶金学院	江西中医学院	南昌水利水电高等专科学校
南昌航空工业学院	华东交通大学	江西农业大学
九江团市委		

2001 年全国大中专学生志愿者暑期"三下乡"社会实践活动先进单位

江西师范大学	南昌大学	江西医学院
华东交通大学	江西财经大学	江西农业大学
华东地质学院	南方冶金学院	井冈山师范学院

南昌水利水电高等专科学校

2002年全国大中专学生志愿者暑期"三下乡"社会实践活动先进单位

南昌大学	江西师范大学	江西农业大学
华东交通大学	江西财经大学	江西医学院
南昌航空工业学院	江西中医学院	景德镇陶瓷学院
井冈山师范学院		

2003年全国大中专学志愿者暑期"三下乡"社会实践活动先进单位

南昌大学	华东交通大学	江西师范大学
江西科技师范学院	江西农业大学	南昌航空工业大学
江西财经大学	南方冶金学院	江西医学院
景德镇陶瓷学院		

2004年全国大中专学生志愿者暑期"三下乡"社会实践活动先进单位

南昌大学	江西师范大学	华东交通大学
南昌航空工业学院	江西医学院	江西中医学院
赣南师范学院	江西财经大学	江西理工大学
南昌工程学院	江西农业大学	

2005年全国大中专学生志愿者暑期"三下乡"社会实践活动先进单位

赣州团市委	南昌大学	江西帅范大学
江西农业大学	江西财经大学	江西理工大学
东华理工大学	南昌航空工业学院	赣南师范学院
江西中医学院	南昌工程学院	

2006年全国大中专学生志愿者暑期"三下乡"社会实践活动先进单位

南昌大学	江西师范大学	江西农业大学
江西中医学院	江西财经大学	南昌航空工业学院
景德镇陶瓷学院	赣南师范学院	井冈山学院
九江学院	宜春学院	

2008年全国大中专学生志愿者暑期"三下乡"社会实践活动先进单位

南昌大学	江西师范大学	江西农业大学
江西中医学院	江西财经大学	华东交通大学
南昌航空大学	南昌工程学院	东华理工大学
景德镇陶瓷学院	赣南师范学院	江西理工大学

全国大中专学生志愿者暑期"三下乡"社会实践活动优秀团队

2002年全国大中专学生志愿者暑期"三下乡"社会实践活动优秀团队

东华理工学院"三个代表"实践服务团

南昌水利水电高等专科学校"公民道德"实践服务团

宜春学院"农村青年增收成才"实践服务团

2003 年全国大中专学生志愿者暑期"三下乡"社会实践活动优秀团队

南昌水利水电高等专科学校"百村万户青年文明活动示范村"社会实践服务团

江西中医学院赴井冈山市博士硕士青年服务团

宜春学院医学院实践"三个代表"重要思想宣传防非典知识服务团

江西信息应用职业技术学院赴鹰潭市志光镇"三下乡"服务队

2004 年全国大中专学生志愿者暑期"三下乡"社会实践活动优秀团队

东华理工学院赴金溪县大学生落实科学发展实践服务团

江西科技师范学院赴东乡县大学生思想道德建设实践服务团

景德镇陶瓷学院赴广西壮族自治区东兰县大学生落实科学发展实践服务团

2005 年全国大中专学生志愿者暑期"三下乡"社会实践活动优秀团队

赣南医学院赴会昌县"三下乡"社会实践服务团

井冈山学院"重走红军路,保持先进性"党员社会实践团

景德镇陶瓷学院自行车协会环江西经济调查社会实践队

2006 年全国大中专学生志愿者暑期"三下乡"社会实践活动优秀团队

江西理工大学赴瑞金市美化红土地·建设新农村大学生社会实践服务队

南昌工程学院赴南康市塘口金潭村大学生社会主义新农村建设服务队

赣南医学院赴大余县大学生医疗卫生社会实践服务队

南昌大学第二临床医学院赴南昌县蒋巷镇大学生社会实践服务队

2008 年全国大中专学生志愿者暑期"三下乡"社会实践活动优秀团队

赣南医学院大学生骨干实践服务团

九江学院"鄱阳湖生态经济区"调研服务队

井冈山大学"井冈山的红色传说"采风大学生实践团

全国大中专学生志愿者暑期"三下乡"社会实践活动优秀组织工作奖获奖单位

2000 年全国大中专学生志愿者暑期"三下乡"和大学生社会实践活动"优秀组织工作奖"获奖单位

江西省

2002 年全国大中专学生志愿者暑期"三下乡"社会实践活动优秀组织工作奖获奖单位

江西省

2003 年全国大中专学志愿者暑期"三下乡"社会实践活动优秀组织工作奖获奖单位

江西省

2005 年全国大中专学生志愿者暑期"三下乡"社会实践活动优秀组织工作奖获奖单位

江西省大学生"三下乡"社会实践领导小组

2006 年全国大中专学生志愿者暑期"三下乡"社会实践活动优秀组织工作奖获奖单位

江西团省委

2008 年全国大中专学生志愿者暑期"三下乡"社会实践活动优秀组织工作奖获奖单位

江西团省委

全国优秀"青少年维权岗"

1999 年

首批全国法院系统优秀"青少年维权岗"

南昌市西湖区人民法院少年刑事审判庭

全国广播电影电视系统首批优秀"青少年维权岗"

江西电视台《社会传真》栏目组

全国公安系统首批优秀"青少年维权岗"

南昌市公安局墩子塘派出所

2000 年

全国法院系统优秀"青少年维权岗"

吉安市人民法院

新建县人民法院

上饶市人民法院

全国检察系统优秀"青少年维权岗"

于都县人民检察院

进贤县人民检察院

全国公安系统优秀"青少年维权岗"

赣州市公安局章贡分局南外派出所

贵溪市公安局流口派出所

全国司法行政系统优秀"青少年维权岗"

江西省少年管教所教育科

乐平市浯口法律服务所

全国劳动保障系统优秀"青少年维权岗"

南昌市劳动局

全国广播电影电视系统优秀"青少年维权岗"

江西电视台青少部

全国工商行政管理系统优秀"青少年维权岗"

九江市工商行政管理局第一直属分局双峰工商所

景德镇市工商行政管理局新厂工商所

全国新闻出版系统优秀"青少年维权岗"

江西省出版物市场稽查总队直属支队

景德镇市新华书店团支部

2001 年

全国法院系统优秀"青少年维权岗"

景德镇市珠山区人民法院

赣州市章贡区人民法院

全国工商行政管理系统优秀"青少年维权岗"

南昌市工商行政管理局西湖分局南站工商所

赣州市工商行政管理局公平交易局（消费者协会）

全国司法行政系统优秀"青少年维权岗"

江西沃德律师事务所

安义县新民乡法律服务所

全国劳动和社会保障系统优秀"青少年维权岗"

江西省劳动和社会保障厅劳动监察总队

南昌市劳动局劳动监察处

全国公安系统优秀"青少年维权岗"

瑞昌市公安局溢城分局

南昌市公安局西湖分局筷子巷派出所

峡江县公安局巴邱分局

全国检察系统优秀"青少年维权岗"

赣县人民检察院

丰城市人民检察院批捕科

全国新闻出版系统优秀"青少年维权岗"

江西省新闻出版局市场管理处

江西省新闻出版局抚州分局

江西省新闻出版赣州分局

2003 年

全国法院系统优秀"青少年维权岗"

于都县人民法院

乐平市人民法院未成年人刑事审判庭

全国检察系统优秀"青少年维权岗"

广昌县人民检察院

南昌市青山湖区人民检察院

全国公安系统优秀"青少年维权岗"

南昌市公安局昌北分局蛟桥派出所

吉安县公安局凤凰派出所

全国司法系统优秀"青少年维权岗"

赣州监狱

江西省英华律师事务所

全国劳动保障系统优秀"青少年维权岗"

新余市劳动和社会保障局劳动保障监察支队

宜春市劳动和社会保障局劳动保障监察支队

全国工商行政管理系统优秀"青少年维权岗"

九江市工商行政管理局12315申诉举报指挥中心

抚州市临川区工商行政管理局12315消费者申诉举报中心

全国质量监督系统优秀"青少年维权岗"

江西省纤维检验局

江西省质量技术监督局监督管理科

全国新闻出版系统优秀"青少年维权岗"

江西省新华书店联合有限公司

赣州市新华书店

"中国少年儿童平安行动"优秀组织奖及组织奖获奖单位

2003年"中国少年儿童平安行动"优秀组织奖获奖单位

萍乡市少工委

南昌市少工委

赣州市少工委

2003年"中国少年儿童平安行动"组织奖获奖单位

南昌市第十九中学

景德镇市第一中学

鹰潭市第一小学

萍乡市第三中学

新余市分宜县第二中学

上饶市第六小学

九江市石化小学

赣州市第三中学

吉安师范学校附属小学

抚州市第一中学

2004 年"中国少年儿童平安行动"优秀组织奖获奖单位

江西省少工委

南昌市少工委

九江市少工委

鹰潭市少工委

2005 年"中国少年儿童平安行动"优秀组织奖获奖单位

新余团市委

景德镇市少工委

南昌市少工委

2006 年"中国少年儿童平安行动"优秀组织奖获奖单位

江西省少工委

2007 年"中国少年儿童平安行动"优秀组织奖获奖单位市级单位获奖单位

鹰潭团市委

宜春市少工委

2007 年"中国少年儿童平安行动"优秀组织奖获奖单位县级单位获奖单位

萍乡市安源区少工委

"中国少年儿童平安行动"示范学校及示范社区

2006 年"中国少年儿童平安行动"示范学校

南昌市湾里第五小学

九江市双峰小学

鹰潭市鹰潭第一小学

吉安市韶山路小学

莲花县城厢小学

永丰县恩江小学

奉新县华林小学

资溪县鹤城镇第三小学

2006 年"中国少年儿童平安行动"示范社区

南昌市象山社区

鹰潭市桃园社区

吉安市青原区河东街道新桥社区

2007 年"中国少年儿童平安行动"示范学校

南昌市江玲学校

南昌市站前路小学

萍乡市安源市城北小学

九江市浔阳区东风小学

宜春市第八小学

抚州市临川区第九小学

抚州市临川区实验小学

全国少先队工作获奖项目及先进单位

2006 年

全国少先队工作工程奖获奖项目

"井冈——草原"手拉手活动(报送单位:江西省少工委)

全国少先队工作创新奖获奖项目

"留守孩"关爱工程(报送单位:江西省少工委)

2007 年

全国少先队工作工程奖获奖项目

少年儿童平安行动(报送单位:江西省少工委)

全国少先队工作创新奖获奖项目

红领巾乡村文明理事会(报送单位:江西省少工委)

全国少先队工作先进单位

江西省少工委

全国优秀少先队中队(集体)

2002 年全国优秀少先队中队

抚州市黎川县日峰镇一小五(2)中队

抚州市南城县实验小学三(3)中队

抚州市南丰县市山镇中心小学五(2)中队

萍乡市安源区进贤小学四(3)中队

萍乡市安源区城区小学四(1)中队

景德镇市浮梁县第一小学三(2)中队

景德镇市乐平第一小学四(8)中队

吉安市青原区河东大桥小学三中队

吉安市吉州区韶山路小学二(1)中队

吉安市石阳小学五(1)中队

上饶市实验小学叶青青中队

上饶市波阳县鄱阳镇第一中心小学五(2)中队

上饶市弋阳县第一小学五(2)中队

江西地质中学第五中队

南昌市洪都小学三(12)中队

南昌铁路局铁路一中初二(16)中队

南昌市豫章路小学四(4)中队

南昌市站前路小学三(3)中队

九江师范学校附属小学三(4)中队

九江市双峰小学四(5)中队

宜春市奉新县冯川镇第二小学五(4)中队

宜春市实验小学五(6)中队

高安市第四小学五(2)中队

新余市长青小学五(7)中队

新余市渝水区第三小学五(4)中队

赣州市章贡区大公路第一小学四(1)中队

赣州市于都县实验小学四(1)中队

赣州市章贡区文清路小学三(5)中队

鹰潭市第一小学五(2)中队

鹰潭市师范附属小学二(4)中队

2009 年全国优秀少先队集体

鹰潭市第五小学少先大队

景德镇市实验小学少先大队

吉安市吉州区石阳小学少先大队

赣州市文清路小学五(5)中队

抚州市临川区第一小学三(6)中队

宜春市实验小学六(8)中队

2010 年全国优秀少先队集体

萍乡市安源区城北小学少先队大队

共青城西湖小学少先队大队

井冈山市龙市小学少先队大队

鹰潭市第一小学少先队大队

南昌市阳明学校少先队大队

抚州市实验学校六(5)"三人行"中队

德兴市银城第二小学六(2)中队

宜春市第三小学五(9)中队

新余市暨阳学校四(5)中队

瑞金市八一小学"朱德"中队

景德镇市第一小学三(10)中队

全国未成年人保护工作先进集体

1995 年全国未成年人保护工作先进集体

南昌市西湖区法院

1997 年全国未成年人保护工作先进集体

中共南昌市委宣传部

南昌市西湖区人民法院

江西省少年管教所

1999 年全国未成年人保护工作先进集体

吉水县南方少林武术学校

江西渝州电子工业专修学院

南昌市创世纪综合学校

2001 年全国未成年人保护工作先进集体

江西省青少年权益保护委员会

江西新亚职业技术学院

江西省公安厅治安警察总队三科

赣州团市委

全国先进班集体及先进班集体标兵

1993 年全国先进班集体

景德镇陶瓷学院机设 90(2)班

抚州师范专科学校英语系 90(2)班

南昌十七中西藏部 1990 级西藏班

吉安市白鹭洲中学高一(3)班

萍乡煤炭学校机电 9141 班

1997 年全国先进班集体标兵

南昌航空工业学院材料系 93131 班

南昌大学机电系 935 班

赣南医学院 1994 级眼耳鼻喉班

赣州林业学校林业科 95111 班

南昌第一职业中学高二(1)班

1999 年全国先进班集体标兵

江西财经大学会计学院 1996 级审计班

1999 年全国先进班集体

南昌大学材料系 1995 级材料专业

南昌航空工业学院外语系 95511 班

江西省第一工业学校机电 9541 班

江西省司法警官学校五中队

2001 年全国先进班集体标兵

江西医学院临床二系 1997 级（9）班

南昌航空工业学院 97511 班

华东地质学院 97711 班

江西省纺织工业学校 1999 级服装（1）

江西省司法警官学校 1999 级十五中队

2003 年全国先进班集体

东华理工学院 010321 班

江西师范大学计算机科学与技术 1999 级师范班

江西农业大学国土资源与环境学院 2000 级土管（2）班

江西省工业贸易学校 2001 级导游班

南昌市第一职业中学高二（7）班

2005 年全国先进班集体

南昌航空工业学院海军学院 030352 班

赣南师范学院中文与新闻传播系汉语言文学 2002 级本科 3 班

华东交通大学机电工程学院机电 2002 级 1 班

南昌市卫生学校高护 11 班

新余市职业教育中心 2004 级机械加工 2 班

2010 年全国先进班集体

江西师范大学历史文化与旅游学院 2005 级旅游管理专业班

江西农业大学理学院应用化学 051 班

东华理工大学中文 050831 － 2 班

江西理工大学第三届"3 ＋ 1"创新教育实验班

南昌航空大学海军学院 050322 班

江西外语外贸职业学院英语系 06（5）班

吉安师范学校 2006 级初等教育（1）班

宜春职业技术学院医学系 2007 级中专美容班

全国红旗大队

2001 年全国红旗大队

南昌市豫章路小学少先队大队

南昌市洪都中学少先队大队

赣州市章贡区白云小学少先队大队

吉安市吉州区石阳小学少先队大队

上饶市逸夫小学少先队大队

樟树市第四小学少先队大队

抚州市临川区第一小学少先队大队

九江市浔阳区柴桑小学少先队大队

景德镇市第十一小学少先队大队

景德镇铁路子弟中学小学部少先队大队

鹰潭市第一小学少先队大队

新钢公司第一中心小学少先队大队

江西水文地质大队子弟学校少先队大队

江西铜业集团有限公司德兴铜矿中心小学少先队大队

中国第四冶金建设公司技工学校实验小学部少先队大队

萍乡师范附属小学少先队大队

2003 年全国红旗大队

南昌市站前路小学少先队大队

南昌市青云谱学校少先队大队

鹰潭奥科现代外语学校实验小学部少先队大队

鹰潭市第五小学少先队大队

赣州市红旗大道第二小学少先队大队

赣州市安远县九龙小学少先队大队

赣州市南康市实验小学少先队大队

九江市长虹小学少先队大队

九江发电厂子弟学校少先队大队

新余市长青小学少先队大队

宜春市高安市第一小学少先队大队

宜春市实验小学少先队大队

宜春市万载县康乐镇第一小学少先队大队

萍乡市芦溪县芦溪小学少先队大队

景德镇市文艺小学少先队大队

景德镇市第十二小学少先队大队

南昌铁路第一小学少先队大队

南昌市洪都小学少先队大队

抚州市南城县盱江小学少先队大队

抚州市临川区实验小学少先队大队

抚州市宜黄县棠阴中心小学少先队大队

上饶市铅山县实验小学少先队大队

上饶市横峰县第一小学少先队大队

上饶市波阳县鄱阳镇五一中心学校少先队大队

江西铜业集团有限公司贵冶小学少先队大队

吉安市泰和县塘洲镇塘洲中心小学少先队大队

吉安市青原区河东新桥小学少先队大队

吉安市吉州区韶山路小学少先队大队

全国先进青少年宫

1992 年全国先进青少年宫

南昌市少年宫

1995 年全国先进青少年宫

南昌市少年宫

九江市青少年宫

2000 年全国先进青少年宫

南昌市少年宫

景德镇市青少年宫

2004 年全国先进青少年宫

南昌市少年宫

赣州市青少年宫

九江市青少年宫

全国先进少年军校

1994 年全国先进少年军校

南昌市南昌飞机制造公司少年军校

1996 年全国先进少年军校

鹰潭市银鹰少年军校

1998 年全国先进少年军校

赣州市少年军事学校

南昌市干家巷小学"红领巾"军校

全国 18 岁成人仪式教育活动优秀组织单位

1999 年全国 18 岁成人仪式教育活动优秀组织单位

江西省中学共青团工作协会

鹰潭团市委

2000 年全国 18 岁成人仪式教育活动优秀组织单位 地（市）级优秀组织奖获奖单位

南昌团市委

新余团市委

2000 年全国 18 岁成人仪式教育活动优秀组织单位学校优秀组织奖获奖单位

南昌气象学校团委

景德镇陶瓷学校团委

江西省机械工业学校团委

2001 年全国 18 岁成人仪式教育活动省级优秀组织奖获奖单位

江西团省委

赣州团市委

全国五四红旗团委及五四红旗团委标兵

1991 年全国红旗团委

九江市第一中学团委

1999 年全国五四红旗团委

南昌县泾口团乡委

江西师范大学团委

1999 年全国五四红旗团委

武警江西抚州市消防支队团委

江西省公安厅直属机关团委

奉新县宋埠团镇委

2001 年全国五四红旗团委

南昌铁路局团委

南昌大学团委

南昌市郊区湖坊镇进顺村团总支

2002 年全国五四红旗团委

江西铜业集团有限公司团委

赣西供电局团委

江西洪都航空工业集团有限责任公司团委

江西农业大学团委

宜春学院团委

南昌铁路局向塘机务段团委

萍乡钢铁有限责任公司炼钢厂机修车间团总支

江铃五十铃汽车有限责任公司总装厂团总支

华东交通大学机电工程学院团总支

贵溪化肥有限责任公司磷铵车间团总支

2003 年全国五四红旗团委标兵

九江市庐山区十里街道团委

2003 年全国五四红旗团委

昌河飞机工业（集团）有限责任公司公司团委

蓝天职业技术学院团委

华东交通大学团委

江西省高等公路管理局团委

南昌高等专科学校计算机应用技术系团总支

南昌铁路局鹰潭车段一场列检所团总支

崇义县章源钨制品有限公司团总支

江西财经大学国际经贸学院团总支

2004 年全国五四红旗团委标兵

江西师范大学团委

2004 年全国五四红旗团委

江西医学院团委

江西铜业集团有限公司德兴铜矿团委

上饶市信州区水南街道团委

武警江西省总队九江市支队团委

华东交通大学基础科学学院团总支

上饶师范学院中文系团总支

江西财经大学信息管理学院团总支

江西中医学院针骨系团总支

李渡烟花集团有限公司团总支

2005 年全国五四红旗团委

赣南师范学院团委

江西洪都航空工业集团有限责任公司飞机部装厂团委

九江职业技术学院团委

南昌铁路局鹰潭车辆段团委

景德镇市国家税务局团委

南昌铁路局南昌南车辆段团委

赣南师范学院中文与新闻传播系团总支

新余市国家税务局团总支

江西财经大学法学院团总支

2006 年全国五四红旗团委标兵

江西省临川第二中学团委

2006 年全国五四红旗团委

江西省井冈山学院团委

南昌市公安消防支队团委

江西洪都航空工业集团有限责任公司试飞站团委

鹰潭供电公司团委

江西财经大学团委

华东交通大学信息学院团总支

江西铜业集团有限公司机械铸造有限公司团总支

赣南师范学院政治与法律学院团总支

2007 年全国五四红旗团委

南昌大学团委

南昌市公安局团委

江西铜业集团有限公司贵溪冶炼厂团委

江西理工大学团委

江西昌河汽车股份有限公司团委

南昌工程学院计算机与科学技术系团总支

景德镇市房产管理局团总支

江西财经大学工商管理学院团总支

2008 年全国五四红旗团委

南昌航空大学团委

江西省南昌供电公司团委

新余钢铁有限责任公司团委

江西中医学院团委

江西省交通厅直属机关团委

江西师范大学科学技术学院团总支

江西财经大学国际学院团总支

2009 年全国五四红旗团委

九江供电公司团委

景德镇高等专科学校团委

新余市渝水区城北街道电工厂社区团总支

华东理工大学信息与电子工程学院团总支

井冈山大学生命科学学院团总支

2010 年全国五四红旗团委

江西省委办公厅团委

江西师范大学附属中学团委

赣南师范学院商学院团总支

全国创建"五四红旗团委"活动组织奖获奖单位

1999 年全国地、县级团委创建"五四红旗团委"活动组织奖获奖单位

九江团市委

吉安团地委

2000 年全国创建"五四红旗团委"活动组织奖获奖单位

抚州市临川团区委

南昌团县委

全国五四红旗团支部

2001 年全国五四红旗团支部标兵

吉安市吉州区习溪桥街道长岗岭社区团支部

民航江西省管理局候机楼管理部团支部

2002 年全国五四红旗团支部

南昌铁路局南昌南车辆段向西列检所第三团支部

江西移动通信有限责任公司南昌营销中心营业室团支部

南昌航空工业学院材料科学与工程系 990121 团支部

江西万年青机电工程有限责任公司团支部

南昌大学电气与自动化工程学院电力系统及其自动化 991 班团支部

2003 年全国五四红旗团支部

江西昌河汽车股份有限公司合肥分公司工具处团支部

鹰潭市月湖区交通街道办事处胜西社区团支部

东华理工学院 010321 班团支部

江西师范大学政法学院 01 政教团支部

江西省电信公司网络管理中心团支部

鹰潭奥科现代外语学校高中团支部

2004 年全国五四红旗团支部

南昌航空工业学院环化系 010221 团支部

南昌铁路局鹰潭水电段鹰潭供电分段团支部

江西医学院爱心医学会团支部

南昌铁路局新余工务段樟树养路工区团支部

2005 年全国五四红旗团支部

江西师范大学教育学院 2003 级公共事业管理班团支部

南昌工程学院土木工程系 2004 级房建（2）班团支部

江西中医学院 2003 级计算机班团支部

横峰县财政局团支部

华东交通大学经管学院 2002 级会计（4）班团支部

2006 年全国五四红旗团支部

中国移动通信集团横峰分公司团支部

南昌铁路局南昌机务段运用西线团支部

萍乡市上栗县金山镇高山村团支部

江西农业大学经济贸易学院会计 032 班团支部

2007 年全国五四红旗团支部

鹰潭市地方税务局办税服务厅团支部

赣县 323 国道贷款路通行费收费站团支部

武警江西樟树市消防中队团支部

南昌铁路局鹰潭车站客运团支部

江西农业大学理学院应用化学专业 051 团支部

萍乡市安源区八一街罗家塘社区团支部

2008 年全国五四红旗团支部

贵溪市供电有限责任公司团支部

江西省赣南地质调查大队测绘院团支部

丰城市人民检察院团支部

吉安电视台团支部

2009 年全国五四红旗团支部

江中药业股份有限公司第四团支部

南昌城投置业有限公司团支部

2010 年全国五四红旗团支部

江西昌河铃木汽车有限公司景德镇工厂焊装车间团支部

江西省煤炭集团公司萍乡矿业有限公司安源煤矿运输区团支部

莲花县琴亭镇花塘村团支部

抚州市公安局特警支队团支部

全国团建先进县（市、区）

2001 年全国团建先进县（市）

南康团市委

南丰团县委

2002 年全国团建先进县（市）

波阳团县委

铜鼓团县委

2003 年全国团建先进县（区）

万年团县委

抚州市临川团区委

2004 年全国团建先进县

铅山团县委

南昌团县委

2005 年全国团建先进县（区）

黎川团县委

新余市渝水团区委

2006 年全国团建先进区

九江市庐山团区委

南昌市青云谱团区委

萍乡市安源团区委

2007 年全国团建先进县（区）

遂川团县委

九江市浔阳团区委

全国乡村青年文化节活动先进集体及先进组织单位

1999 年全国乡村青年文化节活动先进组织单位

宜丰团县委

万年团县委

2001 年全国乡村青年文化节活动先进集体

瑞金市叶坪乡

井冈山市下七乡

南昌县武阳镇

分宜县双林镇

南丰县市山

万安县百加镇新余市渝水区水西镇

2002 年全国乡村青年文化节活动先进集体

永修团县委

2007 年全国乡村青年文化节 10 周年组织奖获奖单位

高安团市委

会昌团县委

鹰潭市月湖团区委

全国乡村青年文化节活动优秀活动项目

1999 年全国乡村青年文化节活动优秀活动项目

万年县马家团乡委农业技术知识竞赛

泰和县沿溪团乡委文体大赛

2001 年全国乡村青年文化节优秀活动项目

瑞金团市委辞旧迎新大扫除

九江市庐山区新港团乡委风筝艺术节

广昌县甘竹团镇委农民业余孟戏团演出

2002 年全国乡村青年文化节优秀活动项目

贵溪团市委乡村青年果业开发知识擂台赛

2006 年全国乡村青年文化节优秀活动项目

丰城团市委乡村青年大擂台

全南县文化局赣南采茶戏曲——《拆墙》

宁都县赖村团镇委赖村镇"卫东文宣队"

于都团县委青年农民文化艺术节

2007 年全国乡村青年文化节 10 周年优秀活动项目

安远团县委农村青年文化大院项目

弋阳团县委弋阳腔项目

丰城团市委"庆新春促和谐,共建美丽家园"乡村青年文化活动

新干团县委采茶剧项目

全国乡村青年文化活动先进县(市、区)

2002 年全国乡村青年文化活动先进县(市、区)

遂川县乐平市

2003 年全国乡村青年文化活动先进县(市、区)

于都县

2004 年全国乡村青年文化活动先进县(市、区)

九江市

九江市庐山区

新干县

万安县

南昌县

靖安县

广丰县

2005 年全国乡村青年文化活动先进县(市、区)

宜春市

遂川县

龙南县

渝水区

上栗县

吉安县

2006 年全国乡村青年文化活动先进县(市、区)

鹰潭市月湖区

玉山县

丰城市

万年县

全国优秀乡村青年文化活动项目

2002 年全国优秀乡村青年文化活动项目

乐平团市委"赣沪两地情,喜迎十六大"专场文艺演出

2004 年全国优秀乡村青年文化活动项目

九江市庐山团区委乡土文化社区行——黄梅戏巡回演出

全国"科学·文明·健康"——社区青年文化节活动获奖单位

2003 年全国"科学·文明·健康"——社区青年文化节活动组织奖获奖单位

江西团省委权益部

2003 年全国"科学·文明·健康"——社区青年文化节活动创新奖获奖单位

九江市庐山团区委

昌河飞机工业(集团)有限责任公司团委

全国社区青年文化节优秀活动获奖单位

2002 年全国社区青年文化节优秀活动组织单位

新余团市委

九江团市委

赣县团县委

2004 年全国社区青年文化节优秀活动组织奖获奖单位

上饶团市委

2004 年全国社区青年文化节优秀活动项目奖获奖单位

赣县团县委

"挑战杯"全国大学生课外学术科技作品竞赛获奖单位及作品

1999 年第六届"挑战杯"全国大学生课外学术科技作品竞赛省级组织奖获奖单位

江西省

1999 年第六届"挑战杯"全国大学生课外学术科技作品竞赛校级组织奖获奖单位

江西师范大学

南昌大学

2001 年第七届"挑战杯"全国大学生课外学术科技作品竞赛校级优秀组织奖获奖单位

江西师范大学

2002 年第三届"挑战杯"中国大学生创业计划竞赛省级优秀组织奖获奖单位

江西省

2002 年第三届"挑战杯"中国大学生创业计划竞赛校级优秀组织奖获奖单位

江西师范大学

南方冶金学院

南昌大学

2002 年第三届"挑战杯"中国大学生创业计划竞赛获奖单位

江西财经大学

江西师范大学

江西中医学院

南昌大学

2004 年第四届"挑战杯"中国大学生创业计划竞赛金奖作品

海岛漫画屋(报送单位 南昌高等专科学校)

2004 年第四届"挑战杯"中国大学生创业计划竞赛银奖作品

硅氢加成法制取乙烯基三氯硅烷(报送单位 南昌大学)

2004 年第四届"挑战杯"中国大学生创业计划竞赛铜奖作品

艾百博纳米科技有限责任公司(报送单位 南昌大学)

昌翔无轨导全位置爬行式弧焊机器人(报送单位 南昌大学)

江西瑞济生物工程有限公司(报送单位 江西师范大学)

帕克斯高新材料股份有限公司(报送单位 江西师范大学)

翌晟生物科技有限公司(报送单位 江西师范大学)

2004 年第四届"挑战杯"中国大学生创业计划竞赛省级优秀组织奖获奖单位

江西团省委

2004 年第四届"挑战杯"中国大学生创业计划竞赛校级优秀组织奖获奖单位

南昌大学

江西师范大学

景德镇陶瓷学院

2005 年第九届"挑战杯"全国大学生课外学术科技作品竞赛省级优秀组织奖获奖单位

江西省

2005 年第九届"挑战杯"全国大学生课外学术科技作品竞赛省级高校优秀组织奖获奖单位

南昌大学

江西师范大学

江西农业大学

"振兴杯"全国青年职业技能大赛决赛优秀集体及获奖单位

2007 年第三届"振兴杯"全国青年职业技能大赛决赛优秀集体

江西团省委

2008 年第四届"振兴杯"全国青年职业技能大赛决赛优秀组织奖获奖单位

江西团省委

江西省劳动和社会保障厅

2010 年第六届"振兴杯"全国青年职业技能大赛决赛优秀集体

江西团省委

江西省人力资源和社会保障厅

全国共青团精神文明建设"五个一工程"获奖项目(作品)

2001 年第六届全国共青团精神文明建设"五个一工程"优秀文化活动奖获奖项目

"广场之声"青年文化广场歌手擂台赛(赣州团市委)

2003 年第七届全国共青团精神文明建设"五个一工程"入选作品奖文章类获奖作品

《农村青年进城障碍之分析》(江西团省委)

2003 年第七届全国共青团精神文明建设"五个一工程"入选作品奖歌曲类获奖作品

《团旗扬起的地方》(江西团省委)

2005 年第八届全国共青团精神文明建设"五个一工程"优秀文化作品图书类奖获奖作品

《三色玉》(江西团省委)

2005 年第八届全国共青团精神文明建设"五个一工程"优秀文化活动奖获奖项目

"团队训练模式"教育活动(江西团省委)

中国大学生校园歌手大赛获奖单位

2003 年第一届中国大学生校园歌手大赛省级优秀组织奖获奖单位

江西省

2003 年第一届中国大学生校园歌手大赛校级优秀组织奖获奖单位

江西科技师范学院

江西师范大学

东华理工学院

南昌大学

2004 年第二届中国大学生校园歌手大赛省级优秀组织奖获奖单位

江西省

2004 年第二届中国大学生校园歌手大赛校级优秀组织奖获奖单位

南昌大学

江西师范大学

江西科技师范学院

2005 年第三届中国大学生校园歌手大赛省级优秀组织奖获奖单位

江西省

2005 年第三届中国大学生校园歌手大赛校级优秀组织奖获奖单位

南昌大学

华东交通大学

景德镇陶瓷学院

全国"青年文明社区"及示范城（区）

2000 年第二批全国"青年文明社区"

广丰县永丰镇白鹤园社区南昌市西湖区绳金塔街道邮电住宅社区

2001 年第三批全国"青年文明社区"

南昌市御锦城社区

南昌市西湖区广外街道烟筒巷社区

南昌市青云谱区洪都第一社区

南昌市恒辉花园社区

南昌市东湖区上营坊社区

景德镇市昌河集团公司（总部）社区

吉安市吉州区庐境园社区

抚州市临川区六水桥大公路社区

新余市新余电厂社区

鹰潭市月湖区交通街道胜西社区

赣州市章贡区赣江社区

宜丰县桂花新村社区

九江市浔阳区人民路街道湖滨社区

2003 年全国"青年文明社区"示范城（区）

南昌市青山湖区

2004 年全国"青年文明社区"示范城（区）

南昌市东湖区

2005 年第四批全国"青年文明社区"

南昌市西湖区铁路二村社区

南昌市青云谱区三店街道三家店社区

南昌市东湖区豫章街道滨江社区

九江市永修县涂埠镇康乐社区

九江市庐山区十里街道赣北商城社区

九江市浔阳区湓浦街道丁官路社区

新余市渝水区城南街道赣西电力社区

萍乡市安源区八一街老站社区

鹰潭市月湖区江边街道杏南社区

江西铜业集团有限公司贵冶生活区

抚州市广昌县旴江镇解放路社区

抚州市乐安县敖溪镇象山社区

赣州市章贡区东外街道张家围社区

上饶市广丰县房改安居小区

吉安市青原区河东街道新生社区

全国"青年文明社区"创建活动组织奖获奖单位

2001 年第三批全国"青年文明社区"创建活动组织奖获奖单位

南昌团市委

鹰潭团市委

2005 年第四批全国"青年文明社区"创建活动组织奖获奖单位

九江团市委

新余团市委

全国高等学校学生暑期社会实践活动先进单位及获奖单位

1991 年全国高等学校学生暑期社会实践活动先进单位

江西大学

江西师范大学

江西农业大学

华东地质学院

南昌航空工业学院

宜春农业专科学校

抚州师范专科学校

上饶地区

瑞金县

1992 年全国高等学校学生暑期社会实践活动组织工作奖获奖单位

江西省社会实践活动领导小组

1992 年全国高等学校学生暑期社会实践活动先进单位

江西大学

江西农业大学

江西师范大学

江西工业大学

江西财经学院

南昌职业技术师范学院

吉安师范专科学校

中共瑞金县委

井冈山团市委

1993 年全国高等学校学生暑期社会实践活动组织工作奖获奖单位

江西省社会实践活动领导小组

1993 年全国高等学校学生暑期社会实践活动先进单位

南昌航空工业学院团委

南方冶金学院团委

景德镇陶瓷学院团委

江西师范大学团委

江西农业大学社会实践活动领导小组

江西中医学院团委

吉安师专团委

瑞金县团委

1998 年全国高等学校学生暑期社会实践活动优秀组织工作奖获奖单位

江西省

1998 年全国高等学校学生暑期社会实践活动先进单位

南昌大学

江西师范大学

江西农业大学

江西医学院

江西中医学院

江西财经大学

南昌航空工业学院

华东交通大学

南昌职业技术师范学院

赣南师范学院

全国培养青年星火带头人活动获奖单位及先进集体

1993 年全国青年星火带头人活动组织奖获奖单位

上饶团地委

上饶地区科委

高安团市委

高安市科委

1995 年全国青年星火带头人活动组织奖获奖单位

鹰潭团市委

鹰潭市科委

崇仁团县委

崇仁县科委

1997 年全国培养农村青年星火带头人活动组织奖获奖单位

吉安团地委

吉安地区科委

横峰团县委

横峰县科委

1998 年"全国培养青年星火带头人活动十年成就奖"先进集体

宜春团地委

宜春地区科委

1999 年全国培养青年星火带头人活动组织奖获奖单位

赣州团地委

赣州地区科委

修水团县委

修水县科委

2000 年全国培养青年星火带头人活动组织奖获奖单位

鹰潭团市委

鹰潭市科委

全国青年创新创效活动表彰的单位(组织)

2000 年全国冶金系统青年创新创效活动先进组织

新余钢铁有限责任公司

2000 年全国企业青年创新创效活动优秀组织单位

江西团省委青工部

2000 年全国企业青年创新创效活动先进单位

江西洪都航空工业集团有限责任公司团委

江西铜业集团有限公司团委

新余钢铁有限责任公司团委

2002 年全国青年创新创效活动先进单位

江西洪都航空工业集团有限责任公司团委

2002 年全国青年创新创效大赛组织工作先进单位

江西团省委青工部

中国青年科技创新行动先进集体、示范(教育)基地

2001 年

中国青年科技创新行动先进集体

南昌先锋软件股份有限公司

德兴市异 VC 钠有限公司

鹰潭团市委

第二批中国青年科技创新行动示范基地

贵溪电光源厂

南昌先锋软件股份有限公司

2003 年

中国青年科技创新行动先进集体

江西航天科技学院

泰豪信息技术股份有限公司

江西方兴科技有限公司

第三批中国青年科技创新行动教育基地

江西省科技馆

第三批中国青年科技创新行动示范基地

江西省青年科技创业园有限公司

江西长城网络有限公司

全国保护母亲河行动先进集体、获奖单位（工程）

2001 年全国保护母亲河行动先进集体

九江团市委

景德镇团市委

2002 年全国保护母亲河行动先进集体

赣州团市委

南昌市林业局

新余市渝水团区委

江西农业大学团委

2003 年全国保护母亲河行动先进集体

吉安团市委

星子团县委

江西省长江中上游防护林体系建设领导小组办公室

上饶师范学院大学生环保休闲运动协会

2004 年全国保护母亲河行动集体五年成就奖获奖单位

江西团省委

江西省人大环境资源委员会

江西省长江中上游防护林体系建设领导小组办公室

2004 年全国保护母亲河行动优质工程

中日青年星子县生态绿化示范林优质工程

上饶市信江青年林工程

瑞金市安利林工程

2004 年全国保护母亲河行动先进集体

赣州市水土保持局

九江市共青城开放开发团区委

江西师范大学地理与环境学院团委

2005 年全国保护母亲河行动先进集体

南昌市红谷滩新区城市管理与环境保护局

江西财经大学绿派社

江西省环境保护宣传教育中心

2006 年全国保护母亲河行动先进集体

鄱阳湖国家级自然保护区管理局

南昌团市委

江西蓝天学院团委

南昌铁路局团委

2007 年全国保护母亲河行动先进集体

江西省绿委办

抚州团市委

上饶团市委

全国保护母亲河生态监护站

2002 年全国保护母亲河生态监护站

于都县保护母亲河生态监护站

江西农业大学绿源协会保护母亲河生态监护站

九江县保护母亲河生态监护站

2003 年全国保护母亲河生态监护站

宜春市袁州区保护母亲河生态监护站

横峰县保护母亲河生态监护站

2004 年全国保护母亲河生态监护站

鄱阳湖保护母亲河生态监护站

安远县保护母亲河生态监护站

南昌市环境监测站保护母亲河生态监护站

全国青年安全生产示范岗

2001 年第一届全国青年安全生产示范岗

中国石化股份有限公司九江分公司化肥厂合成车间中控操作岗

江西铜业集团有限公司德兴铜矿采矿场爆破工段青年技术组

2003 年第二届全国青年安全生产示范岗

南昌铁路局鹰潭机务段检修车间高台组

江西昌河铃木汽车有限责任公司冲压车间

2004 年第三届全国青年安全生产示范岗

江西洪都航空工业集团有限责任公司动力分公司 13 车间高修组 1 班

南昌卷烟厂卷包车间丙班南昌铁路局南昌电务段永修信号工区

2005 年第四届全国青年安全生产示范岗

江西移动通信有限责任公司抚州分公司网络部

萍矿集团公司安源煤矿选煤厂水洗车间洗煤机岗

江西耀升工贸发展有限公司运矿班

2006 年第五届全国青年安全生产示范岗

南昌长力钢铁股份有限公司转炉厂连铸车间电工班

南昌银志纺织服装城事业有限公司制衣厂缝制车间生产班组三组

昌河飞机工业（集团）有限责任公司 59 车间变电站

2007 年第六届全国青年安全生产示范岗

江铜集团永平铜矿采矿运输一段

中国国电集团公司万安水力发电厂发电部

吉安供电公司线路分公司 220KV 线路班

南昌铁路局南昌电务段 ATP 车载设备检修工区

中国石油天然气股份有限公司江西南昌销售分公司瑶湖加油站二班

南昌铁路局永安车辆段来舟运用车间到达四班

2008 年第七届全国青年安全生产示范岗

昌河铃木九江分公司铸造车间熔化班

江西出入境检验检疫局技术中心食品检测室

江西洪都钢厂无缝钢管分厂 100 机组乙班

江西洪都航空工业集团有限责任公司试飞站机务一大队青年班组

江西南昌供电公司变电运行分公司桃苑 220kV 变电站

全国服务农村青年增收成才奖先进集体

2002 年全国服务农村青年增收成才奖先进集体

鹰潭团市委

抚州宜黄县团委

吉安市泰和县农业局

萍乡市上栗县福田镇

2003 年全国服务农村青年增收成才奖获奖单位

波阳县高家岭镇人民政府

新余市渝水团区委

南昌水产技术推广站

2004 年全国服务农村青年增收成才奖获奖单位

抚州团市委

吉安团市委

萍乡市农业局科教科"丰收"栏目

新余市河下镇

2005 年全国服务农村青年增收成才奖先进集体

鹰潭团市委

九江团市委

赣州团市委

高安市农业综合办公室

江西鄱湖龙华水产食品有限公司

景德镇市农业局

2006 年全国服务农村青年增收成才奖先进集体

庐山区新港镇人民政府

丰城团市委

新干团县委

资溪团县委

2007 年全国服务农村青年增收成才奖先进集体

南昌团市委

抚州团市委

赣州市农业局市场信息科

大余县植保植检站

中国青年创业行动优秀组织单位获奖项目、培训(实践)基地

2000 年全国"帮助青年创业计划"工作优秀组织单位

鹰潭团市委

2002 年第二届全国"帮助青年创业计划"工作优秀组织单位

江西地矿局团委

赣州市劳动就业服务管理局

2003 年中国青年创业行动优秀组织单位

南昌团市委

江西省计算机培训学院

2004 年中国青年创业行动优秀组织单位

南昌团市委

江西省南昌(国家)创业示范基地

2004 年第一届中国青年创业项目优秀奖银奖项目

兔养殖项目(南昌市圣丰农业综合开发有限公司)

女绣项目(南昌市赣女绣庄)

2004 年第一届中国青年创业项目优秀奖铜奖项目

民间瓦缸煨汤项目(江西省民间瓦缸馆)

"八味堂"老面馆连锁项目(江西朝和餐饮有限公司)

2004 年全国青年创业培训基地

江西青年职业学院

江西蓝天学院

江西航天科技职业学院

南昌市人才职业技能培训学校

2004 年全国青年创业实践基地

江西省汪氏蜜业集团

江西省新通城餐饮管理有限公司

景德镇市鹏飞建陶有限公司

九江恒明汽车贸易有限公司

2005 年中国青年创业行动优秀组织单位

宜春市劳动就业管理局

清华科技园（江西）发展有限责任公司

2006 年中国青年创业行动优秀组织单位

江西团省委青工部

上饶团市委

赣州市劳动就业服务管理局

全国进城务工青年工作先进集体

2001 年第三届全国"千校百万"进城务工青年培训工作先进集体

赣西专修学院

蓝天职业技术学院

2007 年第五届全国进城务工青年工作先进集体

赣州华坚国际鞋城有限公司

上高裕盛工业有限公司

江西贝尔科技产业有限公司

2007 年第五届全国进城务工青年培训工作先进集体

资溪县职业中学

华东科学技术学校

全国乡村青年歌手（才艺风采）大赛组织奖获奖单位

2004 年"碧水庄园杯"第五届全国乡村青年歌手大赛组织奖获奖单位

江西团省委青农部

2005 年第一届全国乡村青年才艺风采大赛组织奖获奖单位

江西团省委青农部

2006 年第二届全国乡村青年才艺风采大赛组织奖获奖单位

江西团省委青农部

中国青少年社会教育"银杏奖"优秀团队奖获奖单位

2005 年中国青少年社会教育"银杏奖"优秀团队奖获奖单位

新余市青少年宫

广昌县青少年学生校外教育活动中心

江西省儿童少年活动中心

2007 年第二届中国青少年社会教育"银杏奖"优秀团队奖获奖单位

南昌市少年宫

江西省儿童少年活动中心

赣州市青少年活动中心

2007 年第二届中国青少年社会教育"银杏奖"优秀团队奖获奖单位

南昌市少年宫

江西省儿童少年活动中心

赣州市青少年活动中心

全国青年中心建设(试点工作)先进市、县(区)

2004 年全国青年中心建设试点工作先进市、县(区)

南昌市

九江市庐山区

2005 年全国青年中心建设先进市、县(区)

吉安市

九江市

赣州市

永修县

鄱阳县

万年县

井冈山市

九江市浔阳区

鹰潭市月湖区

2006 年全国青年中心建设工作先进县(市、区)

丰城市

星子县

上饶县

南康市

南昌市东湖区

九江市浔阳区

新余市渝水区

2007 年全国青年中心建设先进县(市、区)

南昌县

新干县

信丰县

萍乡市安源区

南昌市西湖区

鹰潭市月湖区

吉安市青原区

全国优秀青年中心

2004 年全国优秀青年中心

赣州市章贡区沙河青年中心

鹰潭市月湖区东湖街道三角线社区青年中心

2005 年全国优秀青年中心

新余钢铁公司青年中心

武宁县豫宁青年中心

吉安市青原区河东街道新生青年中心

萍乡市安源区八一街道罗家塘社区青年中心

乐平市众埠青年中心

上栗县金山镇高山青年中心

新建县长镇青年中心

南昌县塘南青年中心

2006 年全国优秀青年中心

万载县三兴青年中心

永修县立新乡南岸青年中心

萍乡市安源区安源青年中心

新建县长垦青年中心

宜春市袁州区官园街道枣树青年中心

萍乡市安源区后埠街金典青年中心

新余发电有限责任公司青年中心

全国高校"优秀学生社团"

2005 年第一届全国高校"优秀学生社团"

江西师范大学"蓝天"环保社团

江西中医学院艺术团

2006 年第二届全国高校"优秀学生社团"

南昌大学绿色环境保护组织

江西理工大学机器人协会

全国"争创平安校园"组织奖获奖单位

2004 年全国"争创平安校园"组织奖获奖单位

九江市浔阳区外国语实验小学

南昌市豫章路小学

萍乡市第三中学

鹰潭市第七小学

赣州市滨江第二小学

南昌市育新学校

南昌市珠市小学

九江市长虹小学

江西洪都航空工业集团公司洪都小学大队部

2005 年全国"平安校园(社区)"组织奖获奖单位

新钢第一小学

南昌师范附属实验中学

鹰潭市师范附小

余江县第一小学

萍乡市安源区

上饶市第六小学

宜丰县新昌第一小学

全国五四新闻奖组织奖获奖单位

1998 年第五届全国五四新闻奖组织奖获奖单位

江西团省委

2000 年第七届全国五四新闻奖组织奖获奖单位

江西团省委

全国青少年教育基地

2000 年第三批全国青少年教育基地

江西铜业集团有限公司

兴国革命烈士纪念馆

上饶集中营革命烈士陵园

江西洪都航空工业集团有限责任公司

2006 年第四批全国青少年教育基地

南昌八一起义纪念馆

吉安县文天祥纪念馆

中央红军长征出发纪念馆

怀玉山爱国主义教育基地

罗坊会议纪念馆

安源路矿工人运动纪念馆

全国文明经营示范单位

1992 年全国文明经营示范单位

南昌市南昌商场

萍乡市百货商场

抚州市第一百货商场

新余市百货大楼

上饶市长征旅社

景德镇市百货商场

赣州市百货商场

赣州市粮油商业公司三八粮油食品店

上饶市粮油供应公司金龙岗粮店

吉安市粮油供应公司古南粮站

新余市粮食局市城粮油供应公司

新余市供销贸易大楼

上饶市土产杂品公司综合贸易商场

高安县农资公司

1993 年全国文明经营先进单位

九江外轮供应华侨友谊公司

樟树粮油公司

新余市渝水区良山供销社

中国青少年新世纪读书计划获奖单位

2003 年中国青少年新世纪读书计划优秀组织奖获奖单位

江西团省委

2005 年中国青少年新世纪读书计划组织奖获奖单位

江西省高等级公路管理局团委

全国警地"四联"活动先进单位及十佳单位

2006 年全国警地"四联"活动先进单位

南昌市青山湖团区委

武警江西省总队第二支队团委

2008 年全国警地"四联"活动十佳单位

鹰潭团市委

武警江西省总队鹰潭市支队

全国助残先进集体

1991 年全国助残先进集体

赣州地区中西医结合医院

武警萍乡市消防一中队

吉安县油田乡党委政府

2002 年全国红领巾手拉手助残先进集体

赣州市红旗二校少先队大队

赣州市厚德路小学少先队大队

赣州市南康市实验小学少先队大队

南昌市南昌县莲塘第二小学少先队大队

南昌市进贤民和四小少先队大队

抚州市临川第三小学五(4)中队

抚州市广昌附小四(2)中队

景德镇市第八小学少先队大队

景德镇市第三小学少先队大队

新余市五中少先队大队

新余市逸夫小学四(3)中队

上饶市横峰县第一小学少先队大队

上饶市上饶县铁山中心小学少先队大队

上饶市万年县第二小学少先队大队

上饶市广丰县永丰小学少先队大队

上饶市逸夫小学少先队大队

九江市长虹小学少先队大队

九江市浔阳区柴桑小学五(2)中队

鹰潭市贵溪市第三小学少先队大队

鹰潭市第六小学少先队大队

鹰潭市奥科现代外语学校少先队大队

江西铜业集团有限公司贵溪冶炼厂子弟学校少先队大队

上饶铁路中学初一（1）

吉安市吉安县巴邱小学少先队大队

吉安市吉水县巴都小学少先队大队

吉安市遂川县泉江小学少先队大队

吉安市永新县城厢小学少先队大队

2005 年全国"百万青年志愿者助残行动"先进集体

井冈山学院医专校区爱心社

江西财经职业学院青年志愿者协会

武警萍乡市消防支队志愿者服务队

宜春学院医学院青年志愿者协会

全国"东西互助，共同迈向富裕"活动先进集体

1994 年全国"东西互助，共同迈向富裕"活动中期先进集体

上饶团地委

赣州市青联

1995 年全国"东西互助，共同迈向富裕"活动先进集体

南昌市青联

景德镇市青联

吉安团地委

全国（青年）岗位能手活动优秀组织（先进集体）

1995 年全国岗位能手活动优秀组织先进集体

南昌团市委

1996 年全国青年岗位能手活动优秀组织

南昌团市委

全国各族青年团结进步先进（模范）集体

1993 年全国各族青年团结进步先进集体

铅山县太源畲族团乡委

1999 年全国各族青年团结进步模范集体

铅山县太源畲族团乡委

其他先进集体(单位)

1991 年

全国残疾人之家

南昌市汽缸垫厂

全国道路交通管理法规宣传教育活动红旗单位

南昌市公安交警支队

南昌团市委

宜春地区公安处

宜春团地委

景德镇市公安交警支队

景德镇团市委

新余市公安交警支队

新余团市委

赣州地区公安处、赣州团地委

全国交通安全小卫士活动先进集体

南昌市第二十九中学

宜春市中山学校

景德镇市陶瓷学校

九江市柴桑小学

吉安市田候路小学

全国"学、比、争"活动组织奖获奖单位

吉安地区税务局

吉安团地委

宜春地区税务局

宜春团地委

景德镇市税务局

全国优秀青年绿化工程先进集体

共青团宜丰县委(宜丰青年林工程)

共青团新建县委(新建县礼步湖青年绿化工程)

共青团萍乡市湘东区委(湘醴青年友谊林工程)

共青团瑞金县委(瑞汀青年友谊林工程)

1992 年

全国"为'七五'建设出成果做贡献"竞赛活动先进集体

赣州市青联

全国农村团支部学习农业实用新技术竞赛活动地级"优秀组织奖"获奖单位

九江市

1993 年

全国先进街道团委（总支、支部）

南昌市东湖区杨家厂街道团委

全国深化改革实施"八五"计划献计献策先进集体

景德镇市青联

全国少先队大队先进集体

吉安市新村小学少先队大队

南昌射步亭小学少先队大队

萍乡湘东区排上乡上珠小学少先队大队

1994 年

全国 100 所中学实践教育活动先进学校

南昌实验中学

宜春市第三中学

上饶市第一中学

宜春市第三中学

1995 年

全国"1995 中国大中学生志愿者扫盲与科技文化服务行动"优秀志愿服务队

南昌大学赴高安市八景镇扫盲和科技文化志愿服务队

景德镇陶瓷学院赴丽阳乡扫盲和科技文化志愿服务队

江西医学院赴横峰县葛源镇扫盲和科技文化志愿服务队

江西师范大学赴吉安地区扫盲和科技文化志愿服务队

全国农村青年星火科技示范先进集体

南昌县

1996 年

第一届"中国青年科技发展论坛"组织工作先进单位

江西省青联

全国千家中小企业振兴行动示范企业

南昌洪都制药厂

1996 年全国青少年绿化祖国先进集体

吉安团县委

靖安团县委

南昌县向塘团镇委

萍乡市湘东团区委

会昌县文武坝团乡委

新余市渝水区罗坊团镇委

景德镇市枫树山林场

九江团县委

贵溪团县委

弋阳县圭峰团镇委

1996 年全国青少年绿化祖国优秀工程

永丰县富溪乡共青林场

兴国青少年林

永修县柘林镇易家河村青年绿化工程

1997 年

"全国中学生党团知识竞赛"组织工作先进单位获奖学校团组织

南昌市南钢学校

南昌市第二职业中等专业学校

宜春市第四中学

宜春市第一中学

宜春市第二中学

景德镇市第一中学分校

信丰中学

1998 年

全国抗洪英雄青年突击队

中国人民解放军江西省军区独立营二连团支部

武警江西总队二支队团委

九江团县委机关青年突击队

永修县永北仙洲青年突击队

安义县峤岭乡抗洪抢险

生产自救青年突击队

南昌县蒋巷镇河边村青年突击队

中国人民解放军南昌陆军学院练习营

湖口县流泗镇防洪突击队

波阳县古南乡抗洪抢险青年突击队

武警江西省总队三支队特勤中队

武警江西省总队九江市支队五中队

武警江西省总队南昌市支队一大队二中队

全国春季青少年志愿者植绿护绿行动先进单位

上饶团地委

赣州团地委

全国"百万农村青年科技传播活动"先进集体

安远县［先进县（市区）先进集体］

安义县鼎湖镇青年科技图书站（优秀青年科技图书站）

兴国县农村科技星火青年志愿者服务队（优秀青年星火带头人志愿者服务队）

全国青企协系统"抗洪救灾先进单位"

南昌卷烟厂

九江化纤股份有限公司短丝分厂

全国社区"千校百万"外来务工青年培训工作先进集体

赣州地区技工学校

浔阳职业培训学校

宁冈团县委

临川团市委

1998 年全国青年绿色文明园

南昌市青年婚林基地（南昌市湾里团区委）

青年翠竹工程共青示范带（共青城团市委）

1999 年

全国"雏鹰杯""五自"实践小课题展示活动获奖单位

泰和县万合乡中心小学家乡环境改造方案课题组（三等奖）

南昌县莲塘第二小学五（1）中队课题小组（三等奖）

九江市浔阳区东风小学四（3）中队环保小队（鼓励奖）

安福县平都镇中心小学课题组（鼓励奖）

资溪县实验小学三（3）中队（鼓励奖）

宁都县洛口中心小学四（3）中队（鼓励奖）

南昌县莲塘第一小学五（7）中队课题小组（鼓励奖）

万安县韶口中心小学"五自"实践组（鼓励奖）

寻乌县城关小学三（1）中队（鼓励奖）

泰和县实验小学四年级（鼓励奖）

全国青年改革开放 20 年知识竞赛组织奖获奖单位

江西武警总队组织处

全国领办科技推广项目优秀项目

金溪团县委（黄栀子生产开发加工）

全国青少年绿色文明园

赣州市园林处团委（赣州滨江大道章江园）

全国枫叶创造基金获得者

石榴矮化密植科技实践基（创办单位上饶县农职业技术学校团委）

甜菊栽培科技实践基地(创办单位赣县职业技术学校团委)

2000 年

全国神农奖获奖项目

早梨种植示范推广(报送单位上饶团县委)

2000 年中国百支博士团(全校网)"三下乡"志愿服务行动优秀博士服务团

第 61 分团(南昌大学、江西农业大学、江西师范大学、江西财经大学、江西医学院)

2000 年全国开展"青少年维权岗"组织奖获奖单位

江西省社会治安综合治理委员会办公室

2000 年首批全国"青年文明社区大家乐"舞台

景德镇市昌河社区大家乐舞台

赣州市章贡区东外街道东外社区大家乐舞台

九江市浔江区人民路街道湖滨社区大家乐舞台

吉安市吉州区文山街道西苑社区大家乐舞台

2001 年

全国中学生暑期实践教育活动地级优秀组织奖获奖单位

九江团市委

2002 年

百所全国示范"青少年法律学校"

抚州市南城县实验中学

九江市浔阳区甘棠街道六角石社区法律学校

新干县金川中学

抚州市临川区育新学校

南昌市育新学校

高安市第二中学

全国学习雷锋、志愿服务先进集体

南昌市东湖区青年志愿者协会

武警井冈山市消防大队

南昌铁路局客运公司 1453/4 次"雷锋号"列车

中国优秀志愿服务集体

樟树市公安消防大队青年志愿者服务站

江西移动通讯公司南昌营销中心大用户服务室青年志愿者服务队

2003 年

全国防治非典型肺炎工作先进基层团组织

上饶市人民医院团委

南昌铁路中心医院团委

江西医学院"爱心医学会"团支部

全国优秀青少年读书俱乐部

上饶市青少年读书俱乐部

全国优秀青少年新世纪书屋

南昌铁路局南昌机务段团委《中国青年》杂志评刊小组

赣州市新华书店赣州书城

全国青年学习十六大精神和"三个代表"重要思想知识竞赛奖获奖单位

江西蓝天学院团委

江西渝州科技职业学院

江西工业工程职业技术学院团委

全国青年学习十六大精神和"三个代表"重要思想征文优秀组织奖获奖单位

江西团省委

江西师范大学

中国十大杰出青年志愿服务集体

九江市星子县消防大队 119 联动服务站

中国青年志愿行动组织奖获奖单位

南昌团市委

2004 年

中国青年学习成才奖获奖单位

乐平市人民法院团支部

全国"青春红丝带"行动——青少年预防艾滋病志愿者"面对面"宣传教育活动先进集体

萍乡市湘东团区委

2005 年

第二批"全国青少年走进科学世界"科技活动示范基地

庐山植物园

全国预防青少年违法犯罪工作先进集体

瑞昌市综治委预防青少年违法犯罪工作领导小组

南昌市西湖区十字街街道建设桥社区居委会

中共江西省委宣传部宣传处

2006 年

全国农村青年转移就业先进单位

江西蓝天学院

江西益康医疗器械集团有限公司

江西现代职业技术学院

高安市成人农机学校

上饶市大众女子学校

赣州市劳动就业服务管理局

玉山县劳动就业服务管理局

江西省圣丰高新农业综合开发有限责任公司

樟树市劳动就业管理局

南昌县科教信息站

赣江职业技术学院

中国大学生自强之星高校入围奖获奖单位

赣南师范学院

南昌航空工业学院

第一届"未来杯"全国中学生创意设计竞赛省级优秀组织奖获奖单位

江西团省委

全国"民族精神代代传"活动创新奖获奖项目

"弘扬民族文虎，做了不起的中国人"活动（江西省少工委）

全国"民族精神代代传"活动优秀小课题奖一等奖获奖小课题

争做爱心小天使（石城县城镇小学五一中队）

全国"民族精神代代传"活动优秀小课题奖二等奖获奖小课题

开展小记者活动，促进学生全面发展（新县城厢小学）

"民族精神代代传"——我与祖国同成长（九江市浔阳区东风小学）

全国"民族精神代代传"活动优秀小课题奖三等奖获奖小课题

弘扬民族精神，体验爱，学会爱（新余市新钢第一小学）

做个了不起的好孩子（新余市长青小学）

长征正在进行（于都县城关小学）

感恩教育（会昌县希望小学）

民族精神代代传（资溪县实验小学）

弘扬民族精神，做了不起的中国人（金溪县实验小学）

"中国青年丰田环境保护奖"项目资助奖获奖项目

江西省井冈山生物多样性研究及生态环境保护（井冈山学院团委）

"中国青年丰田环境保护奖"事迹表彰奖获奖团队

江西农业大学绿源协会

全国青工技能振兴计划优秀组织单位

江西铜业集团有限公司团委

江西洪都航空工业集团有限责任公司团委

全国青工技能振兴计划示范单位

昌河飞机工业（集团）有限责任公司

萍乡矿业集团有限责任公司

南昌铁路局

全国增强共青团员意识主题教育活动优秀组织奖获奖单位

江西团省委

全国增强共青团员意识主题教育活动先进单位

南昌大学团委

江西铜业集团有限公司团委

九江团市委

国家开发银行江西分行团委

2007 年

全国服务新农村建设百佳乡镇（民营）企业

江西马飞牧业有限公司

江西嘉鸣科技电子公司

赣州市绿源园林绿化工程有限公司

江西雨飞矿泉水有限公司

全国"我与祖国共奋进"主题教育实践活动优秀组织单位

赣州团市委

上饶团市委

吉安团市委

全国共青团好新闻电视类获奖单位

江西电视台

第二届中国青年志愿者扶贫接力计划研究生支教团优秀组织奖获奖单位

江西师范大学

2008 年

中国志愿者工作组织奖获奖单位

新余团市委

南昌工程学院团委

南昌铁路局团委

2008 年全国抗震救灾优秀志愿服务集体

江西赴四川省青年志愿者抗震救灾服务队

2008 年中国志愿服务项目

青年志愿者服务新农村——留守孩托管中心建设项目（赣州团市委）

青年志愿者指导中心

春运"共青团号"临时旅客列车值乘项目（南昌铁路局）

社区志愿服务活动——"红铃铛行动"（南昌团市委）

2008 年全国大中专学生志愿者暑期"三下乡"社会实践活动赴地震灾区优秀团队

南昌大学赴四川省宝兴县医疗防疫服务队

江西师范大学赴四川省宝兴县支教服务队

江西农业大学赴四川省宝兴县支教服务队

江西财经大学赴四川省宝兴县支教服务队

2010 年

第八届中国青年志愿者优秀组织奖获奖单位

江西省青年志愿者协会

东华理工大学海军国防生青年志愿者协会

抚州团市委

九江市青年志愿者协会

中国青年志愿者海外服务计划赴马拉维服务队

第八届中国青年志愿者优秀项目奖获奖项目

鹰潭市消防志愿者行动(鹰潭团市委鹰潭市公安消防支队)

"小小的梦想"——遂川麦田计划青年志愿者关爱农民工子女公益行动(中国麦田计划江西遂川分社)

高速公路应急援助青年志愿者服务行动(江西省高速公路投资集团有限责任公司)

附　录

一、江西省实施《中华人民共和国未成年人保护法》办法

（江西省第八届人大常委会第八次会议通过）

第一条　为了维护未成年人的合法权益,保护未成年人身心健康,根据《中华人民共和国未成年人保护法》,结合本省实际,制定本办法。

第二条　本办法适用于本省境内保护未满十八周岁的公民。

第三条　保护未成年人的合法权益,为未成年人健康成长创造良好的环境和条件是全社会的共同责任。国家、社会、学校和家庭应帮助未成年人增强自我保护的意识和能力,抵制不良倾向,努力学习,做有理想、有道德、有文化、有纪律的公民。

第四条　各级人民政府负责组织实施《中华人民共和国未成年人保护法》和本办法。

县级以上人民政府设立未成年人保护委员会,协调有关部门做好未成年人保护工作。

第五条　共产主义青年团、妇女联合会、工会、青年联合会、学生联合会、少年先锋队及其他有关的社会团体,协助各级国家机关做好未成年人保护工作。

城乡基层群众性自治组织应发动和组织居（村）民做好未成年人保护工作。

第六条　各级人民政府和有关部门对保护未成年人有显著成绩的组织和个人,给予表彰、奖励。

第七条　父母或其他监护人、学校教师应对未成年人加强教育,预防和制止其发生下列行为:

（一）吸烟、酗酒;

（二）出走或流浪;

（三）旷课、逃学、弃学;

（四）赌博、吸毒、卖淫、嫖娼、盗窃;

（五）组织、参与封建迷信活动或非法组织;

（六）辱骂他人、打架斗殴,携带武器、管制刀具等凶器;

（七）毁损文物古迹、公共设施及其他公私财物;

（八）妨碍公共秩序和公共卫生;

（九）阅读、收听、观看有碍身心健康的图书报刊、音像制品、演出;

（十）其他违背社会公德或违纪、违法行为。

第八条　禁止对未成年人实施下列行为：

（一）诽谤、侮辱、歧视、虐待、伤害、遗弃；

（二）允许或强迫未成年人订婚、换亲和结婚；

（三）允许或强迫未成年人辍学、当童工或外出乞讨；

（四）教唆、强迫未成年人吸毒、盗窃、行凶，或容留、教唆、强迫未成年人嫖娼、卖淫；

（五）引诱或强迫未成年人进行残忍、恐怖、色情等摧残身心健康的表演；

（六）其他损害未成年人身心健康的行为。

第九条　鼓励共产主义青年团、青少年发展基金会建立失学少年基金，帮助因家庭贫困而失学的未成年人复学。

第十条　学校、幼儿园、托儿所应对校舍、保教用房和其他教学、保教设施定期进行安全检查；危及人身安全的，必须立即采取措施，确保学生、保教对象的安全。

第十一条　学校和教师应严格按照国家教育部门规定的课时组织教学，保证未成年学生必要的文娱、体育和课外活动时间。

第十二条　学校应为未成年学生在校学习提供必要的卫生保健条件，教室采光应符合视力卫生标准，课桌椅应按照国家规定的标准配备，向学生提供或出售的食品必须符合食品卫生标准。

第十三条　学校和教师不得违反国家规定向学生滥收费用，不得强迫或变相强迫学生购买非课业必需的读物和其他物品，不得体罚或用罚款手段惩罚学生。

第十四条　未成年人受违法犯罪分子引诱、胁迫实施违法犯罪行为而无力摆脱时，或未成年人被威胁可能受到伤害时，学校、父母或其他监护人及其他成年人，应立即采取必要的保护性措施，并及时报告公安机关。

第十五条　人民政府及公安机关对被拐卖、拐骗、绑架的未成年人应及时解救。

第十六条　各级人民政府应将未成年人活动场所和设施的建设项目纳入本行政区域经济和社会发展规划，列入政府财政预算，保证必要的建设资金。

县级以上人民政府应逐步建立和完善青少年宫等多种形式的文化、科学技术、娱乐、体育等活动场所，创造良好的教育环境。

各级人民政府及其有关部门对提供、兴建未成年人的活动场所、设施及提供资金的单位和个人，应予以鼓励和支持，并提供方便。

第十七条　各级人民政府及其有关部门应加强社会福利建设，为残疾未成年人提供必要的学习、生活、医疗保健及就业条件。

第十八条　各级人民政府及其有关部门应支持和鼓励社会团体开展有利于未成年人健康成长的社会活动，提供必要的活动经费和其他便利条件。

第十九条　机关、武装力量、团体、企业事业单位应配合教育部门和学校，为未成年学生参加社会实践提供方便。

第二十条　学校、城乡基层群众性自治组织以及劳动改造、收容教养单位，可聘请离休退休干部、工人、军人、知名人士等担任辅导员,对未成年人进行帮助教育。

　　第二十一条　城建、环保、工商行政管理、公安、教育部门应按各自职责,互相配合,制止下列行为:

　　(一)在学校、幼儿园、托儿所周围违章建筑、门口摆摊设点;

　　(二)发出超标噪音或排放有毒、有害的废水、废气、废渣,影响学校、幼儿园、托儿所的环境;

　　(三)在学校、幼儿园、托儿所内赌博、哄闹、寻衅滋事,打架斗殴;

　　(四)其他妨碍、扰乱学校、幼儿园、托儿所正常秩序的行为。

　　第二十二条　严禁任何组织或个人侵占、毁坏、哄抢学校、幼儿园、托儿所的房屋、设备等财产,或挤占、毁坏未成年人从事文化科学技术、娱乐、体育活动的场所和设施,贪污、挪用建设上述场所、设施的资金。

　　第二十三条　新闻出版、文化、广播电视、公安、工商行政管理部门,对向未成年人出售、出租或以其他方式传播反动、淫秽、暴力、凶杀、封建迷信的图书报刊、音像制品的,应依法从重处罚。

　　第二十四条　下列场所应设置明显的禁入标志,不得允许未成年人进入:

　　(一)营业性歌舞厅、夜总会、通宵电影院;

　　(二)放映不适宜未成年人观看的录像、电影的场所;

　　(三)其他不适宜未成年人活动的场所。

　　不能判明是否未成年人的,前款所述场所的工作人员,有权要求其出示身份证件;文化、广播电视、公安、工商行政管理部门应加强对上述场所经营活动的监督检查。

　　第二十五条　任何组织和个人不得招用未成年人从事营业性歌舞厅、酒吧、夜总会、通宵电影院的工作。

　　第二十六条　未经未成年人本人或其监护人同意,不得以营利为目的使用未成年人的肖像。

　　第二十七条　严禁任何组织和个人侵占、剽窃未成年人在科学技术、文学艺术以及其他方面的发明权、专利权、著作权等智力成果权。

　　第二十八条　机关、团体、企业事业单位、城乡基层群众性自治组织、未成年人的监护人和其他成年人,应共同做好未成年人违法犯罪的预防和矫治工作。

　　第二十九条　设区的市人民政府、地区行政公署应采取措施,创造条件,逐步建立工读学校。

　　公安、教育部门应按国家有关规定将有违法或轻微犯罪行为,不宜留在原学校学习的未成年学生送工读学校学习。

　　第三十条　家庭、学校及其他有关单位,公安机关、人民检察院、人民法院、少年犯管教所、劳动教养所应互相配合,共同做好对违法犯罪的未成年人的教育、感化、挽救工作。

　　第三十一条　公安机关、人民检察院、人民法院办理未成年人犯罪案件,应根据未成年人的生理和心理特点,采取适合于未成年人的方式、方法,注重疏导和教育,一般不使用刑具。

　　第三十二条　公安机关、人民检察院应设立专门机构或确定专人办理未成年人犯罪案件。人民法院应组成少年法庭或设立少年刑事审判庭,审理未成年人犯罪案件。律师事务所应指定专人承担未成年人犯罪案件的辩护工作。

第三十三条　人民法院审理民事、经济、行政案件,婚姻登记机关办理婚姻登记,应依法保障和维护未成年人的财产权和受抚养权、受教育权等合法权益。

第三十四条　人民法院可从当地聘请教育工作者和工会、共产主义青年团、妇女联合会的干部以及少年先锋队的辅导员担任少年法庭特邀陪审员。

第三十五条　看守所、收容所、拘留所对审前羁押或行政拘留的未成人,应与被羁押或拘留的成年人分别看管;暂不具备条件的,应将其与惯犯、累犯或恶习很深的成年人分别看管。

对被判决服刑或被批准送劳动教养的未成年人、成年人应分别关押、管教。

第三十六条　少年犯管教所、劳动教养所对正在服刑或接受劳动教养的未成年人,应做好思想教育工作,实行文明管理、教育,组织其参加力所能及的劳动、文化学习和技术培训,为其刑满释放或解除劳动教养后就学、就业创造条件。

禁止以任何理由对正在服刑或接受劳动教养的未成年人实行体罚、虐待或其他摧残身心健康的行为。

第三十七条　对人民检察院决定免予起诉或人民法院判处免除刑事处罚、缓刑、管制和假释以及刑满释放和解除劳动教养的未成年人,有关单位应帮助其就学、就业,做好预防重新违法犯罪工作。

第三十八条　未成年人合法权益受到侵害的,被侵害人或其监护人有权向侵权人所在单位及其上级主管部门、公安机关及其他有关部门投诉或要求保护,或依法向人民法院起诉。

第三十九条　负有保护职责的部门、单位对举报、投诉侵犯未成年人合法权益的案件应予以受理,不得推诿。

违反前款规定的,由其所在单位或其上级主管部门或行政监察机关给予有关负责人、直接责任人批评教育或行政处分。

第四十条　违反本办法第八条、第十条至第十三条、第二十二条规定,视其情节,由其所在单位或其上级主管部门通报批评,并责令其改正;或对直接责任人、有关负责人给予行政处分。

第四十一条　父母或其他监护人有抚养能力而拒绝履行抚养义务的,由其所在单位、街道办事处、乡镇人民政府、城乡基层群众性自治组织对其批评教育,责令改正;拒不改正的,由其所在单位在其收入中代扣抚养费。

第四十二条　实施本办法第二十一条规定所制止的行为的,分别由城建、环保、工商行政管理、公安、教育部门在各自职责范围内依法处罚。

第四十三条　违反本办法第二十四条规定的,由文化、广播电视部门责令其立即改正;拒不改正的,暂扣或吊销其许可证,并处以非法所得3倍以下罚款。

第四十四条　违反本办法第二十五条规定的,由劳动部门责令其纠正,并处以500元以上1000元以下罚款。

第四十五条　违反本办法第二十六条、第二十七条规定的,未成年人或其监护人有权要求停止侵害,消除影响,赔礼道歉,并可要求赔偿损失;新闻出版、专利等部门和司法机关应依法及时做出处理。

第四十六条　违反本办法规定,触犯《中华人民共和国治安管理处罚条例》的,由公安机关依法处罚;构成犯罪的,由司法机关依法追究刑事责任。

第四十七条　当事人对依照本办法做出的行政处罚决定不服的,可依照《中华人民共和国行政诉讼法》和《行政复议条例》的规定申请复议,或向人民法院起诉。

第四十八条　本办法具体应用中的问题,由省人民政府负责解释。

第四十九条　本办法自 1994 年 5 月 4 日起施行。

1994 年 4 月 16 日

二、关于大力扶持团组织实施"62111 工程, 深化服务万村行动"的意见

各团地(市)委、科委、农业局、老建办、农发行:

一九九五年以来,在团中央的统部署下,共青团江西省委从服务省委、省政府的农村工作大局出发,实施了服务万村脱贫致富奔小康行动。这行动的开展带动了农村团组织的整顿和建设,带动了当地产业结构的调整和农业的深度开发,带动了青年星火带头人的培养和先进适用技术的推广,带动了农村青年的脱贫致富奔小康和农村经济社会的发展。为推广这一成功做法,根据团中央等四家单位中青联发(1996) 4 B 号文件精神,结合我省实际,团省委、省科委、省农业厅、省老建办和省农发行决定,大力扶持共青团组织实施"62111"工程,深化服务万村行动(以下简称"62111"工程)。

一、指导思想

以省委、省政府"科技兴赣""八七"扶贫攻坚计划和农业产业化发展的精神为指针,通过领办先进适用农业技术推广项目,进一步深化服务万村行动。"62111"工程以科技为先导,以项目为载体,以服务为手段,以效益为目标,依靠各级团组织,广泛动员社会力量,通过实施成熟的、能辐射定区域的科技项目,带动先进适用技术的推广,引导农村青年成才致富,加快农村脱贫致富奔小康步伐促进农村经济发展和社会进步,实现全面活跃农村基层团组织的目标。

二、工作目标

一九九七年底前,省、地、县三级各领办 1～8 项农业科技推广项目,乡、村重点抓好一个项目的具体实施,到本世纪末通过实施六项先进适用农业技术,使全省 2000 个服务万村行动启动村团支部达到优秀团支部标准并分别建立起一个集产供销、农工(加工)贸一体化的团的服务组织,在各启动村扶持培养 10 名青年星火带头人或科技示范大户,通过技术培训和示范辐射作用,使全省一百万农村青年脱贫致富,实现小康目标。

三、重点领办的科技项目

1. 茶树菇; 2. 无籽嫁接西瓜; 3. 笋、竹两用林; 4."猪沼果"(沼气、规模化高效养猪、脐橙);

5. 稻田养鱼；6. 水稻旱床育秧及抛秧技术。

四、领办方式

1. 青年星火带头人或青年科技示范户领办；

2. 扶持和培养懂技术、有资金、会管理的青年进行领办；

3. 创建青年股份合作体，以产业化、企业化生产方式领办；

4. 以家庭生产、合作经营、集体组织等形式的新型生产联合体进行领办；

5. 团组织发动并提供技术等服务指导，全面推广。

6. 有条件的农村团组织直接兴办经济实体，带动先进适用农业技术的推广。

无论是哪种方式，各地都要结合实际，因地制宜，都要以服务青年、服务农村团的工作、服务农村经济社会发展为根本宗旨。

五、工作要求

1. 统一思想，提高认识。重点领办的六项科技推广项目是通过各地实践论证了的科技含量高、投资少、效益好、前景广阔并且是广大农村青年易于接受、团组织经过努力能够做到的现代农业项目，在较短的时间内便产生较大的经济效益，符合我省扶贫开发和特色农业、农业产业化发展的要求，对促进我省"科技兴赣"和"八七"扶贫攻坚计划的目标实施，推动我省农村经济增长方式的根本转变，加快扶贫攻坚步伐，具有十分重要的意义。同时，实施"62111"工程是市场经济条件下农村团工作的方向和重要途径，是进步把服务万村行动引向深入的突破口，通过有形而具体的服务，实现全面活跃农村团组织的目的。各地要以高度的政治责任感和紧迫感把这项既是经济工作又是政治工作的重要任务抓紧抓好抓出成效。

2. 加强领导，明确职责。全省各级服务万村行动领导小组要切实担负起领导和组织工作，把"62111"工程纳入当地党政农村经济发展规划中，采取切实有效的措施给予高度重视和大力扶持。团组织要主动承担起组织动员和具体的实施任务，做好组织和协调工作；各级科委、农业、老建和农发行要把这项工作纳入各自的工作规划，给予同等优先，重点扶持。第一，对于团组织领办的符合条件的科技推广项目，要优先列入"星火计划"、"丰收计划"和"八七扶贫攻坚计划"之中予以扶持。第二，要充分利用各自的技术、人才和资金优势帮助团组织选择项目、培训人才、解决技术难题和提供资金扶持。第三，对于团组织领办的科技推广项目，特别是那些技术含量较高，易于推广应用，具有良好经济效益，确能带动一批青年农民脱贫致富，活动方经济发展的重点项目，按有关规定程序严格审查和可行性分析论证后，列入各自的工作计划，从相关的支农资金、科技资金、扶贫资金、支农周转金或扶贫信贷资金中给予支持。第四，要将这项工作的开展情况作为"星火计划""丰收计划""八七扶贫攻坚计划"等有关评先奖优项目的重要依据之一。在全省上下，形成各级党政重视支持、各有关部门密切协作、团组织齐心协力、广大农村青年积极参与的良好氛围。

3. 制定方案，强化措施。"62111"工程是项操作性很强的工作，既需要轰轰烈烈的发动，更需要扎扎实实的苦干。各地要在深入调查摸底的基础上，制定切实可行的实施方案，原则上要求十月底前做好项目的论证和申报，并完成技术培训，11月底前安排好资金计划和完成项目实施所必需的硬件建设，确保工程在年底前启动实施。同时，在实施过程中，要采取切实有效的措施，抓好以下几个关键环节:一是要建立和完善信息、技术服务体系,地、县两级要建立起信息、技术服务中心(站),乡镇要建立"青年科技图书站"并发挥其作用行政村要成立专业的青年经济服务组织,提供产、供、销一条龙的技术和信息服务;二是在资金筹措上,积极争取国家和地方的优惠政策,采取科技资金、农业发展资金、扶贫资金等财政专项资金和扶贫贷款等多渠道筹资融资的办法,有条件的地方还可以建立农村青年经济发展基金,为项目实施提供资金保障;三是注重培养人,既要重点扶持和培养大批青年星火带头人和科技示范户,更要把先进适用的农业技术传授给广大农村青年,特别是农村贫困青年,为大面积覆盖打下扎实的基础;四是切实做好"三位一体"的配置工作,要积极争取当地党政的重视,明确农村团支部书记的科技推广职责,大胆提拔青年星火带头人担任团支部书记,为"62111"工程的顺利实施提供组织保证;五是发挥城乡对子的作用,充分利用机关、科研院校和企业的资金、技术等优势,促进"62111"工程的实施。

4.加强检查,注重落实。"62111"工程是一项经济工作,必须采取经济的手段抓好各个环节的落实,确保效益和目标的实现。各地要加强检查和督促,做到项目负责人、项目、技术、资金、时间、服务体系、效益和领导力量"八落实"。要大力宣传和推广实施过程中探索出来的好经验、好做法,要大力宣传和表彰涌现出来的先进典型。为激励先进,团省委、省科委、省农业厅、省老建办和省农发行将联合对实施科技推广项目的先进组织予以奖励对其实施的效益好的科技推广项目予以资金倾斜。

1997 年 8 月 27 日

三、关于进一步推进"保护母亲河行动",全力配合江西省"跨世纪绿色工程"的实施意见

保护和改善生态环境、实行可持续发展是党和政府既定的基本国策。去年,团中央联合全国绿委、水利部、国家林业局、中国青少年发展基金会五家单位共同推出的"保护母亲河行动",在全社会取得了较好的反响。为加快我省的生态环境建设和山区经济发展,最近,省人民政府又下发了《江西省关于实施"跨世纪绿色工程"的通知》,为我省生态环境建设做出了重要部署,明确了总的指导思想、基本原则及奋斗目标,团省委认为,深刻领会党和政府的战略思想,动员组织广大青少年为保护和改善我省的生态环境做出积极贡献,是今后一个时期全团的重要任务。

为了深入贯彻落实党的十五大精神和团中央《关于进一步推进"保护母亲河行动"的意见》,配合实施我省"跨世纪绿色工程",共青团江西省委决定,各级团组织要从以下四个方面,全面推动"保护母亲河行动"在我省实施的进程。

一、统一认识,突出名牌

"保护母亲河行动"是一项以保护和改善生态环境为主题的大型社会公益活动,是 21 世纪的绿色希望工程。贯穿我省南北的赣江,哺育了一代又一代江西儿女,孕育出光辉灿烂和源远流长的赣

文化,号召和动员广大青少年和社会各界,在赣江流域植树造林,治理水土流失,防治污染,在全社会倡导和树立母亲河意识和可持续发展意识,是我们这一代青年为反哺母亲河和造福子孙后代所做的一件大好事,是一项共青团服务大局的长期艰巨任务,也是一项可以大有作为的重要事业,全团上下务必统一认识,切实将其摆上工作的重要位置。

"保护母亲河行动"是共青团的名牌工程,团内各种青少年保护生态环境活动必须用"保护母亲河行动"的品牌总揽,传统的活动项目,也要按照"保护母亲河行动"的宗旨和基本原则逐步在名称、内容、运作机制等方面进行规范、丰富和完善,并纳入到"保护母亲河行动"中来,各级团组织要建立健全"保护母亲河行动"领导小组和相应的实施机构,实行统一领导下的分工负责,以有效地把全团力量整合起来,共同推进"保护母亲河行动"。

二、广泛宣传,强化教育

1. 要充分借助新闻媒体大力宣传"保护母亲河行动"的意义和做法,鼓励广大文艺工作者创作更多的富有感染力的艺术作品,进一步激发社会公众的参与热情。

2. 要坚持"5元捐植1棵树""200元捐建1亩林"等基本方式,方便社会公众奉献爱心;积极探索各种认养绿地、认护河段、认管公共区域的具体机制,拓展青少年志愿服务的领域;切实形成项目产权所有者定期与捐资者联系的有效办法,广泛开辟公众了解"保护母亲河工程"的具体渠道,使更多的群众坚定参与生态环境建设的信心。

3. 要把"保护母亲河"周日活动同青少年的生态环境知识教育结合起来,在宣传中深刻教育,在教育中扩大宣传,尽量以数据型、具体化或正反两面的典型事例作为教材,增强教育的针对性和实效性,强化他们对环境的忧患意识。要逐步创立青少年生态环境保护教育体系,加强对青少年生态环境知识的系统教育,使他们从小就掌握较为系统的生态环境保护知识,认识人与自然和谐与共、永续发展的重要性。保护母亲河行动周(日)活动期间,要最大范围地组织青少年参加植绿护绿、治理水土流失防治污染的宣传实践活动,使他们在实践中亲近自然,增长知识,提高本领。有条件的地区还应选择当地典型的生态环境区(如吉安地区的井冈山营地)创建各种集学习、教育、实践、观赏等功能于一体的"保护母亲河行动"教育基地,开展富有特色、青少年喜闻乐见的生态教育活动。

4. 要积极主动地争取本地单位党政组织的支持,使"保护母亲河行动"的具体内容和做法符合当地经济社会发展的需求。各级团组织要主动与同级绿委、人大环资委、水利、林业、环保等职能部门加强联系与合作,充分发挥他们在管理、技术、经验等方面的优势,更有力地推进"保护母亲河行动"。

三、明确目标,健全机制

1. 结合本省实际,团省委计划在五年期间在赣江流域建设若干个重点工程。今年须合力抓好"一带两队三重点"工作,一带即京九绿化带,在原有的"翠竹工程"基础上继续投入、扩大规模,并从各方面归纳到"保护母亲河"行动中来;"两队"即黎川、靖安两县"保护母亲河"小流域综合治理青年突击队,要严格按照团中央制定的竞赛要求及活动规则积极开展竞赛活动,力争在全省"保护母亲河"小流域综合治理工作中起到表率和示范作用;"三重点"即赣州安远县"三百山工程",南昌新建县的"保护母亲河"工程,中日青年交流江西九江"保护母亲河"工程,三项重点工程在建设过程中都要做到步步为营、扎实推进,以"高""精"的工程质量,对捐资方负责,并以之吸引更多的海内外团体及个人参与进来。并计划通过一定努力开展一些有纪念意义的植树造林活动,争取在今明两年,连同日本等地的关心全球生态环境建设的先进青年组织,共同开展营建"保护母亲河"港赣青年友谊林、中日青年友谊林等活动,同时,团省委要求每个地、市团委至少要负责和落实好一到两个工程,并按时完成团省委规定的筹资分配任务(各地市"保护母亲河"2000年筹资任务分配表附后).切实做好每一年度、每一阶段、每一项活动的具体策划、组织实施和宣传动员工作,牢牢把握工作主动权,抓住一切有利时机,使"保护母亲河行动"有条有序,稳步发展。

2. 各地工程要严格执行以申报审批立项制、项目法人制、资金报账支付制、监察制和产权预先确认制为核心的《关于"保护母亲河行动"实施暂行规定》做到科学规划,严格论证,精心施工,建一个成一个,宁少毋滥。各级团组织在对自己兴建的重点工程负全责的同时,对下级团组织建立的重点工程要建立层层备案制度,加强指导和监督。资金收支和工程建设情况要自觉接受社会监督,严格依法审计,定期实地检查。要主动聘请人大代表、政协委员、新闻记者、社会知名人士以及捐资代表组成巡视检查组,检查工程、基金情况。建立规范严格的责任追究制度。

3. 在资金筹集上,我省将采用"保底返还"的办法,即所属市、县筹资超出分配任务部分,由省青基会负责管理,根据全省统一的工程管理规范用于该市、县的工程建设。地、市级团组织还必须建立有效的激励机制,设立专门的"保护母亲河行动"系列奖项,对优质工程命名为示范工程,要优先在其所属地区安排新的工程,表彰奖励工作突出的先进集体、个人。

四、积极实施,全面推进

全省各级团组织、团的各部门和下属单位都要发挥自身优势,多形式、多渠道地开展以保护和改善生态环境为内容的宣传教育、募集资金和各种保护母亲河实践活动。青工线要积极劝导和鼓励青年企业家自觉参与;青农线要积极带领乡企协成员、青年星火带头人等队伍踊跃投入;学校团的组织要结合社会实践、"三下乡"等活动,对学生进行深入的保护生态环境教育;在社会上积极传播保护生态环境的新风。省青年报要充分发挥青年报刊的优势,大力宣传"保护母亲河行动",营造浓厚的舆论氛围,各级团组织要动员广大团员开展为"保护母亲河"捐献活动等等。要充分挖掘社会团体力量,鼓励更多的行业、系统和社会团体、企事业单位认建保护母亲河工程或林地。另外,县级以上团的领导机关在广泛开展宣传教育活动和基金募集的基础上,按照全国的统一规范,今后3年内原则上都要建设自己的保护母亲河工程。

附件:《江西省各地、市"保护母亲河"2000年筹资任务分配表》

2000年1月25日

附件:

江西省各地、市"保护母亲河"2000年筹资任务分配表

单位:万元

地 市	任 务	地 市	任 务
南 昌	2.5	景德镇	1
赣 州	3	吉 安	2
九 江	2	萍 乡	1
宜 春	2.5	新 余	1
上 饶	2	鹰 潭	1
抚 州	2.5	总金额	20.5

四、关于印发《团省委关于推进全省青年职业教育和培训工作的规划》的通知

（共青团江西省委印发）

各设区市团委、省直各单位团委:

为贯彻"三个代表"重要思想,落实全国再就业工作会议和全省再就业工作会议精神,推进我省青年职业教育和培训,开发青年人力资源,竭诚为广大青年成才创业提供服务,按照团中央整体部署,团省委制定了《关于推进青年职业教育和培训工作的规划》。现将本《规划》印发给你们,请认真组织实施。具体落实情况,请及时报团省委各有关部门。

附件:《团省委关于推进全省青年职业教育和培训工作的规划》

2003年2月28日

附件:

团省委关于推进全省青年职业教育和培训工作的规划

为深入贯彻"三个代表"重要思想,落实全国再就业工作会议和全省再就业工作会议精神,推进青年职业教育和培训,开发青年人力资源,提高青年劳动者素质,推动我省经济和社会可持续发展,根据团中央《关于推进青年职业教育和培训工作的规划》,结合我省实际,特制定本规划。

一、指导思想和工作原则

职业教育是我国教育体系的重要组成部分,是国民经济和社会发展的重要基础。青年是职业教育的重点对象。共青团要把推进青年职业教育和培训,作为在新形势下服务经济和社会发展全局、促进青年成才创业的重要任务和职责。青年是发展科学和教育的重要力量。推进青年职业教育和培训,有利于引导广大青年积极投身科教兴省战略的实施,推动先进生产力的发展,是加快我省青年人力资源开发、提高青年劳动者素质的重要途径。职业教育和培训,侧重于实用知识的学习和实践技能的训练,与劳动者的职业活动和创业行为密切相关,是最直接、最有效的人力资源开发途径。职业教育和培训,是一种不断发展变化的学习和实践方式,贯穿于劳动者职业活动的全过程。推进青年职业教育和培训,有利于帮助青年劳动者养成终身学习的观念和习惯,紧跟社会发展需要,不断增强职业素质和技能。

推进青年职业教育和培训,是服务青年就业和再就业的重要措施。就业和再就业是我省一个带有全局性的重大问题。我省每年有数以百万计的青年需要就业和再就业。今后相当长一个时期,在劳动力供求总量矛盾和就业结构性矛盾同时并存的情况下,解决青年就业和再就业问题,一个很重要的方面就是搞好青年职业教育和培训,提高青年的劳动技能,使青年不断适应新的岗位,创造新的岗位。推进青年职业教育和培训,有利于提高青年的就业能力、工作能力和职业转换能力,从而帮助青年拓宽就业渠道,赢得就业机会,实现就业和再就业。

推进青年职业教育和培训,是实现共青团事业新发展的内在要求。竭诚为青年服务是共青团工作的出发点和归宿。青年有实现就业和再就业的根本需求,有接受职业教育和培训的强烈愿望。服务好青年这一愿望和需求,就能够代表和维护青年的根本利益,把广大青年团结凝聚起来,从而完成好党交给共青团的光荣任务。推进青年职业教育和培训,有利于共青团组织切实有效地服务青年生产生活的基本需求,增强团组织在青年中的影响力和凝聚力,巩固党在青年中的群众基础,实现新形势下共青团事业的新发展。

推进青年职业教育和培训工作的指导思想是:以邓小平理论和"三个代表"重要思想为指导,贯彻《国务院关于大力推进职业教育改革和发展的决定》的要求,着眼于开发青年人力资源和促进青年就业,充分发挥团的自身优势,广泛利用社会资源,明确目标任务,实施重点项目,建立保障机制,大力推进青年职业教育和培训工作,全面提高青年劳动者素质促进我省经济和社会可持续发展。

推进青年职业教育和培训工作的原则是:

1.坚持以市场需求为导向。把青年职业教育和培训与青年就业紧密结合起来,根据市场、企业和社会的需求确定培训目标,安排培训课程和内容,有针对性地培养青年劳动者,促进青年顺利就业和再就业。

2.坚持以能力培养为基础。把能力培养作为青年职业教育和培训的基础环节,强化青年的技能训练,着力提高青年的职业技能和就业能力,造就一大批生产、服务一线的高技能青年劳动者和实用人才。

3.坚持以帮助青年获得职业资格证书为重点。充分发挥职业资格证书制度在青年职业教育和培训工作中的牵动作用,把帮助青年获取职业资格证书作为工作重点来抓,扎实开展各级各类职业资格证书培训,为青年获取职业资格证书提供形式多样的服务。

4.坚持以项目化运作为手段。用办事业的精神,采用抓项目的方式推进青年职业教育和培训工作,把工作细化成若干具体项目,依托项目抓落实,围绕项目动员社会力量广泛参与,形成可持续发展的机制。

5.坚持以创新发展为动力。把工作的发展建立在创新在认真总结近年共青团组织开展职业教育和培训工作经验基础上,适应新形势和新任务的要求,把握新特点,探索新规律,创造新经验,不断创新职业教育和培训的模式,丰富多彩、灵活高效、全方位、多层次的职业教育和培训体系,与时俱进开创青年职业教育和培训工作的新局面。

二、目标和任务

全省推进青年职业教育和培训工作的目标是:从现在起用三年时间,积极协助政府有关部门,对农村青年劳动者、青年职工、下岗失业青年、进城务工青年和城乡新增青年劳动者等进行多种形式、多种层次的职业教育和培训,培训青年劳动者40万人次,帮助5万青年获得各级各类职业资格证书,初步构建起与国家现代职业教育体系相衔接的共青团组织推进青年职业教育和培训的工作体系,培养和造就大批高素质青年劳动者和实用技术人才。

2003年,培训农村青年劳动者5万人次、青年职工3万人次、下岗失业青年1万人次、进城务工青年3万人次和城乡新增青年劳动者1万人次,帮助1.5万青年获得职业资格证书。

2004年,培训农村青年劳动者5万人次、青年职工3万人次、下岗失业青年1万人次、进城务工青年3万人次和城乡新增青年劳动者1万人次,帮助2万青年获得职业资格证书。

2005年,培训农村青年劳动者5万人次、青年职工4万人次、下岗失业青年1万人次、进城务工青年3万人次和城乡新增青年劳动者1万人次,帮助2万青年获得职业资格证书。

推进青年职业教育和培训工作的基本任务是:

1.加强青年的职业观念引导。大力宣传职业教育和培训在社会主义现代化建设中的地位和作用,引导青年树立正确的人才观、择业观和成就观,帮助青年认识到经济和社会发展需要多方面、多层次的劳动者,选择职业要从自身条件出发,符合社会需要,在青年中营造积极参加职业教育和培训的良好氛围。

2.开展青年职业教育和培训。紧紧围绕产业结构调整、青年劳动就业和终身学习的需要,积极发展团属职业学校教育,加强青年的职业技能培训,开展青年创业培训,努力拓展工作范围,不断提高工作质量,切实增强工作的针对性和有效性,培养青年的职业道德,提高青年的职业能力。

3.帮助青年获得职业资格证书。做好青年职业教育和培训与职业资格证书制度的衔接,争取劳动保障等部门的支持,开展各级各类职业资格证书培训,提供形式多样的职业资格证书服务,为青年获得职业资格证书创造有利条件。

4.促进青年就业和再就业。大力促进城镇新增青年劳动者就业,农业青年劳动者转移和城镇下岗失业青年再就业,尽心尽力为青年就业和再就业服务,引导和帮助青年自主择业、自主创业,充分发挥职业教育和培训在青年就业和再就业中的基础性作用。

三、重点项目

推进青年职业教育和培训的重点项目是职业培训证书项目、职业资格证书项目和职业学历证书项目。

(一)职业培训证书项目

共青团组织开展的各种职业培训,都应发放职业培训证书。

1.青年农民科技培训工程

适应现代农业发展和经济结构调整的要求,联合农业、财政部门,利用中央、省、市、县四级财政专项资金,对农村青年进行生产经营技能培训。围绕农业标准化生产,依托农村青年标准化生产示范户、示范基地,广泛开展农业生产技能培训。围绕引导农村青年闯市场,大力开展农村青年经纪人培训,扶持和帮助一大批农村青年经纪人成长发展。围绕农村富余青年劳动力向非农领域转移,依托劳务输出基地、职业学校等,对农村青年进行第二、第三产业技能培训。通过开展农村青年技能培训,培养一批农村青年创业致富带头人。

2.企业青年岗位能手和青年创新创效活动

针对当前企业青年劳动者技能有待提高的现状,通过导徒、岗位练兵、推广先进操作法等方式,对青年职工进行岗位技能培训。加强青年技术工人尤其是青年高级技术工人和技师的培训,培养一支技术精湛、技能高超的青年高级技术工人队伍。立足于推动企业面向市场提供创新型产品,举办青年创新知识培训班、创新创效大赛和创新技能观摩活动,对青年职工开展新技术、新工艺、新材料等职业技能培训,提高青年职工的创新能力。加强青年职工计算机应用能力培训,提高企业青年职工运用现代信息技术进行职业工作创新的能力。

3.“千校百万”进城务工青年培训计划

从进城务工青年就业的实际需求出发,以“千校百万”进城务工青年培训学校、社区青少年服务中心等为依托,组织志愿讲师团,采取定点办学和流动办学相结合的方式,对进城务工青年进行职业技能培训。进城务工青年输出地团组织要开展定向培训、委托培训,为进城务工青年更快更好地适应城市就业创造条件。

4.帮助青年创业计划

根据下岗失业青年提高再就业能力的内在要求,以劳动力市场和用工单位需求为导向,组织专项技能培训班,对下岗失业青年进行多层次、多形式的再就业培训。瞄准企业用工需求开展“订单式培训”,增强培训的针对性和实用性,加强对下岗失业青年择业观念的教育引导,增强他们的市场就业意识,帮助他们树立务实的就业观。对具有创业愿望和相应条件的青年进行创业培训,帮助他们掌握开办小企业的基础知识和必备能力。

5.青年学生素质拓展计划

着眼于青年学生未来就业的需要,在普通高校,从职业设计指导、素质拓展训练、建立评价体系和强化社会认同等四个环节开展职业培训;在高等职业学校,把学生课堂学习与生产实践、社会服务、技术推广及开发紧密结合,加强对学生的实践能力、专业技能、敬业精神和严谨求实作风的培养;在中等职业学校,以职业技能实践为重点,大力开展职业技能训练;在普通中学,深入开展中学实践教育活动,加强学生职业意识和创业意识的培养,帮助他们树立正确的职业观念,养成良好的职业道德。大力开展青年助学活动,以城乡家庭经济困难青年、城镇下岗失业青年和进城务工青年为对象,动员和组织社会教育、培训机构对他们进行学历教育和技能培训,不断提高他们的知识技能水平,促进青年人力资源开发。

6.“千宫百万”青年现代知识技能培训项目

适应城市青年学习职业技能的需要,在青少年宫中广泛建立计算机和外语等培训站,对青年进行计算机、外语、财会等实用知识技能培训和资格认证,依托青少年素质训练基地,开展劳动实践营、生态环保营等活动,促进青年提高包括职业技能在内的全面素质。

7.团干部教育和培训项目

根据《2002—2005 年全国团干部教育培训规划》,以团校和各级团的培训阵地为主渠道,对团干部进行不同层次、不同形式的教育和培训,着力提高他们的思想政治素质、理论素养、科学文化水平、业务工作能力和开拓创新能力。坚持理论联系实际原则,注重教育和培训质量,突出重点,能从事青少年工作,又能适应现代化建设发展需要的高素质、复合型团干部队伍。

(二)职业资格证书项目

共青团组织开展的青年职业教育和培训工作,要在颁发培训证书的同时,与职业资格证书制度相衔接,积极争取颁发职业资格证书。

1.职业资格证书系统培训项目

以帮助青年获得职业资格证书为目标,从共青团的自身条件和优势出发,举办专门的职业资格证书培训班。按照职业资格证书的要求,制定培训标准,安排培训内容,突出培训重点,创新培训方式,努力提高培训班的获证率。在第一产业、第二产业、第三产业中,分别找到工作的突破口,有针对性地开展培训。

2.职业资格证书考核鉴定项目

以各级团校(包括以团校为基础建立的各类青年院校)、围绕青年获得阵地为基础,争取劳动保障部门的授权,承建职业技能鉴定站(所)或职业资格考试机构。按照国家制定的职业技能标准或任职资格条件,统一标准,统一试题,统一考核,对青年技能水平或职业资格进行客观公正、科学规范的评价和鉴定。

3.职业资格证书中介服务项目

围绕青年获得职业资格证书的各种具体需要,在劳动保障部门的指导下,创办职业资格证书中介服务机构。通过提供咨询服务,帮助青年了解职业资格证书的种类、标准、等级、申报和考核办法,掌握获得职业资格证书的途径。通过提供代理服务,帮助青年办理申请职业资格证书的相关手续,为青年获得职业资格证书提供便利条件。通过做好后续支持工作,为已经获得职业资格证书的青年就业和再就业提供帮助。

(三)职业学历证书项目

团校要把大力发展各类职业教育作为事关团校长远发展的大事抓紧抓好。要把开展青年职业技能培训作为拓展办学领域的重点之一,组建青年职业技术学校,着力加强职业学历教育,深入开展青年职业教育和培训。使毕业生能同时取得职业学历证书和相应的职业资格证书。如有条件可申请开办高等职业教育特别是五年制高等职业教育。

四、保障机制

为保证青年职业教育和培训工作顺利开展,要大力加强机制建设。

1. **组织领导**。积极争取政府有关部门支持,使本规划的各项工作措施与政府部门的相关政策、法规接轨,使之成为国家职业教育和培训体系的有机组成部分。为加强领导,团省委成立青年职业教育和培训工作领导小组,负责制定全省共青团组织开展青年职业教育和培训工作的大政方针,做好与政府有关部门的协调工作,指导全省各级团组织开展青年职业教育和培训工作。县(市、区)以上团委都要成立相应机构,加强对青年职业教育和培训工作的组织领导和综合协调。

2. **阵地依托**。大力发展团属教育和培训机构,与有关部门合建、联建培训基地,逐步建立多层次、多种类的青年职业教育和培训阵地。拓展现有团校、青少年教育基地、活动营地、青少年宫(家)开展职业教育和培训的功能,开发新的培训项目,扩大培训规模。利用职业技术学院(校)、农村科教中心、企业培训中心、社区服务中心等联合组织培训,培育和发展新的培训阵地。建设各类青年网站为辅助的共青团远程教育网。结合实施"共青团县县上网工程",整合希望网校、大中学校网络教室、社区网络俱乐部等设施,为更多的青年上网接受职业教育和培训创造良好条件。

3. **师资队伍**。在团属职业学校,建设一支理论基础扎实又有较强技术应用能力的双师型教师队伍。完善教师职务聘任制和教师考核指标体系,采取进修、引进、外聘等多种措施,大力提高教师的专业理论水平和学历层次。从企业及社会上的专家、高级技术人员和能工巧匠中聘请兼职教师,建设一支实践能力强、教学水平高的兼职教师队伍。组建青年志愿者职业教育和培训服务团。

4. **经费筹集**。建立政府投入、社会赞助、有偿服务的经费保障机制。积极争取国家财政资助,申请农村青年、下岗青年职工等职业教育和培训专项补助经费。发挥青联、学联、青企协、乡企协、青科协等青年组织的作用,广泛动员社会力量捐助,争取企业赞助,多渠道、多形式筹集资金。团组织开展的青年职业教育和培训可采取有偿服务的方式,增强自我运转、自我发展的能力。加大团干部教育和培训经费的投入。

5. **表彰激励**。把青年职业教育和培训工作纳入团的工作评价体系,作为考核各级团组织工作的一项重要指标,作为团的各种评选表彰的一项重要内容。设立全省青年职业教育和培训奖项,每年评选表彰一批在青年职业教育和培训中取得突出成绩的青年和团组织。努力将青年职业教育和培训纳入企业和政府奖励体系,争取出台地区性、行业性秀青年人才奖励政策。大力宣传学有所成的青年典型,年中形成尊重职业技能人才、努力学习职业技能的浓厚氛围,在全社会营造关心和支持青年职业教育和培训工作的良好环境,推动工作向纵深发展。

五、实施步骤

本规划的实施是一项复杂的系统工程,内容多,涉及面广。在总结以往职业教育和培训工作经验的基础上,要有重点、分步骤地稳步推进。

1. **启动阶段(2003年4月—2003年8月)**

机构设置方面,团省委成立青年职业教育和培训工作领导小组,县(市、区)以上团委成立相应的领导和工作机构。政策支持方面,与政府有关部门和行业协会就联合发文、资源共享及项目合作等问题进行协商,出台相关政策措施。

方案细化方面,团省委各部门和各地团组织依据规划要求,结合本地区本部门实际,制定具体实施方案。

宣传部署方面,大力宣传实施规划的意义、目标和内容,动员社会力量共同参与,联合政府有关部门召开会议,形成工作发展的良好态势。

2. 重点突破阶段(2003 年 9 月—2004 年 8 月)

职业培训证书项目方面,对各类青年群体进行职业教育和培训,形成一些行之有效的培训模式;在广泛建立青年职业教育和培训基地的基础上,建设一些示范基地,培训青年劳动者 10 万人次。

职业资格证书项目方面,承建职业技能鉴定站或职业资格考核机构;创办职业资格证书中介服务机构;举办 1000 个班次的培训班;帮助 2 万名青年获得职业资格证书。

职业学历证书项目方面,团校开始组建职业技术学校,并根据职业资格证书标准要求,调整学科和专业设置,改进教学内容和方法。

3. 全面展开阶段(2004 年 9 月—2005 年 12 月)

职业教育和培训目标方面,争取几种职业资格证书的鉴定资格和颁发资格,各级青年职业技术学校教学质量明显提高,招生规模不断扩大,培训青年劳动者 30 万人次,帮助 4 万名青年获得职业资格证书。

工作运行机制方面,形成一些比较稳定的培训模式,建立多层次的青年职业教育和培训阵地,拥有一支高素质的教师队伍,建立多渠道多形式的经费保障制度,形成完善的表彰激励机制。2005年底,评选表彰一批先进单位和个人,总结宣传先进典型。在总结三年工作的基础上,进一步开展青年职业教育和培训工作。

五、江西省青年志愿服务条例

第一条 为了规范青年志愿服务活动,保障青年志愿者、青年志愿者组织和青年志愿服务对象的合法权益,促进志愿服务事业的发展,根据有关法律的规定,结合本省实际,制定本条例。

第二条 本省行政区域内的青年志愿者、青年志愿者组织、青年志愿服务对象及青年志愿服务活动适用本条例。

第三条 本条例所称的青年志愿服务是指青年志愿者以自身知识、技能、体能等,自愿地为社会和他人提供服务和帮助的公益性行为。

本条例所称的青年志愿者是指经个人申请,在青年志愿者组织登记,参加志愿服务活动的青年。

本条例所称的青年志愿者组织是指从事青年志愿服务的非营利的公益性组织,包括各级青年志愿者协会及其分支机构以及青年志愿协会下设的青年志愿服务站、服务队等。

第四条　青年志愿服务活动应当遵循自愿、无偿、诚信、平等的原则。

第五条　各级人民政府应当倡导和支持青年志愿服务活动,提高青年志愿服务在社会发展中的参与程度,把青年志愿服务纳入社会发展规划。

第六条　共青团组织对青年志愿者组织及其服务活动进行组织、协调、指导和监督。

第七条　符合下列条件的人员,本人向青年志愿者组织提出申请,经青年志愿者组织同意,登记成为青年志愿者:

年龄为 16 岁至 45 周岁;

(二)符合志愿服务活动要求的身体条件;

(三)自愿从事志愿服务;

(四)具备相应的服务能力。

前款第一项所指人员属于未成年人的,参加青年志愿服务活动须征得其监护人同意。

第八条　青年志愿者享有下列权利:

(一)参加志愿服务活动,接受有关培训;

(二)获得从事志愿服务的必需条件、必要保障和相关信息;

(三)请求青年志愿者组织帮助解决在志愿服务中遇到的困难和问题;

(四)拒绝提供违反法律和违背社会公德的服务;

(五)对青年志愿服务工作提出意见、建议,并进行监督;

(六)有特殊困难时优先获得志愿服务;

(七)退出青年志愿者组织;

(八)法律、法规规定的其他权利。

第九条　青年志愿者履行下列义务:

(一)遵守青年志愿者组织的章程和制度;

(二)履行志愿服务承诺;

(三)尊重志愿服务对象的合法权利,保守志愿服务对象的个人隐私和商业秘密;

(四)不得向志愿服务对象索取或者变相索取报酬;

(五)不得以青年志愿者身份、青年志愿者组织的名义从事营利性或者违背社会公德的活动;

(六)维护青年志愿者、青年志愿者组织的形象和名誉;

(七)法律、法规规定的其他义务。

第十条　县级以上行政区域可以依法设立地方青年志愿者协会,行业根据需要可以依法建立行业青年志愿者协会。

青年志愿者协会应当符合国家有关社会团体登记管理的规定,经县级以上人民政府民政部门依法登记成为社会团体法人。

第十一条　学校、团体、企业事业单位和其他组织的青年志愿者组织提出申请并经青年志愿者协会批准,可以成为青年志愿者协会的团体会员。

第十二条　青年志愿者组织应当履行下列职责:

(一)建立健全开展青年志愿服务活动的各项措施和制度;

(二)负责青年志愿者的招募、培训、管理和考核;

(三)制定青年志愿服务计划并组织实施,发布青年志愿服务信息;

(四)负责青年志愿服务活动资金、物资的筹集、使用和管理;

(五)为青年志愿者提供必要的帮助,维护志愿者合法权益;

(六)组织开展青年志愿服务的宣传、合作和交流活动。

第十三条　青年志愿者组织应当为青年志愿服务活动提供必要的经费支持和服务保障。

第十四条　青年志愿者组织在组织志愿服务活动时,应当对青年志愿者进行安全教育;对可能危及人身安全的志愿服务,应当协同活动的举办者为青年志愿者办理相应的人身意外伤害保险;对服务过程中遭受意外伤害的青年志愿者应当及时提供援助。

第十五条　青年志愿服务的范围主要包括扶弱助残、扶贫济困、支教助学、科技传播、医疗卫生、抢险救灾、环境保护、法律援助、治安防范、社区服务和大型社会活动等。

第十六条　青年志愿服务的个体对象主要是残疾人、老年人、未成年人、优抚对象、城乡特困人员和其他有特殊困难需要帮助的社会成员。

第十七条　青年志愿者组织应当通过适当方式向社会公示其志愿服务范围和联系方式。

需要志愿服务的个人或者单位可以向青年志愿者组织提出申请。申请人为无民事行为能力、限制民事行为能力的,由其监护人代为申请。

第十八条　青年志愿者组织根据申请人的申请和实际情况,提供力所能及的志愿服务;不能提供志愿服务的,应当及时答复申请人。

第十九条　青年志愿者、青年志愿者组织与服务对象之间是自愿、平等的服务与被服务关系,应当互相尊重,平等相待。

第二十条　青年志愿者、青年志愿者组织和服务对象可以订立志愿服务协议,明确服务的内容、要求以及权利和义务。

青年志愿者参加由青年志愿者组织开展的志愿服务时,应当佩戴统一的青年志愿服务标志。

第二十一条　青年志愿者组织应当如实为青年志愿者提供参加志愿服务的证明,并建立个人档案记载参加志愿服务的情况。

第二十二条　每年3月5日至11日为本省青年志愿服务活动宣传周。

第二十三条　机关、团体和企业事业单位应当鼓励和支持青年志愿服务活动,维护青年志愿者和青年志愿者组织的合法权益。

第二十四条　县级以上人民政府应当对青年志愿服务活动提供必要的资助。

鼓励自然人、法人和其他组织对青年志愿者组织及其志愿服务活动进行捐赠、资助。捐赠人和资助人依法享受相关优惠。

第二十五条　捐赠和资助的资金,由青年志愿者协会设立专门账户,用于青年志愿服务活动。资金的使用和管理应当接受政府有关部门、捐赠人、资助人和青年志愿者的监督。

捐赠和资助的物资,由青年志愿者协会接收、登记和管理,并按照资助和捐赠者的意愿发放、使用。

接受的资金和物资应当向社会公布。任何单位和个人不得侵占、挪用青年志愿服务的资金和物资。

第二十六条　接受志愿服务的个人和单位,应当就服务事项及安全隐患做必要的告知,为青年志愿者提供必要的物质、安全、卫生保障。

第二十七条　大型社会活动的举办者应当根据情况,为青年志愿者提供开展志愿服务所必需的专项培训。

第二十八条　教育行政部门、学校和有关团体应当将培养青少年的志愿服务意识纳入思想品德教育的范围。鼓励在校的青年学生利用课余时间从事力所能及的志愿服务。

第二十九条　民政、卫生、公安、司法、农业、林业、水利、环保、人事、劳动保障、城市管理等有关行政主管部门应当结合本部门的工作实际和社会需求,为青年志愿服务提供相应的信息和支持。

第三十条　村民委员会、居民委员会应当支持青年志愿者、青年志愿者组织开展志愿服务活动,并为其服务活动提供便利条件。

第三十一条　广播、电视、报刊、网站等新闻媒体应当无偿开展青年志愿服务活动的公益性宣传。

第三十二条　对表现突出的青年志愿者、青年志愿者组织以及支持、帮助青年志愿服务有突出贡献的组织和个人,县级以上人民政府及有关部门应当给予表彰、奖励。

第三十三条　在志愿服务过程中,青年志愿者给服务对象、其他相关人员造成损害的,或者服务对象、其他相关人员对青年志愿者造成损害的,青年志愿者、青年志愿者组织、青年志愿服务对象或者相关人员应当依法承担相应的法律责任。

第三十四条　对非法侵占、挪用青年志愿者组织资金和物资的单位和个人,依法追究其相应的法律责任。

第三十五条　对以青年志愿者组织或者青年志愿者名义、标志从事以营利为目的的经营性活动或者进行其他违法活动的,有关部门、青年志愿者组织应当予以制止;情节严重的,依法追究其相应的法律责任。

第三十六条　本省行政区域内的其他志愿者、志愿者组织、志愿服务对象及其志愿服务活动,参照本条例执行。

第三十七条　本条例自 2008 年 3 月 1 日起施行。

2008 年 3 月 1 日

六、江西省未成年人保护条例

第一章 总 则

第一条 为了保护未成年人的身心健康，保障未成年人的合法权益，促进未成年人在品德、智力、体质等方面全面发展，根据《中华人民共和国未成年人保护法》、《中华人民共和国预防未成年人犯罪法》及其他有关法律、行政法规的规定，结合本省实际，制定本条例。

第二条 本省行政区域内未满十八周岁公民的保护，适用本条例。

第三条 保护未成年人，是国家机关、武装力量、政党、社会团体、企业事业组织、城乡基层群众性自治组织、未成年人的监护人和其他成年公民的共同责任。

第四条 各级国家机关应当在各自的职责范围内做好未成年人保护工作。

各级人民政府领导有关部门做好本行政区域内未成年人保护工作，决定保护未成年人的重大事项；将未成年人保护工作纳入国民经济和社会发展规划以及年度计划，相关经费纳入本级政府预算。

第五条 县级以上人民政府应当设立未成年人保护委员会。

未成年人保护委员会由同级人民政府及其有关部门、人民法院、人民检察院和有关社会团体的负责人组成。委员会的主任由同级人民政府的负责人担任。

未成年人保护委员会办事机构设在同级共产主义青年团委员会，负责未成年人保护委员会的日常事务。

乡（镇）人民政府和城市街道办事处应当有专（兼）职人员负责未成年人保护工作。

第六条 未成年人保护委员会在同级人民政府领导下履行下列职责：

（一）组织宣传有关未成年人保护的法律、法规和政策；

（二）组织监督检查有关未成年人保护的法律、法规和政策的贯彻落实情况；

（三）研究未成年人保护工作的重大事项，向有关国家机关提出意见和建议；

（四）协调督促国家机关、社会团体、企业事业组织做好未成年人保护工作；

（五）建立完善未成年人保护工作制度；

（六）接受对侵犯未成年人合法权益行为的投诉、检举、控告，并督促有关部门处理；

（七）应当履行的与未成年人保护工作有关的其他职责。

第七条 共产主义青年团、妇女联合会、工会、残疾人联合会、关心下一代工作委员会、青年联合会、学生联合会、少年先锋队以及其他有关社会团体，应当协助国家机关做好未成年人保护工作，维护未成年人的合法权益。

第八条 各级人民政府和有关部门对保护未成年人有显著成绩的组织和个人，给予表彰和奖励。

第九条 每年九月的第三周为本省未成年人保护宣传周。

第二章　家庭保护

第十条　父母或者其他监护人应当依法履行对未成年人的监护责任和抚养义务,保护未成年人的人身、财产以及其他合法权益。家庭中的其他成年人应当协助未成年人的父母或者其他监护人教育、保护未成年人。

父母或者其他监护人因外出务工或者其他原因不能履行对未成年人监护责任的,应当委托有监护能力的成年人代为监护,并与未成年人和受委托的监护人保持经常联系,关心未成年人的身心健康和生活、学习情况,提供必要的生活保障。在委托监护前应当听取有表达意愿能力的未成年人的意见,并将委托监护情况及时告知未成年人所在学校、幼儿园、托儿所和城乡基层群众性自治组织。

第十一条　父母或者其他监护人应当创造良好、和睦的家庭环境,以健康的思想、良好的品行和适当的方法教育、影响未成年人。

父母或者其他监护人应当关心未成年人的学习、生活和交往情况,关注未成年人不同年龄阶段的生理、心理变化和思想道德状况,教育未成年人养成良好的行为习惯和道德品质,传授家庭生活、社会生活的知识和技能,引导未成年人参与家庭劳动、社会公益活动等有益身心健康的劳动和活动。

第十二条　父母或者其他监护人应当保障未成年人受教育的权利,保证适龄子女或者其他被监护人依法接受义务教育。因身体状况需要延缓入学或者休学的,父母或者其他监护人应当提出申请,由当地乡(镇)人民政府或者县级人民政府教育主管部门批准。

第十三条　父母或者其他监护人应当学习家庭教育知识,接受有关国家机关、社会组织和学校的指导,掌握正确的教育和监护方法,并配合学校做好未成年人教育工作。

第十四条　父母或者其他监护人负有对未成年人进行安全教育的义务。

父母或者其他监护人应当指导未成年人正确使用电器、燃气等可能危及未成年人安全的设备、物品,并给予未成年人户外活动安全的相关指引。

第十五条　父母或者其他监护人应当预防和制止未成年人的下列行为:

(一)吸烟、酗酒;

(二)打架斗殴、辱骂他人;

(三)旷课、逃学;

(四)沉迷网络;

(五)夜不归宿、离家出走、流浪;

(六)赌博、偷窃、吸毒、贩毒、卖淫、嫖娼;

(七)携带管制刀具和其他危险品;

(八)毁损公共设施及其他公私财物;

(九)阅读、观看、收听含有淫秽色情、凶杀、暴力、迷信、恐怖内容的报刊、图书、音像制品、电子出版物以及网络信息等;

(十)进入互联网上网服务营业场所、营业性歌舞娱乐场所等不适宜未成年人进入的场所;

（十一）其他不良行为。

第十六条 父母或者其他监护人不得有下列行为：

（一）教唆、诱骗、胁迫、纵容或者包庇未成年人违法犯罪；

（二）侮辱、体罚、虐待、遗弃、买卖未成年人；

（三）允许、强迫未成年人订婚、换亲和结婚；

（四）允许、强迫义务教育阶段的未成年人失学、辍学；

（五）允许、强迫不满十六周岁的未成年人务工；

（六）歧视女性未成年人、有残疾的未成年人；

（七）因未成年人有违法犯罪行为而拒绝履行监护责任和抚养义务；

（八）其他侵害未成年人权益和健康的行为。

第三章 学校保护

第十七条 学校应当贯彻国家教育方针,遵循教育规律和针对未成年学生身心发展的特点,实施素质教育,促进未成年学生全面发展。

学校应当支持和引导本校共青团、少先队、学生会以及其他学生组织开展活动,并保证必要的活动经费。

第十八条 学校应当执行国家关于教学制度、教学内容和课程设置的规定,执行教育主管部门关于课时和作业量的规定。不得以各种名义占用未成年学生寒暑假期、法定节假日补课,加重未成年学生学习负担,不得延长其在校学习时间,保证未成年学生娱乐、体育锻炼的时间和参加文化、科技以及公益活动的时间。

义务教育阶段学校不得举行或者变相举行与入学挂钩的选拔考试或者测试,不得公布未成年学生的考试成绩和名次。

第十九条 学校、幼儿园、托儿所应当为未成年人提供必要的活动设施和场所,不得违反规定出租、出借校园内的场地、房屋和设施。

第二十条 学校、幼儿园、托儿所及其教职员工不得组织未成年人参加与教育无关的活动或者与其年龄、身心健康不相适应的其他活动。确需组织未成年人参加的重大庆典、外事活动,应当经县级以上人民政府教育主管部门批准。

第二十一条 学校、幼儿园、托儿所应当建立健全门卫、值班、巡逻、检查等安全管理制度。教职员工对校园内及其周边扰乱教学秩序或者侵犯未成年人人身、财产安全的行为,应当立即制止,并及时向公安机关报告。

学校、幼儿园、托儿所应当定期检查校舍和其他设施、场所,及时消除安全隐患。

学校、幼儿园、托儿所应当保障未成年人的饮食安全,改善卫生条件,向未成年人提供的食品、饮用水以及玩具、文体用品应当符合国家、地方或者行业的卫生、安全标准。

学校、幼儿园、托儿所应当根据需要,制定应对灾害、传染性疾病、食物中毒、意外伤害等突发事件的预案,配备相应的设施并定期组织自救演练。遇有突发事件,应当及时启动应急预案,并向有关主管部门报告。

第二十二条　学校应当聘请兼职法制副校长或者法制辅导员,对未成年学生开展法制、道德和自我保护教育,普及基本法律知识和公共安全知识。

学校应当配备健康辅导员,对未成年学生进行生理、心理健康教育,提供健康咨询。对进入青春期的未成年学生有针对性地进行辅导和教育,对行为有偏差、心理有障碍的未成年学生给予积极的关心和指导。

寄宿制学校应当配备生活辅导员,加强未成年学生在校期间的生活指导和安全保护。

第二十三条　学校应当与未成年学生的父母或者其他监护人保持经常联系,反映和了解未成年学生的情况。对旷课、逃学的未成年学生,应当会同其父母或者其他监护人,及时教育、规劝,促使其返校上课。对有不良行为或者轻微违法行为的未成年学生,应当如实告知其父母或者其他监护人,并加强教育、管理。

学校处分未成年学生,应当听取其本人以及其父母或者其他监护人的陈述和申辩,并给予书面答复。受处分的未成年学生确已悔改的,毕业时其处分记录不载入个人档案。

第二十四条　学校、幼儿园、托儿所及其教职员工应当遵守法律、法规和职业道德规范,尊重未成年人的人格尊严,不得有下列行为:

(一)对未成年人实施侮辱、恐吓、歧视、体罚、变相体罚或者其他侵犯人身权利的行为;

(二)违反国家规定向未成年人收取费用;

(三)向未成年人索要或者变相索要礼品和财物;

(四)强迫、变相强迫未成年人购买或者向未成年人推销读物和其他物品;

(五)为谋取经济利益要求未成年人从事劳动;

(六)其他侵害未成年人合法权益的行为。

第二十五条　普通学校应当接收具有接受普通教育能力的残疾适龄未成年人,并为其学习、康复提供便利和帮助。

第二十六条　学校、幼儿园、托儿所应当了解和掌握留守未成年人的基本情况,加强与其父母及其他监护人的沟通,有针对性地开展教育和管理工作。

第四章　国家机关保护

第二十七条　县级以上人民政府应当保障未成年人受教育的权利,均衡配置教育资源,保障适龄未成年人平等接受义务教育。县级以上人民政府应当采取措施,保障家庭经济困难和流动人口中的适龄未成年人接受义务教育,并根据需要设置特殊教育学校(班),对视力残疾、听力语言残疾和智力残疾的适龄未成年人实施义务教育。

教育主管部门对学校拒绝招收符合条件的未成年人、违法开除未成年人以及其他侵犯未成年人合法权益的行为,应当及时予以处理。

第二十八条　县(市、区)、乡(镇)人民政府应当做好留守未成年人的保护工作,指导共产主义青年团、妇女联合会等社会团体、学校和城乡基层群众性自治组织开展对留守未成年人的学习督促、生活关爱、心理疏导等活动。

各级人民政府应当加强寄宿制学校建设,指导和督促教育主管部门、学校为留守未成年学生提供必要的寄宿条件。

第二十九条 县级以上人民政府应当鼓励和支持妇女联合会等社会团体、学校和城乡基层群众性自治组织开展家庭教育指导,采取多种形式,为未成年人的父母或者其他监护人教育培养未成年人提供服务。

第三十条 县级以上人民政府应当将建设适合未成年人的文化、体育、科普活动场所和设施纳入本地区城乡规划。县(市、区)应当有综合性、多功能的未成年人活动场所。新建或者改建的城镇、居民小区,应当建设适合未成年人的文化体育设施。

未成年人活动场所不得出租或者转作他用。任何单位和个人不得侵占、损坏未成年人的活动场所和文化体育设施。因城市建设确需占用的,应当就近新建不低于原标准的活动场所和设施。

各级人民政府应当鼓励社会力量兴办适合未成年人活动的文化、体育、科普场所和设施。

第三十一条 县级以上人民政府应当建设公益性互联网上网服务场所和设施,定时向未成年人免费或者优惠开放,为未成年人提供安全、健康的上网服务。

县级以上人民政府及其教育主管部门应当鼓励和支持中小学校在节假日期间向未成年人免费开放互联网上网服务设施和文化体育设施。

第三十二条 文化主管部门应当对营业性歌舞娱乐场所、互联网上网服务营业场所等不适宜未成年人活动的场所加强监督管理,依法查处接纳未成年人进入相关营业场所的行为。

公安、文化、新闻出版、通信管理等主管部门应当加强对网络信息内容以及手机运营商、网络运营商、网络信息提供商的监督管理,防止未成年人通过互联网和手机接触不健康信息。

第三十三条 各级人民政府应当加强对文化市场的管理。鼓励和支持有利于未成年人健康成长的文化产业的发展和文化产品的创作。

新闻出版、教育主管部门应当加强对中小学教材和教辅读物出版、发行市场的监督管理。

文化、新闻出版、广播电视等主管部门应当加强对图书、报刊、影视节目、音像制品、电子出版物等文化产品市场的监督管理,依法查处危害未成年人身心健康的文化产品。

第三十四条 公安机关应当加强对学校、幼儿园、托儿所及其周边的治安管理和消防安全管理,实行领导责任制和目标管理责任制,明确责任民警,加强装备配备,把校园及其周边地区作为治安巡逻、监控的重点区域,及时发现和消除各类治安隐患,预防和制止侵犯未成年人合法权益的违法犯罪行为。有条件的地方应当在学校、幼儿园、托儿所或者其周边设立警务室或者治安报警点,帮助和支持其做好安全保卫工作。

第三十五条 公安交通管理部门应当在学校、幼儿园、托儿所门口或者其他未成年人集中活动的场所及其周边道路设置交通警示标志,施画人行横道线,根据需要设置交通信号灯等设施。

公安交通管理部门应当加强对从事未成年人接送服务工作的车辆和驾驶人员的监督管理。

第三十六条 工商行政管理、质量技术监督、卫生、食品药品监督和城市管理等部门应当按照各自职责,依法查处生产销售有害未成年人安全和健康的食品、药品、玩具和游乐设施等违法行为,加强对学校、幼儿园、托儿所周边提供餐饮服务和销售食品、文具、玩具等市场的监督管理。

卫生、食品药品监督部门应当依法加强对学校、幼儿园、托儿所校内食品卫生的监督管理、传染病防控和营养健康指导。

第三十七条　各级人民政府及其有关主管部门应当加强对家庭经济困难的未成年人生活救助工作。

民政、卫生等主管部门应当对患重大疾病且生活困难的未成年人实施医疗救助。

第三十八条　人力资源和社会保障主管部门应当加强对单位和个人用工的监督管理,依法查处非法使用童工、不执行未成年工特殊劳动保护规定等违法行为。

第三十九条　司法机关对遗弃、伤害、虐待、拐卖、绑架未成年人和胁迫、教唆、诱骗未成年人违法犯罪的行为,应当及时依法处理。

第四十条　公安机关、人民检察院、人民法院办理未成年人犯罪案件和涉及未成年人权益保护案件,应当照顾未成年人的生理、心理特点和健康成长的需要,尊重他们的人格尊严,保障他们的合法权益,并设立专门机构或者指定专人办理。

在司法活动中对需要法律援助或者司法救助的未成年人,法律援助机构或者人民法院应当给予帮助,依法为其提供法律援助或者司法救助。

第四十一条　公安机关、人民检察院、人民法院可以对未成年犯罪嫌疑人或者未成年被告人进行社会调查,向有关组织和人员了解其性格特点、家庭情况、社会交往、成长经历以及实施被指控的犯罪前后的表现等情况,为办理案件提供参考。必要时也可以委托有关社会组织进行社会调查。

第四十二条　对羁押、服刑或者采取强制性教育措施的未成年人,应当与成年人分别关押、分别管理、分别教育;未成年犯在被执行刑罚期间,执行机关应当加强对未成年犯的法制教育、职业技术教育;对没有完成义务教育的,执行机关应当保证其继续接受义务教育。

解除羁押、服刑期满或者解除强制性教育措施的未成年人复学、升学、就业不受歧视。

第四十三条　公安机关、司法行政部门应当做好对羁押、服刑或者采取强制性教育措施的未成年人的教育、感化和挽救工作,家庭、学校和有关组织应当予以配合。

对被判处管制、宣告缓刑、暂予监外执行、裁定假释的未成年人,公安机关、司法行政等有关主管部门以及城乡基层群众性自治组织应当制定帮教措施,共同做好帮助、教育和矫正工作。

第五章　社会保护

第四十四条　爱国主义教育基地、图书馆、青少年宫、儿童活动中心应当对未成年人免费开放;博物馆、纪念馆、科技馆、展览馆、美术馆、文化馆以及影剧院、体育场馆、动物园、植物园、公园等场所,应当按照有关规定对未成年人免费或者优惠开放。

第四十五条　未成年人集中活动或者可能危害未成年人人身安全的公共场所,应当在显著位置设置安全警示标志,并采取相应的保护措施。

经营管理单位或者个人应当对可能危及未成年人人身安全的游乐设施定期进行维护,并在显著位置标明适应年龄范围和注意事项。对组织未成年人参加的体育娱乐项目,应当指派专业人员指导,确保未成年人人身安全。

第四十六条　中小学校周边二百米范围内不得设立互联网上网服务营业场所;学校周围不得设立营业性歌舞娱乐场所、游艺娱乐场所以及其他不适宜未成年人活动的场所。

营业性歌舞娱乐场所、互联网上网服务营业场所等不适宜未成年人活动的场所,不得接纳未成年人,经营者应当在入口处的显著位置设置未成年人禁入的标志。除国家法定节假日外,游艺娱乐场所设置的电子游戏机不得向未成年人提供,经营者应当在入口处的显著位置设置未成年人限制进入的标志,并设专人专岗加强管理。对难以判断是否已成年的,应当要求其出示身份证件。

第四十七条 禁止以猥亵、调戏、侮辱或者其他方式对未成年人实施性侵犯。

禁止胁迫、诱骗、利用未成年人进行乞讨、兜售商品或者组织未成年人进行有害身心健康的表演等活动。

第四十八条 任何单位和个人不得侵犯未成年人的隐私权。广播、电视、报刊、互联网和其他公开出版物,不得披露违法犯罪的未成年人或者受侵害的未成年人的姓名、住所、学校、照片、图像以及可能推断出该未成年人身份的资料。

第四十九条 广播、电视、报刊、出版社、互联网等公共传媒应当加强对未成年人保护工作的宣传,创作、出版、传播有利于未成年人健康成长的作品。

任何单位或者媒体出版、播映图书、报刊、影视节目、音像制品、电子出版物和网络信息等文化产品时,对其中不适宜未成年人阅读、观看的,应当做出中文警示说明,并不得在公共场所或者有未成年人的场所展示;不得刊登、播放和张贴有损未成年人身心健康的广告。

任何单位和个人不得向未成年人提供危害国家安全、破坏民族团结以及淫秽、色情、暴力、邪教、迷信等危害未成年人身心健康的图书、报刊、影视节目、音像制品、电子出版物、声讯和网络信息。

第五十条 禁止向未成年人出售烟酒,经营者应当在显著位置设置不向未成年人出售烟酒的标志。对难以判断是否已成年的,应当要求其出示身份证件。

任何人不得在学校、幼儿园、托儿所的教室、寝室、活动室或者其他未成年人集中活动的场所吸烟、饮酒。

第五十一条 鼓励具有法定资质或者资格的社会组织和个人为未成年人提供公益性生理、心理、法律、教育咨询服务。

第六章 法律责任

第五十二条 违反本条例规定,父母或者其他监护人不依法履行监护责任,或者侵害未成年人合法权益的,由其所在单位或者城乡基层群众性自治组织予以劝诫、制止;构成违反治安管理行为的,由公安机关依法给予行政处罚;构成犯罪的,依法追究刑事责任。

第五十三条 违反本条例规定,学校、幼儿园、托儿所及其教职员工侵害未成年人合法权益的,由教育主管部门或者其他有关主管部门责令改正;情节严重的,对直接负责的主管人员和其他直接责任人员依法给予处分;构成犯罪的,依法追究刑事责任。

第五十四条 违反本条例规定,擅自设立互联网上网服务营业场所、营业性歌舞娱乐场所、游艺娱乐场所以及其他不适宜未成年人活动的场所的,由工商行政管理部门或者由工商行政管理部门会同公安机关,依法予以取缔,并给予行政处罚。

违反本条例规定,营业性歌舞娱乐场所、互联网上网服务营业场所未在入口处的显著位置设置未成年人禁入标志,或者游艺娱乐场所未设置未成年人限制进入标志的,由文化主管部门、公安机关根据各自职权责令改正,并给予行政处罚;营业性歌舞娱乐场所、互联网上网服务营业场所等不适宜未成年人活动的场所接纳未成年人的,或者游艺娱乐场所设置的电子游戏机在国家法定节假日外向未成年人提供的,由文化主管部门按照国务院有关规定处罚。

第五十五条　违反本条例规定,胁迫、诱骗、利用未成年人进行乞讨、兜售商品或者组织未成年人进行有害身心健康的表演等活动,构成违反治安管理行为的,由公安机关依法给予行政处罚;构成犯罪的,依法追究刑事责任。

第五十六条　违反本条例规定,向未成年人出售烟酒或者未在显著位置设置禁止向未成年人出售烟酒标志的,由烟草专卖或者商务主管部门会同有关主管部门责令改正,依法给予行政处罚。

第五十七条　未成年人保护委员会对本行政区域内违反本条例有关规定的单位,应当督促其改正;拒不改正的,予以通报批评,并建议有关主管部门对直接负责的主管人员和其他直接责任人员依法给予处分。

第五十八条　国家机关及其工作人员不依法履行保护未成年人合法权益的职责,或者侵犯未成年人合法权益,或者对提起申诉、检举、控告的人进行打击报复的,由其所在单位或者上级机关责令改正,对直接负责的主管人员和其他直接责任人员依法给予处分;构成犯罪的,依法追究刑事责任。

第七章　附　则

第五十九条　本条例所称学校,是指实施义务教育、高中阶段教育、特殊教育的学校以及其他承担未成年人教育任务的机构。

第六十条　本条例自 2010 年 9 月 1 日起施行。1994 年 4 月 16 日江西省第八届人民代表大会常务委员会第八次会议通过、1997 年 6 月 20 日江西省第八届人民代表大会常务委员会第二十八次会议修正的《江西省实施〈中华人民共和国未成年人保护法〉办法》同时废止。

2010 年 7 月 30 日

编纂始末

2012 年,根据省政府办公厅《关于印发第二轮江西省志编纂工作方案的通知》要求,团省委启动《江西省志·青年志(1991—2010)》(以下简称《青年志》)编纂工作,并牵头成立《青年志》编纂委员会,加强编纂工作的组织领导。《青年志》编纂委员会下设《青年志》编纂办公室,实行主编制与办公室相结合的工作机制。2019 年 7 月,完成大部分分纂内容,同时开始进行统稿工作;11 月,进行了内审。2020 年 1 月,完成初审稿并提交初审;5 月,举行初审会;11 月,在吸纳初审会领导、专家意见的基础上,完成复审稿并提交复审。2021 年 1 月,举行复审会;3 月,在根据复审会领导、专家意见进一步修改完善的基础上,完成验收稿并提交验收。

《青年志》是 20 世纪末至 21 世纪初,江西青年在党的领导下、在共青团的带领下,为江西经济社会发展所做出贡献的真实展现。编纂过程中力求体现青年特点、时代特征和江西地方特色,包括青年人口、青年社会教育、维护青少年合法权益、青少年文化体育活动、青年对外交流、青年研究、其他青少年组织等 11 个章节。

本志资料包括:档案资料、文献资料、实物资料、调查资料、图片资料等,主要来源:1. 省档案馆、省图书馆、团省委档案室、省革命烈士纪念堂等;2. 省内和各地出版的文史资料;3. 各设区市团委、省直单位和省属高校团委按志书编纂要求提供的资料等。

在志书编纂过程中,自始至终得到团省委历届领导的重视和支持。在编目调整、人员培训、志稿编审等方面得到省方志办等的悉心指导与大力支持,及省各有关厅(局)、省属高校等相关同志的帮助。在此,我们一并表示由衷的谢意。

令我们感到缺憾的是,由于原始档案资料的严重匮乏,青年主题的宽泛性和青年工作的开放性等原因,《青年志》在编纂过程中遇到志书门类涉猎社会面宽,部分历史资料散失等实际问题,因此志书中错讹疏漏之处在所难免。在此,我们恳请广大专家和读者给予批评指正。

编　　者
2021 年 12 月 3 日

具体编纂人员

卞新华　　蔡琳璐　　曹　锋　　曾晨曦　　陈金波　　代红伟　　戴彩云　　戴　婕　　邓美娇

丁艺龙　　葛　文　　龚武林　　胡桂生　　胡　欢　　胡凌霞　　扈帅帅　　黄红婴　　黄玉丽

纪文河　蒋尊义　黎　绣　李彩玉　李露萍　李　琦　李　婷　李晓巍　李转玲
廖雪霏　林　丹　刘江海　刘　婧　刘　鹏　刘小莲　刘　宇　卢婉琪　罗　微
梅　琳　缪长福　史青平　谭卓瑛　王　倩　未小琴　魏国方　魏新凯　席晨露
肖圣飞　谢宏兰　陶儒笛　熊　博　熊国国　徐　钟　许　亮　杨慧平　杨　莉
余丽娜　余青雪　喻　涵　袁向东　张　凤　张　洁　张胜涛　张　霞　张晓伟
赵鲜梅　郑　强　钟金芳

图书在版编目（CIP）数据

江西省志. 青年志：1991—2010 / 江西省地方志编纂委员会编. --南昌：江西人民出版社, 2021.12
　　ISBN 978-7-210-13633-0

　　Ⅰ. ①江… Ⅱ. ①江… Ⅲ. ①江西–地方志 ②青年工作–概况–江西–1991–2010 Ⅳ. ①K295.6 ②D432.6

　　中国版本图书馆 CIP 数据核字（2021）第 279621 号

江西省志·青年志：1991—2010
　　江西省地方志编纂委员会　编

出版总监：梁　菁
常务编辑：张芝雄　涂如兰
责任编辑：胡　滨
责任印制：潘　璐
特约编辑：曹国庆
书籍设计：同异文化传媒
出版发行：江西人民出版社
经　　销：各地新华书店
地　　址：江西省南昌市三经路 47 号附 1 号
编辑部电话：0791-86893196
发行部电话：0791-86898815
邮　　编：330006
网　　址：www.jxpph.com
E – mail：jxpph@tom.com
2021 年 12 月第 1 版　2021 年 12 月第 1 次印刷
开　　本：889 毫米 ×1194 毫米　1/16
印　　张：39.75　插页：19
字　　数：1011 千字
书　　号：ISBN 978-7-210-13633-0
定　　价：798.00 元
承 印 厂：深圳市精彩印联合印务有限公司
赣版权登字–01–2021–863